LA FEMME CRIMINELLE

ET LA PROSTITUÉE

LA
FEMME CRIMINELLE

ET
LA PROSTITUÉE

PAR

C. LOMBROSO ET G. FERRERO

TRADUCTION DE L'ITALIEN

Par Louise MEILLE

Revue par M. SAINT-AUBIN

AVOCAT GÉNÉRAL A GRENOBLE

———

Avec 13 Planches hors texte.

———

PARIS

ANCIENNE LIBRAIRIE GERMER BAILLIÈRE ET Cie

FÉLIX ALCAN, ÉDITEUR

108, BOULEVARD SAINT-GERMAIN, 108

—

1896

A JULES CLARETIE

C. LOMBROSO

E se il mondo sapesse il cor ch'egli ebbe
... Assai lo loda e più le loderebbe.

DANTE.   (*Purgatorio.*)

PRÉFACE

***

Les nouvelles recherches sur la Femme criminelle *et sur la* Prostituée *sont, peut-être, parmi les dernières études de l'anthropologie criminelle, celles qui consacrent le mieux la supériorité de notre méthode d'observation à outrance des faits : unique secret de nos triomphes sur nos adversaires* a priori.

Les premiers résultats de nos études bouleversaient, en effet, nos prévisions ; et nos observations partielles paraissaient se contredire entre elles ; en sorte que celui qui, par système, aurait tenu à demeurer logique, eut hésité devant les conclusions définitives.

Mais nous, fidèles à la méthode adoptée pendant toute notre vie, nous avons interrogé les faits, nous les avons suivis avec une confiance aveugle, même lorsqu'ils paraissaient se contredire le plus et nous égarer sur une fausse voie.

Bien nous en a pris : car les phénomènes les plus opposés, en se rapprochant, ont fini par s'enchevêtrer entre eux comme les pierres d'une mosaïque, pour former bientôt un ensemble organique et complet.

Tout d'abord, je l'avoue, la manière de les recueillir a pu paraître malaisée et incertaine : mais lorsqu'à la fin, la route, s'éclairant, nous laissa entrevoir le but désiré, et que les faits vinrent d'eux-mêmes nous aider à résoudre les continuelles contradictions qui entravaient notre marche, nous savourâmes la joie du chasseur dont la volupté du succès est redoublée par les fatigues de la conquête.

Ainsi, nous vîmes d'abord la femelle des animaux inférieurs, supérieure au mâle en volume et par la complication de ses organes, être la reine de l'espèce, puis, diminuer en force et en variabilité, pour en devenir l'humble esclave.

De même dans la race humaine, on voit avant la puberté la femme égaler ou surpasser l'homme en force et en développement physique, souvent aussi en intelligence ; mais peu à peu elle s'y arrête, se laisse distancer et reste en arrière, donnant ainsi, même dans sa supériorité éphémère, preuve d'un phénomène atavique commun aux races inférieures : la précocité.

La rareté, relative aussi des stigmates de dégénérescence, qui tout d'abord semblerait un signe évident de supériorité, se relie, au contraire, à sa moindre variabilité qui est encore un caractère inférieur : mais les conditions s'égalisent, ou à peu près, lorsqu'il s'agit des vraies monstruosités ; nouvelle et étrange contradiction que la sélection humaine peut seule expliquer.

La sensibilité moindre que nous avons observée chez la femme et qui est la cause de sa plus grande vitalité, paraî-trait de même en complète opposition avec les traditions et les légendes généralement acceptées, comme avec la plus grande ou du moins avec la plus bruyante réaction à la douleur dont elle nous donne des preuves si évidentes; — mais cette contradiction s'élimine si l'on tient compte de sa plus grande excitabilité et de sa moindre inhibition.

M. Fouillée, il est vrai, a écrit dans son beau livre (Tempérament et caractère. 1895) : *Que la femme est plus sensible que l'homme ; elle sent, écrit-il, et voit même trop :* ce sont là des affirmations très commodes à débiter dans le monde, qui les accepte presque sans contrôle, surtout lorsqu'elles répondent à ses préventions et à ses velléités. Mais l'homme de science est en droit de lui demander : *Les preuves de votre aphorisme sont-elles bien assurées ?*

Plus grave est l'objection qui nous vient de M. Wes-termark (History of Marriage, London 1894). M. Wester-mark, par une observation attentive, empruntée à la zoologie et à l'ethnographie est arrivé à conclure que l'hu-manité n'a pas débuté par la promiscuité, mais par le ma-riage monogame, ce qui ôterait toute dérivation ataristique vers les tristes phénomènes de la prostitution moderne.

Ici nous sommes bien loin de nier la vérité des faits qu'il a recueillis avec tant de soin et de sagacité ; seulement nous répondons : que l'isolement, la dispersion des sociétés primitives, aussi bien animales qu'humaines, sont une entrave naturelle au crime et à la prostitution : il faut une certaine concentration, une certaine densité démographique, il faut, en somme, qu'un certain nombre d'individus vivent ensemble et très près pour que de leur mélange et de leur choc naissent ces deux malheureux phénomènes, qu'on voit aujourd'hui même, augmenter en proportion de la plus grande densité et de la plus grande activité sociale.

C'est bien à ces entraves, presque indépendantes de la psychologie humaine, qu'il faut attribuer l'absence de criminalité féminine chez les peuples à demi barbares d'Europe, par exemple en Bulgarie (Laveleye, Revue des Deux-Mondes, 1892) (1). Car les femmes réduites à l'inaction la plus complète, presqu'à l'esclavage et à l'isolement ne trouvent ni l'occasion ni les moyens de commettre des crimes.

Et M. Westermark est bien obligé de reconnaître, comme le remarque bien M. Durckheim, « que les unions « sexuelles présentent chez les oiseaux un bien plus haut « degré de consistance que chez la plus grande partie « des mammifères — excepté les quadrumanes. » (2)

Mais alors, je répèterais avec celui-ci, « si ces unions « disparaissent quand on passe des oiseaux aux mammi-

---

(1) Il y a trouvé 1 criminel pour 1,310 mâles, 1 criminelle pour 66,666 femmes.
(2) Revue Phil. D. 1895, p. 612.

« fères inférieurs, rien ne nous assure qu'elles n'aient pas

« subi une nouvelle éclipse temporaire au cours dès trans-

« formations d'où est sortie la première humanité -- mais

« pour réapparaître ultérieurement. »

Dans tous les cas, la découverte récente de mon aide,
M. Roncoroni, établissant que la fine anatomie du cerveau
des criminels reproduit les caractères des vertébrés inférieurs, supprime toute discussion.

La rareté du type criminel et, par suite, de la criminelle-
née chez la femme criminelle, qui semble contredire les
bases de ma théorie sur l'homme criminel, la consolide, au
contraire, quand on la voit s'allier à la moindre fréquence
de la dégénérescence et de l'irritation corticale, épileptique,
les causes plus fréquentes du crime inné (V. Homme criminel, 2e vol. Alcan, Paris 1895).

La coexistence chez la femme, de la cruauté et de la
pitié est une autre contradiction pleinement résolue dans
nos études par l'influence de la maternité qui, en se greffant
sur la cruauté primitive, en fait souvent jaillir la douceur ;
de même son infériorité en génie, en force et en variabilité,
nous explique pourquoi, étant peut-être moins morale, la
femme est cependant moins souvent criminelle. Tout cela,
joint à l'atavisme et aux puissantes ardeurs masculines,
nous aide à comprendre comment l'équivalent de la criminalité innée est chez elle, bien plus que le délit ou le crime,
la prostitution, qui ne devrait cependant pas logiquement

exister chez un être si peu accessible aux paroxismes érotiques.

Nous avons voulu relever ces contradictions dès le début;
car il y a des esprits assez dénués d'originalité ou incapables de suivre les autres dans leurs recherches, lesquels,
ignorant que la nature n'est presque jamais logique, s'en
prévalent pour amoindrir chez le public toute confiance dans
les nouvelles théories.

A ceux qui nous reprocheraient de nous être trop attardé
à étudier la femme honnête, nous rappellerons qu'aucun des
phénomènes que présente la femme criminelle ne pourrait
s'expliquer, si nous n'avions préalablement mis en relief le
profil de la femme normale. De plus : lorsque nous sommes
allés à sa recherche, nous n'avons rien trouvé ou presque
rien ; car les savants (à peu d'exceptions près : Axel-Key,
Ottolenghi, Galton, Sergi, Mᵐᵉ Tarnowsky), qui ont
gâché tant de temps et de rames de papier en de stériles
mensurations de tribus sauvages et barbares, n'ont pas
même su préciser l'esthésiométrie dans les différents âges
de la femme européenne, de sorte qu'il était impossible de
dire quand finissait son état normal et quand commençait son état pathologique.

On nous reprochera peut-être d'avoir abordé avec trop
de détails certains phénomènes sexuels qu'une hypocrisie
conventionnelle prétend voiler complètement aux yeux du
monde ; mais autant valait ne pas publier ce livre, car si

*l'on supprime les phénomènes sexuels, la femme crimi-
nelle n'existe plus, et encore moins la prostituée. Ainsi dans
les éditions anglaises qui les ont éliminés, ce livre est certainement plus châtié, mais à coup sûr moins concluant.*

*Ceux qui, dans les ouvrages sur la femme, ne se conten-
tent pas de la logique serrée des faits, mais qui, continuant
ou mieux, faussant les antiques traditions, prétendent et
qu'on ne doit jamais oublier la galanterie chevaleresque
envers l'être qui embellit le plus notre vie, trouveront que
souvent dans notre livre nous lui avons manqué d'égards.
Mais si nous n'avons pas hésité ici à sacrifier nos conceptions les plus chères, comme celle du criminel-né, si nous
n'avons pas reculé devant ces contradictions apparentes
qui, aux yeux du public, pouvaient nuire à notre œuvre,
comment aurions-nous pu nous soumettre à respecter un
mensonge conventionnel, dépourvu de base scientifique
et qui n'acquiert une forme que pour la perdre aussitôt?*

*D'ailleurs, si force a été pour nous de conclure que la
femme donne dans la prostitution l'équivalent de la criminalité innée, il nous a fallu admettre que cet équivalent,
bien qu'il ait la même origine atavique et la même note d'infamie dans l'opinion publique, exerce cependant une
influence moins perverse, moins dangereuse et moins
redoutable; la prostitution peut devenir, même très souvent, un dérivatif, une soupape de sûreté pour la moralité publique; quoi qu'il en soit, elle n'aurait jamais surgi*

et surtout n'aurait pu persister à travers les siècles, si elle n'eût été encouragée par le vice masculin auquel elle donne une issue aussi utile que honteuse, ce qui permettrait de dire, avec raison, que la femme nous est toujours utile, même par ses vices.

Si enfin nous avons dû prouver que la femme est intellectuellement et physiquement un homme arrêté dans son développement, le fait même qu'elle a plus de pitié et qu'elle est moins criminelle que lui, compense avantageusement cette infériorité.

De même que l'harmonie musicale et, plus encore, la beauté conquièrent les suffrages de tous les rangs et de toutes les classes, le respect qu'inspire l'intensité de ses sentiments, surtout du sentiment maternel, est beaucoup plus universel et plus durable que celui des conquêtes de l'intelligence. Un savant aura cent admirateurs, qui bientôt disparaîtront ; un saint en aura des milliers et dans tous les temps.

Ainsi pas une seule ligne de notre œuvre ne justifie les injustices dont la femme a si longtemps été victime.

Du Tabou australien qui lui interdit l'usage de la viande ou de la noix du cocotier, jusqu'à la défense de s'instruire que l'on trouve encore chez les peuples civilisés, et pis encore, d'exercer une profession une fois apprise, c'est toujours le même système d'oppression hypocrite, par lequel nous avons contribué à maintenir et, ce qui est plus triste, à accroître son infériorité pour l'exploiter à notre profit, même lorsque nous comblions la docile victime d'éloges mensongers qui, plus qu'une flatterie, doivent la préparer à de nouveaux sacrifices.

Nous ne disons pas, du reste, que l'infériorité intellectuelle constatée chez la femme ne présente de fréquentes exceptions qui deviennent tous les jours plus saillantes et plus nombreuses, à mesure que les progrès de la civilisation effacent les différences entre les deux sexes, comme ils nivellent entre les peuples les classes et les rangs. Déjà nous assistons à cette évolution en Autriche, dans l'Amérique du Nord, en partie en Angleterre, et depuis peu en France, où l'égalité de la femme, bien que méconnue par la loi, se trouve pourtant consacrée en fait dans de nombreuses branches de l'administration, comme l'Assistance publique, l'instruction des enfants, la presse, etc., branches dans lesquelles elle égale l'homme et souvent le surpasse.

Ce livre, d'ailleurs, ne démontre-t-il pas lui-même, combien la femme peut nous être utile et doit nous être chère, par ces dames: Mme Caccia, Mme Meille, Mme Tarnowsky, Mlle Hellen Zimmern, Mme C. Royer, Mme Adam; Mme le docteur Kulischoff, qui, avant et mieux que beaucoup de nos penseurs, comprirent nos idées et nous aidèrent à éclaircir les points les plus obscurs du problème par des documents, des notes et des conseils précieux? — Et tu le prouves plus que toutes, ma très chère Gina, dernier et unique

fil qui me rattache à la vie, toi qui fus la collaboratrice
la plus vaillante et la plus féconde de tous mes travaux.

Je ne puis finir sans une loyale déclaration. Dans les
travaux en collaboration, celui qui a un nom plus ancien
dans le monde littéraire est considéré en général comme
pouvant revendiquer la plus grande part de l'ouvrage.
C'est le contraire qui a eu lieu ici, car la psychologie et
l'histoire sont du plus jeune collaborateur, tandis que je
revendique seulement la partie psychiatrique et anthropo-
logique et le plan de l'ouvrage.

Je dois encore un mot de remerciement public à
M. Saint-Aubin, avocat général à Grenoble, et à M. Alcan,
éditeur à Paris, qui ont bien voulu se charger de la
tâche ardue de revoir notre livre et d'en corriger les
fautes de langue et de style avec cette courtoisie généreuse
qu'on est sûr de rencontrer toujours en France.

Turin, 2 avril 1896.

C. LOMBROSO.

LA FEMME CRIMINELLE

ET LA PROSTITUÉE

CHAPITRE PREMIER

LA FEMELLE DANS LE MONDE ZOOLOGIQUE

Les sciences morales sont, aujourd'hui, si étroitement liées aux sciences naturelles, qu'il nous est impossible d'entreprendre l'étude de la femme criminelle avant d'avoir analysé la femme normale, et la femelle dans l'ordre zoologique.

Dans les ordres inférieurs de la vie organique, la reproduction n'a pas besoin de sexe ; elle se fait par scission (division d'une cellule, exagérément grossie, en deux cellules), par gemmation (accroissement et fractionnement d'une partie de la cellule), par polisporogamie (accroissement et fractionnement dans un organisme policellulaire d'un groupe de cellules), par monosporogamie (accroissement et division dans un organisme cellulaire d'une cellule unique, qui se développe par division spontanée).

Dans tous ces cas différents, la génération est asexuelle ; le phénomène fondamental de la reproduction — dès les premières lueurs de la vie — est toujours le même : un fragment se détache d'un organisme, vit et se développe désormais d'une manière autonome.

De la génération asexuelle, on passe par une série de formes transitoires (hermaphrodisme, génération alternante) à la

1

génération sexuelle : ici, la division et l'abandon d'une partie de l'organisme n'est pas directement provoquée par une nécessité organique intérieure (accroissement de volume), mais indirectement par une influence extérieure : la fécondation du mâle.

Dans la reproduction sexuelle pourtant, le fait principal, le développement des parties de l'organisme qui formeront le nouvel être, s'accomplit presque entièrement aux dépens de la femelle.

1. *Rapport de volume, de force et de structure entre les deux sexes. — Supériorité et infériorité de la femelle.* — Chez les animaux inférieurs, selon Milne Edwards, les individus des deux sexes ne se distinguent entre eux que par les caractères de l'appareil reproducteur.

En effet, on crut longtemps qu'il n'y avait que des femelles chez certains zoophytes, et, dans plusieurs espèces de mollusques, on ne reconnaît les mâles des femelles qu'au moment de la reproduction (1).

Mais lorsque des différences entre les deux sexes commencent à s'accuser, l'influence de la femelle est toujours supérieure.

Je crois, nous écrit le savant professeur Emery, interrogé par nous à ce propos, que la supériorité de la femelle est primitive et justifiée par le rôle plus important qu'elle joue dans la génération.

Cette supériorité évidente ressort très clairement du fait qu'il y a des ordres et des espèces où le mâle n'existe pas ; d'autres où il a une fonction minime.

Chez quelques crustacés, du groupe des Phillopodes, nous écrit Emery, le mâle n'existe pas et la génération a lieu par parthénogénèse ; de même chez les hyménoptères. (*Rhoditis rosœ*).

---

(1) Milne Edwards : *Leçons sur la physiologie et l'anatomie comparée de l'homme et des animaux*, vol. VIII, p. 330.

Il y a des genres où les mâles vivent quelques mois seulement; dans les mois qui suivent, plusieurs générations se succèdent sans l'intervention du mâle.

Chez les Dafnidæ, par exemple, les femelles, qui sont plus grandes que les mâles, engendrent des œufs de deux espèces, qu'on appelle d'été et d'hiver : les œufs d'été, se développent sans avoir été fécondés; les œufs d'hiver, au contraire, après la fécondation. Il y a donc un mélange de parthénogénèse et de génération gamique.

Un autre exemple de la supériorité de la femelle, nous est fourni par l'*Anilocra* et les genres analogues (crustacés parasites des poissons) : tant qu'ils sont jeunes, ils produisent du sperme, et ont les organes copulatifs des mâles; partant, ils fonctionnent comme mâles : lorsqu'ils ont atteint un parfait développement, les testicules et le penis s'atrophient; par contre, les ovaires et les vulves se développent et ils deviennent des femelles.

Lorsque les mâles et les femelles existent en même temps, la femelle est toujours supérieure au mâle en volume, en nombre, en force, en durée de la vie, etc.

Chez les Calighi, les femelles sont extraordinairement plus nombreuses que les mâles. (*Op. cit., p. 713.*)

On a longtemps discuté si les rotifères, dit Brehm, étaient ou non hermaphrodites, sans qu'on réussît à trouver les organes masculins de la génération : on a découvert depuis que, dans presque toutes les espèces, on ne connaissait que des femelles, et que les mâles connus ont une fonction subordonnée et y sont à grand'peine tolérés. (*Ibid., p. 718.*)

Sur les brachiopodes en général, Brehm dit : « Presque chez toutes les espèces, les femelles surpassent de beaucoup les mâles en nombre; chez quelqu'une des espèces plus communes, comme l'*Apus*, on n'a découvert les mâles que tout récemment.

Non seulement les femelles y sont plus nombreuses, mais elles sont plus grandes, plus fortes et d'une structure plus complexe.

Chez les Bopires (Hissopodes) les femelles sont plus grandes que les mâles.

Parmi beaucoup de crustacés parasites, nous écrit Emery, la femelle est grande et le mâle très petit, et presque parasite de la femelle.

Ajoutons que la femelle vit plus longtemps que le mâle. (*Weismann. Essais sur l héredité*, Paris, p. 56.)

Ainsi, les mâles de ces singuliers petits parasites des abeilles, — les *Strepsitères*, — ne vivent que deux ou trois heures à l'état de maturité, tandis que leurs femelles vivent huit jours. La femelle vit donc, dans ce cas, à peu près soixante-quatre fois plus longtemps que le mâle. L'explication de cette différence peut être aisément donnée, car une vie plus longue chez le mâle serait inutile à l'espèce, tandis que les femelles, étant vivipares, doivent faire arriver leur couvée à maturité. (*Id.*)

Chez le *Phylloxera vastatrix*, les mâles vivent beaucoup moins longtemps que les femelles ; il leur manque non seulement la trompe aspiratrice, mais aussi l'intestin. (*Id.*)

Ainsi les mâles des rotifères ne possèdent ni bouche, ni estomac, ni tube digestif et doivent sans doute vivre beaucoup moins que leurs femelles, qui sont pourvues d'un appareil digestif complet. (*Id.*)

Les mâles nains de certains *Copépodes*, vivant en parasites, et les mâles complémentaires des cirripèdes sont aussi dépourvus d'intestins, et doivent vivre beaucoup moins longtemps que les femelles ; et les mâles des embonoscides sont bien en état de se nourrir, mais meurent après la fécondation, tandis que les femelles adoptent à ce moment un genre de vie parasitaire et vivent encore longtemps en produisant des œufs. (*Id.*)

Même dans les degrés élevés de l'échelle zoologique, la supériorité de volume et de force de la femelle sur le mâle apparaît fréquemment.

La femelle des araignées est plus grande et plus forte que le mâle, exception faite pour certaines espèces, comme l'*Argy-*

roneta aquatica, chez laquelle, dit Brehm, le mâle est plus vigoureux, et mesure 14ᵐᵐ de longueur, tandis que la femelle n'en mesure que 11. (*Vie des Animaux* vi, *p. 627.*) Mais dans presque toutes les autres espèces, la différence est en faveur de la femelle. La *Dolomède* est longue d'un centimètre et demi de plus que le mâle. La femelle de la *Tigenaria domestica* est longue de 16 à 18ᵐᵐ., le mâle de 10ᵐᵐ.; dans leur mariage, on peut voir combien la force de la femelle est redoutée du mâle.

« Lorsque l'araignée mâle, écrit Brehm, désire l'accouplement, il s'approche lentement de la femelle, avec toute prudence, cherchant à deviner si elle est disposée à accueillir bénignement ses avances ou plutôt à le considérer comme une proie excellente pour son dîner. Si la femelle est dans des dispositions favorables, alors le mâle s'avance rapidement, touche alternativement avec les deux pointes de ses palpes le bas du ventre de la femelle et s'enfuit, pour n'être point victime de sa dame. » (*Id., p. 611*)

De Geer a vu un mâle, saisi par la femelle, tandis qu'il faisait ses avances, enveloppé par elle dans sa toile et dévoré. (*Darwin. « L'Origine dell'uomo », id., p. 245.*)

La petitesse des mâles peut donc être aussi un effet de la sélection, car les mâles plus petits pouvaient se soustraire plus facilement aux pièges de la femelle. Peut-être il y a là encore une autre raison : selon Darwin, les mâles sont généralement plus petits, pour pouvoir se développer dans un temps plus court, et être prêts en plus grand nombre pour les besoins des femelles. (*Id., p. 250, 298.*)

Nous trouvons encore que la supériorité de la femelle est remarquable chez les hemyptères, où les femelles sont presque toujours plus fortes et plus grandes que les mâles (*id. p. 288*), et chez les hyménoptères. Rappelons-nous le Rhodites rosæ, où le sexe masculin n'existe pas. (*Emery.*) — La supériorité des femelles sur les mâles, chez les abeilles, les guêpes et les fourmis est telle, que toute leur organisation sociale fort compliquée repose sur cette supériorité.

En juin, les mâles et les femelles des fourmis sortent de la chrysalide ; pendant juillet et août, les mâles quittent le nid et s'envolent en même temps que les femelles avec lesquelles ils s'accouplent : mais ils n'y retournent plus et ne vivent que fort peu de temps après la fécondation. Par contre, il est absolument certain que les femelles continuent encore à vivre pendant des années à l'intérieur du nid et continuent également à pondre des œufs fécondés ; on trouve quelquefois de vieilles femelles dont la mandibule est à certains endroits usée jusqu'à l'hypoderme.

De même chez les abeilles, la reine, qui est la femelle reproductrice par excellence, vit jusqu'à cinq ans (généralement deux ou trois ans seulement), tandis que les ouvrières (femelles non fécondées) vivent sept à huit mois, et les mâles quatre mois.

Chez les abeilles, les ouvrières ont toute la charge du travail social, tandis que les mâles n'ont d'autre rôle que de féconder la reine ; ils sont des parasites. Remarquons encore que, entre les abeilles, l'accouplement n'a lieu qu'une seule fois, comme chez presque tous les hyménoptères ; une seule fécondation suffit pour toute la vie, et, outre cela, il y a encore, à côté de la génération gamique, la parthénogénèse ; — les mâles naissent des œufs non fécondés ; c'est ici probablement la cause de la supériorité de la femelle, qui a une part bien plus importante que le mâle dans la conservation de l'espèce.

Chez les termites, les femelles aussi prédominent ; pourtant, leurs sociétés sont composées de mâles et de femelles ; — mais précisément chez les termites, le mâle a une plus grande importance, car l'accouplement n'est pas unique, mais répété. (*Emery*.)

Chez les coléoptères, dit Camerano, les mâles sont généralement plus petits que les femelles.

Dans les poissons aussi la supériorité, en volume, de la femelle sur le mâle est remarquable.

Chez les amphibies et chez presque tous les chéloniens, les caractères sexuels secondaires ne vont pas au-delà des couleurs et des organes vocaux. On n'a pas trouvé chez eux les différences remarquables de grandeur et de force qui ne reviennent en faveur de la femelle; pourtant il y a plusieurs exceptions déterminées par la lutte sexuelle.

Chez plusieurs ophidiens, le mâle est souvent plus petit quela femelle. Le lézard, au contraire, est plus grand et plus fort que la femelle, mais il soutient des combats acharnés pour la conquête de la femelle. (*Id.*, p. 320)

Pourtant les mâles, même dans les ordres zoologiques plus bas, où ils sont à tous égards inférieurs, — par une de ces contradictions qu'on rencontrera fréquemment au long de notre travail,—se montrent presque toujours supérieurs par la différenciation des organes, par la variabilité et la motilité qu'ils conservent, même dans plusieurs espèces où ils sont inférieurs à tous les égards (fourmis). — C'est là un effet et une preuve de la part plus active du mâle dans la fonction sexuelle.

Chez les crustacés, lorsqu'il n'y a qu'un sexe qui possède les organes des sens et de la locomotion, ou qui les possède mieux développés, c'est toujours le mâle qui en est pourvu ou qui les possède mieux développés. (*Darwin, cit. p.197.*)

Même chez les insectes, les mâles, bien que plus petits, ont une structure plus compliquée et des organes plus nombreux qui leur servent pour accomplir l'acte sexuel. Notons encore les ailes qui, dans un grand nombre d'espèces, sont possédées par les mâles seuls et presque jamais par les femelles. Cela s'explique, parce que les mâles *plus souvent doivent* aller au loin à la recherche de la femelle : tel est le cas pour les Lampiras, les Coccinelles, les Mubillides, les Orgios, les Psychides. Plusieurs autres ont des organes pour retenir la femelle pendant le coït : tels les appendices de l'extrémité caudale chez les mâles des libellules.

Brooks affirme que, par un effet de la lutte sexuelle, les mâles,

chez les insectes, sont presque toujours plus brillants et plus
variés. Ils ont plus de couleurs, ils chantent, ils ont des
armes : car parmi beaucoup d'insectes, à la sélection par le
combat, — caractéristique chez les mammifères, — s'ajoute
la sélection par le choix de la femelle, qu'on signale aussi
parmi les oiseaux. (*Revue scientifique*, n° 13, 1891.)

De même, suivant Camerano, les mâles des coléoptères, bien
que presque toujours plus petits, offrent pourtant des caractères sexuels plus nombreux, comme antennes, yeux,
palpes, organes spéciaux du mouvement, couleurs, phosphorescences, armes, cris, tandis que les femelles n'ont
que des odeurs, des phosphorescences, et quelque cri ou
quelque couleur spéciale. (*Camerano. La scelta sessuale edi
caratteri sessuali secondari nei coleottori. Torino, 1880.*)

Mais où la supériorité du mâle sur la femelle commence à
s'affermir, c'est dans la classe des oiseaux ; chez les oiseaux,
le mâle regagne cette supériorité qui, ' jà ébauchée dans
quelques insectes (*Lucanus elaphus*), devient toujours plus
grande dans les ordres zoologiques supérieurs.

Les mâles de plusieurs oiseaux sont plus grands que les
femelles, et dans certaines espèces d'Australie cette supériorité est telle, que les mâles de l'oie sauvage, *Cicloramphus cru-
ralis*, sont presque deux fois plus gros que les femelles.
(*Darwin, op. cit., p. 332.*) On connaît, d'ailleurs, les combats
acharnés des oiseaux mâles, dans la saison des amours. Le
mâle a presque toujours des caractères sexuels secondaires
plus nombreux et plus variés, tels que : le riche plumage, le
chant, les armes, sans compter tout cet arsenal de toupets, de
roues, de barbes, de queues, de crêtes dont il est pourvu et qui
ne lui servent pas seulement d'ornement, mais bien plus à
rendre sa figure redoutable. Ainsi le mâle de la *Neomorpha*, de
la Nouvelle-Zélande, a le bec plus fort (*Darwin, p. 330*); le mâle
de la *Pernix indiana*, possède des éperons que n'a pas la femelle;
de même le *Gallus cedro*. Le mâle de *l'oie*, aux ailes éperonnées,
a les éperons plus longs que les femelles et il s'en sert pour

la défense de ses petits. Mais il y a,—écrit Darwin,— d'autres espèces où les femelles sont plus grandes que les mâles : et l'explication qu'on en donne, c'est-à-dire que les femelles ont plus de peine pour nourrir les petits, n'est pas suffisante. Il est plus probable que, dans beaucoup de cas, les femelles ont acquis cette grandeur et cette force dans la lutte contre les autres femelles pour la conquête des mâles ; dans certains cas, en effet, les femelles sont devenues plus ardentes à l'amour, les mâles sont restés comparativement passifs, et ils choisissent les femelles les plus belles. Pour cela, certaines femelles ont acquis des couleurs plus brillantes et d'autres ornements ; elles sont devenues comparativement plus fortes et plus belliqueuses que les mâles.

Cependant, si la supériorité du mâle est incertaine dans tous les ordres zoologiques inférieurs, elle devient la règle normale chez les mammifères ; — ici la supériorité du mâle est presque sans exception.

« Chez tous les mammifères, dit Darwin, les mâles sont toujours plus forts et plus grands que les femelles, lorsqu'il y a une différence de volume entre les deux sexes.» Les cheiroptères, les insectivores, beaucoup de rongeurs pourtant n'offrent pas de différences remarquables, tellement il est difficile de découvrir le sexe de chaque individu ; et probablement la vigueur doit aussi être égale. (*Canestrini. Teoria dell' evoluzione, p. 64.*)

Chez les carnassiers surtout, les différences sont frappantes. Le lion est plus grand et plus fort : il a une crinière, des muscles, des pattes, des dents plus puissantes ; il a encore une arme redoutable dans le rugissement, que la femelle ne possède.

De même chez les ruminants, les mâles sont plus grands, plus forts, ayant des systèmes très compliqués, des cornes qui sont, chez la femelle, à l'état rudimental. Les cerfs mâles ont des bois qui manquent aux femelles. Les mâles et les femelles de certaines espèces ont des cornes, mais ces cornes sont toujours plus grandes et plus fortes chez les mâles : tel est, par exemple, le cas du bœuf musqué et du taureau. Le mâle du buffle indien a des cornes plus courtes que la femelle, mais plus solides : de même le *Rhinoceros simus*.

Chez les cavicornes, les deux sexes sont généralement fournis de cornes ; mais chez les femelles, elles sont plus petites, même certaines espèces en manquent tout à fait. (*Antiloca pra bezoartica, A. americana.*) Certaines antilopes mâles ont les dents canines plus développées ; chez les musqués (*Moschidae*), les mâles ont les dents canines saillantes comme des griffes. Chez les solipèdes, l'étalon a les dents canines bien développées, tandis qu'elles sont, chez la femelle, à l'état rudimentaire. Parmi les pachydermes, l'éléphant et le sanglier mâles sont fournis de défenses qui manquent aux femelles (*Brehm, op. cit. I, p. 163*). Les femelles du rhinocéros ont des cornes plus faibles.

Le narval mâle, chez les cétacés, porte sur la mâchoire supérieure deux dents canines, dont une à gauche, se prolonge horizontalement pour une longueur de trois mètres, tandis que chez la femelle les canines sont presque rudimentaires. Le mâle du *capidolium* a la tête plus développée.

2. *Primates.* — Mais les différences entre ces deux sexes deviennent plus marquées chez les primates et présentent un parallélisme frappant avec celles de la race humaine.

Tandis que le mâle du gorille est haut presque de 2 mètres, la femelle n'atteint jamais plus de 1m50. Chez la femelle, le crâne est plus petit, plus arrondi, moins saillant, d'un moindre poids, sans crêtes osseuses, — il prend une forme trapézoïde, — tandis que chez le mâle il a une forme pyramidale. De même, le nez est plus petit, plus court. Le corps, les mains, les pieds sont plus faibles et les muscles moins anguleux ; les épaules, les bras, les jambes sont plus grêles ; l'extrémité de l'épaule est moins déprimée, le tibia, plus petit, est moins prismatique : les os du bassin sont plus larges, plus plats et moins concaves à l'intérieur ; les ischions moins divergents, comme chez la femme.

La femelle est encore beaucoup plus faible. (Hartmann. *Scimmie antropomorfe. Milano 1881.*) Elle a des canines moins aiguës et moins longues, plus comprimées, de forme triangulaire et moins saillantes : la molaire a cinq cuspides, deux extérieures et une postérieure ; cela se voit aussi chez l'homme. (*Hartmann.*)

La femelle du chimpanzé est aussi plus petite et plus grêle ; ses muscles sont moins anguleux et son corps est beaucoup plus arrondi. Elle a une tête plus petite ; la face ovale, le nez plus écrasé ; les mains et les pieds plus petits et plus minces, les dents plus faibles. Dans le crâne, les pariétaux descendent très obliquement de la suture sagittale qui offre une saillie osseuse ; les arcades sourcilières sont moins développées ; le prognatisme est moindre. (*Id.*)

La femelle de l'orang est aussi plus petite : dans son crâne il n'y a presque pas de crêtes osseuses, la mâchoire supérieure est plus basse, l'inférieure plus petite ; la face, quoique saillante, est plus aplatie. (*Hartmann.*)

Chez les mâles le système pileux est toujours plus développé que chez les femelles : il semble aussi que la femelle du singe se développe plus rapidement, comme la femme ; tel est le cas, par exemple, du *Cœbus azaræ*. (*Rengger. Saügethiere von Paraguay 1830.*)

3. *Synthèse.* — Nous avons démontré que chez les animaux inférieurs la femelle a une supériorité marquée ; cette supériorité se soutient assez loin dans le monde zoologique et se ramifie jusqu'à certaines espèces d'oiseaux. Néanmoins, plus on monte dans l'échelle zoologique, plus le mâle commence à se rapprocher de la femelle, puis il devient peu à peu plus fort ; tellement que chez les mammifères il joue sans conteste le premier rôle.

D'ailleurs, il faut remarquer aussi que dans les espèces où le mâle est inférieur par la taille et par la force, il est souvent supérieur en variabilité et en perfection de structure.

Selon Milne Edwards, ordinairement les différences spécifiques présentées par les membres d'un même genre sont moindres chez les femelles que chez les mâles. De même, selon Darwin, la force atavique et la tendance héréditaire est plus grande chez les femelles, tandis que les mâles sont plus variables. C'est une loi qui tient dans l'axiome des éleveurs et des agriculteurs : *Le mâle donne la variété, la femelle l'espèce. (Darwin. L'Origine des espèces.)*

Le mâle seul, a toujours, même chez les insectes, les ailes, emblème et instrument de sa plus grande motilité. Le besoin de rechercher, de saisir, de retenir la femelle, développent en lui des organes nouveaux, des caractères sexuels secondaires. Selon Darwin, ces caractères secondaires sont toujours plus nombreux, dans tout le règne animal, chez le mâle que chez la femelle, et étant très variables, ils produisent la grande variabilité des mâles.

Au contraire, chez la femelle prévalent les caractères essentiels pour la conservation de l'espèce qui sont plus fixes; partout elle présente une monotonie d'organisation plus grande, justement définie par Milne Edwards : « tendance à représenter le type moyen de l'espèce. » Nous aurons occasion de le vérifier dans la psychologie de la femme normale et criminelle.

Cela se rattache au rôle plus important que joue la femelle dans la reproduction de l'espèce, et à la lutte pour la possession de la femelle. Nous avons déjà vu que la fonction principale de la reproduction est dévolue à la femelle, et que le mâle n'y a qu'une fonction secondaire.

Étant donnés ces différents rôles dans la reproduction, il est très évident que la femelle dut à l'origine être plus grande pour pouvoir nourrir cette partie d'elle-même destinée à former l'être nouveau. Le mâle, destiné à produire le liquide fécondant, ayant à subir une usure organique moindre, pouvait avoir un volume moindre. Mais la lutte entre les mâles — lutte qui a son origine dans leurs désirs sexuels plus ardents, et peut-être dans le nombre plus grand d'individus—

a développé en eux, à mesure que l'on monte vers les ordres supérieurs, le volume et la force, et a accrue cette supériorité en structure du mâle que nous avons remarquée même quelquefois dans les ordres inférieurs.

Mais cette évolution du mâle a pu avoir lieu grâce à une potentialité de développement supérieure à celle de la femelle — potentialité innée chez le mâle, même dans les degrés inférieurs du monde zoologique, et qui se rattache au rôle moins important que le mâle joue dans la génération.

Puisqu'il y a, selon Spencer (*Principes de biologie*, vol. II, p. 505-515), un antagonisme entre la reproduction, l'accroissement et la structure, — puisque chez les animaux la fécondité est en proportion inverse du développement de volume et de structure, — on comprend que la femelle, dont les fonctions reproductrices plus importantes comportent une plus grande usure organique, ait un développement et une différenciation inférieure ; et que le mâle, pour la raison contraire, donne un plus grand essor à son développement.

On comprend, d'ailleurs, comment sous l'influence de certaines conditions de la vie, le mâle, d'abord plus petit, pu se développer plus que la femelle.

Cela est si vrai que, bien que la femelle, les ordres supérieurs et la femme soient plus petites que les mâles, ce sont au contraire les conditions nutritives les plus favorables qui déterminent la naissance d'une femelle. D'après les nombreuses expériences de Jung, de Siebold, de Girou, de Dusing, dans presque tout le règne animal et dans la race humaine, l'abondance de la nourriture est favorable à la naissance des femelles ; tandis qu'une nourriture insuffisante tend à produire des individus de sexe masculin. Cela nous montre donc que la quantité initiale de matière nécessaire pour produire une femelle doit être plus grande que celle nécessaire pour un mâle. Aussi, si malgré cette condition plus favorable, la femelle reste chez les animaux supérieurs plus petite que le mâle, c'est très probablement que les fonctions de la reproduction et les fortes dépenses organiques qu'elles comportent avec elles arrêtent la dépense de matière qui produirait un développement plus grand.

Le mâle est donc une femelle plus parfaite et plus variable, et cela uniquement grâce au plus grand développement qu'ont atteint chez lui les caractères sexuels secondaires; ceci nous est démontré aussi par le fait — remarqué par Milne Edwards et par Darwin — que les femelles mûres, dans tout le règne animal, ressemblent aux jeunes mâles, dont les caractères sexuels secondaires ne sont pas encore développés.

Selon Brooks aussi, le mâle est plus complexe et plus progressif, tandis que la femelle est plus simple et plus conservatrice. Étant données certaines conditions de vie favorables, la femelle est supérieure ; lorsque ces conditions sont défavorables, les mâles, par leur tendance à la variation, apportent une plus grande plasticité dans l'espèce, quoique, quelquefois, la maternité détermine certaines modifications chez la femelle, tel que le dard chez les hyménoptères (*Revue scientifique*, *n. 3, 1891.*)

La supériorité du mâle, primitive pour ce qui est de la structure, récente pour ce qui est du volume et de la force, résulte de certaines conditions de vie spéciales. A défaut de celles-ci, la condition antérieure prend le dessus, c'est-à-dire que la supériorité de la femelle reparaît. « Certainement, nous écrit Emery, certaines conditions de vie (parasitisme, vie sédentaire etc.,), qui exigent une rapide multiplication pour profiter d'aliments abondants et précaires, doivent ramener à la condition primitive, c'est-à-dire à la prédominance de la femelle, ou même à l'exagération de ce système, à la disparition du mâle. »

CHAPITRE II

1. *Poids et stature.* — Dans toutes les races humaines, la femme est inférieure au mâle en poids et en taille. Cette infériorité s'augmente avec l'âge et avec la civilisation. Déjà l'embryon du mâle est un peu plus volumineux, au même âge, que l'embryon de la femelle. Selon Ploss (*Das Weib in der Nature und Volkerkunde 1885*), au moment de la naissance, les mâles sont un centimètre presque plus longs que les femelles (m., 0,499 ; f., 0,489) ; par contre, à l'époque de la puberté, celles-ci égalent les mâles et quelquefois ont même une certaine supériorité sur ces derniers. (Une fille, dit Ploss, de 16 à 17 ans, est haute comme un jeune homme de 18 à 19 ans.) Ce fait, qui se rattache à la précocité caractéristique des êtres inférieurs — car plus les animaux sont supérieurs, plus tard ils se développent — nous est confirmé, non seulement par Ploss, mais par les études de Pagliani, de Quételet, de Bodwitch, de Axel-Key, résumées dans ce tableau. (*Voir le tableau p. 17.*) On y voit l'accroissement de la femme, plus précoce jusqu'à 11 et 12 ans, se ralentir à 14 ans, tandis que chez le mâle il continue jusqu'à 16 ans ; et ainsi pour le poids, la capacité vitale et la force musculaire, comme on le voit par le tableau suivant résu-

mant l'âge du plus grand développement par rapport au sexe :

	Chez la femme	Chez l'homme
Pour le poids.........	+ de 12 à 14 ans	de 14 à 17 ans
Pour la taille.........	+ de 12 à 13 ans	de 12 à 15 ans
Pour la capacité vitale	+ de 2 à 15 ans	de 15 à 17 ans
Pour la force muscul.	+ de 12 à 14 ans	de 14 à 15 ans

Cette précocité, dans le développement de la femme, est constante dans toutes les races et sous tous les climats, et se maintient, sauf quelque retard, dans toutes les classes sociales, comme on peut le relever par les données de Pagliani, de Axel-Key, etc.

En effet, le maximum de développement de la taille et du poids, dans les classes pauvres, se vérifie à 15, 16 et 17 ans, et dans les classes riches, pour la taille, au même âge, et pour le poids, avec quelque différence, à 16 et 17 ans.

Les jeunes filles pauvres atteignent leur maximum de développement (poids et taille) à 13, 14 et 15 ans ; les riches atteignent le même poids au même âge, la stature à 12, 13 et 14 ans. Cependant, pour les hommes comme pour les femmes, une fois développés, le poids et la taille sont, dans les classes aisées, bien peu différents de ceux des classes pauvres.

On remarque que le plus grand accroissement de la femme précède l'époque de la puberté : ainsi les filles menstruées à 12 ans ont leur plus grand accroissement à 11 ans, tandis que celles menstruées plus tard, à 11 ans, sont encore en retard pour l'accroissement.

Dans l'âge mûr, la stature, le poids, la capacité vitale, la circonférence thoracique de la femme sont presque toujours inférieures à celles du mâle. Le rapport entre les deux sexes serait :

D'après Tenon..........	de 88,5 à 100
— Krause........	de 81,0
— d'autres auteurs.	de 84,9

L'homme atteint donc le maximum de poids du corps vers

Tableau des Accroissements annuels en stature, poids, etc., chez les deux sexes

Age	STATURE Quetelet[1] H.	F.	Pagliani[1] H.	F.	Bowditch[1] H.	F.	Axel Key[1] H.	F.	POIDS Quetelet H.	F.	Pagliani H.	F.	Bowditch H.	F.	Axel Key H.	F.	CAPACITÉ VITALE Pagliani H.	F.	FORCE Musculaire Pagliani H.	F.
0	0,500	0,494	—	—	—	—	—	—	3,1	3,0	—	—	—	—	—	—	—	—	—	—
1	0,698	0,690	—	—	—	—	—	—	9,0	8,6	—	—	—	—	—	—	—	—	—	—
2	0,791	0,781	—	—	—	—	—	—	11,0	11,0	1,24	—	—	—	—	—	—	—	—	—
3	0,864	0,854	0,860	0,847	—	—	—	—	12,5	12,4	1,35	12,12	—	—	—	—	—	—	11	—
4	0,927	0,915	0,920	0,914	—	—	—	—	15,0	13,9	1,52	13,1	—	—	—	—	—	—	14	7
5	0,987	0,974	0,970	0,968	1,056	1,049	—	—	15,9	15,3	1,67	15,0	18,6	17,9	—	—	—	—	16	12
6	1,048	1,031	1,035	1,022	1,111	1,101	—	—	17,8	16,7	1,94	16,4	20,4	19,6	—	—	—	415	20	14
7	1,104	1,082	1,126	1,092	1,162	1,156	1,16	1,13	19,7	17,8	2,07	17,7	22,2	21,5	20,5	20,7	845	700	23	17
8	1,162	1,142	1,183	1,156	1,213	1,209	1,21	1,16	21,6	19,0	2,24	19,0	24,4	23,4	22,8	21,6	1010	960	29	20
9	1,218	1,196	1,239	1,208	1,262	1,251	1,26	1,23	23,5	21,0	2,48	21,9	26,8	25,9	27,9	25,0	1245	1145	39	27
10	1,273	1,249	1,264	1,273	1,313	1,304	1,31	1,27	25,2	23,1	2,66	24,7	29,6	28,2	29,3	26,9	1495	1345	50	34
11	1,325	1,301	1,294	1,305	1,354	1,357	1,33	1,32	27,0	25,5	2,93	26,9	31,8	31,2	30,3	29,4	1600	1485	60	38
12	1,375	1,352	1,334	**1,367**	1,400	**1,419**	1,36	1,36	29,0	29,0	3,30	29,5	34,9	35,5	32,2	31,9	1860	1600	71	**46**
13	1,423	1,400	1,396	1,426	1,453	1,477	1,40	**1,43**	33,1	32,5	3,66	34,5	38,4	40,2	34,5	**35,9**	2005	1780	80	**54**
14	1,469	1,444	**1,454**	**1,496**	**1,521**	**1,523**	**1,44**	**1,48**	37,1	36,3	**41,8**	**38,5**	41,9	44,6	37,6	39,8	2120	**1980**	**90**	**62**
15	1,513	1,488	**1,519**	1,526	**1,582**	1,552	1,49	**1,53**	41,2	40,0	**47,2**	**43,8**	48,5	48,1	42,3	**44,8**	**2450**	2180	**104**	67
16	1,554	1,521	**1,590**	1,540	**1,651**	1,564	**1,56**	1,57	45,4	43,5	**52,7**	45,7	54,9	50,8	46,8	**48,9**	**2660**	2220	112	69
17	1,594	1,546	1,600	1,550	1,680	1,572	1,62	1,59	49,7	46,8	**53,8**	**48,5**	57,8	52,4	52,3	51,6	3140	2300	118	79
18	1,630	1,563	1,608	1,550	1,693	1,573	1,67	1,60	53,9	49,8	**55,0**	40,7	59,1	52,2	57,6	54,6	**3200**	2325	122	70
19	1,655	1,570	1,696	—	—	—	1,70	1,60	57,6	52,0	—	—	—	—	61,3	56,3	3250	—	129	—
20	1,669	1,574	—	—	—	—	1,71	1,62	59,5	53,2	—	—	—	—	63,3	57,4	—	—	—	—

[1] Voir: PAGLIANI, Lo sviluppo umano per età, sesso, etc., Turin, 1879. — AXEL KEY, Die Pubertätsentwickelung, etc. Verhandl. des X. intern. medic. Kongresses. Berlin, 1878. — QUETELET, Physique sociale, 1878.

N.-B. — Les chiffres écrits en gros caractères, marquent les années de plus grand développement.

l'âge de 40 ans, et commence à le perdre sensiblement vers 60 ans; la femme atteint le maximum de son poids plus tard que l'homme, vers l'âge de 50 ans.

On remarque que chez les sauvages de l'Océanie la stature et le poids des mâles ont une variabilité plus grande (*Noveara Reise*).

2. *Différences anatomiques.* — *Poil.* — On sait que chez la femme adulte, la région la plus riche en poils se circonscrit, en couronne, autour du mont de Vénus, tandis que chez l'homme elle se prolonge jusqu'au nombril. Toutefois, il faut remarquer qu'on a trouvé bien des exceptions, car Schulze observa 5 sur 100 femmes, dont le poil se prolongeait jusqu'au nombril, tandis que sur 104 hommes, 34 n'avaient pas ce caractère. (*Jenai Zeitung, 1874.*) Dernièrement, nous l'avons vérifié dans 6 pour 100 femmes normales, dont 3 gauchères.

La femme a les cheveux plus longs, plus acuminés, plus résistants à la potasse : à mesure qu'elle vieillit, son poil s'allonge proportionnellement et ainsi elle se rapproche remarquablement du type viril.

3. *Squelette.* — Le tronc est proportionnellement plus long, conformé en pyramide, basée sur les hanches, l'extrémité s'émousse à la poitrine.

La colonne vertébrale, selon Ploss, est de 69,70 pour l'homme, 66,69 pour la femme; la moelle épinière mesure 44,8 pour l'homme, 41,8 pour la femme; chez elle, la portion cervicale et lombaire serait prédominante, tandis que la portion dorsale et sacrée serait inférieure; le thorax chez le mâle a une longueur de 25-26, chez la femelle de 23-24. Riccardi trouva chez les femmes le rapport du 52 0/0 entre le tronc et la stature, chez les hommes du 53 0/0; les femmes, comme les singes et les enfants, ont le tronc plus long, en proportion des artes inférieurs, que les hommes. (*Di alcume correlavsioni di ziluppo. Modena 1891.*)

Les omoplates sont, chez elle, moins éloignées du tronc, les clavicules plus basses et moins recourbées, le sternum plus court, mais avec le manche et les appendices cartilagineuses proportionnellement plus longs.

Les côtes sont minces et courtes, plus arquées pourtant et recourbées en arrière, près de la colonne vertébrale; la gouttière dorsale est plus profonde. La sixième côte est mobile, tandis qu'elle est immobile chez l'homme.

L'axe des vertèbres est moins long avec les trous de conjugaison plus grands; les membres plus courts, les fémurs plus recourbés en avant et plus obliques à l'intérieur.

La trachée est relativement plus étroite et plus longue, à cause du diamètre plus petit et d'un plus grand nombre d'anneaux de la trachée qui, se divisant à la ramification pulmonaire chez l'homme, s'y restreignent brusquement de manière à former presque un cône, tandis que chez la femme ils sont plus arrondis et plus cylindriques.

Le larynx y est plus petit, élevé, étroit; leur cartilage, de forme d'un écu, plus petit et excavé, de manière que les deux portions se joignant ne forment pas l'angle de la pomme d'Adam comme chez l'homme, mais un arc. Moins forts et moins tendus sont les ligaments et les cordes vocales plus courtes (15-20 m/m, homme, 20-25 m/m). La glotte est moins grande à l'intérieur; toutefois, la voix de la femme est plus aigue et plus haute d'une octave.

Le bassin est plus grand, moins profond, moins incliné; les cavités cotiloïdes plus éloignées, plus obliques et plus relevées en haut que chez l'homme; le sacrum est moins recourbé, plus cunéiforme, plus grand, plus mince, plus mobile et saillant.

Les épines du pubis sont plus éloignées.

Les diamètres transverses de la partie supérieure du bassin chez l'homme sont plus grands que chez la femme, tandis que le diamètre transversal inférieur est plus grand chez la femme.

La grande échancrure ischiatique est plus profonde. L'extrémité des épines ischiatiques est au dehors des épines iliaques postéro-inférieures.

L'arcade pubique de la femme est plus ouverte (75°, pour l'homme 58°); de plus, l'extrémité de cet angle est arrondi, le tubercule ischio-pubique est concave vers sa partie moyenne; le sacrum et le coccyx moins élevés et plus aplati; la cavité cotiloïde est plus petite, moins enfouie en arrière et à l'intérieur.

Le trou sub-pubique est relativement plus large et plus oblique, plus en dehors et plus en bas que chez l'homme.

Les extrémités supérieures et inférieures sont plus grêles, avec les protubérances moins prononcées. Le pied est plus court et plus délicat.

Les mains aussi sont ordinairement plus petites; les bras plus courts et plus ronds.

4. *Cœur et poumons, etc.* — Le cœur de la femme est, proportionnellement à son corps, d'un poids inférieur — ce qui est peut-être l'effet du moindre travail.

D'après Orth, le poids du cœur est de 250 gr. chez la femme, de 300 gr. chez l'homme, ce qui, par rapport au poids du corps, donnerait 1,162 pour la femme, 1,169 pour l'homme.

Le diamètre et le poids du poumon aussi démontrent l'infériorité de la femme. Voici les chiffres de Hasche:
Poids du poumon : homme, 1,424 gr.; femme, 1,120 gr.
» relatifs à celui du corps : 1,37 » » 1,43 »

5. *Graisse.* — Chez l'homme le système osseux et le musculaire prédominent; chez la femme, au contraire, le système graisseux et le connectif; ce qui donne une plus grande rondeur à ses formes. Dans les races noires et Asiatiques, cet embonpoint s'accroit par la sélection sexuelle et par les moyens artificiels (immobilité, nourriture spéciale de bière, lait, pression) à un point monstrueux.

Dans ces races, l'embonpoint apparait beaucoup plus tôt que chez nous; chez quelque peuple — Hottentots, Cafres, Bosquimans, — il s'entasse dans les petites nymphes et dans les natiques, et il fournit un vrai organe nouveau de soutien pour l'enfant, et cela, grâce à la sélection sexuelle et plus encore à l'exercice spécifique de la maternité. (*Voir pages 37-38, et planches I-II.*)

6. *Sang.* -- Le sang aussi révèle une grande infériorité dans la femme. En effet, le nombre des globules rouges, dans la femme, est inférieur à celui de l'homme. Hayem (*Leçons sur la modification du sang*) donne une moyenne de 4.800.000 globules rouges pour la femme, et de 5.500.000 pour les hommes.

Il n'y a aucune différence entre homme et femme pour les globules blancs.

Nasse en trouva dans l'homme, 0,05824 pour 100, et dans la femme, 0,0499.

Le poids spécifique aussi est, selon Landois et Peïper, moindre chez la femme et chez les enfants.

Peïper donne les chiffres suivants :

Homme . . . . 1,0450 à 1,0665	Femme . . 1,0535
Enfants mâles. 1,0522	Filles . . . 1,0501

Schneider (1) récemment trouva pour la femme : le poids spécifique du sang inférieur = 1055,7 (pour l'homme (2) il est de 1060,7), un poids spécifique du serum supérieur 1025,6 (pour l'homme 1028,5), le résidu desséché des globules rouges sur 100 gr. de sang 13,7, et chez l'homme 16,9; au spectrophotomètre, le contenu en émoglobrue donne un coefficient de 0,81 (homme 0,93), le poids de corpuscules rouges sur 100 gr. de sang 34,9 (homme 47,8), le poids du serum sur 100 gr. de sang 65,04 (homme 52,12), le résidu desséché sur 100 globules rouges 39,7 (homme 35,4); il ressort par ces chiffres que le sang de la femme a un poids spécifique inférieur, une quantité inférieure d'émoglobine et des globules rouges, dont le résidu desséché a cependant un poids absolu supérieur à celui de l'homme.

(1) Schneider. *Die Zusammensetzung des Bluts des Frauen verglichen unt derienigen der Manner.* Dorpat, 1890.
(2) Arronet, *Quantitative Analyse der Menschenblutes.* Dorpat, 1891.

L'émoglobine dans la femme serait, selon Mik Kulics et Bierfreund, de 78 0/0.

Becquerel et Rodier donnent les moyennes suivantes des composants du sang par rapport au sexe :

	Hommes	Femmes
Eau...............	7,79	791,10
Fibrine............	2,20	2,20
Gras neutres.......	1,62	1,64
» saponifiés.....	1,00	1,04
» phosphorés....	0,49	0,46
Colestérine........	0,09	0,09
Sérine.............	69,40	70,50
Matières extractives	0,87	»
Sels...·..........	5,93	7,15
Fer...............	0,0565	0,04

7. *Crâne*. — Etant donnée l'infériorité de tous les organes de la femme, il était naturel que le crâne et le cerveau fussent remarquablement inférieurs ; et cela nous est démontré par les statistiques. Selon Morselli, le crâne de l'homme, dans les races latines, est plus lourd que celui de la femme (le poids du crâne de l'homme serait 602, et pour la femme 516) (1) ; cependant Morselli trouve plus grandes les divergences individuelles dans le poids des crânes féminins : les hommes ont donné un maximum de 910 (chez un chinois) et un minimum de 440, avec une différence de 470 gr.; les femmes un minimum de 313 et un maximum de 850 gr. avec une différence de 550, ce qui serait en contradiction avec la variabilité moindre que nous avons trouvée constamment chez la femelle et la femme. Toutefois, Morselli n'a pas considéré que ce dernier crâne féminin appartenait à une femme

(1) Cela se vérifie aussi chez les races sauvages et primitives, bien qu'en proportions inférieures (Caverne de la Palmaria, crânes hom. 582, fem. 4 2; Péruviens, hom. 627, fem. 488 ; Papouins, hom. 671, fem. 576, et aussi chez les primates, chimpanzé, m. 318, fem. 175).

italienne, hydrocéphale, et que le crâne masculin très lourd était d'un chinois.

Le poids absolu de la mâchoire varie pour l'homme de 130 gr. à 47, avec une différence de 83 gr., et pour la femme de 95 à 43, avec une différence de 52 gr. On arrive donc à une conclusion contraire à celle de M. Morselli. Le poids de la mâchoire féminine présentant des différences moindres que la mâchoire de l'homme. La mâchoire de ce dernier a un poids plus grand généralement que la mâchoire de la femme (homme 80, femme 66). Rapportant le poids du crâne à la mâchoire, tandis que chez l'homme le rapport serait de 62 à 17 0/0, chez la femme il serait de 10 à 15 0/0.

L'infériorité de la mâchoire chez la femme se retrouve aussi parmi les races sauvages et parmi les primates. Ainsi, dans l'ourang, la mandibule du mâle pèse 303, celle de la femelle 74; pour le chimpazé mâle 73, f. 56; pour l'*Inuus caudatus* m. 55, f. 52 ou 50. Cependant il faut faire des réserves sur ces chiffres, car ils devraient être en rapport avec la stature ou le poids du corps. Toutefois, mettant en rapport le poids du crâne et le poids de la mâchoire dans 47 crânes de plusieurs espèces, on trouve toujours que la femme était inférieure.

	Hommes	Femmes	Rapport
Poids de la mâchoire......	95,3	65,5	f. 684,2; h. 1000
» du crâne..........	651,6	541,7	f. 831,0; h. 1000
Rapport entre les deux poids.......	13,98	12,28	f. 883,2; h. 1000

Le docteur Ardu remarqua que le diamètre biangulaire de la mâchoire est aussi supérieur pour l'homme (h. 94,1, f. 89,8, *Archiv. di psich* XIII), soit dans les hommes mûrs que dans les jeunes et de même pour les fous, les criminels et les anthropoïdes. Selon une étude spéciale de Mantegazza (*Archivio di antropologia* 1872), la différence plus caractéristique entre les crânes des hommes et ceux des femmes serait la moindre capacité de ces derniers (conn. 1338 à 1425).

Selon Davis la capacité du crâne masculin au crâne féminin est :

	Hommes	Femmes
Dans les races européennes ..	1367	1206
» océaniques...	1319	1219
» américaines..	1305	1187
» asiatiques....	1304	1194
» africaines	1293	1211
» australiennes.	1214	1111

Selon Vierordt :

Europe moyenne	1500	1300
» méridionale..........	1200	1100
» septentrionale	1750	1550

Selon Ranke (*Beitrage zur Biologie*), 1882 :

A Munich..................	1525	1361

On a prétendu voir dans ces différences le seul effet de
la stature et du poids du corps, mais il ressort des savantes
recherches de M. Amadei que, à taille égale, la capacité
crânienne de la femme est inférieure à la capacité crânienne
de l'homme. Voir dans les tailles
de 1,65 à 1,70 la capac. mâle donne 1553 et la femme 1409
» 1,60 à 1,55   »   »   1527   »   1359

En partant du centre des variations de la moyenne de 1550
c. c. pour les hommes et de 1375 c.c. pour les femmes, chez les
européens, les variations extrêmes s'éloignent dans l'homme
de 334 en haut, de 268 en bas, c'est-à-dire de 60 cm. de plus
en haut, et dans la femme de 332 en haut et de 275 en
bas, c'est-à-dire de 75 m. de plus en haut. Les deux sexes
sont alors presque égaux.

Il faut remarquer que, dans la capacité comme dans le
poids, les crânes inférieurs offrent de moindres différences ;
nous donnons les chiffres suivants qui représentent la
capacité crânienne de l'homme rapportée à celle de la

femme = 1000 (Morselli, *Sul peso del cranio e delle mandibole in rapporto al sesso*).

Capacité crânienne de la femme en rapport à celle de l'homme = 1000.

Noirs	984	(Davis).		Basques	855	»
Australiens.	967	»		Bohémiens.	875	(Kopernicki).
Hindoux	944	»		Bas-Bretons.	873	»
Malais	923	(Tiedemann).		Chinois	870	(Davis).
Hollandais.	917	»			897	(Welcker).
Irlandais	912	(Davis).		Allemands.	975	(Weisbach).
Nouv.-Cal.	911	(Broca).			838	(Huscke).
Italiens	921	(Mantegazza).			864	(Tiedemann).
Auvergnats.	904	(Broca).		Parisiens	858	(Broca).
Slaves	903	(Weisbach).		Anglo-Sax.	862	»
Hollandais.	883	(Davis).		Noirs oc-		
Guanches	869	»		cidentaux.	874	»

Topinard prétend que la femme sauvage, ayant une taille relativement moins différente de l'homme que l'Européenne, la moindre différence de capacité cranienne en est, jusqu'à un certain point, justifiée.

La taille, par contre, n'aurait aucune influence sur la brachicephalie plus exagérée, qui serait un autre caractère de la femme, selon Arnold et Weissbach.

Mantegazza (*Arch. di. anat, 1875, page 209*) trouva, pour 97 enfants mâles (de Bologne) que l'index céfalique était de 79,10 ; pour 110 jeunes filles (de Bologne), de 83,35.

Toutefois ce caractére très saillant dans les crânes Helvétiques, Français, Noirs, Chinois, Papouins, n'est pas constant, car il n'y en a pas trace chez les anciens et modernes Anglais, chez les Indiens, chez les Esquimaux.

Selon Mantegazza, le crâne de la femme européenne a aussi les arcades sourcillères moins développées, les cavités orbitales plus petites, l'index cephalo-orbital plus grand ; le trou foro-occipital plus petit(671, 7 : 733, 9) : l'index céphalo-spinal plus bas; la hauteur moindre : les apophises, les mastoïdes moins développées, le front plus vertical, la base plus petite, la partie antérieure plus basse et plus étroite, la moitié postérieure plus haute et plus large : la face par rapport au crâne plus petite, plus basse et plus étroite.

Il faut, à ces caractères sexuels, ajouter celui d'une moindre fréquence de la fossette occipitelle moyenne, que j'ai retrouvée dans les femmes normales en proportion de 3 à 4 p. 0/0 tandis que chez les hommes elle était en proportion de 5 à 8 0/0.

D'autres différences sexuelles craniennes, selon Krause et Benedikt seraient :

	Hommes	Femmes
Diamètre longitudinal plus petit (moyenne)	20,0	18,0
» transversal » » »	1,60	14,0
Hauteur du crâne moindre, moyenne cm.	13,5	129-125
» de l'orbite plus grand » »	3,3	3,4

Plus importantes sont peut-être les différences trouvées par Ecker (*Arch. fur Anthrop.* V. 1872.)

a) Le crâne de la femme ressemble à celui de l'enfant, grâce aux bosses frontales et pariétales plus développées.

b) Quant aux dimensions, le crâne de la femme diffère de celui de l'homme :

1º Par la petitesse du visage vis-à-vis du crâne, ce qui est aussi un caractère des enfants;

2º Par la prépondérance de la calotte cranienne par rapport à la base;

3º Par la taille moindre ;

4º Par le plus grand aplatissement de la boîte cranienne, surtout au vertex ;

5º Par la direction perpendiculaire du front, ce qui est aussi un caractère enfantin ;

6º Par le passage brusque, anguleux de la surface cranienne à la ligne du front et aussi à l'occiput, surtout chez les brachicéphales.

D'après Weissbach (*Arch. fur Anth.*, 1878) le crâne féminin allemand :

1º Est plus petit et d'un poids inférieur, plus large, mais

moins haut ; de même il a une base relativement plus étroite : la voûte est plus aplatie, dans le sens longitudinal, tandis que dans le sens transversal elle est plus arquée ;

2° La partie antérieure de la tête est plus petite, mais plus basse et plus étroite, plus courbée dans la direction sagittale mais moins dans l'horizontale et dans la transversale : les bosses frontales, par rapport à la longueur du crâne sont plus éloignées l'une de l'autre, pourtant, en tenant compte de la plus grande largeur du crâne de la femme, elles sont, par contre, plus rapprochées. Tous les diamètres de la partie antérieure de la tête sont plus petits ;

3° La partie moyenne de la tête, dans la direction sagittale, est plus aplatie ; au contraire, dans le sens transversal, elle est plus large et plus arquée avec les bosses plus éloignées et plus basses. La surface temporale ressemble à celle de l'homme, mais l'écaille temporale est plus baissée et les parois latérales sont plus longues et plus arquées dans le sens horizontal ;

4° La portion occipitale est différente par la plus grande hauteur et longueur, tandis que la largeur est égale ;

5° La base du crâne chez la femme est plus étroite et plus courte, la partie bacilaire est plus longue mais l'occipitale est plus mince, plus étroite. Les trous stilo-mastoïdiens sont plus rapprochés, les trous ovales plus éloignés ;

6° Le visage de la femme est, proportionellement au crâne, plus petit, plus bas, plus étroit ; la racine du nez est plus large, les orbites plus éloignées, plus grandes et plus hautes. La mâchoire supérieure est plus large, avec des arcades plus basses et plus brèves, mais avec un palais plus large ; la mâchoire inférieure est plus petite, plus aplatie, avec le menton plus large et plus court, et les branches plus petites et plus étroites.

L'index vertical est plus bas chez les femmes ; chez les Bohémiens seulement il est plus haut (Koper) Homme, 75 ; femme, 77 ; différence : 0,02.

Chez les femmes Islandaises il est un peu plus haut   0,02

»   »   Musch........................ 0,01

»   »   Chor......................... 0,03

»   »   Chinoises.................... 0,04

»   »   Dayak....................... 0,04

Ces variations individuelles chez les femmes sauvages sont moindres que chez l'homme.

Selon Schaffhausen et Albrecht, elles ont les incisives moyennes, plus larges, 8,8 que les hommes, et un prognatisme aussi plus prononcé.

Enfin, selon tous les auteurs et dans toutes les races, notamment les races civilisées, le crâne de la femme est plus enfantin, par la capacité et par la forme, que le crâne masculin. Il est inférieur surtout dans la portion frontale, dans les angles et dans les capacités prosopiques; et présente toujours une moindre variabilité que chez le mâle.

8° *Cerveau.* — Le cerveau de la femme a un poids inférieur à celui de l'homme.

Selon Manouvrier, le poids du cerveau de la femme serait au mâle comme 89,0 à 100.

Le poids moyen dans des individus de 20 à 30 ans.

	Hommes		Femmes
Dans le Hanovre (Krause, *Anatom.*).....	1461	gr.	1341
En Angleterre (Sims. *Med. Chir Tran* 1835)	1412	»	1292
En France (Sappey, *Traité d'Anat. Descr.*)	1358	»	1256
En Suisse (Hoffmann, *Anatomie*)........	1350	»	1250
En Russie (Blosfeld, Henkes Zeitsch t. Statasartzneilkunde).................	1346	»	1195
En Autriche (Meynert, Vierteljares f. Psych 1887).....................	1296	»	1170
Moyenne générale..................	1358	»	1254
Différence........................		123	

Topinard et Manouvrier ont noté, toutefois, que ces variations, de même que celles du crâne, peuvent être en dépendance de la taille et du poids du corps qui est dans la femme proportionnellement inférieur (88,5 pour 0/0). Mais, même étant donnée cette comparaison, le poids du cerveau de la femme reste moindre, bien qu'avec des différences moins saillantes. Bischoff nous donne le rapport entre le cerveau des deux sexes, le poids du corps étant égal.

Poids du corps.	Poids du cerveau.	
kilog.	Hommes.	Femmes.
20	»	4,47 p. 0/0
30	3,7 p. 0/0	3,37 »
40	2,78 »	2,70 »
50	2,5 »	2,29 »
60	2,1C »	1,99 »

On voit tout de suite que les différences sont moindres. Toutefois l'infériorité de la femme n'en existe pas moins : en effet, selon Calori (*Memorie dell' Accademia delle Scienze di Bologna, 1871)* le poids du cerveau est au poids du corps comme 1 : 46,50 dans l'homme, 1 : 44,48 dans la femme.

Hammond fit des recherches comparatives sur le poids spécifique des substances grises et blanches du cerveau d'après l'examen de vingt cerveaux des deux sexes, il obtint :

Hommes, substance grise, maximum 1,0372, minimum 1,0314, moyenne 1,0350.

Femmes, substance grise, maximum 1,0325, minimum 1,0314, moyenne 1,0317.

Hommes, substance blanche, maximum 1,0427, minimum 1,0341, moyenne 1,0385.

Femmes, substance blanche, maximum 1,0386, minimum 1,0311, moyenne 1,0379.

Les observations très soigneuses de Rüdinger (*Vorlaufige Mittheilungen über die Unterschiede der Grosshirnwindungen nach dem Geschlecht beim Fœbus und Neugeboren*, München 1877), et de Mingazzani (*Intorno ai solchi e le circonvoluzioni dei primati*, Roma 1888) ont établi certains caractères différentiels du cerveau de la femme qui commencent à se fixer

vers le huitième mois, surtout sur la partie externe des lobes
frontaux et pariétaux, et moins clairement sur certains
lobules de la partie moyenne. Rohon a observé que chez les
singes aussi (*Zur Anatomie der Hirnwindungen*, München 1883)
il existe des caractères différentiels entre le cerveau du mâle
et celui de la femelle, analogues à ceux du fœtus humain.

Il remarque que dans le lobe frontal, les interruptions des
circonvolutions, au moyen de sillons secondaires, sont plus
nombreuses chez le mâle du chimpanzé.

Rohon observa aussi que dans le lobe pariétal du chimpanzé mâle, le premier pli de passage, et la circonvolution
pariétale moyenne, étaient plus robustes, la *scissure* interpariétale résultait de trois segments réunis entre eux tandis que
chez les femelles, le sillon était droit et plus proche de la
ligne moyenne. Ajoutons encore que le cerveau de la femelle
pesait de 15 à 20 grammes en moins; différence dont, selon
Rohon, dépend la diminution de la masse dans le lobe pariétal.

C'est ici le moment de rappeler que Turner (*Procee dings
of the tr. S. of*, Edimburgh 1865, 66) trouva dans le cerveau
d'un chimpanzé mâle, à droite, superficiel le premier pli de
passage et à gauche superficiel le deuxième pli de passage ;
par contre, un cerveau de femelle présenta la *fiss. perpend.*
externe continue, avec un *operculum* bien délimité ; un autre
présentait le même phénomène à droite.

9° *Physionomie.*— C'est presque inutile de remarquer que
le visage de la femme, dépourvu comme il est de barbe, plus
rond, surtout dans la mâchoire inférieure, est plus enfantin
et plus délicat que celui de l'homme. Pourtant, dans la première enfance et dans la vieillesse extrême, dans les premières et dans les dernières années, surtout chez les classes
inférieures, et chez plusieurs races sauvages (Hottentots,
Cafres, Boschimans), l'analogie avec le mâle est très grande ;
le visage de la femme devient viril.

10. *Caractères dégénératifs.* — La femme ne diffère nons eu-

lement de l'homme par le crâne, le développement du sein, des cheveux, et par tous ces caractères que Darwin a appelé les caractères sexuels secondaires ; mais aussi par la quantité, et l'intensité des caractères dégénératifs.

La femme ne présente presque jamais les caractères dégératifs du mâle : oreilles à anse, bosses frontales développées, grandes anomalies craniennes, asymétrie faciale : par contre, ou lui trouve en grande proportion d'autres caractères, comme le nœvum pilaire, l'oreille sexile, la précocité de la barbe ; caractères que l'on retrouve fréquemment isolés dans la femme normale.

Sur 560 femmes normales, le long d'un boulevard, je rencontrai 37 jeunes personnes avec des nœvus et un duvet prononcé (7 0/0), 34 avec des mâchoires volumineuses (6,8 0/0), 9 avec le type dégénéré complet (1,8 0/0).

Roncoroni ayant examiné 50 hommes et 50 femmes, de la bourgeoisie, trouva en moyenne 1,88 caractères dégénératifs chez l'homme et 1,20 seulement chez la femme. Les anomalies plus graves étaient surtout nombreuses chez l'homme.—Voir table :

Anomalies rencontrées parmi 50 hommes et 50 femmes de Turin.
sans aucun précedent criminel ou psychopatique.

	Hommes.	Femmes.
Oreilles à anse	9	3
Lobule sexile	8	14
Mâchoire inférieure volumineuse	8	7
Nez tordu ou écrasé	8	3
Appendice lémurien	7	2
Anomalies dans les dents	6	4
Pommettes saillantes	6	7
Prognatisme et progn. alvéol	5	2
Seins frontaux saillants	4	2
Bosses frontales	3	1
Diasthème des incisives supérieures.	3	1

	Hommes	Femmes
Sténocrotaphie...................	3	4
Rides précoces....................	3	1
Asymétrie faciale.	2	»
Dépressions sur le crâne	2	»
Menton rentrant..................	2	2
Occiput aplati....................	2	»
Torus occipitalis	2	»
Strabisme........................	2	3
Dépression sur le frontal..........	1	»
Lèvre supérieure mince ou verticale.	2	»
Platicéphalie.....................	1	»
Taille excessivement basse........	1	2
Trococéphalie....................	1	»
Front haut......................	»	2

D'où l'on conclut que l'homme présente beaucoup plus fréquemment les anomalies suivantes : nez tordu, écrasé ou volumineux ; prognatisme alvéolaire, et surtout oreilles à anse, appendice lémurien (les deux appendices lémuriens rencontrés chez la femme étaient peu développés), asymétrie faciale, anomalies de la voûte cranienne, — c'est-à-dire anomalies des plus graves ; tandis que chez la femme on rencontre plus souvent le lobule sexile et la sténocrotaphie.

J'avais tiré de l'examen des caractères dégénératifs chez les fous, un résultat presque analogue.

Voici des caractères dégénératifs la côte selon le sexe :

	Hommes.	Femmes.
Avec 0 caractères dégénératifs...	11	18
» 1 » »	13	17
» 2 » »	12	11
» 3 » »	8	3
» 4 » »	4	1
» 5 » »	1	»
» 6 » »	1	»
	50	50

Même le pavillon de l'oreille, qui — organe désormais inutile — donne le maximum des variations dans la race humaine et dans les dégénérations, offre un minimum d'anomalies dans la femme.

En effet, sur 25.000 sujets examinés, M. Gradenigo trouve les oreilles à anse dans la proportion de 11 0/0 pour les hommes et de 3 0/0 pour les femmes ; les lobules adhérents, 21,5 0/0 chez les hommes, et 12,1 0/0 chez les femmes. Ordinairement les pavillons sont réguliers chez 36 0/0 des hommes et 65 0/0 des femmes. Celles-ci ont seulement le dessus dans certaines anomalies, qui sont moins atavistiques. On trouve par exemple, l'anthélix saillant chez 7,2 des hommes, chez 11,5 des femmes ; l'hélix manquant : chez 0,8 des hommes, chez 7,3 des femmes.

On peut fixer plus exactement la différence pour les anomalies crâniennes : Ferraz di Macedo a noté sur 1.000 crânes normaux (500 femmes et 500 hommes) :

	Homms.	Femmes.
Fossette occipitale......	4 à $\overline{5}$ 0/0	18 à $\overline{3}$,4 0/0
Os épactal.............	1,0 0/0	0,2 0/0
Os interpariétaux.......	1,0 0/0	0,4 0/0
Suture métopique.......	11,8 0/0	9,3 0/0
Echancr. nasale à douche	4,5 0/0	1,0 0/0

Marimo et Gambara sur 466 mâles et 553 femelles (1) :

	Mâles.	Femelles
Os préinterpariétaux....	2,8 0/0	0,9 0/0
Os interpariétaux.......	1,3 0/0	0,09 0 0
Prognatisme	0,9 0/0	0,09 0/0
Os wormiens inférieurs..	38,8 0/0	35,15 0,0

Raggi trouva les os clinoïdes anormaux chez 13 0/0 des femmes, et chez 20 0/0 des hommes.

1. Le ossa wormiane nel cranio, Parma 1890.

Le seul organe de la femme qui soit fréquemment sujet à plus fréquentes anomalies, c'est l'hymen, qu'on trouve à frange, à cœur, à ruban, à poche, à cul de poule, circulaire, ou caudé (*Voir Planche 1.* II), grâce à une sorte de cordon, ou de prolongement filiforme avec épaississement terminal qui touche presque la marge supérieure de l'hymen; (Mierzejemski. Anth. Pjuhiami *Hoffmann, Traité de médecine légale, Vol. I., p. 20)*.

Cet organe, n'ayant plus aucune raison d'exister, ayant perdu, comme l'oreille, sa fonction naturelle, est le seul organe de la femme sujet à une grande variabilité.

Les femmes présentent moins souvent des anomalies dans les génitaux: voir le tablier des Hottentotes (*Voir Pl. 1.* II), constitué par une hypertrophie des petites lèvres et du prépuce du clitoris, plus ou moins grand, selon les individus, mais toujours bien distinct ; ce tablier apparait dès l'enfance et il est dû au grand développement du connectif et de la graisse subcutanée des petites lèvres pendant que, au contraire, les grandes lèvres sont atrophiées et que le mont de Vénus est tellement déprimé qu'on ne le voit presque plus.

Cette anomalie se retrouve dans plusieurs autres races. Pline déjà l'avait remarquée chez les Noirs, les Cafres, les Maures. Vincent (*Contribution à l'ethnologie de la côte occidentale d'Afrique : Revue d'Anthropologie*) a observé chez beaucoup de Noires de la côte africaine, un allongement des petites lèvres, de 5 à 8 centimètres, ce qui est un passage au vrai tablier. Lemser l'a observé chez quelques femmes du fleuve Mellacoré ; Blanchard croit cette anomalie d'origine atavique, car cette hypertrophie se retrouve chez le gorille et chez le Troglodytis Aubryi. Blanchard (sur la *Stéatopygie des femmes Boschimanes*, 1883), Gratiolet et Alix, également (*Recherches sur l'Anatomie des Troglodytes Aubryi*, 1886), ont démontré que chez le chimpanzé les grandes lèvres sont atrophiées, tandis que les petites nymphes sont très développées. Hoffmann et Bischoff ont remarqué que, chez les singes anthropoï-

des, les grandes lèvres et le mont de Vénus son tpresqu'atrophiés, tandis que le clitoris est toujonrs très développé et
cannelé sur la face intérieure; les petites lèvres sont très
développées, surtout dans le chimpanzé, un peu moins dans
les trois autres espèces de singes.

Or, la plus grande partie de ces caractères est commune
aux femmes Boschimanes ; seulement le clitoris n'y est pas
cannelé ; et les petites lèvres, bien qu'elles n'atteignent pas
un aussi grand développement, sont toujours plus volumineuses que les grandes.

Ces caractères sont associés, dans ces races, à plusieurs autres caractères pitéciques, qu'on trouve moins fréquemment
chez les Hottentots, race plus perfectionnée, produite par le
croisement des Boschimans avec les Cafres.

Chez les Européennes aussi, on retrouve quelquefois cette
anomalie, quoique plus atténuée. Carle, en effet, a remarqué
chez 38 0/0 des femmes de sa clinique, un plus grand
développement des petites lèvres.

On remarque encore chez les Boschimanes une autre singulière anomalie, la stéatopygie qui dépend, comme nous le
verrons, de la maternité. (*Pl. 1.* II.)

12. Bien plus importante est l'absence, ou le défaut de caractères dégénératifs, même chez les femmes les plus dégénérées, comme les idiotes, les sourdes-muettes, les folles, et,
comme nous le verrons, chez les criminelles. J'ai noté en
effet une moyenne de ces caractères :

	Hommes.	Femmes.
Sur 100 ophtalmiques, une moyenne de	4,01	2,05
50 fous, »	3,4	2,3
54 épileptiques, »	2,7	1,6

Cette différence doit se rattacher par quelque côté à cette
moindre variabilité de la femme, dont nous nous occuperons bientôt, — je dis par quelque côté, car dans certaines
monstruosités, par exemple dans les monstres doubles symé-

triques, la femme l'emporte. Toutefois ces monstruosités
pourraient bien n'être pas tant un signe de variabilité que
l'effet de troubles extérieurs imprimés à l'ovule (expériences
de Daremberg et de Giacomini) et dont toute influence du
sexe est exclue. Cette différence s'explique plus aisément par
la sélection sexuelle qui, dans les formes extérieures du
visage, doit avoir la plus grande influence, car c'est là que
nous cherchons la beauté.

13. *Fonctions. Pouls. Acide carbonique.* — L'infériorité, l'infantilité que nous avons trouvées pour la taille, pour le cerveau, pour le poids, etc., se retrouvent même dans les fonctions. Le pouls de la femme, selon Quételet, surpasse le
pouls masculin de 1-4-5 pulsations ; selon Guy, de 7-8 ; selon
Landois, il atteint 80 pulsations à la minute, et selon Sergi,
il les surpasse encore. Fronckenhausen estime qu'une telle
différence apparaît dès le premier âge, et qu'on peut la constater en comparant des individus mâles et femelles de la
même taille.

La femme a une croissance plus précoce, de la 8me à la 13me
année, tandis que le mâle est plus en retard. Pourtant la capacité vitale dans la femme adulte est inférieure (3000 litres)
tandis que chez l'homme, la moyenne va de 4350 à 4500.

L'exhalation de l'acide carbonique a été étudiée par Andral
et Gavarret ; il résulte de leurs recherches que, chez la jeune
fille comme chez le garçon, la quantité de l'acide carbonique
exhalée va en augmentant avec l'âge ; mais tandis qu'elle augmente chez l'homme jusqu'à l'âge de 30 à 40 ans, elle s'arrête
brusquement chez la femme, à l'époque de la puberté, et reste
stationnaire tout le temps que la femme est menstruée. Après
la ménopause, l'exhalation de l'acide carbonique chez la
femme, présente un accroissement temporaire, souvent jusqu'à l'âge de 60 ans, suivi d'une diminution graduelle à mesure qu'elle avance en âge.

14. *Secrétion urinaire.* — Chez la femme, la quantité d'urine

et la proportion des divers principes solides est généralement un peu plus faible que chez l'homme:

Les différences sexuelles de la composition de l'urine apparaissent tout de suite après la naissance.

Le tableau suivant donne, selon Mosler, la quantité d'urine en grammes, ses principes, chez l'homme, chez la femme et chez l'enfant.

Bischoff (1) a calculé que pour chaque kilog. du poids total il se produit:

Gr. 0,35 d'urée chez un homme de 45 ans.

» 0,28 » » une femme de 43 »

Selon Beigel :

0,44 0,51 pour l'homme — moyenne = 0,46

0,39 0,47 » la femme — » = 0,42

	ENFANT		FEMME		HOMME	
	Dans 24 heures	Par kilog.	Dans 24 heures	Par kilog.	Dans 24 heures	Par kilog.
Quantité d'Urine	1526	78	1812	42,3	1875	39,7
Urée	18,89	0,95	25,79	0,61	36,2	0,75
Cl — Na	8,6	0,44	13,05	0,302	15,6	0,326
H² SO⁴	1,01	0,06	1,96	0,046	2,65	0,053
H³ PO⁴	2,97	0,162	4,164	0,097	4,91	0,504

(Beaunis, *Physiologie*, lib. IV).

15. *Menstruation.* — L'époque moyenne de la première menstruation est selon :

MEYER	KAKUSKINE
(Allemagne)	(Russie)
6.000 observ.	

Pour les riches	ans 15, 51		ans 13, 0
» » pauvres	» 16, 31		» »
» » habit. d. vil.	» 15, 98		» 14, 9
» » id. camp.	» 14, 20		» 15, 3

(1) Der Harnstoff als Maass der Stoffwechsels.

HANNOVER
2.129 observat.

Pour les habitantes des villes.... ans 16, 76
» » compagnardes............. » 17, 03

La menstruation en Russie, apparaît vers la quinzième ou la dix-huitième année (Tarnowski) ; à Munich, entre la seizième et la dix-septième (Hæker) ; à Paris, entre la quatorzième et la quinzième (Brierre de Boismont).

Selon Calderini, Berruti, Porta, la plus grande fréquence des premières menstruations s'observe à Turin dans la quatorzième année, viennent ensuite la quinzième, la seizième, la treizième. Sur 277 cas recueillis par le docteur Calderini à Parme, la première menstruation apparaît plus fréquemment à 15, à 14, 16 et 13 ans.

Selon Pagliani, l'âge plus fréquent de la première menstruation en Italie, serait de 14 ans, 280 pour 0/0; 15 ans, 219 0/0; 13, 205 0/0 ; 12, 116 0/0 ; 16, 89 0/0; 17, 55 0/0; 18, 14 0/0 ; 11, 7 0/0; 10 et 20, 6 0/0.

On n'y trouve pas une grande différence entre les élèves des instituts de la ville et de la campagne. Chez les premières, la menstruation apparaît peut-être plus fréquemment au printemps et chez les dernières, entre juin et août.

Selon Dubois et Pajot, la menstruation dans les climats plus chauds apparaît entre la 11me et la 14me année; dans les climats tempérés, entre la 13me et la 16me année ; dans les climats froids, entre la 15me et la 18me année.

Pourtant l'influence du climat est neutralisée par d'autres influences. Dans la capitale de la Russie, la température artificielle des appartements très chauds, les fréquents rapports avec l'autre sexe, la lecture de livres érotiques, développent précocément la puberté. La race aussi y exerce une influence marquée, les femmes de race Mongole par exemple, bien que vivant sous un climat très froid, sont menstruées aussi tôt que les Italiennes et les Espagnoles.

Il faut encore tenir compte de la constitution individuelle.

Selon un étude de Pagliani (*Sviluppo umano*), il semble que la moitié des filles menstruées précocément à 13 ans, ont les cheveux blonds, tandis que seulement 1/5 les ont noirs ; plus de la moitié des filles menstruées à 14 ans ont les cheveux chatains ; plus de la moitié des filles menstruées à 15 ans ont les cheveux noirs ; ce qui démontrerait une précocité sexuelle supérieure chez les blondes.

La puberté est donc plus précoce de deux ou trois années chez la femme que chez l'homme.

La menstruation a chez la femme une importance supérieure à la puberté chez l'homme. On pourrait dire que la menstruation, qui dure de 20 à 30 ans, circonscrit la vie sexuelle de la femme.

Pendant l'époque menstruelle, la femme est inhabile aux travaux physiques et psychiques ; elle est plus facilement irritable et menteuse.

La ménopause a lieu, en Norwège, à 48 ans et 11 mois ; en France, à 46 ans et 11 mois ; dans l'Italie du Nord, à 44 ans et 9 mois ; dans l'Italie Centrale, à 43 ans et 6 mois ; dans l'Italie du Sud, à 47 ans.

En moyenne, la ménopause a lieu en Italie dans les classes aisées, à 41 ans et 4 mois ; dans les classes ouvrières, à 46 ans 1 mois ; dans les classes villageoises, à 46 ans 2 mois.

Après la ménopause, le désir sexuel, qui est déjà moindre chez les femmes, décroît et disparaît. Toutefois il y en a, observe Tait, le plus grand de nos gynécologues, qui, pendant la période climatérique, vont jusqu'à la répugnance du mâle, jusqu'à un dégoût qui frise la folie ; mais cette période passée, le désir sexuel peut reparaître très vif chez elles ; ce qui démontre que les ovaires ne sont pas dans un rapport aussi constant qu'on l'a cru, avec le sens génésique.

16. *Force musculaire.* — Chez tous les peuples (Lotze, *Psychologie* 1852) on a remarqué que la force de la femme est inférieure à celle de l'homme.

Selon Quételet, la dynamométrie de la femme est à celle de l'homme comme 57,1 à 100 pour le poing, à 52,6 pour la traction.

Selon Regnier, l'homme, de la vingt-cinquième à la trentième année, atteint le maximum de sa force, et peut, en étreignant le dynamomètre des deux mains, faire un effort égal à 50 kg,; soulever un poids de 13 mg.

Cette force commence à décroître progressivement vers la cinquantième année.

La force de la femme a été évaluée égale à celle d'un garçon de 15 à 16 ans; c'est-à-dire, aux deux tiers de la force d'un homme, et elle offre une moindre différence entre les deux mains.

Toutefois, plus les femmes appartiennent à des races inférieures, plus elles se rapprochent, ici, des mâles; ce sont les femmes, dans tout le monde sauvage, qui travaillent la terre, fabriquent les huttes, transportent les fardeaux, tandis que l'homme s'adonne entièrement à la chasse et à la guerre. Et encore, chez certaines races, la femme prend-elle aussi part aux combats.

Des recherches ultérieures nous montrent que la femme est plus fréquemment que l'homme gauchère ou ambidextre. J'ai trouvé la gaucherie, chez 280 femmes normales, dans le rapport du 5,8 0/0 (Voir mon *Homme Criminel*, vol. 1): et Gallia, chez 100 femmes, dans le rapport du 12 0/0. Généralement la différence est moindre pour les enfants; en effet, nous voyons que, avant la puberté, le rapport est de 3,2; après, de 9,5. Cela confirme, encore une fois, le caractère atavique de la précocité féminine.

17. *Maladies.* — Selon Robin (*Dictionaire Médic. Encyclopédique*), en général les maladies sont moins fréquentes chez la femme et aussi plus courtes et moins graves; surtout les hémorragies, les affections rhumatismales, le cancer, l'athérome; au contraire, elles sont plus fréquemment sujettes à la tuberculose pulmonaire, à la chlorose, à la gastralgie, à la

péritonite, qui se propage très facilemént par les voies génitales.

Ces différences, comme nous l'avons vu ailleurs, s'accusent particulièrement dans l'âge mûr, moins dans l'enfance et dans la vieillesse. Il faut encore remarquer que la femme supporte les opérations chirurgicales avec une plus grande résistance, ce qui rappelle la plus grande résistance aux blessures et aux maladies qu'on observe chez les animaux inférieurs et chez les hommes sauvages.

18. *Vieillesse.* -- La vieillesse de la femme est plus retardée que celle de l'homme. Elle reste plus longtemps *matrone* : ses cheveux blanchissent et tombent beaucoup plus tard, elle conserve plus longtemps l'intégrité de ses facultés et de sa mémoire, son regard reste vif, ses mouvements aisés, elle est moins sujette aux marasmes, à la surdité, aux ossifications, et même aux affections morales de la vieillesse (égoïsme, cruauté, taciturnité, névrose, etc.).

Dans un tableau de la longévité humaine, (Manouvrier, *Dictionnaire des sciences anthropologiques*, art. *Sexe*) nous voyons que dans les vingt premières années, sauf de 2 à 3 ans, il y a un léger excès dans la mortalité féminine. De 20 à 100 ans, elle représente une remarquable infériorité, exception faite de 70 à 75 ans, époque qui présente une mortalité féminine supérieure. Je ne saurais y voir d'autre rapport qu'avec la moindre sensibilité, d'autant plus que, dans le jeune âge (de 3 à 20 ans) la sensibilité de la femme est de beaucoup supérieure, et l'équation personnelle plus rapide.

Sur 76 centenaires morts en 1889 en Angleterre, 55 étaient femmes, et 21 mâles. Dans la même année, 15.364 femmes moururent de vieillesse, et 11.275 hommes seulement. (*Revue scientifique 1892*).

19. *Canities et Calvities.* — Une preuve de la sénilité plus tardive de la femme, et par conséquent de sa moindre sensibilité, nous est fournie par la canitie, et la calvitie, qui sont

chez elles moins fréquentes. Il résulte des recherches faites
dans mon laboratoire par le Dr Ottolenghi (1) .

CANITIES

	Hommes.	Femmes.
De 20 à 29 ans	29,87	8,11
30 39	60,97	31
35 39	77,15	57
40 49	82,35	84
50 59	96,51	90
60 69	100	100

CALVITIES

	Hommes.	Femmes.
De 20 à 29 ans	10,09	7
30 34	19	3
35 40	21	18
40 49	25	26
50 59	40	37
60 69	41	45

Donc les canities et les calvities apparaissent beaucoup
plus tard et moins fréquemment chez la femme, ce qui se
rattache à sa moindre activité psychique.

20. *Synthèse.* — La femme est donc plus enfantine que
l'homme ; la taille, le poids, le défaut de poils sur le visage, la
longueur supérieure du tronc par rapport aux membres inférieurs, le volume et le poids des viscères, l'abondance du tissu
connectif et du tissu gras, le nombre et le poids spécifique
inférieur des globules, le poids et le volume moindres du
crâne, de la mâchoire, du cerveau, le nombre inférieur d'interruptions dans les plis des sillons du lobe frontal, le nombre inférieur des variations (exception faite de l'hymen et des
petites nymphes), sont là pour l'affirmer. — Cet infantilisme
s'étend encore aux fonctions, à la circulation, à la respiration,
aux secrétions, à la force, etc.

(1) Sulle Canizie e Calvizie (Arch. di Psich. 1893).

CHAPITRE III

1. *Sens.* — En comparant les deux sexes, on trouve que la femme, vis-à-vis de l'homme, présente dans la sensibilité des différences remarquables. Déjà, nous avons vu ces différences s'affirmer dans la conformation anatomique. L'œil de la femme est plus petit, plus à fleur de tête ; le nez et l'oreille sont plus courts. Quant à l'oreille, selon les observations d'Autenrieth (Reil. Arch. t. IX, page 322) son canal auditif osseux est plus étroit, à égale longueur, et par conséquent il reçoit moins d'ondes sonores que l'oreille de l'homme, et même, une fois reçues, il en reflète encore un nombre moindre.

On a toujours cru jusqu'ici, que la sensibilité était plus grande chez la femme. Lotze et Ploss soutiennent que la femme est plus exposée aux névroses, grâce à sa plus grande sensibilité ; même Mobius, qui nie cette plus grande prédisposition aux névroses, croit toutefois que la femme est plus portée aux hypéresthésies.

Pourtant on avait déjà reconnu que ses besoins sont moindres : elle mange et boit moins, elle supporte la vieillesse, les douleurs, les privations, beaucoup plus facilement que l'homme, ce qui aurait dû faire douter de sa moindre sensibilité. Pour mieux résoudre ce problème nous avons fait des recherches diverses dans notre clinique.

2. *Toucher.* — En étudiant le tact chez 100 femmes normales et chez 100 hommes, on trouve :

		Femmes	Hommes
Tact fin	1,5 mill.	16 0/0	31,5 0/0
» médiocre	1,6 3	56 »	62,5 »
» obtus	3 et plus	25 »	6 »

avec une remarquable supériorité de finesse chez les hommes.

Le tact des jeunes filles cependant est très fin, même si elles présentent des caractères dégénératifs, et si leur intelligence est obtuse. En effet, 12 jeunes filles de 6 à 15 ans ont donné une moyenne de 1,56 à droite, et de 1,57 à gauche.

Les femmes des hautes classes présentent généralement une obtusité moindre, voir : 2,0 — que les femmes du peuple — 2,6.

Les hommes donnent une moyenne de 1,7 ; leur toucher est donc plus fin que celui des femmes ; et, chose très importante, j'ai trouvé des femmes dépourvues entièrement de tact sans raison plausible. Le tact des femmes normales varie encore selon la plus grande, ou la moindre fréquence des caractères dégénératifs (1).

En effet, nous avons trouvé sur 100 femmes :

	Moy. du tact	Tact fin	Médiocre	Obtus
54 présent. 0 caractères dégénérat.	(D. 2,39 (G. 2,47	11 22 0/0	33 68 0/0	8 16 0/0
38 » 2 ou 3»	» (D. 2,82 (G. 2,85	4,10 »	22 57 »	11 28 »
8 » 4. 5 »	» (D. 2,92 (G. 3,28	1,8 »	1 »	6,75 »

On voit par ce tableau que la sensibilité tactile des femmes est généralement très faible ; cette obtusité est moindre (16 0/0) chez les femmes dépourvues de caractères dégénératifs ; elle est plus forte (28 0/0) chez les femmes qui en présentent quelques-uns ; elle est très forte (75 0/0) chez celles qui ont un type dégénéré.

(1) Jastrow aurait trouvé dans 22 femmes un tact plus fin (1.52) que dans 30 mâles 1.72, mais il n'a fait aucune de ces distinctions. (Americ. Journ. of Psychologie, 1892.)

Or, comme les caractères dégénératifs sont plus rares chez la femme, son obtusité a une importance bien plus grande. Cela résulte aussi, indirectement, des recherches sur le toucher en rapport avec les caractères dégénératifs, faites sur les malades de l'hôpital ophtalmique, comme on le voit dans le tableau suivant.

Ces malades présentaient beaucoup d'anomalies, les hommes cependant plus que les femmes, c'est-à-dire :

	Femmes	Hommes
0 anomalies	7, 18 0/0	
1 »	9, 18 »	2,4 0/0
2 »	11, 23 »	7,14 »
3 »	12, 24 »	11,22 »
4 »	8, 16 »	10,20 »
5 »	1, 2 »	9,18 »
6 »	» » »	6,12 »
7 »		5,10 »

La sensibilité tactile dans les mêmes individus était :

	Hommes.	Femmes.
Fine, 1 à 1,5..........	1	3
Médiocre, 1,5 à 3......	30	16
Obtuse, 3 et plus.......	10	35
Absente	2	1

Moyenne générale du toucher chez ces patients :

Femmes...............	D 2,71	G 2,65
Hommes...............	3,93	3,99

Ici, la sensibilité tactile semblerait plus obtuse en moyenne chez les hommes que chez les femmes ; mais cela dépend de l'énorme fréquence des caractères dégénératifs des hommes— 0/0 — en comparaison des femmes — 18 0/0.

Les fous, dont les caractères dégénératifs sont bien plus fréquents chez les hommes, nous donnent, pour les mêmes raisons, le même résultat.

3. *Goût, Odorat, Ouïe, Vue.* — Pour le goût, je trouve, dans les recherches du Dr Ottolenghi, une acuité exquise pour l'amer chez 50 0/0 des femmes normales; goût très obtus chez 10 0/0, avec une certaine infériorité vis-à-vis des hommes normaux qui ont le goût plus exquis, chez 56 0/0.

Selon lui, pour l'odorat, les femmes tiendraient le troisième rang, et les hommes le quatrième ; mais, les recherches de Nichols et Baïley donnent des conclusions tout à fait différentes.

En effet, Nichols et Bailey ont fait de nouvelles expériences sur la finesse de l'odorat dans les deux sexes, en délayant dans l'eau des matières fortement odorantes : de l'essence de girofle, de l'ail, de l'acide prussique. Après avoir préparé une série de vases et de solutions de forces très différentes, variant de 50 0/0, on invita le sujet à reconstituer la série naturelle en se guidant par l'odorat (1).

Des expériences faites sur 44 hommes et 38 femmes de toutes les conditions, il ressort que les hommes ont un odorat deux fois plus fin que les femmes. L'essence de citron dissoute dans l'eau, fut perçue par les hommes à une solution de $\frac{250}{1,000}$, par les femmes dans une solution deux fois plus forte. De même pour l'ail et les autres odeurs. Pour certaines substances, la différence était encore plus considérable : l'acide prussique, par exemple, délayé dans un volume d'eau vingt mille fois supérieur, n'était plus senti par aucune femme, pendant que presque tous les hommes le sentaient dans un volume cent mille fois supérieur. Si bien que le goût des femmes pour les odeurs fortes semblerait venir de ce fait que, les sentant moins, elles les supportent mieux.

Pour le goût, au contraire, les femmes offriraient une plus grande finesse, exception faite pour le salé.

Les nouvelles recherches faites par Roncoroni, dans mon

(1) Proceedings of the Kansas. Acad. of. Sciences. 1884.

laboratoire, sur l'odorat, le goût et l'ouïe de 15 femmes et de 20 hommes, ont donné des résultats plus concluants :

ODORAT

	Hommes.	Femmes.
Sensation générale : Solution à l'huile de girofle jusqu'au...............	1/39000	1/35600
Sensation qualifiée au..............	1/34000	1/31400
Sensation quantitative fine...........	75 0/0	52,8 0/0

GOUT

	Hommes.	Femmes.
Doux : Solution de saccarine au......	1/74500	1/82600
Amer : » de sulphat de strichnine	1/57000	1/51400
Salé : » de chlor. sodicum....	0,490/0	0,580/0

OUÏE

	Hommes.	Femmes.
O. D. distance de l'oreille à laquelle est encore entendu le battement d'une montre.	17,9	14,6
O. G. *Id.* *Id.*	13,1	15,2

D'où on peut conclure que la sensibilité du goût, sauf pour le sucre, l'odorat et l'acoustique sont plus fines chez l'homme que chez la femme.

L'acuité chromatique mesurée avec les laines de Holmgrem est trois fois plus grande chez les femmes que chez les hommes : mais ici peut-être faut-il tenir compte de l'habitude spéciale engendrée par le travail de la broderie, car on ne connaît pas une femme qui ait été grande coloriste.

Fr. Galton avait déjà entrevu cette conclusion :

« Je trouve, dit-il, que l'homme a une faculté plus subtile de distinction que la femme, et l'expérience semble le confirmer. Les accordeurs de pianos sont des hommes, ainsi que les dégustateurs de thé et de vin, les trieurs de laines et autres. Ces dernières occupations sont bien payées, parce qu'il est très important, pour le marchand, de bien connaître la valeur de ce qu'il achète ou de ce qu'il vend. Si la sensibilité des femmes était supérieure à celle des hommes, l'intérêt des commerçants les leur ferait toujours préférer.

« Rarement, les dames savent bien apprécier un bon vin à table, et l'on croit généralement qu'elles réussissent mal à préparer le thé et le café. Cette sensibilité inférieure semble s'étendre aussi aux animaux. Ainsi Burdach prétend que le lièvre mâle a l'ouïe bien plus fine que la femelle ; qu'en route il tend les deux oreilles, tandis que la femelle les laisse pendantes.

Même les écrivains qui, emportés par le courant, paraissent inclinés à croire à une plus grande sensibilité de la femme, finissent, dans le cas pratique, par admettre le contraire. Tel Mantegazza qui, tout en croyant la femme plus sensible que l'homme, dit qu'elle n'est pas assez égoïste pour analyser et jouir des plaisirs du palais ; elle ne peut pas supporter les plaisirs des alcools et des drogues.

« Elle est plus sensible, dit-il, aux satisfactions de l'odorat, car elle a des nerfs plus délicats et ne prostitue pas son nez par les plaisirs grossiers du tabac. » Et encore : « Chose remarquable, la femme ne tire des plaisirs des sens aucune jouissance intellectuelle... »

« Une femme, en général, ne jouit pas autant qu'un homme des plaisirs de la vue. Elle est trop distraite, et son organisation intellectuelle ne se prête pas aux analyses des sensations. Presque toujours, devant un objet (paysage, tableau, etc.), elle n'a de la sensation que le vernis, et ne jouit du plaisir qu'à l'épiderme ; tandis que l'homme, dans le même laps de temps a parcouru un monde d'images et d'idées. » (Mantegazza, *Physiologie du plaisir*, Partie I.)

« Pourtant, bien que la femme trouve plus facilement les nuances délicates, ses sens n'arrivent pas à embrasser les larges horizons, elle ne mesure pas exactement les proportions d'un objet. En général, elle ne voit pas aussi loin que l'homme ; ou du moins elle ne reconnaît pas aussi distinctement un objet très éloigné. » (Id.)

Sensibilité sexuelle. — La sensibilité sexuelle, quoiqu'on en dise, est moindre chez la femme. Tait l'avait déjà observé. (*Congrès français de chirurgie, 1891.*)

Et Dante :

> Si comprende
> *Quanto in femmina fuoco d'amor dura*
> *Se l'occhio o il tatto spesso nol raccende.*

Les souffrances génitales — écrit de son côté Mantegazza — sont presque toujours ressenties plus fortement par l'homme; et se manifestent par une tension douloureuse des testicules, des vésicules spermatiques, par un priapisme spasmodique et prolongé; à ces souffrances s'ajoutent l'inquiétude, une grande agitation, et, dans certains cas très graves, le délire qui peut avoir une forme hydrophobique.

Chez la femme il est très rare que le besoin génital donne de telles souffrances.

« La femme — écrit Sergi — veut être courtisée et aimée par l'homme; mais elle lui cède comme une victime. J'en ai connu plusieurs qui haïssaient les approches sexuelles bien qu'elles adorassent leurs maris; d'autres qui, jeunes filles, croyaient trouver dans le mariage une source de jouissances, ont confessé n'y avoir trouvé que de l'ennui. »

On sait que ce n'est qu'à force de caresses et de chatouillements qu'on amène la femme à céder avec quelque plaisir; autrement elle reste froide et n'éprouve ni ne donne de jouissance. Dans plusieurs races inférieures, on se sert de moyens barbares pour exciter la femme; l'homme subit même des opérations douloureuses pour acquérir ces moyens — ce qui montre qu'on reconnaît instinctivement, jusqu'aux plus bas dégres de la civilisation, le peu de sensibilité sexuelle de la femme.

« Sans doute — écrit Sergi — les jeunes filles en Europe sont plus heureuses en épousant un jeune homme; mais trop souvent elles ne font aucune difficulté pour épouser un vieillard lorsque celui-ci possède d'autres avantages, s'il est riche,

aimable, etc. En effet, le mariage d'un jeune homme avec une
vieille fille soulève du bruit et du scandale, tandis que le mariage d'une jeune fille avec un vieillard passe inaperçu.
Souvent, bien qu'elles aient souffert d'un amour contrarié,
elles se donnent à un tiers qui les épouse tout de suite. D'autrefois, avec une parfaite indifférence, elles cèdent à un
homme qu'elles avaient d'abord repoussé, s'il insiste, ou s'il
présente des avantages pratiques tels que la possibilité du
mariage.

J'ai connu des femmes absolument insensibles à l'amour,
soit qu'elles fussent réfractaires au sentiment, soit qu'elles
cédassent passivement sans enthousiasme.

Selon Sinclair (*Hommes et Sourire*), « les instincts sexuels
sont extrêmement rares chez les filles et même chez les femmes. » La charmante Duchesse de Longueville, quoiqu'elle
eut le célèbre Duc de la Rochefoucauld et plusieurs autres pour
amants non platoniques, avoue, dans ses *Confessions*, que,
du temps même de ses égarements les plus criminels, le seul
plaisir qui la touchât était celui de l'esprit: celui qui tient à
l'amour-propre; les *autres* (c'est-à-dire les plaisirs des sens)
ne l'attirant pas.

Peu d'hommes ont eu autant de succès près des femmes
que ce Duc de la Rochefoucauld, qui pourtant renonça aux
plaisirs de l'amour à 39 ans, et qui, après toute son expérience, dit n'avoir trouvé de l'amour que dans les romans.
Tout le monde sait que Mme de Sévigné était parfaitement
chaste et nullement sensuelle.

La bonne duchesse d'Orléans dit dans une de ses lettres:
« J'ai été bien aise que Monsieur, après la naissance de sa
fille, ait fait lit à part. Car je n'ai jamais aimé le métier de
faire des enfants…. C'est de tout point, du commencement
jusqu'à la fin, une vilaine, dangereuse et sotte chose, qui ne
m'a jamais plu….

M. Sinclair ajoute un fait curieux tiré d'une lettre de
Mme d'Epinay à Grimar, à propos de Mme de Verdelin, qui démon-

tre (ce sont ses paroles) « cette froideur, quant aux sens, qui
« est la règle chez les femmes aussi bien que chez les filles.
« Un jour que Margeney (son amant) la pressait sans succès
« et qu'elle le refusait avec la plus grande fermeté, il eut re-
« cours à ce dépit simulé dont on ne craint les effets, que lors-
« qu'il n'est pas fondé. « *J'entends, Madame*, lui dit-il, *que vous
ne m'aimez pas*. » Elle se mit à rire de ce propos comme
d'une absurdité. Il le répéta du même ton et avec plus de violence encore. Elle le regarda avec étonnement, lui rappela
les dangers auxquels elle s'exposerait, la jalousie de son mari,
le mépris de ses parents ; rien ne put calmer Margeney... Elle
se lève alors avec le plus grand sang froid, le prend par la
main, le mène dans son cabinet : « Eh bien, *Monsieur*, dit-elle,
soyez *heureux*. » Il le fut ou crut l'être, et voilà les hommes !

Michelet a écrit :

« C'est une sottise vaniteuse dans l'homme, de croire que
la femme lui cède vaincue par l'amour physique. Cette erreur
peut s'excuser chez les enfants, chez les novices ; mais elle
est bien ridicule, pour tous ceux qui ont un peu d'expérience.
Quiconque connaît les femmes sait bien que presque toutes
n'y mettent que de la complaisance et de la bonté. »

Il est pourtant vrai qu'une fois excitées elles sont bien
tenaces dans les choses d'amour et qu'il y a des exceptions
étranges.

Le chiffre minime donné par la prostitution masculine (Al-
phonses-souteneurs, etc.) comparée à la prostitution feminine,
est une autre preuve de la moindre sensibilité génesique chez
les femmes ; ajoutons que leur sensibilité sexuelle va en diminuant à mesure que l'époque de la ménopause approche,
et que, dans cette période, elles ressentent un dégoût de l'acte
sexuel analogue à la répulsion de la femelle fécondée. Passé
l'âge critique, selon Tait, la femme peut reprendre le sens
génésique, qui est pourtant toujours moins vif.

Cette plus grande frigidité et passivité de la femme dans

le coït est commune d'ailleurs à toutes les femelles du monde zoologique.

Selon Darwin, les désirs sexuels dans presque toutes les espèces, sont plus vifs, plus ardents chez les mâles.

Les mâles des mammifères et des oiseaux poursuivent les femelles. Quelquefois pourtant les oiseaux mâles remplacent la poursuite par l'étalage de leurs plumes, par des attitudes étranges et par le chant.

Entre les poissons, les alligators et les batraciens, qu'on a eu l'occasion d'observer, c'est aux mâles qu'appartient l'initiative et toujours, dans la classe des insectes, le mâle va à la recherche de la femelle. De même, les mâles des araignées et des crustacés sont plus actifs et plus vagabonds; dans quelques espèces, le mâle seul est pourvu d'organes de locomotion; lorsque les deux sexes en sont pourvus, c'est toujours le mâle qui les possède mieux développés; le mâle est donc plus actif à la recherche. La femelle, comme l'observe Hunter, a en général le besoin d'être courtisée, et longtemps, elle cherche à se soustraire au mâle (Darwin. *Origine dell' uomo*, pag. 177).

L'origine de ces phénomènes se trouve dans le poids plus grand et dans la fonction des ovules en comparaison des spermatozoïdes: ces derniers dans les plantes sont transportés par le vent, et dans les animaux primitifs, pourvus d'organes de locomotion, c'est toujours le mâle qui va à la recherche de la femelle.

Pour la femme, il faut ajouter l'énorme importance qu'à chez elle la maternité, qui absorbe toutes ses facultés (voir chap. III).

La moindre sensibilité sexuelle de la femme nous est confirmée encore par plusieurs faits: — voir la rareté et le peu de variété des psychopathies sexuelles, — la création de l'amour platonique qui, au fond, est plus en honneur chez les femmes que chez les hommes; — la chasteté que la femme conserve bien plus longtemps. — Cette même chasteté n'est imposée par la loi qu'à elle: mais on n'a pas trouvé possible d'y

contraindre les mâles. La femme, encore, s'adapte facilement
à la polygamie; les Mormons, en effet, trouvent très facilement des femmes adeptes.— Et, encore, les femmes observent
scrupuleusement la monogamie, qui n'est qu'apparente le
plus souvent pour le mâle.

Les opinions contraires sur la sensibilité de la femme déri-
vent de ce que, chose apparemment contradictoire, l'amour
est le fait capital dans la vie de la femme. Mais cela résulte
moins de ses désirs érotiques que du besoin de satisfaire
l'instinct de la maternité et du besoin de protection.

« *Donnez-moi un enfant ou je meurs.* »

Ce cri de Rachel à Jacob, renferme une grande vérité psychologique.

Un célèbre chirurgien, M. Giordano, me disait : « *L'homme
aime dans la femme la vulve ; la femme aime dans l'homme le
mari et le père de ses enfants.* »

La femme a, en résumé, un érotisme moindre et une
sexualité supérieure.

« Les femmes, écrit L. Prospère, tombent rarement dans les
« excès. Elles sont maîtresses de leurs sens bien plus que les
« hommes. Ce n'est jamais par les sens qu'on arrivera à s'em-
« parer d'une femme, mais bien plutôt par le cœur, la vanité,
« etc.

« La femme, écrit M. de Lambert, s'amuse avec l'amour;
elle s'y prête, mais ne s'y abandonne pas. Ce fait est d'une
grande importance sociale pour l'utilité qui en revient au mariage et à la convenance.

« La femme, écrit Sergi, qui se marie par amour ne se
refroidit pas facilement, son amour se maintient longtemps
au même niveau; c'est la femme qui se plaint de ne pas retrouver toujours dans l'époux un même degré d'enthousiasme.
Les désirs sexuels moins vifs dans la femme, ont été un frein
naturel et utile aux désirs masculins plus ardents.

La femme étant naturellement et organiquement monogame
et frigide, on s'explique les lois contre l'adultère, qui frappent

seulement la femme et non l'homme (l'homme trop de fois devait s'y soustraire) et l'on s'explique, quoique sans la justi- fier, l'éternelle injustice de la loi et des coutumes à l'égard de la femme dans le mariage ;

Ce qui, en effet, ne constitue même pas une contravention pour l'homme, est pour la femme un crime très grave : et la prostitution qui aurait dû être à beaucoup d'égards un titre à la clémence juridique et sociale (en tant qu'issue donnée aux ardeurs viriles) est devenue au contraire synonyme d'in- famie ; elle n'existe, pourtant, régulièrement et officiel- lement qu'au seul profit de l'homme ; les femmes n'en au- raient pas besoin.

5. *Sensibilité dolorifique et générale.* — La sensibilité sexuelle inférieure de la femme va de pair avec la moindre sensibilité spécifique.

La sensibilité générale et dolorifique a été expérimentée avec la table d'Erb, par moi et par les docteurs De Filippi et Turin. Je résume le résultat de nos observations.

	N. des observ.	Sens. générale	Sens. douloureuse
Femmes du peuple	49	90,20	53,15
Hommes » »	17	94	69,23
Garçons	4	95,75	78,76
Filles	13	91,07	70,15
Hom. au-dessus de 21 ans	13	93,45	66,80
Femmes » »	36	87,86	48,41

Les différences entre les deux sexes, pour la sensibilité gé- nérale, sont petites dans le jeune âge, elles commencent à s'ac- centuer pour la sensibilité douloureuse ; ici encore la femme apparait plus obtuse que l'homme, ce qui nous est encore confirmé par un autre fait ; deux femmes observées par nous offraient une insensibilité douloureuse absolue sans qu'aucune maladie pût justifier le phénomène, ce qui est en contradic- tion avec tout ce que l'on connait actuellement.

En examinant avec l'appareil de Duboys-Raymond, la sensibilité générale à la douleur chez les femmes et chez les hommes normaux, j'ai obtenu les résultats suivants:

	N. de femmes	Sens. générale. D. s.	Sens. doul. D. s.
Dames du grand monde	17	59,4	42,2
Jeunes filles »	10	58,7	44,4
Hommes du monde	8	58,2	42,0
Femmes du peuple	2	59,1	45,0

D'où il résulte que la sensibilité la plus fine appartient toujours au mâle.

Il semble que la sensibilité générale et aux douleurs dans la paume de la main chez les femmes du peuple, soit généralement plus fine chez l'homme que chez la femme normale.

SENSIBILITÉ GÉNÉRALE

	44 Femmes.	17 Hommes.
De 75 à 88 ans	5	»
80 » 85	9	1
85 » 90	14	7
90 » 100	16	9

SENSIBILITÉ DOLORIFIQUE

	44 Femmes.	17 Hommes.
De 1 à 15 ans	4	1
15 » 20	1	»
20 » 25	2	»
40 » 50	2	»
50 » 60	7	2
60 » 70	16	5
70 » 80	10	5
80 » 90	2	4

Ces données sont appuyées sur les témoignages recueillis par des praticiens impartiaux.

Tous les grands chirurgiens que j'ai interrogés à propos de
cette question, m'ont répondu que, bien qu'aujourd'hui les
différences de sensibilité disparaissent grâce à l'usage des
anesthétiques, ils pouvaient cependant affirmer que la femme
supporte mieux les opérations que l'homme. — Billroth prétend que lorsqu'il s'agit de faire une opération nouvelle, il
est préférable d'en faire le premier essai sur la femme, parce
qu'elle est moins sensible et par cela même plus résistante;
et la femme ressemble, sous ce rapport, aux sauvages qui
se distinguent par une plus grande résistance aux blessures
et aux douleurs. Giordano me disait que les femmes, tout en
manifestant une grande crainte avant l'accouchement, en
souffrent en réalité bien moins qu'on ne pourrait le croire.

Un dentiste de Turin, très distingué, M. Martini, m'écrit:
« Je ne pourrais pas affirmer péremptoirement que la femme
souffre plus ou moins que l'homme. Toutefois, il est certain
que les femmes manifestent moins ou supportent plus courageusement la douleur. Que cela dépende de leur force
d'âme ou d'une nature plus patiente, c'est pourtant un
fait positif, qu'elles se soumettent plus courageusement aux
opérations et les supportent mieux. »

De même le dentiste Méla m'écrit que les hommes s'éva-
nouissent plus facilement sous les fers que les femmes. Le
Dr Bergésio, en extirpant des humeurs uréthrales chez un
homme et chez une femme du même âge, observa que le
mâle éprouvait une plus grande douleur.

L'éminent chirurgien Bruno se rappelant le temps où les
anesthésiques n'étaient pas encore adoptés en chirurgie,
écrit n'avoir observé aucune différence entre les deux sexes;
mais il a observé une plus grande résignation chez la femme.
Nous avons aussi pour nous l'opinion de Montaigne.

« Qui n'a ouï dire, écrit Montaigne, à Paris, de cette femme
qui se faisait écorcher pour avoir une peau plus fraîche et
plus veloutée? Et il y en a qui se font arracher des dents
saines pour avoir la voix plus douce et plus souple ou pour

les arranger. Combien d'exemples de mépris de la douleur ne pourrions-nous citer? J'ai vu des femmes avaler du sable et de la cendre, et se torturer jusqu'à ruiner leur estomac pour devenir pâles. Pour avoir une belle taille, elles souffrent que des baleines s'enfoncent dans leurs flancs, les rongent dans la chair vive jusqu'à l'os.

6. *Résistance à la douleur.*—Sergi m'écrit à ce sujet : « Une des preuves de la résistance à la douleur chez la femme, c'est le calme qu'elle sait garder en présence des malades. L'homme lui est, sous ce rapport, de beaucoup inférieur. » C'est aussi une des raisons qui expliquent pourquoi les femmes remplissent si bien les fonctions de gardes-malades, tandis que les hommes se montrent presque incapables de la même besogne. Car moins est grande la sensibilité émotive, moins on se ressent visiblement de la souffrance du malade et mieux on le soigne.

J'ai vu parfois des hommes qui soignaient des parents malades, dépérir rapidement, pendant que des femmes, même des mères, les assistaient tranquillement, conservant leur bonne humeur et leur appétit. Ce n'est pas un effort volontaire, une force héroïque de la femme, cette résistance supérieure, cette domination devant la douleur et la souffrance d'autrui, c'est une insensibilité relative, ou mieux c'est l'effet d'une sensibilité moins profonde et moins intense.

« La femme, d'après Balzac, a une plus grande appréhension des douleurs, mais lorsqu'elles arrivent, elle les supporte mieux que l'homme. » (*César Birotteau*).

« De toute sorte de courage, écrit Thomas, celui que la femme possède au plus haut degré, c'est le courage de la douleur : elle préfère souffrir mille fois plutôt que de déplaire à quelqu'un, et défie la douleur plus facilement que l'opinion publique.

Cette résistance à la douleur est prouvée par la plus grande longévité chez les femmes et peut l'expliquer; elle est confirmée par les proverbes :

« Les femmes ont sept vies comme les chats. »

« Les femmes sont comme les chats, elles ne meurent jamais. »
(Sicile.)

« Les femmes ont sept esprits. »

*« Les femmes sont comme les chats, si elles ne tombent pas
sur le nez, elles ne meurent pas. »*

« Les femmes ont l'âme attachée avec la colle forte. »

« Les femmes ont sept âmes et une petite âme. » (Lombardie.)

« Femmes, chats et couleuvres ne meurent jamais. » (Venise.)

Il est vrai que l'on dit que la femme n'a pas une moins
grande sensibilité, mais bien une plus grande résistance à
la douleur, mais il est facile de comprendre qu'on résiste
d'autant plus à la douleur, qu'on la sent moins et que l'un
fait prouver l'autre.

M. Charles Richet dit à ce sujet (1) :

« Je ne crois pas tant à la différence de courage qu'à la
différence de sensibilité. Il est probable que selon les individus, les races et les espèces, il y a différence notable de la
sensibilité à la douleur, et qu'on peut ainsi expliquer les différents modes de réaction que présentent à la douleur les
individus, les races et les espèces. »

Il cite l'exemple des grenouilles qui, l'hiver, ne donnent
aucun signe de douleur pendant les opérations, et qui au contraire réagissent vivement l'été ou quand elles sont injec-
tées de strychnine ; ou bien celui de races sauvages, suppor-
tant tranquillement des douleurs qui seraient atroces pour
un européen.

On remarque aussi que la femme, ainsi que l'admettent les
adhérents de la théorie contraire à la nôtre, est sujette à
une somme de douleurs considérablement supérieure à celle
de l'homme.

« La femme, écrit Mantegazza, a une plus grande résistance à la douleur physique, elle sent moins que nous la pri-

(1) Richet. *l'Homme et l'intelligence.* Paris 1884.

vation des désirs sexuels ; elle souffre moins que nous des piqûres de l'amour propre. Mais ces privilèges insignifiants ne
sont rien en comparaison des grandes douleurs qui l'attendent
d'autre part.

« S'il était possible de dresser une statistique, on verrait
qu'elle souffre cent fois plus que l'homme. La mesure excessive des douleurs de la femme est rendue plus grande par
certaines souffrances liées à la vie sexuelle. Rappelez-vous
la périodique humiliation du flux menstruel, qui est souvent
une vraie douleur; rappelez-vous les spasmes du premier
baiser et les cruelles douleurs de l'enfantement, et vous verrez qu'on peut vraiment la nommer le *paria* de la famille
humaine. » (Mantegazza. *Fisiologia del dolore. Parte I, a, cap*
IX.)

Mais si la femme résiste à tant de douleurs et vieillit moins,
évidemment c'est qu'elle les ressent moins.

7. *Excitabilité douloureuse plus grande.* — Si la croyance
à la plus grande sensibilité de la femme a été aussi persistante et aussi universelle, c'est parce qu'on a confondu les
manifestations extérieures de la douleur avec la douleur
elle-même. Les femmes réagissent d'une façon plus expansive que l'homme contre la douleur : et selon une belle observation de Sergi (1) elles ont, non pas une plus grande
sensibilité, mais une plus grande irritabilité.

« Les femmes, comme les enfants, dit Sergi, sont plus facilement irritables et moins sensibles, et si nous les jugions
d'après les manifestations extérieures, nous les croirions plus
sensibles que l'homme. Et ce phénomène s'accorde avec
les autres, et est conforme à la nature générale de la femme.
Elle offre aussi en cela un arrêt du développement comparativement à l'homme. Dans certains états morbides comme
l'hystérie, cette irritabilité devient extrême. »

Mais c'est là une *supra excitabilité* et non une hyperestésie.

(1) *Archives de Psychiatrie*, vol. XIII, fan. I.

Mobius, affirmant que la femme est plus exposée que l'homme à l'hyperestésie confond l'excitabilité avec la sensibilité.

Mantegazza, qui soutient résolument la supériorité de la femme sous ce rapport, admet cependant que l'expansion de ses démonstrations de douleur n'est pas dûe tout entière à une plus grande sensibilité.

« Il semble, dit-il, que l'un des caractères les plus saillants de la cellule nerveuse féminine soit celui de se décharger rapidement de la tension qui l'envahit ; cela se voit aussi par les expressions douloureuses. En elle, généralement, les hémisphères cérébraux sont plus faibles et ont par cela même une moindre vertu modératrice des actions réflexes, de sorte que la mimique ressort presque toujours plus expressive et plus riche. »

Dans les proverbes et dans les devises populaires de beaucoup de langues, on trouve cette vérité consacrée : « Tu pleures, tu n'as pas l'air d'un homme. Ce sont là des larmes de femmelettes ; tu es un homme et tu ne portes pas ta douleur avec dignité, etc. »

Une raison qui contribue à rendre plus grande l'expansion expressive de la douleur chez la femme c'est l'éducation. On n'exige pas d'elle le courage mais la grâce. Elle apprend d'ailleurs de bonne heure quelle puissance se cache dans ses larmes. La faculté qu'ont certaines femmes de pleurer à leur gré est vraiment merveilleuse, et tout homme qui a dépassé trente ans peut se rappeler certaines scènes dans lesquelles il lui aurait été assez difficile de donner la juste mesure de la part qui revenait à la volonté de pleurer et de celle qui restait à la douleur sincère (1).

Pour mon compte, dans les cent cas que j'ai observés, je rappellerai une jeune parisienne qui, du rire le plus immodéré, pouvait, en peu de minutes, passer aux pleurs, mais à de vrais pleurs de désolation dont elle souffrait elle-

_____

(1) Mantegazza. *Fisiologia del dolore* Firenze, 1880.

même et faisait souffrir les autres, les pliant à son caprice et transformant ses larmes en écus ou en louis, selon les circonstances.

Une dernière preuve en est que les femmes ont fait de leurs pleurs une industrie.

Chez les Mangaiyas, les complaintes funéraires sont chantées quarante-huit heures de suite par les femmes (Linvingstone op. cit. pag. 62).

Chez les Kabyles de Giava, lorsqu'un homme est enseveli, les hommes tournent trois fois autour du cadavre, tandis que les femmes poussent des plaintes et des gémissements (*Arch. d'Anth*, ecc. Vol. VI, pag. 319).

Chez les Tuelches d'Amérique, lorsqu'une femme perd son mari, ses amies pleurent avec elle (Id. id. id., p. 70). Dans les rites funéraires des Tasmaniens, les femmes veillaient le corps et entonnaient le chant de deuil (*Hillyer Giglioli*, op. cit. pag. 104). Quelquefois, pourtant, ces démonstrations ne sont pas si désintéressées; chez les Diolades de l'Afrique méridionale, non seulement les offices funéraires sont exercés par les femmes, mais on paie des pleureuses qui se roulent par terre aux pieds des morts et se couvrent de cendres en jetant de hauts cris (Marche, *Trois voyages dans l'Afrique occidentale*, pag. 77).

Chez les Annamites, pour les funérailles d'une personne riche on loue certaines femmes qui, à prix de tarif, pleurent les morts, vêtues de noir.

Les *preficæ* se retrouvent chez tous les peuples Ariens. — Les hymnes funéraires de l'Atharvaveda nous montrent déjà dans les anciennes cérémonies aryo-indoues, la femme qui se lamente. Dans le Mahabharata, les doléances des femmes sur les héros morts sont célèbres. Dans la Grèce primitive, les rôles de pleureuses appartenaient aux vieilles femmes qui, neuf jours de suite, devaient chanter leurs complaintes. Plus tard, Solon défendait par la loi, aux pleureuses, de se déchirer les joues. La même défense se retrouve dans les lois des XII

tables (*mulieres genas ne radunto*) chez les Romains. Par
contre, dans les pays du Nord, cette coutume ne fut pas très
diffuse. Chez nous elle se conserva longtemps. A Milan les pleureuses furent abolies par S. Charles Borromée. En Sardaigne,
dans le Piémont, la Lomelline, la Valtelline, le Frioul, les Ca-
labres et chez les Albanais d'Italie l'institution des *prefiсœ* est
encore vivante. Elle est vivante aussi dans les provinces
Roumaines, en Transylvanie, dans plusieurs pays Celtiques
et Slaves et chez les Morlaques. Des Tacite dit anciens Germains. *Fœminis lugere honestum est, viris meminisse* (De Gu-
bernatis *Histoire comparee*, etc., Milan, 1890).

Les proverbes d'ailleurs ont aussi noté que :

Les femmes ont les larmes dans leur poche (Ombrie).

Femme rit quand elle peut, et pleure quand elle veut.

Les femmes ont les larmes dans leur escarcelle (Venise).

*Les femmes ont deux sortes de larmes, les unes de douleur
et les autres de mensonge.* (Sicile).

Femme est malade quand elle veut. (Toscane).

D'où il résulte que chez la femme l'excitabilité prévaudrait
sur la sensibilité qui en est l'évolution ultérieure ; et les
plus grandes manifestations qui accompagnent l'excitabilité,
auraient trompé l'observateur sur l'état véritable de la sensibilité féminine, qui est inférieure dans toutes ses formes spécifiques générales douloureuses et morales.

8. *Sensibilité morale.* — Pareillement à ce qu'on a remarqué
pour la sensibilité générale et douloureuse, la sensibilité
morale de la femme est inférieure.

« On croit, écrit Sergi, que la femme souffre plus que
l'homme, mais qu'elle se résigne plus facilement à la douleur
par habitude : et, assez souvent, on lui fait des louanges
comme à une héroïne de ses sacrifices dans la vie. Je ne nie
pas qu'il y ait des femmes héroïques et bien supérieures à
beaucoup d'hommes ; mais quant à la résignation facile à la
douleur et aux souffrances, je trouve que cela dérive du peu
de profondeur et de la moindre intensité de sentiment.

La résignation héroïque exige une grande force de volonté, et certes ce n'est pas cette qualité éminente qu'on rencontre communément chez la femme. La résignation par habitude au contraire, ferait croire à une obtusité de la sensibilité, ou, ce qui du reste reviendrait au même, à une insensibité relative qui lui permet de mieux tolérer la douleur.

Maintenant, dans les douleurs émotionnelles, on ne peut admettre cette diminution de sensibilité par habitude sinon dans le cas où les douleurs ne détruisent pas l'organisme et ne l'abattent pas violemment. Ce sont les petites douleurs et les petites émotions qui peuvent devenir habituelles, et par cela même peu énergiques relativement et tolérables. Il faut encore admettre, à cause de cela, dans les conditions organiques de la femme une moindre intensité dans ses émotions et une plus grande tolérance et résignation.

Au point de vue biologique, il n'y a pas d'autre explication; et il serait fantastique d'admettre que la volonté puisse diminuer la force des émotions; la volonté peut seulement en réfréner les manifestations : et la femme, sans aucun doute, les réprime plus rarement que l'homme, de manière qu'il semble qu'il y ait en elle une plus grande sensibilité émotive; tandis qu'en réalité elle n'a qu'une plus grande irritabilité, qui se décèle subitement par les expressions extérieures (*Arch. di psich.* vol. XIII, pag. 1).

Donc la femme sent moins, de même qu'elle pense moins : et ainsi se trouve confirmée pour le sexe la grande maxime d'Aristote. *Nihil est in intellectu quod prius non fuerit in sensu.* Et même cette insensibilité relative de la femme est bien utile à l'humanité, car c'est grâce à elle que les femmes retombent si facilement dans la grossesse malgré les douleurs de l'enfantement et malgré le peu de part qu'elles prennent aux plaisirs de l'amour. L'homme avec sa sensibilité outrée n'en ferait pas autant.

CHAPITRE IV

CRUAUTÉ — PITIÉ, MATERNITÉ DANS LA FEMELLE ET DANS LA FEMME

I

Cruauté

C'est une vérité pénible à dire. La cruauté de la femelle chez les brutes, les sauvages et les peuples primitifs l'emporte sur la pitié quoique elle soit inférieure à la farouche cruauté du mâle. « Nous savons, écrit Spencer, que, dans les pays où l'on torture les ennemis, les femmes surpassent les hommes en cruauté; voir les atrocités commises par les deux souveraines Dayakes, dont le Rayah Brook a fait la description, et les actes barbares attribués par Winwood Reade à une reine d'Afrique. Les femmes sont presque aussi barbares que les hommes; si elles ne commettent pas autant d'atrocités, la cause en est à leur impuissance. » (Principes de Sociologie. II, pag. 361).

2. *La femme et la guerre.* — L'amazone est un type assez rare, qu'on rencontre seulement chez certains peuples sauvages; cependant la femme joue plus fréquemment dans la guerre un rôle auxiliaire. — Dans les Antilles, Colomb

trouva une organisation militaire, où les femmes avaient un rôle important : les peuples de plusieurs îles s'étaient confédérés dans le but de marauder dans les îles voisines; or, durant les expéditions des hommes, les femmes restaient seules à la défense de l'île-patrie et leur force, leur courage et leur habileté, dans le maniement des armes, étaient égales à celles des hommes. (Irving. *Histoire de la vie et des voyages de Christophe Colomb. II, pag. 15*).

Près de Sainte Cruz, une chaloupe de Colomb eût une rencontre avec une chaloupe indienne : et les femmes se battirent aussi bravement que les hommes (Irving, *op. cit. p. 22*).

De même, près de la Guadeloupe, Colomb envoya une chaloupe à terre; les soldats étaient à peine débarqués qu'une foule d'Indiennes arriva, armées d'arcs et de flèches, prêtes à les repousser. Plusieurs de ces femmes usaient aussi des ruses dans les combats; l'une d'entre elles, poursuivie par les Espagnols, attendit qu'un des soldats, qui courait plus vite que les autres, en fut très écarté, et, se retournant à l'improviste, elle l'assaillit si rapidement qu'il aurait été tué sans doute, si ses camarades ne fussent arrivés à son secours (Irving, *op. cit. pag. 257*).

Chez les anciens Bretons, les armées avaient toujours une femme à leur tête (Tacite. *Annales*).

Dans le Dahomey, l'élite des troupes est composée d'une bande de six à sept milles guerrières; elles y commettent des barbaries inouïes; elles s'acharnent surtout dans la mutilation des cadavres; toutefois il faut noter que leur cruauté est peut-être excitée par la chasteté qu'on leur impose, et qui éloigne d'elles les influences attendrissantes de la maternité.

Dans la province de Cuba, les femmes accompagnent les hommes à la guerre, combattent avec eux, quelquefois même elles dirigent leur avant-garde (*Bancroft*).

Le roi d'Achantis est gardé par un bataillon de femmes qui se signalent dans le combat par leur bravoure et par leur soif du sang; elles deviennent des hyènes — disent les indigènes (Bebel. *La femme, Paris 1881*).

Dans la *guerre noire*, une Tasmanienne, nommée Walloa, fut outragée plusieurs fois par les colons; pour se venger elle apprit à se servir des armes à feu, rassembla une bande et en devint le chef; elle fut une terrible ennemie des Anglais; seule, entre les Tasmaniens, elle eut l'idée géniale d'employer contre eux les fusils, dont elle enseigna l'usage à ses soldats (Hillyer Gigilioli, *I Tasmaniani. p. 504*).

Sur le Nil Blanc, chez certaines tribus, les femmes aussi combattent à côté des hommes. Chez les Scots, au Moyen-Age, les femmes faisaient partie de l'armée, et mutilaient cruellement les prisonniers. — Mais ce ne sont-là que des faits isolés, sporadiques, et importants en ce qu'ils démontrent dans les femmes sauvages une moindre différenciation. Bien plus important nous semble le rôle de la femme comme auxiliaire dans la guerre.

Les Australiens avant le combat s'exaltent jusqu'au délire par des insultes, des cris, des chants : bien des fois ce sont les femmes qui, chantant et hurlant, enflamment la fureur des hommes; souvent même les femmes et les enfants, prennent part aux combats, encourageant les guerriers par leurs cris, poussant des hurlements de joie à chaque ennemi qui tombe, et quelquefois se mêlant à la lutte

Chez les Maoris les femmes combattaient aussi par intervalles mais toujours elles restaient au camp afin de pourvoir les hommes d'armes et de nourriture.

Dans les îles Marshall et dans les îles Gilbert, les femmes prennent une part active à la lutte, mais de loin, lançant des pierres dans le camp ennemi. Les femmes Kabyles (Berbères) parées de bijoux, apparaissent souvent sur le champ du combat, et leur vue excite jusqu'au délire l'ardeur des combattants (Letourneau, *Evolution politique, pag. 313*). Chez les anciens Germains, les femmes suivaient les troupes, et durant la lutte, elles faisaient un bruit épouvantable en frappant sur des grillages (*Id. pag. 519*).

En Tasmanie, les combats entre tribus étaient précédés par des vociférations, des cris et des guérilles auxquelles se mêlaient les femmes (*Hillyer Giglioli, op. cit.*)

Les tribus Boutocudos luttent entre elles, se partageant en deux camps, hommes contre hommes, femmes contre femmes.

Les hommes se battent avec des bâtons, les femmes s'égratignent, s'arrachent les cheveux, les anneaux de bois des oreilles et des lèvres ; si l'une d'elles arrive à jeter par terre sa rivale, une troisième survient qui tient celle-ci par les jambes, tandis qu'on la frappe de plus fort (*Id. p. 157*).

Nous voyons chez certains peuples combien la femme est facilement accessible au souffle ardent d'une passion épidémique. On sait que les femmes des anciens Ibères donnèrent avec fureur l'assaut à des forteresses — dans les guerres contre les Carthaginois et les Romains — et elles se laissèrent, quelquefois tuer en masse. (Mommsens. *Romische Geschichte.*)

Les femmes Cimbres, après la défaite des hordes Cimbriques, se donnèrent la mort plutôt que de céder aux vainqueurs. (Plutarque. *Vie de Marius.*)

Ces fureurs ataviques des femmes guerrières éclatèrent encore en Espagne, lors de l'invasion de Napoléon et du siège de Saragosse.

3. *Vengeance.* — En Australie, lorsqu'une femme outragée n'est pas vengée par son mari, toutes les femmes, ayant une vieille à leur tête, excitent les hommes à la vengeance. (Rudesindo Salvado. *Memorie dell' Australia*, Roma 1851.)

Les femmes Okandes profitaient de ce que Marche défendait aux maris de trop les maltraiter pour se venger des tourments endurés avant son arrivée. (*Op. cit., p. 342.*)

En Tasmanie, pendant la guerre noire, les Anglais capturaient les femmes indigènes ; les Tasmaniens s'en dédommageaient en torturant horriblement les prisonniers, et les fem-

mes s'unissaient aux hommes pour tourmenter les victimes
mourantes. (*Hillyer-Giglioli, op. cit., p. 35.*)

Il faut sans doute attribuer à la soif de vengeance les
tortures infligées par les femmes aux prisonniers de guerre
chez les Peaux-Rouges. (Letourneau. *Evolution politique*, p.
504.) Au retour des guerriers vainqueurs, les femmes dansent, agitent triomphalement les chevelures arrachées aux
ennemis. Marche dit que chez les Gallas, quelques jours après
la mort du roi, quatre hommes d'un autre village furent accusés de l'avoir empoisonné ; transportés au village ils furent
assaillis dès leur arrivée, par les femmes du roi défunt, armées de tisons ardents, qui les auraient sans doute brûlés
vivants si ce voyageur ne se fût interposé.

Elisabeth de Russie se vengea de la trahison de son amant,
en l'obligeant à épouser une naine difforme et à passer la première nuit de noces dans un palais de glace avec des meubles en glace ; le lendemain matin, elle vint avec toute sa cour
offrir un bouquet aux mariés, bleuis sur leur lit par le froid,
et envoya sa rivale en Sibérie, à pied, après lui avoir fait
couper le nez et les oreilles.

La cruauté de la femme dans la vengeance est un fait tellement acquis qu'on le retrouve même dans la littérature.

Dans les contes de Sacher Masoch, on lit qu'un prince po-
lonais s'éprit d'une paysanne de quinze ans : il l'emmena dans
son château et l'y retint pendant cinq années ; après ce temps,
voulant se marier, il donna une belle dot à la jeune fille et
l'obligea d'épouser un paysan : la jeune femme ne laissa rien
paraître de son ressentiment ; après dix ans, comme son
mari était mort, et comme dans le pays on tramait une révolte
contre les nobles, elle souleva les paysans et en conduisit une
bande au château de son ancien maître : alors elle le fit traîner à son *izba*, et là, elle l'attacha à une charrue à la place des
bœufs et le contraignit à labourer jusqu'au soir, le fouettant,
pour le remettre debout, lorsqu'il tombait par terre épuisé de
fatigue. Le soir, elle l'emmena à l'étable, le força à se cou-

cher dans la loge des bœufs, à se nourrir d'herbe ; cela dura pendant trois jours jusqu'à ce qu'il mourut dans un sillon. (Sacher Masoch. *Revue des Deux Mondes. 1890.*).

Une autre femme russe, mariée avec un paysan qui l'aime mais qui ne travaille pas et lui fait souffrir la faim, se voit proposer un jour par son mari d'être vendue comme esclave au Sultan. Après quelque hésitation, elle accepte et ils partent ; mais à mi-chemin, le mari s'enivre et s'endort, et, comme dans un éclair, la femme conçoit l'idée de la vengeance : ce sera elle qui le vendra comme esclave. Alors elle le lie et l'attache à la selle du cheval ; ensuite elle salue son réveil par des railleries et le regarde trotter à côté de sa monture. — Arrivés à l'endroit où l'acheteur les attendait, elle livre son mari, en retire le prix et reste à le regarder, tandis que le Turc jette le malheureux au fond de la barque et le fouette pour l'empêcher de crier. (*Id. id.*)

Une autre jeune paysanne, qui vivait avec un petit propriétaire, ayant su qu'il la trahissait, s'enrola dans une bande de brigands dont elle devint la reine. Alors elle commanda à deux de ses hommes de s'emparer de son ancien amant et de le traîner au camp, où elle s'en fit une espèce d'escabeau — lorsqu'elle s'asseyait, elle le recouvrait d'une housse et l'écrasait avec ses pieds ; lorsqu'elle avait à marcher, elle se faisait transporter sur son dos. (*Id. id.*)

On peut donc remarquer, dans les vengeances de la femme, la tendance à faire souffrir sa victime, à lui donner la mort petit à petit. L'homme est plus féroce, il tue et massacre sans pitié ; mais il connaît moins que la femme l'art de prolonger les souffrances, et de faire endurer à un homme le maximum de douleur dont un être humain soit capable.

4. *Cruauté envers les faibles et les femmes.* — Schopenhauer notait déjà que les femmes sont instinctivement et sourdement ennemies entre elles ; elles lient et rompent leurs amitiés avec la plus grande facilité. Les Italiens répétent souvent que *lorsqu'il y a trop de jupes ensemble on suffoque.*

Il suffit pour cela de voir le croisement des regards entre deux femmes qui se rencontrent dans la rue, lorsqu'elles se toisent de la tête aux pieds avec des yeux brillants de défi. C'est pourtant là un des côtés de la psychologie féminine que l'art a saisi et reproduit le plus fidèlement ; la raison de cette sorte de duel n'est pas d'ailleurs si difficile à saisir, si l'on pense à la lutte de grâce, de beauté, d'élégance, de coquetterie, à laquelle non seulement leur vanité est attachée, mais aussi l'unique but de leur existence, le mariage. C'est un des motifs qui, le plus souvent, excitent leur cruauté. De même les faibles, abandonnés aux mains de la femme, par l'impulsivité de son caractère vindicatif, courent le danger de servir de victimes à sa cruauté raffinée.

Chez les Gallas, les femmes du roi abusent tellement de leur position, tourmentant leurs sujets par des vexations de tout genre, qu'on a adopté l'usage de les fouetter publiquement à la mort de chaque roi.

« Je ne connais, dit Bourgarel, rien de si perfide, de si immoral, de si méchant, que la femme Calédonienne. » (Bertillon, *Les Races sauvages*, Paris, Masson, p. 260.)

Selon le témoignage de Robecchi, dans les populations de l'oasis Ammon, les femmes, sans doute à cause de la condition dans laquelle on les tient, sont en général, plus méchantes que les hommes (*Arch. d'anthr. et ethnog.* vol. XIII.)

D'après Spencer (1), chez les Commanches aussi les femmes sont plus cruelles que les hommes, et se délectent à torturer les prisonniers. Chez les Dacota (2), on livre les captifs et surtout les vieillards, aux femmes qui les torturent pour se divertir.

Dans certaines parties de l'Australie, les femmes se haïssent entr'elles ; lorsque les hommes veulent en punir quel-

---

(1) Spencer. *La Morale*. p. 141.
(2) Spencer. Op. cit. p. 132.

qu'une, ils l'abandonnent à ses compagnes qui en font leur souffre douleur; elles la renversent, s'asseyent sur son corps et lui entaillent les chairs avec des cailloux effilés (Letourneau *Evolution de la morale*.)

On connait les tourments que les femmes ont inventés pour torturer leurs esclaves : le besoin d'opprimer les faibles et la haine de la femme dans ce cas se combinent ensemble.

Les matrones romaines égratignaient le visage de leurs esclaves, et les piquaient aux seins avec de longues épingles (Friedlander. *Studii intorno agli usi e costumi Romani*, VI, Milano, 1874.)

Darwin dit qu'à Rio-Janeiro une vieille dame possédait certaines vis spéciales pour écraser les doigts de ses esclaves. (Darwin. *Voyage*.)

Une dame de la Guyane, voyageant dans un bateau avec une esclave dont l'enfant pleurait fortement, prit le petit être et le jeta à l'eau; cette même dame fit massacrer une mulâtresse parce qu'elle était jolie; à une autre esclave qui était très belle, elle fit brûler avec un fer rougi les lèvres, les joues, le front et couper le tendon d'Achille, la réduisant à l'état de monstre horrible et repoussant. (Mantegazza. *Fisiologia dell'odio*.)

La femme, par nature, est portée à la protection des faibles; mais s'ils l'offensent et que par hasard ils tombent en son pouvoir, elle devient un impitoyable bourreau qui saura leur faire souffrir les tourments les plus aigus.

5. *Cruauté épidémique.*—C'est un fait remarqué par plusieurs historiens que dans les révolutions la femme en fureur est sans pitié. En effet, les exemples de cruauté féminine que nous avons donnés, sont, presque tous, des actes de cruauté collective ; ce n'est plus la préméditation froide, c'est l'emportement de la masse qu'elle subit et qui l'entraîne.

En 89, les femmes furent toujours plus féroces que les mâles dans la révolte (Lombroso, *Crime politique*, V. I)

De même, les femmes participèrent à la Commune avec la

dernière énergie, et en furent les héroïnes sanglantes. Dans le massacre des Dominicains, initiées par une femme, elles surpassèrent en cruauté les hommes à qui elles reprochaient de ne pas savoir assez bien tuer ; une, entre autres, Epilly, voulut commander le feu sur un prisonnier, et l'acheva elle-même d'un coup de revolver à la tempe ; une autre, après le massacre des ôtages, déplorait de n'avoir pu arracher la langue d'une des victimes. Maxime du Camp dit : « Elles n'avaient qu'une seule ambition, surpasser l'homme, en exagérant ses vices. Elles furent cruelles ; employées à la recherche des contumaces, elles se montrèrent implacables ; infirmières, elles donnaient de l'alcool aux blessés pour les tuer (Id., p. 230-231.)

La grève de Germinal est préparée et commencée par les hommes ; les femmes viennent après, et s'y distinguent par leur obscène férocité ; elles arrachent le penis à l'ennemi mort, et s'en font une bannière (Zola).

En 1799, les femmes de Naples, sous l'excitation de la passion épidémique, allèrent jusqu'au cannibalisme ; elles vendaient et mangeaient les chairs des républicains comme les femmes de Palerme lors de l'insurrection de 1866. Au moment de l'expédition de Toscane, étouffée à Sapri par les paysans et les soldats, raconte Faldella, Nicotera fut transporté presque mourant dans un petit village, et les femmes accoururent pour pincer et torturer son corps sanglant.

Déjà Diderot avait remarqué avec quelle rapidité les femmes se laissent emporter par le tourbillon des commotions épidémiques ; Despine ajoute que dans toutes les folies épidémiques, la femme se distingue par son extravagance exceptionnelle, et son exaltation. Lorsqu'on touche aux plus hauts degrés de la passion, tout le vernis, ce dehors moral, que l'évolution a lentement amassé en nous, disparaît et l'homme civilisé redevient meurtrier et cannibale ; de même la femme dans ces extraordinaires et passagers retours ataviques, devient très cruelle, arrachant la langue de sa victime et outrageant sa virilité, prolongeant son agonie, assoiffée de la voir souffrir longuement. C'est toujours en somme le besoin de faire souffrir qui est le caractère principal de la méchanceté féminine.

II

La pitié.

D'autres faits pourtant contradictoires témoigneraient d'un sens de pitié plus vif chez la femme, et chez la femelle dans le même monde zoologique.

1. *Pitié de la femelle dans le monde zoologique.* — Les poules séparent assez souvent les jeunes coqs qui se battent furieusement (Foveau de Courmelles. — *Les Facultés mentales des animaux*, 1891). Les femelles du bouquetin, lorsqu'un mâle du troupeau est blessé, l'aident à s'enfuir. (Romanes. — *Evolution mentale des animaux.*) La femelle du sanglier est moins féroce que le mâle ; la femelle de l'éléphant surpasse aussi le mâle en douceur. — La femelle du mandrille, qui est le plus féroce des singes, est beaucoup plus docile que le mâle. (Brehm. *Le Règne animal,*)

De même, tandis que le mâle du macaque est d'une extrême méchanceté, la femelle est douce et caressante. (Meunier *Nos Singes domestiques.*) Baudin, qui vécut longtemps avec des cynocéphales, a vu souvent les mâles faire des méchancetés, mais jamais la femelle (Id.); la femelle d'un cynocéphale, qui était dans un jardin zoologique, se montra toujours d'une grande douceur ; et les saltimbanques ne se servent que de femelles, car les mâles sont dangereux.

Romanes écrit que dans une société de gibbons, un jeune singe mâle s'étant blessé en tombant, fût assisté avec soin par une vieille femelle qui ne lui était pourtant aucunement apparentée. Tous les jours elle lui réservait les plus belles bananes

et ne commençait à y goûter qu'après en avoir donné au
petit blessé. (Romanes, *Intelligence des animaux*, pag. 298.)

Remarquons encore que le mâle répond à toutes les provocations et même attaque le premier, tandis que la femelle, au
moment de la lutte, s'enfuit avec les petits.

« J'ai assisté, dit Franklin, à l'accouchement d'une femelle
de macaque ; après la naissance du petit, les autres femelles
vinrent lui rendre visite, elles soulèverent le nouveau-né, se
le passèrent les unes aux autres en le caressant et s'appro-
chèrent avec toute sorte d'égards de la mère, comme pour
l'en féliciter. » (*Vie des animaux*, I, 32)

2. *La pitié chez la femme sauvage.*—Donner une idée exacte
de la pitié chez la femme sauvage est chose assez difficile,
parce que les voyageurs ont peu observé ce côté de la psychologie ; et sans doute aussi parce que les manifestations de
la pitié chez la femme y sont rares.

Toutefois même parmi les sauvages on retrouve le germe de
cette pitié d'où la fleur merveilleuse de la charité féminine,
fécondée lentement par la civilisation, s'épanouira plus tard.

Remarquons d'abord que la femme sauvage ne prend
presque jamais part aux actes violents et féroces du mâle.

Nous avons énuméré les rares exemples de femmes guerrières et les cas moins rares, où la femme joue le rôle d'auxiliaire dans le combat, jetant des pierres contre l'ennemi, encourageant les combattants, ramassant les flèches, etc.

De même la femme n'est presque jamais cannibale, car le
mâle égoiste et gourmand ne lui concéde jamais de manger
de la chair humaine. Dans toute la Polynésie la femme aida
puissamment les missionnaires qui prêchaient contre l'antro-
pophagie (Letourneau, *Evolution de la morale*, pag. 97.)

Chez les Maoris, un des peuples les plus barbares, les femmes
étaient éloignées des banquets de chair humaine. Quelquefois aussi, le mâle, plus modéré dans son égoïsme, se contente
de se réserver les meilleurs morceaux ; chez les Fuégiens, les

hommes mangeaient les jambes ; les femmes, les bras et le dos, et on jetait le reste (*Arch. d'antr.*, etc. VII, pag. 63.)

Chez d'autres peuples pourtant, à la Nouvelle-Zélande, par exemple, ces ripailles sont communes aux hommes et aux femmes. (Letourneau, *Op. Cit.* pag. 98.)

Parmi certains peuples la femme, par la même raison, est soustraite aux effets délétères des boissons alcooliques. Les anciens Romains condamnaient à mort la femme dont l'haleine sentait le vin. Chez les indigènes du Paraguay, les hommes seuls s'enivrent avec *l'eau ardente* (Mantegazza, *Feste ed Ebbrezze*, 107.)

Les rois de Perse, au moment où l'ivresse commençait, éloignaient les femmes du banquet (Baudrillart, *Histoire du Luxe*)

Mais plus intéressants sont pour nous les exemples d'une vraie pitié. Bien des voyageurs, en pays sauvage, furent sauvés par les femmes indigènes. Les Australiennes avertirent bien souvent, au risque de leur vie, les voyageurs des complots ourdis contre eux par les hommes. (Hovelacque, *les Débuts de l'Humanité*, Paris, 1881.)

Stanley, débarqué à l'île Bambyreh, sur le lac Nyanza, fût mal reçu par les indigènes, qui méditaient de détruire l'expédition ; lorsqu'une femme vint lui indiquer le seul moyen que lui restait de sauver sa vie, c'était de gagner l'amitié du roi Shekka par une cérémonie où ils auraient goûté du miel ensemble (*Lettres de Stanley*, pag. 11, Paris, 1873.) En Sénégambie, Mungo Park fût recueilli affamé, déguenillé, par une vieille femme qui lui donna à manger, et s'éloigna sans vouloir écouter ses remerciements.

Une autre fois, en Sénégambie, le même voyageur, qui se trouvait en pleine détresse, fût hébergé par des femmes, et avant de s'endormir, il entendit des chants qu'elles avaient improvisés pour lui. « Les vents rugissent, la pluie tombe, le pauvre blanc vient et s'assied sous notre arbre ; il n'a ni mère qui lui donne son lait, ni épouse qui lui apprête du blé. Ayons pitié de l'homme blanc qui n'a pas de mère. » (Mungo Park

Hist. univ. de voy. vol. XXV, *page 89.*) Le voyageur Français, Raffenel, trouva en Sénégambie, le même accueil auprès des femmes.

Quand les Européens se trouvèrent parmi les sauvages ennemis, ce fut bien souvent une femme qui s'interposa afin d'éviter des rencontres sanglantes. Lorsque Robinson essaya de mettre fin à la guerre entre Anglais et Tasmaniens, deux femmes Tasmaniennes l'aidèrent dans son dangereux apostolat. (Cotteau. *En Océanie, p. 188*).

Livingstone, aussi, comme Mungo Park, fût accueilli avec les plus grands égards par les indigènes Africaines ; et, chaque fois qu'il entrait dans un de leurs nombreux villages à Balenga, les femmes sortaient pour le saluer avec des chants et en battant des mains (*Lo Zambese e i suoi affluenti, p. 91*).

De même, les Batokas lui firent dans chaque village, les plus grandes démonstrations d'allégresse, les hommes battaient des mains, les femmes le saluaient, chantant un refrain : « La paix, la paix » ou bien « Nous dormirons » *(Id. pag. 95).*

Or, n'est il pas remarquable que la première invocation à la paix parte de la femme?

La femme sauvage, souvent, à ce que dit Reclus *(Les Primitifs, Paris, 1885, pag. 68)* est affectueuse et douce pour les bêtes. Michelet disait que la femme a été le premier médecin ; en effet, il n'est pas rare de la voir remplir parmi les sauvages ce rôle, que nous avons vu d'ailleurs pratiquer par les femelles des singes.

Chez les Esquimaux, la femme qui accouche est entourée de toute sorte de soins par ses compagnes (Reclus, *op. cit. p. 43*) De même, les Esquimaux croient que la femme connait les influences mystérieuses qui chassent les maladies ; lorsqu'un homme s'alite, des femmes autour du lit, psalmodient « l'Aya-Aya » et une femme dirige les sortilèges, qui doivent lui redonner la santé (Reclus, *op. cit. pag. 43*).

Chez les Tasmaniens, de vieilles femmes assistaient en

qualité de juges aux duels entre les tribus, et elles avaient droit de grâce (*Hillyer-Giglioli, op. cit*).

Fréquemment les voyageurs vantent la gentillesse et la douceur des femmes. Stanley dit que celles du Kabambarré sont jolies, soumises, aimables (*Lettres Paris, 1878, pag. 213*) Marche dit que les femmes Osseyba, sont bonnes, affectueuses, et qu'elles l'accompagnèrent à son départ, jusqu'à la sortie du village, lui souhaitant bon voyage. (*Trois voyages dans l'Afrique Occidentale, Paris, 1879, pag. 212*).

Giglioli affirme que la Tasmanienne, bien plus souvent que l'homme, est d'un caractère doux et d'un cœur affectueux.

Le caractère des femmes Akka (*La population pigmée, découverte par Schweinfurt, au centre de l'Afrique*) selon le témoignage de Marno, était doux et confiant (*Arch. d'anthrop. V. pag. 461*) tandis que les mâles étaient entêtés, méchants, rancuniers, de vrais hommes enfin. Les femmes Toba, en Amérique, ont, au moins dans la jeunesse, un sourire doux et charmant (*Arch. d'antrop. III*) Le charme, la confiance, le sourire, sont les reflets d'un altruisme, et d'une bonté, que les hommes ne possèdent pas.

Ces faits nous apparaissent, comme des sommets d'un continent submergé, émergeant çà et là, et dont on devine pourtant la base commune. On voit dans ces manifestations isolées, dans ces fragments de pitié féminine, les premières lueurs de l'altruisme. Le germe en est diffus, nous l'avons vu, dans toute la terre, chez les races les plus différentes ; mais la grande floraison ne se produira que dans le petit nombre des peuples mieux doués qui pourront parcourir toutes les étapes de l'évolution dont la civilisation est le résultat.

Les grandes institutions de la charité, naquirent en Europe, avec la religion chrétienne. Les civilisations grecques et romaines, laissent peu de traces de la pitié féminine.

Notons, toutefois, que dans le monde greco-romain, sous l'Empire, et particulièrement en Grèce, les femmes formèrent

certaines associations de secours mutuels : ce fut un des rares
cas ou les Grecs s'associèrent la femme, et c'était pour une œuvre de charité. (Renan. *Les Apôtres.*)

Mais le grand essor que prit la charité, lors du Christianisme, démontre que la femme possédait, bien avant cette époque, des germes latents de pitié ; autrement l'apparition soudaine d'un sentiment aussi délicat et complexe que celui
de la charité serait tout à fait inexplicable. Probablement les
femmes se livraient, alors aussi, à des œuvres de piété ; mais
isolément, à de rares intervalles ; et l'histoire de ces peuples
« l'histoire orgueilleuse, comme dit Renan, des peuples domi-
nateurs » n'en tint aucun compte. Peut-être encore, la femme,
avec sa pauvre génialité, ne sut-elle pas donner à l'exercice
de la pitié une organisation solide ; et cela fit bientôt oublier
ses vertus obscures et individuelles. Le génie de l'homme, en
créant le Christianisme et ses institutions charitables, mit en
lumière ce qui avait été le lent travail des siècles dans l'âme
de la femme, rallia en faisceau toutes les activités éparses de
la pitié féminine, et créa la charité. Déjà dans le monde sauvage on retrouve en germe tout ce que la charité a entrepris
chez les peuples civilisés ; les soins aux malades, l'assistance
aux mourants, les secours aux condamnés, le culte des
morts, la pitié envers tous les êtres débiles et qui souffrent.

3. *Pitié de la femme chez les peuples civilisés.* — Le christianisme fut le point de départ des grands héroïsmes pieux
de la femme. Le christianisme, nous le répétons, ne créa
pas la pitié de la femme, mais il la mit en évidence et la fit vibrer.

Déjà dans les premières années, dès la mort du Christ, cette
première société cénobite composée des disciples trouva le
moyen d'occuper à des œuvres charitables les veuves sans
enfants, les relevant de l'abandon où la société les laissait.
Alors furent créées les diaconesses, les *calogrie,* sœurs qui, la
tête ceinte d'un voile sombre, étaient pour les premiers
chrétiens des consolatrices respectées et aimées (Renan, *les
Apôtres*, pag. 122-124)

Avec les transformations successives de la société chrétienne, les institutions charitables allèrent de plus en plus se consolidant, se perfectionnant, et les femmes en furent toujours l'âme et la vie. « Dans l'an 40, l'église de Joppe avait une femme admirable, dont le nom était *Tabitha* (Gazelle) qui consacrait tous ses soins aux misérables : elle était riche, et dépensait tous ses biens en charité. Elle avait formé une association de veuves, qui passaient leurs journées à tisser des vêtements pour les pauvres. Les germes de ces congrégations féminines qui sont une gloire du christianisme se retrouvent déjà dans les églises primitives de la Judée et à Jaffa commença la génération de ces femmes voilées, vêtues de lin, qui devait continuer à travers les siècles, les traditions de la pitié. Tabitha fut la mère d'une famille qui ne finira jamais, tant qu'il y aura des misères à consoler, et des instincts pieux de femme à satisfaire » (Renan, *Op. Cit.*, 199-200.)

« Les femmes, dit Legouvé, jouèrent dans le christianisme le rôle d'un bataillon mobile adonné à la charité. Sous les apôtres, elles se réservèrent les soins inquiets, attentifs et vigilants de la mère. A l'époque des martyrs, elles restent femmes par la pudeur, tout en se montrant à la hauteur des hommes par leur courage. Au temps des Pères de l'Eglise, tandis que les prédicateurs prêchent, les apologistes écrivaillent, les Origènes cherchent les bases de la foi et les Conciles les établissent, les femmes seules aiment et consolent. » (*Histoire morale des femmes*, p. 289.) L'histoire primitive du christianisme nous a, en effet, conservé plusieurs noms glorieux de femmes charitables, Helène, Paola, Melania, Marcella, Fabiola qui, dans la peste de l'an 44, furent la providence de Jérusalem. (Renan, *Op. Cit.*, p. 257.) Fabiola créa le premier hôpital qui ait existé. (Letourneau, *Evol. de la morale* p. 344.) Paola s'abandonnait à de véritables fureurs de charité. Même dans la confusion du moyen âge, la femme nous apparaît la consolatrice des affligés. Trois saintes : sainte Batilde, sainte Radegonde,

sainte Clotilde, fondèrent des nombreux hôpitaux (Letourneau, *op.cit.*)

Au xII^e siècle, il existait à Paris deux maisons de refuge
pour les misérables sans abri, une de Saint-Atanase et de
Saint-Gervais pour les hommes; l'autre de Sainte-Catherine
pour les femmes; les deux maisons étaient dirigées et gouver-
nées par des sœurs, et même les Catherinettes, qui tenaient,
l'hôpital de Sainte-Catherine, s'obligeaient par un vœu spécial à donner la sépulture aux cadavres exposés à la morgue
du Châtelet et aux prisonniers morts en prison. (Maxime du
Camp, *la Charité privée à Paris.*)

A l'éclosion de cette grande épidémie mystique qui fut
le mouvement franciscain, les femmes furent les premières
emportées dans le tourbillon : elles accoururent en foule
dans ces ordres religieux, créés sous l'inspiration de Saint-
François, qui étaient à la fois mystiques et charitables. Sainte
Claire d'Assise fonda les Clarisses, qui devinrent en peu de
temps un ordre très nombreux (Michelet, *Histoire de France*,
p. 928); Agnès de Bohème les transporta en Allemagne, et
comme dit le *Liber conformitatum*, des filles de ducs, de com-
tes, de barons et d'autres grands seigneurs allemands, s'u-
nirent en grand nombre, à l'exemple de Clara et d'Agnès, à
l'époux céleste.

En Italie les femmes contribuèrent largement au mouvement
franciscain et l'historien Salimbeni en donne la raison, disant
que les femmes sont par nature plus pieuses que les hommes
(*Chronica*, Parma 1857.)

La compagnie des filles de charité au xvII^e siècle était célèbre par l'abnégation des sœurs; elles allaient à travers les
champs de batailles, semés de cadavres, chercher les blessés.
(Legouvé, *op. cit.*)

En 1789, lorsqu'éclata la révolution il y avait en France
14.000 sœurs hospitalières, qui peuplaient les hôpitaux et s'occupaient d'alléger au dehors les obscures souffrances de
la misère. (Taine, *Origines de la France contemporaine.*)

A l'époque de la réaction bourbonnienne à Naples, après la chute de la République Parthénopéenne, Colletta écrit : « Dans ces temps misérables, comme les hommes étaient paralysés par la peur, les femmes se chargèrent d'assister les malheureux. Elles assiégèrent les salles des ministres ; rebutées des portes de prisons, outragées par les propos lascifs des sectaires et des juges, elles toléraient patiemment ces offenses, et sans hardiesse ni découragement elles revenaient le lendemain aux mêmes salles, aux mêmes portes, dissimulant leur douleur et répondant aux injures souffertes par des larmes et des prières. Si quelqu'un fut arraché à la mort, il le fût grâce au dévouement des femmes. »

Fréquemment, l'homme a l'idée d'une grande institution charitable, en mûrit le projet et le porte sur le terrain pratique ; mais alors les femmes viennent accomplir et perfectionner son œuvre avec leur zèle et leur dévouement.

Tout ce qui exige adresse, délicatesse, finesse, tact ; tout ce qui est, pour ainsi dire, *sentiment intellectuel* ; tout ce qui dérive d'une sensibilité plus impressionnable et plus spontanée est particulièrement à la portée de la femme ; du moins lorsque le sentiment ne va pas chez elle jusqu'à la passion ou que sa passion a pour objet des idées désintéressées, surtout de l'ordre moral. (Fouillée : *Revue des Deux-Mondes*, 15 sept. 1893.)

La charité privée à Paris est presque entièrement dans les mains des femmes. « Il y a à Paris, écrit Maxime de Camp, des femmes jeunes, charmantes, créées pour plaire, jouissant du luxe le plus raffiné, sollicitées par toutes les séductions, qui visitent les malheureux, soignent les malades, bercent les orphelins et tout cela sans en tirer vanité. On dirait qu'elles se sentent plus fortes par le mystère dont elles enveloppent et cachent leur abnégation : au milieu des tentations qui les entourent, elles marchent dans la vie sans faiblir, soutenues par la même énergie intime qui les a faites charitables et discrètes.

Là, ou il n'y a pas de femmes, dit un proverbe russe, les malades vont mal. C'est encore une association de femmes que cette grande congrégation religieuse en même temps enseignante, infirmière et hospitalière, qu'on appelle : Notre-Dame du Calvaire, qui a voué ses religieuses à la grande œuvre parisienne de l'hospitalité du travail, destinée à recueillir les naufragés de Paris, les provinciaux attirés dans la capitale par l'espoir chimérique de faire fortune. Une institution analogue, pour les domestiques sans travail, fût fondée par un homme, Louis de Soubyran ; mais il en confia la direction aux sœurs de Marie Auxiliatrice (Maxime du Camp, page 279) ; et lorsque ces religieuses voulurent élargir le plan primitif de Soubyran et créer un hopital pour les phtisiques, ce furent des femmes qui fournirent les fonds, elles entraîneront les hommes à leur suite (Maxime du Camp, *op. cit.* page 233).

Dans la première moitié du siècle, en Bretagne, la misère était telle que les vieillards étaient abandonnés de tous. Une pauvre servante, M¹¹ᵉ Jugent, sans réfléchir aux moyens de les conserver, commença à en recueillir un, puis deux, puis trois ; deux autres femmes s'unirent à elle, un prêtre nommé Le Pailleur, entreprit de diriger leur activité, et peu à peu il créa les « Petites Sœurs des Pauvres » ordre hospitalier, qui compte aujourd'hui 207 maisons, où sont retirés 20,000 vieillards, soignés et servis par 3.400 religieuses (Maxime du Camp, *op. cit*).

Les filles de la Charité possèdent à Paris trente-une maisons pour recueillir les enfants abandonnés, dont quinze ont un passif supérieur à l'actif. « Elles émigrent, dit Maxime du Camp, comme des oiseaux de bienfaisance portant avec elles le génie du sacrifice et l'amour de ce qui souffre. » Dans tous les pays, au milieu des sectes les plus hostiles, le visage caché sous la vaste coiffe, qui ressemble aux ailes d'un cygne blanc, je les ai vues occupées à instruire les enfants, à secourir les pestiférés, à soigner les marins dans les hôpitaux que la France possède dans les ports étrangers. Les exemples pourraient se multiplier, les ordres religieux féminins sont rarement contemplatifs, mais presque toujours charitables.

En Amérique, depuis que les femmes ont obtenu et exercé le droit de vote, les mœurs électorales se sont beaucoup adoucies. Le juge Kingmann, de Laramy-City, sur le territoire de Wyoming, écrivait en décembre 1872 au *Womens Journal* de Chicago : « Depuis quatre ans, les femmes peuvent voter et être élues aux fonctions publiques et réellement elles ont voté et ont été élues surtout comme juges ; or, on ne peut nier que leur participation aux élections n'ait eu une influence bienfaisante. Les élections se firent avec une plus grande tranquillité, avec plus d'ordre et nos tribunaux purent réprimer des crimes restés jusqu'alors impunis. Ainsi par exemple, auparavant, il n'y avait presque personne qui n'eût sur soi un revolver et ne s'en servit pour le motif le plus futile ; aucun jury d'hommes n'avait trouvé cela coupable ; mais lorsque deux ou trois femmes entrèrent dans le jury, cela donna toujours lieu à une instruction judiciaire. »

La pitié et le sentiment de la Justice.

Selon Spencer, chez la femme, à cause de sa plus grande sympathie pour les faibles et de son sentiment abstrait de justice inférieur, la pitié l'emporte sur l'équité. Holimpie de Gouges, révolutionnaire en juillet 1789, devient royaliste le 6 octobre, lorsqu'elle voit le roi prisonnier à Paris ; républicaine en juin 1791, sous l'indignation de la trahison et la fuite de Louis XVI, elle se rapproche de lui lors de son procès ; quand elle voit le roi à la barre elle s'offre pour le défendre (Michelet. — *Les Femmes dans la Révolution*. page 112.)

On dirait que la femme cherche dans la lutte pour l'existence, à mitiger l'âpreté du combat, à détourner la portée des coups et à adoucir aux faibles l'humiliation de leur défaite.

« Elle s'est attendrie, nous dit Taine à propos de Desdemone. — et nous pourrions le dire de la femme en général, — pour Cassius, et poursuit sa grâce passionnément quoiqu'il en advienne, quoiqu'il en coûte, que cela soit juste ou injuste ; elle ne connaît pas les lois de l'homme, elle ne s'en soucie même pas un seul moment. Elle ne voit qu'une chose, Cassius, malheureux. » (*Histoire de la littérature anglaise*, II, page 223.)

Tout le monde, du reste, a pu observer que la femme s'apitoye facilement devant une sévère condamnation, même si le condamné est le plus odieux des criminels ; elle oublie le crime et ne voit, ne sent plus que les souffrances qu'on lui réserve.

Pour cela, la femme, dans la lutte entre le pouvoir et le coupable joue souvent le rôle de médiatrice. « Même si un loup — dit une loi allemande — se réfugiait auprès d'une femme, on devrait le laisser vivre par amour pour elle. « A Bariges, il y avait un usage qui assurait la grâce au criminel qui se réfugiait auprès d'une femme. (Michelet. — *Origine du droit français*, page 415.) Chez les Bédouins, le meurtrier est sauvé s'il rencontre une femme, s'il peut courir à elle et cacher sa tête sous sa manche en criant : « Je suis sous ta protection ! » ; la femme alors appelle par ses cris tous les hommes du village et déclare au nom de Dieu, que personne n'a plus le droit de frapper le protégé, même avec une rose. Dans certaines tribus où les femmes ne sortent jamais, le coupable échappe au supplice lorsque se trouvant près d'une tente il crie : « Je suis sous la protection du harem. (Mayeux — *Les Bédouins*, II, page 101 et 102.) En Albanie et à Monténégro, où, il y a peu d'années, la vengeance privée existait encore, un homme poursuivi était sauvé s'il se réfugiait auprès d'une femme et se faisait recouvrir par son tablier.

Au siècle dernier, les femmes ne furent pas toujours les furies de la Révolution. « Les femmes, dit Michelet, ne se montrèrent jamais aussi fortes, elles se multipliaient, elles étaient partout ; l'atrocité de la loi rendait presque légitimes les faiblesses de la piété. Le matin on rencontrait des jeunes gens imberbes en voiture, c'étaient des femmes qui couraient solliciter les puissants du jour en faveur des prisonniers, ou se dirigeaient vers les prisons. La charité les soutint long-temps. (Michelet. — *Histoire de la Révolution française*, VI, page 213.)

Enfin les recours en grâce pour les condamnés à mort sont presque toujours signés par des femmes. Quarante mille femmes italiennes demandèrent la grâce de Barsanti: der-nièrement, les dames genevoises implorèrent la **grâce de** Seghetti.

III

Cruauté. — Maternité. — Pitié.

Etant données ces deux séries de faits contradictoires comment les concilier?

1. *Cruauté, faiblesse et sensibilité obtuse.* — La femme tend à se défendre ou à attaquer plutôt en torturant son ennemi qu'en le tuant, elle veut le paralyser par la souffrance.

L'homme, au contraire — et c'est ici la différence — tou-jours, même dans les formes atténuées de lutte que la civilisa-tion a introduites, tend à détruire son adversaire d'un seul coup. A l'état sauvage, il tue avec la plus grande facilité; dans la civilisation, s'il n'est pas criminel, il emploie dans les rixes les coups de poing ou de bâton, qui sont des armes de destruction émoussées; mais la femme, par contre, même dans ces rixes vulgaires de tous les jours, saute aux yeux de l'ennemi, cherche à lui arracher les cheveux, à blesser les parties du corps dont la sensibilité est plus grande.

Ne voit-on pas dans cette observation la différence bien marquée qui existe entre la méchanceté de l'homme et celle de la femme? L'homme cherche à détruire son ennemi; la femme cherche à le faire souffrir.

Or, toute cette différence naît de la faiblesse de la femme;

la cruauté est l'arme défensive et offensive d'un être faible. La femme qui est faible, ne pouvant se venger en achevant du coup son ennemi, l'atteint comme elle peut, le torture et se sent heureuse de lui enfoncer dans la chair les épingles les plus aiguës de la cruauté. La cruauté de la femme est en somme un produit de l'adaptation à la vie, un effet de la faiblesse, comme l'astuce; son habileté à torturer dont nous avons donné tant d'exemples, s'est ainsi développée, perfectionnée et est devenue héréditaire.

Toute femme a un fond de cruauté, et même la plus douce devient cruelle contre son provocateur si elle est offensée, car la cruauté est chez la femme une forme de réaction offensive et défensive; cependant quelquefois dans certains organismes malades, cette réaction s'exagère et, se trouvant démesurément disproportionnée à l'incitation, donne lieu à des actes monstrueux. Ce n'est pas seulement chez les femmes, que la faiblesse fait naître la cruauté, nous voyons que les enfants aussi (âge sans pitié dit La Fontaine) sont cruels, vindicatifs, rancuniers et torturent leurs ennemis: on connaît avec quelle âpreté ils s'amusent à tourmenter les vieillards, les idiots les bêtes, combien ils jouissent de se venger, leur penchant au défi.

La moindre sensibilité de la femme est une autre cause de sa cruauté; on inflige plus facilement des souffrances, lorsqu'on les sent moins, car les *images* mentales de la douleur étant moins vives, on ne croit avoir fait assez souffrir que lorsque les souffrances sont excessives.

2. *Maternité.* — Le trait d'union entre les deux sentiments contradictoires de la pitié et de la cruauté est la maternité.

Nous mâles, toujours assoiffés d'amour, étendant à l'autre sexe ce qui est le propre du nôtre, nous croyons trop facilement que la femme et la femelle n'ont d'autres buts, d'autres fonctions, que l'amour. Pourtant, lorsqu'on parcourt des yeux l'échelle zoologique, on voit que chez la femelle le rôle de mère est bien plus important que celui d'amante. La maternité est même une fonction si prépondérante que toute l'organisation biologique et psychologique de la femelle et de la femme y est subordonnée.

Chez les animaux, sauf quelques rares exceptions, le père, ne se soucie nullement des petits; non seulement ce rôle est dévolu entièrement à la mère, mais, chez plusieurs, la maternité développe des instincts spéciaux, des sentiments merveilleux, voire même des organes nouveaux.

Nous voyons les femelles des araignées envelopper leurs œufs de fils qu'elles traînent partout et n'abandonnent qu'au moment de l'éclosion de la larve.

Chez les insectes (écrit Espinas) la femelle est surprenante de prévoyance ; elle apprête, pour une famille qu'elle ne verra pas, comme elle n'a pas vu celle dont elle est sortie, une nourriture particulière, qui n'est pas sa nourriture habituelle. Ainsi nous voyons les Sphe, les Pomphiles, les Ammophiles du sable, les Philantes, faire des trous dans la terre pour y déposer l'œuf et une nourriture particulière pour la larve à venir. Chez les Orthoptères il y a bien quelques espèces qui sèment les œufs sans se soucier du sort qui attend la progéniture ; mais la plupart des femelles déposent des œufs avec le plus grand soin, de manière qu'ils soient à l'abri des mauvais temps et de la voracité des ennemis (Acridides) ; plusieurs d'entre elles les rangent de façon qu'au moment de l'éclosion la larve trouve tout près d'elle une abondante nourriture (Mecomnia Varina) ; ou bien elles les enfoncent dans un trou déjà fait, comme le grillon; ou encore, avec un degré supérieur d'abnégation et de prévoyance, elles fabriquent elles-mêmes le refuge des petits (Grillon, Taupe, *Revue des Deux-Mondes*, 15 septembre 1893).

Dans la société des hyménoptères (Fourmis, Abeilles), la maternité devient absolument une fonction sociale. Les individus neutres, c'est-à-dire les femelles plus actives, abdiquent leur sexe pour se consacrer à la maternité, ou plutôt à ses soins les plus durs et les plus fatigants; et lorsque la reine meurt sans avoir déposé les œufs, ils abandonnent tout travail et se laissent mourir.

Chez les oiseaux l'instinct de nidification, qui est propre à la femelle, est un instinct maternel très compliqué. Ainsi les femelles des dindes, afin de protéger contre les mâles leurs nouveau-nés, se réunissent parfois au nombre de 40 ou 60. On sait à quelle frénésie la femelle du pigeon est en proie au moment de la couvée ; pendant le siège de Paris, un obus qui éclata dans un grenier ne réussit pas à faire quitter ses œufs à une pigeonne.

Parmi les sentiments, le courage, chez la femelle, est toujours d'ordre maternel, défensif, tourné vers l'intérieur, au service de l'espèce : chez le mâle, il a une tout autre direction : il est agressif, tourné vers le dehors, au service de l'individu et de son indépendance. Le courage des mères pour protéger et défendre leurs petits est bien connu ; les exemples abondent à tous les degrés de l'échelle animale. Pour n'en rappeler qu'un, Bonnet fait le récit d'un cas où une araignée, tombée à la merci d'un fourmillon, combattit pour sauver ses œufs au dépens de sa propre vie.

Dans la classe des mammifères la fonction maternelle est dévolue encore plus entièrement aux femelles et devient d'une extrême puissance absorbante. Chez certaines espèces de singes, la mère meurt lorsque le fils périt, comme s'il était une partie de son propre organisme.

La maternité est tellement la fonction spéciale de la femelle dans tout le monde animal, que les seuls organes qui se soient développés et différenciés en elle, sont les organes spéciaux de la maternité. A cette catégorie appartiennent les ténèbres qui servent à creuser le terrain pour y déposer les œufs, possédés par les femelles *Grillidae* des Orthoptères, par les familles du *Phytofaga*, de l'*Entomophaga*, du *Pimpla manifestator* des Hyménoptères (Emery).

De même chez les Coléoptères, les femelles *Locuptidae* et *Cicadee*.

On peut bien encore considérer (Brooks l'avait déjà noté) comme un organe de maternité, le dard des Hyménoptères qu'on retrouve chez beaucoup d'espèces : Cerceris, Odynerus, Philantus ; la mère dépose dans un nid, en même temps que la larve, une certaine quantité d'insectes (Lépidoptères, Coléoptères, Diptères, Araignées) qui seront la nourriture de la larve à venir. Mais si la mère tuait tout de suite l'insecte, il pourrait se décomposer ; elle pique donc la proie dans le ganglion thoracique avec son dard dont le venin, sans tuer l'animal, le paralyse et le maintient demi-vivant et intact jusqu'à l'éclosion de la larve. Nous voyons encore ici que la maternité a apporté des modifications chimiques spéciales dans la sécrétion du venin. (Camerano.)

Un autre organe de la maternité est cette néoplasie de la peau dont la femelle du Pipa américain (amphibie) se sert pour retenir sur son dos les œufs jusqu'à l'éclosion des petits, lorsqu'ils ont accompli leurs métamorphoses. Tel est encore le marsupium dont sont pourvues les femelles de quelques monotrèmes (Echidna) et presque tous les Marsupiaux ; c'est une vraie bourse chaude avec mamelles où la mère tient et allaite les nouveau-nés.

Coussinet des Hottentotes. — On doit considérer aussi comme un organe tout à fait spécial de la maternité cette stéatopygie caractéristique ou coussinet postérieur de quelques races inférieures (Hottentotes, Boschimanes d'Afrique), qui, servant pour l'enfant de berceau et de hutte, permet aux mères de vaquer aux soins du ménage, sans quitter leurs enfants (*Voir Pl. IV.*) Un de nous avait émis, dans son *Homme blanc et homme de couleur*, l'hypothèse qu'il s'agissait d'un lipome professionnel dû à l'habitude répétée depuis des siècles de transporter ainsi les enfants et devenu avec le temps un organe et une partie de l'organisme. Aujourd'hui cette hypothèse devient presque une certitude scientifique après l'observation de la tumeur adipeuse, vraiment professionnelle, qu'on a trouvée constamment chez les portefaix

dans les régions où ils supportent les plus grands poids et
après l'étude faite sur ces étranges tumeurs par Blainville,
qui démontra leur nature tout à fait graisseuse et sans aucun
rapport atavistique.

On pourra nous objecter que dans presque toutes les races,
et sous tous les climats, les mères sauvages ont fait de leur
dos le berceau de leurs enfants, à commencer par l'antique
Péruvienne, telle qu'on la voit dans la céramique d'il y a deux
mille ans, jusqu'à la Samoyède des régions polaires, qui recouvre sur son dos ses enfants avec une pelisse; cependant
on ne trouve pas chez ces races le coussinet des Hottentotes.
Mais il y a à cela des motifs tout à fait spéciaux. (*Voir Pl.
IV*) : car la Hottentote est, comme le chameau, une sorte de
fossile encore vivant, ou pour mieux dire un confrère de
nos ancêtres préhistoriques. La stéatopygie paraît avoir existé
en Afrique, il y a bien trois mille années : dans le tombeau du roi Tothmès II, on a retrouvé une peinture représentant les peuples tributaires, apportant leurs offrandes ; or,
parmi ces gens, se trouvent une femme et sa fille douées
toutes deux de coussinets adipeux. Cet organe a pu se
modifier profondément dans une aussi séculaire existence.

La stéatopygie a été en outre certainement favorisée par le
climat ; car elle existe surtout dans le sud de l'Afrique où le
tissu graisseux est très abondant, chez les Boschimanes, les
Cafres, les Bongos, les Koranes. Livingstone l'a observée chez
les filles des colons Boërs originaires (Hollandais). Sur cent
cinquante femmes Wolofes, Rochebrune trouva un développement exagéré de graisse qui les rapproche des Hottentotes.

Observez encore que l'embonpoint, en Afrique, est un signe
de noblesse et une forme de beauté. Les femmes riches s'engraissent avec la bière et le lait ; les mères font boire aux
filles de grandes jarres de lait et de bière, toujours plus grandes chaque mois ; lorsque les circonstances sont favorables,

le mâle aussi prend un embonpoint énorme qui se localise sur les flancs et offre une certaine ressemblance avec la stéato-pygie de la femme. Avec la puberté ou avec la faim cette graisse se perd, et elle ne revient qu'avec la nourriture abon-dante (Fritsch).

De Blainville donne de la stéatopygie une description qui confirme notre hypothèse : « Le bassin général. écrit-il, est étroit et il le paraît plus encore à cause du grand développement des parties inférieures et postérieures du tronc ; les fesses sont énormes, hautes 20 pouces et proéminentes, 6 ; elles naissent brusquement à l'extrémité des lombes, encavées un peu à leur origine, s'élèvent formant une sorte de selle vers les hanches, et forment un sillon large et profond ; leur super-ficie supérieure est lisse, tandis que l'inférieure est irréguliè-rement nodeuse. »

L'autopsie, pratiquée par Cuvier, démontra que cette pro-tubérance est constituée par une masse de graisse traversée en tous les sens par des fibres connectives très fortes, qu'on peut toutefois facilement détacher du muscle grand gluté dont le développement est normal.

Ce tissu, d'ailleurs, chez les Hottentotes et probablement chez les peuples des régions voisines, est tellement abondant qu'il donne aux jeunes filles des rides précoces au visage, aux contours du scrotum, du clitoris et des grandes lèvres que nous avons vu monstrueusement volumineuses chez elles ; c'est donc une tendance physiologique spéciale à ces popula-tions, que cette facilité de la graisse à s'accroître et à décroî-tre, car il est vraiment étrange, chez ces gens, que la graisse décroisse aussi rapidement qu'elle s'accroît, pendant les famines, selon la nourriture.

Tout cela est si vrai que les Boschimanes qui, malgré l'af-finité de race n'ont pas la même tendance à engraisser que leurs voisines Hottentotes, n'ont que plus rarement la stéato-pygie.

Hower et Marie (*Account of the disiection of a Bushuomno*

Journal of Anat. and Phys, 1867) décrivent une jeune Boschimane de 12 ans, dont la stéatopygie était déjà bien développée. Lesmer et Knox affirment qu'elle disparaît dans le croisement avec d'autres races, ou bien par la diète.

Or, si pour ces causes le tissu graisseux abonde dans les parties du corps où il n'est pas ordinairement abondant chez les autres races, il le doit être bien plus dans ces régions où, grâce à des habitudes spéciales, l'élément graisseux est assujetti à une pression et à une irritation plus grandes. Il est bien naturel que dans une race où la graisse tend à se former plus rapidement par tout le corps, la pression constante dans une région donnée ait agi de façon à former presque un organe nouveau, un organe vraiment maternel qui se produit héréditairement grâce aux avantages pédagogiques (qu'on excuse la nouvelle application du mot) qui en découlent pour les pauvres mères.

Enfin une autre cause extrêmement puissante est la sélection sexuelle ; car les maris des Hottentotes admirent ces masses de graisse et le mâle qui veut choisir une épouse met à la file toutes les femmes et choisit celle dont la proéminence est plus vaste (*Anthrop. Review,* 1884). Smith parle d'une femme considérée comme une beauté, dont les fesses étaient tellement développées qu'une fois assise sur un terrain plat elle ne pouvait plus se relever, et que pour se chausser, elle était obligée de chercher un terrain en pente. Quelque chose de semblable à cette étrange passion pour la graisse se trouve chez quelques Européens, que nous appellerons des psychopathiques sexuels, car dans chaque ville il y a des femmes galantes d'un embonpoint énorme, qui ont leurs admirateurs.

La femelle, en résumé, du plus bas jusqu'au plus haut degré de l'échelle zoologique, est supérieure au mâle dans la fonction de la maternité. Il est bien rare que le mâle se dévoue à la famille. Seulement, parmi les Cantophides, les Lofobranchies, l'Alytes obstetricans, les Rhinodermes et chez certaines espèces d'oiseaux (Richet), telles que les autruches, le mâle aide la femelle dans les soins de la maternité. Mais, le plus souvent, comme c'est le cas parmi les mammifères, le mâle abandonne les petits, quelquefois même il les dévore, de façon que la mère est astreinte à défendre ses petits contre lui. Cette loi, d'ailleurs, se vérifie même dans l'humanité où l'amour paternel est un sentiment récent, un produit de la civilisation, comme nous le démontre l'institution bien plus ancienne du matriarcat.

Or, la fonction maternelle est toujours et surtout une fonction altruiste, même lorsqu'elle ne consiste que dans le simple dépôt des œufs, sans autre soin ultérieur ; il y a alors cet altruisme physique qui est, selon Spencer, le substratum élémentaire de l'altruisme : tel est le cas, par exemple, de ces insectes (Phylloxera Vastatrix) où la mère fait de son corps l'enveloppe de ses œufs ; ou de ces Protozoaires qui se fragmentent en un grand nombre de parties plus petites, dont chacune est le germe d'un nouvel être. Cet altruisme physique se transforme en dévouement psychique dans les ordres supérieurs de l'échelle animale ; la maternité consiste toujours en dernière analyse en un sacrifice physique, mais elle s'accompagne d'un grand nombre de sentiments altruistes qui rendent ce sacrifice conscient.

La maternité est tellement une fonction altruistique, qu'on voit des femelles, auxquelles on a enlevé leurs petits, élever ceux des autres espèces : Romanes a vu des lièvres, des chiens élevés par des chattes, et des canaris, des paons élevés par des poules. Bien plus, une chatte connue pour son habileté à la chasse des souris, ayant perdu ses petits, éleva une portée de souris ; l'instinct maternel avait vaincu même l'inimitié héréditaire contre les souris. (Romanes, l'*Evolution mentale chez les animaux*, Paris, 1884.)

3. *Pitié*. — La première source de la pitié est donc la maternité et la faiblesse. La grande fonction de la femelle et

de la femme, dès les premières lueurs de la vie, fut la maternité, c'est-à-dire la protection des êtres faibles, tandis que
l'homme jouant le rôle principal dans la lutte pour l'existence, accomplit une fonction entièrement opposée, celle de
détruire les faibles et de provoquer leur sélection; or, les
êtres auxquels la femme se dévoue, les enfants, les malheureux, les vieillards, les condamnés, les orphelins sont tous
des faibles. Pour cela, on peut dire que la pitié est une dérivation de la maternité, car la vue du malheureux, du vieillard,
du malade, du persécuté, éveillent par association chez la
femme les images, les idées et les émotions tendres que la
faiblesse des enfants excite dans son esprit.

En effet, observant la femme dans des actes de pitié et de
charité les plus différents, on découvre toujours au fond
l'image de la mère; ces sentiments maternels reparaissent
toujours sous des nouvelles formes, montrant le rapport étroit
qui relie la maternité à la pitié.

« La maternité, écrit Fouillée, est une école naturelle de
tendresse et de désintéressement; consentir à être mère, c'est
se vouer à toutes les souffrances; la femme qui a pressé
son enfant sur son sein, qui jour et nuit a supporté pour lui
tant de peines, qui par son sourire a éveillé chez lui la première grâce et le premier don du sourire, cette femme a développé en elle-même toutes les vertus fondamentales, sur
lesquelles la société comme la famille repose. »

« La femme peut bien faire des vœux religieux de chasteté, écrit Maxime du Camp, elle est née mère et reste mère,
lors même que des événements imprévus brisent la loi physique de son sexe. Les petites sœurs des pauvres appellent
leurs pensionnaires, *les bons petits pères*, *les bonnes petites
mères*, et s'appellent entre elles *petites sœurs*, et leur supérieure *la bonne petite maman*. Là, tout est bon, tout est petit,
et les mots ont eux-mêmes un reflet de l'amour maternel
(Maxime du Camp, page 52). »

Anne Bergunion, dans, les moments où elle craignait qu'à sa mort son œuvre dut périr, disait : « Que deviendront, mon Dieu, nos petites aveugles ; qui les assistera, qui les aimera, qui sera leur mère ? (Maxime du Camp, page 274).

A propos des religieuses de Marie auxiliatrice, le même auteur dit : « Elles sont véritablement maternelles avec leurs malades et elles cherchent à leur épargner tout effort (1). » Remarquable est encore le fait que, des premiers temps du christianisme jusqu'à nos jours, les associations féminines de charité furent presque toujours formées par des veuves sans enfants ou par des jeunes nubiles, des femmes, enfin, auxquelles la maternité physique ou morale avait été refusée.

Car, une femme ayant des enfants, tout en restant douce et tendre, ne s'abandonne pas si complètement à l'altruisme. Ses sentiments généreux s'écoulent par leur voie naturelle ; c'est seulement lorsqu'un événement surgit, qui en détourne le cours, qu'alors ces sentiments débordent plus largement sur les autres.

Une autre cause encore, a développé la pitié chez la femme. La colère, la passion guerrière, dit Bain, sont étroitement liées à l'activité et à l'énergie. Les sentiments tendres, au contraire, fleurissent au moment où les énergies déclinent. (*Les émotions et la volonté*, par Bain, p. 127).

Et partant, l'homme, dont le système musculaire et intellectuel est plus développé, sera rarement tendre, tandis que la femme confinée pendant des siècles dans le *gynœceum* à tisser, — sauf dans les débuts de la civilisation, lorsqu'elle était chargée du travail plus pénible — est restée presque toujours en dehors des grandes activités de l'esprit et du corps, et n'a presque jamais eu l'occasion de faire de grands efforts mentaux ou musculaires ; en effet, elle a aujourd'hui

1. Carmen Silva a appelé les soldats blessés que dans la guerre turquo-russe elle avait recueillis et soignés dans son parc ! « Mes chers enfants ».

des muscles plus débiles et une moindre intelligence. La femme ne s'est pas développée sous les ardeurs brûlantes du soleil, en plein air, mais sous la lumière douce et tempérée de la maison, dans le milieu paisible de la famille ; et c'est là que ses sentiments tendres ont eu le bonheur de s'épanouir.

En dernier lieu, la sélection sexuelle aussi, dans une certaine mesure, contribue à son tour au développement de la pitié, mettant en honneur la grâce et les qualités qui accompagnent la grâce.

Nous voyons, en effet, que même à présent, les femmes méchantes sont laissées de côté; si elles sont recherchées par les hommes criminels, ce n'est pas comme épouses mais bien plutôt comme complices, car ordinairement l'homme le plus féroce choisit de préférence une femme douce, et le vicieux, une femme vertueuse. Dès lors, comme la cruauté éloignait d'elle la sympathie des hommes, la femme inconsciemment devait réprimer ses mauvais penchants et simuler au moins des inclinations affectueuses ; aujourd'hui encore bien des fois nous voyons les femmes se montrer charitables par mode ou par ostentation.

Synthèse. — Qu'est-ce donc qui l'emporte chez la femme, la pitié ou la maternité? A cette question, nous répondrons que la pitié et la cruauté se retrouvent en même temps chez elle. Etant faible, elle est cruelle, car la cruauté est l'unique arme d'offense et de défense d'un être faible conrte les plus forts. Ajoutez la moindre sensibilité, la plus grande impulsivité et une excessive irritabilité qui ne lui permettent pas de se maîtriser.

D'un autre côté sa faiblesse la rend plus bienveillante, car elle doit capter la bienveillance des plus forts par la douceur et les apprivoiser ; car, comme nous l'avons déjà observé avec Bain, les sentiments tendres et doux ne peuvent nullement s'accompagner d'une grande activité musculaire et mentale, de l'exercice de la force et de l'énergie, car à cause de sa faiblesse on l'a tenue loin des armes, du cannibalisme, des boissons alcooliques que l'homme se réservait de droit.

Ce furent enfin surtout les douces habitudes de la maternité et de la famille, qui lui sont presque exclusives, qui contribuèrent à la rendre bienveillante ; ainsi même chez les animaux, où les autres causes sont presque nulles, la femelle est pourtant plus douce.

Mais la faiblesse étant la cause d'une plus grande impulsivité, la femme est presque dans une condition d'équilibre instable où un même individu peut dans la même journée passer d'une extrémité à l'autre ; réagir cruellement contre celui qui se présente comme ennemi et venir pieusement à son aide s'il souffre.

Même aujourd'hui la femme plus douce, excitée par des rivalités, particulièrement sexuelles ou maternelles, devient cruelle, dans ces formes atténuées que la civilisation comporte : alors elle cherche à calomnier et à humilier une rivale. Mais cela ne l'empêchera pas de secourir les malheureux qui ne sont pas en lutte avec elle.

- Probablement par suite des évolutions ultérieures cette instabilité d'équilibre diminuera et la pitié ira toujours se raffermissant au détriment de la cruauté.

La femme sauvage est plus cruelle que sensible, car rancunière, opprimée, relativement assez forte, elle n'a que trop souvent l'occasion et les moyens de satisfaire la cruauté et la haine que tant de motifs accumulent dans son âme.

Au contraire la femme civilisée devient toujours plus douce et toutes les causes y contribuent.

Avant tout sa force va diminuant. Si la femme sauvage est moins forte que l'homme, la femme civilisée est certainement moins forte que la femme sauvage, qui est quelquefois guerrière ou auxiliaire du guerrier, et qui accomplit les labeurs les plus fatigants de l'agriculture, tandis que celle-là laisse ces travaux et ces fatigues aux hommes. Aujourd'hui sa faiblesse toujours plus grande a éloigné la femme de la guerre et en même temps a mitigé ses instincts cruels, car bien que la cruauté soit la forme d'offense et de défense d'un être faible contre le plus fort, elle demande un certain développement de forces musculaires, au moins dans ses manifestations les plus féroces. Nous voyons, en effet, qu'actuellement chez les femmes normales la cruauté est presque exclusivement morale (calomnie), et que les femmes criminelles sont plus fortes que les femmes normales.

L'exercice plus long de la maternité, l'affection toujours plus grande pour la famille, la vie devenue plus sédentaire y développeront lentement la pitié qui, rare chez les peuples sauvages, est arrivée chez les peuples civilisés à s'organiser dans de grandes institutions.

Ajoutez encore la plus puissante sélection naturelle et la sélection sexuelle. Si les penchants pervers de l'homme ne trouvèrent que très tard, lorsque les gouvernements furent bien organisés, une répression efficace, ceux de la femme furent bien plus vite refoulés par l'homme, maître de sa vie.

Il est naturel alors que les femmes plus méchantes aient été éliminées largement même par des peuples qui considéraient le meurtre comme une ineptie.

A peine la barbarie primitive commença-t-elle à se mitiger par la sélection sexuelle, que ce ne fut plus aux femmes les plus fortes qu'on donna la préférence, mais aux plus douces, aux plus gracieuses. On mit en honneur la grâce et les qualités morales qui l'accompagnent, et la femme alors se perfectionna dans la grâce, la douceur, l'amabilité, s'éloignant de plus en plus de la cruauté.

Même aujourd'hui, comme nous l'avons dit, l'homme méchant recherche une femme douce, le vicieux une femme vertueuse : et la femme mauvaise est recherchée par le criminel non en qualité d'épouse, mais comme complice.

La cruauté devenant une cause de défaveur et la pitié une cause d'attraction, la femme dut réprimer ses instincts méchants pour en simuler de pieux : et aujourd'hui nous voyons que les femmes qui simulent la bonté, pour arriver à séduire l'homme, ne sont pas rares. Tandis que l'union de deux criminels naît mieux qu'une société de brigandage.

La cruauté tend donc à devenir de plus en plus une exception ; et la pitié une condition normale. Pourtant chaque femme conserve un fond de cruauté qui jaillit au dehors soit par suite d'un mauvais caractère, soit qu'on la blesse dans ses sentiments les plus profonds d'épouse et de mère, — comme le proverbe lui-même l'atteste : *Une mère devient un tigre si l'on s'attaque à son fils.*

L'état psychologique de la femme entre la cruauté et la pitié est donc une contradiction qui s'explique par l'évolution en faveur de la grâce et de la pitié.

CHAPITRE V

AMOUR

I

L'AMOUR DANS LES ESPÈCES ANIMALES

Dans les premiers ordres du monde zoologique où la femelle est plus forte que le mâle, l'amour n'existe pas ; la femelle chasse le mâle dès qu'elle a été fécondée et la fonction sexuelle est entièrement subordonnée à la fonction maternelle. Les femelles des araignées, après l'accouplement, dévorent les mâles qui ne s'échappent pas ; les neutres des fourmis, des abeilles peuvent être mères sans avoir été épouses, et les abeilles tuent chaque année les mâles.

C'est seulement quand le mâle étant le plus fort oblige la femelle a subir sa domination et à satisfaire sa sexualité plus ardente, que l'amour se greffe, chez la femelle, sur la fonction maternelle. L'amour, quelques espèces d'insectes exceptées (*Ublencus cicatricosus*), n'apparaît que chez les oiseaux qui les premiers dans l'échelle animale couvent longtemps ensemble ; il est plus vif chez les mâles que chez les femelles. Contrairement aux autres animaux, dit Brehm, la plupart des oiseaux passent leur vie avec une seule compagne, et peu d'entre eux pratiquent la polygamie ou la multiplicité des accouplements, comme on le voit chez les mammifères ; les deux époux, une fois unis, se restent fidèles pendant toute la vie ; et c'est toujours un cas exceptionnel que l'un d'eux, excité par un instinct violent, manque à la fidélité conjugale. Naturellement même parmi les oiseaux, les mâles étant plus nombreux que les femelles, chaque espèce a ses célibataires et ses veufs qui cherchent à séduire les femelles des autres ; pour cela, au temps de l'amour, il y a toujours des combats entre les mâles qui se battent et luttent de toutes leurs forces pour défendre leur droit à l'inviolabilité du talame.

La jalousie la plus effrénée n'est pas rare non plus. Quelquefois la femelle s'unit au mâle pour chasser l'amant, mais plus souvent elle se laisse séduire préférant, à ce qu'il paraît, l'amant de hasard à l'époux véritable. On a vu des femelles dont on avait tué l'époux, s'unir à un autre une demi-heure après sa mort.

Les mâles se montrent ordinairement plus affectés lorsqu'ils perdent leur compagne, probablement parce qu'il leur est assez difficile d'en retrouver une autre (Brehm. *La vie des animaux*, vol. III, page 25).

En effet, dans presque tous les couples, pendant la saison des amours, le mâle se montre plus empressé, plus passionné autour de la femelle qui reste passive, absorbée par la couvée.

Le mâle du perroquet cahore semble s'occuper exclusivement de sa femelle qui couve et dédaigne les autres femelles ; lorsqu'il ne va pas à la recherche de la nourriture, il se pose sur le bord du nid et chante ses plus belles chansons (Brehm, *op. cit*. page 102).

Chez le *bec-croisé*, on dirait que le mâle montre le désir d'indemniser la femelle qui couve, d'un labeur qu'il ne peut pas partager (Brehm, *op. cit*. page 115).

Le mâle du fanel seulement est jaloux, jamais la femelle (Brehm, *op. cit*. page 103).

Chez les oiseaux de proie, le mâle du *faucon noble*, au temps de la mue, nourrit la femelle et l'amuse par de grandes évolutions aériennes qu'elle suit du regard. Chez les chouettes, l'époux est fidèle, affectueux, et la femelle se sacrifie aux petits (Brehm, 623, page 38).

Le mâle de l'*élan aux ailes noires,* est très tendre pour sa femelle (Brehm, *op. cit.* page 216).

Le mâle du *Suni-impra* est toujours attentif à gagner les bonnes grâces de sa compagnes (*op. cit.* page 704).

Le mâle de l'oiseau-royal *(ou tyran),* du rouge queue, s'agite ou voltige, chante, joue des ailes autour de la femelle qui couve et reste immobile (Brehm, *op. cit.* pages 751-824 840).

De l'*Abri-Risch,* Brehm a dit : Les époux sont très fidèles et particulièrement le mâle qui ne part jamais sans caresser la femelle et la réjouir par ses plus belles chansons. Il est très jaloux (*op. cit.* vol. IV, page 15).

Dans quelque cas, l'affection est réciproque comme chez les perroquets nains (Brehm, III, page 80).

Mais en général, l'amour du mâle est plus ardent tandis que la femelle semble par contre exercer un choix que le mâle exerce plus rarement (Darwin, *Origine dell'uomo,* p. 386).

La femelle du pic choisit librement son compagnon, elle voltige, suivie d'un cortège d'adorateurs qui se livrent devant elle aux jeux les plus étranges pour lui plaire. Une oie sauvage élevée en domesticité, qui s'était accouplée deux saisons de suite avec un même mâle, le chassa lorsqu'on eut introduit dans la volière un mâle de cédron (Darwin).

Boitard et Corbie racontent à propos de pigeons, que lorsque un mâle est antipathique à une femelle, on a beau donner à celle-ci une nourriture aphrodisiaque pour augmenter ses ardeurs et la retenir prisonnière six mois et même une année, elle refuse obstinément les caresses du mâle ; ni ses mîmes, ni ses jeux, ni son chant n'arrivent à l'attendrir, à l'ébranler; elle reste morne dans un coin de sa prison, n'en sortant que pour boire et pour manger et pour repousser avec une sorte de rage des caresses trop insistantes (Darwin, *op. cit.* page 384).

Quel est le motif qui guide le choix de la femelle ? Nous

n'en savons presque rien ; quelquefois, comme dans le cas du gallus-cédron, le plus fort est, bien que vieux, préféré aux plus jeune.

Enfin même, parmi les oiseaux on remarque, malgré la domination du mâle, cet antagonisme entre la sexualité et la maternité qui, dans les premiers ordres de l'échelle zoologique, se résout tout en faveur de la maternité.

Brehm raconte que dans un couple d'*amandines à la tête noire*, où le mâle était trop exigeant et poussait la femelle à construire un nouveau nid, tandis que les petits de la nouvelle couvée n'avaient pas encore dix jours, la femelle s'y refusa obstinément (*Op. Cit.*, page 226) ; et bien des fois, il arrive que les canaris mâles brisent les œufs, car la mère entièrement absorbée par la couvée, ne se rend plus à leur convoitise.

La plus grande intensité du sens sexuel chez le mâle fait que la femelle lui est plus chère, tandis que chez la femelle, l'amour est moins vif, car son sens sexuel est plus obtus ; la maternité est donc, même chez les oiseaux, un puissant dérivatif d'affection.

Polygamie des oiseaux. — Chez quelques rares espèces d'oiseaux, l'union est devenue polygamique (le paon, le faisan, le *gallus cedron*, le faisan de montagne et beaucoup d'autres gallinacées (Darwin. Op. Cit., p. 195). Or, la polygamie change souvent le rôle dans le choix. En effet, chez les paons c'est la femelle qui fait les premières avances ; de même les femelles les plus vieilles des dindes sauvages. Parmi les *gallus cedron*, les femelles tournent autour du mâle qui se pavane, et tachent de captiver son attention. On ne peut mettre deux femelles de Lophophours, que Bartlette croit polygames, dans la même cage, avec un mâle, car elles commencent aussitôt à batailler entre elles (Darwin). Une exception serait la pivoine qui parait monogame ; mais c'est la femelle qui sollicite le mâle.

A mesure que le mâle réussit à se faire un harem, et qu'il

trouve les moyens de satisfaire largement ses désirs, il attache un moindre prix à la femelle: entre ses femelles, par contre, s'engage une lutte pour l'accouplement, chacune cherchant à plaire au mâle.

Mammifères. — Pour ce qui a rapport à l'amour, les mammifères sont bien inférieurs aux oiseaux. Les unions pour la plupart sont polygamiques et se prolongent rarement plus longtemps que la saison des amours et de la procréation ; quant aux sentiments de l'amour, il est difficile d'affirmer s'ils sont plus vifs chez le mâle ou chez la femelle.

L'amour sexuel se développe essentiellement entre les animaux qui vivent ensemble longtemps. De l'*Alterura africaine*, dont les époux semblent avoir beaucoup d'affection l'un pour l'autre, Brehm raconte que le jour ils restent nichés ensemble, et que la nuit ils sortent, se lèchent, et se grattent même entre les hérissons que l'un redresse de manière que l'autre puisse passer la langue entre eux ; lorsque l'un d'eux repousse ces caresses, l'autre se met en fureur ; une fois pour un refus de ce genre, le mâle d'un couple reçut de la femelle irritée, une morsure mortelle à 'a tête (D., page 242).

Le mâle et la femelle du cochon d'Inde vivent unis, et ont beaucoup de tendresse l'un pour l'autre ; ils se lèchent et se peignent avec les pattes ; si l'un dort, l'autre veille à sa sûreté, et cherche à réveiller son compagnon avec la langue et les pieds, si le sommeil se prolonge (Brehm, II, p. 252).

Le mâle du lapin, dont les couples vivent ensemble longtemps, n'abandonne pas un seul moment la femelle, vivant toujours avec elle et la soignant ; la femelle aussi est très tendre ; et même lorsqu'elle est absorbée par le soin des petits, elle va chercher de temps en temps son mari pour échanger avec lui des caresses (Brehm, II).

D'ailleurs, même chez les mammifères, on trouve des exemples de choix fait par les femelles ; les femelles du cochon souvent repoussent absolument un mâle et en acceptent un autre tout de suite. On connaît plusieurs cas de chiennes qui se refusèrent obstinément à plusieurs mâles, pour se donner à un seul. Les chiennes, en général, font leur choix, apparemment, selon le volume, la couleur, le caractère individuel, et, même selon le degré de familiarité. Le renne femelle choisit le mâle le plus fort (Darwin).

Bleakiron n'a jamais connu de jument qui ait repoussé un cheval ; pourtant le contraire s'est produit dans l'écurie de M. Wright : J. Hunter a raconté le stratagème employé pour accoupler la femelle du zèbre avec l'âne ; il suffit de colorer un âne de stries blanches transversales, donnant une illusion grossière de la peau cannelée du zèbre : mais le mâle est moins difficile et ne demande pas cette précaution. Pour la femelle du zèbre, la beauté suprême est donc la zébrure du mâle (Richet, *De l'Amour*).

Pourtant, chez les mammifères même, les mâles montrent parfois des préférences : tels les étalons qui refusent une jument, et sans aucune raison apparente en acceptent une deuxième ou recherchent une jument et délaissent les autres (*Origine dell'uomo*, p. 487.)

C'est là, un effet de la polygamie, que nous avons déjà observé chez les oiseaux.

La polygamie est très fréquente chez les mammifères ; elle est quelquefois constante, comme pour le cheval, le gorille, le cynocéphale, et quelquefois passagère, comme pour le lion, le sanglier, qui, au temps des amours, recherchent les femelles. Un grand nombre de singes pratiquent aussi la polygamie : tels les cynocéphales et le *Mycetes caraya* ; presque tous les ruminants, et spécialement le sanglier d'Asie (non pas celui d'Europe), l'éléphant indien, plusieurs espèces de phoques, et peut-être aussi les souris. Tous les carnassiers sont monogames, exception faite pour le lion qui a souvent deux, trois, jusqu'à cinq femelles à la fois (Darwin, *Origine dell'uomo*, p. 193).

Or, on voit, dans les unions polygamiques, la femelle unie au mâle par des instincts de dévouement. Les femelles du *Lamas guanacos* sont très fidèles à leur mâle ; celui-ci vient-il à être blessé ou tué, elles accourent en s'offrant aux coups du chasseur, tandis que le mâle, si une femelle est blessée, s'éloigne avec sa bande.

Brehm raconte d'une famille polygamique de gorilles que le chef du harem était très jaloux et que les femelles se montraient très affectionnées, toujours occupées autour de lui à l'exciter par des cajoleries, à lui gratter les pieds, etc.

II

L'AMOUR DANS LA RACE HUMAINE

Les mêmes phénomènes que nous avons observé à l'état d'embryon chez la femelle, nous les retrouvons chez la femme.

Déjà, en étudiant les sens dans toutes les manifestations de la sensibilité, nous avons vu que la femelle est inférieure au mâle et particulièrement dans la sensibilité sexuelle ; elle est pour ce motif inférieure aussi dans l'amour. Cette idée a été confirmée, comme nous l'avons vu, par Sergi et par un grand nombre d'autres témoignages de toute espèce. « La passion de l'homme est à celle de la femme, comme la chaleur du soleil est à la chaleur de la lune, » dit Tennyson, résumant admirablement cette loi physiologique.

Un membre du clergé catholique disait à M. Alexandre Dumas fils que sur cent jeunes filles de ses pénitentes qui se mariaient, quatre-vingts revenaient un mois après lui dire qu'elles étaient dégoûtées du mariage.

Même des femmes extrêmement précoces, même des prostituées, qui avaient cédé au mâle prématurément, nous assuraient qu'elles cédaient pour se distraire ou pour gagner l'amour du préféré, mais qu'elles n'y trouvaient aucun plaisir.

Un de nous fut plusieurs fois consulté par des femmes qui se plaignaient comme d'une torture de l'amour trop positif de

leurs maris ; une fois ce furent trois sœurs qui vinrent presque simultanément lui faire la même confidence.

Il y a des femmes restées vierges même après leur mariage.

Une dame, qui recevait les correspondances d'un grand
nombre de jeunes filles, disait à Simmel (1) que presque toutes
après avoir eu un amour malheureux ne s'y laissaient plus
prendre ; l'amour n'est donc pas une passion si irrésistible
chez la femme, puisqu'elle peut le refouler. « L'amour d'une
femme augmente en proportion des sacrifices qu'elle fait à
son amant ; plus elle lui cède, plus elle s'attache à lui. Au
contraire, le plaisir fatigue les hommes et les jouissances prolongées finissent par l'ennuyer. Le désir l'échauffe, la satisfaction le refroidit et la volupté dissout les nœuds formés par
l'amour, » écrit Paul de Kock.

Ce fait est en contradiction apparente avec l'autre fait bien
connu que les organes sexuels primaires et secondaires sont
plus grands et plus nombreux chez la femme que chez l'homme, et avec l'opinion générale d'après laquelle l'amour serait
la chose la plus importante dans la vie de la femme. « L'a-
mour, écrit Madame de Stael, qui est seulement un épisode
dans la vie de l'homme est tout dans la vie d'une femme. »
On remarque, en effet, que la grande préoccupation de toutes
les jeunes filles est l'homme, le fiancé, le mariage.

Comment concilier ces deux faits ? On les rallie en considérant que c'est le besoin de l'espèce, le besoin maternel
qui pousse la femme vers l'homme, l'amour féminin étant
une fonction subordonnée à la maternité.

Organes maternels devenus érotiques, etc. — Il est bien vrai
que les organes sexuels sont plus compliqués et plus nombreux chez la femme (vulve, utérus, ovaire, etc.), mais ils ne
sont pas tant des organes génitaux que des organes maternels qui, de même que certains organes sexuels secondai-

1. *Zur Psychologie der Frau* dans la *Zeitschrift für Volkerpsychologie
und Sprachenwissenschaft*. Berlin. 1890

res, doivent servir non pas à l'accouplement, mais à la nutrition et au développement du nouvel être.

Les mamelles représentent seulement pour l'homme civilisé un facteur érotique, mais chez les sauvages jamais ils n'ont eu cette fonction.

Cela est si vrai que les organes sexuels que nous croyons en général être secondaires ne sont à l'origine que de véritables organes maternels. Tel est certainement le coussinet des Hottentotes, qui a une fonction seulement maternelle quoique demeurant à nos yeux un organe sexuel secondaire, car il paraît que beaucoup de ces sauvages commencent à y trouver un excitant érotique et préfèrent les femmes qui ont cet organe le mieux développé. (Voir p. 90.)

Les mamelles, en effet, chez tous les peuples sauvages, même d'Afrique, sont si peu érotiques et tellement limités à la fonction de la maternité que, comme nous le disait un voyageur très connu, Robecchi, l'Européen qui joue avec les seins des Africaines ou des Abyssines, y fait l'effet d'un homme qui mettrait chez nous des intentions érotiques à badiner avec le nez d'une femme. Ici, il ne faut pas perdre de vue le long allaitement des enfants qui se prolonge :

chez les Russes et Perses, jusqu'à...............	2	ans.
» Australiens, Todos, Chinois, Japonais...	2 à 3	»
» Groënlandais, Mongoles, Kabyles.......	3 à 4	»
» Néo-Calédoniens......................	4 à 5	»
» Samojedis...........................	5 à 6	»
» Esquimaux..........................	6 à 7	»
» Chine, Japon, Iles Carolines...........	9 à 10	»
» Peuples de la terre du Roi William......	14 à 15	»

Beccari (Voyages 1880) a vu des Malais alterner la pipe, le *siri* et le sein maternel.

Or, on ne peut concevoir qu'on puisse associer des idées érotiques à un organe qui sert pour un temps si long à son alimentation et qui en reste déformé.

Il y a encore plus ; de même que les mamelles les lèvres, cet organe qui nous donne la sensation, plus douce de l'amour, n'ont été, à l'origine, qu'un organe maternel secondaire, transformé plus tard en organe érotique.

La longue éducation qui est nécessaire à l'enfant pour apprendre le baiser, qu'il ne pratique qu'après trois mois, démontre que cet acte n'est ni atavique ni naturel, et que ce n'est pas la continuation de l'acte de sucer ou de lécher, comme le prétend Darwin.

Chez presque tous les peuples sauvages, en effet, même chez les peuples demi-civilisés, voir les Japonais, le baiser est inconnu comme symbole d'amour. De même chez les Néo-Zélandais, les Somalis, les Esquimaux etc. Lewin rapporte que les tribus des collines de Chitagang ne disent pas : « *Embrassez-moi* », mais : « *Sentez-moi.* »

Il est probable que le baiser a pris lentement son origine dans la transformation d'un acte maternel, dans l'acte par lequel les oiseaux nourrissent leurs petits : ce qui est encore une cajolerie chez quelques mères européennes. On sait que tel est le procédé habituel des Fuégiens pour donner à boire à leurs nourrissons.

Les Fuégiens n'ont pas de vases pour boire : et les adultes se désaltèrent en buvant directement aux ruisseaux à l'aide d'un chalumeau : l'enfant pourrait donc mourir de soif si la mère n'y suppléait (*Revue scientifique*, décembre 1892) en lui rejetant dans le gosier, bouche contre bouche, l'eau qu'elle vient de laper, pour le faire boire.

Il est probable que de cet acte, que quelquefois on voit répéter par les oiseaux et, atavistiquement, par nos mères et par les amants, est sorti le premier baiser qui, certainement, fut plus maternel qu'amoureux.

Et voilà une nouvelle preuve que dans la nature le rôle de la mère prime le rôle de l'amante.

Une preuve à l'appui de cette opinion nous est donné par le fait, qu'on ne trouve pas dans les poèmes d'Homère et

d'Hésiode un seul mot sur les lèvres, les seins et le baiser,
ayant un sens érotique, mais seulement un sens maternel.

En grec, moins ancien, *baiser* est ιλμκ et même ιλευ
ῶ στόματι, ce qui signifie *aimer*, faire un acte d'amour (d'affection) avec la bouche. Mais Homère dit au contraire
κυνὶο (*sanscrit kusyâmi* de *Kus*, baiser embrasser). Pour
le latin voyez A. Vaniček (*Etym. Worterbuch* Leipzig,
1874, page 214), pour le grec, Curtius (*Grundrisse der gr.
Etymol*, Leipzig, 1873, *passim*, etc. M. Prellwitz, *Worterbuch
der gr. Spaches* Gottingen, 1892, *passim*.

Pour Homère κυνὶω signifie *baiser affectueux* de père à fils
ou *le baiser qui supplie et qui prie :* par exemple, les *Proces*
qui baisent les mains d'Ulysse. Mais Hector, dans la scène
avec Andromaque, ne baise point sa femme, il la caresse
de la main : le baiser ne se trouve nulle part à propos de
Vénus et de Mars, ni pour Ulysse et Calypso, ni pour Ulysse
et Circé, ni pour Pâris et Hélène (*Iliade*, III), ni pour Héra et
Zeus dans le concubit décrit dans le chant XIV de l'*Iliade*.

Il n'y a aucun adjectif qui qualifie les lèvres et les seins
d'Hélène, ni d'Andromaque, ni de Briséis, ni de Calypso, ni
de Circé. On dit (*Iliade*, VI, 483) le *sein parfumé* d'Andromaque qui reprend son fils des mains d'Hector. Le mot est
κόλπος sein, qui certainement n'a aucun sens amoureux.

Pour Hésiode, on arrive aux mêmes conclusions.

Si Homère ne parle ni des lèvres, ni des seins, ni des baisers
d'Hélène et de Briséis, dans l'*Iliade*, ni de ceux de Pénélope
et de Calypso dans l'*Odyssée*, c'est que le sein n'était pas
encore une tentation d'amour, et que le baiser n'était qu'un
signe d'amour maternel. De même, dans l'ancien égyptien,
sur cinq mots hiéroglyphiques, pour signifier baiser, quatre
(Sexer, Hepet, Huhe, Cheron) ont le déterminatif des *deux
bras*, un seul et il y a doute (Huhe) de la bouche et des dents.

Dans le sanscrit, l'originaire Kusyami qui veut dire baiser
et embrasser, est la source du *Kuss* allemand et du κυνὲς
grec dont nous avons démontré la chaste signification.

Dans les anciens poèmes indiens (*Mahabaratha-Ramayana*) on ne trouve jamais le baiser érotique ; il n'y a que le baiser maternel, tandis que, dans les poèmes Indous les plus modernes, on va jusqu'à trouver douze espèces de baisers.

Si donc on ne parle pas du baiser érotique dans les poèmes plus anciens de l'Inde et de la Grèce, c'est que le baiser n'y existait pas encore — pas plus qu'il n'existe chez les peuples sauvages ou chez les Asiatiques — et qu'on ne le retrouve chez l'enfant qui apprend en effet très tard à baiser.

A propos des gestes atavistiques de l'amour, on doit faire une dernière hypothèse : Nous savons que les sauvages se saluent par les mots : « Sentez-moi », les Chittaltongs plaquent le nez sur les joues et aspirent fortement (Lewin) ; chez eux baiser, *odorari*, baiser en Néozelandais, signifie odeur, baiser avec le nez (Andrée, *Antropologiphe Paralellen*).

Les Néozelandais, s'enveloppent dans un linceul à côté les uns des autres, puis ils frottent leur nez avec un grognement ou en aspirant (Cook-Voyage).

Dans l'île de Sainte-Marie, les indigènes saluent en odorant : *baiser* chez eux signifie *nez contre nez*, frotter le nez.

De même chez les Papous et les Tasmaniens, les indigènes de Fouga, portent au nez, ou soulèvent au-dessus de leur tête un objet agréable.

A l'île de Sokotowna, on baise les épaules en manière de salut.

A l'île des Amis, on prend la main des amis et on la frotte fortement contre le nez et la bouche.

A l'île Kaiser, la juxtaposition des nez suivie d'un énergique frottement constitue le salut.

Les Birmans appellent les saluts « l'aspiration de l'odeur » (*nom*, odeur ; *tschi*, aspiration) ; les Chinois s'abordent amicalement en se touchant avec les deux nez, comme au Japon, ou bien ils s'effleurent les joues avec le nez, ainsi que font nos dames lorsqu'elles se rencontrent et semblent s'embrasser.

En combinant la phrase Birbane avec le geste qui n'a plus de signification (car dans les joues il n'y a rien qui puisse intéresser l'odorat), il est aisé de comprendre que c'est là un vestige, un geste rudimentaire du reniflement qu'on voit physiologiquement, et pour cause, chez les ânes et les chiens, et que c'est chez ces animaux la plus puissante excitation des sens.

De toutes ces observations, il découle que les organes sexuels secondaires n'existaient point dans la femme primitive. L'amour, si on pouvait l'appeler alors par ce nom, se concentrait dans les organes sexuels comme chez les animaux.

Il faut se rappeler que dans les temps sauvages on n'avait pas le temps d'aimer : il fallait lutter pour vivre ; et l'amour était tout à fait charnel, borné aux organes génitaux comme l'amour des bêtes. Chez les sauvages d'Oream, les mots : chère, — aimée, — aimer, — ne peuvent se traduire, — de même en Algongnes, chez les classiques, les seules qualités physiques de la femme étaient appréciées. (Voir Daphnis et Chloe, le *Cantique des Cantiques*).

La civilisation provoqua la pudeur en supprimant la nudité, et le soin du corps affaiblit l'odeur, état de la féminité qui attirait le mâle. Les attraits qui dépendent de la vue et surtout du tact, se développèrent et transformèrent les organes maternels de la femme (lèvres et seins) en organes érotiques. Ce fut alors seulement que la femme, bien des siècles donc après le mâle, commença à se tatouer et puis à se parer ; et sa coquetterie fit le reste. Alors la sélection de la beauté détermina l'amour, la passion, le choix, la sélection qui, aux premiers âges de l'humanité, n'existaient pas, et qui proclament le progrès humain dans l'amour et par l'amour.

Lorsque donc la femme triomphe de la femelle, l'amour envahit le champ de la maternité : mais psychiquement, l'amour de la mère se greffe toujours et l'emporte sur le besoin du sexe.

La femme, en effet, comme nous l'avons d'ailleurs remarqué pour la femelle des oiseaux et des hyménoptères, est mère bien plus qu'épouse. Nous avons vu chez les insectes et chez quelques mammifères comment la femelle peut se sacrifier pour ses petits plus que pour son époux.

Remarquez encore, à l'appui de nos conclusions, que les proverbes raillent souvent le peu de consistance des douleurs de la veuve et que les écrivains sont sur ce point d'accord avec les proverbes. (*Dolor di vedova dolor di cubito*). L'Algarotti dit : (Ricard, *L'Amour des Femmes*, 1877) que les veuves les plus affligées n'aiment pas à verser des larmes inutiles et font sonner bien haut leur douleur pour prouver qu'elles sont dignes d'être consolées. Ricard écrit encore que les veuves les plus inconsolables trouvent toujours, si elles sont jeunes, quelqu'un qui les console. Dante y a fait allusion dans ses vers fameux : *Si comprende*, etc., dont nous avons fait mention et Boccace, dans un de ses contes, imagine une veuve désespérée sur le tombeau de son mari, qui finit par céder à un amoureux et va même, pour lui plaire, jusqu'à substituer le cadavre de son mari à celui d'un pendu. Shakspeare, dans *Richard II*, peint la précipitation avec laquelle une veuve épouse l'assassin de son mari, assassin qu'elle avait jadis détesté. Dans l'*Immortel* de Daudet, il y a une scène où devant la tombe du mari, la veuve inconsolable s'abandonne à un nouvel amant. La Fontaine avait donc assez raison lorsqu'il écrivait : « La perte d'un époux ne va point sans soupirs. On fait beaucoup de bruit et puis... on se console. » Mais par contre, ni les écrivains, ni les proverbes n'ont jamais douté de la réalité tragique de la douleur maternelle ; et s'il est rare qu'une femme pleure encore au souvenir de son mari deux ou trois ans après sa mort, rien n'est plus fréquent qu'une mère qui pleure la perte d'un enfant, même après dix et vingt ans.

Tacite écrivait de la femme germanique : « De même qu'elle n'a qu'un seul corps, qu'une seule âme, elle prend un seul époux. Sa pensée, son désir ne va pas au-delà de l'être auquel elle s'est liée ; ce n'est, pour ainsi dire, pas le

mari, mais le mariage qu'elle aime. » (*Mœurs des Germains*,
p. 19).

Dans la *Princesse de Bagdad*, de Dumas, la femme est sur
le point de s'échapper du toit conjugal avec l'amant : son
enfant veut la retenir et l'embrasse, et l'amant cherche à
l'éloigner brusquement ; cela suffit pour exciter le sentiment
maternel ; et elle ne part plus : « *Ah ! j'étais folle !... j'étais
folle !... Mais quand cet homme a porté la main sur mon enfant...!* »

Cette supériorité se lie à l'importance du rôle que la maternité joue dans l'évolution de la femme ; nous avons vu qu'elle
arrive à produire des organes nouveaux (pag. 90 etc.).   Or
ici elle parvient à affaiblir, à dissiper et jusqu'à supprimer
les phénomènes de l'amour, qui sont bien plus vigoureux
dans le mâle.

Voilà pourquoi la femme peut se passer de la beauté et
même de la jeunesse de son époux ; et pourquoi souvent, dans
le mariage, elle se laisse guider par des mobiles autres que
l'amour : par exemple, le désir de la richesse, ou, comme
l'ont remarqué Stendhal, Champfort, Madame de Rieux, la
vanité.

De plus, surtout chez les peuples civilisés, le mariage représente une sorte d'émancipation dans la vie de la femme, une
plus grande liberté ; c'est presque le diplôme social de la
femme. On comprend donc que le mariage soit désiré, même
si le besoin sexuel n'est pas très vif chez la femme ; mais au
contraire, chez les peuples où le mariage est le synonyme de
l'esclavage, son nom est, comme en Australie, synonyme de
pleurs.

Remarquons, encore, cet antagonisme qui existe entre la
sexualité et la maternité, sous une autre forme.

Les femelles de certains oiseaux (amadines) se refusent
au mâle après la deuxième couvée (Brehm). Les femelles des
ruminants et les chiennes évitent les mâles dès qu'elles sont
pleines. (Foveau de Courmelle, *Les Facultés mentales des*

Animaux, Paris, 1891). Selon Icard, chez les femmes aussi, le désir sexuel s'éteindrait dès qu'elles sont enceintes (Icard, *La Femme pendant la période menstruelle*, Paris 1883).

Au contraire, l'excitation sexuelle, au moment du rut, rend méchantes les mères, ordinairement amoureuses, témoins les vaches et les chattes qui, à ces époques, repoussent les petits qu'elles chérissaient auparavant.

Toutefois, l'antagonisme entre la sexualité et la maternité, n'empêche pas la maternité d'avoir une base sexuelle, au moins chez la femme, car dans l'allaitement elle ressent souvent une jouissance érotique; et il y eût en effet des femmes qui cherchèrent une nouvelle grossesse seulement pour le seul plaisir de donner le lait à leurs enfants (Icard, *Op. cit.*, p. 17). Peut-être cela est-il dû aux rapports établis entre l'utérus et les mamelles par le grand sympathique.

C'est probablement un fait analogue à celui rapporté par Cabanis : « Les coqs dont on irrite l'orifice de l'anus avec quelque substance, commencent à se poser sur les œufs pour calmer leurs souffrances et finissent par prendre plaisir à la couvée, et à couver aussi bien que les femelles. »

Ce qu'on pourrait appeler avec une exactitude plus grande, l'amour de la femme pour l'homme n'est pas un sentiment d'origine sexuel, il est plutôt une forme de ces dévouements qui se développent entre un être inférieur et un être supérieur.

On en trouve une preuve dans les lettres d'Héloïse, cette femme dont le dévouement atteint une exaltation qui touche à la fureur. « Dieu me connaît-il, écrit-elle, je ne cherchais chez toi que toi, rien de toi, mais toi-même, tel était mon rêve. Je ne cherchais aucun avantage, je recherchais le nœud de l'hymen. Je ne me souciais point, tu le sais bien, de satisfaire mes volontés ni mes désirs, mais les tiens. Si le nom d'épouse est plus saint, je trouvais plus doux celui d'amante, celui même (ne t'en offense pas) de concubine ou de maîtresse. Plus je m'humiliais pour toi et plus j'espérais gagner ton cœur. Si le maître du monde, l'empereur m'eût proposé le nom d'épouse, j'aurais mille fois préféré être ton amante qu'épouse et impératrice. » (Héloïssac épistola I.) Et dans une autre lettre, elle explique son refus à devenir sa femme : « Ce serait mal qu'une seule femme s'emparât de celui qui fut créé pour tous. » Quel esprit occupé dans les méditations philosophiques ou scientifiques pourrait résister au vacarme des enfants, aux babillages des nourrices, à la confusion et au tumulte des servantes et des domestiques.

Le capitaine Ghedmann fut sauvé d'une grave maladie par les soins d'une négresse de Surinam ; il voulut l'épouser et la libérer, mais elle refusa. « Cela, lui dit-elle, vous nuirait dans l'esprit de vos camarades ; permettez plus tôt que je vous suive comme esclave, et gardez-moi tant que je le mériterai par mon affection et mon amour (1). Une Tahitienne répondit à un officier de la marine française dont elle était éprise et qui lui disait : « Comme tu as une jolie main ! » — « Elle te plaît? eh bien, coupe-là, emporte-la en France. »

Wood raconte qu'une jeune fille cafre ayant vu un chef danser, s'en éprit éperdument jusqu'à perdre toute pudeur et à aller au Kraal du prince lui déclarer sa passion. Pour la renvoyer, le chef dût recourir à son frère, qui la ramena de force ; elle retourna au Kraal du prince ; on la battit ; mais elle revint une semaine après pour la troisième fois frapper à la porte de l'aimé et avec une telle insistance que le frère conseilla au prince de l'épouser (Mantegazza). Adamoli a vu à Mogador une femme dont le mari avait tué l'amant, répéter au milieu de tourments que son amour ne cesserait qu'avec la vie. Il a vu encore à Zatma une jeune fille noble, qui, étant éprise d'un Génois, abandonna la maison maternelle pour le suivre ; emprisonnée et battue par le caïd elle répétait sous les coups, qu'elle ne cesserait pas un seul moment d'aimer le chrétien (Mantegazza).

Madame Carlyle, qui était pourtant une femme très indé-

1. Mantegazza, *Gli amori degli uomni*, 1886.

pendante (jeune fille, son plus grand plaisir était d'escalader les murs et de se battre avec ses compagnes d'école), devint la plus humble, la plus docile servante de son étrange et cruel mari. Elle l'épousa lorsqu'il était pauvre et inconnu, et mit à sa disposition tout ce qu'elle possédait, afin qu'il pût travailler sans souci d'argent : elle se retira, pour lui être agréable à Kragenputtok, dont le climat nuisait à sa santé ; et pour récompense elle se vit chasser de son cabinet de travail et réduite à lui recoudre les habits, à lui raccommoder ses souliers, à lui cuire le pain. Durant des mois entiers son mari restait sans lui adresser une parole, ne s'occupant pas d'elle, même lorsqu'elle était malade, ou la faisant assister à ses flirtations avec les dames de la haute aristocratie anglaise; pourtant jamais elle ne laissa échapper une plainte. « Tachez, je vous en prie, lui écrivait-elle, d'être bon et indulgent avec votre petite Gooda (c'était son sobriquet), car elle vous aime trop, et elle est toujours prête à faire tout ce que vous voulez ; à escalader la lune si vous l'exigez. Mais si mon maître n'a pour moi ni un mot ni un regard, que puis-je faire, sinon me désespérer, rester chez moi, et devenir le tourment de tout le monde?... »

Carlyle lui-même, après sa mort, pris de remords, disait qu'elle avait été pendant les années d'obscurité et de misère un rempart entre lui et les malheurs. « Elle avait toujours quelque chose de charmant à me dire, quelque histoire gentille à me raconter dans sa manière originale, et avec sa sérénité joyeuse... Jamais une parole qui pût m'attrister ou m'ennuyer, même aux jours les plus noirs... Elle taisait tout ce qui était triste, et le gardait discrètement pour elle. »(1)

« Les femmes, disent les de Goncourt, dans leurs études sur les amants célèbres du XVIIIe siècle, apportent dans l'amour l'agenouillement et une sorte de dévotion prosternée.

« Leur amour-propre, ce grand ressort de tout leur être, elles

Paris 1886. Arvède Barine — *Portraits de femmes*.

le mettent sous les pieds de l'homme aimé, elles prennent plaisir à le lui faire fouler aux pieds. Elles se tiennent auprès de lui comme devant le Dieu de leur existence, soumises et se mortifiant, baissant la tête, résignées à tout, sans plaintes, presque joyeuses de souffrir. Madame de Lespinasse éprise jusqu'à la folie de M. de Guibert, s'abaisse sans cesse devant lui, et l'abandon qu'elle fait de sa volonté à la sienne, d'elle-même à lui, est si absolu, qu'elle ne se trouve plus ni à l'unisson de la société, ni en accord avec le temps et les sentiments du monde. Lorsque son amant, lassé, l'abandonna, elle alla jusqu'à s'occuper de le marier richement avec une femme jeune et belle ; elle marcha pour lui, courut, visita, intrigua malgré sa faiblesse et sa toux. » (1)

Dans le voyage en Autriche de Cadet Gaussicourt, cité par Stendhal, on lit : « Il n'existe aucune créature plus complaisante, plus douce qu'une femme autrichienne. Une dame viennoise était l'amante d'un officier français ; non seulement l'amant lui fut infidèle, mais il se vit contraint de lui faire de scabreuses confidences : eh bien, elle le soigna avec une abnégation absolue, redoubla, vu la gravité du mal, de soins pour cet amant, qui peu de temps après se trouva réduit aux derniers expédients, et ne l'aima que davantage.

« L'amour, écrit George Sand, est un esclavage volontaire auquel la femme aspire par nature. » Et se plaignant d'avoir été abandonnée par Alfred de Musset, elle écrivait : « Eh bien, moi, j'ai besoin de souffrir pour quelqu'un, j'ai besoin d'employer ce trop d'énergie et de sensibilité qui est en moi. J'ai besoin de nourrir cette maternelle sollicitude qui s'est habituée à veiller sur un être souffrant et fatigué (2). »

Ces pages jettent une véritable lumière sur le problème psychologique que nous étudions. La femme esclave, abandonnée presque chez toutes les races à la merci de l'homme,

---

1. De Goncourt. *La femme au XVIII° siècle.* Paris 1876.
2. Arvède Barine. Alfred de Musset, page 72.

être faible et incapable de rébellion, a sans doute cherché à pacifier le mâle, à gagner sa bienveillance par le dévouement et la docilité; elle a enveloppé l'homme d'un flot de tendresse pour en avoir quelques reflets.

Même les animaux inférieurs essayent de ce moyen pour se rendre l'homme ami, tel le chien qui tourne autour du maître, agité par un frémissement de joie et lui fait un bon accueil pour recevoir ses caresses.

Héloïse, dans un de ses élans de passion qui éclairent jusqu'au fond de l'esprit, nous le démontre très bien. « Plus je m'humiliais pour toi et plus j'espérais gagner ton cœur. » Cette habitude morale s'est peut-être tellement renforcée par l'exercice continuel, que la femme, à présent, est portée à l'exercer inconsciemment, même lorsqu'elle est sûre de ne pas obtenir cet échange d'amour et de tendresse qui est au fond le mobile de toutes les abnégations.

Bain semble se rapprocher de cette hypothèse lorsqu'il parle du plaisir de donner. Probablement, dit-il, ce fut une lente et assez difficile acquisition, née de l'expérience, que donner est une condition pour recevoir (*Op. Cit.*, pag. 129). De plus, il est probable que dans la jouissance éprouvée par les femmes à faire la charité, il y a quelque sensation des organes génitaux. On pourrait dire la même chose du sentiment maternel. Voir l'enfant sain, heureux, recevoir ses étreintes qui, selon Bain, constituent la base de l'amour maternel, devait être la plus grande jouissance de la femme, d'où ses soins à l'enfant lorsqu'une souffrance vient en attrister l'humeur et enfin son dévouement et son abnégation envers lui.

L'amour féminin consiste donc presque entièrement en des instincts de dévouement et d'affection, tels qu'en acquièrent souvent les êtres inférieurs ou plus faibles, en vivant en contact avec des êtres plus forts ou supérieurs. Le chien domestique, par exemple, qui, comme le notèrent Grant Allen et Romanes, était jadis un animal indépendant et farouche, est aujourd'hui, après des milliers d'années de dressage et de sélection, un animal dont l'affection, la fidélité et la docilité sont devenues proverbiales; son maître est si nécessaire à son amour, que s'il le perd, tous ses sentiments naturels sont déçus et bouleversés; souvent même il se laisse mourir, en justifiant la remarque d'un vieil auteur cité par Darwin: « Le chien est la seule chose sur terre qui nous aime mieux qu'il ne s'aime lui-même.

Cela nous prouve indirectement l'infériorité de la femme, car c'est grâce à cette moindre variabilité du *moi* féminin que ces sentiments purent se développer. Des passions et des désirs puissants, des penchants naturels, seraient incompatibles avec cette tendance à confondre sa personnalité dans celle d'autrui, avec cette espèce d'abdication complète de la volonté qu'on obtient aussi dans les phénomènes morbides, et partant inférieurs, de l'hypnotisme.

Pour cela, les jouissances que la femme ressent dans l'acte sexuel, ne sont possibles que si elle se donne à un homme aimé; elle est heureuse en se donnant à lui, moins par la satisfaction physique des sens qu'elle éprouve que par le plaisir de le rendre heureux lui-même par son abandon, et de sentir sous ses baisers la chaleur et l'intensité de son amour venir à elle. Ainsi s'explique le dégoût du mariage que ressentent aujourd'hui tant de jeunes femmes, mariées comme elles le sont, par calculs financiers, à des hommes qu'elles connaissent à peine.

Cela jette la lumière sur une foule de faits secondaires, cela nous explique, par exemple, pourquoi la femme choisit son idole, guidée moins par la satisfaction de ses sens que par la certitude du plaisir qu'elle va procurer à celui qu'elle aime. L'homme, dans son choix, considère un plus grand nombre de qualités; il tient à la beauté du visage et de la personne, à la fraîcheur des chairs, aux couleurs et à la finesse de la peau, à la douceur de la voix, à la grâce des manières, tandis que la femme ne tient compte que des lignes générales et de quelques caractères physiologiques.

Aussi le mot beau a-t-il une signification différente, selon les sexes; il est moins spécifique pour la femme. En général, la beauté et l'intelligence la laissent indifférente.

« Les femmes, écrit Madame de Scudéri, aiment la vaillance et quelquefois elles sont même injustes vis-à-vis des autres bonnes qualités, préférant celui qui n'est que vaillant à d'autres dotés de vertus bien supérieures. »

« Les femmes aiment, écrit Madame de Cocy, la façon, le maintien, l'uniforme du soldat. » De même entre les animaux, les poules préfèrent le coq le plus fort, même vieux, aux plus jeunes.

« Les femmes, écrit Schopenhauer, ne tiennent aucun compte de la beauté du visage; en général, c'est la force et le courage qui les séduisent. Les qualités intellectuelles n'exercent sur elles aucune influence directe et instinctive; la sottise n'est point nuisible auprès des femmes, bien plus, c'est dangereux d'avoir une intelligence supérieure et surtout du génie. »

« L'instinct primitif et principal, écrit Max Nordau (*Paradoxes* Milan 1886) pousse irrésistiblement la femme vers l'homme commun et normal, qui n'est ni trop sot, ni trop intelligent, qui règle son maintien d'après l'exigence de la mode, qui parle du beau temps et du mauvais temps, qui exalte l'idéal, qui a les opinions et les idées des bourgeois aisés et montre par la forme et la couleur de sa cravate qu'il est à la hauteur de son époque. Sur cent femmes, quatre-vingt-dix-neuf tomberont éprises de ce chef-d'œuvre de la nature, et aucun homme supérieur ne pourra lui être comparé. »

En effet, on connaît les malheurs conjugaux des hommes de génie. Plusieurs Socrate, dirait Schopenhauer, ont trouvé leur Xantippe.

La beauté n'est pas appréciée par la femme, car sa sensibilité sexuelle est moindre. L'homme possédant une sensibilité supérieure, jouit de la femme par un plus grand nombre de sens (vue, odorat et tact) ; et partant comme le type de la beauté doit satisfaire tous les sens qui prennent part à l'acte sexuel, il est plus compliqué.

Quant à la préférence donnée à la force, elle dérive du fait que la femme cherche dans l'homme un défenseur et un appui.

« L'admiration de la force, écrit Spencer (*Intruzione alla sociologia, Milano, 1886*), est due à ce que les femmes qui s'étaient unies à des hommes vigoureux avaient plus de chances d'engendrer des fils. C'est pour cela que les femmes recherchent de préférence les hommes forts et brutaux, bien que les individus faibles les traitent mieux. »

La sensibilité sexuelle, plus faible, constituant une excitation amoindrie, on comprend comment d'autres motifs tels que la richesse et la vanité peuvent facilement prévaloir sur l'inclination spontanée. « Dans l'amour-goût, écrit Stendhal, et dans les premières cinq minutes de l'amour-passion, une femme, en prenant un amant, fait plus grand compte de ce que les autres femmes voient en cet homme que de ce qu'elle-même y trouve ; d'où l'extraordinaire succès des princes et des officiers. » (*De l'amour.*)

« Si vous voulez réussir auprès des femmes, écrit Mme de Roux, mettez en jeu leur amour propre. »

Et voilà encore le secret du succès mondain des orateurs, des chanteurs, des artistes, de tous les hommes arrivés à la célébrité. Les plus charmantes femmes de la cour de Louis XIV raffolaient du roi ; même lorsqu'il était vieux, elles en étaient toutes éprises. Stendhal lui-même affirme avoir vu aussi un vieillard de soixante ans se faire aimer par une jeune femme, en excitant le point d'honneur entre elle et une autre femme.

« Parlez-moi des amours des actrices de l'opéra, écrit encore Stendhal, éloignez la rivale, et la prétendue passion qui allait jusqu'aux menaces de suicide, tombe à la minute. »

Mme Staal-Delaunay écrit comment un jour, étant avec une amie à la promenade et se voyant suivies par un jeune homme, elles décidèrent de connaître laquelle des deux était cause de cette assiduité : chacune pariait que c'était l'amie, mais elle resta très humiliée lorsqu-elle s'aperçut que la préférée... était l'autre. (*Mémoires*, Paris, 1892).

Et d'ailleurs le cas d'une jeune femme qui épouse un vieillard ne produit point le scandale qui a toujours lieu dans le cas inverse. C'est encore ainsi que s'explique la fascination qu'exercent les libertins sur les femmes, remarquée par tant de psychologues.

Les femmes aiment un homme en proportion du nombre des femmes qu'il a possédé (*Rochebrune*).

« En se faisant adorer par un libertin, écrit Bourget, une honnête femme a l'orgueil de vaincre un grand nombre de rivales et celles surtout que leurs qualités lui rendent odieuses.»

Synthèse.— L'amour féminin n'est autre chose au fond qu'une face secondaire de la maternité : c'est ainsi que plusieurs organes maternels sont devenus maintenant organes sexuels : tous les sentiments d'affection qui lient la femme à l'homme viennent non pas tant de l'influence sexuelle, que des instincts de dévouement et de suggestion acquis par adaptation.

CHAPITRE VI

LA RELIGIOSITÉ CHEZ LES FEMMES

La femme est-elle plus religieuse que l'homme ? Nous croyons qu'il est impossible d'en douter, si l'on interroge les faits que l'histoire et l'observation de chaque jour nous montrent par milliers.

Lorsqu'une religion vieillit, on voit les femmes aller encore aux temples longtemps après que les hommes les ont abandonnés. Sir Rutheford Alcock dit qu'au Japon il est fort rare de voir dans les temples d'autres fidèles que des femmes et des enfants ; les hommes qu'on y rencontre, toujours extrêmement peu nombreux, appartiennent aux classes inférieures.

On a compté, selon M. Spencer, que les cinq sixièmes au moins, et souvent les neuf dixièmes des pèlerins qui se rendent aux temples de Djaggermat, dans l'Inde, sont des femmes ; chez les Grecs, les femmes étaient plus accessibles que les hommes à l'excitation religieuse. Dans les pays catholiques, en France, en Italie, il suffit d'entrer dans une église pour saisir avec les yeux la vérité de cette assertion : on y trouve, en général, vingt femmes sur deux hommes, et ceux-ci sont presque toujours des vieillards.

Dans une certaine mesure on retrouverait, selon M. Spencer, un fait analogue en Angleterre, où Taine a vu parfois des hommes, mais jamais des femmes, rire aux prêches du dimanche. Or les Anglais sont peut-être le peuple le plus religieux de l'Europe.

L'histoire de la Compagnie de Jésus nous fournit aussi des preuves nombreuses. Les jésuites trouvèrent partout leurs appuis les plus puissants, leurs alliés les plus dévoués, chez les femmes. A Parme, les princesses de la maison Farnèse furent les premières à suivre les exercices spirituels de Saint Ignace. Philippe II, roi d'Espagne, qui cependant n'était point un athée, hésitait à donner aux Jésuites la permission de s'établir dans les Pays-Bas ; mais Marguerite d'Autriche sut vaincre ses scrupules et appela dans le pays les Pères de cette Compagnie, dont elle était une admiratrice fanatique ; leur succès parmi les jeunes hommes, et surtout parmi les femmes fût sans pareil. La même méfiance accueillit les jésuites à la Cour de Rome ; mais cette fois aussi les femmes leur prêtèrent un aide très utile, car les filles de l'empereur Ferdinand obtinrent pour les Pères la permission d'entrer dans le royaume.

Une autre preuve de cette intense religiosité nous est donnée par l'histoire des révoltes et révolutions : comme l'un de nous l'a démontré dans *Le crime politique et les révolutions* (1), tandis qu'on ne trouve presque aucune femme mêlée aux révolutions politiques ou sociales, elles foisonnent dans les révolutions religieuses.

« La religion, écrit Renan, puise sa raison d'être dans les besoins les plus impérieux de notre nature, besoin d'aimer, besoin de souffrir, besoin de croire. Voilà pourquoi la femme est l'élément essentiel de toutes les fondations religieuses. Le christianisme a été, à la lettre, fondé par des femmes. L'islamisme qui n'est pas précisément une religion sainte, mais bien une religion naturelle, sérieuse, libérale, une religion d'hommes, n'a rien, je l'avoue, à comparer aux types admirables de Madeleine, de Thécla ; pourtant cette froide et raisonnable religion, eut assez de séduction pour fasciner le

(1) Alcan. 1892. Paris.

sexe dévot... Le premier siècle de l'islamisme présente plusieurs caractères de femmes vraiment remarquables. Après
Omar et Ali, les deux principales figures de cette grande
époque sont celles de deux femmes ; Aïscha et Fatime (1).

Tous ces faits, empruntés à des races et à des époques différentes, montrent que la femme, chez les peuples civilisés,
est plus religieuse que l'homme, et qu'il ne faut pas attribuer
ce fait uniquement à l'éducation des femmes ; la cause est
plus au fond, dans sa nature. Sans doute personne ne veut
nier l'influence de l'éducation ; mais on doit aussi penser que
si l'éducation religieuse réussit presque toujours si bien sur
les femmes, c'est parce qu'el e trouve un terrain préparé,
une disposition naturelle à croire aux dogmes, à observer les
rites ; autrement elle échouerait presque dans tous les cas.
L'éducation peut aider, et même parfois entraver le développement des qualités naturelles, mais elle ne peut ni créer, ni
détruire ces qualités.

Il faut donc trouver les causes naturelles de cette religiosité plus intense dans l'état psychologique de la femme.

L'homme n'a pas besoin de voir pour croire, car parmi les
idées que chacun de nous possède dans son esprit, un petit
nombre seulement sont le fruit d'une expérience personnelle,
les autres sont le produit d'une suggestion, c'est-à-dire de la
foi que nous ajoutons aux narrations ou aux écrits d'une autre personne.

Nous croyons à la réalité d'une force de choses, que nous
n'avons jamais vues ; nous parlons de pays que nous n'avons
jamais visités, de peuples et d'hommes que nous n'avons
jamais connus, et l'idée de leur réalité est en nous, aussi
vive, aussi entière, que celle des choses dont les sens nous
donnent chaque jour la connaissance. Voilà la toute-puis-
sante influence de la suggestion ; un autre homme en qui nous
avons confiance, nous a renseigné sur ces choses, et ses affir-

---

(1 Renan, *Etudes d'histoire religieuse*, 1857.

mations ont pour nous autant de valeur et de force qu'un témoignage des yeux ou des oreilles. Il se fait presque un
mélange entre les idées suggérées et celles qui ont pour source
notre expérience, de sorte que nous finissons par ne plus les
distinguer les unes des autres : alors tout ce monde intérieur
nous semble réel au même degré.

Certainement, il y a de nombreuses variations individuelles
au point de vue de la suggestion ; l'enfant croit à la vérité
de tout ce qu'il entend, même des fables que vous lui contez
pour l'amuser ; le savant n'affirme sans avoir vu que si la
source des renseignements est des plus sûres. Mais cependant
la suggestion demeure toujours une loi générale de la vie
psychique, un phénomène élémentaire, sans lequel toute vie
sociale serait impossible. Or, la foi religieuse n'est autre chose
qu'une suggestion ; car personne n'a vu ni Dieu, ni les saints,
ni leurs miracles ; il s'ensuit qu'on est plus religieux, à mesure qu'on est plus accessible à cette espèce particulière de
suggestion qui est la suggestion religieuse.

Notre problème se réduit donc maintenant à trouver les
causes pour lesquelles la femme est prédisposée plus que
l'homme à la suggestion religieuse.

Selon nous ces causes sont multiples.

La faiblesse prédispose beaucoup aux suggestions de la
puissance ; le faible n'a pas une idée exacte de la distance qui
le sépare du fort ; il tend à l'accroître, en exagérant son infériorité vis-à-vis de lui, et, voyant que le fort accomplit des
exploits dont il serait tout à fait incapable, il croit à tout ce
qu'on lui affirme sur son pouvoir, même à des miracles qui
dépassent non seulement sa puissance de faible, mais la puissance humaine. C'est ce que nous montrent les peuples à gouvernement absolu et despotique, chez lesque's l'état d'esclavage prédispose les sujets aux plus étonnantes suggestions
sur la puissance personnelle du roi qui devient, dans l'imagination de la foule, un être presque surhumain, doué de pou-
voirs supérieurs, et parfois même maître des lois de la nature.

Ainsi dans une prière, adressée à Ramsès II, le roi égyptien
est appelé « vie du monde; maître du temps, maître de la
prospérité, distributeur des moissons, créateur des mortels,
dispensateur de la respiration. » On croyait jusqu'aux siècles
derniers que les rois pouvaient guérir certaines maladies.
Medicus était à l'origine le nom du roi des Osques; αναξ (en
grec roi) a pour racine ακ de ακιω qui veut dire guérir, le roi
était donc guérisseur. Shakespeare parle dans son *Macbeth* de
ce pouvoir médical des rois.

Il en est de même, lorsque l'homme vit dans un milieu dont
il n'est pas le roi, mais l'esclave, où, ne pouvant régler les
phénomènes plus importants qui le touchent de près, il est
frappé de la pauvreté de ses ressources et voit son sort
à la merci de ces événements dont il n'a pas la clé. Alors
l'idée d'une puissance surnaturelle qui peut, selon son caprice, décider de la destinée de l'homme, le faire mourir, le
sauver, le rendre heureux ou malheureux, trouve les esprits
dans un tel état, qu'elle pourra se fixer et se développer
librement; et la suggestion religieuse sera acceptée sans efforts. La religiosité des marins est un fait notoire, témoigné
par tous les écrivains qui ont observé longtemps les matelots;
or, le principe que nous avons posé nous en donne la raison,
car cette classe d'hommes est exposée sur la mer à des dangers contre lesquels la puissance de l'homme est sans ressources.

De même, Lyell, le grand géologue anglais, démontra que
dans les pays où les tremblements de terre sont plus terribles
et plus soudains, le peuple est plus religieux : « La puissance
humaine, écrit Buckle, étant en défaut, on a recours à la
puissance surhumaine; on croit à la présence du mystérieux
et de l'invisible, et c'est alors que prennent racine parmi les
peuples, les sentiments de crainte et d'impuissance qui sont
la base de toute superstition. » (1)

(1) Bukle, *Histoire de la civilisation en Angleterre.* Paris, 1884, vol. 1.

C'est seulement lorsque l'homme a appris à dominer les forces naturelles et les événements de la vie, à ne compter que sur son énergie, sur son travail, pour la grande bataille de l'existence, c'est seulement alors que les suggestions religieuses deviennent plus difficiles et plus pénibles. L'homme se sent maître de soi et des choses qui l'entourent; et cette conscience, bien que souvent fort obscure et incertaine, entrave la suggestion d'un être, qui serait, lui, le vrai maître et dont la puissance planerait bien au-dessus de la puissance humaine. Il voit si souvent le succès de ses actions déterminé par son intelligence, par les précautions prises d'avance, et par la prévoyance employée, qu'il ne croit plus qu'une force capricieuse puisse venir déjouer ses desseins, faire échouer ses efforts. Voilà pourquoi les hommes sauvages sont très religieux tandis que les hommes civilisés le sont moins; voilà pourquoi les paysans demandent à Dieu la pluie et le soleil, lorsqu'un intelligent pasteur protestant n'abaisse plus Dieu à être un fournisseur d'eau et de soleil, parce qu'il en a une idée plus abstraite.

Maintenant une cause de la plus grande religiosité de la femme est trouvée. La femme demeure plus passive que l'homme dans la lutte pour l'existence; elle ne peut créer son bonheur ni éviter son malheur; elle doit attendre que le bonheur vienne à elle, si l'homme aimé la choisit, si ses fils sont affectueux; elle vit parmi les tempêtes de l'atmosphère, et voit son sort à la merci d'événements qu'elle ne peut ni provoquer ni empêcher. Il est rare aujourd'hui que la destinée d'une femme dépende de son activité; son bonheur et son malheur sont presque toujours l'effet d'un hasard. Pour cela l'imprévu et le mystérieux régissent la vie aux yeux de la femme, et c'est ainsi que les enseignements religieux chez elle ont un si grand succès. L'idée d'une puissance supérieure doit exercer une force de suggestion très intense sur l'esprit d'un être, qui sent que sa destinée dépend très souvent d'une combinaison mystérieuse et incertaine d'événements.

Un autre fait vient renforcer cette suggestion religieuse : c'est que les idées religieuses sont suggérées à la femme par les hommes, car les prêtres sont toujours, dans toutes les religions, des hommes.

« La femme — écrit M. Guyau — est plus crédule que l'homme ; entendons-nous, elle a une certaine confiance dans l'autre sexe, plus fort et plus expérimenté, elle ajoutera foi volontiers à ce que lui affirment des hommes graves, qu'elle est habituée à vénérer, comme les prêtres. Sa crédulité est faite ainsi en grande partie de ce besoin naturel de s'appuyer sur l'homme. Supposez une religion construite et servie uniquement par des femmes, elle serait regardée avec beaucoup plus de défiance par le même sexe... Je demandais à une domestique, qui était restée trente ans dans la même maison, quelles étaient ses croyances : « Celles de mon maître » répondit-elle. Son maître était athée. C'est en somme l'élément sexuel qui se mêle à toute suggestion et la renforce ; or, comme cet élément manquerait même dans la suggestion religieuse de femme à femme, ou d'homme à homme, on comprend pourquoi ce fait augmente la religiosité féminine. Le confesseur est un homme ; pensez-vous qu'on pourrait lui substituer une femme, sans voir les confessionnaux se vider, bien que la réforme dût plaire par beaucoup de côtés aux femmes ?

Mais la suggestion du mâle qui parfois renforce la suggestion religieuse, peut aussi la détruire ; la loi demeure toujours la même, ses effets seulement sont divers, comme on peut changer les effets d'une force en changeant son point d'application. Ainsi la femme d'un membre de l'Institut répondit à Guyau qui l'interrogeait sur sa foi religieuse : « J'étais catholique en me mariant, j'ai bientôt pu apprécier la supériorité d'esprit de mon mari et j'ai vu qu'il ne croyait pas à la religion ; alors j'ai cessé moi-même entièrement d'y croire. » Mais cela ne prouve pas, comme le veut M. Guyau, que la femme soit foncièrement aussi peu religieuse que l'homme ; cela prouve seulement qu'on peut détruire dans la femme les suggestions religieuses, en leur opposant une suggestion contraire et plus forte.

Cela nous explique aussi pourquoi certaines religions, si vieilles que même leurs prêtres en riaient, ont eu encore une grande influence sur les femmes, comme si elles étaient des religions fraîches et nouvelles, lorsque les prêtres connaissaient l'art d'inspirer de la confiance aux femmes; tel fut le cas de la religion égyptienne à Rome, sous l'Empire. Cette religion n'était plus qu'un fatras d'absurdités puériles, de superstitions grossières et même hideuses; ses prêtres n'étaient qu'un tas de fripons paresseux adonnés à toutes les débauches et cherchant à vivre sans travailler; cependant un vrai fanatisme religieux pour le culte égyptien se développa parmi les dames romaines. Les prêtres surent si bien séduire l'imagination des femmes, qu'elles couraient en foule à leurs temples, pour obtenir les grâces des Dieux égyptiens; si confiantes dans ces charlatans de la superstition, que même les dames les plus distinguées accomplissaient dévotement les rites les plus ridicules qu'ils leur suggéraient; elles allaient, pour se rendre propices certain Dieu, prendre des bains dans le Tibre, en plein hiver, et *coram populo*; elles faisaient venir de l'eau du Nil, elles voyageaient jusqu'en Egypte lorsque l'affaire avec la divinité était plus importante; parfois même elles se laissaient compromettre par ces prêtres lascifs dans des intrigues d'amour (1).

Il y a encore une cause qui fait que la religiosité de la femme peut durer plus longtemps que celle de l'homme au milieu d'une civilisation savante; c'est que la femme peut aimer Dieu, tandis que l'homme ne peut que le craindre. Cela tient aux caractères particuliers de l'amour féminin.

On sait que la religiosité des saintes est toujours mélangée d'amour. Elles appellent Jésus, mon amour, mon époux, mon bien-aimé. « Si elle n'avait été une sainte —

_____

(1) Friedlander. *Mœurs romaines*, vol. I. Paris 1881.

écrit M. Barine, de sainte Thérèse — elle aurait été Dyonise, cette Juliette espagnole, plus heureuse, mais plus ardente encore que sa sœur d'Italie. » « En dehors de l'amour et de la pudeur — écrit M. Guyau — les motifs et les mobiles religieux auraient été toujours peu de chose pour la femme. Si la religion agit sur la femme, c'est en prenant pour levier ces mêmes motifs; le plus sûr moyen d'être écouté d'une femme, et presque le seul, ce sera toujours d'éveiller son amour ou de parler à sa pudeur, parce que se donner ou se refuser sont les deux plus grands actes qui dominent la vie de la femme.» D'après Loyseau, il existe une liaison étroite entre la folie religieuse de la femme et les anomalies du système sexuel; l'auteur se demande même si cela ne tiendrait pas à ce que beaucoup de personnes cherchent dans la religion la consolation d'un amour malheureux ou non satisfait. M. Regis pense de même; il existe, selon lui, un lien étroit entre les idées mystiques et les idées amoureuses, et le plus souvent ces deux ordres de conception se trouvent associés dans la folie.

« Ce rapport entre la religiosité et la sexualité se révèle chez la femme, surtout à l'âge de la puberté. « Très souvent — écrit M. Brouardel — entre quinze et dix-huit ans, la jeune fille qui avait des sentiments religieux plus ou moins développés, est prise d'une exaltation religieuse extrême. Elle perd le sommeil, témoigne une loquacité excessive, a des hallucinations de la vue et de l'ouïe, sous la forme de spectacles et de concerts célestes. Généralement cet état mental disparaît au bout de quelques mois. »

Or, rien de semblable n'a été observé chez l'homme; à quelle cause pouvons-nous donc attribuer cette différence? Nous avons démontré ailleurs (ch. V) que l'amour de la femme est plus spirituel que celui de l'homme, que l'attachement de la femme à l'homme est moins mêlé de désir de volupté physique. La femme est heureuse en se donnant à l'homme aimé, moins par le plaisir physique que par le plaisir psychique de le rendre heureux lui-même par son abandon. Ainsi l'amour platonique qui est pour l'homme une chimère ridicule, est souvent pour la femme un sentiment sincère et très doux. Il s'ensuit que cet amour, n'ayant pas un besoin si vif des rapports sexuels, peut s'envoler de la terre au ciel, s'égarer de l'homme à Dieu, d'un être visible et réel à un être invisible, s'évaporer doucement en un mysticisme amoureux qui de l'amour aurait les ardeurs et les éclats.

En outre, nous avons vu que l'idée de la supériorité de l'amant est une condition nécessaire pour que se développe chez la femme cette espèce de gratitude enthousiaste, ce besoin de lui faire plaisir qui est son amour, car cet amour est un don entier et joyeux de soi-même que la femme ne peut pas accomplir si elle ne croit pas à la supériorité de l'homme.

On voit par là que si le sentiment de sa propre faiblesse vis-à-vis de l'amant, est une condition de l'amour féminin, Dieu pourra être aimé avec ardeur par la femme. Dieu ne peut être conçu que comme extrêmement supérieur à l'homme ; or la supériorité étant un caractère que la femme cherche dans ceux qu'elle veut aimer, Dieu peut devenir, chez les femmes à tempérament mystique, l'objet d'un amour brûlant, chaleureux, tel qu'on en trouve l'expression dans certaines pages écrites par les saintes. C'est ainsi que le Dieu qui est aux cieux, remplace souvent, dans la vie de la femme, l'époux qu'elle n'a pas trouvé, ou qu'elle a perdu, et que les premiers besoins de l'amour, à l'âge de la puberté se satisfont avec les pratiques religieuses.

Mais ce même phénomène psychologique est tout à fait impossible chez l'homme. L'homme n'est pas capable d'aimer un être supérieur à lui ; chez lui, surtout s'il est très intelligent, et d'un caractère personnel, l'amour est lié avec le sentiment de sa propre supériorité, comme avec le plaisir de déployer une protection sur la personne aimée. Il aime et admire malgré lui dans les objets de ses affections, sa propre puissance, qui les défend et les protège. Seulement les types inférieurs du sexe viril, ceux qui ont vécu longtemps

dans une condition d'infériorité, telle que les serfs, les domestiques, regardent leur maître, comme un être supérieur,
et l'aiment d'autant plus, qu'ils le croyent d'une autre race,
et tout à fait différent d'eux-mêmes. Or, si tel est le caractère
de l'amour de l'homme, si Dieu doit être conçu comme
supérieur à la créature, comment le mâle pourrait-il l'aimer?

CHAPITRE VII

LE MENSONGE CHEZ LES FEMMES

Rien n'est plus rare, dit Spencer, que la vérité. Nous men-tons, tous, et tous les jours ; les plus honnêtes, — et ils sont rares, — mentent inconsciemment ; le grand nombre ment de propos délibéré et le sachant. Sans doute ce ne sont point de gros mensonges ; pour beaucoup il n'y a là que vétilles sans importance, que formules en quelque sorte obligatoires, inséparables de l'état de civilisation et de la politesse qui l'accompagne. « Cher maître » bêle celui-ci s'adressant à un savant, écrivain ou compositeur, que derrière son dos et sans reprendre haleine, il traitera de ganache surfaite. « Quel talent exquis, » murmure celui-là. « Oh ! ma chère, vous êtes plus jolie que jamais ! » s'écrie celle-là. « Quel beau discours s'exclame cet autre, etc., etc. ; autant de mensonges, autant de petites menteries. Oui, la véracité complète est la plus rare des vertus.

Mais si le mensonge est un vice très répandu dans toute l'humanité, c'est surtout chez les femmes qu'il atteint son maximum d'intensité.

Démontrer que le mensonge est habituel, physiologique chez la femme, serait inutile : cela est consacré par la croyance populaire. Les proverbes qui y font allusion sont innombrables dans toutes les langues.On dit à Rome : « Faux comme une femme. » « *Nec mulieri, nec gremio credendum* », disaient les latins.

« Il ne faut te fier ni aux discours des grands, ni au calm : de la mer, ni au crépuscule du soir, ni à la parole de la fr @ me, ni au courage de ton cheval. » (Proverbe turc).

« Les femmes, écrit Dohm, se servent du mensonge comme le bœuf de ses cornes ». « On apprend aux femmes à mentir, écrivait Flaubert, personne ne leur dit la vérité, et quand on la leur dit, elles regimbent contre cette étrangeté. » Les femmes ne sont même pas franches avec elles-mêmes », s'écrie le même auteur. « Il y a toujours un fameux singe dans la plus angélique des femmes », nous dit de son côté Balzac.

« La nature n'a donné à la femme que la dissimulation pour se défendre et se protéger, a dit Schopenhauer. La dissimulation est innée chez la femme, dans la plus sotte comme dans la plus intelligente ; il lui est aussi naturel de de s'en servir en toute occasion qu'il est naturel à un animal attaqué de se défendre avec ses armes naturelles. En agissant ainsi, elle a, jusqu'à un certain point, conscience de ses droits ; pour cette raison, il est presque impossible de rencontrer une femme entièrement sincère. »

« Les femmes, écrit Zola, ne peuvent raconter exactement les choses. Elles mentent avec tout le monde ; avec les juges, avec leur amant, avec elles-mêmes. »

Il suffit, du reste, d'entendre une conversation au hasard entre femmes pour être persuadé de cette vérité ; les compliments, les expressions affectueuses sont échangées en toute occasion et de l'air le plus dégagé entre des femmes indifférentes ou ennemies ; elles embrassent la première venue comme l'amie la plus intime. L'habileté avec laquelle elles mentent sur tout ce qui pourrait être défavorable à leur considération devant les hommes, tel que leur âge, leur richesse, etc., est devenue un art véritable.

On pourrait citer une scène dans Molière, scène que les

femmes de notre temps renouvellent mille fois chacune dans le cours de leur vie. Célimène parle d'Arsinoë :

> Elle est impertinente au suprême degré.
> Et...
>   (Arsinoë entre.)
> Ah ! quel heureux sort en ce lieu vous amène,
> Madame ? Sans mentir, j'étais de vous en peine.

« Il y a des femmes qui portent toujours une malice sur la langue, écrivait Sénèque ; elles savent la mêler à leurs caresses pour leur meilleur profit ; elles feignent l'amitié quand elles ne l'éprouvent pas, et cachent l'antipathie sous le voile de la flatterie. Ordinairement, c'est lorsqu'elles sont le moins fidèles qu'elles simulent le plus grand attachement et se montrent le plus soumises à toutes les volontés de leur amant ou de leur mari. »

« Les femmes n'ont pas honte du mensonge » elles le disent sans rougir ; celles qui ont l'esprit le plus élevé s'en servent avec une parfaite sécurité dans des intentions pieuses. » C'est une femme, Mme Mayo, qui l'a dit.

On pourrait ajouter même que les femmes ont le mensonge instinctif. Tout le monde a pu observer que, prises à l'improviste, elles savent toutes inventer un conte plus ou moins adroit ; leur premier mouvement, même si elles ne sont pas en faute, est de se parer avec un mensonge. Cela est si inné qu'elles ne peuvent jamais être entièrement sincères ; elles sont toutes inconsciemment un peu fausses. « Ce qui fait que les femmes écrivains n'arrivent jamais au sublime et ce qui, en même temps, donne de la grâce à leur moindre billet, dit Stendhal, c'est qu'elles ne savent jamais être entièrement franches, être franches serait pour elles comme sortir sans fichu. »

Une preuve qui a bien son importance ici, c'est la coutume générale des peuples de ne pas accepter le témoignage de la femme ; car tout en admettant que le mépris de l'homme primitif pour la femme vint en partie de la faiblesse de celle-ci, on peut croire que son manque de sincérité reconnue n'y est pas étranger. En Birmanie, les femmes ne peuvent pas entrer dans le tribunal, elles doivent déposer du seuil de la porte et l'on tient peu de compte de leur témoignage. C'est pour cela que, en grec et en latin, le mot de témoin se confond avec celui de testicule (ὅρκος et testis).

On lit dans le Code Manù : L'unique témoignage d'un homme sans passion est admissible en certains cas, pendant que celui d'une foule de femmes, même honnêtes, ne peut être admis à cause de la volubilité de leur esprit. (VIII, 77). En Grèce, à Rome, et dans le droit de beaucoup de peuples allemands une semblable incapacité frappait la femme. Aujourd'hui encore, le code ottoman, à l'art. 355, décrète que la déposition d'un homme vaut celle de deux femmes. Mais quelles sont les causes pour lesquelles la femme est plus mensongère que l'homme ?

Une foule de causes ont contribué à développer chez la femme l'habitude du mensonge :

1° *La faiblesse.* — La franchise ne peut être que le lot des forts. Spencer a noté, lui aussi, que parmi les femmes sauvages abandonnées à la brutalité des hommes, celles qui savent simuler des sentiments aimables envers eux doivent avoir trouvé une plus grande chance d'être épargnées.

Les sauvages, les races inférieures et les classes inférieures, soumis le plus souvent à des gouvernements despotiques et brutaux basés sur la force seule, et qui ne connaissent point de tempérament dans la soi-disant justice, doivent nécessairement mentir ; la persécution engendre, ou bien des martyrs et le cas est rare, ou bien des menteurs et c'est là le cas ordinaire.

2° *L'atavisme.* — Le sauvage ment sans cesse, et il en est de même de la plupart des races inférieures. Le mensonge a pour but de dissimuler les complots qui se trament, les découvertes de gibier ou d'armes qu'on a pu faire, les actes qu'à tort ou à raison, le chef défend à ses sujets ; il est commandé

en quelque sorte par l'intérêt personnel pour écarter les conséquences d'un acte que la loi ou la morale rudimentaire, et
souvent injuste, condamnent durement. Le mensonge est
une arme défensive et, comme l'emploi des armes implique
toujours un certain état de guerre ou d'inimitié, on peut considérer le mensonge comme accompagnant tout état social
basé sur la force et la peur, la force de ceux qui dominent, et
la peur qu'ils inspirent aux dominés par l'emploi de la force.
(Spencer. *La morale*, etc.)

Les tribus véridiques n'ont qu'un gouvernement faible; le
gouvernement est une émanation du peuple dans une grande
mesure, et son autorité lui vient plus de la confiance qu'il
inspire que de la force dont il dispose; les tribus non véridiques sont régies par le despotisme, la force et le bon plaisir;
le mensonge est donc bien réellement une arme défensive; triste arme sans doute, mais dont l'emploi se comprend. Traitez bien un sauvage menteur, élevez-le sans avoir
recours à la force ou à l'intimidation, et il deviendra véridique. Livingstone, un chrétien éminent entre beaucoup d'autres,
remarque simplement, en parlant des habitudes mensongères
des noirs d'Afrique, que « l'absence de véracité est une sorte
de refuge pour les faibles et les opprimés. » Le corollaire
de cet axiome, c'est que les peuples et les individus libres,
sur lesquels la loi — ou le gouvernement, ou le patron — ne
pèse point de façon tyrannique et lourde, et surtout arbitraire, et qui vivent sous un régime suffisamment tolérant et
stable, où les à-coups, les variations sont en quelque sorte
inconnus, où nulle grande injustice ne peut se produire, doivent être véridiques, et que leur véracité doit être proportionnelle au libéralisme du régime en vigueur. Par contre,
plus la loi est tyrannique et arbitraire, plus le mensonge doit
être fréquent et répandu; l'autocratisme appelle le mensonge; — voyez les peuples orientaux modernes, égyptiens,
hindous, etc.; — le régime libéral, la véracité: — voyez la
France, l'Angleterre, les Etats-Unis. Un chef ou un maître

despote et arbitraire, dont les décisions varient et dont la loi est dure, oblige ses subordonnés à mentir; il en est de même dans la famille, pour le père ou pour la mère, à l'égard des enfants; pour le mari à l'égard de la femme. Femmes et enfants se protègent, se défendent par le mensonge, afin d'éviter les conséquences disproportionnées de leurs actes; ils mentent par peur et pour se défendre.

3. *La menstruation*. — Lorsque la menstruation devint un objet de dégoût pour l'homme, la femme dut apprendre à la cacher. Même aujourd'hui, le premier mensonge qu'on apprend aux jeunes filles est de donner le change sur cet état, alléguant d'autres maladies : cela est vraiment contraindre la femme à deux ou trois jours de mensonges continuels chaque mois. D'autre part il est bien connu que pendant la menstruation la femme est plus menteuse, plus portée à inventer des calomnies et des contes fantastiques. On dirait presque que la femme alors est plus femme que d'ordinaire; l'irritation des glandes génitales excite tous les sentiments et les besoins féminins, entre autre le besoin de protection, la jalousie et par suite le mensonge.

4. *La pudeur*. — « La pudeur, écrit Stendhal, a ce désavantage, qu'elle habitue à mentir. »

Si pudeur provient de *putere*, on verra que la femme a dû, de temps immémoriaux, s'habituer au mensonge. De fait, il n'est permis à la femme de révéler aucun de ses sentiments d'amour. Un homme peut dire à une femme qu'il l'aime; mais une femme risque sa réputation, si elle essaie de faire comprendre à un homme ses sentiments d'amour.

Les fonctions intimes de la vie organique elles-mêmes, la défécation et les menstrues sont devenues, pour la femme, un sujet de honte qu'elle doit dissimuler à tout prix, et qui la contraignent chaque jour au mensonge. Chez certains peuples, les choses que la pudeur consacre avec cette espèce de *tabou* sont encore plus nombreuses; en Angleterre, par exemple, il n'est pas convenable, pour une femme, de nom-

mer la chemise devant un monsieur, et cela s'étend à tout
ce qui concerne les vêtements intimes. Que de choses, d'ailleurs, ne cachons-nous pas à la femme et à la jeune fille,
spécialement en ce qui concerne les rapports sexuels? elles
finissent cependant par savoir quand même, d'une façon ou de
l'autre la vérité ; elles voient que l'on ment constamment autour d'elles et elles s'habituent, elles mêmes, à mentir.

Cela est si vrai que si, par hasard, on trouve une femme
entièrement franche, c'est une femme pour qui la pudeur
est devenue une vertu inutile. Ainsi Ninon de Lenclos, dans
le mépris de la vertu de son sexe, avait acquis la vertu de
l'autre ; on vantait sa franchise, sa loyauté, la fidélité de son
amitié; enfin, pour compléter le cadre de sa gloire, on ajoutait qu'elle s'était faite homme (Rousseau).

5. *La lutte sexuelle* contraint à cacher les défauts, l'âge,
les maladies, tout ce qui pourrait nuire dans l'opinion des
hommes ; elle contraint encore à laisser supposer une richesse
ou une aisance qui n'existent pas, et parfois aussi à dissimuler certaines qualités supérieures que l'homme n'aime pas
à trouver dans sa propre compagne, telles que l'esprit, la
générosité, l'indépendance, le mépris des formalités sociales
ridicules et irraisonnables. Les manifestations d'une énergie
exagérée dans les désirs et les satisfactions sont de même
défendues aux femmes. Encore le désir de plaire à l'homme,
fait parfois simuler à la femme, ces sentiments et ces goûts
qui l'attirent le plus à elle ; nous la voyons aussi feindre
avec les artistes un grand enthousiasme pour l'art, et avec les
militaires, un grand intérêt pour les choses de leur métier.
Enfin les fards, les teintures de cheveux, beaucoup d'objets
de toilette, ne sont, au fond, que des mensonges en action,
recherchés par les femmes, comme autant d'auxiliaires pour
la lutte sexuelle ; et d'ailleurs, une parfaite sincérité qui
révélerait à l'amant tous ses défauts ou tous ses artifices, serait
nuisible à la femme ; car elle ferait bientôt disparaître l'a-
mour, qui est, chez l'homme, toujours moins vif que l'orgueil.

6. *Le désir d'être intéressante.* — La femme étant faible a, comme l'enfant, un besoin instinctif d'être protégée, et elle fait son orgueil et son bonheur de la protection de l'homme. Pour cela, ainsi que l'a remarqué Mantegazza, elle feint parfois une douleur qu'elle ne ressent pas, ou bien elle la montre plus violente qu'elle ne l'est en effet; elle pleure et fait semblant de souffrir pour appeler sur elle l'attention et pour exciter la compassion et la pitié d'autrui, ce qui, entre parenthèses, a contribué pour beaucoup à produire l'illusion générale de sa sensibilité. Par exemple l'une des malices les plus ordinaires de la femme, pour se tirer d'une situation scabreuse, est de simuler un évanouissement. Leur amour même, au fond, est une recherche et un besoin de protection, ce qui explique que maintes fois elles se montrent plus faibles qu'elles ne le sont réellement. « La plus grande séduction de la femme, écrit Balzac, dans *La Recherche de l'absolu*, consiste en une continuelle invocation à la générosité de l'homme, en une gracieuse déclaration de faiblesse avec laquelle elle l'enorgueillit, et réveille en lui les plus généreux sentiments. »

7. *La suggestionnabilité* atteint, chez les femmes, un degré suprême. Elles croient facilement, comme à une chose réelle, à tout ce qu'on leur raconte, ou à ce qu'elles inventent elles-mêmes ; l'inclination au mensonge devient pour cela d'autant plus forte que la vérité et le mensonge se confondent dans leurs esprits, et qu'elles se mentent parfois à elles-mêmes. Leur mensonge est ainsi, en quelque sorte, inconscient. Lotze écrivait : « La femme a horreur de l'analyse, parce qu'elle est dans l'impossibilité de démêler le vrai du faux. La vérité a pour elle une signification tout autre que pour nous : pour elle, tout ce qui paraît vraisemblable, et qui n'est pas contraire à ce qu'elle connaît est vrai; peu lui importe que ce soit vraiment réel ou non. Elle est encline à se fier aux apparences. L'homme se préoccupe de la vérité et de la réalité; la femme se contente de l'apparence. »

7. *Les devoirs de la maternité* contraignent bien des fois les femmes à mentir, toute l'éducation enfantile étant une série de mensonges habiles ou stupides ayant pour but de cacher aux enfants la vérité sur les rapports sexuels, de leur dissimuler l'ignorance de la mère, ou de les conduire sur la voie de la morale par la crainte de Dieu et par la peur du diable.

La femme, en somme, telle que la civilisation l'a faite, n'est qu'une grande enfant, et les enfants sont les menteurs par excellence. Les femmes mentent d'autant plus facilement que leurs raisons de mentir sont plus nombreuses, et qu'après les avoir entraînées dans cette voie nous les encourageons à y rester.

Le mensonge est souvent contagieux, il est souvent aussi pathologique. Il y a des personnes qui mentent à tout propos, sans utilité évidente, « pour le plaisir », semble-t-il. Cela est surtout marqué chez les hystériques, chez qui le mensonge atteint des degrés inimaginables, principalement quand cela peut, de quelque façon, les mettre en évidence et attirer sur elles l'attention. En réalité, il ne serait peut-être pas bien difficile de relier le sentiment auquel elles obéissent à l'une quelconque des formes de la peur, car la peur a dû s'ancrer plus profondément encore dans l'âme de la femme que dans celle de l'homme. La femme ayant été soumise au double contrôle de la loi, qui si longtemps l'a reléguée dans des conditions inférieures dont toute histoire nous fournit les exemples, et de l'homme, du mari ou du maître qui n'a, durant de si longues époques, vu en elle que la femelle destinée au plaisir brutal, et au travail non moins brutal, est restée une sorte de prostituée, *nana vie*. Dans ces conditions, rien d'étonnant que la véracité de la femme soit, en moyenne, inférieure à celle de l'homme ; c'est l'homme qui a fait la femme ce qu'elle est, à ce point de vue comme à bien d'autres, il serait donc mal venu à lui en faire un reproche.

CHAPITRE VIII

« La conscience de la femme, — écrit Prudhomme — est d'autant plus faible que son intelligence est moins élevée; sa morale est d'un autre genre ; sa notion du bien et du mal est différente de celle de l'homme, si bien que, relativement à nous, on peut dire que la femme est un être immoral. Elle est toujours en deçà et au delà de la justice ; elle n'a aucune inclination vers cet équilibre des devoirs et des droits qui fait la préoccupation de l'homme ; sa conscience est antijuridique, de même que son esprit est antiphilosophique. Son infériorité morale s'ajoute à son infériorité physique et intellectuelle, comme conséquence nécessaire. » Et Spencer : « Il existe dans l'esprit de la femme un manque visible de la plus abstraite des émotions, qui est ce sentiment de justice qui règle la conduite indépendamment des affections, des sympathies et des antipathies qu'inspirent les individus. » (Introduction à l'étude de la Sociologie, chapitre V.).

« Les femmes, — selon Schopenhauer, — sont charitables, mais elles sont inférieures aux hommes en tout ce qui touche la justice, la droiture, la probité scrupuleuse. L'injustice est ainsi, le principal défaut féminin. La faiblesse de leur juge-

ment en est cause ; et ce qui aggrave encore le défaut, c'est
que la nature en les privant de la force leur donne en compensation la ruse : d'où leur instinctive fourberie, leur invincible inclination au mensonge, d'où enfin leur fausseté, leur
ingratitude, leur infidélité et leur trahison. » (1).

« Si l'on abandonnait les criminels aux femmes, — écrit Leroux, — elles les tueraient tous dans le premier moment de
colère ; mais ce moment passé elles les remettraient tous en
liberté. »

Un fait que chacun a pu observer, c'est que, en dehors de
certains crimes graves de sang, les femmes n'éprouvent pas
une grande horreur pour les délits, particulièrement pour les
vols et les fraudes, qui n'atteignent ni elles ni leurs proches ;
et que, lorsqu'on leur annonce une condamnation, leur premier
mouvement est de s'attendrir sur la gravité de la peine ou
sur la famille du condamné.

C'est sans doute pour ces raisons, que dans les Etats de
l'Ouest de l'Amérique septentrionale, les femmes qui avaient
été admises dans le jury, en furent récemment exclues.

« Le sentiment de la justice, dit Spencer, consiste dans la
représentation de ces émotions que ressentent nos semblables
quand on empêche ou qu'on laisse se manifester, soit réellement soit en apparence, cette activité qui nous fait rechercher le plaisir et fuir la peine. » (Spencer, *Principes de psychologie*). En d'autres termes, il faut se représenter vivement
l'émotion qu'éprouve l'homme quand il manifeste ses facultés
ou les voit empêchées, quand il jouit ou est privé de son bien,
de sa liberté, enfin de tous ses droits; telle est la condition
essentielle pour être juste, pour respecter le droit d'autrui, et
pour admettre la légitimité des punitions envers celui qui a
violé ces droits.

Mais pour se représenter une émotion, remarque également
Spencer, la première condition est de l'avoir éprouvée soi-

(1) Schopenhauer's, *Parerga und Paralipomena*.

même. Cette expérience émotionnelle a manqué à la femme ; elle qui n'a presque jamais possédé ou dont la possession est subordonnée à mille restrictions, elle qui ne s'est vue reconnaître qu'un minimum de droits, elle qui, enfin, n'a pas vécu au cœur de la vie sociale, mais à l'écart, dans la famille ; et n'a pu atteindre, dans la représentation de ces émotions, ce degré de vivacité qui eut contrebalancé chez elle l'impulsion de la pitié.

COLÈRE

I. — « *Nulla est ira super iram mulieris* » est une ancienne observation de l'Ecclésiaste.

Les femmes, — suivant Plutarque, — sont plus irascibles que les hommes ; plus faciles à se laisser emporter par la colère. Chillon écrit : « La colère d'une femme est le plus grand mal dont on puisse menacer ses ennemis. »

Schlimmer so du einem Weib reizest, als einem bissigen Hund » dit par analogie le proverbe allemand.

Montaigne aussi observa la singulière violence de la colère féminine.

On a observé en Allemagne (*Local-Anzeiger*, 26 décembre 1894) que le nombre des femmes mêlées aux querelles judiciaires, surtout pour injures, est supérieur d'un tiers à celui des hommes, et qu'elles sont bien moins conciliables que ceux-ci.

Les transports imprévus de colère étaient le plus grand péril que les esclaves eussent à redouter de leurs maîtresses. « Prends garde, — écrit Teano à son amie, — que la colère ne t'entraîne à la cruauté. » (Wolff, *Mulierum graecarum fragmenta.)*

Particulièrement dans les fureurs collectives, il est facile de voir quel mépris du péril la colère donne à la femme.

— Plus d'une fois, les femmes allemandes en s'élançant contre leurs maris en fuite, les obligèrent par la violence de

leurs cris à retourner au combat. (Tacite, *Germanie*.) A la
bataille de Jermuck, l'aile droite des Sarrasins reculait déjà
devant l'ennemi, mais elle se reconstituait aussitôt, excitée
par les cris frénétiques et les objurgations des femmes.
(Draper, *Les conflits de la Science et de la Religion*, Paris.)
Beaucoup se rappelleront que dans les émeutes de Rome,
le 1er mai 1891, les femmes traitèrent publiquement de lâches
les hommes qui fuyaient.

Du reste, ce n'est pas seulement dans la colère, mais aussi
dans toutes les émotions qui touchent au paroxysme, que la
femme arrive à une exaltation extraordinaire : ainsi dans les
frénésies mystico-érotiques de l'antiquité (Bacchanales, Dio-
nysiaques), les femmes surpassaient les hommes en surexci-
tation. (Bader.)

Ce qui caractérise la colère de la femme, c'est une plus
grande violence des manifestations extérieures et un plus
grand aveuglement ; quand la femme est irritée, elle devient
d'une audace dont l'homme n'est pas capable. C'est un effet
de sa moindre sensibilité ; n'ayant, pour réprimer sa colère,
que l'image des conséquences possibles de la lutte, cette
perspective est impuissante à la retenir, car elle ressent
moins que nous l'acuité des blessures. Entre la sensibilité et
l'irascibilité il y a, en effet, un tel antagonisme, que la grande
colère provoque l'anesthésie.

VANITÉ

1. *Zoologie*. — Chez les animaux, sauf quelques rares exceptions, c'est le mâle qui montre une vanité plus accen-
tuée.

Les mâles des différentes espèces d'oiseaux font parade
de leur plumage, même en l'absence des femelles ; le dindon et le paon étalent la beauté de leurs plumes devant les
autres oiseaux et, chose curieuse, même devant les cochons.
(Darwin.)

Les oiseaux de Paradis mis en cage à l'archipel Malais tiennent beaucoup à la propreté et lissent sans cesse leurs plumes. (Darwin).

Les oiseaux chanteurs ont la vanité de leur chant : ils l'exercent même hors de la période de l'accouplement : à peine ont-ils inventé une nouvelle mélodie qu'ils s'empressent de la faire entendre à leurs compagnons; comme on le sait, ce sont les mâles seuls qui chantent.

2. *Peuplades sauvages*. — Chez les peuplades sauvages la vanité se manifeste chez les hommes par la parure qui, chez les femmes manque ou est moins éclatante. Chez la plupart, dit Darwin (mais non chez toutes), les hommes sont plus parés que les femmes : quelquefois même, mais rarement, il est vrai, les femmes ne portent aucune parure.

Dans les populations des îles Tonga, de Papouas de la Nouvelle-Guinée et de la Nouvelle-Zélande, seuls les hommes sont tatoués. Chez les peuplades des bords de l'Orénoque et chez plusieurs tribus de l'Afrique, seuls les hommes s'habillent ou se tressent les cheveux.

Chez plusieurs tribus de l'Amérique du Nord, les femmes passent des heures entières à couvrir de peinture le corps de leurs maris.

Aux îles Marquises, les hommes se tatouent plus que les femmes ; aux archipels de Polynésie, ils donnent surtout des soins à leur chevelure, de même chez les Peaux-Rouges et les Manyemas ; quant aux Niam-Niams, aux Apaquès, aux habitants des îles Aru, aux Nubiens, ils portent des vêtements chargés d'ornements.

Aux Nouvelles-Hébrides, les hommes portent des ceintures dont le bord est orné de coquillages et des colliers de perles, et, chose incroyable, ils se fabriquent des mamelles artificielles. Les femmes ne portent que des bonnets tressés avec des herbes. (*Revue scientifique*, juin 1891.)

A Madagascar, lors des grandes fêtes religieuses, les hommes sont fous de vanité.

Il y en a qui dépensent leur dernier sou pour se procurer un riche uniforme militaire européen ; les femmes, ne se soucient que du soin de leurs cheveux.

Chez les peuples de l'Océanie, les femmes se tatouent seulement les pieds, les mains (presque toujours la droite), la partie supérieure du bras, les lèvres et les oreilles ; mais les hommes se tatouent le corps entier au point de n'en pas laisser libre la moindre place.

Quant aux Germains de l'antiquité, il était d'usage chez les hommes de se teindre les cheveux en rouge, et en noir chez les femmes (Pline, *Historia naturalis* XXVIII, 51).

Aux îles Tanna, Lizon, Yalé, Tasmanie, on reconnaît les femmes à leur tête rasée.

Chez les Gaulois de l'antiquité, les femmes ne se paraient qu'après le mariage, et les hommes dès leur enfance.

Il y a il est vrai des peuplades chez lesquelles les femmes et les hommes se parent indistinctement, tels que les Patagons, les anciens Celtes, les Bouschmans, les habitants des Indes, du Pérou ; des peuplades où les femmes portent plus d'ornements que les hommes comme au Déccan, aux îles Bunner et Lin-Kin ; chez les Tusques, les Carrues, les Esquimaux, les Guaranis, les Dayacs, les Fillatahs, les Sénégambiens, les Ivules, les Toda et enfin les Wahuna.

Mais souvent comme chez les Carrues, les Guaranis et les Esquimaux ce tatouage ne consiste qu'en quelques lignes sur les joues qui sont le signe de la puberté.

Dans d'autres cas cet ornement n'est pas autant l'effet de la vanité qu'une nécessité pour plaire aux hommes.

Ainsi, Bertillon (1) dit qu'aux îles Marquises le tatouage est pour les femme plutôt un devoir qu'une distinction ; car

---

(1) Bertillon, *Les races sauvages*. Paris, 1883.

sans tatouage, elles ne trouvent pas de maris, c'est pourquoi les parents les forcent de s'y soumettre.

Chez les Murrays, les femmes ne subissent cette opération douloureuse que parce que les hommes l'apprécient beaucoup.

Chez les Magandja, un tatouage, très compliqué chez la femme, est considéré comme le comble de la beauté; à Java et aux archipels Malais, les femmes se teignent les dents, car les hommes détestent les dents blanches.

3. *Populations civilisées.*— Avec la civilisation, la vanité de l'homme est allée en décroissant, tandis que celle de la femme a grandi.

C'est l'habillement, l'extérieur qui fait sa vanité; c'est une chose bien connue.

Dans le Codex de Manou, nous lisons que les femmes mettent surtout leur vanité dans trois choses: l'amour de leur lit, de leur armoire et de leurs bijoux. (XII, 17.)

Et le Coran donne cette définition étrange de la femme : *C'est un être qui croit parmi ses bijoux et ses vêtements et qui toujours se querelle sans aucun motif.* (XLIII, 17.)

Un fait certain, c'est qu'avec la civilisation croissante, l'homme néglige son costume, tandis que la femme lui donne une importance de plus en plus considérable ; ce point devient évident si l'on compare les campagnards aux habitants des villes. C'est même d'après leur habillement, que les femmes jugent et admirent leurs amies, le costume faisant partie pour ainsi dire du corps lui-même.

La vanité de l'habillement se rattache étroitement à la vanité de leur position sociale et de fortune surtout dans les classes supérieures de la société. Le luxe déployé sous Louis XIV se caractérise par une exagération de splendeur insensée et de dépenses dépassant toute limite. Mme de Maintenon reproche aux femmes de son temps d'avoir plus de luxe que de goût (1).

(1) Baudrillart, *Histoire du luxe*, vol. II, Paris 1880.

De nos jours — dit Dupradel en 1705 — les femmes ont trouvé le moyen d'employer plus d'étoffe pour une seule robe qu'il n'en fallait autrefois pour plusieurs. De là vient qu'elles se donnent des envergures démesurées ; elles épuisent l'or, l'argent, la soie, les dentelles, les brillants pour leur parure : jamais elles n'en sont satisfaites, jamais le prix ne leur parait trop élevé.

La bourgeoisie du siècle dernier, en France, se montrait peu soucieuse du luxe de ses vêtements et s'occupait d'affaires ; par contre, c'était le point d'honneur pour les femmes riches de faire concurrence aux familles nobles, elles arrivaient même de temps en temps à vouloir faire rapporter les lois somptuaires: A Rome, l'envie suprême des plébéïennes était de rivaliser de luxe avec les patriciennes (Bader, *La Femme romaine*, Paris 1872). Aux îles Antilles, les mulâtresses libres mettaient leur plus grande vanité à éclipser les créoles par leurs vêtements, mais ne pouvant s'habituer à porter des souliers, elles les remplaçaient en mettant à leurs mains une paire de pantoufles en soie. Les femmes des Druses et les peuples civilisés de la Syrie, écrit Stendhal, ne se contentaient pas de se parer de perles et de diamants de l'Arabie, elles réunissaient en collier une quantité de sequins, et plus cette chaîne portait de pièces plus la parure semblait parfaite.

Il y avait des femmes se rendant aux bains parées de 200, 300 ducats d'or effectif. (Stendhal, *Histoire de la peinture en Italie*, Paris 1883.)

Les femmes des Basquires sont très fières des pièces d'argent, avec lesquelles elles se font des chaînes et des bracelets ; les hommes ne portent pas de parure. Telles sont les formes principales de la vanité des femmes, néanmoins, ce ne sont pas les seules, car toute activité — chez elles — a pour mobile la vanité.

La vanité — dit Mme d'Arconville — est le premier sentiment de la femme ; la plupart d'entre-elles ne font des études que pour qu'on le sache, sans désirer apprendre réellement.

Les femmes, surtout celles qui appartiennent aux classes élevées, vont principalement au théâtre, à l'église, pour faire croire qu'elles comprennent l'art et la religion, à moins que ce ne soit simplement pour faire admirer leurs toilettes. Si la bienfaisance est le sentiment le plus désintéressé chez les femmes, elles ne manquent pourtant pas l'occasion de mettre leur charité en évidence. (Lotze.)

« *Weiber und Pferde wollen gewartet sein* » (prov. allemand).
« *Vulpes vult fraudem, lupus agnum, fœmina laudem* » (prov. latin).

Abstraction faite des animaux et des peuples sauvages, la vanité, chez l'homme, s'est transformée en ambition au contact du monde civilisé, tandis que chez la femme elle n'a fait qu'accroître d'intensité.

La vanité est une tendance instinctive, congénitale ; c'est la vie sociale qui lui a procuré les occasions favorables d'exploiter et de faire ressortir les qualités qui semblent nécessaires pour la lutte de la vie et pour la lutte sexuelle.

Le sauvage place sa vanité dans les trophées de la guerre, de la chasse et dans les parures du tatouage, parce que ces petites modifications de la figure et du corps sont pour lui un signe de supériorité, et qu'elles lui viennent en aide dans la lutte pour la femme, comme les plumes colorées, et les chants jouent un rôle actif dans l'amour des oiseaux mâles.

De plus, chez le sauvage, ce besoin de mettre en évidence ses propres avantages explique-t-il l'importance qu'il donne (bien autrement que la femme) à sa personnalité ; il ne peut penser que les autres ne lui prêtent pas la même attention, et il croit, comme on le voit chez nos enfants, que tout le monde est là seulement pour l'admirer.

On comprend, dès lors, que chez eux, la femme ne soit pas aussi vaniteuse, esclave passive dans l'amour, elle n'a pas besoin de lutter pour conquérir l'homme, elle n'a pas de qualité utile à mettre en vue.

Cependant l'expérience et les révolutions sociales firent disparaître l'excès de vanité chez le sexe masculin ; l'équilibre de la vanité se rétablit, un homme ne recherche ni ne sollicite plus l'attention des autres, et l'expression : « C'est un vaniteux », est aujourd'hui un terme de mépris.

Cette transformation fut provoquée par l'expérience des luttes inutiles causées par leur vanité primitive ; le résultat fut que les plus faibles, au moins, déclinèrent leurs prétentions vaniteuses. Malgré son caractère si variable, la femme, à son tour, a acquis le sentiment de la lutte sexuelle, qui apparaît pour elle plus tard et l'oblige à étaler ses avantages corporels, avec d'autant plus d'égoïsme que son intelligence ne s'est pas développée au même degré.

Ainsi, dans les soirées, la femme veut que les hommes ne s'occupent que d'elle seule ; sa vanité se manifeste surtout par les vêtements, la pudeur l'obligeant à se couvrir tout le corps sauf les mains et quelquefois la figure. Le costume prend, dès lors, dans la lutte, une plus grande importance que la beauté corporelle, de sorte qu'elle semble croire que les vêtements soient presque une partie de son corps. Une femme, a dit Stendhal, croit être belle quand elle est bien vêtue. L'habit est, pour ainsi dire, un complément du corps. Nous verrons plus loin, des femmes devenues meurtrières pour conserver la possession d'un collier.

Viennent à la suite de la vanité des vêtements, celle de la richesse, de la piété, du goût, comme autant de moyens utiles dans la lutte sexuelle, la richesse surtout.

La lutte sexuelle devenue la plus grande occupation de la femme, on comprend comment la vanité entre dans chacun de ses actes ; tous ses efforts convergeant vers la conquête de l'homme, elle tâche de captiver son attention à l'aide de tous les artifices qui sont en son pouvoir.

Voilà ce qui explique la différence signalée par Lotze, que, pendant que l'homme veut s'élever et s'imposer à tout le monde à force de vertu, la femme est satisfaite si elle éveille l'attention par tous les moyens, même les plus futiles.

Donc, la vanité de la femme n'est pas un sentiment atavistique, mais évolutif ; ceci prouve que la femme parcourt les mêmes étapes de développement que l'homme, mais à une certaine distance.

AVARICE, VICES

1º *Avarice et avidité*. — *Avarum mulierum genus*, avait déjà observé Cicéron *(De invent., XI, 50) ;* ce que saint Augustin confirme en écrivant : *Mulieres sunt tenaciores pecuniæ*.

Dans un fragment d'une lettre de Teane à une amie sur la manière de traiter les esclaves, elle lui conseille chaudement de leur donner une nourriture suffisante, déplorant que beaucoup de maîtresses les tiennent continuellement affamées et les punissent cruellement si elles cachent quelques aliments pour elles ; il semble donc que ce péché d'avarice n'était pas rare chez les dames grecques. (Wolf, *op. cit.*)

Saint Augustin nous raconte que les premiers chrétiens devaient souvent dissimuler à leurs femmes les aumônes qu'ils faisaient à leurs coreligionnaires pauvres ; et il est arrivé à tous de voir, dans une famille, les intentions généreuses du père combattues par la mère qui, par une préoccupation souvent exagérée, pense toujours à ses enfants.

Dans un procès qui eut lieu à Paris, en 1835, une marchande qui accusait une femme de lui avoir donné de la fausse monnaie, déclara que le soupçon lui était venu parce que l'acheteuse n'avait pas marchandé. « C'est la première fois, dit-elle, qu'une femme achète sans diminuer au moins de 30 0/0 sur le prix. » (*Chronique des Tribunaux*, vol. II. Bruxelles, 1835.)

2º *Vices*. — Les femmes n'ont presque pas de vices ; elles ont surtout une répugnance héréditaire pour les alcools (on connait les peines infligées à la femme qui s'enivrait chez les peuples anciens). En effet, les statistiques de l'alcoolisme nous donnent, pour l'Italie, par exemple :

Année 1886, fous alcooliq., 521 folles alcool. 31

» 1887 » 541 » 46

» 1888 » 661 » 62 (1).

En outre, leur excitabilité corticale étant moindre, elles ont un besoin moins grand des excitants alcooliques, qui sont d'autant plus désirés que l'intelligence s'accroît. De plus, leur *misonéisme* et leur respect pour les usages les retient ; et comme peu de femmes boivent ou fument, peu osent commencer. C'est seulement chez les peuples les plus civilisés que parmi les femmes s'est répandu le morphinisme.

De même elles ne jouent pas ; mais sans doute bien plus par suite de l'impossibilité matérielle où elles sont d'aller dans les maisons de jeu, que pour des raisons psychologiques spéciales ; au contraire, le désir de gagner beaucoup en travaillant peu, est aussi développé chez la femme que chez l'homme. Son acharnement au jeu du loto, en est une preuve ; et du reste, d'après ce que racontent MM. de Goncourt, en France, au siècle dernier, on jouait dans les salons et les femmes s'acharnaient au moins autant que les hommes. A Monte-Carlo, nous dit-on, les quelques femmes (pour la plupart des cocottes) qu'on y rencontre étonnent souvent par leur audace et leur obstination.

LOYAUTÉ, HONNEUR, ENVIE, VENGEANCE

1. — Que les femmes manquent de loyauté et conçoivent l'honneur d'une manière toute différente des hommes, c'est une conviction acquise depuis longtemps, même dans la conscience universelle, comme l'indiquent les proverbes :

« A trois choses il ne faut se fier : au roi, au cheval, à la femme ; le roi tourmente, le cheval fuit, la femme est perfide. » (Proverbe arabe.)

(1) Zerboglio : *Alcoolismo*, — Bibl. antr., vol. XV, Torino, Rocca, 1892.

« Qui prend l'anguille par la queue et la femme par la parole peut dire n'avoir rien. » (Proverbe toscan.)

« Celui qui prend la femme par la parole, c'est comme s'il prenait l'anguille par la queue. » (Sicile.)

« Femme qui t'étreint, et les bras au cou te ceint, t'aime peu et beaucoup feint, et à la fin te brûle et te trompe. » (Proverbe toscan.)

« Femme qui t'embrasse et t'étreint, ou t'a trompé, ou cherche à te tromper. » (Proverbe de Catane.)

Il suffirait, à défaut d'autres preuves, pour démontrer que la loyauté ne peut être une vertu de la femme, d'invoquer ses mensonges et la facilité avec laquelle elle écrit des lettres anonymes. « La lettre anonyme, écrit Rikère, est, entre toutes, l'arme de la femme, la dernière ressource des amantes délaissées, des femmes trahies ou en querelle entre elles (1). »

La conception de l'honneur est donc différente chez la femme : c'est exclusivement l'honneur sexuel, la virginité avant le mariage et la fidélité après. « On verra souvent, écrit Venturi, la femme ignorante et malpropre, voleuse même et dégoûtante, sans éducation ni délicatesse, proclamer son honneur, par cela seul qu'elle prétend être sans tache dans sa sexualité. Il y a, au contraire, dans la société des femmes intellectuellement supérieures, de position distinguée, poètes, savantes, reines, etc., qui ont d'elles-mêmes une haute estime et qui cependant ont parfois sur leur conscience des écarts de conduite notoirement connus, qu'elles croient pouvoir commettre sans préjudice pour leur honorabilité. » (2).

Cela est naturel ; l'honneur est un sentiment qui ne peut naître que de la force, et doit être accompagné par la force ; le faible étant opprimé ne peut être loyal ni véridique. Par opposition, l'énorme importance que les femmes donnent à leur propre virginité dérive directement de celle que lui donnent les hommes. Quand les prostituées parlent de la

(1) *La Criminalité féminine.* — Belgique judiciaire, 1891.
(2) Venturi. — *Le Degenerazioni psico-sessuali.* Torino, 1892.

perte de leur honneur, elles ne conçoivent pas autre chose.

2. — La jalousie et l'envie sont particulièrement évidentes dans les rapports des femmes entre elles, qui ont les unes pour les autres, cette aversion que l'on rencontre chez les oiseaux parmi les mâles, comme Jenner Wair l'a remarqué chez le bouvreuil et le rouge-gorge. (Darwin, op. cit., page 379.)

« Les femmes, — écrit Labruyère, — ne se plaisent pas entre elles pour les mêmes raisons qu'elles plaisent aux hommes ; tout ce qui, chez la femme, attire l'homme est entre elles une cause d'antipathie. »

C'est un fait que l'on constate même chez les petites filles. « J'ai observé, nous dit Gina L..., que les jeunes filles sont moins bonnes que les garçons pour leurs compagnes. Elles sont charitables, mais pour les personnes d'une autre caste, d'un autre sexe, d'un autre âge. Par exemple, elles n'aident pas à l'école une compagne, même quand cet effort ne leur porterait aucun préjudice. »

« La confiance entre femmes, — observe Stendhal, — doit être limitée ; car la femme la plus honnête est toujours prête à trahir son amie, pour peu que son amour-propre soit en jeu. » « Les femmes, écrit Madame Mayo, dans leurs relations n'ont pas la moindre notion de ce que l'on appelle l'honneur : elles poussent l'hypocrisie jusqu'à l'effronterie. » « L'amitié d'homme à femme, — dit Madame d'Arconville, — est le plus agréable des sentiments ; mais une amitié entre femmes est tellement rare qu'il ne vaut pas la peine d'en parler. Pour les femmes, l'amitié finit où commence la rivalité des mérites personnels. »

Chez les anciens Chinois, le symbole de querelle et de dispute, était deux femmes, la face tournée l'une contre l'autre. « Presque toutes les femmes, — écrit Madame de Scudery, — sont médisantes ; leurs amies sont sacrifiées au plaisir de montrer de l'esprit, tandis qu'elles ne montrent ainsi que leur méchanceté. »

« Les femmes, entre elles, s'aiment peu. » (Prov. milanais.)

« Une femme, — dit Michelet, — ne pardonne jamais à une autre femme d'être plus belle qu'elle. » — Ce qu'Elisabeth aimait le plus après son propre éloge, c'était la dérision des autres femmes ; elle voulait être belle et la seule femme belle ; les ambassadeurs qui revenaient de France devaient, pour être bien reçus, ridiculiser les modes et les femmes Françaises.» (*Revue des Deux-Mondes*, 1878.)

Il y eut, il est vrai, quelque épidémie d'affection entre femmes, comme celle décrite par de Goncourt (*op. cit.*). En France, dans la seconde moitié du siècle dernier, la mode fut un moment, pour chaque femme, de choisir une amie et de vivre pendant un certain temps, presque toujours ensemble, s'habillant de vêtements semblables, lisant les mêmes livres, se faisant des cadeaux symboliques, pleurant si elles devaient se séparer pour un jour. Mais cette affection n'était pas une affection profonde et sincère, comme on le voit d'ailleurs dans l'étrangeté des manifestations extérieures; c'était plutôt une épidémie psychique, une suggestion de la mode et pas autre chose.

En général, deux femmes sont amies entre elles quand elles ont une commune inimitié pour une troisième, par cette loi psychologique qui n'a pas été sans effet dans la formation des sociétés primitives, que les haines communes cimentent plus souvent les amitiés que les amours communs, cette forme de sympathie particulière aux êtres supérieurs. « L'amitié de deux femmes, — écrit Rau, — n'est qu'un complot contre une troisième. »

Ceci rappelle les paroles de Terence : *In eodem ludo doctæ ad malitiam.*

Même lorsque en dehors de ces causes une amitié se forme entre deux femmes, on sait qu'elle peut se rompre aussi rapidement qu'elle est née. L'amitié entre enfants est identique ; le plus souvent c'est une espèce d'esclavage, par lequel une femme d'un caractère plus docile devient presque la servante d'une autre d'un caractère plus impérieux; ou bien elle se complaît à retrouver chez une autre ses idées et ses propres goûts, mais ce sentiment se change en haine au premier sacrifice qu'il faut faire pour l'amie. Ce n'est donc qu'un pur égoïsme, ou même une complication d'égoïsme. Pour la même raison, les femmes portent beaucoup d'affection aux bêtes ; car il n'y a pas de sacrifice à faire pour entretenir leur amitié.

Sans aucun doute cette haine latente dérive de l'état de lutte continuelle dans lequel les femmes vivent pour la conquête de l'homme ; mais c'est, en même temps, un signe d'infériorité, car les hommes aussi luttent entre eux, sans pourtant ressentir si violemment ces haines et ces jalousies. En général l'homme, grâce au développement supérieur du sentiment de justice, se résigne plus facilement à une défaite, quand il voit que la victoire de son rival est méritée ; la femme, jamais.

La jalousie entre femmes se manifeste particulièrement par ce besoin de se montrer supérieure à ses compagnes par quelque privilège ou quelque avantage.

« La femme, écrit Prudhomme, recherche par-dessus tout les distinctions, les préférences, les privilèges. Dans un atelier de femmes, si le patron ou le chef d'atelier en distingue une, celle-ci ne reconnaîtra son amour qu'aux faveurs dont elle jouira, sans penser qu'elles constituent une injustice. Allez au théâtre, dans une fête publique : Que désire le plus une femme ? Voir la pièce ? Non, une place réservée. La femme se fera sœur de charité, infirmière, domestique, tout ce que vous voudrez ; mais elle ne pensera jamais à l'égalité, au contraire, on dirait qu'elle y répugne. Elle rêve d'être, ne fût-ce que pour un jour, pour une heure, grande dame, princesse, reine ou fée. La justice qui nivelle les rangs et n'a d'égards pour personne lui est insupportable. » « Les jeunes filles, écrit madame Necker de Saussure, veulent être préférées en toute chose ; la justice les préoccupe peu. Il leur semble plus flatteur d'être une exception à la règle que de s'y soumettre. »

Ce sentiment se développe également dans les rapports entre êtres supérieurs et inférieurs, dans l'esclavage ; il est très fréquent chez les animaux domestiques, et Brehm le trouva chez les chèvres, Romanes chez les chiens et les singes. De même pour tous les hommes vivant en condition servile, le plus grand orgueil est celui d'être préféré du maître, dussent-ils pour cela torturer leurs compagnons d'esclavage.

On peut donc conclure qu'en général les femmes sont incapables d'une amitié où n'entre pas l'élément sexuel ; elles manquent d'un de ces sentiments plus élevés et qui est un des derniers produits de l'évolation.

3. — A la jalousie et à l'envie s'unit le sentiment de la vengeance qui est plus vif chez la femme que chez l'homme.

Les femmes, dit-on communément, ne pardonnent pas.

« La police, comme le rapporte Macé, reçoit quotidiennement un nombre énorme de lettres anonymes, œuvres presque toutes de femmes, et dans lesquelles on sent bien plus le désir de satisfaire un besoin de vengeance que la préoccupation de l'utilité publique. »

« Personne, plus que la femme, ne prend plaisir à la vengeance », écrit Juvenal.

« Il faut être femme, — écrit une femme, madame Rieux, — pour savoir se venger ».

« Les femmes, dit aussi Mme Mayo, sont féroces dans leurs rancunes ; elles aiment l'humiliation d'autrui ». Il est hors de doute que les hommes oublient plus tôt les offenses ; et que s'ils n'en tirent pas tout de suite une vengeance terrible, ils finissent par oublier. Les femmes, au contraire, se les rappellent, même pendant longtemps, avec une obstination extrême. Balzac a décrit un exemple merveilleux de cette ténacité de la rancune féminine dans la *Cousine Bette*.

Il semble étrange, à première vue, que la femme, qui est plus faible, et, comme nous le verrons bientôt, moins intelligente, soit plus vindicative que l'homme ; car la vengeance

est de tous les sentiments le dernier à se former dans les espèces les plus intelligentes (chien, éléphant, singe), c'est-à-dire
parmi celles chez qui les offenses sont ressenties et par suite
rappelées plus longtemps, après la cessation de l'excitation.

En effet, chez les peuples sauvages, à demi-civilisés, et
même dans les civilisations qui commencent, l'homme est plus
vindicatif que la femme ; il se venge facilement des plus petites offenses, par des homicides, des pillages, etc. Mais l'extrême violence de ces réactions a conduit à la répression
de ces sentiments qui troublaient trop la vie sociale ; et
la civilisation a engagé une véritable lutte contre l'esprit
de vengeance, dont elle a triomphé en grande partie, car à
présent il n'y a plus que les criminels qui tuent ou massacrent
pour se venger. Ces formes violentes, particulières au mâle,
supprimées, l'homme est resté presque incapable de se venger ; la tendance héréditaire vers d'autres formes de vengeance qui ne troublent pas la vie sociale, ne s'est pas
encore formée dans l'esprit de l'homme. Aujourd'hui encore,
devant une offense grave, l'homme normal éprouve la tentation atavique d'en venir aux mains ou même de tuer, mais
généralement il se calme bientôt, il refoule ce penchant héréditaire et finit par oublier. Seuls, les plus tenaces, cherchent quelque voie indirecte pour assouvir leur vengeance.

Chez la femme primitive, au contraire, plus faible que
l'homme et esclave, à côté des formes plus violentes de
vengeance, qui furent réprimées, devait en exister d'autres
moins brutales (telles que la calomnie, l'humiliation), qui,
moins dangereuses, échappèrent à tout essai de répression
et purent survivre : ce sont celles que nous retrouvons aujourd'hui.

Ainsi, pendant que parmi les hommes, le criminel seul est,
par atavisme, vindicatif, la femme normale est vindicative
sous des formes plus atténuées qui, coexistant avec les plus
cruelles, ont pu survivre aux effets de l'évolution.

11

Synthèse. — En somme, nous pouvons affirmer que chez la femme comme chez l'enfant, le sens moral est inférieur. A qui dirait qu'en ce temps de mœurs commerciales, l'honneur, la loyauté, etc., perdent leur prix même pour l'homme, et que le faux télégramme de bourse vaut bien la lettre anonyme d'une femme, nous répondrons qu'il y a, entre l'un et l'autre, la même différence qu'entre un soldat qui, à la guerre, tue l'ennemi dont il est menacé et un soldat qui tue un prisonnier désarmé qui jadis l'offensa. La déloyauté d'un banquier est presque une nécessité imposée par la lutte commerciale; si aujourd'hui il ne tend pas le piège à l'autre, il y tombera lui-même demain ; elle est donc relativement normale, étant une conséquence des conditions, passagères il est vrai, de la lutte pour la vie ; tandis que la colère et la vengeance d'une femme contre une rivale, qui est mieux habillée qu'elle dans une fête, est immorale, car elle vient d'une excessive susceptibilité qui s'offense de ce qui est pour les autres l'exercice d'un droit.

Dans tout cela, nous nous voyons ramenés continuellement à la psychologie de l'homme primitif, heureux si son visage plus tatoué attire l'attention de ses compagnons, vindicatif à tel point que la vengeance devient pour lui un devoir religieux; et à la psychologie de l'enfant qui pleure d'une faveur accordée à un camarade et refusée à lui-même, comme si on l'avait offensé dans son droit.

Ce qui distingue la femme de l'enfant, c'est qu'elle n'a pas ce goût du mal pour le mal qui est la caractéristique de l'enfance ; la folie morale, qui est permanente chez celui-ci, est étouffée et partiellement détruite en elle par la pitié et la maternité. La femme n'est pas, comme l'enfant, méchante sans cause, et, comme nous l'avons démontré, en analysant sa cruauté, il faut une excitation ou un caractère pervers et par conséquent exceptionnel pour que l'immoralité de la femme apparaisse.

Mais la femme reste toujours foncièrement immorale

souvent à cause de sa pitié même. Ainsi, tout en les trouvant admirables, nous sommes obligés d'appeler immoraux, comme contraires aux intérêts du groupe social, ces avis des femmes sauvages aux voyageurs européens, de se tenir en garde contre les complots de leurs maris et de leurs frères; et relativement immorales aussi ces dénonciations de leurs propres complices qui sont faites, comme nous le verrons, plus souvent par les femmes criminelles que par les hommes et qui démontrent chez la femme, une moindre adaptation à la vie sociale dans la criminalité.

La femme normale, en résumé, a beaucoup de caractères qui la rapprochent du sauvage et de l'enfant, et par suite, du criminel (irascibilité, vengeance, jalousie, vanité), et d'autres diamétralement opposés qui neutralisent les premiers, mais qui l'empêchent cependant de se rapprocher dans sa conduite, autant que l'homme, de cet équilibre entre les droits et les devoirs, l'égoïsme et l'altruisme, qui est le terme suprême de l'évolution morale.

CHAPITRE IX

Intelligence.

INTELLIGENCE DE LA FEMELLE DANS LE MONDE ZOOLOGIQUE

Dans les ordres inférieurs de la vie, il est impossible de déterminer avec exactitude, quel est des deux sexes le plus intelligent : il est pourtant permis de supposer que parmi les crustacés et les insectes, chez lesquels, comme nous l'avons vu, le mâle est doué plus que la femelle d'organes moteurs et de sens, l'intelligence est supérieure aussi; car le milieu dans lequel ils vivent étant plus étendu et plus complexe, les corrélations internes doivent être également plus étendues et plus complexes.

Dans les ordres supérieurs, les quelques faits qui démontrent une différence entre les deux sexes, le premier est favorable à la femelle : il s'agit des hyménoptères, chez lesquels, comme on le sait, ce sont les femelles qui composent la société pendant que les mâles ne sont que des parasites, et comme tels exterminés chaque année.

Ce ne sont plus des femelles, dans le vrai sens du mot, mais un troisième sexe, car leurs organes génitaux sont atrophiés; phénomène qui n'est pas sans effet sur le développement de leur intelligence, car, par exemple, la reine des abeilles et les fourmis femelles, non ouvrières, qui sont fécondes, sont également stupides.

Chez les oiseaux, on remarque la supériorité du mâle. On sait que dans les espèces d'oiseaux chanteurs c'est toujours le mâle qui chante ; et chez beaucoup le chant est une véritable manifestation intellectuelle, un art dans lequel ils s'exercent et se perfectionnent. Il y a, il est vrai, quelques espèces, comme le canari, le rouge-gorge, l'alouette et, particulièrement le bouvreuil, chez qui, ainsi que l'observe Bechstein, les femelles chantent, mais seulement quand elles sont en état de veuvage.

Chez les *clamidères*, qui construisent chaque année des berceaux très artistiques pour la saison des amours, c'est le mâle qui particulièrement y travaille (1). Tel est également le cas de l'*Amblornis inornata*. (Beccari. *Gardeners Chronicle*, 16 mars 1879.)

Chez les mammifères, bien qu'à un degré moindre que parmi les oiseaux chanteurs, les mâles ont les organes vocaux plus perfectionnés et s'en servent pour attirer les femelles, arrivant parfois à des effets artistiques comme ce gibbon, dont parle Darwin, qui émettait la série complète et correcte d'un octave de notes musicales.

Dans toutes les espèces chez lesquelles un mâle réunit des groupes de femelles et les guide (phoques, ruminants, singes), il doit être forcément supérieur par l'intelligence ; sans cela sa domination n'aurait pu se fonder ou n'aurait pas duré.

Chez les éléphants, il semble qu'il y ait égalité, car leurs groupes sociaux sont indifféremment guidés par des mâles ou des femelles ; toutefois la femelle semble plus rusée ; ainsi, aux Indes, elle sert de séductrice pour dompter les éléphants sauvages qu'on vient de capturer (Romanes).

« Presque tous les chiens savants, affirme Delaunay, sont des mâles. Les éleveurs avisés choisissent toujours des mâles pour les dresser. » (Delaunay, *Egalité et inégalité des sexes*. — *Revue scientifique*, 1881.)

(1) Romanes. — *L'Intelligence des Animaux*. Paris, 1889. vol. II, p. 44.

II

INTELLIGENCE DE LA FEMME

La principale infériorité de l'intelligence de la femme, par rapport à celle de l'homme, est l'absence de toute puissance créatrice.

1° *Génialité.* — Cette infériorité se révèle aussitôt dans les plus hauts degrés de l'intelligence, par l'absence de génies. Bien que, les noms de femmes illustres ne manquent pas, tels que : Sapho, Corinne, Telesilla, Mmes Browning, David Sohn, Gauthier, Ackermann, pour la poésie ; Mmes Elliot, G. Sand, de Stern, de Stael, en littérature ; Mmes Bonheur, Lebrun, Maraini, Sirani, pour l'art ; Mmes Sommerville, Royer, Sophie Tarnowski, Germain, dans la science ; il est évident que nous sommes loin de la puissance des génies masculins, de Shakspeare, de Balzac, d'Aristote, de Newton, de Michel-Ange. De même si l'on considère la fréquence du génie dans les deux sexes, la supériorité de l'homme est incontestable.

Beaucoup ont voulu, comme par exemple Sagnol (1), attribuer cette infériorité aux conditions sociales, particulièrement à l'ignorance dans laquelle est tenue la femme et aux préjugés qui lui barrent la voie quand elle veut se livrer à un travail intellectuel. Mais l'ignorance de la femme n'est pas un fait aussi général qu'on le croit.

Aux premiers siècles de l'Empire romain et aux xve et xvie siècles, en Italie, les femmes des hautes classes recevaient la même éducation que les hommes; dans l'aristocratie française du siècle dernier, les femmes étaient très instruites et suivaient les leçons de Lavoisier, de Cuvier, etc. ; cependant malgré des conditions aussi favorables aucun génie ne se révéla parmi elles. Quant aux difficultés du milieu, elles

(1) Sagnol, *L'Égalité des Sexes*. Paris, 1880.

n'empêchèrent ni Mme Browning, ni Mme Sommerville de surgir ; et en tout cas elles ne sont pas supérieures à celles que rencontre un génie pauvre. Pourtant, du peuple sortent plus souvent des hommes de génie que des femmes, même en comptant celles qui sortent des classes riches.

En outre, il est à remarquer, comme l'a démontré l'un de nous, que les femmes de génie présentent fréquemment des caractères masculins : d'où le génie pourrait donc s'expliquer chez la femme, comme Darwin expliqua l'identité de la couleur de la femelle et du mâle chez certaines espèces d'oiseaux, c'est-à-dire par une confusion des caractères sexuels secondaires, produit du croisement de l'hérédité paternelle et maternelle. Il suffirait, pour le démontrer, de jeter les yeux sur cette planche de quelques femmes de génie, qui ressemblent à des hommes déguisés. (Voyez planche III.)

2º *Manque d'originalité, monotonie.* — La femme manque d'originalité dans les grandes créations et même dans ces petites dont la moyenne des hommes est capable ; c'est que l'originalité, hypertrophique chez l'homme de génie, se retrouve en proportions physiologiques plus modestes, pour des activités de moindre importance, chez les hommes d'intelligence moyenne.

En effet, les femmes manquent d'inclinations spéciales pour un art, une science, une profession ; elles écrivent, peignent, brodent, font de la musique ; elles sont successivement tailleuses, modistes, fleuristes, bonnes à tout et à rien ; mais elles ne portent que rarement dans une branche l'empreinte de leur propre originalité. Si toutes ou presque toutes les femmes, comme l'observe Delaunay, font de la cuisine, les grands cuisiniers et les maîtres de cet art sont des hommes ; aussi les noms d'hommes, restés célèbres dans une profession par quelques spécialités, sont plus fréquents que ceux des femmes. Ceci provient d'une moindre différenciation dans les fonctions de leur cerveau. (*Op. cit.*)

« Tous les industriels que nous avons consultés, écrit Delaunay, disent que la femme est plus assidue, mais moins intelligente que l'homme. Dans la typographie, les femmes travaillent minutieusement, mécaniquement, sans savoir ce qu'elles font : ainsi, elles composent bien la réimpression, travail qui n'exige pas d'intelligence, et mal les manuscrits qu'elles déchiffrent plus difficilement. » (*op. cit.*)

« Soit qu'il faille, observe Darwin, de la profondeur de pensée, de la raison, de l'imagination ou simplement l'usage des sens et des mains, l'homme arrive à une plus grande perfection que la femme. (*Origine dell' Uomo*, Turin, 1888, p. 526.)

Simmel, de son côté, remarque que le caractère le plus saillant de la psychologie féminine est une moindre puissance différentielle. Etant donnée une telle uniformité, on comprend que la femme ait un plus grand talent d'imitation, art qui lui est d'autant plus facile que son originalité est moindre.

On comprend aussi pourquoi les femmes se ressemblent toutes entre elles.

« La femme est typique, observe Max Nordau, tandis que l'homme est original ; la physionomie de la première appartient à la moyenne, celle du second est originale... » Les femmes diffèrent moins entre elles que les hommes : qui en connaît une, les connaît toutes, sauf de très rares exceptions. Leurs pensées, leurs sentiments, et même leurs formes extérieures se ressemblent. Marguerite, Juliette, Ophélie, présentent tant d'analogie, qu'elles pourraient s'appeler sœurs, et ne se distinguent que par le tempérament et l'éducation.

Voilà pourquoi la femme s'adapte facilement à chaque position sociale. Le garçon d'écurie, créé duc de Courlande, par la faveur de l'impératrice, puera le cheval toute sa vie, pendant que la fille du sergent devenue comtesse et maîtresse d'un cœur royal, après quelques mois ou même quelques semaines, ne différera en rien de la grande dame née pour figurer dans l'Almanach de Gotha. Entre la princesse et la blanchisseuse il y a peu de différence ; l'essence commune à l'une et à l'autre est de nature identique, c'est-à-dire l'involontaire répétition du type générique. » (1)

« Il faut, dit un proverbe anglais, huit ou neuf générations pour faire un gentleman, mais quatre ou cinq suffisent pour faire une Lady . »

Les soubrettes françaises du siècle dernier, les femmes de chambre des maisons de l'aristocratie française, qui venaient pour la plupart de la campagne, étaient renommées pour savoir prendre en peu de temps et avec désinvolture le ton et les manières aristocratiques. (Taine, Goncourt, *op. cit.*)

D'une expérience tentée par le docteur Jastrow (2) sur 25 étudiants et 25 étudiantes en psychologie, consistant à faire écrire, à chacun, en un temps donné, cent mots tels qu'ils se présenteraient par association à leur mémoire, il résulta que les étudiantes employèrent 1.123 (44, 9 0/0) mots différents, dont 520 (20,8 0/0) mots uniques et les étudiants, 1.375 (55 0/0) mots différents, dont 746 (29, 8 0/0) uniques.

Chez les femmes il existe, donc, un fond plus large d'idées communes et par suite une plus grande monotonie : cette expérience est d'autant plus concluante que, hommes et femmes, étudiant les mêmes sciences, le coefficient d'une diversité de culture était éliminé.

3. *Misonéisme.* — Un autre aspect de la moindre originalité et par suite de la moindre puissance créatrice de l'intelligence féminine est son plus grand misonéisme ; car l'originalité donne lieu toujours à une production nouvelle, soit-elle la théorie de Darwin, ou simplement la découverte d'un nouvel échantillon d'étoffe.

« Il est rare, écrit Spencer, que les femmes critiquent ou mettent en doute et en question quelque chose d'établi ; dans les affaires publiques leur influence se fait sentir plutôt dans le sens de la conservation du pouvoir actuel que dans celui

---

(1) Max Nordau, *Paradossi*. — Milano, 1885.
(2) J. Jastrow, *Study in Mental statistic*, in *The New Review*, dic. 1891.

de la résistance à ses empiètements ». (*Introduction à la Science sociale*, chap. XV.)

« La femme, écrit Max Nordau, est presque toujours ennemie du progrès et constitue l'appui le plus ferme de toute réaction. Elle s'accroche, avec passion, à toute chose vieille et traditionnelle, considérant comme une offense personnelle toute nouveauté qui n'est pas une mode capable d'embellir son corps. — Echo involontaire de tout ce qui s'est fait autrefois, l'esprit féminin confond la religion avec la superstition, les institutions utiles avec des formalités sans but, les actions intelligentes avec des cérémonies vides de sens et les axiomes sociaux, souvent inspirés par le respect envers le prochain, avec la sotte étiquette ». (*op. cit.*)

Chez divers peuples de l'Amérique et de l'Afrique, comme parmi les Abipones, les habitants des rives de l'Orénoque et les Abyssiniens, les femmes parlent encore la langue primitive, pendant que les hommes ont adopté la langue des tribus voisines. Les femmes Nubiennes persistent à porter la coiffure des anciens Egyptiens, avec lesquels leur peuple eut d'anciennes relations. (Bertillon, *Les races sauvages*, Paris, Masson.)

En Australie, quand les missionnaires voulurent abolir l'usage du mariage par rapt (innovation particulièrement favorable aux femmes), ils trouvèrent de la part des femmes la résistance la plus acharnée. (Bertillon, *op. cit.*)

Cicéron raconte que sa sœur Lelia parlait encore comme Plaute et Nœvius, et dit des femmes : *Facilius mulieres incorruptam antiquitatem conservant, quod multorum sermones expertes ea tenent semper quæ prima didicerunt.* (*De Oratore*, III, 12.) Et Platon écrit dans le *Cratyle* : « Les femmes conservent opiniâtrement les langues anciennes. La langue grecque fut parlée telle qu'elle l'était au siècle de Periclès, par les dames de Constantinople jusqu'à la chute de l'Empire bizantin, c'est-à-dire pendant dix-neuf siècles. (Philelphus, *Epistolæ ad ann.* 1451, page 188-189.)

Même aujourd'hui les femmes, dans le vêtement, dans l'ornement, dans les mœurs. présentent de nombreux restes ataviques. Il y a peu de temps, en Europe, que les femmes ont abandonné l'usage de se maquiller le visage (et non toutes encore); elles portent encore des bracelets, des boucles d'oreilles, des colliers qui n'ont aucun but d'ornement, mais qui sont les derniers vestiges de la toilette primitive. Pour porter les boucles d'oreilles, elles se prêtent à une mutilation (percement des oreilles).

Sur certains sarcophages étrusques, appartenant aux villes de l'intérieur de l'Etrurie, dit le professeur Brizio, où existait jadis une population mixte d'Italiens et d'Etrusques, les femmes, sont représentées avec l'ancien costume italien, les hommes avec le vêtement étrusque.

Delaunay tient de beaucoup d'agents de Compagnies d'assurances que, malgré son esprit d'épargne, la femme est, dans les familles, le principal obstacle à la diffusion des assurances (*op. cit.*)

Les vieilles croyances et les superstitions religieuses sont presque totalement conservées par les femmes. De même la médecine primitive, celle, par exemple, qui remonte à l'âge de pierre.

Dans les révolutions qui représentent le plus grand effort philonéique de l'humanité, on trouve rarement des femmes, excepté dans les révolutions religieuses auxquelles elles prennent une part plus grande, bien que toujours en nombre inférieur aux hommes. (Voyez Lombroso et Laschi, *Le Crime politique et les révolutions*, Alcan 1892.)

Du reste la mode, que quelques-unes voudraient nous opposer comme preuve de néophilie, est une preuve de leur misonéisme, même si on ne distingue pas entre les grandes et les petites nouveautés. En effet, toutes les innovations de la mode ne sont, le plus souvent, que des exhumations des modes anciennes; nous voyons les dames françaises adopter au commencement du siècle les vêtements grecs et romains, légèrement modifiés, et aujourd'hui encore réapparaissent tantôt les cols Marie Stuart, tantôt les robes à la Pompadour, etc. Misonéisme psychologique auquel correspond un misonéisme organique, comme nous l'avons dit; car la femelle (v.s.) représente la conservation dans l'évolution des espèces. De même, dans les races humaines, nous voyons parfois la femme reproduire par exemple dans les formes du crâne, les lignes atavistiques perdues par le mâle dans le croisement des races ; c'est ce qu'on constate dans certaines parties de la Sardaigne, anciennement colonisée par les égyptiens : on y trouve des crânes féminins qui conservent encore le type du crâne égyptien, perdu chez les hommes.

3. *Assimilation.* — Justement parce que la faculté créatrice est inférieure chez la femme, la faculté assimilatrice est, sans doute, plus active ; ces deux facultés étant, comme l'observe Spencer, presque toujours en rapport inverse.

White, président de l'Université de Michigan, déclare que sur 1.300 étudiants, le meilleur élève pour le grec est une jeune fille ; de même pour les mathématiques et pour les sciences naturelles. Le docteur *Fairsshild*, président du collège Oberlin dans l'Ohio, dit : « Pendant huit ans d'enseignement des langues mortes, latine, grecque et hébraïque, et des sciences philosophiques et morales, comme pendant onze ans d'enseignement des mathématiques pures et appliquées, je n'ai pas remarqué de différence entre les deux sexes, sauf dans la manière de s'exprimer ».

Dans les concours de l'école de médecine, les femmes passent de très brillants examens de physiologie et de pathologie et les examinateurs sont frappés de la précision avec laquelle elles ont saisi la série des faits ; mais la plus grande partie se montre inférieure dans les épreuves cliniques, qui demandent des facultés synthétiques ou créatrices. (Lafitte.)

En effet, le maximum de l'intelligence féminine, à part les cas sporadiques de vrai génie, semble consister en une faculté assimilatrice tellement puissante des idées d'autrui, qu'elle l'emporte sur le misonéisme : les femmes tiennent une meilleure place comme propagatrices des idées nouvelles que comme créatrices. Les œuvres de Newton furent traduites et divulguées en France par la marquise du Châtelet : la théorie de Darwin fut popularisée en France par Mme Clémence Royer ; Mme de Stael fit connaître à l'Europe l'Allemagne, (qui était avant ses écrits un pays aussi peu connu, qu'à présent la Norvège ou la Roumanie), et dévoila ses idées, son caractère, sa philosophie ; Catherine de Russie donna une puissante impulsion à la philologie comparée et aida les Grimm, comme Christine de Souabe avait aidé Borelli ; l'anthropologie criminelle fut divulguée en Russie par Mme Tarnowski.

5. *Formes automatiques de l'intelligence.* — Le manque de puissance créatrice est définitivement démontré par ce fait que les qualités plus particulières de l'intelligence féminine revêtent presque toutes une forme automatique frappante. Telle est, par exemple, cette intuition particulière qui leur fait souvent deviner les sentiments et les pensées des autres.

« Les femmes, écrit Spencer, ont une autre qualité qui peut être cultivée et développée ; celle de percevoir promptement l'état mental des personnes qui les entourent. Généralement ce don particulier est constitué par une véritable intuition qui ne se base sur aucun raisonnement déterminé. » (*op. cit.*)

Balzac observe également : « Le sentiment qui unit les femmes à l'homme aimé leur en fait admirablement peser les forces, évaluer les facultés, connaître les goûts, les passions, les vices, les vertus. » (*Recherche de l'absolu.*)

« L'intérêt continu, écrit Cabanis, d'observer les hommes et leurs propres rivales, donne à l'intuition instinctive de la femme une promptitude et une sûreté telles que la méditation du plus grand philosophe ne l'égale pas. »

Un d'entre nous a remarqué que les femmes possèdent une plus rapide et plus sûre faculté de deviner dans la physionomie le caractère d'un individu, et de découvrir par là, sous les

apparences d'un homme honnête un futur criminel ; comme
cette jeune fille qui, sans aucune expérience du monde, devina
le caractère pervers de l'assassin Francesconi, en le déclarant
coupable d'un crime, alors que personne ne s'en doutait.
(Lombroso, *L'Homme criminel*, II, éd. 1889.)

On trouve une autre preuve que cette intuition psychologique est une forme automatique de l'intelligence dans ce
fait qu'elle agit en dehors de la concentration de l'attention.

« La femme, écrit Cabanis, sait dissimuler cette continuelle
observation sous les apparences de l'étourderie et de l'embarras. »

« Défiez-vous, écrit Labouisse-Rochefort, d'une femme distraite : c'est un lynx qui vous épie. »

« Un sérieux avantage de la femme sur l'homme, écrit
Le Bon, est cet instinct souvent si sûr qu'elle possède et qui
lui fait deviner inconsciemment les choses que l'homme découvre lentement en raisonnant.

Et Schopenhauer : « La femme est affligée d'une myopie intellectuelle qui lui permet de voir avec pénétration par une
espèce d'intuition, les choses voisines ; mais son horizon
intellectuel est borné. »

« Les premiers conseils de la femme, dit un proverbe chinois, sont les meilleurs ; les derniers les plus périlleux. »

Et un proverbe russe : « Prends de la femme le premier
conseil et laisse le dernier. »

« Sages sans le vouloir et folles avec raison. (Proverbe Toscan.)

« Les femmes, écrit Mᵐᵉ de Necker de Saussure, arrivent de
plein saut ou n'arrivent pas. »

L'astuce même de la femme est en grande partie un auto-
matisme ; de nombreux proverbes démontrent combien est
important ce côté de la psychologie féminine.

« Les femmes ont trompé même le diable. » (Mil.)

« La femme, si petite qu'elle soit, surpasse le diable en
fourberie. » (*Id.*)

« La femme en sait un point de plus que le diable. » (Toscane.)

« Le diable est un et la femme cent. » (Sicile.)

« Les femmes en savent une de plus que le diable. » (Gêne.)

« La femme, si petite qu'elle soit, en remontre au plus grand diable en fourberie. »

« *Brevis omnis malitia super malitiam mulieris.* » (Eccl., XXX, 26.)

Dans l'ancien chinois, pour écrire le mot « malice » on dessinait la figure de trois femmes.

On connaît du reste la part et le succès qu'eurent les femmes dans les intrigues politiques de cour, presque l'unique champ qui leur fut réservé. Un des plus solides appuis de Catherine de Médicis fut ce qu'on appelait l'escadron volant de la reine, c'est-à-dire ses demoiselles d'honneur qui, par la ruse, par la prostitution et même par la syphilis détachèrent plus d'un chef du parti huguenot. La Fronde fut conduite par des femmes et les intrigues féminines furent un obstacle plus sérieux pour Mazarin que les révoltes de l'aristocratie française.

Mais leur astuce est un développement ultérieur de cet instinct d'intuition que nous avons déjà noté. L'astuce féminine excelle par-dessus tout à savoir profiter des vices et des faiblesses de l'homme ; et comme la connaissance de ces vices et de ces faiblesses n'est pas raisonnée, mais instinctive, la femme, sans y réfléchir, sait très bien comment s'y prendre pour attirer à elle l'homme qu'elle veut dans une circonstance donnée.

Cette intuition psychologique est plutôt un véritable instinct possédé, mais à un degré inférieur, même par les enfants et les animaux, par exemple par le chien. Un trait de la physionomie rappelle du fond de l'insconcient héréditaire des images agréables ou répulsives suivant les associations survenues dans l'expérience des ancêtres. Et ce qui confirme le caractère instinctif d'une telle intuition c'est que parfois

elle est d'une merveilleuse sûreté et parfois non moins étrangement erronnée. « Souvent, écrit Stendhal, je suis étonné de
la sûreté de jugement avec lequel les femmes saisissent certains détails ; et un moment après, lorsque je les vois porter
aux nues un imbécile, s'émouvoir jusqu'aux larmes pour une
banalité, estimer comme un trait de caractère une vulgaire
affectation je ne puis croire à tant de stupidité.» (*De l'Amour.*)

En effet, comme l'ont remarqué Wundt et Romanes, l'instinct est précis mais rigide dans sa fonction; il entre en action
avec une exactitude mécanique, quand le stimulant se présente, sans discerner dans quel cas l'action est utile ou s'il faut
la modifier : ainsi les abeilles viennent souvent se poser sur des
fleurs artificielles. De même chez la femme l'instinct est
incapable d'apprécier les contradictions, les confusions qui
peuvent exister entre la physionomie et le caractère,
comme le pourrait la raison ; ni de comprendre les types nouveaux parce que le mécanisme de l'instinct ne s'y est pas
encore adapté.

Il s'agit donc de formes automatiques de l'intelligence.
La femme ayant, dès l'origine de l'humanité, vécu dans des
conditions de vie presque invariable, son adaptation est devenu parfaitement automatique.

Ces instincts manquent au contraire à l'homme, car le fils
trouvant rarement à vivre dans les mêmes conditions que le
père, l'accumulation des expériences ne peut avoir lieu.

6. *Sentiments logiques.* — Tout ceci semble prouver une
moindre puissance créatrice de l'intelligence féminine ; phénomène dont la signification deviendra plus claire en étudiant
ce que Wundt appelle les sentiments logiques : c'est-à-dire
ceux qui accompagnent le *processus* de la pensée et de la
connaissance, ou sentiments de la concordance et de la contradiction (liaison ou répulsion de deux représentations logiquement inséparables ou contraires).

Le critérium de la vérité est différent chez la femme et chez
l'homme. Chez la première, il est moins objectif, car étant

elle-même plus impressionnable, elle prend souvent pour des réalités ses propres suggestions ou celles des autres, et, par suite, éprouve un moindre besoin de voir pour croire.

Un proverbe arabe dit : les femmes affirment ce qu'elles ignorent : proverbe qui, suivant le commentateur, se rapporte aux jugements basés sur des opinions personnelles. (Freytag, *Arabum proverbia*, Bonn., *op. cit.*)

On en trouve un exemple frappant dans ce procès intenté contre l'institutrice Célestine Doudet. On disait dans le voisinage que la Doudet maltraitait les enfants qui lui était confiés: les voisines, dames respectables et qui n'avaient aucune raison de haine contre cette femme, dénoncèrent la chose aux pères des jeunes filles et aux autorités ; elles affirmèrent devant les juges que les enfants étaient maltraitées, comme s'il se fut agi d'un fait réel qu'elles eussent vu : mais quand on leur demanda comment elles l'avaient appris, elles répondirent toutes qu'elles l'avaient entendu dire. Elles l'affirmaient pourtant comme un fait certain !

Du reste, tout le monde a pu observer avec quelle facilité les femmes tendent à affirmer comme des faits réels ce qu'on leur raconte ou ce qu'elles ont inventé.

« La femme, écrit justement Lotze, hait l'analyse, et par suite, se trouve dans l'impossibilité de discerner le vrai du faux. La vérité a pour elle une signification autre que pour nous ; tout ce qui lui semble raisonnable ou qui n'est pas contraire à ce qui est connu est vrai, peu lui importe que ce soit vraiment réel. Ce n'est pas qu'elle cherche à mentir, mais elle s'arrête aux apparences. L'homme se préoccupe de la vérité et de la réalité ; la femme des apparences qui en tiennent lieu. De là, leur foi facile aux miracles et leur entraînement vers le prosélytisme religieux. (*op. cit.*)

Les femmes, en somme, croient particulièrement comme choses réelles, les simples affirmations, quand elles viennent donner raison à quelqu'un de leurs sentiments ou de leurs inclinations, de même que l'hypnotisé seconde plus facile-

ment les suggestions qui sont en harmonie avec son caractère.

Ainsi, très souvent, même sans l'impulsion d'une suggestion étrangère, les femmes voient les choses telles qu'elles
les désirent ; car les sentiments dérangent en elles plus que
chez les hommes la sérénité du jugement.

« Les femmes, écrit M. de Goncourt, voient dans les questions, les personnes ; les principes, elles les tirent des affections. » « La femme, dit Renan, veut être guidée ; mais elle veut
aimer celui qui la guide. » En d'autres termes, elle accepte
les conseils non en raison de leur justesse mais en raison de
la sympathie qu'elle porte au conseiller.

Dans les Etats occidentaux de l'Union Américaine, les
femmes avaient été admises dans le jury, mais la loi dut être
abrogée, ear elles jugeaient avec la passion et le sentiment
sans tenir compte des preuves. (Arvède Barine, *Revue des
Deux-Mondes*, juin 1883.)

Dans la philosophie grecque, suivant l'étude de Poestion (1),
les noms connus de femmes ayant appartenu aux différentes
écoles, se divisent ainsi :

34 pour l'école pythagorique, 1 pour l'école cynique.

2	»	»	socratique.	6	»	»	mégarique.
5	»	»	platonique,	3	»	»	épicuréenne.
2	»	»	cirénaique,	4	»	»	néoplatonique.

Cette énorme proportion de femmes dans l'école pythagorique (59 0/0), s'explique justement par le fait que cette école
s'adressait plus au sentiment qu'à l'intelligence ; c'était une
espèce de Compagnie de Jésus, une association monastique
ayant ses rites, dans laquelle l'enseignement visait par-dessus
tout un but moral : exciter chez les femmes le dévouement
au mari et le culte des vertus domestiques. (*Nouvelle Revue*,
juin 1893.)

« Les femmes, écrit Stendhal, préfèrent les émotions à la

(1 Poestion, *Griechische Philosophinnen*. Leipzig, 1882.

raison et c'est naturel : comme suivant nos mœurs, elles ne
sont jamais chargées d'aucune affaire de famille, la raison ne
leur est pas utile, elle leur est plutôt nuisible car elle ne se manifeste que pour leur reprocher un plaisir et les empêcher
d'en jouir de nouveau dans l'avenir. » (Stendhal, *De l'Amour*,
chapitre VII.)

« La femme, dit Daniel Lesueur, dans *Névrosée*, échappe
à la logique, au raisonnement, à la démonstration géomé-
trique, qui n'ont pas de prise sur sa petite cervelle. La femme
est une impulsive comme le sauvage. Peu importe du reste,
car ces impulsions sont en général bonnes et quelquefois
même sublimes. »

Dans l'administration romaine, l'influence des femmes de
gouverneurs dans les provinces et des grandes dames à
Rome, se fit sentir particulièrement dans la distribution des
charges et des honneurs (Friedlander, *op. cit.*). C'était donc
surtout l'intérêt pour les personnes qui les poussait vers la
politique.

Ceci est un effet du défaut de détermination et de vivacité
des images mentales dans le cerveau féminin. Chez les femmes, les idées sont des états de conscience moins clairs, plus
pâles et moins définitivement circonscrits ; comme leur sensibilité périphérique et leur morale, leur sensibilité intellectuelle est inférieure. Les femmes sentent plus confusément
les idées. Est-ce une conséquence de la moindre sensibilité ?
Sans doute ; mais sans doute aussi, cette moindre sensibilité
est l'effet d'une cause unique et supérieure, le développement moindre de leur cerveau qui, ressentant avec moins
d'intensité les sensations, ressent aussi plus faiblement ces
transformations successives des sensations qui sont les idées.
Il est probable, en effet, que la plus grande sensibilité de
l'homme dépend d'un développement supérieur du cerveau
et non d'une perfection supérieure des organes périphériques, la femme étant pour ceux-ci, ou au moins pour quelques-
uns, à peu près l'égale de l'homme. Ceci explique aussi la

faible puissance créatrice de l'intelligence de la femme. Ses idées étant des états de conscience moins nettement déterminés, manquent de force d'association ; Spencer, en effet, a démontré que l'associabilité est en rapport direct de la détermination des états de conscience ; ainsi ceux de la vue le sont plus que ceux du tact. Maintenant, la faculté créatrice, sous toutes ses formes, résulte de la force attractive plus grande ou plus faible des images et des idées, car le plus haut degré du génie, n'est qu'une puissance d'association hautement développée, par laquelle les idées les plus éloignées ont le pouvoir de s'attirer et de créer une nouvelle invention ou un nouveau chef-d'œuvre artistique.

7° *Synthèses et analyses.* — On trouve une autre preuve de l'infériorité de l'intelligence féminine dans sa moindre puissance d'abstraction, et dans sa grande précocité.

L'intelligence de la femme se montre défectueuse en ce qui est la suprême forme de l'évolution mentale, la faculté de la synthèse et de l'abstraction ; elle excelle au contraire en finesse dans l'analyse et dans la nette perception des détails.

« Chez les femmes, écrit Spencer, la faculté représentative, prompte et claire pour tout ce qui est personnel et immédiat, saisit plus lentement ce qui est général et impersonnel. Les manifestations de l'esprit ont une moindre puissance générale et moins de solidité ; il y a surtout insuffisance dans ces deux facultés intellectuelles et affectives qui sont les derniers produits de l'évolution humaine, c'est-à-dire le raisonnement abstrait et, la plus abstraite des émotions, le sentiment de la justice. » (*op. cit.*)

« J'ai toujours trouvé partout, écrit A. Comte, comme caractère constant du type féminin, une aptitude restreinte à la généralisation des rapports, à la persistance des déductions, comme à la prépondérance de la raison sur la passion. Les exemples sont trop fréquents pour que l'on puisse imputer cette différence à la diversité de l'éducation ; j'ai trouvé, en effet, les mêmes résultats là ou l'ensemble des influences tendait surtout à développer d'autres dispositions (1).

Quelques expériences de Galton confirmeraient ces observations.

Considérant que les peuples primitifs ont la tendance à réunir des images distinctes avec l'idée des nombres, Galton trouva ces *nombres-formes* nécessaires à environ un sur trente hommes et à une sur quinze femmes pour représenter le nombre : donc une moindre puissance d'abstraction existe chez les femmes (2).

Il a été aussi observé dans les collèges de jeunes filles que les occupations intellectuelles trop assidues, trop abstraites, produisent des aménhorrées, de l'hystérisme, du nevrosisme (Dujardin-Beaumetz).

« En général, s'écrie Lafitte, la femme semble plus frappée du fait que de la loi, de l'idée particulière que de l'idée générale. Le livre d'une femme, soit-elle Mᵐᵉ de Staël ou de Mᵐᵉ Tillot, sera toujours plus beau par ses détails que par l'ensemble. La femme se plaît à l'analyse, l'homme au rapport des choses entr'elles, plus qu'aux choses mêmes ; l'intelligence féminine est plus concrète, celle de l'homme plus abstraite. (3) »

Ceci nous explique comment les femmes ont acquis une célébrité méritée dans la narration des voyages et dans l'étude de la société, où le premier mérite est de relever les détails caractéristiques et suggestifs ; telles furent Mᵐᵉˢ Pfeiffer, de Staël, Montaigue, Juliette Adam, etc. Mais ce n'est pas un signe de supériorité, car l'abstraction est le plus haut degré du développement mental ; les animaux, comme l'observe Romanes, pensent par images.

(1) Emile Lettré, A. *Comte et le positivisme*, Paris, 1867.
(2) W. William Freland, dans le journal *Of Mental Science*, vol. 37, n° 158
(3) Paul Lafitte, *Le Para loxe de l'égalité*. Paris, 1887.

8o *Précocité*. — Même dans l'intelligence, on remarque cette plus grande précocité que nous avons noté dans le développement du corps. Dans les écoles élémentaires et les gymnases, les jeunes filles ont d'abord, sur les garçons, une supériorité qu'elles perdent plus tard.

« Dans les écoles mixtes, écrit Delaunay, les instituteurs observent que les jeunes filles sont les premières jusqu'à douze ans, les dernières après. »

« Quand des enfants des deux sexes, écrit Lafitte, sont élevés ensemble, les filles sont les premières pendant quelques années ; car il s'agit alors par-dessus tout de recevoir et de retenir des impressions. Nous voyons continuellement des femmes qui, par la vivacité des impressions et de la mémoire, sont supérieures aux hommes qui les entourent (1). »

Herzen trouve (V. *Le cerveau et l'activité cérébrale*, Paris, 1887) que les filles réagissent plus rapidement sous les impressions que les garçons ; mais pendant que la réaction se fait graduellement plus prompte jusqu'à l'adolescence chez les garçons, elle se fait au contraire plus tard, chez les femmes, et atteint à la puberté un degré de rapidité (qui persiste pendant le reste de la vie) inférieur à celui des hommes, comme on le voit par ce tableau :

Age		Garçons	Filles
De 5 à 10 ans.	Pieds,	0.548	0.535
Id.	Mains,	0.538	0.525
De 10 à 15 ans.	Pieds,	0.343	0.400
Id.	Mains,	0.336	0.350
De 15 ans et au-dessus.	Pieds,	0.318	0.400
Id.	Mains.	0.283	0.365

Or la précocité, on le sait, est un signe d'infériorité, est atavique.

9o *Parole et écriture*. — La parole, et surtout la parole plus primitive— le bavardage — est très développée chez la femme.

(1) Paul Lafitte, *Le Paradoxe de l'égalité*. Paris 1887.

« La femme, écrit Delaunay, est plus bavarde que l'homme, de même que la chienne aboie plus que le chien. » (*op.
cit.*) On sait que les filles parlent avant les garçons et que la
vieille femme continue à bavarder plus longtemps que le
vieillard.

C'est l'un des côtés de la psychologie de la femme, que
l'observation collective a d'autant mieux relevé, qu'il était
plus évident. On connait l'exclamation de Xenarque ; « *Heureuses les cigales, car au moins leurs femelles sont muettes.* »
Les proverbes toscans disent : « *Fleuve, gouttière et femme
parleuse chassent l'homme de sa maison.* » « *Trois femmes
font un marché et quatre une foire.* » A Venise : « *Deux
femmes et une oie font une foire.* » En Sicile : « *Discours de
femme et cris de perroquet* ». « *Deux femmes et une poule
font un marché* ». « *Trois femmes font une foire.* » A Naples :
« *Une femme et un perroquet révolutionnent Naples.* » En
Ombrie : « *Sept femmes et une pie, c'est une foire complète.* »
A Bologne ; « *Trois femmes et un chat c'est un marché complet.* » A Milan : « *Deux femmes et une oie font un marché.* »
A Bergame : « *Trois femmes et un pot, la foire est de suite
faite.* » Un proverbe latin du moyen âge disait : « *Tres mulieres faciunt mundinas.* » Et un proverbe français : « *Deux
femmes font un plaid, trois un grand caquet, quatre un marché complet.* » Chinois : « *La langue est l'épée des femmes
qu'elles ne laissent jamais rouiller.* » Espagnol : « *Antes al
ruy senor que cantar, que à la muger de parlar.* » Les Allemands aussi disent que : « *Trois femmes font un marché* »
et qu'elle « *fréquente l'école du bavardage.* » Et les Russes :
« *Une femme parleuse sécherait toute l'eau du Volga.* » Et un
autre proverbe espagnol. « *Humo y gotera, y la muger echan
al partera ombre de su casa fuera.* » que rappelle un proverbe Anglais : « *From a smoking house and a scolding wife,
Lord deliver us.* »

Au contraire, la femme écrit moins que l'homme ; non par
l'effet des circonstances, mais par suite d'un moindre dévelop-

pement du centre graphique. Un de nous a remarqué que
les dessins tracés sur les murailles, par les jeunes hommes
offrent un caractère personnel qu'on ne retrouve presque
jamais dans ceux des jeunes filles ; et parmi les graphiques
des criminels, ceux des femmes sont très rares. (Lombroso,
Palimpsestes de la prison. Lyon, 1891).

Les femmes surpassent cependant les hommes dans un genre
d'écriture, l'*épistolographie*, qui est une espèce de conversation écrite et comme telle convient à leur caractère; c'est
toujours le besoin de parler qui se satisfait par cette voie. De
là, la prolixité et le charme des correspondances des femmes même à peine lettrées.

« Pers nne, écrit Lafitte *(op. cit.)*, ne conteste que les femmes ne soient supérieures dans le genre épistolaire. Comment expliquer ce phénomène ? Nous écrivons une lettre,
comme nous ferions un rapport ou un mémoire, froidement;
la femme au contraire écrit sous l'impression des faits, elle
les rapporte, laissant à chacun sa propre physionomie et
sans effort ni réthorique, donne le mouvement et la vie aux
choses. »

10° *Application*. — La femme a plus de patience que l'homme. Les travaux auxquels elle s'applique le démontrent.

Le tissage a été partout (excepté en Eygpte), dès les origines de la civilisation, un travail réservé à la femme; et nous
savons quelle patience il demandait avant l'invention du
métier mécanique.

De même les travaux en perles, en diamants, et la con-
fection de certains instruments de musique ou de chirurgie,
qui exigent beaucoup de patience et de délicatesse de travail,
sont un monopole des femmes. (A. Kuliscioff, *Le Monopole de
l'homme*. Milan, 1890.)

Un grand industriel dit à Leroy-Beaulieu que beaucoup de
femmes peuvent diriger en même temps deux ou trois métiers,
et que pas un seul homme ne pourrait en faire autant. (*Ibid.*)

Les travaux si minutieux et si patients de la dentelle, de la broderie sont devenus un emblême de la féminité. Dans les fabriques de dentelles on n'emploie que des femmes.

Cela nous explique pourquoi, aujourd'hui que la machine ne demande plus à l'ouvrière de force musculaire, mais des qualités d'attention, d'habileté, de patience, la femme a pris une si grande place dans l'industrie. Parfois elle y réussit mieux que l'homme; car lorsque le travail est à forfait, la femme et les filles portent souvent à la maison un gain supé- rieur à celui du père et des frères. (Kuliscioff, *op. cit.*)

Les autres professions, dans lesquelles la femme surpasse l'homme, sont celles qui demandent plus de patience ; tel est l'enseignement élémentaire, où les femmes à Milan, en Angleterre, en Amérique ont été **trouvées** préférables aux hommes.

Chez les femmes sauvages mêmes la **différence se** manifeste avec plus d'évidence encore à l'avantage de la **femme.**

« Le caractère des femmes et des hommes, dit Spencer, est décrit dans certains cas comme différent dans la faculté **d'ap**-plication. On rapporte que parmi les Bihs, pendant que les hommes détestent le travail, beaucoup de femmes sont labo-rieuses. Chez les Koki, elles sont presque toutes industrieuses et infatigables, comme les femmes Nuga, tandis que les hom-mes des deux tribus sont paresseux et oisifs. »

De même en Afrique, — dans le Loango, — où les hommes sont fainéants, les femmes se livrent à l'agriculture avec une infatigable ardeur : des découvertes récentes nous ont montré un contraste analogue dans la Conque d'or. (*Principes de Sociologie*, vol. I.)

Tout ceci semblerait contredire Darwin qui affirme que l'homme est plus patient. Mais il y a différentes espèces de patience : la patience de la femme est un effet de sensibi-lité et d'excitabilité corticale moindres pour lesquelles elle a moins besoin d'excitations diverses et multiples ; ce n'est pas la patience qui dérive d'un grand pouvoir des cen-

tres d'inhibition, celle par exemple de Darwin, qui accumula
pendant tant d'années les preuves de son admirable découverte ; dans celle-ci l'homme est supérieur. Vogt a observé,
en effet, chez les étudiantes de l'attention matérielle aux
leçons, pendant qu'elles étaient incapables de préparations
historiques.

L'homme, en somme, est persévérant, la femme patiente ;
mais sa patience ressemble plus à celle du chameau, qu'à
celle de l'homme de génie.

11° *Causes.* — On ne pourrait nier que ce développement
inférieur de l'intelligence provient, en partie, de l'inertie
forcée des organes à laquelle l'homme a contraint la femme.
Mais ça serait une erreur de dire que cette cause est artificielle, tandis qu'elle est une cause naturelle et rentre dans
ce phénomène général de la participation supérieure, dans
toute l'échelle zoologique, du mâle à la lutte pour la vie. C'est
le mâle qui, particulièrement, lutte pour la défense de l'espèce ; de plus il lutte pour la conquête de la femme, dans le
monde humain encore plus que dans le monde zoologique.
Le coefficient du choix de la femme étant éliminé ou à peu
près, l'homme est libre de choisir, mais à la condition d'avoir
absolument éliminé les rivaux ; tandis que chez les animaux,
il arrive souvent que pendant que deux mâles luttent entre
eux, la femelle fuit avec un troisième plus faible, mais plus
sympathique.

Le besoin en effet, de surpasser ses concurrents bien plus que
le travail en soi-même, a développé l'intelligence de l'homme.
Nous en trouvons la preuve dans ce fait que chez un grand
nombre de sauvages, c'est la femme qui travaille (construit
la cabane, tisse, etc.), pendant que l'homme guerroie et chasse ; et pourtant la femme n'y est pas plus intelligente qu'ailleurs. Il s'y ajoute une autre cause naturelle ; l'homme change
continuellement de condition de vie et d'activité ; rarement le
fils exerce le même métier que le père et dans des circonstan-

ces identiques; pendant que la femme doit consacrer une partie précieuse de son temps aux soins de la maternité qui sont toujours les mêmes et qui ne peuvent développer l'intelligence comme les changements continus de l'homme. Ainsi, dans l'antiquité et encore aujourd'hui, ce sont particulièrement les hommes qui émigrent.

Mais, sous toutes ces causes, il en existe une autre d'ordre biologique qui lui sert de fondement.

De même que pour la structure anatomique, le mâle a pour l'intelligence une puissance et une développement supérieure à la femelle, grâce à sa certaine participation dans la reproduction de l'espèce. Comme l'a démontré l'un de nous (Lombroso, *D'un phénomène commun à quelques hyménoptères*, Vérone, 1853), l'intelligence, dans tout le règne animal, varie en raison inverse de la fécondité; il y a un antagonisme entre les fonctions de reproduction et les fonctions intellectuelles comme entre la genèse, l'accroissement et la structure. Maintenant le travail de la reproduction étant en grande partie dévolu à la femme, pour cette raison biologique elle est restée en arrière dans le développement intellectuel (1).

En effet, les abeilles, les termites et les fourmis ont acquis la supériorité de l'intelligence sur les autres femelles de l'espèce par le sacrifice de leur sexe, pendant que la reine, qui seule est féconde, reste stupide ; et à mesure que les espèces sauvages se rapprochent des espèces sociales, les femelles deviennent moins fécondes, les femelles des oiseaux chanteurs chantent quand elles sont séparées du mâle, et, comme l'a remarqué Virey, les femmes de haute intelligence sont souvent stériles (1).

Etant données toutes ces raisons, il faut plutôt s'étonner que la femme ne soit pas encore moins intelligente: ceci peut s'expliquer, en supposant, avec Darwin, qu'une partie de l'intelligence acquise par le mâle se transmet aussi à la

(1) Voir *H. de Génie* de C. Lombroso, 1, *id.* 1896, Alcan.

femme ; autrement la disparité serait encore supérieure.

Il est certain qu'une plus grande participation à la vie collective de la société, élèvera l'intelligence de la femme ; en effet, dans les races où l'évolution est plus avancée, comme en Angleterre et dans l'Amérique du Nord, et dans l'Australie, elle commence à donner des fruits, si bien que la plus grande partie du journalisme littéraire et artistique lui est confiée, et qu'elle y a presque le monopole et même l'initiative de toutes les institutions charitables contre le vice et la misère : en Australie elle a même conquis une large place dans les affaires municipales et judiciaires.

IIᵉ PARTIE

CRIMINALITÉ FÉMININE

CHAPITRE PREMIER

Du Crime chez les Femelles des Animaux.

1. *Crimes passionnels. Fureur folle.* — Chez la *Formica rufibarbis* il arrive souvent que les guerrières sont prises d'une vraie fureur qui les pousse à mordre aveuglément tout ce qui se trouve autour d'elles, les larves, les compagnes et les esclaves qui cherchent à les calmer en les tenant immobiles jusqu'à ce que leur fureur soit passée.

Leuret raconte le cas d'une fourmi qui, impatientée par la résistance d'un aphidien, le tua et le dévora.

Dans les saisons très chaudes les fourmis amazones, appartenant aux F. Fusca (1), irritées de la lenteur de leurs es-

---

(1) Brehm, *La vita degli animali*, Turin 1872-75. — Pierquin, *Traité de la folie des animaux et de ses rapports avec celle de l'homme et des législations actuelles*, Paris 1839. — Houzeau, *Études sur les facultés mentales des animaux comparées à celles de l'homme*, Mons 1872. — Lacassagne, *De la criminalité chez les animaux, Revue scientifique*, 1882. — Buchner, *Vie psychique des bêtes*, Paris 1881. — Romanes, *L'intelligence des animaux*, Paris 1886.

claves à les nourrir, leur serraient la tête entre leurs mandibules et pressant ensuite de plus en plus leur étreinte finis-
saient par les tuer (*Id.*) — Voilà un délit léger pour les fourmis, comme l'aurait été chez les matrones romaines le meurtre
d'une esclave, mais qui, portant un préjudice à l'espèce même,
en la privant d'un puissant secours, et étant contre les habitudes, doit paraître un crime dans la jurisprudence des fourmis.

Cornevin raconte qu'une jument, d'habitude docile, devenait intraitable pendant le rut; peu s'en fallut qu'une fois
elle ne lui cassât un bras.

Huzard fils, parle aussi d'une jument, dont la fureur utérine
ne se manifestait que de temps en temps : docile dans les
intervalles, elle devenait intraitable pendant l'éréthisme qui
durait souvent un ou deux jours.

2. *Brigandage et rapine.* — Büchner, dans sa *Vie psychique
des bêtes*, parle d'abeilles voleuses qui, pour ne pas travailler, attaquent en masse les ruches bien garnies, violentent les
sentinelles et les habitants, ravagent les ruches et s'emparent
des provisions. Après avoir répété plusieurs fois ces entreprises, parfois sans succès, elles prennent goût au pillage et à
la violence, dont elles font une vraie propagande, comme
l'homme dans les pays ravagés par le brigandage : elles recru-
tent un nombre de compagnes de plus en plus grand et finissent
par constituer de vraies colonies criminelles. On comprend alors
que parmi les abeilles il existe une espèce, née exclusivement
pour le brigandage : les sphécodes ; celles-ci, selon Marchal,
sont une transformation d'individus mal doués sous le rapport
des organes de la nidification, de l'espèce Halyetes ; elles s'a-
daptèrent à la vie parasite, acquirent des organes et des caractères anatomiques spéciaux, devenant une espèce nouvelle
qui vit de rapine aux dépens des Halyetes : ainsi nous
retrouvons dans la zoologie de la criminalité féminine, un
cas de vraie criminalité innée, avec des caractères anatomiques spéciaux.

Suivant Forel, la *Formica execta* se procure les aphidiens par la rapine et par le vol, en tuant leurs défenseurs.

3. *Cannibalisme.* — Les fourmis déchirent les cadavres de leurs ennemies et en sucent le sang. (Lacassagne, *De la criminalité chez les animaux : Revue scientifique*, 1882.)

Très souvent le cannibalisme se joint à l'infanticide. (*Voyez plus bas.*)

4. *Haine, méchanceté.* — Une forme spéciale de la criminalité féminine est la haine entre individus du même sexe, qui se manifeste particulièrement chez les animaux supérieurs.

La colombe est envieuse de ses propres compagnes et leur cache, au moyen de ses ailes, même la nourriture dont elle n'a plus besoin.

La chèvre a pour l'homme une naturelle affection : elle est pleine d'amour-propre et très sensible aux caresses. Mais si l'une s'aperçoit qu'elle est aimée du maître, elle devient jalouse, et distribue des coups de corne à celles qu'il semble lui préférer. (Brehm, I.) Les chèvres vivent difficilement d'accord et finissent par se mordre et se combattre. (Lacassagne.)

Chez les singes anthropomorphes et particulièrement chez les orangs-outangs, les femelles traitent les autres avec une animosité instinctive, les battent et quelquefois même les tuent. (Houzeau, II.)

Parfois, comme chez l'homme, c'est la vieillesse qui rend la femelle égoïste et méchante. Les chèvres, suivant Brehm, en vieillissant, deviennent souvent méchantes.

Une chatte d'Angora avait toujours été affectueuse pour ses petits ; en vieillissant, elle devint laide et fut négligée puis maltraitée par les domestiques ; son caractère s'en aigrit, elle refusa d'allaiter ses petits et dévora l'un d'eux.

5. *Aberrations sexuelles.* — Certaines vaches, dans les grands

troupeaux, où les mâles manquent, remplacent le taureau près de leurs compagnes.

Dans les grands poulaillers, où les mâles sont rares, la poule prend la place du poulet (Icarcey). Ces aberrations se re-marquent plus souvent chez l'oie, le canard, le faisan vieux, lorsque les femelles prennent en vieillissant d'autres carac-tères masculins, par exemple. dans le plumage. (*Arch. psich.*, X, p. 561.)

6. *Alcoolisme.* — Les fourmis narcotisées avec le chloro-forme ont tout le corps paralysé, sauf les mandibules avec lesquelles elles mordent tout ce qui tombe sous leur portée.

Büchner remarque que les abeilles voleuses peuvent être produites artificiellement au moyen d'une alimentation spé-ciale, consistant en miel mêlé à l'eau-de-vie. Comme l'homme, elles prennent bientôt goût à ce breuvage qui exerce sur elles la même pernicieuse influence: elles deviennent exci-tées, ivres et cessent de travailler. La faim se fait-elle sentir? alors, comme il arrive chez l'homme, elles tombent d'un vice dans un autre et se livrent sans scrupule au pillage et au vol.

Chez les vaches, un mélange de chanvre et d'opium excite la fureur homicide. (Pierquin).

7. *Délits sexuels.* — Suivant Brehm, l'adultère de la femelle ne serait pas rare : il serait même plus fréquent que celui du mâle qui, aveuglé par son ardent désir, se contente chez les oiseaux de la première femelle qu'il trouve.

Certaines femelles de pigeons abandonnent le mâle lorsqu'il est faible ou blessé. (Darwin.)

Charles Vogt raconte que depuis quelques années, un couple de cigognes faisait son nid dans un village près de Solette. Un jour on remarqua que lorsque le mâle était à la chasse, un autre plus jeune venait courtiser la femelle ; d'abord il fut repoussé, puis toléré, puis accueilli, et à la fin les deux adul-tères volèrent sur la prairie où le mari chassait les grenouilles et le tuèrent à coups de becs. (Figuier, *Les oiseaux*, 1877.)

Une femelle d'Aterura d'Afrique, qui semblait très attachée a un mâle, le tua en le mordant à la tête, parce qu'il l'avait repoussée.

8. *Délits de la maternité.* — Il y a des vaches, des juments, des chiennes qui supportent avec indifférence la perte de leurs nouveau-nés et d'autres qui les abandonnent toujours. (Lacassagne, *Id.*)

Une poule dont plusieurs poussins étaient maladifs et estropiés, les abandonna, s'en allant avec la partie saine de sa famille.

Certaines chiennes élèvent leurs petits jusqu'à un certain âge, puis tout à coup les perdent dans la campagne (*Id.*).

Les juments, surtout les primipares, refusent souvent avec obstination le lait à leurs nouveau-nés. (*Archivio d'Antropologia, etc.*, dirigé par Mantegazza, XI, p. 439.)

L'infanticide est presque une règle chez certaines espèces, surtout chez les porcs ; il n'est pas rare aussi chez le chat. On le remarqua, par jalousie sexuelle, chez une colombe qui tuait à coups de bec tous ses petits. (*Arch. psich.*, XIV, livr. I.)

L'infanticide joint au cannibalisme est fréquent. Une femelle d'autour (rapace) qui avait déjà élevé plusieurs couvées, renfermée dans une cage et quoique bien nourrie, ne pouvant plus s'assouvir de proies fraîchement tuées, dévora ses petits (Brehm).

La femelle du crocodile dévore quelquefois ses petits: et la femelle du rat dévore sa famille lorsque son nid a été dérangé. (Lombroso, *Uomo delinquente*, I.)

Souvent les tendances infanticides sont jointes à un violent érotisme et se manifestent surtout pendant le rut.

Une chatte d'Angora, excessivement féconde et nymphomane, aimait ses petits avec frénésie: mais toutes les fois qu'elle était pleine, elle les prenait en aversion, les battait et les mordait lorsqu'ils folâtraient autour d'elle.

Burdach et Marc comparent la fréquence des infanticides

sans motif, chez les accouchées aux tendances homicides que l'on observe chez les vaches et les juments nymphomanes, non seulement au temps du rut, mais aussi longtemps après.

Parfois les chiennes, pendant qu'elles élèvent leurs petits, deviennent voleuses pour les nourrir.

La faisane présente de curieuses aberrations du sentiment maternel : souvent indifférente envers ses petits, elle accueille avec plaisir ceux des autres ; la perdrix, qui aime tant les siens, en est si jalouse, qu'elle tue les petits des autres. (Lacassagne, *Id.*)

Chez certaines espèces nous trouvons le rapt de mineurs. Des juments stériles et même des mules enlèvent des poulains, laissant ensuite ces derniers forcément mourir de faim ; une chienne qui haïssait les rapports avec le mâle pour se soustraire aux effets de cette stérilité voulue, enlevait les petits des autres .(*Id., id.*)

Mais en général, ainsi que le remarque Lacassagne *(Op. cit.)*, la femelle, dans le monde zoologique, commet moins de délits que le mâle.

Chez quelques espèces seulement, comme chez les fourmis et les abeilles, nous trouvons la criminalité très développée ; mais dans ces espèces la femelle présente justement des caractères extraordinaires d'intelligence et le plus souven constitue presque un troisième sexe.

C'est au contraire chez la pseudo-femelle des hyménoptères seule, que l'on trouve des espèces organisées pour le vol (Halictus), qui sont évidemment, de même que les criminels nés, des espèces sociales, jadis honnêtes, qui acquièrent par l'exercice de la rapine de nouveaux organes leur facilitant le vol tandis qu'elles perdent ceux du travail, ceux, par exemple, qui servent à la récolte du pollen. (*V. ci-dessus*)

CHAPITRE II

Le Crime chez les Femmes Sauvages et Primitives (1).

Tabou. — Chez les peuples sauvages et primitifs, la femme est assujettie à une foule de prescriptions, quelques-unes très bizarres et apparemment déraisonnables, quelques-autres basées sur l'égoïsme du mâle, dont la violation est considérée comme un délit.

Beaucoup de ces prescriptions appartiennent au *tabou* des peuples océaniens.

A Taïti, les femmes ne devaient pas toucher les armes ni les ustensiles de pêche des hommes ; il leur était interdit de fréquenter les lieux spéciaux de leurs réunions, de toucher la tête du mari et du père, ou les objets qui avaient été en contact avec ces têtes ; de manger avec les hommes. (Radiguet, *Derniers Sauvages* 1881.)

Aux Iles Marquises, les femmes ne devaient pas entrer dans les pirogues, parce qu'on croyait que leur présence épouvantait les poissons. Soit à Taïti soit aux Iles Marquises, il était

(1) Letourneau, *La Sociologie d'après l'Ethnographie*. Paris, 1884. — Id., *L'Évolution de la Morale*. Paris, 1888. — Giraud-Telon, *Les Origines de la Famille*. — Hovelacque, *Les Débuts de l'Humanité*. Paris, 1881. — Bertillon, *Les Races Sauvages*. Paris, 1882. — Lubbock, *Lei tempi preistorici e le Origini della Civiltà*. Torino, 1875. — Rudesindo Salvado, *Memorie Storiche null'Australia*. Roma, 1851. — Ploss, *Das Weib in Natur. und Volkerkunde*. Leipzig, 1891. — Richet, *L'Homme et l'Intelligence*. Paris, 1884. — Icard. *La Femme pendant la Période menstruelle*. Paris, 1890. — Dufour, *Histoire de la Prostitution*, 1860. — Lombroso, *Homme criminel* v. I, IV, id.

défendu aux femmes de manger les meilleurs mets, les noix
de coco, les poulets et surtout du porc !

Dans l'Ile de Rapa, tous les hommes étaient sacrés pour les
femmes qui devaient leur mettre les aliments dans la bouche.

Les femmes, à la Nouvelle-Zélande, ne pouvaient toucher
les aliments des hommes, pas même ceux de leurs frères, fils
ou maris ; elles ne pouvaient entrer dans les *Morais*. (Moeren-
hout, *Voyage aux îles du Grand-Océan*, I, 32.)

En Nouvelle-Calédonie, les femmes doivent sortir du sen-
tier, lorsqu'elles rencontrent un homme, et ne peuvent habiter
avec eux.

Aux Iles Philippines, les femmes ne peuvent s'approcher
des lieux où les hommes se tatouent, car *leurs yeux deviendraient petits*.

En Chine, la femme ne doit manger ni avec son mari, ni
avec ses fils ; en Birmanie, elle ne peut entrer dans aucun
sanctuaire ni dans l'enceinte du Tribunal.

La femme, chez les Hébreux, ne pouvait pas s'habiller en
homme, ni en toucher les parties génitales sous peine de mort.

Chez les Cafres, les femmes ne peuvent toucher les bœufs,
à l'élevage desquels les hommes se donnent avec passion ; et
encore moins traire les vaches, ni entrer dans le *cotla*, lieu
de réunion des membres de la famille.

Dans l'ancienne Rome, elles ne pouvaient, sous peine de
mort, toucher le vin ni l'eau-de-vie. Chez les Indigènes du
Paraguay, chez les Hottentots, la gourmandise excessive de
la femme pouvait être punie de mort.

Chez les Fantis (Afrique), écouter à la porte les secrets du
mari, était un délit puni de la perte de l'oreille ; en révéler
un secret, par la coupure des lèvres.

Un grand nombre de prohibitions frappe la femme en état
de menstruation. — Le Zend-Avesta considérait toute menstruation qui durait plus de neuf jours comme effet de l'esprit
malin ; les femmes étaient alors battues jusqu'au sang pour

chasser le démon. Moreau de la Sarthe affirme que les Nègres, les indigènes de l'Amérique, les insulaires de la Mer du Sud reléguaient leurs femmes dans une cabane solitaire pendant tout le temps de la menstruation. Chez les Illinois, chez les habitants de l'Orénoque et de l'Acadie, la femme ne révélant pas ses menstrues était punie de mort; suivant Gardane, les Brésiliennes étaient soumises pendant leurs règles à tant d'ennuis qu'elles essayaient de s'en préserver en se faisant de larges scarifications aux jambes. Le Coran déclarait impure toute femme, sept jours avant et sept jours après l'apparition du flux et lui défendait tout rapport avec les hommes. Chez les Hébreux (Levit. 9), la femme en état de menstruation devait rester séparée de tout le monde pendant sept jours, et celui qui aurait touché les meubles, les ustensiles touchés par elle, ou son lit, était immonde jusqu'au soir. Au huitième jour, la femme portant au prêtre deux pigeons et deux tourterelles, devait être purifiée du péché.

Suivant le Talmud, l'enfant conçu pendant la période d'impureté de la mère, devait devenir fatalement un homme méchant : on appelait cet enfant *mamzer beridah* et le mot sonnait comme terme de suprème injure aux oreilles des Juifs. Bien plus récemment, un Concile de Nicée défendait aux femmes menstruées d'entrer dans les églises.

Tant d'horreur dût dériver de l'expérience pratique des conséquences funestes que pouvaient avoir pour la santé les contacts avec la femme dans la période menstruelle, surtout parce que chez les peuples peu portés à la propreté, la putréfaction de ses sécrétions causait quelquefois de maladies infectieuses. Dans tous les cas, cela confirme l'hypothèse de Marzolo, que l'origine de la pudeur doit surtout être cherchée dans le soin de cacher certains effets de la menstruation. (*Pudor. — Puteri.*)

Adultère. — Un des plus graves délits de la femme sauvage est l'adultère.

Mais chez presque tous les peuples sauvages les irrégularités dans la conduite de la femme mariée sont considérées non comme violations de la chasteté, mais comme violations du droit de propriété, comme serait l'usage d'un cheval sans la permission du maître : car ceux-là même qui tuent la femme adultère, la prêtent sans difficulté.

Les Tasmaniens et tous les peuples de l'Australie qui prêtent, louent et donnent même leurs femmes, les punissent durement si elles se donnent à d'autres sans leur consentement.

Il en est de même en Nouvelle-Calédonie : seulement, à *Canala*, le délit n'est pas puni par le mari mais par le conseil des anciens.

Les Hottentots peuvent tuer leur femme lorsqu'elle commet une infidélité non autorisée. Au Gabon, où dans la famille la première femme se distingue des autres, son infidélité est punie de mort ; pour les autres on a plus d'indulgence. (Du Chaillu.)

Au Dahomey, la femme adultère était étranglée, mais seulement après un jugement régulier ; chez les Niam-Niams, elle était tuée ; chez les Achantis, le mari pouvait la vendre comme esclave ou lui couper le nez, et même la tuer. En Abyssinie, au contraire, bien que le mari puisse tuer la femme infidèle, la licence des mœurs est si grande qu'il use rarement de son droit. (Demeunier.)

Dans toute la Polynésie, l'adultère non autorisé est puni par la mort. (Letourneau.)

Les Esquimaux, en général, sauf quelques exceptions, font peu attention à l'infidélité : tandis que chez les Peaux-Rouges, l'adultère non autorisé est puni de mort par le mari, s'il ne veut pas s'arranger à l'amiable avec l'amant. Chez les Modocs, la femme adultère était éventrée. Chez les Caraïbes et les Guaranis, l'adultère et son complice étaient punis de mort, comme des voleurs. (D'Orbigny.)

La même peine de mort se retrouve chez les Pipilis du Salvador, dans l'ancien Mexique et au Pérou. Au Guatemala, au contraire, tout s'arrangeait par des accords : le pardon à la femme coupable était même considéré favorablement. Au Paraguay, l'adultère avec un homme d'une autre tribu était seul puni.

Avortement et infanticide. — La pratique de l'infanticide et de l'avortement est énormément répandue parmi les peuples sauvages et dans l'humanité en général, à cause spécialement du besoin de proportionner les individus de la famille et de la société aux moyens de subsistances. Mais, en général, c'est autant le fait de l'homme que de la femme, plus souvent de l'homme ; d'autres fois, au contraire, la femme, pour des raisons spéciales, en est elle-même directement l'auteur.

Parfois, le soin de sa propre beauté et la jalousie en sont la cause. Les femmes des Abipones, au Paraguay, ne pouvant avoir de rapports avec leur mari pendant l'allaitement, tuent l'enfant, pour ne pas le voir avec d'autres femmes. (Ploss, *Das Weib*, etc., Leipzig 1891.)

Suivant Abt-Gili, quelques Indiennes de l'Orénoque croyant que la beauté s'altère après des accouchements fréquents, se font avorter ; d'autres croyant au contraire qu'ils la conservent, cherchent à procréer beaucoup.

Schomburgk croit que dans la Guyane anglaise les causes des avortements très fréquents sont le travail excessif et la vanité.

Chardin écrit qu'en Perse les femmes cherchent à avorter lorsqu'elles voient, pendant leur grossesse, leurs maris courir après d'autres femmes.

Dans la Nouvelle-Calédonie, à Tahiti, en Hawaï, les femmes avortent pour mieux conserver leurs appas : les Tasmaniennes avortent souvent, surtout aux premières grossesses, suivant Bonwick. (Bonwick, *Daily life of the Tasmanian*, 76.)

Les dames romaines avortaient souvent pour ne pas enlaidir (Friedlander); et en Orient, aujourd'hui encore, pour éviter une séparation matrimoniale. (Ploss)

Parfois aussi le travail excessif auquel elles sont astreintes pousse les femmes à se débarrasser de cette surcharge qui dériverait de la maternité, comme chez les indigènes des deux Amériques pendant la domination espagnole. (Ploss)

Beaucoup d'Australiennes — raconte Grant — à qui on demandait pour quelles ra sons elles tuaient leurs enfants, répondaient simplement : « Pour n'avoir pas l'ennui de les élever » (Balestrini, *Aborto, infanticidio ed esposizione d'infante*, Turin, 1888.)

Dans le Doresen, la femme, esclave de l'homme et accablée de fatigues, ne veut pas avoir plus de deux fils et avorte dans toutes les grossesses suivantes (Ploss.)

D'autres fois l'excessive luxure en est la cause. A Otahiti existait l'association mystico-lubrique des Areos, dans laquelle les femmes étaient communes et où se commettaient des orgies effrénées ; elles narraient tranquillement les massacres de leurs fils en les justifiant par le désir de ne pas interrompre les plaisirs de leurs fêtes (Balestrini.)

Le plus souvent la misère, le manque de nourriture font que l'infanticide est élevé par la femme à la hauteur d'un devoir.

Dans l'île de Formose, il n'est pas permis aux femmes d'avoir des enfants avant l'âge de 36 ans : des prêtresses spéciales sont chargées de les faire avorter en leur frappant sur le ventre. (Giraud-Telon.)

Suivant Tuke, les femmes Maories avortent de 10 à 12 fois.

Chez beaucoup de tribus de l'Amérique du Sud, les femmes laissent vivre deux enfants seulement et se débarrassent des autres par l'avortement.

Les femmes indiennes de Cadauba et celles de Macsawa avortent surtout si la grossesse est extra-légale. (Smith et Ploss.)

Dans aucun pays, écrit Alian Web, les avortements ne sont

aussi fréquents que dans l'Inde où quelques femmes font le métier de les procurer.

Chez les Kâfirs — en Asie Centrale — la femme a le droit d'avorter, même lorsque le mari n'y consent pas. (Ploss, page 456.)

A Koutsch, petite île au nord de Bombay, les pratiques d'avortement sont très répandues : une mère se vantait d'avoir provoqué cinq avortements (Ploss).

Au Kamtschakta les femmes mêmes sacrifient leurs enfants (Balestrini).

Dans tout l'Orient, à cause de la facilité et de l'impunité de l'avortement, il ne naît jamais un fils illégitime. En Turquie, surtout à Constantinople, et dans les classes élevées, le mari qui a déjà deux fils, envoie, à la troisième grossesse, sa femme chez une accoucheuse pour la faire avorter. Les pratiques abortives se sont tellement répandues chez les Turcs que l'on a chaque année à Constantinople 4.000 avortements seulement parmi les turcs, 95 0/0 des enfants étant ainsi sacrifié; même, en 1875, la mère du Sultan ordonna que dès qu'une femme du Palais serait grosse on la fit avorter. (Ploss.)

Sorcellerie et Obsession. — La sorcellerie et l'obsession étaient, pendant le Moyen-Age, les crimes les plus graves de la femme.

La croyance aux sorcières dans l'antiquité, comme chez les peuples sauvages, est affirmée par Horace, Lucain, Lucien et Apulée ; mais c'est au Moyen-Age seulement, sous l'influence du Christianisme, que la sorcellerie compliquée de l'obsession devint un délit.

Aucun doute, du reste, que la sorcellerie et l'obsession ne fussent des phénomènes hystériques-épileptiques.

La grande preuve, en effet, de culpabilité en sorcellerie, étaient les signes de la griffe du diable, lorsque les piqûres de la peau n'y provoquaient ni douleur, ni hémorragie; il

s'agissait évidemment de ces zônes analgésiques si caractéristiques de l'hystérisme.

Tous les auteurs sont d'accord pour admettre que les sorcières surpassaient en nombre les sorciers ; parce que, dit
Spunger, auteur du *Malleus maleficarum*, ce livre classique
de la sorcellerie, « la femme est plus vicieuse que l'homme ;
et a trois vices principaux : l'infidélité, l'ambition et la luxure:
le nom même de *fœmina* signifie *fide minus*, moins de foi »;
ou bien parce que, suivant Guillaume de Paris, « les femmes
bonnes sont excellentes, les méchantes sont exécrables. » Ce
qui concorde avec la plus grande fréquence de l'hystérisme
chez la femme, hystérisme (1) que l'on pourrait définir l'exagération de la féminité. (*Voir IVe Partie.*)

Un autre trait caractéristique de la sorcière était de parler
des langues qu'elle ne connaissait pas : phénomène qui n'est
pas rare dans l'hystérisme et n'est que le passage de quelques impressions de l'inconscience dans la sphère de la conscience. *Les possédés du démon*, écrit Ambroise Paré, *parlent
des langages inconnus*.

Les nonnes d'Auxonne, chez lesquelles une épidémie d'hystérisme éclata en 1652, semblaient avoir, suivant les contemporains, le don des langues.

Les nonnes de Loudon (1632) dans leurs accès, parlaient
latin, sans le connaître, et entendaient des mots prononcés à
voix basses à de grandes distances; elles furent pour cela
déclarées possédées.

En 1534, à Rome, dans un hospice d'orphelines, 80 jeunes
filles furent prises de convulsions et de délire ; pendant les
crises, elles avaient le don des langues, ainsi que le disaient
les contemporains, pour démontrer qu'elles étaient possédées
du diable.

Parfois s'y joignaient aussi les phénomènes de télépathie.

(1 C'est cette plus grande fréquence qui est cause, comme nous verrons,
que les habillements des prêtres sont copiés d'après ceux des femmes.
(*V. Appendice.*)

L'évêque de Châlons ayant ordonné mentalement à Denise Parisot d'aller chez lui pour être exorcisée, elle s'y rendit, bien qu'habitant dans un quartier éloigné : le même évêque ayant commandé mentalement à la sœur Borthon d'aller s'agenouiller devant la croix, elle obéit immédiatement.

En 1491, les nonnes de Cambrai, possédées du démon, devinaient, ainsi que le disait un écrivain de l'époque, les choses cachées et prédisaient l'avenir. A Nantes, en 1549, furent brûlées sept extatiques se vantant de savoir tout ce qui s'était passé dans la ville pendant leurs accès.

Jeanne d'Arc (qui fut brûlée comme sorcière) prédisait, dit-on, l'avenir ; elle se vantait de voir un ange qui la guidait à la victoire ; et, ce qui parut très grave, elle n'avait jamais eu de menstruation, ainsi qu'il résulta d'un examen fait par une femme.

La terreur se basait spécialement sur les confessions des hystériques mêmes, qui, sous l'influence d'hallucinations le plus souvent d'origine sexuelle, admettaient d'avoir eu commerce avec le diable, d'être enceintes de lui et d'être allées au sabbat.

Un des examens les plus fréquents auxquels on soumettait les hystériques nubiles, était celui de leur virginité : on croyait qu'en prenant possession de la jeune fille, le diable la violait.

Jeanne Herviller, brûlée en 1578, à Ribemont, racontait qu'elle avait été possédée par le diable dès l'âge de 12 ans ; et lorsque le diable descendait au couvent, le choix tombait toujours sur les plus jeunes.

L'abbesse Madeleine de Cordero, estimée comme une des plus grandes saintes de son temps, dont la bénédiction était implorée même du Pape et du roi d'Espagne, risqua d'être brûlée vive et fut privée de tous les honneurs ecclésiastiques pour avoir tout à coup déclaré être l'amante d'un ange déchu, avec qui elle dormait dès l'âge de 13 ans.

En 1550, au couvent d'Ubertet, les nonnes, après 40 jours de jeûne presque absolu, furent possédées du diable ; elles blasphémaient, disaient les plus grandes sottises et tombaient en convulsions.

En 1609, à Aix, les sœurs Ursulines déclaraient avoir été violées par leur Prieur qui fut brûlé.

Certaine Amère, en Lorraine, accusée d'avoir fait tomber un enfant de la fenêtre en le regardant, soumise à la torture, se mit à décrire le diable en désignant un point de la muraille où il se trouvait, à la grande terreur des juges, qui cependant... ne voyaient rien.

Amoulette Defrasne, à Valenciennes, arrêtée comme sorcière et accusée d'avoir fait mourir plusieurs de ses amies, nia tout; mais, pressée par les demandes, torturée, insultée, elle avoua être sorcière, dit que le diable lui était apparu quinze ans avant, et avait demandé et obtenu d'être son amant.

La légende du Sabbat est également née d'hallucinations qui se propageaient par contagion et étaient favorisées par ces onctions de belladone et d'autres solanées, très usitées en ce temps-là et qui provoquent, on le sait, des hallucinations et une sorte d'ivresse. Une gravure du XVIᵉ siècle montre précisément une sorcière faisant l'acte de s'oindre tandis qu'une autre s'échappe par le tuyau de la cheminée. (Regnard, *Les Sorcières, Bulletin de l'Association Scientifique*, 1882.)

Souvent aussi la sorcière niait; mais jetée dans un horrible cachot, torturée, pressée par les demandes obstinées des juges, qui devenaient de vraies suggestions, elle finissait par avouer qu'elle était allée au Sabbat et le décrivait minutieusement. Ainsi Françoise Sacretan, à St-Claude, emprisonnée pour soupçon de sorcellerie, nie d'abord obstinément, puis finit par avouer être possédée du diable, être allée un grand nombre de fois au Sabbat sur un bâton blanc, avoir dansé, avoir battu l'eau pour amener la grêle, et avoir fait mourir plusieurs personnes avec une poudre que le diable lui avait donnée, (Richet).

« Ordinairement, — écrit de Lancres, un des auteurs les plus compétents dans les faits de sorcellerie du xviie siècle, — ce sont les femmes qui mènent le Sabbat; elles volent et courent, échevelées comme des furies, avec la tête si sensible qu'elles ne peuvent supporter aucune espèce de chapeau. Elles vont nues, parfois enduites de graisse; arrivent et partent à cheval sur un manche à balai, sur un banc ou en croupe sur un enfant. »

. Ces hallucinations qui donnèrent naissance à la légende du Sabbat, ont été résumées ainsi par Regnard : « La cérémonie avait lieu de nuit, dans quelque bruyère, cimetière ou couvent abandonné; pour y aller il fallait que la sorcière se oignît avec l'onguent donné par le diable (belladone), prononçât les mots magiques et enfourchât le manche à balai. Arrivée sur le lieu, il fallait faire constater le *stigma diavoli:* scène dont Teniers a laissé la reproduction dans un tableau; puis rendre hommage au diable, figure monstrueuse à la tête et aux pieds de bouc, ayant une grande queue et des ailes de chauve-souris; puis renoncer à Dieu, à la Vierge, aux Saints, et recevoir enfin le baptême diabolique, caricature du baptême catholique. Après minuit, avait lieu le festin, composé de crapauds, de cadavres, de foies et de cœurs d'enfants non baptisés; après quoi, commençaient les danses obscènes jusqu'au chant du coq, qui dispersait en un instant l'assemblée. »

Ce qui redoublait la terreur, c'était le caractère contagieux de ces épidémies hystériques, regardées comme des sortilèges jetés par malice. Il y en eut en Alsace (1511); à Cologne (1564); en Savoie (1574); à Toulouse, (1577); en Lorraine (1580); dans le Jura (1590); dans le Brandebourg, (1590); dans le Béarn. (1605)

Toutefois, bien que la sorcellerie ne fut que de l'hystérisme ou de l'hystéro-épilepsie, aucun autre phénomène de la pathologie mentale ne frappa aussi vivement l'imagination humaine. C'était surtout cette fréquente exaltation des facultés mentales, pendant l'accès, qui étonnait particulièrement. « Il n'y a pas de théologien — écrit Boguet — qui puisse mieux qu'elles, interpréter les Saintes Ecritures; de jurisconsulte plus compétent en fait de testaments, contrats et affaires : de médecin qui connaisse mieux la composition du corps humain et l'influence du ciel, des étoiles, des oiseaux, des poissons et des arbres, etc., etc. »

« Elles pouvaient, en outre, produire à volonté le froid et le chaud (sic); arrêter le cours du fleuve, stériliser la terre, tuer les troupeaux; et surtout ensorceler et vendre au diable les autres hommes. »

On craignait spécialement les sorcières accoucheuses, qui pouvaient vouer au diable les enfants nouveau-nés.

La férocité en usage dans les répressions, suffirait pour démontrer la terreur que ces folles inspiraient. Dans le Languedoc, en 1527, le Sénat de Toulouse condamna 400 sorcières à être brûlées vives. En 1616, De Lancie, président du Parlement de Bordeaux, envoya au bûcher un grand nombre de femmes, sous prétexte qu'il était monstrueux de voir dans l'église plus de 40 femmes aboyer comme des chiennes. Grey rapporte que sous le Long Parlement, 3,000 personnes furent brûlées en Angleterre pour délit de magie. En 1610, le duc de Wurtemberg ordonna aux magistrats de brûler chaque mardi de 20 à 25 sorcières, jamais moins de 15. Sous le règne de Jean VI, électeur de Trèves ; l'acharnement des juges et du peuple fut tel que dans deux villages il ne restât plus que deux femmes.

Boguet se vantait d'avoir brûlé, à lui seul, mille sorcières.

A Valery, dans la Savoie, en 1574, 80 furent brûlées ; à Labourd, en 1600, également 80 en quatre mois ; à Logrono• 5 en 1610.

C'est seulement à l'envahissement du scepticisme du xviiie siècle que l'on doit le ralentissement de ces féroces répressions ; mais pour voir complètement banni du monde civilisé l'idée de la possession diabolique, il faut arriver jusqu'au commencement de notre siècle, à Pinel.

Vénéfice. — Un délit fréquent chez la femme antique est le vénéfice ou empoisonnement.

César rapporte que chez les Gaulois l'usage était, lorsqu'un homme mourait, de brûler avec lui toutes ses femmes, si l'on élevait un soupçon de mort non naturelle ; procédure expéditive qui dut avoir son origine dans la fréquence des vénéfices.

En Chine, les Mi-fu-Kau, espèce de sorcières, possèdent le secret de faire mourir un homme, et ont une large clientèle parmi les femmes mariées. (Kataher, *Bilder aus Chinesischem Leben*, Leipzig, 1881.)

En Arabie, ce sont les femmes qui, presque exclusivement, connaissent les poisons et en font commerce.

A Rome, sous le consulat de Claude Marcel et de Tite Valère, on découvrit une association de 170 patriciennes, qui avaient fait un tel ravage parmi leurs maris, que l'on crût à une épidémie. (Tite Live VII.)

Les bacchanales étaient une association de luxure et de débauches, dans lesquelles un nombre énorme de crimes furent commis.

La tradition de Canidie, de Locuste, etc., transmise par les poètes romains, nous montre comment la connaissance des poisons fut considérée presque comme une spécialité des femmes. Juvénal, dans ses Satires, parle de l'empoisonnement des maris, comme d'une chose ordinaire dans l'aristocratie romaine.

En Egypte, au temps des Ptolémées, l'adultère et l'empoisonnement furent épidémiques chez les femmes. (Renan, *Les Apôtres*.)

En Perse, la femme qui enfante le premier fils du schah devient l'épouse officielle : mais souvent ces enfants sont empoisonnés par les envieuses compagnes du harem. (Pfeiffer *Reise*, 1889.)

En France, pendant le XVIIe siècle et particulièrement sous Louis XIV, il y eut une épidémie de vénéfice, spécialement parmi les dames de l'aristocratie. Le roi fut obligé de créer un tribunal spécial, la Chambre royale de l'Arsenal, ou *Chambre ardente* pour juger les seuls procès de vénéfice (*Lettres-patentes*) du 7 avril 1769) ; on en était arrivé à un tel degré de terreur, qu'une célèbre empoisonneuse, la Delagrange, put faire durer son procès pendant des années, en déclarant seulement que l'on tramait contre la vie du roi.

Les noms de la Voisin, de la Vigouroux, de la M^{se} de Brinvilliers sont restés célèbres dans l'histoire du crime. Olympie Mancini même, nièce de Mazarin et mère du prince Eugène, fut soupçonnée.

En 1362, à Palerme, on exécuta comme préparant des poisons une certaine Théophanie qui semblait avoir fourni le moyen de commettre un grand nombre de crimes ; l'année suivante, une de ses élèves, Françoise la Sarda eut le même sort. En Sicile, l'expression *Gnura Tufania* est restée comme synonyme d'empoisonneuse (Salomon Marino. L'*acqua Tofana* Palerme, 1882), d'où l'eau *tofana*, qui était composée surtout avec de l'arsenic.

En 1642, à Naples, une eau mystérieuse fit de grands ravage, faisant mourir *à temps* beaucoup de monde, il semble qu'elle était vendue par une femme en relation avec la Théophanie.

A Rome, vers la même époque, quatre femmes, Marie Spinola, Jeanne de Grandis, Jéronime Spana, Laure Crispiolti, vendaient la Manne de Saint-Nicolas ; poison composé sans doute d'arsenic ; elles étaient, surtout la Spana, très appréciées par l'aristocratie à qui elles fournirent le moyen de commettre un grand nombre de crimes, spécialement aux femmes lasses de leurs maris.

En général, pourtant, exception faite de l'infanticide et de l'avortement, la femme sauvage de même que la femelle, commet moins de crimes que l'homme, bien que comme nous l'avons vu, elle soit plus méchante que bonne; les crimes pour lesquels elle est punie, sont en grande partie conventionnels, comme ceux contre le *tabou* et la sorcellerie. Ce qui correspond au délit du mâle c'est pour la femme sauvage, ainsi que nous le verrons, la prostitution.

CHAPITRE III

Histoire de la Prostitution.

I

LA PUDEUR ET LA PROSTITUTION CHEZ LES SAUVAGES

De même que le crime, la prostitution a été un fait normal dans la vie des peuples civilisés aux débuts de leur évolution ; et il l'est encore dans la vie sauvage.

1. *Pudeur*. — La nudité est la règle générale de l'homme primitif.

Chez les Ouatoutas (Cameron, *Afrique équatoriale*, 1870), les femmes ont un tablier, de même que les hommes aux Nouvelles-Hébrides, qui laisse voir les parties honteuses. Les Esquimaux se mettent tous nus dans les cabanes et s'y pressent l'un contre de l'autre. Bove.

En Australie, hommes et femmes vont tout à fait nus ; lorsque les missionnaires donnèrent des vêtements aux indigènes, souvent ils les mirent autour des épaules (**Rudesindo Salvado**).

Les dames à demi européanisées des îles Sandwich nageaient vers les navires européens en portant leurs habits, leurs chaussures, leur parasol sur la tête, pour se vêtir à bord.

Les femmes indigènes de Fernando Po vont toutes nues, ne portant qu'un chapeau.

Les femmes des Jvilis (Afrique équatoriale) invitées par Compiègne à lui céder les tissus dont elles s'entouraient les flancs, s'en dépouillèrent avec la plus grande indifférence, avides des petits miroirs qu'il leur avait promis en échange.

Une reine de Balônda se présenta devant Livingstone tout à fait nue; en général toutes les femmes du pays portent quelques chiffons plus tôt comme ornement que pour toute autre raison ; les hommes, au contraire, sont déjà un peu plus habillés.

Les femmes Askires de l'Afrique ne se vêtent que lorsqu'elles sont mariées ; et même alors la ceinture n'est guère plus qu'un ornement. Les Quissamas vont presque toujours nues.

Dans la Nouvelle-Bretagne, ni les hommes ni les femmes ne se couvrent les parties génitales ; dans le Nouveau-Hanover, les femmes pubères et impubères vont nues et l'on voit souvent les hommes se tenant avec le scrotum dans la main gauche et la verge entre le pouce et l'index.

A Tahiti, Cook vit un indigène déjà adulte coïter publiquement avec une fille de onze ans, à laquelle la reine donnait, à ce propos, des instructions spéciales. Le sujet usuel des discours entre hommes et femmes était l'embrassement. (*Premier voyage*, vol. V.)

L'acte copulatif n'avait rien qui offensât les sentiments de beaucoup de peuples anciens. Les habitants du Caucase, les Ansii de l'Afrique et les Hindous l'exerçaient en présence de qui que ce fût, comme le bétail. (Hérodote I 305 ; III 301.)

Les Etrusques mêmes en faisaient parfois autant dans leurs festins (*Athenaeus Dipnos*, XII, p. 255); et dans plusieurs occasions, les femmes avaient coutume de se montrer nues.

On sait, du reste, combien légèrement étaient vêtus les Grecs et comme ils se déshabillaient facilement en toute occasion (Taine, *Philosophie de l'art*). D'ailleurs le mot *gymnastique* est dérivé de γυμνός (nu), c'est-à-dire de l'usage de se déshabiller pour exercer le corps dans les jeux auxquels, chez quelques peuples, les femmes prenaient également part (Sparte).

2. *Prostitution civile*. — A l'or.gine, quelquefois, le mariage n'existe même pas et la prostitution est la règle générale.

Les Calédoniens avaient les femmes en commun et les fils appartenaient à tout le *clan*.

Les Naïrs vivent en complète promiscuité.

Les Boschismans, ainsi que l'affirme Lubbock, n'ont pas de mariage.

En Californie, il n'y a pas, chez les sauvages, de terme pour dire *mariage*; la jalousie commence lorsque la femme se donne à une autre tribu, comme au Paraguay.

Chez les Massagètes, chacun épousait une femme, mais tous en usaient ensuite en commun. Quelque fut la femme dont eût envie le Massagète, il attachait son carquois au char et contentait son désir (Hérodote I c. 216, IV c. 172, III c. 191, I 93).

La communion des femmes était une institution chez les Nasamons et les Agathyrses ; ils la voulaient pour se dire vraiment tous frères, et afin qu'il n'y eut ni haine ni envie entre eux. Pour ce même motif, les Tyrrhéniens nourrissaient les nouveau-nés en commun ne sachant pas qui en était le père. Les Auses aussi possédaient les femmes en commun; lorsqu'un enfant avait atteint l'âge de trois mois les hommes allaient le voir et on le considérait comme le fils de celui auquel il ressemblait davantage (Hérodote).

Chez les Andamans (et aussi dans quelques tribus de la Californie), les femmes appartiennent à tous les mâles de la tribu, et la résistance à l'un d'eux serait un délit grave ; parfois pourtant on remarque des unions temporaires, surtout lorsque la femme devient enceinte ; mais ces unions presque toujours cessent avec l'allaitement.

Quelquefois au contraire le mariage existe, mais au lieu d'empêcher la prostitution, il la favorise souvent.

Les Honomas, dans leurs orgies, changent souvent de femmes qui sont obligées de se livrer à leurs parents (Hartmann).

Suivant Macleau, les Cafres n'ont aucun mot pour exprimer la virginité. Lorsqu'une fille devient pubère, on annonce la chose par une fête publique et tout le monde peut la posséder.

Dans le Darfour, lorsqu'une femme est devenue pubère, on lui donne une cabane séparée où chacun peut aller passer la nuit avec elle.

En Australie, lorsque le mari d'une femme est absent, il est d'usage qu'un autre homme de la tribu prenne sa place (Eyre, *Discoverie in Central Australia*, II, 320). Les filles, dès l'âge de 10 ans, peuvent cohabiter avec les mâles et dans certaines fêtes elles y sont même invitées.

Chez les Esquimaux, lorsque le mari est absent, la femme peut se donner à qui elle veut (Parry). « Nous imitons dans les amours — dirent-ils à un missionnaire russe — les loutres de mer » (Langsdorf).

Les femmes des Giudanes de l'Afrique portaient autour de leurs jambes autant d'ornements en peaux que d'hommes avaient eu commerce avec elles (Hérod, IV, p. 176).

Sextus Empiricus dit aussi des Egyptiennes que celles qui avaient eu beaucoup d'amants, portaient un signe distinctif ; celle qui en avait davantage était la plus estimée (*Hyp. Pyrrh.*, I, 14).

Au Thibet, les filles portent au cou les anneaux de leurs amants, qui ne sont jamais des cadeaux désintéressés : plus elles en ont, plus leur noces sont célèbres.

Aux îles des Amis, les filles montaient à bord des navires européens, se donnaient aux matelots et disaient en partant : *Bongni mitzi mitzi* (Nous avons fait l'amour et demain nous le referons).

Chez presque toutes les populations indigènes de l'Amérique du Nord (par ex. sous les Apachas), la femme, avant et après le mariage, est libre de se donner à qui elle veut.

Les femmes les plus aristocratiques chez quelques tribus de l'isthme de Panama se croiraient indignes si elles se refusaient à une demande quelle qu'elle soit.

Souvent ces mariages improvisés se renouvelaient à des époques fixes comme dans le rut des animaux, probablement dans les saisons chaudes et des plus abondants produits (Lombroso, *Uomo bianco e uomo di colore*, 1870).

Où est la différence entre les bruyantes fêtes des cynocéphales et celles des Australiens, qui, solitaires toute l'année, à l'époque de la maturité du *yam*, se réunissent pris par une espèce de fureur animale, façonnent une large fosse elliptique, entourée de broussailles, qui a pour but de représenter un organe féminin, et y plongeant leurs lances s'écrient en s'accompagnant d'horribles chants: « Non, plus la fosse mais la vulve ! » (Novara Reise, *Antrop. Theile*, III, Wien, 1858).

A la Côte d'Or, Reichenau assista à une fête dans laquelle on portait des *phallus* en bois de différentes grosseurs, en les agitant avec des cordes, devant des rangées de femmes.

Au Nicaragua il existait une fête annuelle, dans laquelle les femmes étaient autorisées à se donner à qui elles voulaient (Bancroft).

Westermarck, dans sa belle *Hist. du Mariage*, 1895, a cherché à démontrer que la monogamie est atavique (bimanes).

3. Prostitution hospitalière. — On comprend pourquoi chez les peuples primitifs on observait comme un devoir la prostitution hospitalière.

L'offre de la femme à l'hôte se trouve à Ceylan, au Groënland, aux Canaries, à Tahiti, où refuser une fille était une offense. — « Je ne peux pas penser (disait un chef à un prêtre qui s'en était scandalisé) qu'une religion défende de goûter un plaisir innocent et en même temps de rendre un service au pays en l'enrichissant d'un nouvel être (Radiquet, *l. c.*).

A Noukahiva, le missionnaire Harris ayant refusé ces offres hospitalières, les femmes le surprirent, en cachette, pendant qu'il dormait, pour vérifier s'il était vraiment un homme (Pulding).

Bousquet, en voyageant il y a quelques années, au Japon, se vit offrir, par un père, sa fille, en présence du mari.

Marc Polo, logé par un homme de Ghendon, au Thibet, vit s'éloigner le maitre pour qu'il pût jouir librement de ses femmes.

Aux iles Mariannes et Philippines les jeunes filles furent offertes par les indigènes aux compagnons de Kotzebue.

Les femmes indigènes de Mauna s'offraient à la chiourme de la Pérouse.

Chez les Hassanis, la femme peut réserver le troisième jour de chaque semaine pour se donner à l'étranger (Hartmann).

Chez les Arabes Hassanyehs, la femme est libre un jour sur quatre.

Chez les nègres Assinis, le chef de famille envoie sa fille à son hôte (*Op. cit.*).

Chez les Nandowessies, une femme qui donna l'hospitalité et après un festin se livra à 40 des principaux guerriers de sa tribu, acquit une grande considération (Carver. *Travels in North America*, 142).

Parfois, au contraire, la femme est vendue par le mari. Au Darfour, les maris ont coutume de louer leurs femmes aux étrangers (Letourneau).

En Cochinchine, le père peut, pour une minime somme d'argent, donner sa fille à son hôte, même à un étranger, sans préjudice pour son avenir (Letourneau). Par conséquent le mariage aux temps primitifs alimente la prostitution au lieu de la réprimer.

Cette promiscuité est cause du fait singulier qui semble en opposition avec le mépris dans lequel la femme est tenue —

le matriarcat: l'autorité paternelle remplacée, à l'époque primitive par celle de la femme ou de son frère : c'est ce que l'on voit en Australie, au Congo, à Loango, chez les Touaregs, les anciens Egyptiens et les Etrusques, les Naïrs, chez beaucoup de tribus américaines (Carver, *Op. cit.*, p. 205), où en général le nom, le rang comme les biens, sont hérités par la mère et où souvent le père et l'oncle se confondent.

De cette promiscuité est née aussi l'étrange coutume de la *couvade*, des simulations d'accouchements de la part du mari, répandues en Amérique en Asie, chez les Basques, etc., qui parut nécessaire à un certain moment pour fixer l'idée que le père présumé avait aussi eu sa part dans la naissance des fils et par conséquent devait l'avoir dans l'autorité sur eux (Tylor, *Op. cit.*).

4. *Polyandrie.* — L'homme ne passa de la Vénus promiscue à la Vénus monogame qu'à travers des usages qui sont considérés par nous comme des délits, tel que la polyandrie, l'inceste et, pis encore, le viol et le rapt.

Chez les Ciréniens nomades de l'antiquité, ainsi que chez certaines tribus arabes, les femmes étaient communes à tous les membres de la famille.

Au Thibet, le frère aîné choisit la femme, dont il fait profiter ses frères ; tous vont habiter la maison de l'épousée, qui seule en transmet la possession à ses fils, naturellement parce qu'elle est la seule dont la parentée soit certaine. (Turner, *Histoire des Voyageurs*, XXXI, 437.)

Chez les Todas, l'épousée devient la femme de tous les frères cadets du mari, à mesure qu'ils deviennent grands et ceux-ci deviennent les maris des sœurs de la première épousée (Shortt, *o. c.* 240).

Chez les Naïro du Malabar, caste noble noire, la femme a cinq ou six maris : mais elle en peut épouser jusqu'à dix, cohabitants avec chacun d'eux, à tour de rôle, pendant une dizaine de jours ; cela démontre que la polyandrie est un passage, une évolution de la promiscuité, il est permis à la femme de cohabiter avec un nombre quelconque d'hommes, sauf certaines restrictions relatives à la tribu et à la caste : et les hommes font parties d'autres combinaisons matrimoniales (Spencer, *Sociologie*, II).

Chez les Cingalais, les frères sont tous maris de la même femme. La promiscuité, en un mot, passe de la tribu à la famille.

En Polynésie tout ami intime (fayo) avait droit de posséder la femme de son compagnon (Letourneau).

On préfère qu'une propriété soit possédée plutôt par les membres de sa propre famille que par le public qui y aurait droit, et l'abus de pouvoir sert d'échelle à la morale.

5. *Prostitution sacrée. Des rites dérivants de la Vénus mixte.* — Même après que les mariages furent établis, un reste de la Vénus promiscue se retrouvait visible dans certains rites nuptiaux, comme chez les Santhalas, où les mariages étaient précédés par six jours de promiscuité ou comme aux Iles Baléares, où les épousées concédaient la première nuit à tous les hôtes présents : et de même qu'à l'époque féodale où elles appartenaient pendant une nuit au Seigneur du fief, qui pouvait les obliger au mariage.

Héraclides Ponticus (VIe siècle, a. 64) rapporte comment aux temps déjà anciens pour lui, dans l île de Céphalonie, le tyran déflorait toutes les filles avant qu'elles fussent mariées.

Dans le Talmud, on lit que la vierge devait, avant de se marier, dormir avec le Taphsar. Et Hérodote raconte que chez les Adirmachides les vierges qui voulaient se marier étaient présentées au roi qui déflorait les plus belles.

Au Cambodge, en 1300, nulle fille ne se mariait si elle n'était pas auparavant déflorée par le bonze qui recevait un cadeau (Rémusat, *Nouveaux mélanges asiatiques*, I, 118) pour la fatigue sacrée (Tchin-Ahn).

Tout cela est un reste, une compensation, une réduction

de la Vénus vague ; la femme qui appartenait à tous
avant de devenir propriété d'un seul, se faisait déflorer par
plusieurs ou par l'homme le plus puissant du clan.

Un reste de polygamie chez les Chinois est la coutume
d'acheter « des petites femmes » soumises à la « grande femme » légitime, qui est la mère putative de tous les enfants;
on trouve aussi un vestige de polyandrie dans le code de
Manou autorisant le frère à féconder sa belle-sœur stérile, en
substitution du mari.

6. *Prostitution juridique.* — Un autre vestige de la prostitution primitive, se trouve dans la prostitution que l'on pourrait appeler *juridique*.

Un indice en reste dans le Lévirat, en usage chez les Hébreux, les Mexicains, les Afghans et les Chippeouays, qui
puise sa raison d'être dans la faiblesse de la femme, considérée comme une propriété de la famille.

Un autre vestige en est le respect accordé aux courtisanes qui, leur louage terminé, se mariaient et étaient
parfois divinisées ; en arrivant dans la ville indienne de Ve-
sali, le fondateur du bouddhisme fut reçu par la grande maîtresse des courtisanes (Spier, *Life in ancient India*). En Abyssinie, les filles publiques occupaient un rang élevé à la cour et
recevaient quelquefois le gouvernement d'une ville ou d'une
province (Combes et Tamisier, *Voyage en Abyssinie*, II, 116).

Un des souvenirs de la Vénus vague, phase de transition vers
la régularité du mariage, c'est la liberté dans les mœurs des
filles, liberté que nous trouvons chez tant de peuples et qui
cesse après le mariage.

Chez les Chinooks, en Amérique, les filles sont libertines et
les femmes mariées sont chastes.

Les Thyapis se soucient fort peu de la chasteté des femmes
avant le mariage, mais ne veulent pas qu'on leur donne comme vierge une fille qui ne l'est plus.

En Cochinchine, où la fidélité du mari est exigée comme un

devoir, les parents prostituent leurs filles, ce qui ne les empêche pas de les marier ensuite.

Chez les Khyoungthas et dans les tribus montagnardes de l'Assam, aux îles Mariannes et Carolines, à l'extraordinaire licence de mœurs avant le mariage succède, après le mariage, une chasteté rigoureuse (Lewin).

La promiscuité est donc très diffuse chez les sauvages : il est bien vrai que nous ne nions pas qu'elle existe chez plusieurs espèces animales et humaines ; mais les exceptions ici sont nombreuses, presque plus que la règle.

II

LA PROSTITUTION DANS NOTRE HISTOIRE

(Voir : Dufour, *Histoire de la Prostitution*.)

Chez les peuples civilisés nous retrouvons au temps ancien les mêmes phénomènes qu'aujourd'hui chez les sauvages, c'est-à-dire la prostitution sous toutes ses formes : sacrée, civile, hospitalière, juridique ; et avec une telle diffusion, surtout au commencement, que tout prouve clairement que la pudeur et le mariage sont un produit tardif de l'évolution.

1. *Orient.* — *Prostitution sacrée.* — Suivant Hérodote, à Babylone les femmes nées dans le pays étaient obligées, au moins une fois dans leur vie, de se rendre au temple de Mylitta pour s'y prostituer à des étrangers ; elles ne pouvaient retourner chez elles que si quelque étranger leur avait jeté sur les genoux quelque argent et les avait invitées au coït hors du lieu sacré : cet argent devenait sacré (Liv. I, 199).

En Arménie, on adorait comme déesse de la prostitution Anaïs qui avait un temple semblable à celui de Mylitta à Babylone.

Autour du sanctuaire, on voyait de vastes terrains environnés de murailles, où vivait la population qui se consacrait
aux rites de la déesse ; les étrangers seuls avaient le
droit d'en dépasser l'entrée. Les prêtres et les prêtresses de
l'enceinte sacrée étaient choisis parmi les familles les plus
distinguées du pays et servaient la déesse pendant un temps
plus ou moins long, déterminé par les parents, et lorsqu'elles
sortaient, laissant ce qu'elles avaient gagné, les femmes ne
manquaient pas de trouver des maris qui s'informaient au
temple de leur conduite. Celles qui avaient accueilli le plus
grand nombre d'étrangers étaient les plus recherchées en
mariage (Strabon).

Chez les Phéniciens, il y avait la prostitution hospitalière et
sacrée; suivant les informations d'Eusèbe, ils prostituaient
leurs filles aux étrangers à la plus grande gloire de l'hospitalité. Les temples de la déesse Astarté à Tyr, à Sidon et dans
les villes principales de la Phénicie, étaient consacrés à la
prostitution. Ces turpitudes continuèrent jusqu'au IVᵉ siècle
de l'ère vulgaire, époque à laquelle Constantin le Grand les
prohiba par une loi, en détruisant les temples d'Astarté et en
faisant construire sur le lieu de l'obscène sanctuaire une
église chrétienne.

Dans les colonies Phéniciennes, la prostitution sacrée conservait les habitudes de trafic qui distinguèrent cette race : à
Sicca Venéna, sur le territoire de Carthage, le temple de
Vénus, qui dans la langue de Tyr s'appelait *Succoth-Benoth,*
c'est-à-dire les *cabanes des filles,* était en effet un asile de
prostitution où les filles du pays se rendaient pour gagner
une dot en trafiquant de leur corps ; ces filles devenaient, en
se mariant, des femmes très honnêtes et se voyaient très
recherchées par les hommes. Elle y accouraient de tous les
côtés et en si grand nombre que, par l'effet de la concurrence,
beaucoup d'entre elles ne pouvaient retourner à Carthage,
aussitôt qu'elles l'auraient voulu, pour y trouver un mari.

Chypre possédait plusieurs temples où le culte de Vénus

suivait les mêmes rites : à Cinizi, à Tamase, à Aphrodisium, la prostitution sacrée alléguait les mêmes prétextes si elle n'affectait pas les mêmes formes.

A Suse, à Ecbatane, chez les Parthes, il y avait les *roches de la prostitution*.

En Lydie, les filles, par la prostitution, « se gagnent leur dot, dit Hérodote, et continuent ce commerce jusqu'à ce qu'elles se marient »; la dot leur donnait le droit de choisir un époux qui, lui, n'avait pas toujours le droit de repousser l'honneur d'un pareil choix.

Elles contribuèrent aux frais du tombeau d'Alyatte, père de Crésus, d'accord avec les marchands et les artisans de la Lydie : les inscriptions commémoratives indiquaient la quote-part fournie pour la construction par chacune des trois catégories ; les courtisanes y avaient contribué pour une portion plus large comparée à celles des artisans et des marchands.

En Egypte, Hérodote nous décrit ainsi les fêtes d'Isis dans la ville de Bubastis : « On voit sur le fleuve, des hommes et des femmes dans une promiscuité complète. Tant que la navigation dure, quelques femmes font retentir les castagnettes et quelques hommes jouent de la flute, les autres chantent en battant des mains. Lorsqu'on passe près d'une ville on fait approcher le bateau du rivage : parmi les femmes quelques-unes continuent à jouer des castagnettes, les autres jettent des injures à celles de la ville : les unes dansent et les autres se tiennent debout et relèvent leurs robes avec indécence ». Ces obscénités étaient le simulacre de celles que commettaient autour du temple, sept cent mille pèlerins qui se livraient à d'incroyables excès.

Les obscénités du culte d'Isis devenaient plus grandes lorsqu'elles se cachaient dans les souterrains où l'on menait l'initié après un temps d'épreuve et de purification. Hérodote, confident et témoin de cette prostitution que lui avaient révélé les prêtres égyptiens, en dit même trop, malgré ses réticences.

Chez les Hébreux, avant la rédaction définitive des Tables de la Loi, le père avait le droit de vendre sa fille à un maître, qui en faisait sa concubine pendant un temps établi par le contrat de vente : la fille ainsi vendue au profit de son père n'en tirait aucun avantage personnel, hors le cas où le patron, après l'avoir fiancée à son propre fils, voulait la remplacer par une autre concubine. Les Hébreux, en un mot, trafiquaient de la prostitution de leurs filles.

Moloch, représenté sous la forme d'un homme à tête de veau avec les bras étendus, recevait des offrandes de fleur, de farine, de tourterelles, d'agneaux, de béliers, de taureaux et d'enfants ; offrandes que l'on mettait dans les sept bouches ouvertes au ventre de la divinité de bronze, placée sur un four immense que l'on allumait pour consumer les sept espèces d'offrandes. Pendant le sacrifice, les prêtres de Moloch étouffaient les cris des victimes par une musique effrénée de sistres et de tambours ; les Molochites se livraient aux rites les plus obscènes, entraînés par les fracas des instruments musicaux ; ils s'agitaient autour de la statue incandescente, qui semblait rouge à travers la fumée, poussaient des cris farouches, et, suivant l'expression biblique, régalaient Moloch de leur postérité. (*Onanisme.*)

Cette abomination avait pris de telles racines au sein du peuple d'Israël, que quelques sectaires osèrent l'introduire dans le culte du Dieu unique et en contaminèrent ainsi le sanctuaire.

Baalphégor ou Belphégor, le dieu favori des Madianites, fut accepté par les Hébreux avec un tel enthousiasme qu'il remplaça souvent le culte national.

Suivant Selden, Belphégor était représenté tantôt sous la forme d'un pénis gigantesque, tantôt sous la forme d'une idole portant ses vêtements retroussés sur la tête comme pour montrer les organes génitaux ; d'après Mignot la statue de Baal était hermaphrodite ; suivant Dulaure, elle portait les organes du mâle. Dans le temple, habitait une population de prostitués et de prostituées qui se vendaient aux adorateurs du dieu et déposaient sur ses autels le salaire de leur commerce obscène. Ils avaient aussi des chiens dressés à ces ignominies et l'argent qu'ils retiraient de la vente ou du louage de ces animaux faisait aussi partie de la rente du temple. Enfin, dans certaines cérémonies que l'on célébrait pendant la nuit, au fond des bois sacrés, les prêtres et les consacrés s'attaquaient à coups de couteaux, se couvraient de blessures peu profondes, et, échauffés par le vin, excités par les instruments de musique, tombaient confusément au milieu du sang.

Moïse tenta d'extirper la prostitution religieuse, mais il n'y réussit pas; car nous trouvons des vestiges de cette prostitution dans les livres saints jusqu'au temps des Machabées. Tels sont : les excès des Israélites avec les filles Moabites, qui se rattachent à un culte phallique : ces filles avaient élevé des tentes et ouvert des boutiques de Bet-Aiscimot jusqu'à Ar-Ascaleg; là elles vendaient toute sorte de bijoux et les Juifs mangeaient et buvaient au milieu de ce champ de prostitution. *(Nombre XXV.)*

Le temple de Jérusalem, à l'époque des Machabées, un siècle et demi avant Jésus-Christ, était encore le théâtre du commerce des prostituées qui venaient y chercher leurs pratiques; on comprend donc comment, dans l'antiquité, le mot *Kadescia* pouvait signifier sainte et prostituée, et le mot *Kadessud* bordel et sacristie.

On peut dire en somme que toute l'histoire intérieure du peuple Hébreu consiste dans la lutte des législateurs et des prophètes contre la prostitution et les aberrations sexuelles du peuple; comme aujourd'hui il est question du pain et du bien-être, il s'agissait alors de la liberté de satisfaire les besoins sexuels.

Prostitution civile. — A côté de la prostitution sacrée fleurissait déjà la prostitution civile.

Le prophète Baruch rapporte aussi que « des femmes ceintes
« de cordes siègent le long des rues et brûlent des parfums.
« Lorsque l'une d'elles, invitée par quelque passant, a couché
« avec lui, elle reproche à sa voisine de ne pas avoir été
« jugée digne comme elle des caresses de cet homme et de ne
« pas avoir vu dénouer sa ceinture de cordes » (Baruch, VI).

Nous voyons, dans l'histoire de Thamar, la prostituée juive
cachée sous un voile et assise sur le bord d'une route, se
livrer au premier venu qui la payait. La Bible nous montre
dans les carrefours des rues, les filles publiques tantôt immobiles et enveloppées dans leurs voiles, tantôt vêtues impudemment, brûler des parfums et chanter des chansons. Ces courtisanes n'étaient pas juives, du moins pour la plus grande
partie, car l'Ecriture les appelle ordinairement *femmes étrangères*. Elles étaient de la Syrie, de l'Egypte, de Babylone
et excellaient dans l'art d'exciter les sens.

La loi de Moïse défendait expressément aux femmes juives
de servir comme auxiliaires de la prostitution, et aux *femmes
étrangères* de se prostituer dans les villes : de sorte que les
routes servirent d'asile à la lasciveté publique. Salomon
dérogea à cet usage en permettant aux courtisanes de
demeurer dans les villes. Mais, avant et après, on ne les
rencontrait que dans les rues et les carrefours de Jérusalem ;
on les voyait même s'exposer à l'enchère le long des rues ;
elles y élevaient leurs tentes de peaux ou d'étoffes aux
splendides couleurs.

Les étrangères, ou prostituées, n'étaient point si méprisées
chez les Hébreux que leurs fils ne pussent arriver aux honneurs ; ainsi Jephté, quoique né à Galaad d'une prostituée,
n'en fut pas moins, un des chefs les plus estimés des Israélites.

Les livres de Josué et des Juges attestent tout autre chose
que de l'aversion envers les prostituées.

Lorsque Josué envoya deux espions à Jéricho, ceux-ci
arrivèrent pendant la nuit chez une *femme publique*, nommée

Raabe et « y dormirent », dit la Bible. Cette femme qui, comme les autres de la même catégorie, demeurait sur les murailles de la ville, les aida à en sortir et à échapper aux poursuites du roi ; les espions lui promirent la vie sauve, pour elle et tous ceux qui se trouveraient sous son toit, lorsque Jéricho serait prise. Josué respecta les promesses faites à cette courtisane qui, dans le massacre, fut épargnée avec son père, sa mère et ses frères.

Dalila était une courtisane ; et sa trahison que les Philistins récompensèrent à prix d'or, prouve que ces femmes n'ont jamais été fidèles.

Gédéon aussi en possédait une, dont il eut un fils, outre les soixante-deux fils que ses femmes lui avaient donnés.

Sous le règne de Salomon, le culte de la prostitution était libre. Salomon adora Astarté, divinité des Sidoniens, Camos, dieu des Moabites, et Moloch, dieu des Ammonites ; il éleva des temples et des statues à ces divinités sur les montagnes situées en face de Jérusalem, et ses femmes et ses concubines en étaient les prêtresses.

Il y eut en effet, pendant le règne de Salomon, un grand nombre d'étrangères qui vivaient de prostitution ; les deux héroïnes même du fameux jugement de Salomon étaient des prostituées. Ces femmes étrangères, qui avaient pour ainsi dire le monopole de la prostitution, avaient pénétré dans l'intérieur de la ville et y pratiquaient leur industrie publiquement.

« Le miel coule des lèvres d'une courtisane, dit Salomon, sa bouche est plus douce que l'huile, mais elle laisse des traces plus amères que l'absinthe et plus cruelles que l'épée à deux tranchants.

« Par une fenêtre de ma maison, dit-il, les hommes me semblent bien petits. J'observe un jeune insensé qui traverse le carrefour et s'approche de la maison du coin, alors que le jour tombe dans le crépuscule de la nuit, au milieu du brouillard. Et voilà qu'une femme accourt vers lui, vêtue du costume des courtisanes, toujours prêtes à surprendre les esprits murmurants et vagabonds et tellement impatientes au repos que leurs pieds ne tiennent jamais à la maison ; mais tantôt sur la porte, tantôt sur les places, tantôt dans les coins des rues où elles tendent leurs embûches. »

Elle arrêta ce jeune homme, le baisa et lui sourit d'un air séduisant : « J'ai promis des offrandes aux dieux à cause de toi, lui dit-elle, aujourd'hui mes vœux doivent être exaucés. Et pour cela je suis sortie pour te chercher, désirant te voir, et je t'ai rencontré. J'ai tissé mon lit avec des cordes, je l'ai recouvert de tapis peints de l'Égypte, et je l'ai parfumé de myrrhe, d'aloès et de cinamone. Viens, plongeons-nous dans la volupté, jouissons de nos baisers ardents jusqu'à ce que le jour renaisse, car mon maître n'est pas à la maison ; il est allé en voyage bien loin : il a pris un sac d'argent et ne reviendra pas avant la pleine lune. » C'est ainsi, qu'elle allécha ce jeune homme et que par la force séduisante de ses lèvres elle finit par l'entraîner. Alors il la suivit comme le bœuf que l'on conduit à l'autel du sacrifice, comme l'agneau qui s'amuse sans savoir que l'on doit l'égorger et qui s'en aperçoit seulement lorsque le fer mortel lui perce le cœur ; ainsi l'oiseau se jette dans les filets sans savoir qu'il y perdra la vie. »

On voit ainsi que rien n'est nouveau dans le monde des filles.

2. *Grèce. — Prostitution sacrée.* — En Grèce, nous trouvons aussi, à l'origine, la prostitution sacrée très répandue.

Solon, avec les produits des dictérions qu'il avait fondés à Athènes, fit édifier un temple à la déesse de la prostitution en face de sa statue qui attirait autour de son piédestal une foule de prosélytes fidèles. Les courtisanes d'Athènes se montrèrent très empressées à ses fêtes, qui se renouvelaient le quatrième jour de chaque mois et pendant lesquelles elles ne pratiquaient leur métier qu'au profit de la Déesse.

Un autre temple semblable se trouvait à Thèbes en Béotie et à Mégalopolis en Arcadie. Le culte d'Aphrodite était le culte de la prostitution, ainsi que le prouvent les noms donnés à la Déesse.

On avait la Vénus *Pandemia* (populaire, de tous); la Vénus *Etairia* ou *Porné* (Hétaïre ou Prostituée); la Vénus *Peribasia*, en latin *Divaricatrix*, avec des allusions aux actes lascifs, ainsi que l'explique Saint Clément d'Alexandrie, *a divaricandis cruribus*. Il y avait aussi la Vénus *melaina* ou Noire, ou Déesse de la nuit amoureuse, dont les temples étaient environnés de bois impénétrables à la lumière du jour, dans lesquels on cherchait les aventures en tâtonnant; la Vénus *Mucheia* ou la Déesse des cachettes; la Vénus *Castiria* ou la divinité des accouplements impudiques; la Vénus *Scotia* ou ténébreuse; la Vénus *Darceto* ou vagabonde; la Vénus *Callipygia* ou aux belles fesses; la Vénus *Mechanitis* ou mécanique, dont les statues en bois avec les pieds, les mains et un masque de marbre, mus par des ressorts cachés, faisaient les gestes les plus obscènes.

Les courtisanes exerçaient quelquefois les fonctions de prêtresses dans les temples de Vénus et étaient admises comme auxiliaires pour augmenter les rentes de l'autel. Strabon assure que le temple de Vénus à Corinthe possédait plus de mille courtisanes consacrées par la dévotion des adorateurs.

C'était l'usage général en Grèce, de vouer à Vénus un certain nombre de jeunes filles pour se rendre la déesse propice. Xénophon de Corinthe, en partant pour les jeux Olympiques, promet à Vénus de lui vouer cinquante hétaïres si elle lui accorde la victoire. — « Oh! souveraine de Chypre (s'écrie Pindare dans l'ode qu'il a composée en honneur de cette offrande), Xénophon amène dans ton vaste bois une bande de cinquante belles filles. » Puis s'adressant à elles : « Oh! jeunes filles qui recevez tous les étrangers et leur donnez hospitalité, prêtresses de la déesse Pitho, dans la riche Corinthe, c'est vous qui, faisant brûler l'encens devant l'image de Vénus et invoquant la mère des amours, nous rendez dignes souvent de son aide céleste et nous procurez les doux moments dont nous jouissons sur les plumes voluptueuses où l'on cueille le tendre fruit de la beauté. »

Un vase grec, faisant partie de la fameuse collection Durand, représentait un temple de Vénus dans lequel une courtisane reçoit par l'entremise d'une esclave, les propositions d'un étranger couronné de myrte qui tient une bourse à la main.

Les fêtes d'Adonis étaient des orgies : dans l'antiquité, Adonis avait aussi une large part des offrandes de la prostitution. Les courtisanes de toute condition profitaient des fêtes d'Adonis, qui attiraient partout des étrangers, pour pratiquer leur industrie sous la protection du dieu, et à l'avantage du culte dans les bois environnants ses temples.

Prostitution civile. — Solon songea à procurer à l'Etat les mêmes bénéfices que la prostitution apportait aux temples, et par les mêmes moyens, en faisant servir la prostitution aux plaisirs de la jeunesse d'Athènes en même temps qu'à la sûreté des femmes honnêtes. Il fonda comme établissement d'utilité publique, un grand *dicterion*, dans lequel des esclaves achetées et entretenues par l'Etat prélevaient un tribut quotidien sur les vices de la population.

« Oh Solon ! s'écrie le poète Philémon, dans ses comédies, tu es devenu le bienfaiteur de la nation ; dans un tel établissement tu n'as vu que la santé et la tranquillité du peuple. »

« En plaçant dans certaines maisons destinées à cet usage les femmes que tu as achetées pour le besoin public et qui, par leur condition, sont obligées d'accorder leurs faveurs à ceux qui les payent, tu as prévenu des maux graves et des désordres inévitables ».

Le prix était le même pour tous les visiteurs et n'était pas très élevé ; Philémon le fait monter à une obole seulement, ce qui équivaudrait à trois sous et demi de notre monnaie.

Zénarcus, dans son *Pentathle*, et Eubulide, dans son *Parenchis*, nous représentent ces femmes debout et rangées dans ce sanctuaire obscène, n'ayant d'autre habillement que de longs voiles transparents à travers lesquels le regard pouvait aisément pénétrer. Quelques-unes, par un raffinement lascif, avaient le visage voilé, le sein serré dans des tissus fins qui en modelaient les formes et le reste de leur corps découvert.

Les *dicterions*, à quelque catégorie qu'ils appartinssent, jouissaient du privilège d'inviolabilité : ils étaient considérés comme lieux d'asile où le citoyen se trouvait sous la protection de l'hospitalité publique : personne n'avait droit d'y entrer pour y commettre des actes de violence.

Ce n'était pas une honte pour un citoyen, quel que fut son rang, de fréquenter les courtisanes. Un auteur comique latin, décrivant les mœurs d'Athènes, déclarait même nettement qu'un jeune homme devait les fréquenter pour achever son éducation : *Non est flagitium scortari hominem adolescentulum.*

Prostitution esthétique. — Les catégories des prostituées étaient diverses : quelques-unes marquent, pour la première fois, une nouvelle forme de prostitution, qui se renouvela en Italie en 1500, et en 1700 en France : la prostitution *esthétique* ou *littéraire*. Telles étaient les *aulétrides* ou joueuses d'instruments, qui avaient une existence plus libre et allaient pratiquer leur art dans les festins : surtout les *hétaïres* qui ne se vendaient pas, comme les dictériades, au premier venu, mais avaient leurs préférences et leurs antipathies ; et par leur talent, leur instruction et leur élégance exquise, pouvaient souvent se tenir au niveau des hommes les plus éminents de la Grèce.

On pourrait les diviser en deux classes distinctes qui faisaient entre elles des échanges réciproques . les *familières* et les *philosophes*. Ces deux classes formaient l'aristocratie des prostituées. Les *philosophes*, vivant dans la société des savants et des lettrés, apprenaient à en imiter le jargon et à se complaire dans leurs études ; les *familières*, moins instruites et moins pédantes, se recommandaient par leur esprit dont elles se servaient aussi pour maîtriser les hommes éminents qu'elles avaient attirés par leurs caresses et par leur réputation. Ainsi avec Ptolemée Philopator l'hétaïre Agatocle fut toute puissante en Égypte.

Mais toutes les courtisanes, quelle que fut leur condition, étaient considérées en Grèce comme dédiées au service public et sous l'absolue dépendance du peuple, car elles ne pouvaient sortir du territoire de la république sans en avoir demandé et obtenu la permission que souvent les archontes n'accordaient qu'avec des garanties qui devaient assurer leur retour.

Le commerce se faisait en public, tant la prostitution était considérée comme chose normale ; dès qu'un jeune Athénien avait remarqué une hétaïre, il en écrivait le nom sur le mur du Céramique en y ajoutant quelques épithètes flatteuses, ainsi que l'affirment Lucien, Alciphron et Aristophane.

La courtisane envoyait le matin son esclave voir les noms marqués : et lorsque le sien s'y trouvait, elle n'avait qu'à se tenir debout auprès de l'inscription pour signifier qu'elle était disposée à accepter.

« C'est à la porte du Céramique, dit Eschyle, que les courtisanes tiennent boutique. »

Lucien est encore plus explicite : « Au bout du Céramique, dit-il, à droite de la porte Dipile, il y a le grand marché des hétaïres. » Et souvent la marchandise se livrait de suite à l'ombre de quelque monument élevé à un grand citoyen mort en guerre.

Et si grande était l'importance de la prostitution dans la vie grecque, qu'elle avait créé une littérature spéciale : Callistrate avait rédigé l'*Histoire des Courtisanes*. Macon avait recueilli les mots les plus piquants des hétaïres célèbres.

Aristophane de Bysance, Apollodore et Gorgias contaient cent trente-cinq hétaïres qui avaient été renommées à Athènes et dont les faits pouvaient être transmis à la postérité. Celles qui avaient parmi leurs clients des généraux d'armée des magistrats, des prêtres et des philosophes ne dépendaient que de l'aréopage, mais les aulétrides et les dictériades étaient d'ordinaire déférées aux tribunaux subalternes.

Prostitution concubinaire. — Une classe spéciale de courtisanes, formant une sous-classe de la prostitution familière, était celle des concubines. Celles-ci faisaient partie essentielle du ménage des époux. Elles avaient leur fonction bien désignée et étaient en quelque sorte les substituées légales de la véritable épouse pendant les maladies, les accouchements et les autres empêchements. Leur existence s'écoulait silencieuse dans la maison; et elles vieillissaient ignorées dans les travaux manuels, bien qu'elles eussent donné des enfants à leurs maîtres.

3. *Rome.* — *Prostitution sacrée.* — A Rome aussi la prostitution fut l'objet d'un culte. Le temple le plus ancien semble avoir été celui de Vénus Cloacine, autour duquel accouraient tous les soirs les courtisanes, pour y chercher fortune, et réservaient une partie de leur salaire pour l'offrir à la déesse.

A Rome et dans les provinces, aux obscènes fêtes priapiques, prenaient part les courtisanes et les femmes honnêtes. Le voile seul distinguait ces dernières; souvent les couronnes ou guirlandes n'étaient pas mises sur la tête du dieu, mais suspendues à son pénis. *Cingemus tibi mentulam coronis*, s'écrie un des poètes des Priapes.

D'un autre côté ce culte comprenait celui du dieu Mutinus, Mutunus ou Tutunus, qui ne différait du Priape que par l'attitude: au lieu d'être debout, il était assis. Par son culte on perpétuait à Rome la forme la plus ancienne de la prostitution sacrée.

Les jeunes mariées étaient amenées devant l'idole, avant
d'aller chez leur mari, et s'asseyaient sur ses genoux comme
pour lui offrir leur virginité. *In celebratione nuptiarum*, dit
saint Augustin, *supra Priapi scapum nova nupta sedere ju-
bebatur*. Lactance semble indiquer qu'elles ne se contentaient
pas seulement d'occuper ce siège. *Et Mutinus*, écrit-il, *in
c...us sinu pudendæ nubentes præsident ut illarum pudicitiam
prior deus delibasse videatur*. Cette *libation*, en somme, de la
virginité était quelquefois un acte réel.

Une fois mariées, les femmes qui voulaient vaincre la stérilité, retournaient visiter le dieu, qui les recevait encore sur
ses genoux et les rendait fécondes.

Pertunde, que saint Augustin préférait appeler le dieu Pre-
tonde (qui bat le premier), était porté dans le lit nuptial et, suivant Arnobe, il y jouait quelquefois un rôle aussi délicat
que celui du mari : *Pertunda in cubiculis præsto est virgi-
nalem scrobem effondientibus maritis*.

C'était encore un reste de la prostitution sacrée ; bien que
la déesse ne reçut pas en sacrifice la virginité de l'épousée,
elle aidait l'époux à l'immoler.

Le culte d'Isis, même aux temps plus civilisés, n'était qu'une
forme de prostitution. Le temple et les jardins servaient d'asile
aux adultères déguisées sous des robes et des voiles de lin ;
les prêtres leur servaient d'entremetteurs, se chargeant de
toutes les négociations amoureuses, de la correspondance,
des rendez-vous, des trafics et des séductions.

Prostitution civile. — L'immense diffusion de la prostitution civile à Rome est prouvée par la synonymie, si abondante, qu'elle a même fait croire à une subdivision des prostituées en castes bien plus nombreuses qu'elles ne l'étaient
en réalité, quoiqu'elles surpassassent les nôtres :

Les *alicariæ* ou les *boulangères* étaient des filles publiques
qui fréquentaient les boulangers, surtout ceux qui vendaient
certaines galettes de fleur de farine, sans sel et sans levain,

destinées aux offrandes de Vénus, d'Isis, de Priape et d'autres dieux ou déesses ; ces galettes appelées *coliphia* et *siligines* représentaient les organes sexuels de la femme et de l'homme.

Les *bustuariœ* erraient la nuit autour des tombeaux (*busta*), des buchers, et remplissaient parfois les fonctions de pleureuses des morts.

Les *casalides* ou *casorides* ou *casoritœ* étaient des prostituées demeurant dans des huttes (*casœ*), de là leur nom ; ce nom signifiait aussi en grec la même chose, ou κατωρις. Les *copœ* ou *tavernaie* étaient les femmes des tavernes et des hôtelleries. Les *diobolares* ou *diobolœ* étaient de vieilles femmes flétries qui ne demandaient que deux oboles, ainsi que le dit leur nom. — Plaute, dans son *Pénulo*, dit que la prostitution des diobolaires ne profitait qu'aux esclaves infimes ou aux hommes les plus vils *(servulorum sordidulorum scorta diobolaria)*.

Les *forariœ* ou *foraines* étaient des filles venues de la campagne pour se prostituer en ville.

Les *famosœ* étaient des patriciennes, mères de famille et matrones, qui ne rougissaient pas de se prostituer dans les lupanars, pour satisfaire des passions inavouables, et pour acquérir un pécule ignoble, dépensé ensuite en sacrifices aux divinités chéries.

Les *junicœ* ou *vitellœ* et les *juvencœ* devaient ce nom à leur embonpoint.

Les *noctilucœ* rodaient aussi la nuit comme les *noctuvigiles* ou veilleurs de nuit.

Les femmes publiques avaient encore d'autres noms qui les comprenaient toutes également : *mulieres* ou femmes ; *pallacœ* du grec παλλαχυ ; *pellice* en souvenir des bacchantes qui avaient des tuniques en peaux de tigres ; *prosedœ*, parce qu'elles attendaient, assises, que quelqu'un les appelât.

Elles étaient nommées surtout *peregrinœ* ou étrangères,

comme elles le sont toujours dans les livres juifs, parce qu'elles vinrent, pour la plupart, de toutes les contrées, pour se vendre à Rome ; elle portaient encore un nom qui fut conservé dans tous les langages populaires : *putæ*.

Vagæ ou *circulatrices* étaient des prostituées errantes ; *ambulatrices* celles qui se promenaient; *scorta* les plus abjectes, les *peaux* comme il convient de traduire ce mot injurieux ; quant aux *scorta devia*, elles attendaient les amateurs chez elles, mais se plaçaient à leur fenêtre pour les appeler. Toutes étaient également injuriées lorsqu'on les nommait *scrantiæ*, *scraptæ* ou *scratiæ* mots que nous sommes forcés de traduire par *pots de chambre* ou *chaises percées*, expression que l'on retrouve en milanais (*seggiona*).

Elles étaient aussi appelées *suburranées* ou filles du faubourg, parce que la Suburra, faubourg de Rome, près de la *Via Sacra*, était habitée seulement, par des voleurs et des femmes perdues. Enfin, les *Schœniculæ* qui se vendaient aux soldats et aux esclaves, portaient des ceintures en joncs ou en paille (σχοῖνος), pour indiquer qu'elles étaient toujours occupées.

Les *Naniæ* étaient des naines ou fillettes qui se formaient dès l'âge de six ans à l'infâme métier.

La prostitution à Rome se pratiquait partout, dans les rues, dans les temples et dans les théâtres.

Salvien disait des orgies populaires : « On offre un culte à Minerve dans les gymnases ; à Vénus dans les Théâtres » ; et ailleurs : « Tout ce qu'il y a de plus obscène est pratiqué dans les théâtres ; ce qu'il y a de plus désordonné, dans les palestres.» Isidore de Séville, dans ses *Étymologies*, va plus loin ; il dit que théâtre est synonyme de prostitution, parce que là même, les jeux terminés, les courtisanes se prostituaient en public.

Il existait aussi à Rome une prostitution qui ne dépendait certainement pas des édiles et que l'on pourrait nommer es-

thétique et *opulente*, celle que la langue latine qualifiait de *bona*. Les femmes qui s'y prêtaient étaient aussi appelées *bonnes courtisanes* pour indiquer la perfection du genre : ces courtisanes, en effet, n'avaient aucune analogie avec les autres malheureuses, car elles avaient presque toutes des amants privilégiés, *amasii* ou *amis* et pourraient être comparées aux cocottes de notre temps et aux hétaïres grecques. Comme les hétaïres de la Grèce, elles exerçaient à Rome une influence très grande sur les modes, sur les arts, sur les mœurs, sur la littérature, et en général, sur le monde patricien.

Ces courtisanes à la mode paraissaient dans les rues, aux promenades, au cirque, aux théâtres, environnées d'une foule d'amants. Parfois elles se faisaient porter par de robustes Abyssiniens dans des litières où elles gisaient à demi-nues, ayant un miroir d'argent à la main et chargées de bracelets, de pierres précieuses, de boucles d'oreille, de diadèmes et d'épingles d'or : à leurs côtés des esclaves rafraichissaient l'air avec de grands éventails en plumes de paon.

Devant et derrière les litières, marchaient des eunuques et des enfants, des joueurs de flûte et des nains bouffons qui fermaient le cortège.

Quelquefois assises, ou debout dans des carrosses légers, elles dirigeaient elles-mêmes les chevaux, s'efforçant de se dépasser les unes les autres.

Les moins riches, les moins ambitieuses, les moins turbulantes allaient à pied, parées d'étoffes madrées ; les autres portaient des parasols, des miroirs, des éventails, lorsqu'elles n'étaient pas accompagnées par des esclaves ou, au moins, d'une servante.

4. *Moyen-âge. Prostitution sacrée.* — Nous trouvons au moyen-âge, comme chez les peuples sauvages, la prostitution sacrée dans une quantité de sectes chrétiennes qui prêchaient la communauté des femmes.

Les premiers Nicolaïtes prêchaient par leur exemple l'ou-

bli de toute pudeur sexuelle et soutenaient que les voluptés
les plus illicites étaient bonnes et saintes, attendu que le Fils
de Dieu aurait pu les éprouver en habitant un corps sensible.
Sans abandonner leurs pratiques obscènes, ils formèrent
en union avec les Gnostiques de nouvelles sectes sous les
noms de *fibionites, stratiotiques, lévitiques, barborites*, qui
avaient toutes le même but, c'est-à-dire le contentement des
appétits charnels. Elles continuèrent secrètement jusqu'au
XIIᵉ siècle.

Carpocrate fonda une secte qui considérait la pudeur comme une offense à la divinité. Son fils Epiphane eut le temps
d'achever le système de son père en décrétant que les femmes
seraient communes chez les Carpocratiens, et qu'aucune
n'aurait le droit de refuser ses faveurs à quiconque les de-
manderaient en vertu du droit naturel.

Les Adamites furent institués par un certain Prodicus qui
avait été Carpocratien et qui n'approuvait pas le secret im-
posé par Carpocrate au coït. Suivant lui, ce qui était bien à
la faveur de la nuit, ne pouvait être mal à la lumière du jour.

On appela Picards ceux qui suivirent Picard, chef d'une
autre secte érotique. Lorsqu'un de ceux-ci désirait une des
compagnes, il la conduisait au maître ou chef et formulait ainsi
sa demande : « Mon esprit s'est échauffé pour celle-ci. » Le
maître donnait sa réponse en ces termes : « Allez, croissez et
multipliez. » Ils se réfugièrent en Bohême chez les Hussites
qui les exterminèrent jusqu'au dernier, sans avoir pitié des
femmes qui étaient presque toutes enceintes et refusaient
obstinément de se vêtir en prison, où elles accouchaient en
riant et chantant des chansons obscènes. (V. Bayle, *Dictionnaire historique*, au mot *Picards*.)

Il ne paraîtrait pas possible d'aller plus loin ; cependant,
en 1373, les Picards ressuscitèrent en France sous le nom de
Turlupins, qui non seulement allaient nus comme les Picards, mais à l'exemple des Cyniques grecs, « faisaient publiquement œuvre de chair en plein jour, devant tout le

monde ». Ce sont les termes de Bayle, qui rapporte un passage d'un discours du chancelier Gerson : « *Cynicorum philosophorum more omnia serenda publicitus nudata gestabant et in publice velut jumenta coïbant instar canum in nuditate et exercitio membrorum pudendorum degentes* ».

Nous trouvons d'autres vestiges de l'ancienne prostitution sacrée dans le catholicisme : tel que le culte spécial que l'on rendait en divers lieux aux saints Paternus, René, Progetus, Gilles, Rinaldi, Guignolet, etc. Ce dernier avait hérité de tous les attributs de Priape et existait en France avant la Révolution de 1789, comme le dernier symptôme de la prostitution sacrée.

Au sanctuaire d'Oropa existe encore un rocher phallique sur lequel les femmes d'aujourd'hui appuient le dos pour devenir fécondes.

Nous lisons en effet, dans les *Anecdotes relatives à la Révolution*, d'Arnaud de la Meuse : « Au fond du port de Brest, en remontant la rivière, au-delà des forts, il y avait une chapelle — non loin d'une fontaine et d'un bosquet qui couvrait la colline — avec une statue en pierre de saint Guignolet, ayant tous les attributs priapiques. Jusqu'au siècle dernier, les femmes stériles se rendaient à cette chapelle et après avoir frotté ou raclé le pénis de la statue et en avoir bu dans un verre d'eau, un peu de la poussière, s'en retournaient chez elles pleines d'espoir d'être fécondes. »

Il y avait aussi une autre de ces statues dans l'Abbaye de Landevenec, dans l'ancienne *Lauda Veneris*, à trois milles de Brest, où existait anciennement un temple ou *fanum* dédié à Vénus. Il était très renommé surtout chez les navigateurs bretons qui revenant de longs voyages maritimes, ne manquaient jamais de s'y rendre pour sacrifier à la déesse et lui recommander la fécondité de leurs femmes.

La statue de saint Guignolet à Montreuil était même plus indécente que celle de Brest. Dulaure décrit cette statue, qui était encore adorée en 1779. Elle représentait le saint tout nu, gisant sur le dos avec un membre monstrueux. Ce membre était postiche et, à mesure que les femmes, en le râclant, le faisaient diminuer, on le repoussait par derrière.

Les mêmes faits se répètent dans les vallées de la Basilicate, des Abruzzes et au sanctuaire de Oropa en Piémont.

Prostitution hospitalière. — Une des coutumes d'hospitalité au Moyen-Age, reproduisant les habitudes sauvages, était celle de « garnir la couche » d'un chevalier logé au château. Lacurne de Sainte-Palaye, à propos de cette coutume barbare, rapporte un extrait très curieux d'une nouvelle (*Manuscript du Roi*, n° 7615, feuille 210), dans laquelle une châtelaine ayant donné l'hospitalité à un chevalier ne veut pas se coucher avant d'avoir envoyé une dame lui tenir compagnie au lit.

Prostitution concubinaire. — Les concubinages au Moyen-Age n'étaient pas consacrés par la bénédiction religieuse ; ils se faisaient par le sou et l'argent que la femme recevait comme symbole du contrat nuptial.

Après avoir reçu d'un homme le sou et l'argent, la femme se considérait comme vendue à cet homme et ne s'appartenait plus jusqu'à ce que les chaînes de ce servage fussent rompues par le divorce ou par la mort.

Prostitution civile. — L'abbé, l'évêque, le baron, le seigneur feudataire pouvaient avoir chez eux une espèce de harem ou bordel entretenu aux frais de leurs vassaux.

Comme aujourd'hui les cafés chantants, les puits étaient alors les lieux de rendez-vous des courtisanes dans les cours des miracles où elles habitaient, ou bien dans les rues où avaient lieu leurs marchés.

Si l'on passait en revue tous les puits qui ont joué un rôle dans l'histoire de la prostitution, on en trouverait un pour chaque ville ; ce qui prouve que le *putagium*, au moyen-âge, était presque inséparable des **puits communs**, aujourd'hui à peu près disparus. C'est pourquoi on a fait dériver le mot *putagium* de *puteus* (Dufour) ; nous croyons pourtant bien plus probable qu'il vient de *puella* seulement pris dans une acception spéciale, comme la *fille* en français : car le mot *putain*, suivant Littré, au XIIe siècle, ne signifiait que *jeune fille*.

Dans les grandes villes, le bordel se logeait dans les maisons privées et jusque dans les édifices publics.

Jacques de Vitry, vers la fin du XIIe siècle, décrit ainsi la prostitution dans le quartier de l'Université à Paris : « Dans la même maison logent au premier étage les professeurs qui font école, au-dessous les femmes publiques qui exercent leur métier. Pendant que d'un côtés celles-ci disputent entr'elles ou avec leurs amants, de l'autre s'élèvent les discussions savantes et les argumentations des écoliers. »

Louis IX se révéla vertueux, mais naïf, en cherchant à supprimer la prostitution dans son royaume. L'ordonnance de 1254, par laquelle il prononçait le bannissement général des femmes publiques ne fut pas exécutée avec rigueur, car elle allait contre la nature des choses.

On ne tarda pas à reconnaître que la prostitution légale avait moins d'inconvénients que la prostitution cachée ; il en naquit la conviction que l'on ne pourrait jamais la bannir, car en la forçant à changer de noms et de formes on ne faisait que lui donner un nouvel essor.

Pendant le court délai, dans lequel la prostitution fut obligée de se cacher, les tavernes prirent la place des bordels : et ceux-ci devinrent des tavernes quand ils furent rétablis par une ordonnance du même roi qui les avait fermés. Suivant Delamare, ce fut pendant l'interrègne de la prostitution légale que l'on commença à donner aux femmes publiques des noms odieux qui marquaient leur ignominie.

Peu après, sous le règne de Philippe-Auguste, le mot *ribaldus* (ribaud) entra dans la langue vulgaire avec une signification déshonnête. On désignait d'abord par ce nom la foule qui suivait l'*ost* ou chevauchée du roi, sans spécification de sexe, vivant de prostitution, de vols, de jeu et d'aumône.

Cette foule s'accrût prodigieusement sous le prétexte des croisades ; dans une armée, le nombre des goujats ou serfs qui suivaient la cour pouvait être supérieur à celui des soldats. Parmi ces goujats, toujours prêts au pillage, se trouvaient des femmes qui couvraient leur lascivité sous l'oriflamme du roi et les bannières de ses vassaux.

Philippe-Auguste s'avisa de tourner à son profit un mal nécessaire : au lieu de se débarrasser de la ribauderie par les menaces et les supplices, il l'organisa en un corps ayant son règlement. En effet, une ordonnance de la commune de Cambrai définit ainsi les priviléges du roi des Ribauds : « Ledit roi doit avoir, prendre ou recevoir sur chaque femme qui s'accouple charnellement avec un homme, soit qu'il tienne ou ne tienne pas maison dans la ville, cinq sous pour une fois. » Item, sur toutes les femmes qui entrent dans la ville et sortent de l'ordonnance pour la première fois, deux sous tournois ; Item sur la femme qui change de logis ou sort de la ville, douze deniers, etc. »

Dans chaque bordel il y avait un Roi des Ribauds élu dans ces lieux, et cette espèce de garde chargée d'y maintenir l'ordre n'était qu'une petite caricature du Roi des Ribauds du palais royal.

Temps modernes.—*Prostitution de Cour.*—Si nous en croyons Brantôme, François Ier voulut supprimer la bande indécente et dangereuse des femmes que ses prédécesseurs entraînaient à leur suite, et que le Roi des Ribauds devait pourvoir de logement, surveiller et gouverner. C'est vers cette époque que le Roi des Ribauds fut remplacé par une « dame des femmes de plaisir, qui suivaient la Cour », charge très délicate, qui laissa des traces jusqu'au règne de Charles IX.

Voici ce que disait à Brantôme un grand prince qui n'était pas assez corrompu pour nier les conséquences funestes de cette démoralisation de la noblesse : « Si la débauche n'eut existé que parmi les dames de la Cour, le mal eut été circonscrit ; mais elle s'étendait aux autres Françaises, qui, se conformant dans leurs vêtements et leur manière de vivre, aux habitudes des dames de la Cour, voulaient aussi les imiter dans leurs lascivetés et disaient : A la Cour on s'habille, on danse, on se réjouit ainsi.

C'est de là que naquit l'étymologie, hélas ! si peu élogieuse pour la monarchie, du mot *courtisane*.

François Ier avait transformé sa Cour en une sorte de Harem, où il ne voyait pas de mauvais œil les gentilshommes partager avec lui les faveurs des dames, leur donnant de son côté des leçons et des exemples de libertinage, ne rougissant même pas à l'occasion de se montrer complice d'amours illégitimes : « Sous son règne, dit Sauval, celui qui n'avait pas d'amie était mal vu à la Cour ; car il n'y avait pas de gentilhomme dont le roi ne désirât connaître le nom de la dame. »

Les dames étaient logées à la cour : « Le roi, dit encore Sauval, avait les clefs de leurs appartements, il y entrait à toute heure de la nuit, sans frapper ni faire du bruit. Lorsque les dames, par pudeur, refusaient cette sorte d'appartements que le roi leur offrait au Louvre, aux Tournelles, à Meudon ou ailleurs, si leurs maris occupaient des charges ou des emplois dans le gouvernement, ils étaient condamnés à mort à la première accusation de la plus petite concussion ou de tout autre crime semblable, à moins que leurs femmes ne rachetassent leur vie au prix de leur honneur. »

Mézeray, dans son *Histoire de France*, trace un tableau saisissant de cette corruption qui, dit-il, commença sous le règne de François Ier, devint presque universelle, sous celui de Henri II, et arriva au dernier degré de débordement sous Charles IX et sous Henri III.

C'est ainsi, écrit Brantôme, qu'une dame écossaise de haut rang, nommée Hamier, qui avait eu un fils naturel de Henri II, disait : « J'ai fait ce que j'ai pu et maintenant je me

16

trouve heureusement enceinte des œuvres du roi, ce dont
je me tiens très honorée et favorisée; lorsque je pense que le
sang royal a, je ne sais quoi, de plus suave et de plus doux
que l'autre sang, je me trouve très contente, sans compter
les beaux avantages que j'en retire. » Brantôme ajoute:
« Cette dame, ainsi que d'autres que j'ai entendu parler, avaient
cette opinion que, coucher avec son prince, n'avait rien d'in-
famant : que l'on peut appeler femmes publiques, seulement
celles qui se livrent aux gens de peu, mais non les femmes
qui s'abandonnent aux grands rois et aux gentilshommes. »

Brantôme en fait dire autant à un grand personnage, qui
causait sur le même sujet, en défendant une grande princesse connue pour être très ardente à satisfaire tout le
monde : il déclare « que les dames bourgeoises seules doivent
être constantes et immuables comme les étoiles fixes ; et que
lorsqu'elles s'avisent de changer en amour, elles sont justement punissables et doivent être classées parmi les courtisanes de bordel. »

Après cette théorie, on ne peut être surpris qu'une dame
de cour enviât la liberté des femmes publiques de Venise.
Brantôme, qui rapporte ce fait, ajoute: *Voilà un désir agréable
et bon!*

Si le sérail de Henri II, écrit Sauval, n'était pas aussi grand
que celui de François Ier, sa cour ne fut pourtant pas moins
corrompue.

Les mémoires de Brantôme ont été écrits spécialement pour
nous faire connaître cette corruption, qui était si grande
qu'elle ne pourrait être dépassée.

Il faudrait citer tout son livre des *Femmes galantes.*

« Pendant que les veuves et les femmes s'occupaient si
étrangement de l'amour (dit Sauval, qui répète les histoires
de Brantôme avec la décence que comporte le sujet), les jeunes
filles de leur côté en faisaient autant : les unes à front découvert et sans honte, les autres plus scrupuleuses, se ma-

riaient avec le premier venu pour pouvoir s'amuser ensuite à leur gré. »

Mais ce n'étaient que de petites fautes en comparaison des incestes qui, suivant lui, étaient très fréquents dans les familles des nobles où le père ne mariait jamais sa fille avant de l'avoir déshonorée :

« J'ai entendu parler le plus tranquillement du monde, d'incestes pratiqués par des pères envers leurs filles et surtout par un d'eux très haut placé dans la société, sans en avoir plus de conscience que le coq de la fable d'Esope. »

Après ces infamies, on peut appeler innocente cette « fille honnête » qui disait à un serviteur : Attends jusqu'à ce que je sois mariée et tu verras comment sous le voile du mariage, qui cache tout, nous passerons agréablement notre temps !

Quant aux effrontées, dit Sauval, les unes se rassasiaient de volupté avant le mariage, les autres avaient l'adresse de s'amuser en présence de leurs gouvernantes et même de leurs mères, sans être aperçues.

Sauval ajoute qu'à Fontainebleau, les chambres, les salles et les galeries étaient toutes encombrées de tableaux érotiques ; et que la reine Anne d'Autriche en fit brûler pour plus de cent mille écus, lorsqu'elle devint régente (1643).

A l'exemple des hommes qui avaient trouvé le moyen de passer pour femmes, les femmes trouvèrent le moyen de passer pour des hommes. Alors une grande princesse aimait une de ses suivantes parce qu'elle était hermaphrodite. Paris et la Cour avaient beaucoup de femmes lesbiennes, qui étaient d'autant plus chères à leurs maris, qu'ils vivaient avec elles sans jalousie.

« D'autres s'enflammaient avec leurs adorateurs sans vouloir les contenter ; elles se calmaient, ou mieux s'abrutissaient avec leurs compagnes. Enfin cette vie plût tant à quelques-unes qu'elles ne voulurent plus se marier ni permettre à leurs compagnes de se laisser marier. (*Amours des rois de France*, p. 115, édition française in-12 de 1739. »

Marguerite de Valois ajouta à l'inceste avec son frère Charles IX l'inceste avec ses autres frères cadets, dont l'un, François, duc d'Alençon, le continua pendant toute sa vie et cela sans scandale : tout au plus cette conduite donna-t-elle lieu à quelques épigrammes et à quelques chansons. Charles IX connaissait trop bien Margot, pour ne pas l'avoir jugée ainsi que la juge le *Divorce satirique* : « Tout est indifférent à ses voluptés : elle n'a égard ni à l'âge, ni à la grandeur, ni à la naissance, pourvu qu'elle contente ses appétits : depuis l'âge de douze ans jusqu'à présent, elle ne s'est jamais refusée à personne. »

Catherine de Médicis n'était pas de mœurs plus sévères. On peut en juger par le banquet qu'elle donna au roi, en 1577, dans le jardin du château de Chenonceaux, « où les plus belles et honnêtes dames de la cour, dit le *Journal de l'Estoile*, demi-nues, les cheveux épars à la manière des épouses, furent employées à faire le service. »

On ne doit donc pas s'étonner si les dames les plus distinguées étaient « cent fois plus lascives et plus désordonnées dans leurs langages que les femmes communes » qui s'entortillaient les poils du pubis avec des cordons et des rubans de soie cramoisie, ou d'autre couleur, comme hommage à leurs divers amants.

Nous ne sommes plus surpris, après cela, non plus de l'étymologie du mot *Courtisane*. (*V. supra.*)

Prostitution politique. — Le dévergondage de la Cour finit par se répandre et par acquérir une importance politique, même en dehors des intrigues de la Cour.

Avant ce règne, dit Mezeray dans son *Précis chronologique de l'histoire de France*, c'étaient les hommes qui, par leur exemple et leurs discours attiraient les femmes dans la galanterie ; mais dès que les amours jouèrent le plus grand rôle dans les intrigues et les mystères de l'État, les femmes dépassèrent les hommes.

Voilà, sans doute expliqué le changement de stratégie galante que Catherine de Médicis enseigna avec tant d'utilité pour sa Politique aux dames et aux jeunes filles qui composaient « l'escadron volant de la reine. »

Celui-ci comptait deux ou trois cents femmes qui vivaient ensemble sans se quitter ni le jour ni la nuit.

Les femmes les plus galantes, les héroïnes les plus jolies dirigeaient les cohortes de la Fronde, séduisaient les capitaines et les soldats par leurs charmes et leurs propos d'amour.

Madame de Bouillon travaillait à Paris ; la princesse de Condé — la nièce méprisée de Richelieu, qui entra dans la couche du mari, par ordre du ministre, et eut un fils par la volonté absolue de son oncle — courait à Bordeaux et y appelait le peuple aux armes. Madame de Montbrizon recrutait des soldats parmi les hommes de robe et d'épée, parmi les magistrats et les chevaliers; les femmes des conseillers du Parlement trouvaient des adhérents à la Fronde parmi les gens du barreau, les marchandes parmi les garçons de boutique, les femmes du peuple parmi la plèbe. Toutes se prostituaient avec la plus grande facilité, les nobles dans les salons dorés, les bourgeoises dans les maisons moins fastueuses, les femmes du peuple dans les carrefours et les tavernes.

Prostitution esthétique. — Au XVIᵉ siècle, nous trouvons en Italie une prostitution esthétique qui, ainsi que le remarque M. Graf (1), reproduit en grande partie l'hétaïrisme grec. On distinguait ces prostituées de celles plus viles par l'appellation de *meretrices honestæ* ; elles étaient, en général, assez instruites, fréquentaient la plus haute société et étaient recherchées par les artistes, les hommes politiques, les prélats, les princes, etc. « La célèbre Imperia, écrit Graf, avait appris à composer des rimes vulgaires de Niccolo Campano, nommé « le Strascino », et pouvait lire, paraît-il, les auteurs latins. Lucrèce, surnommée

(1) *Attraverso il Cinquecento.* Turin, 1888.

« Madrema ne veut pas », savait reprendre quiconque ne parlait pas suivant la bonne règle. Un certain *Ludovico*, qui faisait profession de fréquenter les courtisanes, dit d'elle dans un des *Ragionamenti* de Pierre l'Arétin : « On la dirait un Tullius : elle sait par cœur tout Pétrarque et Boccace et d'innombrables vers latins de Virgile, d'Horace, d'Ovide et de plusieurs autres auteurs. » Lucrèce Squarcia, vénitienne, nommée dans une certaine *Tariffa*, se montrait souvent avec les livres de Pétrarque, de Virgile, ou d'Homère à la main : parfois elle discutait sur la langue toscane. Tullie d'Aragon et Véronique Franco sont honorablement nommées dans les histoires littéraires. Camille Pisana avait composé un livre et l'avait fait corriger par François del Nero. Les lettres imprimées, que l'on a d'elle, sont d'un style un peu maniéré, mais non dépourvues d'élégance, avec des latinismes fréquents et même des phrases latines entières.

Parlant de la célèbre Isabelle de Luna, espagnole qui avait beaucoup voyagé et suivi la Cour de l'Empereur en Allemagne et en Flandre, Baudello dit qu'à Rome on la citait comme la femme la plus avisée et la plus rusée qui eut jamais existé.

Non seulement les chevaliers et les lettrés ne cachaient pas leurs amours avec les courtisanes les plus connues, mais ils s'en vantaient et chacun s'efforçait de supplanter ses rivaux. Jean de Médicis, le fameux capitaine, faisait enlever par la force, comme une autre Hélène, Lucrèce, *Madrema ne veut pas*, à Jean *della Stufa*, qui l'emmenait à la foire de Recanati. En 1531, à Florence, six chevaliers se déclarèrent prêts à soutenir les armes à la main, contre n'importe qui qu'il n'y avait pas au monde une femme de plus grand mérite que Tullie d'Aragon. Lorsque les Aspasies les plus illustres se déplaçaient, on eut dit autant de reines. Les ambassadeurs donnaient avis de leur départ et de leur arrivée.

Synthèse. — A l'origine de l'évolution humaine, la pudeur est tout à fait inconnue ; la plus grande liberté des rapports

sexuels est la règle générale : même là où l'absolue promiscuité n'existe pas, le mariage n'est pas un frein, mais bien
souvent un aiguillon à la prostitution : on voit le mari trafi-
quer des faveurs de sa femme ou la prêter spontanément, etc.

Des périodes où la prostitution est la condition normale
des rapports sexuels, on passe à celles où elle n'est plus qu'une
survivance plus ou moins transformée.

La femme, en effet, qui devait d'abord céder à tous les
hommes de la tribu, ne se donne plus qu'au chef politique
ou religieux (*jus primæ noctis*, moyen-âge, défloraison sacrée au Cambodge); et au lieu de s'abandonner à tous et en
tous temps, elle ne se prostitue plus qu'à certaines époques
de l'année et à l'occasion de certaines fêtes. Parfois la prostitution s'atténue autrement. Ainsi pendant que la jeune fille
est libre dans ses mœurs, la femme mariée est contrainte à
la chasteté, ou bien elle doit, pendant un certain temps, rester fidèle à son mari ; mais quelques jours de liberté lui sont
concédés, pendant lesquels elle peut retourner à la promiscuité primitive. Dans d'autres cas, la prostitution se conserve
dans la tradition des devoirs hospitaliers et la femme, devenue la possession d'un seul homme, doit encore se donner
à son hôte ; ou, comme pour le cannibalisme qui revient dans
les usages juridiques, la femme adultère est punie par la
soumission aux usages anciens, encore agréables aux partisans de l'antique promiscuité. Dans tous les cas, la religion qui
cherche sans cesse à conserver le passé, sanctifie aussi la
prostitution et la fait revivre dans certaines occasions comme
elle fit revivre et conserva le cannibalisme depuis longtemps
passé des mœurs d'un peuple : ce qui prouve qu'elle dût être,
à une époque, un élément important de la vie sociale.

Dans une troisième période, la prostitution disparaît également comme survivance, et n'est plus qu'un phénomène
morbide et rétrograde d'une certaine classe : mais dans cette
déchéance de la condition normale à la condition morbide,
à travers l'état de survivance, apparaît comme une brillante

exception, le phénomène de cette prostitution esthétique qui devient un élément vital et créateur.

Ainsi au Japon et dans l'Inde, presque toutes les prostituées cultivent un certain nombre d'arts géniaux, tels que la danse, le chant, et constituent une classe privilégiée.

En Grèce, pendant un certain temps, la fleur de la génialité se groupe autour de l'hétaïrisme et le considère comme un énergique stimulant de l'activité intellectuelle et politique : Phénomène qui se renouvela en Italie au xvie siècle presque sous la même forme et qui ne fut pas sans une grande influence sur le développement de l'énergie intellectuelle de cette époque, énergie qui, chez les peuples comme chez les individus, s'allie à la plus grande sexualité.

Ajoutons, avec Graf, que plusieurs des conditions qui favorisèrent l'apparition de l'hétaïrisme se retrouvent en Italie au xvie siècle et provoquent les mêmes effets. « Les contemporains de Périclès et d'Alcibiade étaient épris de toutes les beautés. Or la beauté de la femme, la plus chère entre toutes à l'homme, ne peut lui procurer une libre et complète jouissance que chez l'hétaïre ; c'est pourquoi l'Aréopage ordonne où permet à Aspasie enceinte et menacée dans sa beauté sculpturale de conjurer le péril par une prévoyante chûte. »

Les Italiens du xvie siècle sont, eux aussi, assoiffés de beauté et il nous reste de ce siècle de nombreux ouvrages ou la beauté féminine est décrite, analysée et amoureusement recherchée dans ses causes et dans ses lois.

En Grèce, au temps de Périclès et d'Alcibiade, le mariage commence à tomber en discrédit. Au xvie siècle, en Italie, beaucoup l'ont en dédain et le tournent en dérision, et les lettrés partagent presque tous cet avis de l'Aretin : « que la femme est un poids qu'il faut laisser aux épaules de l'Atlante. »

Si maintenant le célibat en général tend à produire la prostituée, le célibat des personnes instruites, des lettrés et des artistes tend à faire naître l'hétaïre et la courtisane » (Graf, op. cit).

IIIᵉ PARTIE

ANATOMIE PATHOLOGIQUE ET ANTHROPOMÉTRIQUE

DE LA FEMME CRIMINELLE ET DE LA PROSTITUÉE

CHAPITRE PREMIER

Crâne.

Lorsqu'un de nous, il y a 30 ans, commença ces études, il voyait dans l'anthropométrie cranienne, appliquée à l'étude des délinquants, la planche de salut contre la métaphysique et contre l'apriorisme dominant dans toutes les recherches sur l'homme; il y voyait non seulement l'ébauche, mais le squelette de la nouvelle figure humaine qu'il essayait de créer. Mais comme cela arrive souvent, les exagérations pratiques auxquelles on s'est livré lui ont montré la vanité de ses espérances et le danger énorme de sa trop grande confiance.

Toutes nos dissensions, en effet, avec certains anthropologistes modernes, qui ne sont en somme que des anthropométristes, proviennent justement de ce que la différence des mensurations craniennes entre l'homme criminel et l'homme

normal, est si peu sensible, qu'à moins d'une recherche minu-
tieuse on ne peut la constater. Un de nous l'avait noté dès la
2me, et mieux encore, dès la 3me édition de l'*Homme Criminel;*
mais il s'en assura davantage lorsqu'il vit reproduit dans une
étude de Zampa sur quatre crânes (1) des assassins de Ra-
venne, tous les chiffres d'une moyenne de 10 Ravennates
communs. Et pourtant, même dans ce cas, l'examen anatomo-
pathologique nous révélait 33 anomalies sur des crânes dont
la mensuration ne démontrait pas de différences remarquables; les recherches métriques, en attendant, avaient distrait
les savants des recherches anatomo-pathologiques et les
avaient étourdiment poussés à conclure à leur absence.

C'est pour les mêmes causes que MM. Topinard et Manouvrier
trouvant les différences anthropométriques peu considérables
sur les crânes des assassins et sur celui de C. Corday, et
manquant des notions anatomo-pathologiques, ne s'aperçu-
rent pas des énormes anomalies de ces crânes.

Malgré cela, ces mensurations doivent être étudiées, ne
fut-ce que comme symbole, comme drapeau d'une école qui
fait des chiffres sa meilleure arme, avec d'autant plus de
raison que la rareté de leur différence en augmente la valeur.

Les études à ce sujet, sur la femme criminelle, furent faites
sur 26 crânes et 5 squelettes de prostituées, appartenant au
professeur Scarenzi, par moi, par MM. Bergonzoli et Soffiantini; sur 60 criminelles mortes dans les prisons de Turin, par
MM. Varaglia et Silva (2), et sur 17 criminelles Romaines,
étudiées par MM. Mingazzini (3) et Ardù (4), ainsi partagées :

Pour délits de prostitution, 4; infanticide, 20; complicité de

(1) Archivio di psichiatria, XII. — Mon Œuvre *Sui nuovi progressi del-l'antropologia criminale, 1898.* — Torino, Roux.
(2) Varaglia et Silva, *Note anatomiche e antropologiche di 60 cranii e 43 encefali di donne criminali Italiane.* — Torino, 1885.
(3) G. Mingazzini, *Sopra 80 cranii ed encefali di delinquenti Italiani :* « Rivista sperimentale di freniatria », 1 vol. XIV, 1-11, nota 1 à pag. 14.
(4) Ardù, *Note sul diametro biangolare della mandibola :* « Archivio di psichiatria », 1892.

viol, 2 ; vol, 14 ; incendie, 3 ; blessures, 4 ; assassinat, 10 ;
homicide, 15 ; empoisonnement, 4 ; avortement, 1. Quant à
la race, elles étaient : 11 Siciliennes, 6 Sardes, 31 Napolitai-
nes, 6 des Marches et Ombrie, 2 Vénitiennes, 4 Lombardes,
4 Emiliennes, 3 Toscanes, 3 Liguriennes et 6 Piémontaises.

1. *Capacité cranienne.* — Commençant par la capacité cranienne, on a :

Capacité	26 Prostituées	60 Criminelles	Femmes Amadei	Normales Morselli	Femmes Folles	Papuas
1000 à 1100	3,8	1,72	2,73	1,1	2,50	4,0
1100 à 1200	15,8	19,1	6,45	9,2	7,47	12,0
1200 à 1300	42,3	46,3	21,8	29,9	21,78	38,0
1300 à 1400	23,0	22,5	30,9	30,1	37,12	24,0
1400 à 1500	11,5	8,6	15,45	13,7	27,35	8,0
1500 à 1600	3,8	1,72	10,90	12,6	4,64	2,0
1600 à 1700	—	—	1,82	2,3	—	2,0
1700 à 1750	—	—	0,91	1,1	1,07	—

La capacité minima chez les 60 criminelles est de 1050 ; la
plus grande 1630, chez une empoisonneuse. Chez les prostituées, la moindre est de 1110, la plus grande de 1520.

Elle est en moyenne, chez les premières, de 1295 pour 13
crânes brachycéphales, de 1266, sur 45 crânes dolichocéphales qui, comme l'avait constaté Calori, sont toujours inférieurs en capacité.

Dans les moyennes sériales, nous voyons les petites capacités prédominer chez les criminelles plus que chez les normales, et les grandes manquer de plus de la moitié.

Dans la moyenne arithmétique, les criminelles (1322) surpassent les prostituées (1244) et un peu aussi les normales
1310-1316). Cependant, suivant Mingazzini, la capacité cranienne moyenne est de 1265, « moyenne très inférieure à
celle des femmes normales Italiennes, que Nicolini trouva
être de 1310, mais Mantegazza et Amadei de 1322. »

N'oublions pas de constater ce fait important, que chez
les criminelles, il y a le 20 0/0 de capacités inférieures à
1200, pendant que chez les normales de Amadei et Morselli,
on n'en trouve que le 14,2 0/0 ; les criminelles ont le 5 0/0 de
capacités supérieures à 1400, alors que chez les normales

elles forment le 29 0/0.—L'infériorité des criminelles est donc certaine.

Arrivant aux crimes en particulier, le maximum de la capacité est donné par les :

Empoisonneuses.	1384 cc.	Blessures.......	1314 cc.
Incendiaires....	1328 »	Infanticides.....	1280 »

Le minimum par les :

Voleuses........	1261 cc.	Homicides......	1238 cc.
Assassinats.....	1253 »	Viols...........	1180 »
		Prostitution....	1244

2. *Capacité orbitaire.* — Le maximum de la capacité orbitaire chez les 60 criminelles fût de 62 cc., le minimum de 44, la moyenne de 52,76 c. c. Disposées en séries, nous avons :

44 cc.	1 crâne =	1.66 0/0	54 cc.	5 crânes =		8.33 0/0	
46 »	2 » =	3.33 »	56 »	10 »	=	16.66 »	
48 »	7 » =	11.66 »	58 »	5 »	=	8.33 »	
50 »	16 » =	26.66 »	60 »	2 »	=	3.33 »	
52 »	9 » =	15 »	62 »	3 »	=	5 »	»

Dans les séries, les capacités élevées prédominent de 50 à 56 cc.; la moyenne est de 52,76 cc.

Suivant les crimes :

Empoisonnement...	57 cc.	Viol..........	58 cc.
Assassinat........	54 »	Infanticide...	52 »
Homicide.........	53 »	Vol..........	52 »
Blessures.........	53 »	Incendie.....	51 »

Il y a donc une supériorité pour les crimes plus graves d'empoisonnement et assassinat.

Chez les 26 prostituées de Pavie, la moyenne fût de 48,5, par conséquent, très inférieure aux criminelles; avec un minimum de 30 et un maximum de 69, chez une femme, cette dernière jadis institutrice fameuse par ses orgies.

3. *Aire du trou occipital.*

				%/o			%/o
Inf. à	600 m/mc.	2 = 3.33	entre	701-750 m/mc.	18 =	30
Ent.	601-650 »	4 = 6,66	»	751-800 »	13 =	21
»	651-700 »	11 = 18.33	»	801-850 »	12 =	20

L'aire est de 731 m/mc. au minimum, au maximum de 850 m/mc., la moyenne de 839 m/mc. Les superficies supérieures prédominent entre 721 et 740 mmc.

Suivant le crime :

Incendie........	790 m/mc.	Infanticide.......	733 m/mc.
Blessures........	767 »	Homicide.........	728 »
Empoisonnement.	767 »	Viol.............	710 »
Vol.............	748 »	Prostitution......	705 »
	Assassinat.......	739 mmc.	

4. *Indice céphalo-rachidien.* — Les chiffres prédominent entre 15.01 et 19, le moindre 14.58, le plus grand 21.69, moyenne 17.72.

Suivant le crime :

Empoisonnement	18.04	Homicide.....	17.06
Prostitution.....	17.85	Assassinat....	17.03
Infanticide......	17.61	Incendie.....	16.77
Vol.............	17.57	Complicité de	
Blessures.......	17.40	viol........	16.64

5. *Indice céphalo-orbitaire.* — Les indices prédominent entre 22 et 26, le moindre est de 18.46, le plus grand 30.90, moyenne 24.64.

Relativement au genre des crimes :

Incendie.........	26.1	Prostitution...	23.0
Blessures........	25.1	Assassinat.....	23.0
Infanticide.......	24.9	Homicide......	23.0
Empoisonnement.	24.3	Viol..........	22.0
	Vol..........	24.3	

6. *Angle facial*. — L'angle minimum est de 69°, le maximum de 81°, la moyenne générale est de 74°2 (suivant Mingazzini de 83) :

Suivant le genre de crime :

	Maximum	Minimum	Moyenne
Empoisonnement....	75°	80°	76°2
Blessures..........	75°	78°	76°
Incendie...........	71°	79°	75°
Vol...............	78°	72°	74°9
Infanticide........	79°	70°	74°9
Assassinat.........	77°	71°	74°3
Homicide....	81°	69°	72°9
Viol..............	73°	72°5	72°7

Chez les 26 prostituées, le maximum est de 82°, le minimum de 72°, la moyenne de 74°6.

7. *Circonférence horizontales et courbes.*

Proportion pour cent

	Criminelles	Prostituées
Entre 460 et 470.... mill.	6.66 0/0	— 0/0
» 470 » 490.... »	43.33 »	42.1 »
» 490 » 510.... »	33.33 »	49.71 »
» 510 » 520.... »	20.00 »	12.5 »
» 520 et au-dessus »	7.6 »	1.66 »

D'où l'on voit que pour les circonférences plus petites et pour les plus grandes les prostituées sont en nombre inférieur aux criminelles.

La plus grande circonférence est donnée par une empoisonneuse de Vérone, 535, et par une infanticide, 530.

Les circonférences entre 470 et 490 sont plus nombreuses chez les criminelles ; entre 490 et 510 chez les prostituées ; pendant que chez les normales, du moins suivant Morselli, dans 52 0/0 prédominent les chiffres entre 501 et 530.

La moyenne des criminelles, 492 (Mingazzini, 490, 2), est

inférieure à la moyenne normale des Parisiennes, 498, des
Romaines de l'antiquité, 505, elle est semblable et même supérieure à celle des Italiennes modernes, 491.

Courbes. — Voulant étudier les proportions des différentes
parties de la courbe fronto-occipitale (réduite à 100) et de
l'horizontale antérieure (considérant 100 comme la courbe
horizontale totale), nous avons eu chez les criminelles :

Courbe horizontale antérieure	Courbe sous-cérébrale antérieure	Courbe frontale	Courbe pariétale	Courbe occipitale
46. 4	4.50	29.7	34.4	31.0

Ces chiffres nous prouvent, contrairement à ce que l'on prétendait, qu'il n'existe aucune augmentation dans la courbe
sous-cérébrale des criminelles.

Pour la courbe horizontale antérieure, nous trouvons un
grand développement dans les départements de Venise (48.06),
ainsi que dans la Ombrie, un développemant restreint dans
les Marches et dans le Lazio (45.31). Le chiffre des criminelles Sardes (45.74) s'éloigne notablement de celui des Sardes modernes (50.36) et se rapproche de celui des Sardes de
l'antiquité (46.94).

8. *Indice céphalique.* — Sur 60 criminelles, nous avons
18 crânes brachycéphales, 47 dolichocéphales. Chez 26 prostituées nous avons 3 crânes sous-dolichocéphales et mésati-
céphales (75 à 80), 17 brachycéphales et subbrachycéphales,
avec un minimum de 68 et un maximum de 82.

Mingazzini a trouvé chez 17 criminelles une moyenne de
73.35, ce qui indique une fréquence de dolichocéphales supérieure à celle de ses criminels mâles, avec une moyenne de
77.81, fait qui correspond également à ce qui se présente nor-
malement : sur 10 dolichocéphales il a rencontré une moyenne
de 72.6, et chez 8 brachycéphales une moyenne de 80.55.

Sardes. — Chez les Sardes, nous avons une moyenne de
70.9, avec un minimum de 68.27 et un maximum de 74.28

(voleuses). Toutes sont dolichocéphales, et à un degré supérieur à celui trouvé chez les Sardes par Calori, qui aurait relevé 6 0/0 de brachycéphales, avec une moyenne de 74 pour les dolichocéphales et de 81 pour les brachycéphales.

Zannetti trouva un indice céphalique minimum de 65.00, et un maximum de 76.08, avec une moyenne (sur 6 femmes) de 72.36 (chiffre supérieur au nôtre), chez les Sardes normaux.

L'indice céphalique des femmes sardes de l'antiquité est 74.81 ; celui des hommes sardes modernes de 71.64, et 71.68 celui des hommes antiques. Par conséquent, notre indice se rapproche plus de celui des Sardes modernes (mâles) et s'éloigne au contraire de celui des femmes sardes modernes.

Siciliennes. — Suivant Morselli, les normales donneraient 70.6 et les normaux 74.5.

De même les Corses de l'antiquité donnent 78.26, alors que les mâles ne donnent que 73.53, soit une différence de 4.73 en faveur des femmes.

Cette différence, jusqu'à présent peu certaine, se présenterait en sens inverse chez les 8 criminelles siciliennes, avec l'indice minime de 68.2, le maximum de 77.19 et le moyen de 73.65, beaucoup plus proche de la moyenne virile (74.9), que celle de la femme Sicilienne (70.64).

Crimes. — D'après cela, la répartition par crime serait de peu d'importance.

Les prostituées nous ont donné une moyenne de 74.6.

Les criminelles :

	Moyenne	Ind. dolicho.	Ind. brach.
Infanticide............	74.0	73.3	81.2
Complicité de viol......	77.29	67.6	86.9
Vol.................	79.8	76.6	84.1
Incendie.............	80.3	78.0	85.0
Blessures............	75.4	72.4	84.2
Assassinat...........	75.4	73.3	83.6
Homicide............	76.1	74.5	83.0
Empoisonnement......	74.2	74.2	—

9. *Indice vertical*. — La moyenne des 60 criminelles est de 79.9, suivant Mingazzini 71·5, pendant que chez les mâles elle est de 74.8.

Le plus grand indice est de 82.53, le moindre 65.62 chez une infanticide Calabraise, et de 61.6 chez une infanticide de Mingazzini. Or, les crânes calabrais sont parmi les plus phatycéphales des crânes italiens. Chez les femmes italiennes modernes, il y a aussi, comme chez les Romaines et les Etrusques, un plus grand nombre de crânes à indice de 71 (Morselli), à peu près comme chez nos criminelles ; la moyenne est de 72.31 pour 56 Italiennes de chaque race, pendant que celle de 99 crânes mâles est de 73.35 (Mantegazza). Elles diffèrent peu des nôtres.

Suivant les divers délits :

L'indice vertical moyen de nos Sardes criminelles, 71.22, est supérieur à celui des femmes modernes sardes (68.98) inférieur à celui des antiques (77.05), de plus, il se rapproche des Sardes mâles tant modernes (71.86) qu'antiques (72.34). La criminelle sarde se rapproche davantage du type mâle contemporain que de la femme de son époque.

Complicité de viol.	80.18	Blessures.........	73.95
Incendie.........	78.51	Homicide.........	73.10
Prostitution......	76.61	Assassinat.........	71.34
Vol.............	74.54	Infanticide........	71.09
Empoisonnement.	70.44		

10. *Diamètre frontal minime* :

Entre 81-55	1 = 1.66 %	Entre 96-100	12 = 20.00 %
» 86-90	17 » 28.33 »	» 101-105	3 » 5.00 »
» 91-95	27 » 45.00 »		

Le diamètre frontal minimum chez les 60 criminelles est de 85 m/m,, le plus grand est de 102. La moyenne est de 93 m/m. ; les chiffres entre 86 et 100 prédominent, particulièrement entre 91-95. Chez les prostituées le minimum est de 85, le maximum de 100, la moyenne de 89.

11. *Diamètre et indice stéphanique*. — Le diamètre stéphanique minimum est de 97, le plus grand de 131, le moyen de 113 m/m.

Les séries en nombres prédominent entre 106-120.

Chez les prostituées, le maximum est de 126, le minimum de 110, la moyenne de 117.

Le plus petit indice stéphanique est de 75.42 ; le plus grand indice stéphanique se trouve égal à 97.02.

Dans cet indice les chiffres sont plus nombreux entre 75.01 et 90 et particulièrement entre 80.01 et 85. La moyenne générale est de 82.94.

Mais ces chiffres correspondent bien plus au lieu de naissance qu'au délit : et les chiffres inférieurs y sont en général plus prépondérants. Du reste, chez les femmes, le plus petit indice frontal et stéphanique est normal, pour le moindre développement des deux diamètres frontal minimum et stéphanique et pour le plus grand développement du diamètre antéro-postérieur maximum.

12. *Indice frontal minimum*. — L'indice frontal le plus petit est de 59.85, le plus grand est de 88. La moyenne générale est de 69.97 ; les chiffres entre 65.01 et 75 prédominent, spécialement entre 65.01 et 70.

Entre 55.01-60	1	= 1.66 %		Entre 75.01-80	3	= 5.00 %
»	60.01-65	2	= 3.33 »	»	80.01-85	1 »	1.66 %
»	65.01-70	30 »	50.00 »	»	85.01-90	1 »	1.66 %
»	70.01-75	22 »	36.66 »				

Suivant les différents crimes :

Complicité de viol.	75.43	Incendie..........	67.18
Infanticide.......	71.47	Assassinat	68.87
Homicide	70.39	Meurtre...........	68.70
Empoisonnement..	70.28	Prostitution.......	67.97
Vol..............	67.76		

13. *Indice nasal.* -- Le plus petit indice nasal est de 36.53, le plus grand de 56.42.

La moyenne de l'indice nasal est de 46.25 (suivant Mingazzini 48.9), c'est-à-dire serait leptorine, la plus grande de 56.4, la moindre de 36.5.

Suivant les différents délits nous avons :

Empoisonnement..	48.65	Incendie..........	45.69
Meurtre..........	47.50	Complicité de viol.	45.08
Infanticide.......	46.97	Assassinat........	43.88
Homicide	46.⁙	Prostitution.......	42.92
Vol.............	46.14		

14. *Indice Palatin.* -- Moyenne générale 82.03 (suivant Mingazzini 79 5), inférieure aux mâles, 78.7. — Maximum 100 ; minimum, 68.08.

Suivant les différents crimes :

Complicité de viol.	87.23	Homicide..........	83.37
Empoisonnement..	85.63	Incendie..........	82.75
Blessures........	85.33	Infanticide.......	82.70
Vol.............	84.70	Assassinat........	81.74

15. *Indice Orbitaire.* — Mingazzini trouva chez 17 criminelles une moyenne de 87.6 à droite, 87.35 à gauche.

Chez 60 criminelles Varaglia trouva : Mégasèmes 22 (entre 89). — Mesosèmes, 26 (entre 83 et 86-99). — Microsèmes, 12 (jusqu'à 82-99). — Moyenne générale, 87-26. — Maximum. 102, chez une infanticide. — Mingazzini. — Minimum, 74-66, chez une autre infanticide.

Suivant les différents crimes :

Blessures........	89.70	Complicité en viol..	85.98
Empoisonnement	89.69	Incendie..........	85.18
Homicide.......	88.93	Prostitution........	85.02
Assassinat......	88.25	Infanticide.........	84.75
Vol.............	86.04		

16. *Indice facial* :

Indice minimum..   49.18   Indice le plus élevé...   77.87
Moyenne générale.   66.99

Les indices entre 65.01-70 prédominent suivant les différents crimes :

Homicide........	68.91	Vol............	66.01
Infanticide.......	67.93	Assassinat.......	65.88
Blessures........	67.80	Prostitution......	64.92
Complicité en viol	67.40	Empoisonnement	64.59
		Incendie........	58.09

17. *Hauteur totale de la face* (Ophryo-spinal.)

Entre 56-60 1 — 1.66 % — Entre 81-85 26 — 43.33 %
 »   61-65 1 » 1.66 » —   »   86.90 11 » 18.33 »
 »   66-70 3 » 5.00 » —   »   91-95 1 » 1.66 »
 »   71-75 3 » 5.00 » —   »   96-100 1 » 1.66 »
 »   76-80 13 » 21.66 »

La hauteur minima est de 60 m/m : la plus grande est de 99 m/m.

Le plus grand nombre se trouve entre 81-85, puis entre 76-80 et 86-90.

Suivant les différents crimes :

Blessures..........	83	Vol............	80
Infanticide........	83	Assassinat.......	80
Complicité de viol...	81.5	Prostitution	78
Empoisonnement....	81 »	Incendie	75

18. *Diamètre bizygomatique* :

	Criminelles.	Prostituées.
Entre 111-115 =	8.33 0/0	0/0
» 116-120 »	28.23 »	26 »
» 120-125 »	46.66 »	42 »
» 126-130 »	8.33 »	28 »
» 131-135 »	6.66 »	17 »
» 136-140 »	1.66 »	

La largeur minima est de 111 m/m. ; le plus grand, de 130 m/m.

Les chiffres sont plus élevés entre 121-125, puis entre 116-128.

Chez les prostituées, la moyenne est de 123, la plus forte de 130, la moindre de 118.

Suivant les différents crimes :

Incendie	128	Infanticide	122
Empoisonnement	126	Vol	121.5
Blessures	123	Viol	121.5
Assassinat	122	Homicide	120

19. *Poids de la mandibule.* — Un caractère spécial et viril, de la mandibule; chez les 26 prostituées, est la supériorité de son poids par rapport au crâne :

Poids de la mandibule (gr.)	Poids du crâne (gr.)
65.9 en moyenne.	507
35 » minimum (chez une syphilit^e)	287
90 » maximum.	728

La moyenne des 65.9 gr. est en réalité égale à la moyenne générale, mais si l'on laisse de côté les deux minimum, absolument anormaux, de 35-33, on obtient la moyenne de 70.5. Dans tous les cas son rapport avec le crâne est de 120 égale au rapport chez les mâles normaux.

Dans 17 mandibules de criminelles de Mingazzini, le poids moyen est de 79.1, celui du crâne est de 599.5.

Dans 29 crânes de criminelles et 20 de normales, Ardù trouva :

Chiffre.	POIDS DE LA MANDIBULE		POIDS DU CRANE	
	Criminelles.	Norm.	Crimin.	Normales.
Maximum	87 gr.	95 gr.	831 gr.	850 gr.
Minimum	54 »	43 »	466 »	313 »
Différence	33 »	52 »	365 »	537 »
Rapport	82.4 »	45.2 »	56.0 »	36.8 »
Moyenne totale :	68.2 »	63.0 »	586.2 »	516.5 »

Le chiffre maximum des criminelles n'atteint pas celui des normales, mais le minimum en est supérieur.

La divergence est notablement moindre ; et la moyenne étant plus élevée, la mandibule des criminelles serait plus lourde et varierait moins que celle des normales : la série des crânes est régulière.

20. *Indice crânio-mandibulaire.* — Ardù trouva sur 20 crânes :

Chiffre.	Criminelles.	Normales.
Maximum.......	15.64	19.7
Minimum........	7.34	9.0
Différence.......	8.30	10.7
Rapport........	48.5	46.5
Moyenne totale.	11.54	13.37

Ici le maximum et le minimum chez la criminelle n'atteignent pas la normale respective. Cela provient de ce que la femme criminelle a bien un crâne et une mandibule de poids supérieur, mais non dans la même proportion :

Poids du crâne. crim.   : :   Poids du crâne, norm.   : 100·85,
  » de la mand. cr.   : :   »   de la mand. norm.   : 100·92.

Le poids du crâne est, évidemment, en proportion majeure.

Pourtant chez les 17 de Mingazzini l'indice est de 13,2 ; chez les 60 de Silva, il est de 12,0 ce qui donne une moyenne égale ou supérieure à la virile.

21. *Diamètre bigoniaque.* — Suivant une étude de Ardù sur 17 criminelles, la moyenne est supérieure à celle de la femme normale et même à celle de l'homme, par suite le chiffre maximum est plus élevé, pendant que le minimum n'atteint pas les chiffres correspondants. La moyenne obtenue ainsi est plus élevée :

Chiffre.	17 Femmes délinquantes	Femmes normales	Hommes normaux	55 Délinqu. mâles
Maximum...	112	105	105	117
Minimum...	89	84	92	89
Différence...	23	21	13	28
Rapport.....	79.4	80.0	87.5	76.1
Moyenne totale :	97.2	90.7	94.1	100.1

Vérifiant la série, nous avons :

Au-dessous de 80..........	0	0	0.0
Entre 81-90..............	3	17.6	»
Entre 91·100..............	13	76.4	»
Au-dessus de 100.........	1	5.8	»

Mingazzini reconnut une largeur minima de 79.5 chez une uxoricide, le maximum de 116, chez une homicide. Je trouvais chez :

57 Criminelles.		26 Prostituées.	
Entre 81-85 =	12.28 0/0	7.6 0,0	
» 86-90 =	29.82 »	15.3 »	
» 91-95 =	36.84 »	42.3 »	
« 96-100 =	21.08 »	34.5 »	

La largeur maximum est de 105, le minimum de 81 : prédominent les chiffres entre 91-95, puis entre 86-90.

Les chiffres maximum, pour la mandibule observés par série, se rencontrent en Sicile, les minimum en Sardaigne.

Les prostituées donnent les maximum dans les chiffres plus élevés :

Suivant les divers crimes :

Incendie..........	96	Complicité de viol..	91
Meurtre...........	93	Vol..............	91
Homicide..........	93	Assassinat........	90
Prostitution.......	91	Empoisonnement...	90
	Infanticide..........	91	

22. *Hauteur Symphysienne.*

Entre 12-15   1 = 1.75 0/0   Entre 28-31   21 = 36.84 0/0

»   16-19   0 = 0.00   »   »   32-35   9 = 15.78   »

»   20-23   4 = 7.01   »   36-39   1 = 1.75   »

»   24-27   21 = 36.84   »

Les chiffres entre 24-31 prédominent, la hauteur minima est de 15 ; la plus grande est de 36.

Suivant les différents crimes :

Complicité en viol...	31	Blessures..........	27.5
Infanticide..........	30	Incendie..........	27
Prostitution.........	29	Assassinat.........	27
Vol..............	28	Homicide..........	27
	Empoisonnement..... 27		

Chez les criminelles étudiées par Mingazzini, la hauteur moyenne de la symphyse n'est que de 28,8, pendant que chez les mâles elle est de 31,07.

23. *Longueur des branches.* — Les chiffres prévalent entre 56-60, puis entre 51-55 et 61-65, la moindre longueur est de 46, la longueur maximum est de 76.

Suivant les différents crimes :

Complicité en viol...	63	Infanticide...	56
Empoisonnement....	60	Vol.........	56
Assassinat.........	59	Blessures....	55
Homicide..........	58	Incendie.....	54
	Prostitution 52		

Conclusion. — Comme nous l'avions déjà pressenti et comme nous le constatons déjà chez les criminels mâles (1), les conclusions auxquelles ces données nous conduisent, sont très humbles.

Les plus importantes sont celles fournies par la capacité

(1) *Homme criminel*, 2 éd., vol. I.

cranienne et orbitaire, par le poids et les diamètres mandibulaires et du zygome.

Il résulte, en effet, clairement, que, dans les capacités craniennes minimes, les prostituées ont le dessus sur toutes les autres femmes : elles conservent, avec les criminelles, cette prépondérance sur les femmes normales dans les capacités restreintes jusqu'à 1.200 ; et même, vis-à-vis d'elles, dans les capacités moindres jusqu'à 1.300, avec une plus grande analogie, avec les folles qu'avec les saines.

Dans les capacités moyennes ou supérieures aux moyennes, les femmes honnêtes et même les folles surpassent les criminelles et les prostituées.

Dans les grandes capacités, les femmes honnêtes les surpassent de cinq à six fois comme elles surpassent les folles. Les prostituées ont pourtant ici une légère supériorité sur les criminelles, exclusion faite des empoisonneuses. En somme, les prostituées ont un plus grand nombre de petites et de grandes capacités que les criminelles communes, avec une allure semblable à celle des criminels mâles, plus spécialement des voleurs.

Comparées aux femmes Papuas, les prostituées ont avec elles plus d'analogies dans les capacités plus grandes et dans les minimes qu'avec les normales.

Dans les capacités orbitaires le maximum est donné par les empoisonneuses et les homicides, lesquelles se rapprochent de celui de l'homme : le minimum est donné par les voleuses, les lascives et particulièrement par les prostituées.

Il est pourtant curieux que, comme on l'a vu chez les mâles, presque toutes les criminelles (genres de crimes plus graves : empoisonnement, assassinat, homicide), les prostituées exceptées, dépassent la moyenne des femmes saines qui est de 47, et surpassent également la moyenne des folles, qui est, suivant Peli, de 51.

L'aire du trou occipital des criminelles surpasse aussi de beaucoup la moyenne de celle des honnêtes donnée par

Mantégazza ; ici pourtant le maximum n'est pas donné par les homicides, mais par les incendiaires et les auteurs de blessures, le minimum toujours par les prostituées.

L'indice céphalo-rachidien est de peu inférieur à la moyenne normale, 18,1, presque supérieur chez les empoisonneuses, moindre, là aussi, dans l'incendie et le viol.

L'indice céphalo-orbitaire est de beaucoup inférieur à la moyenne normale de la femme qui est de 28,4, avec une moindre différence chez l'incendiaire et l'homicide, et une plus grande infériorité chez l'homicide et le viol.

L'angle facial est en moyenne plus grand dans l'empoisonnement et le meurtre, plus petit dans l'incendie et le viol, moyen chez les infanticides et les voleuses.

Dans les circonférences horizontales, plus grandes et dans les minimes, les prostituées, sont inférieures aux criminelles, mais la moyenne des unes et des autres est égale à la normale; les courbes craniennes ne donnent aucun résultat.

L'indice-céphalique en donne très peu, sauf dans quelques régions, par exemple en Sardaigne, où il semble se rapprocher davantage de l'homme normal, et, ce qui est plus curieux encore, de l'antique, fait qu'on observe aussi dans les courbes et dans l'indice vertical.

La moyenne, en effet, des diamètres antéro-postérieurs, transversal-maximum, vertical et frontal minimum, est :

Chez les criminelles sardes..... 178,	127,	128,	92
» Sardes mod. (Zannetti) 180.67	143,	124.67	91.5
» Sardes antiques......... 176.50	132,	136,	92.5

Les chiffres des criminelles sont donc plus proches de ceux des Sardes antiques, excepté pour le diamètre vertical qui est plus grand chez nos femmes que chez les Sardes modernes et moindre que chez les antiques ; le diamètre transversal est moindre chez nos femmes; au contraire le longitudinal et le frontal minimum tiennent le milieu entre les nombres des anciens et des femmes modernes sardes.

Les courbes nous donnent le tableau suivant :

	Courbe biauricul.	Courbe occ. front. = 100 partie ant.	p. post.	Courbe horizont. = 100 partie ant.	p. post.
F.nes Sardes antiques	292.50	33.53	66.47	49.26	50.74
» modernes	303.17	29.95	70.05	50.36	49.64
» crimin....	281	33.61	66.39	45.73	54.27

On voit que les criminelles sardes se rapprochent plus des antiques que des modernes.

Pour le développement de la partie antérieure de la courbe horizontale totale, nos chiffres se rapprochent plus de ceux des Sardes mâles antiques (46,94) que d'aucun autre.

Et si l'on pense que le chiffre 33,61 représente la partie antérieure de la courbe occipitale frontale des Sardes mâles antiques (très près de 33,61 de nos femmes modernes), nous trouvons ici deux autres caractères, outre ceux notés ci-dessus, qui rapprochent les criminelles des mâles, et des mâles antiques.

De plus, si nous nous en tenons aux conclusions du beau travail de Zannetti sur les Sardes modernes, nous trouvons que les femmes modernes diffèrent des mâles modernes plus que les femmes antiques des mâles antiques. Maintenant, nos criminelles modernes se rapprochent plus des femmes antiques et encore plus des mâles antiques.

Le diamètre bizygomatique est en moyenne, chez les Sardes, de 1201 ; de 111.50 chez les Sardes modernes, 116.00 chez les antiques, 117.77 chez les Sardes mâles modernes, et 115,75 chez les Sardes mâles antiques ; comme on le voit là aussi, nos femmes modernes se rapprochent davantage du type antique des femmes, et encore plus à celui des mâles.

Dans le diamètre longitudinal prévaut; 30/100 chez les prostituées, le diamètre plus petit; chez les criminels 'a plus grand, 36/100 ; c'est le contraire pour le diamètre transversal, où pour les prostituées prévalent les diamètres plus élevés et les plus petits pour les criminelles. Mais ici l'élément ethnique dérange tout.

Le diamètre frontal est plus élevé chez les prostituées que chez les criminelles.

L'indice frontal est plus grand dans le viol, dans l'infanticide, moindre chez les voleuses et chez les prostituées.

L'indice stéphanique suit à peu près la même marche.

L'indice nasal serait inférieur à la moyenne, 48, particulièrement chez les prostituées, les femmes assassins, les incendiaires et les voleuses.

L'indice facial est plus grand chez l'infanticide et l'homicide, minime chez l'incendiaire et l'empoisonneuse ; la hauteur de la face est plus élevée chez l'homicide, moindre chez l'incendiaire.

Les chiffres ont beaucoup d'importance, dans les diamètres bigoniaque et bizygomatique et dans le poids mandibulaire.

Dans les diamètres bizygomatiques, les prostituées prédominent — dans les plus grands diamètres — sur les criminelles, comme 36 à 16/100, pendant qu'elles sont inférieures dans les plus petits. Quant au diamètre bigoniaque, la femme criminelle surpasserait de beaucoup la femme honnête et même les mâles honnêtes.

L'homme criminel aurait pourtant toujours la moyenne plus élevée, surpassant cependant la criminelle moins sensiblement que la femme ne surpasse l'homme chez les normaux. De même le maximum comme le minimum sont plus accentués chez l'homme criminel. Comparant enfin les chiffres extrêmes chez les criminels des deux sexes, on observe que pendant que dans le chiffre maximum l'homme surpasse la femme, il ne la surpasse pas dans le minimum, ayant toutefois une divergence plus grande. Ceci indique que cette dernière arrive à un plus haut niveau.

Le caractère sexuel de cette mesure persiste donc même chez les délinquants.

Dans les séries plus importantes, comme 34 à 21 0/0, les

prostituées sembleraient supérieures aux criminelles. Les incendiaires, les homicides, les meurtrières en général, donnent ensuite les plus grandes largeurs.

Même pour le poids, la mandibule des criminelles, et plus encore celle des prostituées, surpasse celle des femmes honnêtes, et l'indice cranio-mandibulaire est presque toujours semblable à celui de l'homme.

La hauteur symphysienne est plus grande dans les viols, moindre dans les empoisonnements. La longueur des branches donne le maximum dans les viols et dans les empoisonnements, le minimum dans la prostitution.

CHAPITRE II

Anomalies pathologiques.

Mais comme nous venons de le mentionner, les plus grandes différences se trouvent moins dans les mesures que dans les anomalies que, par économie d'espace, nous exposerons dans le tableau suivant, par leur *pourcentage*.

De ce tableau, il ressort jusqu'à l'évidence que si les anomalies sont fréquentes chez les criminelles, particulièrement chez les homicides, elles sont pourtant plus rares que chez les délinquants mâles.

La différence paraît surtout dans la fossette occipitale médiane — 4 fois moins ; dans l'incisure nasale anormale (33 à 48); dans l'irrégularité du trou occipital 3 fois moins; dans la mandibule volumineuse 1/2 moins; dans les plagiocéphalies, dans la sclérose et dans les sinus frontaux — la 1/2; dans l'absence de subscaphocéphalie, d'oxicéphalie, de l'os épactal (1 seul); pendant que la criminelle surpasse le criminel mâle seulement dans le plus grand nombre des os wormiens, dans la simplicité des sutures, dans les anomalies du palais, dans la soudure de l'atlas.

Toutefois, si on les compare aux femmes normales, on voit que les délinquantes (planche IV) et les prostituées (pl. x) se rapprochent plus des mâles soit normaux soit criminels que les femmes normales, surtout par les arcades sourcillières (obs. 40-50, pl. IV et 11-5, pl. x), par la soudure des sutures (obs. 50-58, pl. IV et 16-3-4, pl. x), par les mandibules (obs. 47-48-11-36, pl. IV et 1-23-24-11-4, pl. x), et par les anomalies du trou occipital. Elles sont égales, ou presque égales aux

| | HOMMES Délinquants sur 66 | FEMMES normales | FEMMES délinquantes de Tarnowsky et Silva | | | | Femmes [1] délinquantes de Maganini sur 17 | Prostituées sur 17 |
			Voleuses sur 12	Infanticide sur 11	Homicides sur 24	Total sur 55		
Apophyses ptérigoïdes énormes............	12	—	16	18	4	12.6	— %	6 %
Apophyses clinoïdes formant canaux.........	—	—	8	9	8	10.8	10	16
Bosses pariétales et temporales développées...	43	—	—	—	4	1.8	—	6
Bosses occipitales et temporales développées..	—	—	—	—	8	3.6	—	—
Crête frontale.........	—	—	—	—	—	—	—	41
Dépressions craniennes..	—	—	16	27	44	31.2	—	10
Dents anormales	14	0.5	16	9	8	10.8	—	51
Fossette occipitale.......	16	3.4	8	—	4	5.4	—	17
Fosses canines profondes.	21	27	16	27	28	27	15	—
Trou occipital très irrégulier	10	—	—	9	—	3.6	15	22
Front fuyant ou étroit...	36	10	—	9	8	5.4	10	16
Mandibule très volumineuse............	37	16.5	16	18	4	18	10	3
Os nasaux anormaux ...	—	—	8	—	4	3.6	—	19
Ostéoporoses.............	—	—	—	—	—	1.8	—	—
Os épactal.............	9	6.8	—	—	4	1.8	—	3
Prognatisme.............	34	10	32	54	30	32.4	—	36
Plagiocéphalie............	42	17.2	32	18	44	28.8	—	22
Platycéphalie............	—	—	—	—	—	—	25	—
Palais anomal............	—	—	—	9	—	1.8	—	—
Fusion de l'atlas avec l'occipital................	3	—	—	9	4	3.6	—	3
Epine nasale énorme....	—	—	16	18	4	10.8	—	3
Sinus frontaux développés.................	62	19	24	36	8	23.4	15	16
Scléroses craniennes.....	31	17.2	24	9	16	16.2	—	22
Suture métopique........	12	10	8	9	4	5.4	15	—
Sutures disparues entièrement ou en partie...	37	13.3	18	9	16	18	—	16
Sutures simples.........	—	—	32	27	24	27	—	16
Type viril de la face....	—	—	—	—	4	1.8	—	3
Os wormiens..........	59	20	56	54	76	64.8	—	28
Zygomes saillants.......	30	6.9	8	—	—	1.8	—	16

[1] Y compris 3 incendiaires et 5 empoisonneuses qui, ici, ne sont pas considérées à part.

femmes normales dans les apophyses zygomatiques, pour la saillie de la ligne crotaphique, et la fossette occipitale moyenne ; elles offrent enfin une grande proportion (le 9,2 0/0 des crânes virils (pl. ɪv, obs. 47-26 50-40 et 7-18 15, pl. x).

Les anomalies les plus fréquentes chez les femmes criminelles que chez les prostituées sont : les apophyses ptérygoïdes énormes, les dépressions craniennes ; la mâchoire très volumineuse, la plagiocéphalie, la soudure de l'atlas avec l'occipital ; l'épine nasale énorme ; les sinus frontaux développés ; la disparition de la suture et sa simplicité ; les os wormiens.

Les anomalies suivantes sont au contraire plus fréquentes chez les prostituées que chez les criminelles : les apophyses clinoïdes formant canal ; les bosses pariétales hypertrophiées, la fossette occipitale moyenne (le double) ; la grande irrégularité du trou occipital ; le front fuyant ou étroit (pl. v, 12-11-7-29) ; les os nasaux anormaux (pl. v, 11-20-21-22) ; l'os épactal ; le prognatisme (pl. v, 23-5-20) et le prognatisme alvéolaire ; la sclérose cranienne ; le type viril de la face ; les zygomes et mâchoires énormes (pl. v, 11-7-22-24-15) avec appendice lémurienne (pl. ɪx. 1-23-24-11-4).

Pour les anomalies principales, j'indique ici la moyenne des plus fréquentes chez les femmes normales, criminelles et prostituées (V. tabl., p. 271), observant qu'il n'est pas toujours possible de fixer la moyenne des résultat obtenus par les différents auteurs, car diverses anomalies n'ont pas été prises en considération par quelques-uns d'entre eux ; ainsi si Varaglia et Silva n'indiquent pas la présence de crânes platycéphales chez les criminelles, et si Mingazzini ne parle pas de dépressions craniennes, de prognatisme ou de scléroses cranienne, on doit l'attribuer sans doute à ce qu'ils ne se sont pas occupés en particulier de ces anomalies.

Les anomalies des dents qui ne se rencontrent que chez le 0,5 0/0 des femmes normales se trouvent dans 10,8 0/0 des criminelles et dans 5,1 0/0 des prostituées.

La fossette occipitale médiane se rencontrait chez 3/4 0,0 des normales, 5,4 0/0 des criminelles, et 17 0,0 des prostituées, chiffres qui surpassent même celui des hommes criminels (16).

Le front fuyant ou étroit se trouva chez 10 0,0 des normales, 8 0/0 des criminelles, 16 0/0 des prostituées.

Le prognatisme dans 10 0/0 des normales, 33.4 0 0 des criminelles et 36 0/0 des prostituées.

La plagiocéphalie rencontrée chez 17,2 0/0 des normales, 28,8 0/0 des criminelles, chez les homicides jusqu'à 44 0/0 et chez 22 0/0 des prostituées ; cette anomalie est beaucoup plus fréquente chez les hommes délinquants où elle monte à 42 0/0.

La soudure de l'atlas avec l'occipital n'a jamais été observée chez les femmes normales, pendant qu'on la trouve chez 8,6 0/0 des criminelles et 3 0/0 des prostituées.

La sclérose cranienne a été constatée chez 17,2 0/0 des normales, 16,2 0/0 des criminelles, et chez 22 0 0 des prostituées ; elle est comme le plagiocéphalie, plus fréquente chez les hommes criminels (31 0/0).

Les os wormiens se rencontrent chez 20 0,0 des normales, chez 64,8 0/0 des criminelles, jusqu'à 76 0/0 chez les homicides, dans 26 0/0 des prostituées.

Les zygomes saillants chez 3,9 0/0 des normales, chez 1,8 0/0 des criminelles, et dans 16 0/0 des prostituées.

Trou occipital. — Un fait singulier est l'irrégularité du trou occipital, compliquée deux fois à la soudure de l'atlas avec l'occiput (3,3 0/0); fossette articulaire au basion pour l'apophyse odontoïde deux fois, ostéoporoses du contour 1, épine qui du basion s'allonge vers le centre du trou 2, principe de processus paraoccipital 1, asymétrie marquée 1. Au total 15 0 0 dans les criminelles, 23 0/0 chez les prostituées, pendant que chez les fous il se trouvait irrégulier, 0,5 0/0, et chez les mâles criminels 10,5 0/0.

Legge, dans 1.770 crânes de Camerino, aurait trouvé la fusion de l'atlas avec l'occipital (12 0/0), condyles moyens et tubercules basilaires (2,5 0,0).

Tafani a rencontré sur 4.000 crânes, 76 cas où le troisième condyle occipital ou les protubérances qui le représentaient. Le trou basilaire avec double ouverture se rencontra une seule fois. Legge dans 1.770 crânes de Camerino l'observa environ deux fois.

Chez les prostituées de Pavie (où domine le crétinisme), on a observé deux fois l'horizontalité de l'os basilaire et l'aspect crétin du crâne.

Suture métopique. — La suture métopique se rencontra, sur 60, trois fois (1 fois chez un parricide de Benevento, de 54 ans : chez une Piémontaise, voleuse, âgée de 30 ans ; et une infanticide florentine, de 28 ans), c'est-à-dire dans la proportion de 5,1 0/0, par conséquent inférieure à celle qu'on observe généralement chez les mâles sains, je la trouvais moi-même de 9 0/0. Mingazzini pourtant, la trouva de 15 0/0 chez ses criminelles.

Proportions des anomalies. — La très grande différence numérique des anomalies chez les prostituées, en comparaison de celles des criminelles, peut être constatée surtout par le fait que le 51,5 0/0 des prostituées ont plus de cinq anomalies pendant que le 27 0/0 seulement des criminelles atteignent ce chiffre ; et les premières ont une moyenne de 5,5 anomalies par crâne, tandis que les criminelles en ont seulement une de 4,0.

Après les prostituées 5,5 viennent en première ligne les voleuses 4,2 et les homicides 4,1, les infanticides 4,0 qui seraient pourtant, *vice versa*, par type, supérieures (27) aux deux premières (24 0/0).

50 criminelles

Voir 100	Mâles.	Voleu- ses.	Infan- ticides.	Homi- cides.	Total.	26 Pros- tituées.
Avec 2 anomalies.	0	8	18	12	12,6	6,5
» 3 » .	8	48	18	20	27	16
» 4 »	0	16	36	40	32,4	26
» 5 »	2	24	—	12	12,6	1,6
» 6 »	4	—	18	8	7,2	9,5
» 7 »	78	—	9	4	7,2	26
Avec type (5 anom.)	84	24	27	24	27,0	51,5
Moyenne des ano- malies par crâne.	11,4	4,2	4,0	4,1	4,0	5,5

Mais les unes et les autres disparaissent pour le nombre
des anomalies, quand on les compare aux criminels
mâles (1), chez lesquels les anomalies sont en moyenne plus
nombreuses du triple et même du quadruple (78 0/0) de celles
des criminelles et des prostituées.

En étudiant 19 crânes mâles de criminels, Roncoroni et
Ardù ont trouvé :

1 crâne avec 23 anomalies.	2 crânes avec 16 anomalies.
2 » » 22 » .	1 » » 15 »
2 » » 21 »	2 » » 14 »
1 » » 19 »	1 » » 13 »
1 » » 10 »	6 » » 12 »
1 » » 17 »	7 » » 11 »

On remarque que beaucoup des caractères anormaux du
crâne des criminelles sont des caractères presque normaux
chez l'homme : ce sont des caractères virils, commes les sinus
frontaux, les zygomes saillants, ce qui en diminue encore
la quantité.

(1) Voir *Homme criminel*, 2e éd. 1896. Alcan.

Criminelles politiques. — Le crime politique, pas plus que le crime passionnel, n'échappe à cette loi ; nous en trouvons de nombreuses traces sur le crâne de Charlotte Corday.

En effet, d'après les photographies du crâne de cette femme, que nous a donnée le prince R. Bonaparte et que nous

Fig. 1.

reproduisons (V. fig. 1, 2) et d'une très confuse monographie de Topinard, résulte ce que j'avais déjà affirmé après une rapide inspection : qu'il est extraordinairement riche en anomalies.

En effet, il est platycéphale, caractère que la femme offre moins souvent que le mâle. Il présente, en outre, une apophyse jugulaire très saillante, deux fortes arcades sourcilières concaves en bas, confluentes sur la ligne médiane et en dehors ; les sutures, toutes ouvertes comme chez un jeune homme de 23 à 25 ans, mais simple, la coronaire en particulier.

La capacité est de 1.360 centimètres cubes, pendant que la moyenne française est de 1.337 chez les femmes ; elle est

Fig. 2.

égèrement dolicocéphale (77,1 ; elle présente dans son modèle horizontal (fig. 1) les arcades zygomatiques visibles seulement à gauche ; une par conséquent, asymétrie évidente. L'insertion de la sagittale dans la frontale est également asymétrique. Il y a enfin une fossette occipitale médiane.

Les lignes crotaphitiques (fig. 2) et les crêtes du temporal sont saillantes ; les cavités orbitaires sont énormes, la droite est beaucoup plus grande, elle est également abaissée' comme est abaissée toute la partie droite de la face.

Les os wormiens du pterion sont des deux côtés (fig. 2).

Mesures. — La virilité pourrait aussi se prouver par les mesures anthropométriques.

La superficie orbitaire est, en effet, de 133$^{m/m}$, alors que chez les Parisiennes elle est de 126. La hauteur de l'orbite est de 35^{mm} ; alors qu'elle est de 33 chez les Parisiennes.

L'indice céphalique de 77,7 l'indice zvgomatique est de 92,7 ; angle facial de Camper 85° ; la hauteur nasale 50 (Parisiennes 48) ; la largeur frontal 120 (Parisiennes 113).

La largeur bizygomatique 128 (Parisiennes 122) ; poids, grammes, 514 ; la projection antéro-postérieure 182, verticale 134, transversale 139 ; circonférence 538 ; largeur frontale minime 94 (Parisiennes 93.2).

Bassin, Cavité palvienne — Sur 5 bassins de prostituées possédés à Pavie, 2 présertaient en moyenne un diamètre transversal de 135 et un diamètre oblique de 123, plus court que la moyenne de 5 normales (150-128), deux présentaient un aspect viril, un présentait l'aplanissement complet de la branche horizontale du pubis ; tous les cinq avaient le canal sacré complètement ouvert (caractère atavique), pendant que sur cinq bassins de femmes honnêtes, aucun ne présentait l'ouverture du canal sacré.

CHAPITRE III

Cerveau des criminelles et des prostituées

1. *Poids*. — La moyenne du poids de l'encéphale de 42 femmes délinquantes italiennes serait de 1.178 grammes, suivant Varaglia et Silva. Le poids maximum, obtenu chez une infanticide, fut de 1328 grammes.

Sur 17 cerveaux de criminelles, Mingazzini en trouva 4 submicrocéphales — 1.006, 1.021, 1.056, chez des infanticides; — 1.072, chez une homicide. La moyenne générale était de 1.146,76. inférieure, par conséquent, de 108 à celle des hommes. Chez 120 femmes normales, le plus haut poids rencontré par Giacomini fut de 1.530 grammes ; le plus petit, de 929, chez une femme de 77 ans qui avait conservé intactes ses facultés intellectuelles ; chez toutes il fut inférieur à 1.400.

Pfleger et Wechselbaum trouvèrent chez 148 femmes normales, de 20 à 59 ans, avec la stature de 1 m.56, un poids moyen de 1.189 gr. ; et chez 377 femmes, depuis 20 ans jusqu'à l'âge sénile, avec la stature de 1 m. 55, un poids moyen de 1.194 grammes.

Tenchini, sur 167 encéphales de femmes Lombardes de 15 à 60 ans obtint un poids moyen de 1.194 grammes.

Comparant ces poids avec ceux des 42 criminelles, on voit que le poids maximum des normales est supérieur au poids maximum des criminelles, et que le poids minimum en est également inférieur. Le poids moyen des criminelles est inférieur de 16 gr. à la moyenne de Tenchini ; et de 12 gr. à celle de Pfleger et Wechselbaum ; il est supérieur de 11 gr. à la seconde moyenne des auteurs cités.

En tenant compte du type cranien auquel appartient l'encéphale, nous avons remarqué chez 31 dolycocéphales un poids moyen de 1.162 (capacité normale, 1.136) ; chez 11 brachycéphales un poids moyen de 1.198 (capacité normale, 1.150) ; proportion qui se vérifie aussi pour la capacité cranienne. Ainsi chez les femmes criminelles comme chez les femmes normales, on relève une différence en faveur de la brachycéphalie.

Dans 20 des 42 encéphales de criminelles, Varaglia et Silva relevèrent que l'hémisphère gauche surpassait en poids le droit de 1 à 5 gr. ; dans 18, le droit était supérieur de 1 à 6 gr. ; dans 4, les deux hémisphères étaient égaux : proportions à peu près égales à celles rencontrées chez les femmes normales par Giacomini. Dans un seul cas on eut, chez les criminelles, 51 gr. de différence.

Le poids moyen du cervelet, du pont, des pédoncules et du bulbe est de 155,42 (suivant Mingazzini, 153,14), supérieur par conséquent à celui de 16 femmes normales Piémontaises, 147 ; mais très inférieur à celui des hommes, 169.

2. *Anomalies.* — Quant aux anomalies des circonvolutions elles sont assez rares et certainement plus rares que chez les hommes ; c'est justement parce que Giacomini n'étudia que des cerveaux de criminelles qu'il trouva si peu d'altérations. On sait que Mingazzini, Villyk, Tenchini, trouvèrent l'opercule occipital dans 4 0/0 des criminels mâles ; dans 33 0/0, l'approfondissement du deuxième pli de passage qui est très rare chez les normaux ; dans 6 0/0, la séparation de la scissure calcarine de l'occipital qui se trouve dans 10 0/0 chez les normaux, et dans 6 0/0, la superficialité du *gyrus cunei.*

Giacomini, au contraire, ne trouve chez les criminelles que les plis cérébraux un peu plus fréquents, particulièrement ceux de droite, et les sillons plus rares.

Toutefois, avec plus de recherches, Mingazzini nota dans 17 cerveaux de criminelles l'absence du ramus verticalis antérieur fiss. S. chez une submicrocéphale-homicide, l'enfoncement du premier pli de passage chez 2 criminelles à D. et chez 1 à G. ; la division du premier pli de passage en deux branches qui finissent par s'approfondir dans le lobe occipital, dans un cas ; la superficialité du gyrus cunei en 2 : chez une infanticide le gyrus frontal moyen se réunissait dès son origine avec le gyrus frontal supérieur : de la partie externe et profonde de celui-ci surgissait un pli qui, latéralement par un chemin transversal, allait se réunir avec la partie antérieure du gyrus frontal inférieur ; dans l'hémisphère gauche du même cerveau, le gyrus frontal moyen est interrompu dans sa partie postérieure par un sillon frontal sagittal : dans la partie antérieure les trois gyrus sont presque entièrement soudés ensemble.

Dans un autre cerveau d'uxoricide le S. postcentralis est complet et indépendant ; en arrière se trouvent un sillon transversal, prolongement du S. calleux-marginal, et derrière encore le sillon interpariétal à direction sagittale. Dans l'hémisphère droit d'une autre femme corruptrice, le sillon interpariétal est représenté par un sillon cruciforme qui divise le lobule pariétal supérieur de l'inférieur : les deux lobules, sont réunis en arrière par un pli anastomotique transversal suivi par un sillon oblique situé devant le premier pli de passage externe ; dans ce même cerveau le gyrus pariétal ascendant gauche était divisé transversalement en deux gyrus secondaires, par un sillon bifurqué en haut et tout à fait parallèle au sillon de Rolland. Dans deux cas, le sillon temporal supérieur communiquait avec la scissure praeoccipitalis : dans un cas, après avoir émis une branche descendante, il se continuait sans interruption jusqu'au bord libre du manteau.

Dans un cas, le sillon extrême se continuait avec le S. occipital temporal.

Dans un autre cas, la scissure calcarine communiquait avec

S. la collateralis ; et dans un enfin la branche inférieure de bifurcation de cette scissure, se continuait avec le sillon extrême.

Cela prouve, que si chez les criminelles l'état général de la surface externe des hémisphères est semblable à celui des femmes normales, on y rencontre toutefois les caractères de dégénérescence avec plus de fréquence que chez ces dernières.

Mingazzini a pu reconnaître que toute la surface cérébrale est plus étendue chez les hommes que chez les femmes, soit criminelles, soit normales ; et si l'on ne peut soutenir, comme Hüschke et Rudinger l'affirment, que le lobe pariéto--occipital est plus développé chez les femmes, il est cependant vrai que la prépondérance du lobe frontal chez les mâles sur celui des femmes est assez supérieure à celle du lobe pariéto-occipital.

Si l'on compare ensemble les anomalies morphologiques trouvées chez les criminels des deux sexes, on a constaté :

	hommes sur 13.	femmes sur 17.
Absence du s. vertical ant. des fiss. S.......	»	1
Enfoncement total du premier pli de passage extérieur..............................	1	»
Enfoncement partiel du premier pli de passage extérieur...........................	5	3
Division du premier pli de passage en deux branches................................	»	1
Gyrus cunei qui se rend superficiel..........	2	2
Anomalie des lobes frontaux...............	1	2
Sillon postcentralis complet et indépendant.	1	2
» » ne communiquant pas avec l'interparietal.....	»	1
G. pariétal ascendant divisé en deux	»	1
S. temporal sup. comm. avec le postrolandique	1	»
A reporter.............	10	13

Report..................	10	13
S. temporal sup. comm. avec l'incisure præ-occipitalis....	»	2
S. temporal sup. continuant jusqu'au bord libre	»	1
Absence du sillon temporal moyen.........	3	»
» » occipit. temporal latéral ..	1	»
» » *sulcus extremus*..........	3	1
F. calcarine comm. avec la f. collatérale.....	»	1
» » » le s. extremus......	»	1
» » » le s. occipitalis 2e...	1	»
Total....... ...	19	19

C'est-à dire des anomalies pour chaque cerveau. 1.46 1.11 avec une prépondérance notable chez les hommes.

Chez quelques criminelles, ces anomalies étaient accumulées.

Ferrier parle d'une femme tribadique et criminelle qui avait un hémisphère droit (510 gr.) moins pesant que le gauche (550); de plus cet hémisphère présentait la scissure de Roland interrompue par un pli de passage profond faisant suite au pli frontal ascendant atrophié à cet endroit et traversée par deux scissures dans sa partie moyenne ; la pariétale ascendante était également traversée par une scissure, il en était de même pour la deuxième frontale. Dans la troisième frontale il observa une dépression au fond de laquelle étaient des plis plus petits et plus consistants que les plis ordinaires de passage, dépression qu'il croit être le résultat d'une inflammation. Quant à la déformation de la scissure de Roland, il la considère comme très rare, ne l'ayant trouvée que deux fois sur 800 normales.

Fiesch trouva chez une voleuse une pachyméningite, plus la circonvolution frontale ascendante interrompue à gauche, il y trouva, en outre, un lobe moyen cérébelleux conformé comme dans beaucoup de mammifères, ayant deux sillons qui passaient par la scissure moyenne, s'écartaient en avant et croisaient, dans toute la longueur des hémisphères, les circonvolutions horizontales du lobe moyen.

3. *Anomalies pathologiques*. — Les anomalies pathologiques ont cependant une importance plus grande. Sur 38 criminelles nécroscopisées, 11 présentaient de graves lésions macroscopiques du cerveau ou de ses involucres, telles que : dilatation des ventricules latéraux ; hémorragies multiples sousarachnoïdes dans la région frontale des deux hémisphères : épaississement de la dure-mère spinale, cervicale et dorsale ; abcès du cervelet en correspondance avec le pédoncule cérébelleux moyen gauche ; méningo-encéphalies ; apoplexie cérébrale ; hémorragie des ventricules latéraux ; syphilomes; deux tumeurs transparents, arrondis et adhérents au pédoncule et à la face inférieure du *chisma* du nerf optique sous l'arachnoïde : scissures élargies ; liquide sous-arachnoïdien abondant ; abcès endrocranien ; méningite à la base et en correspondance du pont et de la moelle allongée ; œdème cérébral et épanchement dans les ventricules; tumeurs de la 3e et 4e paire, sous l'arachnoïde.

Hotzen, dans l'*Archivio di psichiatria* (1889), publie l'histoire de Maria Koster, qui, à 18 ans, ayant toujours été tranquille et laborieuse, tua sa mère en lui portant 60 coups de hache dans le seul but de lui voler son modique pécule ; elle écrivit plus tard le journal de ses impressions. Elle fut servante, typographe, couturière ; elle ne présentait qu'une asymétrie de la face et de la pupille ; elle eut des accès hystériques avec une puberté tardive, la menstruation ne commença qu'à 19 ans) ; mais le plus souvent ses accès étaient simulés. A sa mort, on trouva, en outre de la phtisie, des traces d'adhérence de la dure mère et d'une pachyméningite hémorragique, une atrophie véritable de l'écorce cérébrale. La circonvolution centrale antérieure, en effet, était traversée par des sillons entre le tiers moyen inférieur et l'embouchure du sillon de Roland. La circonvolution centrale postérieure était divisée en deux moitiés par un sillon qui met en continuation les scissures interpariétales et celles de Roland.

La scissure de Roland ne débouche pas en bas dans la scissure de Silvio. Ces deux circonvolutions paracentrales sont traversées par une fissure profonde et béante, qui met en connexion directe la scissure interpariétale avec le premier sillon frontal.

Il s'agit donc d'une véritable atrophie de l'écorce cérébrale qui avait le caractère d'une dégénérescence congénitale héréditaire. Cette atrophie était caractérisée par le développement insuffisant des circonvolutions frontales et encore plus du lobe occipital, par la petitesse des circonvolutions, par la couverture incomplète du cervelet par les grands hémisphères et par la quantité des segmentations atipiques de l'écorce cérébrale, qui représentent de véritables *aplasies*.

Ces sillons ne sont pas le produit d'une évolution supérieure ; aucune augmentation de nouvelle substance cérébrale ne se produisant dans leur voisinage, ils apparaissent au contraire comme une atrophie véritable de la masse cérébrale.

Lambl, dans *Westphal's Archiv. für Psychiat*, 1888, nous raconte l'histoire d'une certaine Marianne Kirtecen, qui, guidée par sa mère, prédisait l'avenir et donnait des consultations aux paysans et même aux personnes de haut rang, avec une grande habileté ; elle devinait leurs maux, donnait des remèdes bizarres qu'elle se faisait payer cher ; c'était en somme une friponne habile malgré ses 12 ans ; elle était boiteuse, atteinte de strabisme, le crâne postérieurement aplati ; elle était gauchère, le bras droit presque paralysé ; éloquente, de manières distinguées, très nette dans ses réponses et très curieuse, désireuse de voir les malades et de les soigner. Elle mourut de phtisie et à l'autopsie on trouva une porencéphalie ancienne dans l'hémisphère gauche, constituée par une cavité large, à forme de clepsydre, dont la partie médiane, l'isthme, en forme de sillon elliptique horizontale de 4 ᵐ/ᵐ, se

trouvait dans la substance médullaire blanche, et dont la
base plus ample, arrondie, large de 5,4 centimètres, se dirigeait a l'extérieur et était limitée par l'arachnoïde, pendant que la base plus petite de 2,8 centimètres s'ouvrait dans
la paroi externe du ventricule latéral gauche. A l'enfoncement caliciforme de la surface externe de l'hémisphère
gauche prenaient part dans le segment supérieur la portion inférieure du gyrus precentral (frontal ascendant) et une partie
du gyrus frontal supérieur dans le segment antérieur, partie
inférieure du gyrus frontal supérieur et une partie du gyrus
frontal moyen ; dans le segment inférieur, la portion postérieure du gyrus frontal inférieur et les gyrus de l'insula
de Reil ; dans le segment postérieur, la partie antérieure du
gyrus premier temporal et la partie inférieure du gyrus
rétro-central (pariétal ascendant) avec l'opercule.

Une partie de la branche médullaire de la circonvolution
frontale ascendante était donc détruite, pendant que la corticale était intacte.

Dans la surface interne des hémisphères, on trouve d'autres anomalies qui proviennent de la pression du liquide
ventriculaire. Le diamètre oblique du corps calleux avec le
fornix s'atrophie dans la partie moyenne ; le gyrus fornicis
est aplati dans sa partie moyenne, les cornes des ventricules
latéraux sont dilatées et arrondies ; les ganglions internes
sont normaux. A l'examen microscopique, dans la couche
corticale grise des parties malades, on trouva une substance
cannelée mélangée à des cellules rondes et des corps nucleï-
formes (substance de la névroglie) : parmi ces cellules, quelques-unes avaient les contours aplatis, le protoplasme trans-
parent, et au centre deux ou trois noyaux, rappelant les fibres
cartilagineuses.

La pie mère et l'arachnoïde présentaient dans leur conve-
xité une grande quantité de granulations de Pacchioni,
notablement troubles et épaisses, comme chez les vieillards.

CHAPITRE IV

Anthropométrie des criminelles et des prostituées.

1. *Auteurs et cas étudiés.* — Récapitulant les auteurs qui étudièrent dans ces derniers temps les caractères de la femme criminelle, nous devons mentionner : Marro (1) sur 41 sujets, Troisky (2) sur 58, Lombroso et Pasini (3) sur 122, Ziino (4) sur 188, Lombroso 83 sur photographies, Varaglia et Silva (4) sur 60 crânes, Romberg (6) sur 20 et récemment Salsotto (7) sur 409, Mᵐᵉ Tarnowsky (8) sur 100 voleuses, pendant que Roncoroni (9) étudia 50 femmes normales.

Les caractères des prostituées, que nous ne pouvons rechercher séparément de ceux de la criminelle, furent étudiés par Scarenzio et Soffiantini (10) sur 14 crânes, par Andronico (11)

---

(1) Marro.— *I caratteri dei delinquenti*. Bocca, 1889.

(2) Troisky. — *Cefalometria nei delinquenti in rapporto con alcuni sintomi di degenerazione fisica*. Arch. Charkow. Russie, 1884.

(3) Lombroso e Pasini. — *Archivio psichiatria*, 1883.

(4) Ziino. — *Fisiopatologia del delitto*, 1881.

(5) Varaglia e Silva. — *Note anatomiche e antropologiche su 60 cranii e 46 encefali di donne criminali italiane. Archivio psichiatria*, vol. VI.

(6) Romberg. — 101 *cefalogrammi*. Berlin, 1889.

(7) Salsotto. — *La donna delinquente. Rivista di discipline carcerarie*, 1889.

(8) Tarnowsky. — *Étude anthropométrique sur les prostituées et les voleuses*. Paris, 1887.

(9) Roncoroni. — *Ricerche su alcune sensibilità nei pazzi. Giornale della R. Accad. di med.*, 1891. — *I caratteri degenerativi su 50 donne e 50 uomini normali; l'olfato, il gusto e l'udito in 35 normali. Arch. di psichiatria* 1892.

(10) Scarenzio e Soffiantini. — *Archivio di psichiatria*, 1881, vol. VII page 29.

(11) Andronico — *Prostitute e delinquenti. Arch. di psichiatria*, 1882 vol. III, page 143.

sur 230 sujets, par Grimaldi (1) sur 26, par de Albertis (2) sur 28, par Mme Tarnowsky sur 150, par Bergonzoli et Lombroso sur 26 crânes (3) pendant que Berg et Moraglia (4), il y a peu de temps, en étudièrent 854 pour le tatouage. Gurrieri en étudia 60, pour la sensibilité et Fornasari 68 pour l'anthropométrie (5). Riccardi (6) et Ardù (7) en étudièrent le poids et la stature, etc., sur 176.

A ceux-ci nous ajoutons des études faites à Turin (*Giornale della R. Accademia di medicina di Torino* n° 9 et 10, 1891; *Arch. di psich*, XIII, fasc. VI) sur les caractères de dégénérescence de 200 femmes normales, 120 voleuses Piémontaises, 115 prostituées. Nous étudiâmes ensuite, synthétiquement, le type criminel chez 300 autres femmes criminelles (234 du bagne féminin, 56 de la prison judiciaire de Turin), sur 69 criminelles et 100 prostituées Russes, nous associant à Mme Tarnowsky et au P. Ottolenghi (8).

En tout 1.083 observations sur des femmes criminelles, 176 sur des crânes de femmes criminelles, 685 sur des prostituées, 225 sur des femmes normales (hôpitaux) et 38 sur des crânes de femmes *normales*.

2. *Poids et stature*. — En examinant dans son ensemble les données de Salsotto et de Mme Tarnowsky sur le poids et la stature (voir tab. I et II) il ressort que 45 % des infanticides et 29, 6 % des homicides ont un poids inférieur au poids normal; 50 % des infanticides et 44 % des homicides ont une

---

(1) Grimaldi. — *Il pudore. Il manicomio*, vol V, n° 1, 1889.
(2) De Albertis. — *Il tatuaggio su 300 prostitute genovesi. Arch. psich, scienze pen. ed antrop. crim.*, vol. IX, 1888.
(3) Bergonzoli e Lombroso. — *Su 26 cranii di prostitute*, 1893.
(4) Berg. — *Le tatouage chez les prostituées Danoises. Arch. psich*, vol. XI e fasc. 3 e 4, 1891.
(5) Gurrieri e Fornasari. — *I sensi e le anomalie nelle donne normali e nelle prostitute.* Turin, 1893.
(6) Riccardi. — *Osservazioni intorno una serie di prostitute*, 1892. *Anomalo*, N. 8, 9.
(7) Ardù. — *Alcune anomalie nelle prostitute.* Turin, 1893.
(8) Ottolenghi e Lombroso. — *La donna delinquente e prostituta.* Turin, 1892. — Moraglia, *Sulla Donna delinquente. Arch. de Psich.* XVI. 1895. Turin.

stature inférieure à celle des femmes normales ; au contraire
le 15 % seulement des empoisonneuses était inférieur aux normales quant au poids, et 25 %, quant à la taille ; ceci est
en relation avec le fait que les empoisonneuses n'appartiennent généralement pas aux classes inférieures ou mal
partagées.

Suivant les données de Mme Tarnowsky 19 % des prostituées et 21 % des voleuses ont un poids inférieur à la
moyenne ; 20 % pour les paysannes, 18 % pour les femmes
cultivées. La stature était inférieure à la moyenne dans 28 %
des prostituées, 14 % des voleuses, dans 7 % des paysannes
et dans 10 % des femmes instruites.

Suivant Salsotto, correspondaient à la moyenne dans le
poids, le 37 % des infanticides, le 70 % des empoisonneuses,
le 52 % des meurtrières ; dans la stature le 38 % des infanticides, le 50 % des empoisonneuses et le 48 % des meurtrières.

Suivant Mme Tarnowsky dans le poids, 56, 7 % des prostituées, 51 % des voleuses, 46 % des paysannes et 58 % des
femmes instruites ; dans la stature, 61, 3 % des prostituées,
62 % des voleuses, 64 % des paysannes honnêtes et 74 %
des femmes instruites, correspondaient à la moyenne.

Suivant Salsotto, la moyenne du poids était surpassée par
18 % des infanticides, 15 % des empoisonneuses, 21, 6 % des
homicides ; et suivant Mme Tarnowsky, par 22, 9 % des prostituées, 28 % des voleuses 34 % des paysannes honnêtes, et
24 % des femmes instruites.

Quant à la stature, en Russie, la moyenne est surpassée par
14 % des prostituées, 24 % des voleuses, 19 % des paysan-
nnes honnêtes, et 12 % des femmes instruites : en Italie par
le 11 % des infanticides, le 20 % des empoisonneuses et par
le 10,4 % des homicides.

En résumé, le poids serait plus fréquemment égal ou supérieur à la moyenne chez les voleuses et chez les meurtrières,
surtout chez les prostituées, plus rarement, au contraire chez
les infanticides.

3. *Taille moyenne*. — En examinant la moyenne de la taille, nous trouvons, au contraire, que celle des criminelles et des prostituées est inférieur à celle des femmes honnêtes :

	Salsotto			Tarnowsky					
				Moyenne Norm. en					Fem. Pays. instr.
	Inft.	Emp.	Meurt.	Italie	Prost.	Vol.	Meurt.	hon.	hon.
Poids moy.	55.1	57.7	58.5	55	55.2	56	58	56.4	56.4
Stat. moy..	1.52	1.53	1.53	1.55	1.53	1.55	1.56	1.56	1.54

Marro trouva une taille moyenne pour les femmes honnêtes de 1.55, pour les criminelles de 1.52; et un poids moyen pour les honnêtes de 57, pour les criminelles de 53.

La taille moyenne de 42 prostituées de Bologne de Riccardi fut de 1.52 avec un maximum de 1.67 et un minimum de 1.43.

Considérant chez celles de Bologne la taille en rapport avec l'âge et la position sociale, Riccardi (*Statura e condizione sociale studiate nei Bolognesi*, 1885), trouva :

	Normales (Riccardi)			Normales	
âge	riches	pauvres	moyenne	(F. de V.)	Prostituées
17	156.6	150.4	153.8	153.3	158.7
18	156.5	152.9	154.6	162.0	155.0
19	155.9	155.0	155.1	150.0	—
20 à 25	156.8	154.1	155.2	154.0	153.7
26 à 35	155.3	152.3	154.3	152.1	163.0

D'où l'on conclut qu'à 25 ans, âge de presque toutes les prostituées mesurées à Bologne (20), elles présentent une taille inférieure non seulement à celle des femmes riches mais encore à celle des femmes pauvres.

4. *Poids moyen*. — Pour le poids, nous avons déjà vu, d'après les moyennes de Salsotto et de Mme Tarnowsky, que les empoisonneuses et les homicides paraîtraient comme nous le disions, supérieures aux femmes honnêtes.

En faisant donc, avec Fornasari, la comparaison de poids en

rapport avec la taille et l'âge chez les prostituées et chez les femmes honnêtes, on trouve :

26 prostituées			26 normales (Fornasari)		
Âges	poids kil.	taille	Âges	poids kil.	taille
27	44.300	1445	15	42.000	1445
22	45.000	1415	31	43.000	1500
24	48.150	1523	25	47.500	1540
24	48.200	1510	26	48.000	1450
22	52.000	1604	30	51.500	1544
24	52.500	1580	22	52.400	1540
26	58.000	1500	19	55.200	1500
20	59.000	1584			
30	67.000	1690			

On voit que la taille et l'âge étant égaux, le poids est supérieur chez les prostituées, ce qui est encore démontré par 20 autres pesages qui lui donnèrent une moyenne de poids de 58 kil., avec un maximum de 75 kil. et un minimum de 38, chiffre supérieur à la moyenne des femmes normales.

Ce poids supérieur des prostituées est confirmé par le fait notoire de l'énorme embonpoint de celles qui vieillissent dans ce triste métier et qui se transforment en de véritables monstres *polysarciques* ; nous en avons vu plusieurs qui arrivaient au poids de 90, 98 et jusqu'à 130 kilos.

Mais cela est encore plus évident quand, dans l'étude du poids en rapport avec la taille, on considère (V. tabl. II), conformément à une formule trouvée sur des milliers de mesures. par un de nous (1) comme ayant un poids égal à la moyenne, les femmes chez lesquelles le chiffre des kilogrammes est égal au chiffre indiquant le nombre des centimètres de leur taille qui dépassent le mètre (taille 1m60, poids 60 kil.). On voit alors comment 60 0/0 des empoisonneuses, 59, 4, 0/0 des prostituées, 50 0/0 des meurtrières et 46 0/0 des voleuses ont un poids supérieur à la moyenne normale, pendant que seule-

Lombroso, *Sulla statura degli Italiani*. (Milano 1873.)

TABLEAU I.

		TAILLE								
		Inférieures de 15 cm. et plus de la moyenne	O/O	Inférieures de 10-14 cm.	O/O	Inférieures de 5-9 cm	O/O	Correspondant à la moyenne normale	O/O	Supérieures de 5-9 cm. à la moyenne	O/O
Femmes criminelles de Salsotto										
Infanticides..............	100	—	—	18	18	33	33	38	38	11	11
Empoisonneuses........	20	1	5	2	10	3	15	10	50	2	10
Meurtrières..............	128	1	0,8	12	9,6	42	33,6	60	48	13	10,4
Total.........	248	2	0,8	22	8,8	78	31	108	43	26	10,4
Femmes de Tarnowsky										
Prostituées........	150	1	0,66	2	1,32	40	26,4	93	61,3	11	7,2
Voleuses	100	—	—	2	2	12	12	62	62	20	20
Paysannes honnêtes.......	100	—	—	—	—	7	7	64	64	21	21
Femmes instruites........	50	—	—	1	2	4	8	37	74	7	14
Femmes de Marro										
Voleuses	19	—	—	4	20	8	15	8	40	5	20
Criminelles c. les bonnes mœurs	8	—	—	1	12	4	48	3	36	—	—
Criminelles diverses.......	84	—	—	—	—	3	22	11	78	—	—
Normales..............	25	—	—	1	4	5	20	15	60	4	16

TABLEAU II.

			Poids supérieur au poids normal O/O
Salsotto........	Empoisonneuses................	20	60
	Meurtrières....................	130	50,4
	Infanticides..................	100	44
Tarnowsky.......	Prostituées de profession........	150	59,40
	Normales (paysannes)...........	100	45
	» (femmes instruites) ...	50	64
	Voleuses.....................	100	46
Marro...........	Voleuses.....................	19	45
	Crimines contre les bonnes mœurs	8	60
	» diverses................	14	48
	Normales.....................	15	60

Taille et Poids.

TAILLE				POIDS													
Supérieures de 10-14 cm		Supérieures de 15 cm. et plus		Inférieures de 15 kilog. à la moyenne		Inférieures de 10-14 kilog.		Inférieures de 5-9 kilog.		Correspondant à la moyenne normale		Supérieures de 5-9 kilog. à la moyenne		Supérieures de 10-14 kilog.		Supérieures de 15 kilog. et plus	
	0/0		0/0		0/0		0/0		0/0		0/0		0/0		0/0		0/0
				9	9	10	10	26	26	37	37	11	11	7	7	—	—
2	10	—	—	—	—	3	15	8	15	14	70	2	10	—	—	1	5
2		—	—	2	1,6	25	20	10	8	65	52	10	8	7	5,6	9	7,2
2	0,8	—	—	11	4,4	35	14	39	15,6	116	46	23	9,2	14	5,6	10	4
3	1,98	—	—	1	0,66	11	7,2	17	11,2	86	56,7	22	14,5	12	7,8	1	0,66
3	3	1	1	3	3	3	3	15	15	51	51	15	15	8	8	5	5
8	8	—	—	2	2	3	3	15	15	46	46	16	16	14	14	4	4
1	2	—	—	1	2	3	6	5	10	29	58	6	12	4	8	2	4
—	—	—	—	1	5	2	10	2	10	7	35	3	15	2	10	2	10
—	—	—	—	—	—	1	13	2	24	4	48	—	—	1	12	2	—
—	—	—	—	1	7	1	7	4	29	3	36	3	21	—	—	—	—
—	—	—	—	1	4	21	8	31	12	12	48	3	12	2	8	2	8

Taille et Poids.

Correspondant au poids normal 0/0	Inférieur au poids normal C/0	Inférieur au poids normal d'au-moins 10 kil. 0/0
15	25	—
14,4	37,6	—
25	31	—
5,94	29,7	3,96
5	46	4
3	32	2
10	36	8
5	25	20
12	24	—
—	50	7
4	32	4

ment 45 0/0 des paysannes russes et 44 0/0 des infanticides
surpassent la normale. Inférieurs à la normale sont au contraire 46 0/0 des paysannes Russes et 37 0/0 des meurtrières,
36 0/0 des voleuses, 31 0/0 des infanticides, 29 0/0 des prostituées et 25 0/0 des empoisonneuses italiennes.

5. *Grande envergure*. — La moyenne chez 44 prostituées
Italiennes fut de 1,556, pendant que la moyenne de leur taille
était de 1.520, avec rapport comme de 102,3 à 100 (C'était la
même chose chez les normales, comme 103 à 100).

Mme Tarnowsky pourtant trouva chez les Russes :

	150 prostituées	100 voleuses	50 meurtrières	100 honnêtes pauvres
Taille.......	1.53	1.55	1.56	1.56
Gde envergure	1.62	1.65	1.63	1.68

avec ouverture des bras, relativement aux honnêtes pauvres, inférieure à la taille chez les prostituées et les criminelles,
ce qui se rapporte au développement supérieur des membres
chez celles qui travaillent, comme nous le verrons chez les
ouvrières Russes.

6. *Hauteur du tronc*. — La hauteur moyenne du corps assis
sur 30 prostituées de Bologne fut de 82,0 en rapport avec la
taille 53, 6 0/0 ; celle de 30 femmes honnêtes Bolonaises fut 83,2,
en rapport avec la taille 53, 7 0/0. c'est-à dire sans aucune
différence notable. De même pour le diamètre biacromial.

7. *Membres. - Thorax*. — Des mesures des membres prises
par Mme Tarnowsky, il résulte que les membres supérieurs
qui chez la femme honnête, mais qui travaille, mesurent 0,608,
arrivent chez les voleuses à 0,597, chez les prostituées à
0,583, c'est-à-dire avec une légère diminution ; de même pour
le membre supérieur droit, qui chez les paysannes honnêtes
atteint 0,619 et descend chez les voleuses à 0,605, chez les
prostituées à 0,588 avec une légère différence en moins ; ce
sont donc les prostituées et les voleuses qui auraient les bras

plus courts. Les unes et les autres parce qu'elles travaillent moins que les femmes honnêtes.

La circonférence thoracique est de 82,2 chez les prostituées, peu différente de celle des honnêtes de Bologne qui est de 82,7, et de Modène 84,7, rapportée à la taille 54,0 (honnêtes 53,3) elle serait un peu plus élevée (Riccardi).

8. *Main.* — La main, au contraire, suivant Mme Tarnowsky, est plus longue chez les prostituées russes, d. 187, g. 184, que chez les paysannes et même que chez les homicides, d. 185, g. 184 : elle est plus courte chez les voleuses, d. 178, g. 175. Fornasari, aussi, trouva dans la main une longueur supérieure, de m/m. 155 à 198, chez les prostituées de Bologne, d. 141 à 184, et une largeur qui va de 65 à 85 chez les premières, pendant qu'elle ne va que de 52 à 84 chez les femmes normales.

Ces différences, pourtant fortes dans les extrêmes, s'atténuaient jusqu'à disparaître dans les moyennes sériales.

Il reste néanmoins acquis que les plus petites mains appartiennent exclusivement aux femmes normales, même travailleuses.

Fornasari mesura la longueur du médius pour le comparer avec la largeur de la main et la différence des deux mesures lui permit de conclure au plus ou moins grand développement de la partie digitale comparativement à la partie palmaire de la main.

La longueur du médius a été mesurée sur le côté dorsal du doigt, de la pointe à l'extrémité du troisième métacarpe ; et du côté palmaire, de la pointe au pli qui sépare la partie digitale de la partie palmaire de la main.

La différence entre la longeur du médius prise selon l'une et l'autre méthode est environ de 9 à 20^{m}/^{m}.

Du côté palmaire, la longueur du médius varie chez les prostituées de 60 à 85 m/m., avec une moyenne de 70 à 74 ; chez les normales de 83 à 85, avec une moyenne semblable.

De la partie dorsale, la même mesure varie de 75 à 100 chez les prostituées avec une moyenne de 80 à 84, chez les normales, d'un minimum de 65 on va au maximum de 99, et la moyenne sériale s'élève à 85-89.

La seconde mensuration, basée sur un critérium anatomique exact, confirme les premiers résultats en ce que les doigts r 'dius plus courts appartiendraient aux femmes normales, les plus longs aux prostituées ; mais, relativement à la moyenne sériale, pendant que la première donnerait pour la majorité une longueur égale tant chez les prostituées que chez les normales, cette seconde nous donnerait pour les normales une longueur moyenne supérieure.

Confrontant maintenant la longueur du doigt médius (côté dorsal) avec la largeur de la main on obtient :

Différence entre la partie digitale et palmaire de la main :

	Prostituées	Femmes Bolonaises Prostituées	Normales
de 1 à 9 m/m	13	9	6
de 10 à 19 m/m	40	15	11
de 20 à 25 m/m	7	3	3

Cette différence, chez les Bolonaises, va de 1 à 24 chez les prostituées, de 5 à 24 chez les normales. Chez les prostituées, par conséquent, la partie digitale de la main serait, proportionnellement à la partie palmaire, moins développée que chez les normales.

Comparant la longueur de la main avec la taille, prise égale à 100, on a :

	Prostituées	Bolonaises Prostituées	Normales
de 9,5	2	1	1
de 9,5	1	1	1
de 10	4	1	1
de 10,5	19	8	5
de 11	21	10	7
de 11,5	11	5	5
de 12 et plus....	1	»	»

Chiffres qui feraient conclure à un plus grand développement de la main relativement à la taille, chez les prostituées.

Cou, cuisse et jambe. — Les mesures de la circonférence du cou, de la cuisse et de la jambe ont été prises sur peu de femmes normales, sur 14 seulement, car on trouve difficilement des sujets qui se présentent à l'expérience.

Entre la plus petite circonférence de la jambe prise au-dessus des malléoles et la plus grande des mollets, Fornasari a trouvé une différence, pour les prostituées Bolonaises de 70 à 150, pour les normales, de 100 à 140 ; la moyenne sériale pour les premières étant de 120, pour les secondes 100. Les normales auraient donc en moyenne les mollets moins développés ; les prostituées auraient les développements maximum et minimum.

Entre la circonférence maximum des mollets et celle maximum de la cuisse, on trouve une différence qui va de 120 à 240 chez les prostituées Bolonaises, de 120 à 220 chez les normales ; la moyenne sériale pour les premières est de 190 et pour les dernières 150. Les prostituées auraient donc les cuisses plus grosses proportionnellement aux mollets comparées aux normales.

Entre la circonférence maximum de la jambe et la circonférence du cou, il y a une différence de — 55 à + 30 pour les prostituées Bolonaises, et de — 35 à + 5 pour les normales ; auraient le cou égal aux mollets :

22	4	17 prostituées.
14	»	8 prostituées Bolonaises.
8	4	2 normales —

Les femmes normales auraient égales les deux circonférences, souvent le cou plus petit, rarement plus gros et encore de peu ; les prostituées, au contraire, auraient plus souvent le cou plus gros ou moindre que la circonférence maximum des mollets.

10. *Pied.* — Passant finalement au pied, nous trouvons qu'il est plus court, mais moins large chez les prostituées que chez les normales. En effet, pour la longueur, les prostituées Bolonaises variaient de 200 à 240mm (moyenne sériale 230), les normales de 200 à 235 (moyenne de la série de 210 à 220): pour la largeur, les prostituées allaient de 64 à 90mm. (moyenne de la série de 80 à 84), les normales, de 70 à 96 (moyenne identique).

Enfin entre la longueur du pied et celle de la main, il y a une différence supérieure chez les prostituées à celle des normales dans les extrémités de l'échelle sériale, semblable presque dans la moyenne de la série ; différence qui, pour les premières, va de 38 à 73, pour les secondes de 20 à 65, pendant que la moyenne est de 50 à 69 pour les unes et les autres.

Par conséquent le pied paraîtrait plus court, proportionnellement à la main chez les prostituées, en comparaison des femmes normales.

11. *Capacité cranienne probable.* — Bien que ces mesures ne puissent être que d'une exactitude très relative chez les femmes, à cause de l'abondance des cheveux, Marro la trouva sur 41 criminelles, inférieure (1.477) à celle des femmes honnêtes (1.508).

Il trouva chez ces femmes les séries suivantes de capacités craniennes probables :

	Fem. crim. 41 o/°	norm. 25 o/°
1400 à 1450 cc.....	28,8	:—
1450 à 1500 ».....	45,6	44
1500 à 1550 ».....	16,8	44
1550 à 1597 ».....	7,2	12

D'après les études de Fornasari, elle est chez les Bolonaises de 1400 à 1559 pour les prostituées et de 1410 à 1570 pour les normales.

Mais leur capacité se dégage bien mieux des données de Mme Tarnowsky, sur des Russes, toutes du même âge et du même pays :

	prostit.	Paysannes hon.	Fem. inst. hon.	vol.
Circonférence horizontale...	531,6	537,0	538,0	535,5
Courbe longitudinale.......	316,2	316,2	313,5	317,3
» transversale........	283,8	285,9	286,9	286,3
Diamètre longitudinal.......	178,2	181,4	183,2	179,4
» transversal	142,5	144,8	145,2	143,9
Cap. cran. probable.......	1452,3	1465,3	1466,8	1462,4

Les voleuses auraient donc une capacité cranienne probable, inférieure d'à peine 3 cm. c. à celle des normales ; les prostituées au contraire d'au moins 13 cm.

Les mesures prises sur les crânes, confirment la prépondérance des petites capacités craniennes chez les prostituées.

12. La *circonférence cranienne* de 80 femmes criminelles piémontaises correspond à une moyenne de 530 ; Marro rencontra la même chez la femme normale, 535 ; avec la méthode sériale, dans les proportions minimes, les criminelles surpassent les honnêtes et restent au contraire en arrière dans les plus grandes.

Des chiffres de Salsotto nous avons chez les criminelles 51 % des circonférences craniennes comprises entre 521 et 540 ; 22 % circonférences entre 541 et 557 ; 27 % entre 504 et 520. Par rapport au crime, on trouve la plus grande circonférence cranienne moyenne chez les homicides (532) ; suivent les empoisonneuses (517), puis les infanticides (501), et enfin les voleuses (494) ; Ziino trouva presque le même rapport.

Sérialement, les plus grandes circonférences manquent chez les voleuses et chez les infanticides, et abondent chez les homicides.

TABLEAU III. — Mesures craniennes et faciales.

			TARNOWSKY				SALSOTTO			MARRO	
		Prostituées 150	Paysannes 100	Femmes instruites 50	Voleuses 100	Empoisonneuses 20	Meurtrières 130	Infanticides 100	Criminelles diverses 42	Normales 25
MESURES CRANIENNES.										
Diamètre antéro-postérieur	de 154-175	13,33	4	—	36	—	—	—	69,6	48
	» 175-180	29,33	21	20	40	—	—	—	26,4	48
	» 180-185	40	40	30	16	—	—	—	2,4	4
	» 185-190	14	24	28	7	—	—	—	—	—
	» 190-195	3,33	11	22	1	—	—	—	—	—
Diamètre transversal	de 125-135	4,66	1	2	—	—	—	—	2,4	8
	» 135-145	37,32	26	30	82	—	—	—	45,6	24
	» 145-155	57,99	71	68	18	—	—	—	50,4	18
Circonférence horizontale	de 485-504	1,32	—	—	—	—	—	—	—	—
	» 504-510	1,33	—	2	4	15	4	3	26,4	20
	» 511-520	8,66	6	2	11	40	19	21	—	—
	» 521-530	26,06	20	12	29	25	36	15	57,6	44
	» 531-540	33,99	23	34	24	10	25,6	30	—	—
	» 541-550	21,33	24	40	21	10	12,8	21	10,4	36
	» 551-560	7,28	22	22	11	—	6,4	10	—	—
Courbe longitudinale	de 280-310	56	37	36,3	38	15	70	10	57,6	44
	» 311-320	24	29	33	30	45	36	38	12,0	24
	» 321-330	12	24	21,78	23	25	46	41	21,6	20
	» 331-340	8	10	4,62	7	15	10	11	7,2	12

		1	2	3	4	5	6	7	8	9	10
Courbe transversale	de 250-300	85,46	84	80	86	—	—			528	4
	» 300-310	10,56	13	12	10	30	30	15		16,8	28
	» 311-320	3,98	3	4	3	50	4	25		21,6	36
	» 321-330	—	—	4	1	5	51	50		7,2	32
	» 331-340	—	—	—	—	15	15	10		2,4	
Indice céphalique	jusqu'à 77	23,66	26	24	16	25	21	19		12,0	8
	77-80	26	23	38	31	15	41	25		38,4	44
	80-85	38,66	40	28	56	25	22	27		40,8	28
	85 au-dessus	12	10	10	3	35	16	29		4,8	20
Demi-circonférence antérieure	de 292-300	—	—	—	—	25	20,6	25		—	—
	» 301-310	—	—	—	—	35	40	41		—	—
	» 311-328	—	—	—	—	40	39,4	27		—	—

MESURES FACIALES.

		1	2	3	4	5	6	7	8	9	10
Diamètre frontal minimum	de 9,5-10	—	—	—	—	20	20	11	sur 12	27,2	39
	» 10,1-10,5	—	—	—	5		31	29	sur 12	48,4	35
	» 10,5-11	18,48	18	—	24	40	36	39		24,2	29
	» 11,1-12,0	59,4	74	84	67	—	13	21		—	19
	» 12,0 au-des.	21,12	8	66	6	—	—	—		—	—
Diamètre bi-zygomatique	de 8,5-11,0	14	19	16	46	—	—	—		—	—
	» 11,1-12,0	68,66	71	64	48	—	43	49		42	—
	» 12,1-13,0	17,33	10	20	6	55	46	31	sur 12	58	29
	» 13,1-14,0	—	—	—	—	45	11	20		—	62
	» 14 au-des.	—	—	—	—						9
Diamètre bi-mandibulaire	de 9,0-10,0	19,33	27	50	75	15	14	23		8	14
	» 10,1-10,5	50,66	56	38	19	35	26,5	31		42	14
	» 10,6-11,0	25,33	13	8	6	45	34	29	sur 12	25	57
	» 11,1-11,5	4,66	4	4	—	5	20,5	17		17	50
	» 11,6-12,0	—	—	—	—	—	5	—		8	5
Hauteur du front	de 30-40	—	—	—	—	40	26	25	sur 12	18	14
	» 41-50	—	—	—	—	30	51	30		54	72
	» 51-60	—	—	—	—	30	23	45		27	14

	Infant. 0/0.	Meurt. 0/0.	Empoison. 0/0.
510......	3 »	15 »	3,8 »
511-520....	21 »	40 »	19 »
521-530....	15 »	25 »	36 »
531-540....	30 »	10 »	24 »
541-550....	21 »	10 »	12 »
551-560....	10 »	—	6,4 »

Andronico, sur 230 prostituées, trouva une circonférence entre 480 et 500 chez 87 °/₀ ; nous avions déjà trouvé chez 178 prostituées une circonférence cranienne moyenne de 522, moindre que chez les criminelles. De Albertis aurait trouvé une moyenne de 537.

Sur 27 prostituées bolonaises, Fornaris trouva un minimum de 470, un maximum de 560 ; sur 20 femmes honnêtes un minimum de 490 et un maximum de 534.

Mᵐᵉ Tarnowsky trouvait une circonférence moyenne de 535 chez les voleuses, 531 chez les prostituées, 537 chez les paysannes illettrées, 538 chez 50 honnêtes instruites ; il y aurait donc une circonférence cranienne moindre chez la femme criminelle, fait confirmé par plusieurs observateurs.

Chez les prostituées, par conséquent, la circonférence cranienne serait moindre encore que chez les criminelles.

Arrivons à des détails plus exacts : les circonférences les moins amples (de 485 à 520) se trouvent surtout chez les prostituées (11, 31 °/₀) et chez les voleuses (15 °/₀), pendant qu'elles se rencontrent seulement dans 6 °/₀ des paysannes et 2 °/₀ des femmes instruites (Tarnowsky) ; les plus amples (540-580) sont surtout rares chez les prostituées (28, 6, °/₀) et chez les voleuses (12 °/°. pendant qu'elles abondent chez les paysannes (46.7) et surtout chez les femmes instruites (62 °/₀).

Suivant Salsotto, les plus petites circonférences prévalent chez les empoisonneuses (55 °/₀) ; elles sont au contraire plus rares chez les infanticides (24 °/₀), les homicides (23 °/₀) et chez les voleuses (15 °/₀) ; les plus grandes circonférences

parmi les criminelles se trouvent chez les voleuses (37 %),
chez les infanticides (31 %), puis chez les meurtrières (19 2%)
et chez les empoisonneuses (10 %). Suivant Marro les moindres circonférences (485 à 520) se trouvent dans 27, 4 %° des
criminelles et dans 20 % des normales ; les plus grandes
(de 541 à 580) dans 10, 4 % des criminelles et 36 % des
normales.

13. *Courbes*. — *Courbes longitudinales*. — Suivant Mme Tarnowski, les chiffres moindres (280-310) se trouvent surtout
chez les prostituées (56 %) et chez les voleuses (30 %), puis
chez les paysannes honnêtes (37 %) et chez les femmes instruites (36,3) ; et suivant Salsotto, pour les criminelles, chez
les voleuses (38 [°]), puis chez les empoisonneuses (15 %), chez
les homicides et chez les infanticides (20 %). Les chiffres supérieurs (321-340) (Tarnowsky), chez les paysannes (34 %),
puis chez les voleuses (30 %), chez les femmes cultivées
(26,3 %) et chez les prostituées (20 %). Suivant Salsotto, chez
les homicides (56 %), chez les infanticides (52 %), puis les
empoisonneuses (40 %) et les voleuses (30 %). Suivant Marro,
les plus petites courbes longitudinales (280-310) se trouvent
dans 57, 6 % des criminelles et 14 % des normales ; les plus
grandes (331-340) dans 7,2 % des criminelles et 12 % des
normales.

Courbes transversales. — Ici les données de Mme Tarnowsky sont très différentes, comparées à celles de Salsotto ;
ce qui s'explique par l'action éthnique. Chez les criminelles
italiennes, Salsotto n'en trouve pas même une ayant la courbe
transversale qui mesure de 200 à 300 m/m ; pendant que Mme
Tarnowsky, en trouve en Russie 86 % chez les voleuses,
85,46 %. parmi les prostituées ; 84 % parmi les paysannes ;
80 % parmi les femmes cultivées. Au contraire, dans les limites
entre 321 à 340, Mme Tarnowsky ne trouve que 4 % des femmes cultivées et 1 % des voleuses, pendant que Salsotto nous
donne 66 % des meurtrières, 60 % des infanticides et 20 %

des empoisonneuses. Marro nota une grande prépondérance
(52 %) des courbes minimes de 280 à 310 chez les criminelles
et la rareté des grandes (7,3%) de 321 à 340. Chez les femmes
normales, les premières forment seulement 4 % ; les seconds
32 %.

Grimaldi trouva chez ses prostituées une grande prépondérance de la courbe longitudinale sur la transversale.

La demi-circonférence antérieure fut trouvée par Salsotto
dans l'ordre suivant : de 292 à 300, 52 fois (22 %), de 301 à
310, 98 fois (41 %), de 316 à 328, 87 fois (37 %), de 292-300
dans 25 % des infanticides, des empoisonneuses, et dans
20,6 % des meurtrières ; de 301-310 dans 48 % des infanticides, 40% des meurtrières et 35 % des empoisonneuses ; de
311-325 dans 40 % des empoisonneuses, 39, 4 % des meurtrières et 27 % des infanticides, avec prépondérance des mesures les plus élevées chez les meurtrières comparées aux
infanticides. De Albertis rencontra chez les prostituées une
demi-courbe antérieure basse, 282.

14. *Diamètres et indices.* — Ce moindre développement se
répète dans les diamètres crâniens fournis par Mme Tarnowsky, qui sont très importants ayant été étudiés comparativement sur des femmes du même pays ; elle trouva en effet :

Diamètre antéro-postérieur moyen chez les femmes instruites de.................................... 183

Diamètre antéro-postérieur moyen chez les paysannes illettrées.................................... 181

Diamètre antéro-postérieur chez les voleuses..... 153

» » » » prostituées... 178

» » » » homicides.... 177

Diamètre transversal chez les femmes instruites de. 145, 0

» » » les paysannes illettrées. 144, 9

» » » les homicides.......... 144, 2

» » » les voleuses.......... 143, 9

» » » les prostituées.......... 143, 1

Diamètre antéro-postérieur. — Suivant Mme Tarnowsky et Marro les plus petits diamètres prévalent chez les prostituées et surtout chez les voleuses, pendant que chez elles se trouvent rarement les diamètres plus grands.

En effet, de 165 à 180 nous trouvons 42, 66 % des prostituées, 82 % des voleuses et seulement 25 % des paysannes honnêtes et 20 % des femmes instruites ; au contraire, de 183 à 195 on a seulement 17,33 % des prostituées, 8 % des voleuses, alors qu'on a 35 % des paysannes honnêtes et 50 % des femmes instruites.

Les chiffres de Marro donnent de 154 à 175, 70 % des criminelles et 41 % des normales ; pendant que de 175 à 185 il trouve 28,8 chez les criminelles et 50 % chez les femmes normales.

Diamètre transversal : L'infériorité des prostituées et surtout des voleuses, suivant Mme Tarnowsky, en comparaison des femmes normales se révèle surtout par la moindre fréquence des diamètres plus longs entre 145 et 155 ; en effet leur proportion respective est de 59,99 % et 18 %, alors qu'ils donnent 71 % et 68 % chez les paysannes et les femmes instruites ; suivant Marro, la supériorité chez les normales se révèle par la plus grande fréquence des diamètres supérieurs de 145 à 155, (50,4 chez les criminelles, 78 % chez les normales.'

Diamètre frontal minimum. — Mme Tarnowski ne rencontra en Russie, ni chez les femmes normales, ni chez les criminelles, ni chez les prostituées, aucune qui ait un diamètre frontal entre 95 et 105 ; Salsotto, en Italie, trouva au contraire cette mesure dans 60 % des empoisonneuses, dans 51 % des femmes assassins et seulement dans 40 % des infanticides.

Mme Tarnowsky trouva au contraire un diamètre frontal minimum de 121 et au-dessus dans 66 % des femmes cultivées, dans 21,17 % des prostituées, dans 8 % des paysannes et

dans 6 %, des voleuses, mais en Italie, il ne fut trouvé chez aucune criminelle. Salsottto trouva au contraire un diamètre de
10,6 à 12 c. m. dans 60 % des infanticides, 40 % des homicides et 40 % des empoisonneuses.

Suivant Marro, les plus grands diamètres de 12 c. m. et au-
dessus se trouvent dans 19 % des normales et manquent
chez les criminelles.

La moyenne du diamètre frontal minimum chez les 30
prostituées Modèneses de Riccardi est de 106,2, par conséquent inférieure à celle des honnêtes 108,2.

Hauteur frontale. — La moindre hauteur frontale (30-40) se
rencontre dans 25 % des infanticides, 26 % des meurtrières
et 40 % des empoisonneuses; la plus grande (51-67) dans
45 % desinfanticides, 30 % des homicides et 23 % des empoisonneuses. Chez les Bolonaises prostituées, la hauteur
majeure est de 40 à 70, chez les honnêtes de 40 à 60 c. m. La
largeur chez les prostituées est de 100 à 129, chez les honnêtes
de 95 à 124.

Le rapport entre la hauteur du front et celle de la face est
chez les prostituées Bolonaises de 32 à 54, les honnêtes 34 à 52.

L'*indice céphalique* a un caractère trop ethnique pour que
nous puissions accorder une valeur aux résultats obtenus
par les divers observateurs; nous avons déjà noté une prépondérance (10 %) de brachycéphalie saillante chez les Piémontaises criminelles; Marro ne trouva presqu'aucune différence avec les normales (normales 86, criminelles 85), sauf
que les indices plus bas jusqu'à 77, se trouvèrent dans 2,6
des criminelles et ne se trouvèrent pas chez les honnêtes; les
plus élevés, outre 85, dans 54 % des criminelles et 20 %
des honnêtes.

Grimaldi, comme de Albertis, trouva chez les prostituées
une prépondérance de brachycéphales.

Selon Mme Tarnowsky, qui est la plus sûre pour les comparaisons exactement ethniques, les maxima de l'indice cépha-

lique sont pourtant presque identiques tant chez les prostituées et chez les voleuses, que chez les femmes honnêtes, sauf
que, chez les premières, il faut noter, une brachycéphalie plus
saillante.

En effet, la prostituée lui donna l'indice céphalique de 80,0
    La voleuse   »   »   »   80,2
    La paysanne   »   »   »   79,9
    La femme instruite   »   »   79,1

Diamètre bizygomatique. — Mme Tarnoswky trouve en Russie, que 46 % des voleuses, 19 % des paysannes, 16 % des
femmes instruites et 14 % des prostituées ont ce diamètre
entre 8,5 et 11.0. Il est, chez les femmes instruites, de 112,
chez les paysannes de 111, chez les prostituées il atteint 113
et chez les voleuses 114.

Le diamètre bizygomatique donna chez les prostituées Bolonaises 85 à 129 avec une moyenne de 113 ; chez les honnêtes
101 à 104 avec moyenne de 102.

Mais bien mieux que par les chiffres, la plus grande extension des os du visage a été déjà démontrée par nous dans la
fréquence constatée à propos de la mandibule très développée
et des zygomes saillants. (V. Tabl. III et IV.)

En Italie, aucune des femmes examinées par Salsotto n'a le
diamètre si petit : il trouve au contraire que 45 % des empoisonneuses, 70 % des infancides et 11 % des homicides ont
un diamètre bizygomatique entre 13,1 et 14,0 pendant qu'en
Russie aucune des femmes examinées par Mme Tarnowsky
n'avait ce diamètre aussi grand.

A Bologne, les prostituées donnèrent un diamètre de 104 à
139, les femmes honnêtes de 90 à 133 (Fornasari).

Diamètre bi-mandibulaire. — Chez les Bolonaises il varie de
95 à 99, chez les prostituées de 100 à 104. Le minimum (90-
100) fut constaté par Mlle Tarnowsky chez 75 % des voleuses
dans 50 % des femmes instruites, dans 27 % des paysannes

et dans 19,33 % des prostituées. En Italie ou les comparaisons avec les honnêtes manquent, Salsotto le trouva dans 23 % des infanticides, dans 15 % des empoisonneuses et dans 14 % des homicides. Le maximum (11,1 à 12,0 en Russie) fut trouvé par Mme Tarnowsky dans 4,66 % des prostituées, dans 4 % des paysannes et des femmes cultivées ; dans 25,5 % des homicides, dans 17 % des infanticides et dans 5 % des empoisonneuses par Salsotto.

Les chiffres de Marro sur le diamètre bizygomatique, sur le diamètre bi-mandibulaire et sur la hauteur du front, se rapportent à un nombre de sujets trop restreint pour que l'on puisse en tirer des conclusions sûres ; en outre les femmes normales étudiées par Marro proviennent de la classe campagnarde pendant que les criminelles appartiennent à la ville, les données respectives ne peuvent donc être confrontées.

En effet, même chez les paysannes normales il a été trouvé des chiffres indiquants un grand développement du diamètre bizygomatique.

Toutefois, le diamètre bi-mandibulaire dans 25 % des criminelles et seulement dans 15 % des normales surpasse les 11 cm.

La distance bigoniaque est de 99, 5 chez les Russes hon.
» » » 97,8 » » pros.
» » » 99,4 » . » vol.
» » » 101,6 » » hom.
Le diamètre gonio symphysien 93,9 » » hon.
» » » 94,2 » » pros.
» » » 95,5 » » vol.
» » » 96,6 » » hom.

avec une prépondérance évidente chez les criminelles et les prostituées.

L'angle facial est de 72°,02 chez les Russes honnêtes.
» » » 71°,01 » » prostituées.
» » » 71°,07 » » voleuses.
» » » 72°,01 » » homicides.

15. *Cheveux*. — Les cheveux sont plus foncés chez les criminelles et chez les prostituées que chez les honnêtes.

En effet, Mme Tarnowsky trouva sur

	100 honnêtes	100 voleuses	100 prostituées russes
Cheveux bruns	42	62	52
» blonds	58	35	47
» roux	2,6	3	0,5

Les prostituées auraient une proportion moindre de cheveux foncés que les voleuses, parce que le chiffre des blondes y est plus élevé.

Marro, déjà nous avait signalé la prépondérance du cheveu blond et du roux dans les crimes de luxure, ce qui s'accorde avec nos données. Il trouva le chiffre de :

Cheveux blonds	26 % chez les crim.	12 % chez les norm.
» noirs	26 » » » »	20 » » » »
» roux	48 » » » »	0 » » » »
» chatains	41 » » » »	68 » » » »

L'abondance extraordinaire des cheveux est aussi fréquente chez les criminelles.

Sur 33 prostituées Riccardi en trouva 6 ayant la chevelure démesurément développée, 9 avec un développement médiocre et 4 avec les cheveux ondulés. Farnasari, sur 60, en trouva 49 avec la chevelure très abondante.

L'archéologie nous montre déjà Messaline avec ses cheveux crépus et blonds, et Faustine avec une chevelure très riche.

Mme Tarnowsky, au contraire, ne trouva que 13 % de cheveux très abondants.

Etaient fameuses par la richesse de leurs cheveux, les criminelles : Herberzeni, Trossarello et Motta, de qui Samson, le bourreau, disait : « ce qu'elle avait de plus remarquable c'était la richesse de sa chevelure. »

16. *Iris.* — L'intensité de la pigmentation est encore mieux prouvée par la couleur sombre de l'iris qui est plus fréquente chez les prostituées et chez les voleuses.

Mme Tarnowsky trouva sur

	160 honnêtes	100 voleuses	100 prostituées russes
Iris foncé	30 %	39 %	52 %
» gris ou bl.	70 »	61 »	66 »

Elle a remarqué que les iris gris ou verts étaient pailletés de jaune orange dans la proportion de 30 0/0.

17. *Rides.* — En tenant compte seulement des rides les plus exagérées chez 158 femmes normales (ouvrières et paysannes) et 70 criminelles (1), j'en conclus que chez les femmes criminelles les rides ne sont généralement pas plus fréquentes que chez les femmes normales. — Certaines rides cependant, telles que les fronto-verticales, les zygomatiques, les labiales et la patte-d'oie, présentent chez les criminelles d'âge mûr une fréquence et une énergie supérieures.

(Voir la planche VI, 2 *bis*, 8, 13, 14, 16, 16 *bis*, pour les rides horizontales; 18 et 20 pour les verticales. Ce caractère manque chez les prostituées).

Rappelons les proverbiales rides des sorcières et cette sinistre vieille *du vinaigre* (V. fig. 3), de Palerme, auteur de nombreux empoisonnements dans le seul but de lucre, qui devint si tristement criminelle dans l'âge mûr; après avoir appris comment, avec un certain vinaigre arseniqué, un homme faisait en peu de temps disparaître les poux de la tête des en-

(1)	De 14 à 24 ans.		De 25 à 49 ans.		De 50 ans et au-dessus.	
	Norm. 54	Crim. 20	Norm. 72	Crim. 41	Norm. 32	Crim. 9
Rides frontales horizontales exagérées............	9,2 %	25 %	41,7 %	53,6 %	90,6 %	88,8 %
Rides fronto-verticales.....	1,8	—	6,9	7,3	40,6	71
« pattes-d'oie	5	12,5	20	33	78	88,8
« sous-palpébrales	1,8	—	15	14,6	46,6	44,4
« naso-labiales..........	25,9	25	69,5	63,3	96,7	100
« zygomatiques	—	—	5,5	12,2	28,1	22,2
« gonio-mentales.......	—	25	36,1	31,7	53,1	44
« labiales.............	—	—	6,9	12,2	28,1	44

fants, elle comprit qu'avec cette liqueur elle pouvait aussi faire disparaître des hommes impunément et à peu de frais. Le buste que nous en possédons (1) par ses angles viriles, surtout par la richesse extraordinaire des rides qui rappellent

Fig. 3.

l'ancien rictus satanique, suffirait, à lui seul, pour nous prouver que cette femme était née pour le mal et que si cette occasion lui eut manquée, elle en eut trouvé d'autres.

18. *Canitie.* — Contrairement à ce qui a lieu chez les hommes, la canitie précoce ou sénile, est beaucoup plus fréquente et prononcée chez les femmes criminelles que chez les hommes criminels, et, chose inattendue, plus encore que chez les femmes normales, ce qui, d'après nos chiffres, est généralement le contraire de ce qu'on enseigne dans les traités, avec

(1) D'une copie photographique dont me fit présent l'éminent com. prof. Salinas, directeur du musée de Palerme.

canitie plus fréquente chez les hommes de la même catégorie.

200 femmes norm.	20 à 29 ans	30 à 34	35 à 40	40 à 49	50 à 59	60
(ouvr. et pays)...	8,1	31	57	84	90	100
80 criminelles....	15	50	74	100	100	100

Ceci s'accorde avec cette observation que la canitie est en rapport direct avec l'activité psychique ; la femme criminelle, presque toujours criminaloïde, réagissant plus que l'homme criminel contre les émotions d'une vie agitée, pendant qu'au contraire la femme normale grisonne plus tard que l'homme, menant une vie beaucoup plus tranquille, et étant moins sensible et moins active que lui. (v. 1.)

11. *Calvitie.* — La femme n'offre pas une calvitie plus fréquente que l'homme, malgré l'influence de certaines coiffures qui endommagent plus ou moins ses cheveux et malgré l'influence de circonstances physiologiques spéciales, telles que la grossesse, l'accouchement qui favorisent leur chute. — Chez la femme criminelle, pourtant, la calvitie est plus rare que chez la femme normale.

200 femmes norm.	20 à 29 ans	30 à 40	35 à 40	40 à 49	50 à 59	60
(ouvr. et pays)...	7	3	18	26	37	45
80 criminelles......	4	0	25	10	25	25

20. *Résumé.* — Il ne ressort, malheureusement, que bien peu de chose de cette accumulation de mensurations ; et cela est naturel, car si les différences externes entre les hommes criminels et les hommes normaux sont déjà peu nombreuses, elles le sont encore moins pour la femme, chez laquelle, comme nous l'avons vu pour le crâne, la stabilité est très supérieure et les différences beaucoup moindres, même quand elle est anormale.

Voici nos conclusions les plus importantes :

La taille, l'ouverture des bras et la longueur des membres sont inférieures chez toutes les criminelles à celles des femmes honnêtes ; le poids serait, relativement à la taille, supérieur à la moyenne des honnêtes, chez les prostituées et les femmes assassins.

La main est plus longue et les mollets sont plus développés chez les prostituées, le pied est plus court que chez les honnêtes, cependant la partie digitale de la main est moins développée que la partie palmaire.

Les voleuses et plus encore les prostituées, auraient la capacité et la circonférence cranienne, inférieures à celles des femmes honnêtes, et les diamètres craniens plus courts ; elles auraient, au contraire, les diamètres faciaux plus développés, particulièrement celui de la mandibule.

Les cheveux et l'iris sont plus sombres chez les criminelles et, jusqu'à un certain point, chez les prostituées où toutefois les blonds et les rouges tantôt se rapprochent de ceux des femmes normales, tantôt les surpassent.

La canitie, qui est plus rare chez la femme normale, est plus fréquente, presque du double, chez la criminelle ; la calvitie est au contraire, chez elle, plus rare dans la jeunesse et dans la maturité : comparativement aux normales, les rides sont aussi plus fréquentes, mais seulement à l'âge mûr. Chez les prostituées, presque toutes précoces ou maquillées, il est difficile de recueillir sur ce sujet des renseignements certains ; on peut cependant en conclure que canitie et calvitie précoces font chez elles défaut comme chez les criminels nés.

CHAPITRE V

Anomalies physionomiques et céphaliques des criminelles.

Pour plus de brièveté, nous recueillons dans un tableau les principales anomalies céphaliques et faciales trouvées par nous et par d'autres chez la femme délinquante et chez la prostituée. (V. tableau IV, pag. 312) Prédominent donc :

Asymétries craniennes. — Femmes délinquantes, 26 0/0 ; prostituées, 32 0/0 ; elle est particulièrement fréquente chez les meurtrières, 46 0/0 et chez les empoisonneuses, 50 0/0 (V. pl. VI, fig. 18),

La *platycéphalie* se rencontra dans 15 0/0 des empoisonneuses, 2 0/0 des voleuses ; en moyenne chez toutes les criminelles dans 8 0/0, et seulement 1,6 0/0 chez les prostituées, à peu près le chiffre de la femme normale ; la platycéphalie n'est cependant pas un caractère spécifique (V. pl. VI, fig. 14).

Oxycéphalie. — Femmes délinquantes, 13,5 0/0 ; prostituées, 26,9 0/0 ; sa majeure fréquence se trouve parmi les criminelles et les meurtrières, 22 0/0.

Front fuyant. — Femmes délinquantes, 11 0/0 ; prostituées, 12 0/0 ; normales, 8 0/0 seulement. Chez les Russes on trouva 14 0/0 chez les homicides : 10 0/0 chez les voleuses ; 16 0/0 chez les prostituées, et 2 0/0 chez les honnêtes.

La saillie des arcades sourcilières fut rencontrée par nous dans 15 0/0, par Salsatto, dans 6 0/0, et par nous chez les normales dans 8 0/0, par Mme Tarnowsky, dans 6 0/0 des homicides, 12 0/0 des voleuses, 10 0/0 des prostituées et 4 0,0 des honnêtes (V. pl. VI, 2. 14, 17, 20 *bis*, pl. VII, 18. 24).

Anomalies du crâne. — Femmes délinquantes, 35,5 0/0 : prostituées, 45 0/0.

Anomalies du front. — Femmes délinquantes, 20 0/0 ; prostituées, 22 0/0 ; normales, 6 0/0 (V. pl. VI, 2, 17, et pl. VII, 17).

Asymétrie de la face. — Femmes délinquantes, 7,7 0/0 ; prostituées, 1,8 0/0.

Mâchoire inférieure énorme. — Femmes délinquantes, 15 0/0, prostituées, 26 0/0 ; normales, 9 0/0 (V. surtout pl. VI, 2, 3, 4, 7, 19, 20, tabl. VII, 1. 15, 17, 23).

Zygomes saillants. — Femmes criminelles, 19,9 0/0 avec prépondérance chez les femmes assassins, 30 0/0 ; prostituées, 40 0/0 normales, 14 0,0 (V. pl. VI, 3, 7, 9, 15, 20, pl. VII 2, 3, 4, 6, 7, 8, 16, 17, 23).

Oreilles anormales. — Gradenigo donne une étude complète des oreilles de 245 femmes criminelles comparées à 14,000 normales.

	Norm.		crimin.	
Pavillon régulier de l'oreille.	65 0/0		54 0/0	
Oreille sessile.............	»	12 »	»	20 »
F. scaphoïde pr. sur le lobe.	»	8.2 »	»	21.2 »
Oreilles à anse	»	3.1 »	»	5.3 »
Anthélix proéminent........	»	11.5 »	»	14.2 »
Tubercule de Darwin........	»	3 »	»	2.9 »

d'où il conclut que chez les criminelles les anomalies sont plus nombreuses, presque du double, moins le tubercule de Darwin, qui est pourtant extraordinaire dans la fig. 10. t. VI.

Oreilles en forme de anse. — Nos délinquantes, 9, 2 0/0 ;

	Femmes normales		Crânes de femmes normales	Crânes de femmes criminelles		Photographies	FEMMES CRIMINELLES							
							Lombroso et Pasini					Salsotto		
	Marro	Lombroso	Lombroso	Romberg	Lombroso	Lombroso Marro	Femmes criminelles en général	Voleuses	Infanticides	Assassins	Empoisonneuses	Femmes criminelles en général	Voleuses	Assassins
Nombre d'Observations	25	100	30	25	66	83	122	30	22	61	19	409	90	120
symétrie cranienne	—	—	17	—	21	—	40	45	36	46,1	—	20	22	46
rococéphalie	1	—										5	22	46
latycéphalie	1	0	0,1	15	—	—	—	—	—	—	—	5	1,1	5,8
xycéphalie	—	—	—	—	—	—	—	—	—	—	—	8,5	7,7	5,8
ydrocéphalie	—	—	—	—	—	—	—	—	—	—	—	13,5	1,04	22
abmicrocéphalie	—	—	—	—	—	6	—	—	—	—	—	6	5,5	15
crocéphalie	—	2	—	—	—	—	—	—	—	—	—	1	—	—
rachycéphalie exagérée	—	—	—	—	—	—	—	—	—	—	—	6	—	—
nomalies du crâne	—	4	18	—	—	—	40	45	36	46	—	70	37,3	93,6
ront fuyant	—	—	10	5	6,8	2	4,2	10	4,5	1,6	16	7,5	5,5	5,8
osses frontales saillantes	—	—	—	—	—	—	—	—	—	—	—	5,5	—	3,8
nus frontaux énormes	4	8	19	—	29	15	5,8	—	—	—	—	6	6,6	10,7
ngle orb. du front saillant	16	—	6	—	7	—	—	—	—	—	—	3,5	—	—
nomalies du front	20	8	35	5	42,8	17	15	15	9	8,2	33	15,3	12,1	19,8
symétrie de la face	—	6	—	45	—	13	—	—	—	—	—	5	4,4	8
dévelop' mandibule infér'	—	12	6,3	10	—	36	9,8	15	4,5	9,8	—	0,25	—	—
ygomes saillants	—	5			—	12	14,7			11,4	—	—	—	—
reilles à anse	4	5	—	—	—	8	—	—	—	—	—	19,5	17	4,6
nomalies de l'oreille	16	35	—	—	—	—	—	—	—	—	—	—	—	—
trabisme	4	3	—	—	—	6	3	10	—	3,3	—	7,5	5,5	8,8
rognathisme alvéolaire	4	4	10	—	—	8	—	—	—	—	—	1	—	3,2
hysionomie virile	—	2	—	—	—	22	9,8	9	4,5	14,7	—	5	3,3	10
» féroce	—	1	—	—	—	—	—	—	—	—	—	1,5	—	5,6
» crétine	—	4	—	—	—	—	—	—	—	—	—	—	—	—
» mongolique	—	—	—	—	—	—	—	—	—	—	—	5	—	9,6
nomalie des dents	—	4	—	—	—	—	4,1	—	—	—	—	5	—	14
» du nez	—	—	—	—	—	—	—	—	—	—	—	—	—	—
èvres minces	—	2	—	—	—	14	15	15	9	18,3	—	—	—	—
olurie	—	7	—	—	—	—	13	10	36	10	—	—	—	—
dées précoces	—	11	—	—	—	—	—	—	—	—	—	—	—	—
atouage	—	—	—	—	—	—	—	—	—	—	—	—	—	—
rotuber' occip. très dével	—	—	—	—	—	—	—	—	—	—	—	2,3	—	—
rognathisme et asym' facial	—	—	—	—	—	—	—	—	—	—	—	—	—	—

| FEMMES CRIMINELLES | | | | | | | | | | | PROSTITUÉES | | | | | Moyennes | | Femmes normales de Ranccevoi |
| | SALSOTTO | | | | | Femmes criminelles de Ziino | Crânes criminels / Varaglia Silva | Voleuses / Lombroso Ottolenghi | Voleuses de Tarnowsky | Voleuses de Marro | Grimaldi | De Albertis | Andronico | Tarnowsky | Lombroso Ottolenghi | Femmes criminelles | Prostituées | |
Meurtrières	Empoisonneuses	Attentats aux bonnes mœurs	Escroqueuses	Incendiaires	Infanticides													
20	20	25	20	4	100	188	60	120	100	47	26	28	230	150	115	—	—	50
25	50	12	15	—	20		12,6	8,44	23	—	23	—	—	40,9	—	26	32	—
—	10	20	—	—	—			2	—	5		—	—	4	4,5	—	—	
—	15	16	—	—	13				—		25,9	—	—	1,61	6,5	—	—	
5	15		—	—	17							—	—		12,5	26,9	—	
5	—	15,7	5	—	12	7,0		1,14				—	—	3,22		4	—	
—	—	4	—	75	—			4				—	—					
—	—							18,4			20	—	—	24,11				
85	90	67,7	20	75	62	11,7		33,96	23	7	73	—	35	41,3	33,11	35,5	45	
—	5		10	—	8			—	27			1	15	12	10	11	12	
10	5		—	—	—	15			—	5	3,8	—	—	9,9	—	10	—	
—	5		10	—	—	9	23	—	—	7	65	—	—		—			
10	15		20	—	—	24	23	—	27	19	68,8	1	15	12	10	20	23	
—	25		—	—	4	9	23	10,9	—	15	—	—	1,74	—	—	7,7	1,8	
—	5							27				—	—		26,2	15	25	
—	—							33				—	—		40,17	19,9	40	
10,5	15	4	5	—	10			11,35	23	12,5	7,7	2	15,2	—	12	9,2	9,9	
7,5	10		5	—	7			35,11	33	17,5	46	7	1,36	42	52	8,5	5	
5	—	4		—	7			—	—	12	23,7	4	3,4	—	6	7	13	
2	10,7							—				5	—	—		11,8	4	
—	10	—	5	—	4			38,7	24	4	—	—	16	40,92	10	12	7	
5	15	—	—	—	—			—	—		—	—	—	41	16	16	28	
—	—	—	—	—	—			9,8	—			—	—	—	9	—	—	
—	—									24		7	—	—	40,93			
—	—						4,0			59			—	—	91,24			

prostituées, 9,9 0/0 ; normales, 6 0/0 ; parmi les délinquantes, elles sont plus fréquentes chez les escroqueuses, 17 0/0 ; chez les frappeuses, 10,5 0/0 ; chez les empoisonneuses, 15 0/0 (V. tabl. VI, 1, 2, 2 *bis*, 8, 13, 14, 17, pl. VII, 8, 12, 22, 23).

Strabisme. — Femmes délinquantes, 8,5 0/0 ; prostituées, 5 0/0 ; normales, 4 0/0 ; parmi les délinquantes la plus grande fréquence se trouve chez les voleuses, 16 0/0 et chez les empoisonneuses, 10 0/0.

Prognathisme alvéolaire. — Femmes délinquantes, 7 0/0 avec prépondérance chez les voleuses de grands chemins, 12 0/0 ; prostituées, 13 0/0.

Physionomie virile. — Femmes délinquantes, 11,8 0/0 : prostituées, 4 0/0 (V. par ex. la pl. VI, 6, 6 *bis*, 20 20 *bis*, on voit comme souvent dans le profil, cette virilité donne un caractère dur et cruel à des visages qui de face semblent beaux et ainsi dans les 2, 3, 8, 11, 12, 16, 19. Pour les prostituées, v. pl. VII, 21, 24).

Nous avons trouvé le nez tortu chez 25 0/0 des criminelles, 8 0/0 des prostituées (V. pl. VI, 1, 2 *bis*, 5, 12).

Le nez camard fut trouvé chez 4 0/0 des femmes honnêtes, 12 0/0 des homicides, 20 0/0 des voleuses et dans 12 0/0 des prostituées. (Voy. pl. VI, 10, 19 ; pl. VII, 8, 12, 13, 18).

Physionomie mongolique. — Femmes délinquantes, 13 0/0 ; prostituées, 7 0/0.

L'asymétrie du visage manque chez les prostituées ; elle se rencontra seulement chez 10 0/0 des voleuses et 6 0/0 des homicides.

Anomalies des dents. — Femmes délinquantes, 16 0/0 ; prostituées, 28 0/0 ; normales, 8 0/0. En Russie, 40 0/0 chez les homicides ; 58 0/0 chez les voleuses, 78 0/0 chez les prostituées, 2 0/0 chez les honnêtes.

CHAPITRE VI

Autres anomalies.

Là ne s'arrête pas encore la série des caractères de dégénérescence.

1. *Nœvus piloris.* — *Le nœvus piloris,* vulgairement appelé grain de beauté, est un nouveau caractère qui a été peu étudié et qui doit s'ajouter aux caractères de dégénérescence de la femme. C'est une espèce de supplément indirect de la barbe par laquelle la femme se rapproche de l'homme. Nous le trouvâmes dans 14 % des normales, 6 % des criminelles et 41 % des prostituées. Gurrieri ne le trouva pourtant que dans 8 %. Zola parle des grains de beauté de Nana et de ceux de la lascive comtesse, sa digne rivale.

2. *Poils.* — Le professeur Riccardi (v. s.) trouva dans 21 % des prostituées un développement exagéré des poils aux parties sexuelles Gurrieri de même le trouva dans le 27 %, pendant qu'il en observa une partie (18 %) qui en manquait complètement ; 8 % avaient une véritable crête ombilicopubique, la distribution virile du poil se trouvait dans 16 %. Nous aussi nous avons trouvé avec Ardù la distribution virile du poil dans 15 % sur 234 prostituées, pendant qu'elle n'était que du 5 à 6 % chez les femmes normales et du 5 % chez les criminelles.

Contrairement, la pelurie qui atteint 6 % chez les prostituées russes et 2 % chez les homicides, manque chez les femmes honnêtes et les voleuses. En Italie, elle fut trouvée chez 11 % des honnêtes, 36 % des homicides et 13 % des voleuses et des infanticides. Dans le n° 7 de la pl. VI elle forme presque une barbe.

3. *Division du palais.*—Mme Tarnowsky a relevé une autre série d'anomalies que nous n'avons pas rencontrées chez les nôtres. Telle est la division du palais qu'elle trouva chez les normales 8 %, chez les homicides 14 % ; chez les voleuses 18 %, chez les prostituées 12 %. Elle observa l'asymétrie des sourcils, dont le n° 18 est un bel exemple pl. VI, dans 4 % des honnêtes, 40 % des homicides, 20 % des voleuses et 44 % des prostituées.

4. *Masséters.* — Mme Tarnowsky a également trouvé dans 6 % des homicides, dans 4 % des voleuses, un autre caractère singulier : le développement des masséters qui s'accorde certainement avec l'exagération de la mâchoire.

Un autre caractère atavique plus singulier qu'elle a observé chez 2 criminelles est l'hypertrophie des muscles du cou, comme chez nos grands quadrupèdes (V. pl. VI, 8).

5. *Mamelles.* — Dans les mamelles, Gurrieri trouve l'absence du mamelon chez 15 %, l'exagération dans 20 % ; nous-même l'avons trouvé atrophié dans la proportion de 12 %. Une fois le mamelon manquait complètement.

6. *Génitaux.* — Pour les organes génitaux, j'ai pu trouver chez les prostituées, l'hypertrophie des petites lèvres dans 16 %, dans 2 cas, monstrueuses ; dans 6 accompagnée de l'hypertrophie du clitoris et des grandes lèvres.

Gurrieri trouva le développement exagéré du clitoris dans 13 % et également dans 13 % le développement des petites lèvres, le développement excessif des grandes lèvres dans 6,5 %.

Riccardi, sur 30 prostituées examinées, en trouva :

>5 avec hypertrophie des petites lèvres.
>2 »   »   du clitoris.
>1 »   hypospadie du   »

Gurrieri, sur 60 prostituées, trouva :
>8 fois le clitoris hypertrophié.
>8 » le développement excessif des petites lèvres.

Une célèbre adultère et homicide par lasciveté avait un développement énorme du clitoris et des petites lèvres : presque toutes les pseudo-hermaphrodites de De Crecchio et d'Hoffmann avaient des tendances sexuelles exagérées tantôt vers l'un, tantôt vers l'autre sexe.

Toutefois, je crois qu'ici sauf la plus grande richesse du poil, l'anomalie de l'organe ne correspond pas à celle du vice, du moins dans les proportions que l'on prétend.

Sur environ 3,000 prostituées, Parent-Duchatelet n'en trouva que trois avec développement extraordinaire du clitoris qui, chez une, atteignait la dimension d'un penis d'enfant (8 c. de long), sans que cela fut en rapport avec de spéciales tendances ni avec un aspect masculin, et malgré l'absence d'utérus, de menstrues et de mamelles : elle déclara avoir été poussée à ce triste métier par la misère et y aurait volontiers renoncé. Les deux autres qui n'avaient aucune trace d'hermaphrodisme étaient également apathiques. Les nombreuses barbues n'avaient pas d'anomalies du clitoris, ni de tendances spéciales.

La profession ne dilate, comme on le croit, ni ne déforme le vagin ; il y a des néo-prostituées, avec vagin dilaté et *vice-versa*.

Parent-Duchatelet trouva de 15 à 20 filles très jeunes avec développement exagéré des petites lèvres; il en trouva quelques-unes, mais peu, avec la muqueuse vaginale transformée en cutanée et avec déformation des petites et des grandes lèvres, réduites en des masses informes de tissus adipeux, en

de véritables lipomes rappelant le tablier des Hottentottes
(V. pl. I) et mettant encore davantage celui-ci en rapport avec
leur coussinet postérieur (V. pl. II). Il conclut cependant
qu'il y a moins de variation dans ces organes que dans les
organes correspondants des mâles.

Pour démontrer l'importance atavique de ces anomalies,

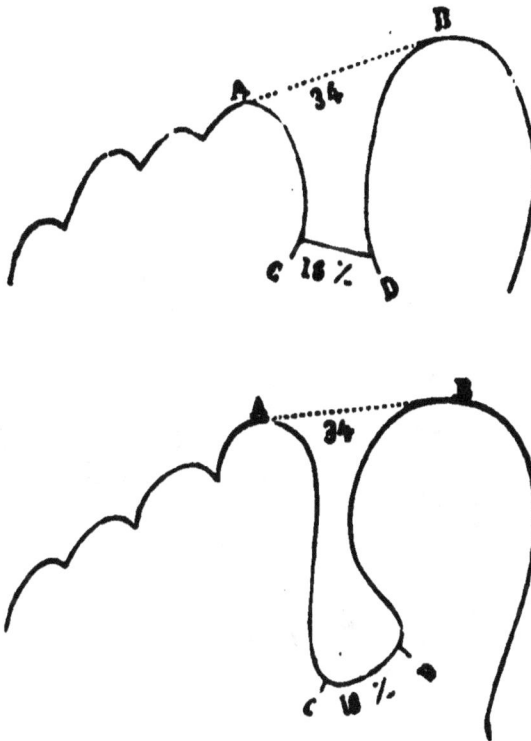

Fig. 4.

nous appelons l'attention sur l'anomalie des petites lèvres
des Hottentottes, qui constituent un organe nouveau ; cette
anomalie se rencontre également dans 33 % des femmes
normales européennes, mais cela doit s'attribuer à l'accouchement : elle est ici l'exception plutôt que la règle.

7. *Pied préhensile.* — D'après une étude de Ottolenghi et
Carrara, il résulte que le pied préhensile (V. fig. 4) chez les

femmes normales se rencontre dans une proportion presque triple (V. fig. 5) de celle des mâles normaux, comme 11 à 18 ; chez la femme criminelle il est de peu inférieur à la femme

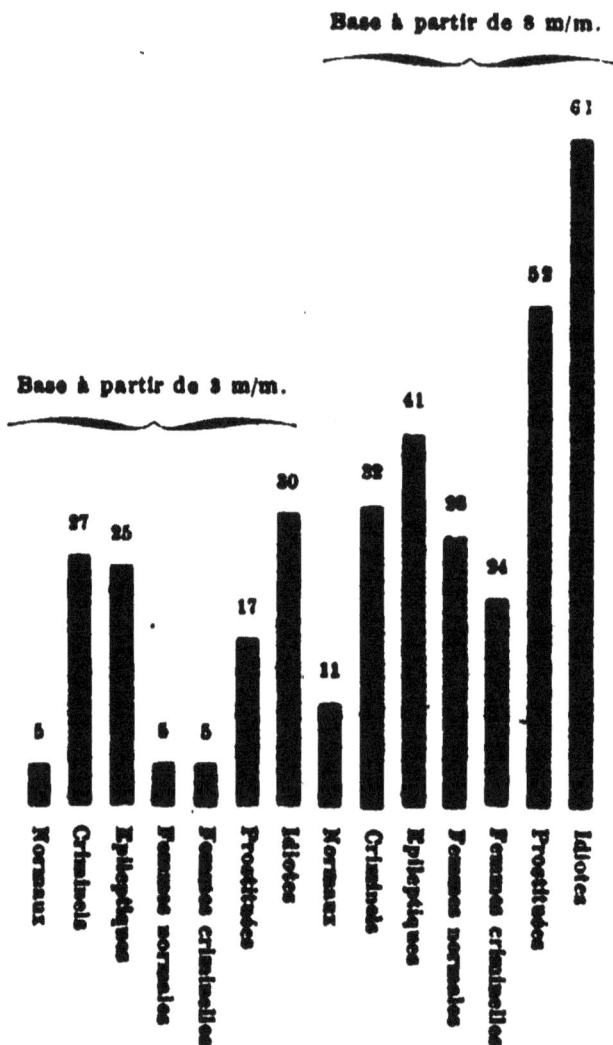

FIG. 5.

normale (24). — Les prostituées offrent un chiffre (52) à peu près double de celui noté chez les femmes normales (28 °/₀).

Sur 60 prostituées, Gurrieri (v. s.) trouva la fusion du 2ᵉ et 3ᵉ doigt du pied jusqu'à la petite phalange.

8. *Larynx*. — Le larynx des prostituées offre plusieurs caractères anormaux.

En effet, sur 50 prostituées, l'éminent professeur Masini (1), en trouva 15 avec voix viriles et cordes vocales grosses par rapport à l'ampleur de la cavité laryngée ; sur 27, des voix encore plus nettement viriles, avec des éclats élevés suivis de tons bas et pleins.

Extérieurement observé, leur larynx paraît normal. On est frappé par l'ampleur exagérée des ailes de la thyroïde et l'aplanissement de l'angle thyroïdien ; à cette conformation externe correspond une ampleur proportionnelle de la cavité glottique avec cordes épaisses et grosses. Le tubercule vocal des cordes est très accentué et larges les bases des arythnoïdes. On dirait le larynx d'un homme. Ainsi dans le larynx, comme sur la face, comme sur le crâne, éclate le caractère de la virilité qui leur est particulier.

9. *Résumé*. — Presque toutes les anomalies sont beaucoup plus fréquentes chez les prostituées que chez les femmes délinquantes ; mais les unes aussi bien que les autres présentent un nombre de caractères de dégénérescence supérieur à celui des femmes normales. Seulement l'asymétrie de la face, le strabisme, la physionomie virile et la physionomie mongolique se rencontrent plus nombreuses chez les délinquantes que chez les prostituées ; les oreilles à anse sont chez les délinquantes de très peu inférieures à celles des prostituées.

La ride manque, il est vrai, chez les prostituées ainsi que l'hypertrophie des masseters ; la platycéphalie, la déviation du nez, l'asymétrie du visage. Mais on y rencontre plus fréquemment le *nœvus pilaris*, le développement exagéré des poils, le pied préhensile, l'hypertrophie des petites lèvres, le larynx viril, le développement exagéré des mâchoires et des zygomes et surtout les anomalies des dents. Comme on le voit,

(1) *Arch. di psich.*, xvi, fasc. I, II.

TABLEAU V

	100 Infanticides de Salsotto	Infanticides (Photographies de Tarnowsky)	Empoisonneuses de Salsotto	Empoisonneuses (Photographies de Tarnowsky)	Femmes Assassins de Salsotto	Homicides (Photographies de Tarnowsky)	Meurtrières de Salsotto	Attentats aux bonnes mœurs de Salsotto	Escroqueuses de Salsotto	Voleuses de Salsotto	Incendiaires (Photographies de Tarnowsky)
Sont moins nombreuses chez les infanticides les	0/0	0/0	0/0	0/0	0/0	0/0	0/0	0/0	0/0	0/0	0/0
Asymétrie cranienne	20	—	50	—	46,1	—	25	12,7	15	22	—
Eurignatisme	9	—	5	—	12	—	15	16	—	4,4	—
Strabisme	7,5	—	10	—	8,8	—	—	—	—	—	—
Lèvres minces	7	0,0	15	4,5	15,2	7,4	5	4	20	16,5	12,5
Physionomie virile	2	0,0	5	4,5	10,7	—	10	—	—	—	12,5
— mongolique	4	0,0	5	—	8	—	—	—	5	—	—
Dépressions craniennes	—	0,0	—	22,72	—	18,5	—	—	—	—	—
Goître	3	—	15	—	4,6	—	—	—	—	—	...
Diastème des dents	—	0,0	—	18,18	22,2	—	—	—	—	—	37,5
Oreilles sexiles	—	22,2	—	40,9	—	44,4	—	—	—	—	25
Nez camus	—	22,2	—	36,3	—	40,7	—	—	—	—	37,5
— tortus	—	0	—	13,6	—	14,8	—	—	—	—	12,5
Prognathisme	—	11,11	—	9,09	—	22,2	—	—	—	—	37,5
Palais étroit	—	11,11	—	9,09	—	14,8	—	—	—	—	12,8
Tubercule occipital saillant	—	0,0	—	9,09	—	8,1	—	—	—	—	—
Zygomes saillants	—	11,11	—	13,68	—	22,2	—	—	—	—	12,5
Sont également nombreuses, ou rares, ou incertaines, la différence des											
Oxycéphalie	17	—	15	—	22,3	—	—	—	—	—	—
Platycéphalie	13	—	15	—	5,3	—	—	16	—	—	—
Oreilles à anse	10	11,11	15	—	4,6	7,4	10	4	5	17	13,63
Asymétrie faciale	4	55	25	54	8	37	—	—	—	—	37,5
Front fuyant	—	22,2	—	4,5	—	14,8	—	—	—	—	—
Mandibules énormes	—	11,11	—	13,6	—	7,4	—	—	—	—	12,5
Sont plus nombreuses chez les infanticides les											
Hydrocéphalie	12	11,16	—	—	1,5	3,7	5	15	5	5,5	—

les anomalies qui influent le plus sur la laideur sont moins saillantes et plus fréquentes, que celles qui signalent la dégénérescence, mais ne défigurent pas le visage.

En confrontant les infanticides, qui, par la nature du délit, s'éloignent le moins des normales, avec les autres catégories de femmes délinquantes, nous avons les proportions moindres qui résultent du tableau V (V. page 325). Moins nombreuses y sont les asymétries, le strabisme, la physionomie virile, les anomalies des dents et des zygomes ; sont, au contraire, plus fréquentes, les anomalies de l'oreille et l'hydrocéphalie.

L'empoisonneuse, l'homicide et la voleuse ont le maximum de l'asymétrie cranienne et le maximum du strabisme.

Les femmes assassins présentent le maximum de la physionomie virile et mongolique.

Les homicides et les empoisonneuses ont un maximum de dépressions craniennes, de diastème des dents, et avec les incendiaires, de nez aplati et difforme.

Les homicides, les empoisonneuses et les incendiaires présentent le maximum des zygomes saillants, et, avec les infanticides, le maximum des asymétries faciales et des mâchoires volumineuses.

Les plus graves caractères de dégénérescence se rencontrent donc particulièrement plus nombreux chez les homicides et les empoisonneuses, les moindres chez les infanticides.

CHAPITRE VII

Photographies de Criminelles et de Prostituées.

Les planches V, VI et VII serviront à ceux qui voudraient personnellement contrôler ces anomalies chez les criminelles et chez les prostituées.

1. *Criminelles.* — Commençons par 5 homicides, dont les deux premières présentent le type (v. pl. VI).

La première, âgée de 40 ans, tua son mari à coup de hache, jeta son cadavre sous un escalier et à la nuit prit la fuite en emportant l'argent et les bijoux ; arrêtée au bout d'une semaine, elle avoua son crime. Elle présente : asymétrie extraordinaire de la face, nez excavé, oreilles à anses, les arcs sourciliers plus développés que ceux observés ordinairement chez la femme, mâchoire volumineuse avec appendice lémurien.

La deuxième, âgée de 60 ans, continuellement maltraitée par son mari, l'étrangla et le pendit ensuite, avec la complicité de son fils, pour faire croire à un suicide.

Là aussi la face est asymétrique, la mâchoire volumineuse les sinus frontaux énormes, les rides très nombreuses, le nez excavé, la lèvre supérieure très mince, les yeux enfoncés, éloignés l'un de l'autre et hagards.

La troisième, âgée de 21 ans, mariée contre son gré, maltraitée par son mari, une nuit, après une dispute, le tua avec une hache, pendant son sommeil. C'est seulement un demi-type. Elle a les oreilles à anse, la mâchoire et les zygomes volu-

mineux, les cheveux très noirs. Elle a en outre d'autres anomalies qui ne se voient pas sur la photographie, telles que
des canines très longues et des incisives naines.

La quatrième, de 44 ans, étrangla son mari aidée par son
amant et le jeta dans un fossé. Elle nia son crime. Nez
excavé, cheveux noirs, œil enfoncé, mâchoire grande. C'est
un demi-type.

La cinquième, a 50 ans, c'est une paysanne ; elle fit tuer
son frère, pendant qu'il soupait, pour en hériter ; elle nia toujours. Elle fut condamnée à vingt ans avec ses complices.
Cheveux noirs, yeux gris, diastème des dents, division du
palais, rides précoces et profondes, lèvres amincies, face tortue. C'est un demi-type.

Passons maintenant aux empoisonneuses. Sur 23, les plus
importantes sont les suivantes :

La sixième, âgée de 36 ans, de riche famille, dont la mère
était épileptique et le père alcoolique, empoisonna son mari
avec de l'arsenic, après seize ans de mariage. Nez excavé
et à massue, mâchoires et oreilles grandes, strabisme, réflexes
patellaires faibles à gauche. Elle n'avoua rien, caractère résolu, dévote ; type.

La septième, 34 ans, empoisonne également son mari avec
de l'arsenic ; elle nie son crime. La mâchoire inférieure est
énorme. Minutieusement examinée, elle présente des incisives gigantesques et une pélurie longue au point de ressem-
bler à de la barbe ; demi-type.

La huitième, 64 ans, empoisonne sa belle-fille et la mère
de celle-ci. Rides profondes, oreilles bien plus élevées que le
niveau des sourcils ; elle offre la singulière particularité des
muscles du cou exagérés, comme chez les bœufs, les lèvres
sont minces et le palais divisé par moitié ; c'est un demi-
type.

La neuvième, paysanne de 47 ans, empoisonne sa belle-
fille, parce qu'elle est incapable de travailler. Elle raisonne
bien et n'avoue jamais : visage asymétrique, yeux obliques,

qui pourraient même être éthniques, mâchoires volumineuses et inégales, oreilles petites, nez excavé et en massue ; vue de près, elle présente des canines gigantesques et une grande dépression pariéto-occipitale ; ses enfants et son grand-père étaient épileptiques; type.

La dixième, a vingt ans, elle essaya d'empoisonner son mari qui la maltraitait ; elle présente le lobule de Darwin tellement développé dans l'oreille, qu'on le voit encore dans la photographie ; front hydrocéphalique, nez excavé et en massue, mâchoires grandes et inégales, yeux et cheveux noirs ; type.

La onzième, 35 ans, empoisonna sa belle-fille avec une médecine, on ne sait pourquoi ; elle a des cheveux blonds, asymétrie de la face, dents chevauchées ; elle avoue.

Voici maintenant les incendiaires au nombre de 70 dont 4 avec types accentués.

La douzième, incendia les palissades du village pour se venger de quelques commères ennemies; nez gros, lèvres minces, physionomie repoussante, les incisives sont remplacées par les molaires ; type.

La treizième, 68 ans, incendia la maison d'un voisin à la suite d'une discussion d'intérêt; elle nia le délit. Dents défectueuses, yeux gros et félins, oreilles très volumineuses, asymétrie des sourcils ; demi-type.

La quatorzième, 25 ans, incendia par vengeance la maison de son voisin, d'accord avec son mari qu'elle accusait niant toute complicité. Rides abondantes, pariétaux saillants, oreilles et mâchoires grandes, front bas ; demi-type.

La quinzième, 41 ans, paysanne, mit le feu à neuf maisons par vengeance ; elle prétend l'avoir fait dans l'ivresse. Type féroce, asymétrique, avec oreilles et mâchoires énormes, yeux durs très noirs, cheveux blonds, diastème des incisives, voûte palatine resserrée ; type.

La seizième, âgée de 45 ans, receleuse récidiviste, cacha deux fois des forçats chez elle; face et lèvres tortues, nez excavé, visage volumineux et prognathisme, arcs sourciliers énormes.

Sur 9 infanticides, 3 au moins avaient le type prononcé.

La dix-septième, 60 ans, tua un nouveau-né pour éviter la honte à sa fille accouchée; elle coupa en morceaux le cadavre et le cacha. Elle nie le crime; elle a un caractère énergique. Riche de rides, avec zygomes, oreilles et sinus frontaux énormes. Le côté droit de la face est plus élevé que le côté gauche. Le front est fuyant comme chez les sauvages. Les canines sont mal plantées et gigantesques; les yeux enfoncés dans l'orbite ont l'iris vert-marron.

La dix-huitième, âgée de 60 ans, aida sa fille à noyer son nouveau-né; après une querelle de jalousie au sujet d'un commun amant, elle la dénonça. Physionomie relativement bonne, malgré sa tardive et anormale lascivité : elle aurait seulement le nez excavé et des rides abondantes. Mais vue réellement et non en portrait, on trouve la face asymétrique, le palais osseux divisé, les lèvres volumineuses comme chez les lascives.

La dix-neuvième a 19 ans, servante d'un prêtre, elle eut un enfant d'un garçon d'écurie : chassée de partout, elle tua son enfant en le frappant sur la terre gelée. Face oblique, nez excavé, mâchoires et oreilles très grandes : les dents incisives sont chevauchées.

La dernière est une compagne de brigands.

C'est la vingtième, elle a 25 ans, enrôlée dans une bande de malfaiteurs dont un était son amant. Elle a le nez excavé, de grandes mâchoires et de grandes oreilles, physionomie virile; elle aussi a la division congénitale du palais.

Beaucoup diront, qu'en somme, ces visages n'ont rien d'horrible et j'en conviens moi-même en partie, car dans des conditions identiques comparés aux mâles criminels, recueillis par un de nous dans l'atlas de l'*Homme criminel*, les femmes sont infiniment moins laides; chez quelques-unes même on rencontre un rayon de beauté comme dans les n°s 19 et 20.

Mais quand elle existe, cette beauté est bien plus virile que féminine ; pour bien saisir ce caractère, il suffit d'observer le profil inférieur des n°⁸ 20 *bis*, 6 et 6 *bis*, et alors, même le plus profane, verra ce qu'il y a de dur, de cruel et de viril dans ces lignes qui, pourtant, ne manquent pas de grâce.

Il faut enfin noter la parenté physionomique qui lie tous ces visages jusque dans les crimes les plus divers : ainsi les n°⁸ 6, 10, 9 et 3 semblent être les membres d'une même famille. Si on leur compare ensuite les quelques voleuses françaises que nous présente Macé (1) (V. pl. V), on verra que la différence de race n'a plus aucune influence ; les Françaises semblent Russes et les Russes Françaises, de même si l'on met en regard le n° 2, pl. V, on voit que dans les mâchoires, dans le visage allongé, il ressemble au n° 7, pl. VI Russe ; comme les n°⁸ 4 et 8 semblent sœurs des n°⁸ 2 et 9 Russes, par l'œil oblique, le nez en massue volumineux et par les rides précoces, comme enfin le n° 9, pl. V, se rapproche du n° 20, pl. VI. Toutes ont le même type viril et répugnant, les lèvres grosses, lascives, etc.

Les Françaises sont cependant plus typiques et plus laides, ce qui prouve que plus un peuple est raffiné, plus ses criminels s'éloignent de la moyenne. En effet, observation remarquable en Russie, c'est que le type criminel chez les Tartares est moins accentué que chez les Russes, particulièrement dans les capitales de Moscou et Pétersbourg (Kennan, *Sibérie*, II).

Elles le prouvent bien, je le répète, ces femmes (v. pl. V) choisies au hasard des pages d'un agent de police (Macé), qui ne peut être soupçonné de partialité, ni même de connaissances d'anthropologie criminelle. Parmi ces femmes, trois seulement, 1, 7, 3, je ne dirais pas, manquent absolument, mais n'ont pas ou ont peu accentué les caractères anormaux, tels que la mâchoire inférieure et l'oreille volumineuse ; elles ont les

(1) *Mon Musée criminel.* — Paris, 1890, page 148.

cheveux très noirs, les arcs sourciliers et les lèvres grossièrement développés ; chez toutes les autres, les caractères
anormaux ne sont pas inférieurs à huit ou neuf, au point de
constituer ce que j'appelle le véritable type.

Regardez dans le n° 2 l'énorme mâchoire, les grosses lèvres,
la face asymétrique, tortue, les yeux obliques, louches et
cyniques; dans le n° 6, le strabisme monstrueux, l'oreille
sessile, le visage tortu; ainsi dans le n° 4, comme dans le n° 5
et plus encore dans le n° 8, le nez écrasé et tortu, le front bas,
les yeux obliques, et chez toutes la mâchoire énorme. Ce qui surtout frappe le plus, c'est la virilité de leur physionomie ; ce
sont des types (et quelquefois dans le vêtement) de mâles grossiers sur des corps de femmes, particulièrement les n°s 2, 4, 5,
8 et 9.   .

Chez les autres nations, le type de voleuses (n°s 12 et 13,)
allemandes, me semble représenté par les rides verticales,
la lèvre amincie, la sténographie. Le type d'assassin, n° 14,
également allemande, par l'œil fixe, vitreux, la mâchoire volumineuse, l'aspect viril. Le n° 10 (pl. V) est également
typique ; d'abord prostituée, puis voleuse et homicide, elle
tua son hôte, calomnia son bienfaiteur, et fut acquittée ; bien
qu'au premier coup d'œil, elle semble belle, il y a pourtant chez
elle tout le type criminel, outre l'abondance exceptionnelle
des cheveux très noirs, le fuyant du front, la saillie exagérée
de l'angle frontal et des ars sourciliers qui sont les caractères
des sauvages et des singes; elle présente dans la lèvre, la
mâchoire et dans tout le visage, un type essentiellement viril.
De même pour cette complice de brigands italiens (n° 11) qui
présente le type moins par le regard oblique et le développement de la mâchoire, que par l'allongement de la face et
la physionomie virile, si bien que sous des vêtements masculins, on la prenait pour un homme, comme le fut G. Bompard.
Gabrielle Bompard (1) possède tous les caractères des criminelles-nées, quelque exceptionnels qu'ils soient chez la
femme.

(1) *Archives d'anthropologie criminelle.* — Lyon, 1891.

Elle a 1 m. 46 de taille, le développement des hanches et des seins rudimentaire ; elle ressemble tellement a un homme, que pendant des mois, sous un costume masculin, elle put accompagner Eyraud sans être reconnue ; elle a des cheveux touffus, des rides anormales et précoces, le visage d'une pâleur livide, le nez court et excavé, la mâchoire volumineuse : elle a surtout l'asymétrie du visisage et l'eurygnatisme mongolique. (pl. XI.)

La Berland (1) me paraît encore plus typique pour la luxure (pl. XI). Paupières plissées, front fuyant, tête petite, oreilles sessiles, rides nombreuses, profondes et précoces, lèvres épaisses et tortues, nez oblique, camus et excavé, menton rentrant, face virile. Talmeyr (*Sur le banc*) nous dépeint une bande d'assassins et de voleurs qui avait pour chef une journalière toujours ivre, qui couchait avec son propre fils et plusieurs hommes et qui fit peu à peu de son fils et de ses amants une troupe d'assassins. C'était la Berland.

La Thomas (pl. XI) était alcoolique et libidineuse, elle avait commis des centaines d'avortements et tombait dans des accès épileptico-alcooliques dès qu'elle avait accompli le crime ; elle a l'asymétrie faciale, les oreilles à anses et sessiles, le nez oblique et tortu, la lèvre tortue et amincie et une extraordinaire richesse de rides (2) ; elle ressemble aux n°⁴ 4 et 8. pl. VI.

Ces deux portraits servent à donner une idée du type criminel particulier à la femme, je dis particulier, car alors même qu'il est typique, il est moins brutal que chez le criminel-né.

Très souvent ces caractères sont voilés par la jeunesse, qui voile les rides et qui par l'exubérance de la couche graisseuse sous-cutanée, dissimule le développement exagéré des

(1 et 2) Je dois ces deux photographies à la courtoisie de l'illustre prince Roland Bonaparte, qui possède une des plus belles collections anthropologiques d'Europe, et qui les fit exécuter expressément pour moi.

mandibules et des zygomes, qui cache, dirai-je en somme,
l'aspect viril et sauvage de la figure, et par l'abondance et la
noirceur des cheveux (comme dans le n° 10, pl. V), la vivacité de l'œil nous fait une impression si agréable, que l'influence sexuelle qui a une si grande part dans nos jugements
sur la femme, et qui nous la fait juger plus sensible et plus
voluptueuse, alors même qu'elle ne l'est pas, nous la montre
aussi plus belle et plus dépourvue de caractères de dégénérescence tant qu'elle est jeure ; de même aux assises, elle
fait excuser comme résultant de nobles passions, des crimes
qui souvent ont pour mobile les calculs les plus impudents.
Aussi beaucoup ne trouveront pas avec nous le type criminel
dans le n° 10, pl. V, et pas même chez Messaline, qui bien que
adulée par les écrivains du temps, ne laisse pas que de
présenter nombre des caractères de la délinquante et de la
prostituée-née, tels que front bas, cheveux crépus, et très
abondants, mâchoires volumineuses.

Ainsi Magnan (*Actes du 2ᵉ Congrès d'anthropologie criminelle*, Paris, 1889) nous offre comme preuve du manque de
type chez les criminelles-nées les deux suivants :

La première, Marguerite, au premier aspect, ne présente
pas, il est vrai, les caractères ordinaires de la dégénérescence,
mais lorsqu'on sait qu'elle n'a que 12 ans, on est frappé de
son anormale précocité, car elle a la physionomie d'une femme de 20 ans. Elle a, en outre, les mandibules et les zygomes
très développés, les oreilles sessiles, l'hypertrophie des dents
incisives moyennes, l'atrophie des latéraux et l'obtusité du
tact; elle est le type complet, non de la femme criminelle,
mais de la prostituée et Magnan nous la donne comme un
exemple de l'absence du type (V. pl. XII).

« Ses colères sont violentes, elle brise tout, menace sa mère,
vole et pousse son frère à voler. Elle mord son petit frère sans
motif, se met une épingle entre les dents et l'invite à venir
l'embrasser. Sa mémoire est bonne. Ce sont les désordres
séxuels qui dominent chez elle, onanisme depuis 4 ans, ona-

nisme buccal sur son frère et tentative de coït. Avec l'âge, les habitudes de masturbation deviennent plus impérieuses.

Rien ne peut contre ses impulsions onanistiques, elle échappe à toute surveillance, liée, elle brise ses cordes, elle se sert de son talon, se plie sur le bord d'une chaise. « Je voudrais bien ne pas le faire », dit-elle, à sa mère, « mais je ne peux me commander. »

« Tous les soins médicaux furent inutiles, la clytoridectomie eut lieu à 11 ans, les bandages étaient à peine levés, que les attouchements recommençaient. »

Arrivons à la seconde qui est vraiment une voleuse-née.

« Louise C..., écrit d'elle Magnan, est âgée de 9 ans et en proie à une excitabilité génésique habituelle : elle est fille d'un père fou.

« Elle est d'une intelligence faible, les plus mauvais instincts se sont développés chez elle ; elle a toujours été turbulente et incapable d'attention. La tendance au vol s'est montrée chez elle dès l'âge de trois ans ; elle ramassait tout ce qu'elle trouvait, prenait de l'argent à sa mère, volait dans les vitrines des magasins. A cinq ans, elle fut arrêtée par un agent de police et conduite au dépôt après une violente résistance.

« Elle s'amuse à vagabonder, crie, jette ses bas, ses poupées, dans les latrines, retrousse ses robes dans la rue, elle a enfin une forte excitation génitale ; depuis l'âge de six ans elle se masturbe et pratique l'onanisme buccal sur son frère ; à l'hôpital, elle pratique l'onanisme en public et se laisse introduire un morceau de bois dans le rectum par un autre malade. »

Eh bien, suivant Magnan, elle n'a aucun caractères physionomiques morbides ; maintenant, comme on le voit sur la pl. XII, bien qu'elle n'ait que 9 ans, elle a le type le plus complet du criminel-né : physionomie mongolique, mâchoire et zygomes énormes, sinus frontaux, nez camus, prognathisme, asymétrie et, par-dessus tout, précocité virile. On dirait une femme, plutôt, un homme mûr. La précocité et l'aspect viril sont deux caractères qui sont plus particuliers à la femme criminelle et qui trompent davantage dans la désignation du type.

Venons maintenant aux prostituées.

Nous avons étudié avec Mme Tarnowsky, 100 prostituées de la même ville (Moscou), et du même âge, 18 à 20 ans, nous ne pouvons garantir qu'il n'y ait parmi elles des Allemandes et des Israélites, mais la plupart sont des Russes de Moscou (v. pl. VII).

Contrairement aux criminelles, elles ont une beauté, si non générale, du moins relative, mais chez elles ne manque pas le type particulier que nous appelons criminel.

Je n'ai trouvé ce type que dans 10 0/0 et particulièrement assez incomplet dans les n°s 18, 23, 16, 2, 3, 10 : le demi-type dans 15 0/0; chez les unes et chez les autres mêlé à des caractères de folie, comme dans les n°s 17, 18, 19, 22, 23, qui par les yeux louches, le désordre de la physionomie, l'asymétrie de la face rappellent les folles des hôpitaux, particulièrement les maniaques.

Singulière est la morotonie de leur physionomie assez supérieure à celle des criminelles. La 1re, la 2e, 3e, 4e, 6e, 8e, 12e, 14e, semblent avoir la même figure et cela à cause du même développement de la mâchoire, des zygomes et des cheveux. Mais les beautés absolues ne manquent pas, tel que le 25, qu'on dirait une Hélène russe, et le 20 qui, sauf la dureté des traits, est très belle. Les 15 premières, vues dans une rue, passeraient pour des beautés ; c'est précisément le type de nos demi-mondaines les plus en vogue. Ninon de Lenclos et Marion de Lorme, furent justement célèbres par leur beauté. Cette rareté du type criminel, cette absence de laideur, semblera à beaucoup en opposition avec l'idée que nous émettons, que les prostituées sont un équivalent des criminelles et qu'elles en exagèrent les caractères.

Mais outre que les véritables criminelles sont beaucoup moins laides que leurs collègues mâles, il s'agit ici de personnes très jeunes, chez qui la beauté du diable cache et

recouvre les anomalies, grâce à l'abondance de la couche
graisseuse, à la fraicheur de la peau et à l'absence des
rides. Il faut noter que, hormis quelques caractères de dégénérescence, tels que cheveux abondants et noirs (chez les
n⁰ˢ 1 à 8, 21, 22), nez excavé (1, 2, 9, 11, 12, 16, 17, 18, 21, 23,
24), fortes mâchoires (chez les n⁰ˢ 1 à 15, 17, 21, 23 , regard dur
ou éteint (chez toutes, pourrait-on dire, excepté le 16, le 21
et le 22, qui l'ont louche, le 5 et le 28 qui l'ont beau), l'idée
même de la laideur, chez le plus grand nombre, n'existe pas.

Enfin leur triste profession même exige nécessairement le
minimum de ces caractères qui, lorsqu'ils éveillent la répugnance, éloignent toute clientèle et par suite créent la nécessité
du maximum d'artifices pour les cacher. Il est évident que le
maquillage, qui est indispensable à leur métier, cache nombre
de caractères de dégénérescence, ce qui n'arrive pas chez
les criminelles, et nous avons par suite, cheveux abondants,
yeux noirs, absence de rides, là où probablement existe le
contraire.

Il faut enfin observer que, comme nous l'avons vu par
l'examen des crânes et des physionomies (v. ci-dessus), alors
que sont rares, chez elles, les anomalies externes, moins apparentes et plus faciles à cacher, les anomalies internes sont
plus nombreuses que chez les criminelles, tel que chevauche-
ment des dents, division du palais, etc.

Il en est de même chez certains criminels mâles ; si, pour
les homicides, les assassins, la beauté, les traits bienveillants
ne sont pas nécessaires, ils le sont au contraire pour l'escroquerie, le faux, et sont des moyens indispensables à leur accomplissement : ce sont donc des caractères Darwiniens. —
Cependant, même chez les criminelles les plus belles, le caractère viril, l'exagération des mandibules et des zygomes,
ne manquent jamais ; de même qu'elle ne manque pas chez
nos grandes demi-mondaines, si bien qu'elles ont toutes un
air de famille qui rapproche les pécheresses russes de celles
qui fatiguent le pavé de nos grandes villes, en carrosses

dorés ou en haillons. Mais la jeunesse disparaît-elle, les angles saillants de ces mâchoires, de ces zygomes, arrondis par la graisse, s'accentuent et rendent le visage tout à fait viril, plus laid que celui d'un homme ; la ride se creuse comme une blessure et ce visage agréable montre complètement le type dégénéré que la jeunesse cachait.

CHAPITRE VIII

Le type criminel chez la femme. — Raisons ataviques du type

1º *Proportion du type.* — La fréquence des caractères de dégénérescence analytiquement étudiés ne suffit pas à nous donner une idée exacte du type criminel de la femme délinquante ; celui-ci, au contraire, pourra clairement ressortir de l'étude synthétique des divers caractères. Nous appelons type complet la réunion d'au moins quatre caractères de dégénérescence ; sans type leur absence ou la présence de une ou deux seules anomalies physiques.

Des criminelles examinées, 52 Piémontaises résidaient dans la prison cellulaire de Turin, 234 condamnées au bagne appartenaient aux diverses provinces italiennes, particulièrement aux méridionales. Nous n'avons, par conséquent, pas tenu compte des caractères correspondant au type ethnique du pays auquel elles appartenaient, tel que l'ultra brachicéphalle chez les Piémontaises, la dolicocéphalie chez les Sardes et chez les méridionales, l'eurignatisme chez les Russes.

Nous avons également considéré le type chez 150 prostituées primitivement étudiées dans leurs caractères particuliers et chez 100 prostituées de Moscou fournies par Mᵐᵉ Tarnowsky. Nous avons tâché de réunir suivant la même classification les données de Marro, de Mᵐᵉ Tarnowsky, de Grimaldi, pour comparer les résultats obtenus

Un regard jeté sur le tableau VI persuadera le lecteur de

la grande concordance des résultats. Les dernières que nous avons étudiées au bagne correspondent parfaitement à celles étudiées en prison ; de même les résultats obtenus ne varient pas beaucoup des moyennes des précédentes observations quand on pense aux différentes appréciations d'un même caractère par les diverses observations. Il résulte de cette étude :

1) La rareté du type criminel chez la femme délinquante relativement à l'homme délinquant. D'après notre groupe homogène (286), ce type se présente dans 11 0/0, et en tenant compte de toutes les autres observations, on arrive à 18 0/0, chiffre inférieur de presque la moitié à celui rencontré chez le délinquant-né, 31 0/0 ; pendant que chez la femme normale ce type ne se trouve qu'à 2 0/0.

Tous les observateurs s'accordent entièrement sur cette rareté du type criminel. En effet, des observations de Marro résulte l'absence du type dans 58.7 0/0 ; de celles de Mme Tarnowsky, dans 55 0/0 : des nôtres, étudiées au bagne, 55.9 0/0 ; de celles que nous avons examinés à la prison, dans 58,8 0/0, c'est-à-dire une moyenne de 57.5 0/0 de criminelles n'ayant pas le type criminel.

Relativement, le demi-type résulte en proportions à peu près constantes, dans 22 0/0 chez Marro ; 21 0/0 chez Mme Tarnowsky ; 29 0/0 chez les criminelles du bagne et 28.9 0/0 chez celles de la prison ; c'est une moyenne, en somme 25,20 0/0.

2) La prostituée se différencie notablement de la criminelle par la fréquence très supérieure du type qui serait d'après les observations de Grimaldi de 31 0/0, de Mme Tarnowsky, 43 0/0, des nôtres, de 38 0/0, avec une moyenne de 37.1 0/0.

Nous étions déjà arrivés aux mêmes conclusions en étudiant les caractères particuliers, et plus encore en étudiant d'une manière complète les différents types des prostituées-nées, comme nous les appelons, en comparaison avec les criminelles communes.

TABLEAU VI. — Le type dégénéré chez la femme criminelle et la prostituée.

	Nombre	0 Type	0 Caractère	1 Caractère	2 Caractères	1/2 Type	3 Caractères	Type Complet	4 Caractères	5 Caractères	6 Caractères	7 Caractères	8 Caractères
Soldats	71	89	37,2	—	51,8			11,8	11,8	—	—	—	—
Hommes normaux	200	84	32	—	52			16	16	—	—	—	—
Femmes normales	600	—						1,89					
Hommes criminels	353	64,8	8,2	—	56,6			35,2	32,6	—	2,3	0,3	
» grands criminels	346	59,1	11,9	—	47,2			40,9	33,9	—	6,7	0,3	
Criminels (photographies)	228	61	16	17	28	16		24	14	7,5	1,3	1,3	
Femmes criminelles (photographies Allem⁻ᵉˢ)	83	15						28					
» » Italiennes	122	16						26					
» » (Marro)	41	58,7	4,8	32	21	22		19	7,3	3,7	—	2,4	
» » (Tarnowsky)	150	55	3	18	34	21		24	10	10	4	—	
» du bagne	234	55,9				29		14,9					
» assassins	106	55,7				31,1		13,2					
» voleuses	38	55,2				26,9		16					
» infanticides	45	64,4				26,6		8,7					
» escroqueuses	18	61,1				27,8		11,1					
» corruptrices	16	50				31		18,7					
» empoisonneuses	12	33				25		41,6					
» voleuses, des prisons judiciaires	52	55,8				28,9		15,3					
Moyennes 286 (Lombroso-Ottolenghi)	—	57				29,3		14					
Femmes criminelles (photographies)	56	62,4	19,6	26,8	16	19,6		17,8	7,1	10,7			
Prostituées de Grimaldi	26	38	—	23	15	27		31	26	7,6	7,6		
» de Tarnowsky	100	32,9		10	22,66	23,33		43	20	9,33	4	2,66	0,66
» (Lombroso-Ottolenghi)	100	30				32		38					
Moyennes femmes criminelles	583	57,5				25,7		18,7					
Moyennes prostituées	226	33,6				27,5		37,1					
Folles (Roncoroni)	40	59	2,5	12,5	45	17,5		22,5	15	7,5			

Classant maintenant la femme criminelle suivant les divers crimes, nos dernières observations sur les 286 criminelles faites sans connaître préalablement la nature du délit, et classées en suite dès qu'il nous fut communiqué, nous montrent que le type criminel prévaut chez les voleuses de 15,8 à 16 0/0 ; chez les femmes assassins, de 13.2 0/0, mais plus encore chez les corruptrices, 18,7 0/0, dans lesquelles étaient comprises de vieilles prostituées. La moindre fréquence se trouve chez les escroqueuses, 11 0/0, et enfin chez les infanticides, 8,7 0/0, qui représentent le mieux chez la femme le crime d'occasion.

Dans son étude encore plus précise, Mme Tarnowsky nous montre la supériorité dans le nombre des anormales des homicides sur les voleuses, et des prostituées sur toutes les autres : (1)

		100 honnêtes	100 homicides	100 voleuses	100 prostituées
0	anomalie	32 0/0	10 0/0	40 0/0	0/0
1	»	35	—	6	4
2	»	26	14	18	12
3	»	4	38	22	22
4	»	2	16	14	30
5	»	—	16	20	16
6	»	—	4	10	12
7	»	—	2	6	22

dans lesquelles est évident le *crescendo* des caractères à mesure que nous nous élevons des honnêtes, qui nous donnent le maximum des exemptes d'anomalies, aux prostituées qui n'en offrent aucun et qui, au contraire, avec les homicides, nous donnent le maximum des anomalies multiples.

Pour qui, cependant, connaît la fréquence des caractères anormaux des criminels typiques mâles, il est évident que comparativement, les criminelles les plus typiques sont bien plus proches des femmes normales.

(1) *Arch de psich.*, XVI, I, 1898.

2. *Raisons ataviques et sociales de la rareté du type.* — Cette extraordinaire rareté des anomalies qui nous apparaît encore plus exactement dans les crânes (les criminels mâles en donnèrent 78 0/0, les criminelles 27 0/0 seulement et les prostituées 51 0/0 (V. p. 275), n'est pas un phénomène nouveau chez la femme, ni même chez la femelle, et ne se trouve pas en opposition avec le fait très réel qu'elle est plus en retard dans le stade atavique et par conséquent devrait être plus riche en monstruosités. Nous avons vu que seules quelques monstruosités sont, chez elle, en augmentation, mais seulement quand il s'agit de vraies formes morbides qui tendent à la complète perturbation de l'ovule ; le contraire à lieu quand la monstruosité se réduit à cette anomalie plus restreinte de la physionomie qui constitue le type, si bien que même dans le crétinisme, dans la folie et, ce qui nous importe le plus, dans l'épilepsie, il se manifeste chez la femme bien moins saillant et moins fréquent et, comme nous l'avons vu pages 31 et 32, même chez les normales, les anomalies chez elle diminuent d'une manière extraordinaire comparativement à l'homme ; nous voyons également qu'à peu d'exceptions près, chez les animaux inférieurs, le même fait se vérifie sur toute l'échelle zoologique qui nous présente une moindre variation chez la femelle que chez le mâle ; par suite, comme le remarque fort bien Viazzi (*Anomalo*, 1893), les femelles des différentes espèces représentent mieux dans leurs formes les caractères communs au genre auquel elles appartiennent ; ce qui fait dire aux naturalistes (1) que le type d'une espèce est plus franchement représenté par la femelle que par le mâle. Nous avons vu que cela s'étend même au monde moral.

Une première raison de ce fait est dans l'immobilité de l'ovule, en comparaison de la mobilité du zoosperme. Ajoutons que la femelle, sur laquelle retombe le plus grand poids de

---

(1) Morselli, *Lezioni di anthropologia*, Turin, 1894. (Page 220.)

l'éducation, occupation toute sédentaire, se trouve moins sujette que le mâle aux diverses influences du milieu qui change suivant les lieux et les temps ; d'autant plus que déjà chez la plus grande partie des vertébrés et plus encore chez l'homme civilisé, la lutte pour l'existence est spécialement confiée au mâle ; ce qui est une cause incessante de variation et d'adaptation, particulièrement dans les fonctions et dans les organes. Etant admis comme général le fait que le type primitif d'une espèce est plus franchement représenté par la femelle, on doit nécessairement en conclure que les formes typiques de notre race, mieux organisées et mieux fixées chez la femme, en raison du temps et de la longue hérédité, puisque les variations ont été également moindres chez les prédécesseurs, se transforment ou se déforment plus difficilement sous l'action de ces influences, qui déterminent des variations spéciales et régressives chez le mâle.

Une autre influence, aussi puissante, fut la préférence sexuelle, car, dans l'origine, le choix lui appartenant comme au plus fort, le mâle refusait et mangeait même la femme difforme ; il préférait et conservait la femme plus favorisée c'est-à-dire mieux conformée. On connaît l'anecdote de ce sauvage australien qui, interrogé sur ce qu'il n'y avait pas de femmes vieilles dans le pays, répondit : « *Parce que nous les mangeons* », et comme on lui demandait comment ils pouvaient ainsi traiter leurs femmes, il ajouta : « *Pour une que nous perdons, il nous en reste encore mille* ». — Certainement celles qu'ils perdirent plus tôt n'étaient ni les plus belles, ni les mieux favorisées. Cependant il y a quelques anomalies qui ne rencontrent pas l'obstacle du choix sexuel, parce que l'homme s'en sert pour d'autres motifs, ou parce qu'il n'en est pas importuné, ou ne lui donne pas d'importance, comme dans l'anormale disposition des petites lèvres, comme dans l'étrange coussinet des Hottentotes (Voy. pl. I et II), utilisé pour transporter leurs enfants ; seulement alors elles prédominent chez la femme d'une tribu donnée ; et justement par cette ténacité que présentent tous les caractères féminins, ils y prennent un caractère stable et continuel.

Il y a une autre raison qui rend le type moins fréquent dans les prisons des femmes : c'est que la vraie criminelle-née est bien plus rare et cela pour une cause atavique parce qu'elle est moins féroce à l'état sauvage. (Voy. page 76), et d'autant moins qu'elle est plus civilisée (page 78); par suite, la criminelle d'occasion, qui ne se distingue pas physionomiquement de la femme normale, y est assez souvent plus fréquente ; il n'y a donc pas de raison pour que la criminelle ait des caractères spéciaux : d'autant plus que quand la vraie criminalité apparaît, elle appartient surtout à l'adultère, à la calomnie, à l'escroquerie, au recel, qui nécessairement offrent moins de caractères, car une physionomie répugnante serait un obstacle préventif insupportable pour plusieurs de ces délits.

Mais si la femme primitive ne fut que rarement assassin, elle fut, comme nous l'avons prouvé (page 212, 214, 218), toujours prostituée et resta telle presque jusqu'à l'époque semi-barbare; on s'explique donc que la prostituée puisse avoir, par atavisme, des caractères rétrogrades plus nombreux que la femme criminelle. En somme, la criminelle a la physionomie moins typique, parce quelle est moins criminelle que l'homme, parce que la femme présente déjà dans toutes les dégénérescences moins de déviations que l'homme ; parce qu'étant organiquement conservatrice, elle conserve les caractères du type moyen, même dans ses aberrations. En outre, la beauté étant pour elle une suprême nécessité, elle survit aux assauts des dégénérescences. — Mais on ne peut nier que quand la scélératesse est profonde, la loi générale surmonte tout obstacle et imprime le type dans le délit, au moins chez les races plus civilisées (v. pl. V) : et cela surtout chez la prostituée, parce que bien plus que la criminelle elle rappelle le type primitif de la femme.

3. *Atavisme.* — L'influence atavique ne fait également pas

défaut, dans les lignes principales de ce type. — Elle en explique la rareté.

La précocité même, si prononcée chez quelques prostituées (voy. pl. XII), qui illusionne tant sur leur beauté, est un notoire caractère atavique, cette virilité qui est le centre du type criminel, car chez la femme nous cherchons surtout la féminité, et lorsque nous trouvons le contraire, nous concluons au maximum de l'anomalie. Pour bien comprendre la

FIG. 6. NÉGRESSES.

FIG. 7. JEUNE FILLE PATAGONE

porté et la raison atavique de cette anomalie, rappelons comment un des caractères particuliers de la femme sauvage est justement la virilité. Je n'ai pas de meilleur moyen pour le prouver que de présenter, extraits des tables de Ploss (*Das Weib*, 3me édit., 1890), les portraits de Vénus américaines (Voy. fig. 6 et 7) et négresses que l'on prendrait avec peine pour des femmes, tant la mâchoire et les zygomes sont volumineux, les traits durs et grossiers; il en est souvent de même pour le crâne et le cerveau (V. s.).

Comme le crime est surtout un retour vers l'homme primitif, de même, quand il se manifeste chez la femme, il nous présente les deux caractères les plus saillants de la femme primitive, la précocité et la moindre différenciation du mâle, — moindre différenciation qui se révèle dans la stature, le crâne et le cerveau, dans la force musculaire, bien supérieure à celle de la femme moderne (voy. pages 24, 25, 28), caractères, du reste, que nous pouvons trouver en partie dans les environs de l'Italie, particulièrement dans les îles.

On comprend maintenant pourquoi j'entrevois le type criminel chez la Z., n° 10 pl. V, qui, à beaucoup, paraîtra très belle.

L'atavisme est sans doute la cause de l'excessif embonpoint des prostituées, que nous avons contrôlé chiffres en mains, pages 291-294.

« L'embonpoint de beaucoup de prostituées, écrit Parent-Duchatelet, frappe ceux qui les regardent en masse et les voient réunies en grand nombre en un même lieu.

« Ceux qui vivent au milieu de ces femmes et les ont continuellement sous les yeux, ont remarqué que cet embonpoint ne se développe chez elles qu'à l'âge de 25 à 30 ans ; on l'observe rarement chez les jeunes et les débutantes dans le métier. »

« A quoi continue-t-il, faut-il attribuer cet engraissement ?

« L'explication plus simple est celle qui attribue cet embonpoint à la grande quantité de bains chauds que la plupart prennent toute l'année, et surtout à leur vie inactive et à la nourriture abondante qu'elles se procurent. »

Mais chez les prostituées les plus infimes qui engraissent le plus, le bain chaud est exclu et si la vie est inactive une grande partie de la journée, elle ne l'est pas dans les nuits où les veillées fréquentes se passent au bal et en orgies. Que s'il est juste d'admettre qu'elles engraissent surtout après 20 ans, il suffit d'observer le type de Magnan (pl. X) pour en conclure que de très jeunes ont également cette tendance.

Beaucoup attribuent leur embonpoint aux préparations

mercurielles dont elles font si souvent usage. Mais on sait
que les ouvrières en miroirs et les travailleurs des mines de
mercure ne sont pas gras; ils sont au contraire connus par
leur grande maigreur.

Quant à nous, nous rappelant les Hottentottes, les Africaines et les Abyssiniennes qui sont précisément grasses dans
les classes riches et par conséquent les moins laborieuses,
nous ne pouvons exclure, je le répète, la raison atavique. La
tendance à l'engraissement et à l'augmentation de la couche
graisseuse sous-cutanée qui, sous l'influence de la maternité
et de la sexualité, favorise le coussinet des Hottentotes
(v. pl. II), est un caractère atavique chez les femmes primitives, au point qu'en Océanie et en Afrique, on mesure la beauté
à l'élévation du poids que l'on augmente par divers artifices
(tels que boire progressivement d'énormes jarres de lait et
de bière), de sorte que les vénus vénales y sont de véritables
monstres polysarciques (V. pl. II).

Une autre cause également atavique et infantile est que l'enfant (dont la femme se rapproche sous tant de rapports) a,
dans les premières années, une tendance supérieure à celle de
l'adulte, à l'accumulation de la graisse. En effet, comme phénomène protecteur, la graisse constituait un élément de réserve dans les famines si fréquentes aux âges primitifs ; de
plus la graisse arrondissant les formes de l'enfant, on peut
soupçonner qu'elle intercédait en sa faveur auprès des parents
et le défendait jusqu'à un certain point contre l'infanticide
si fréquent dans les premiers âges.

Je dirai, pour compléter, que dans les prisons et les asiles
on trouve bien plus souvent des femmes d'un embonpoint
exagéré que des hommes gras. A Imola existe une jeune fille
de 12 ans ayant une hypertrophie des mamelles et des fesses,
supérieure à celle des Hottentottes ; ses mamelles pèsent
environ deux kilogrammes, de sorte qu'elle est obligée de les
soutenir avec un corset spécial. Il est probable, sinon certain, que même la fréquence de l'hypertrophie des petites

lèvres, si grandes chez nos prostituées, est un reste de l'époque du tablier des Hottentottes (pl. I), que nous retrouvons avec anomalies analogues chez les singes (pag. 34) et qui certainement est en rapport avec le développement supérieur de la couche graisseuse sous-cutanée.

CHAPITRE IX

Tatouage.

1. *Criminelles*. — Pendant que, chez les hommes, le tatouage est diffus au point de devenir un caractère spécial, on l'observe chez les criminelles dans une proportion si minime qu'elle peut passer inaperçue.

Sur 1175 condamnées étudiées par moi, Gamba et Salsotto, il s'en trouva 13, c'est-à-dire 2,15 % de tatouées.

Les folles tatouées seraient en plus grand nombre du moins à Ancône, où Riva en trouva 10 sur 147, c'est-à-dire 6,8 % tatouées toutes au bras et presque toutes avec des symboles religieux : des sigles, des croix ou des dates ; aucune avec des figures. Une d'elles avait au bras une croix sur un globe, que lui avait fait un vagabond. Une autre présentait également au bras quatre initiales faites par elle-même, faisant allusion à deux amants et à sa mère ; c'était une adultère syphilitique Vénitienne condamnée pour blessures à son amant.

Une homicide de 24 ans, voleuse et meurtrière, épileptique, d'abord modèle, puis prostituée, tua un peintre par jalousie, elle en portait sur l'avant-bras le nom en grandes lettres avec un W., au-dessous la date de l'abandon qui lui fut si fatal et sur l'avant-bras gauche, avec une évidente contradiction, la parole : *J'aime Jean.*

2. *Prostituées*. — Chez les prostituées particulièrement, celles du dernier rang, il en est tout autrement.

La proportion est supérieure même sans tenir compte de la mouche-tatouage qui redoublerait et même triplerait la proportion.

Ségre en trouva 1 sur 300 à Milan. — De Albertis, 28 sur 300 à Gênes. — Moraglia, 5 sur 50. — Moi-même, 7 sur 1561 à Turin. — En totalité, 41 sur 2211 ou 1,9 %.

Les caractères principaux sont presque négatifs. La rareté des symboles religieux : 1 seul sur 33 ; la fréquence du souvenir d'amour, chez 24 sur 33, font allusion à un amant mâle, et 3 à une tribade (2 fois deux amants 2 fois trois), indique enfin le peu de constance de ces amours.

Les signes consistaient :

En noms et initiales.......... 31

En cœurs transpercés........ 6

En têtes d'hommes.......... 3

En devises.................. 2

Dans le propre nom......... 3

Une tribade de quinze ans, très dissolue, fille d'entremetteuse, étudiée par le professeur Filippi, portait sur les épaules deux cœurs transpercés, au-dessous, une ancre et les initiales de sa maîtresse (1).

De Albertis trouva sur le bras d'une prostituée génoise, de 84 ans, la figure d'un zouave au milieu des deux initiales : C. D.

Une autre, porte tatoué sur l'avant-bras droit : « *W.* mon *amour*. »

Une seule se fit dessiner sur les mamelles, par un habile matelot, la figure de son amant, et dessous : E. I. M. B. (*Vive mon Bruno*). C'était son premier amant qui la déflora à quatorze ans et la mit enceinte après l'avoir courtisée pendant deux ans.

_____

(1) *Archivio di psichiatria*, XIII,

Baer a observé, chez une criminelle tatouée, une tête de femme avec le mot : *Letne leiden ohne zu klagen*. — Apprend à souffrir sans gémir.

De même, à Paris, les prostituées ne dessinent que les initiales ou les noms de leurs amants suivis de la déclaration : *Pour la vie*, quelquefois entre deux fleurs ou deux cœurs. presque toujours sur les épaules ou sur le sein. Deux fois seulement on y trouva des allusions obscènes.

Souvent les vieilles tribades de Paris se tatouent le nom de leur amante entre le pénil et le nombril, ce qui confirme leurs habitudes obscènes. (Parent-Duchatelet, o. c.).

Une certaine Rosny avait le corps couvert des noms et des initiales de ses amants et des dates de chaque nouvel amour, nombreux au point de recouvrir entièrement son corps.

Quant aux parties du corps, on a observé le tatouage :

Sur parties couvertes............	27
»　　　découvertes (face)...	1
Au bras droit....................	7
»　　gauche.................	4
A l'avant-bras...................	19
Aux cuisses..................	7
Aux mamelles...................	3

Presque toutes ce sont tatouées en âge précoce.

Chez 1 le tatouage commence à 7 ans.

» 3	»	»	15 à 17 ans.
» 9	»	»	18 à 24 »
» 3	»	»	25 à 28 »
» 2	»	»	38 à 44 »

Parent-Duchatelet, lui aussi, avait observé que les tatouages sont plus fréquents chez les jeunes les plus dégradées qui se tatouent et successivement effacent les noms de leurs amants ; — il trouva qu'une fille avait répété elle-même cette opération quinze fois. Les vieilles, au contraire, se tatouent des noms de femmes.

De Albertis remarqua que les filles tatouées étaient les plus vicieuses.

Sur 28, en effet, 15 avaient été en prison, 10 plusieurs fois, 1 jusqu'à 24 fois ; 9 étaient couvertes de cicatrices, 28 manquaient de sens moral ; 20 de sens religieux ; 25 sur 28 avaient le tact obtus et une était analgésique, toutes étaient de sexualité précoce, une fut déflorée par son père à 9 ans, une autre à 10 ; 8 entre 10 et 14 ans ; 7 avaient elles-mêmes effectué leur tatouage ; une à 9 ans par instinct d'imitation ; 14 sur 28 ambitionnaient de les mettre en montre.

Toutes ces observations sont confirmées par une très soigneuse étude de Bergh en Danemarck (1).

Parmi les femmes publiques de Copenhague, le tatouage devint de mode lorsqu'un jeune ex-matelot, ayant des aptitudes pour le dessin et particulièrement pour cet art, s'en servit pour exploiter leur légèreté bien connue.

Sur 801 prostituées, Bergh en a observé dans les cinq dernières années, 80 de tatouées, dont 49, plus de la moitié, par ce matelot ; les autres l'avaient été par leurs compagnes dans les maisons de corrections ou dans les postes de police, quelques-unes par leurs souteneurs.

34 avaient le tatouage en lettres ; 10 en noms, 22 en lettres et figures ; 11 en noms et figures et 8 seulement en figures. La plupart de ces tatouages étaient en noir ou en rouge.

Dans 73 sur 80, l'amour était proclamé éternel par un E joint au nom des amants ; 23 de ces femmes y avaient appliqué leur propre nom, soit en entier, soit en partie, chez 5 se trouvaient réunies la date et l'année de l'amour.

Sur 26 on trouve les noms de 2 amants, sur 3 ceux de 3, sur 4 de 4, sur 2 ceux de 5 ou 6. Le nombre énorme des amants des prostituées parisiennes n'a jamais été égalé.

Cinq avaient sacrifié le souvenir d'une inclination antérieure, en tatouant sur l'ancien un nom nouveau, ou en y ajoutant

(1) *Archivio di psichiatria*, XII.

une croix funèbre. Ce qui a été également observé en France (1).

Deux avaient écrit le nom de l'amant féminin à côté de celui de l'amant mâle. Deux tatouèrent seulement leur nom ; une le nom d'un frère ; une autre celui d'un enfant ; dans trente-cinq, diverses figures.

Là aussi du reste les mêmes signes se répètent toujours sans grandes variations. On voit des dessins de figures symboliques qui sont également en usage en France et en Italie.

On observa chez 15 femmes une espèce de nœud formé par deux feuilles ayant différentes directions ; sur 7 autres une rose contournée de feuilles ; sur 6 un cœur traversé par deux mains qui s'étreignent, avec deux lettres et une flèche au centre.

Chez 5 femmes se trouvait le portrait demi-nature d'un jeune homme, sur 4 deux mains s'étreignant, sur 9 le cœur, l'emblème banal de l'amour ; chez 3 traversé par une espèce de ruban ; chez 2 une branche avec feuilles, et chez 2 autres par une feuille seule.

Sur 8 autres se voyait un bracelet, une croix funèbre, un rosaire, un anneau, une étoile, un navire avec plusieurs voiles ou un drapeau avec canons. Deux femmes avaient 9, une 11, une autre 15 tatouages sur le corps.

Tous ces tatouages se trouvaient aux extrémités supérieures, rarement aux jambes ou à la poitrine ; huit à l'articulation de la main.

Trois femmes avaient le dessin d'un anneau au pouce, à l'index et au medius de la main gauche. Trois avaient des figures sur le genou gauche, une au genou droit et trois aux deux genoux. Une avait un dessin à la branche sternale ; une autre en avait un plus bas, entre les mamelles.

Là aussi, comme à Paris, comme à Gênes, ce sont particulièrement les jeunes prostituées appartenant aux plus basses classes qui se font tatouer ; jamais on n'y voit de dessins obscè-

(1) Lacassagne, *Les Tatouages*, fig. 15, 35, 36.

nes. Dans ces trois villes, les tatouages ont généralement rapport aux relations d'amour, particulièrement avec les hommes.

Les tatouages sont le plus souvent aux mêmes places et de mêmes couleurs ; les souvenirs des anciennes relations sont quelquefois remplacés par de nouvelles empreintes.

La différence consiste en ce qu'à Paris, nombre de prostituées s'impriment les noms de leurs amants femmes (1), ici seulement le nom des hommes.

2. *Conclusions. Atavisme.* — En somme, le caractère du tatouage se rencontre dans une proportion moindre, 2 pour mille, chez les femmes criminelles, que chez l'homme, chez lequel on arrive, au moins pour les militaires et les jeunes, à la proportion de 32 à 40 p. % avec un minimum de 14 %, pendant que chez les prostituées la proportion s'élève à 2, 5, et même au triple si l'on tient compte du tatouage-mouche récemment introduit. En Danemark, sans compter ce dernier, on arrive au 10 %. Cela ressort d'autant plus que la plupart des criminelles étaient à la fois prostituées, de sorte que les deux tristes qualités s'additionnaient et même, chez les prostituées, les tatouées étaient les plus vicieuses et les plus dégradées ; elles seules avaient des tatouages sur les parties couvertes du corps, comme les mamelles, les cuisses qui, pourtant, pour elles, étaient trop souvent exposées ; les prostituées seules, enfin, ont, particulièrement en Danemark et en France, la multiplicité des tatouages, de 9, 11 et jusqu'à 15 tatouages chacune.

Là aussi la note dominante est l'amour ; mais là aussi, cette note prouve leur inconstance, car 26 fois sur 70 la déclaration par un E, d'un éternel amour était suivie des noms de 2, 4, 5 et même 6 amants ; chez cinq était superposée une croix

_____

(1) Suivant Parent-Duchatelet (p. 159, 169), un quart environ des femmes publiques de Paris étaient tribadas, ce qui ne paraissait pas exagéré ni pour Copenhague, ni pour Paris (Voir Bergh, *Vestne Hôpital en 1883*, pag. 13.)

funéraire ou un nom nouveau était inséré à la place de l'ancien.

Nous avons donc, là aussi, la confirmation, que les phénomènes ataviques sont plus fréquents chez les prostituées que chez les criminelles communes et chez toutes les deux plus rares que chez le mâle.

Chez les femmes prostituées, le tatouage offre bien moins de différences ; on n'y rencontre jamais ni épigrammes ni signes obscènes, ni cris de vengeance, mais seulement les symboles plus communs et des initiales, ce qui s'explique par la moindre imagination et par une moindre différenciation dans leur intelligence. Même la femme criminelle est plus monotone et moins originale que le criminel, comme l'est d'ailleurs la femme normale comparée à l'homme normal.

3. *Tatouages figure*. — En général, le tatouage figuratif est très rare et d'une grande simplicité chez les prostituées. Mais quelques cas révélés par divers observateurs nous font entrevoir un tatouage figuratif plus développé dans un but pornographique, particulièrement dans la classe la plus infime. Laurent vit une prostituée qui s'était fait tatouer une feuille d'alpha sur le front ; elle disait à ses admirateurs qu'elle en avait une autre semblable aux parties génitales, qu'elle montrait pour exciter les désirs. Une autre avait, tatoué sur les cuisses, le mot : « Excelsior » avec une flèche dirigée vers la vulve.

Le Dr Blasio en trouva plusieurs en étudiant les prostituées les plus misérables de Naples. (*Arch. di Psych*. XV, 1894).

Une avait représenté sur le ventre, une femme nue, sur les mamelles de laquelle on lisait les deux nombres 6 et 16, qui, dans l'argot napolitain, signifiait le coït antérieur et postérieur ; au-dessous était écrit le nom de la femme, à côté celui de l'amant qui avait dessiné le tatouage. Moraglio vit une demi-mondaine allemande de haut rang qui avait, tatoué sur la cuisse, un membre viril en érection, dirigé vers la vulve, sur lequel était écrit : *Immer hinein* (toujours dedans). (V. pl. XI).

A Buenos-Ayres, une jeune demi-mondaine de 17 ans s'était fait tatouer un caleçon formé de membres en érection.

Une Grecque s'était tatouée une vulve avec deux pavillons : un Turc et un Grec. C'était, disait-elle, *un symbole d'égale amitié entre les deux peuples ennemis* ; la même avait, sur les fesses, un homme qui se masturbait, et un autre homme, qui accomplissait le connélingiste sur une femme. Une autre, s'était tatouée une main de femme, ornée d'un bracelet, avec l'index dirigé vers la vulve.

Mais en y réfléchissant, ces tatouages bien que non pornographiques, doivent être considérés comme une réclame destinée à exciter les désirs fatigués et incertains des amants. Ils sont donc bien plus l'effet des tendances pornographiques masculines que féminines.

L'explication atavique que nous avons donnée pour le type, trouve également ici son application, car la femme sauvage se tatoue bien moins que le mâle et fait des dessins plus simples.

Chez les Natches, les guerriers seuls se tatouent.

En Polynésie, aux îles Marquises, l'homme semble complètement vêtu de tatouages représentant des plantes, des serpents, des requins ; les femmes ne se font que quelques dessins délicats aux pieds, aux mains et aux bras, simulant ainsi de véritables gants ou des brodequins (1).

A Nouka-Hiva, les dames nobles seules peuvent porter quelques tatouages plus raffinés que les plébéiennes (2). Les filles d'un chef, l'une avait un serpent qui lui entrait dans la vulve, l'autre, deux mâles sur les fesses, évidentes allusions érotiques (3).

Chez les Arabes, particulièrement les prostituées sont

---

(1) Lombroso, *L'anthropologie criminelle et ses récents progrès.* Alcan, éd.
(2) Scherzer, *Novara Reise, III.*
(3) *Archives d'anthropologie criminelle,* Lyon, 1893.

tatouées aux mains, à l'avant-bras, aux bras et au cou avec
des guirlandes, des arabesques ou des lignes, circulaires pendant que les hommes le sont aussi au visage.

Cet usage va se perdant chez les Japonaises et il est déjà
perdu chez les Birmanes ; à la Nouvelle-Zélande, aux Indes,
et chez les Toba, il est réduit à deux ou trois lignes aux lèvres et au menton, pour distinguer les nubiles et sans doute
pour augmenter la beauté, mais sans but religieux, politique
ni commercial.

C'est que là aussi, la tendance à la différenciation est moindre. Le même désir de rehausser la beauté si puissante chez
la femme moderne était, comme nous l'avons vu (p. 149), inconnu à la femme primitive, véritable bête de somme et de reproduction ; de sorte que même ce simple et primitif ornement
qui exigeait un certain travail, du temps et des rites religieux et dont la durée étaient nécessaire parce qu'il servait
d'archive héraldique ou notoriale, était exclusivement pratiqué par les hommes et pour eux. Chez les femmes, il fut pendant très longtemps remplacé par des fards rouges, bleus, etc.,
qui probablement ne s'appliquaient qu'à l'époque de la puberté aux cheveux, aux ongles et même aux dents. Les
élégantes de Bagdad se teignaient en bleu, les lèvres, les
jambes et la poitrine : marquant avec des fleurs bleues les
courbes des mamelles. En Birmanie, elles se teignent en
rouge les ongles des pieds et des mains. A Saokatu, elles se
colorent les tresses des cheveux, les dents, les pieds et les
mains avec l'indigo.

IV PARTIE

BIOLOGIE ET PSYCHOLOGIE

DES CRIMINELLES ET DES PROSTITUÉES

CHAPITRE PREMIER

Menstruation. — Fécondité. — Vitalité. — Force. — Réflexes.

Menstruation. — Nous nous arrêterons plus longuement sur cette fonction essentiellement féminine.

Nous avons vu que chez les femmes italiennes (v.s.) l'époque de l'apparition des menstrues varie de 13,14 à 15 ans (à Turin, 13, 3). Chez nos criminelles, elle est suivant Salsotto : chez les Infanticides (âge moyen) 13,4 : Précoces (10 à 12 ans) 20 %.
Empoisonneuses   »   14. 3 :   »   »   10 %
Assassins   »   14. 2 :   »   »   16 %
avec de rares différences indiquant un retard chez les criminelles (sauf les infanticides), comparativement aux femmes honnêtes.

Nous même, chez 60 voleuses, l'avons rencontrée précoce dans 9,3 % des cas; retardée jusqu'à 18 et 21 ans dans 12 %.

Marro, chez ses 31 criminelles, trouva les menstrues anticipées dans 4,8 % ; retardées dans le 41 %, comme chez les 40 paysannes honnêtes.

Chez nos prostituées elles étaient, au contraire, anticipées chez 16 % ; notablement retardées chez 9 % seulement.

Rossignol (Icard, *La femme pendant la période menstruelle*), étudia en France, 58 jeunes filles adonnées à la prostitution, entre 9 et 11 ans.

33 d'entre elles furent menstruées après les premiers rapports

27	»	»	ƒ	avant 10 ans.
19	»	»	»	11 ans.
10	»	»	»	12 ans.
2	»	»	»	13 ans.

Toutes, à l'époque menstruelle, avaient des exaltations érotiques.

Grimaldi constata, comme nous, chez 26 prostituées, des menstrues précoces, chez 6 de 11 à 12 ans, chez 11 de 13 à 14 ans.

Mais nous avons des connaissances bien plus sûres par Mme Tarnowsky ; car les comparaisons faites par une femme dans la même région et dans les mêmes conditions sont plus précises et plus certaines.

Russes	100 prostituées	100 voleuses	100 paysannes	100 riches
Menstrues à 11 ans	2 %	1 %	—	4 %
» 12 »	14 »	4	2	8
» 13 »	14,66	14	2	14
» 14 »	15,33	17	6	38
» 15 »	19,33	12	24	14
» 16 »	20,66	21	37	14
» 17 »	8,66	16	16	2
» 18 »	3,33	6	3	4
» 19 »	2	4	—	—
» 20 à 30	2	2	10	—

Ce tableau nous confirme beaucoup plus sûrement la précocité des prostituées comparativement aux femmes riches ; même dans les pays du Nord, celles-ci donnent 30 % de 11 à 13 ans pendant que les riches ne donnent que 26 % à cet âge.

Les voleuses, au contraire, auraient un plus grand retard que les paysannes et les riches au moins jusqu'à 19 ans ; elles ont une proportion de précocité très inférieure à celle des prostituées, comme 19 à 30 ; mais supérieure à celle des paysannes et de très peu inférieure aux riches (19 à 26). A 8 ans, Mlle Bompard était menstruée, Mmes Trossarello et Lafarge l'étaient à 9 ans.

Le retard et la précocité sont des caractères fréquents chez les femmes névropathiques.

Un autre caractère de la menstruation chez les femmes est sa grande influence sur certains crimes. En prison, parmi 80 arrêtées, pour rébellion envers les agents de la force publique ou pour blessures, je n'en ai trouvé que 9 n'étant pas dans la période menstruelle.

Mmes Zorbini et Lafargue étaient menstruées quand elles accomplirent leur crime ; de même Mmes C. Cornier et Lorentzen, homicides et Mme Paterson, incendiaire. Parmi les suicidées, Krugenstein affirme avoir trouvé des traces des menstrues chez 107.

Le vol dans les magasins est commis par les femmes de Paris, particulièrement à l'époque des menstrues ; sur 56 de ces voleuses étudiées par Legrand du Saulle, 35 étaient à l'époque menstruelle, 10 avaient passé l'âge critique ; il ajoute que lorsque les hystériques jeunes volent des bibelots, de la parfumerie, etc., c'est presque toujours à l'époque menstruelle.

Et il faut compter l'influence de cette fonction lorsqu'elle s'établit.

Emet et de Gardane auraient observé chez toutes les femmes excessivement lascives, des menstrues plus prolongées ou plus fréquentes et toujours plus abondantes.

L'irrégularité serait un autre caractère des menstrues chez les prostituées.

Parent-Duchatelet remarqua que beaucoup de prostituées ont des interruptions de menstrues, durant des mois, sans cause et sans grands préjudices. « Toutes celles qui, plus ou moins repenties, se réfugient au Bon-Pasteur, n'ont pas de menstrues, et les menstrues ne se rétablissent pas malgré la nourriture abondante et le repos ». Quant à moi, je n'ai rien observé de semblable chez aucune des détenues des prisons. Salsotto toutefois remarqua 2 criminelles seulement en prison, aménorroïques sur 130. Sans doute, ce fait est en rapport avec les maladies utérines que je trouvais aussi bien plus fréquentes chez les prisonnières que les affections sexuelles chez les hommes.

Icard rappelle (o. c.) que sur 1,236 détenues de Saint-Lazare, 980 avaient des affections utérines.

2. *Précocité.* — La précocité caractéristique des criminelles qui apparaît déjà à l'époque des menstrues, résulte plus encore de l'époque à laquelle ont commencé les rapports sexuels.

Ici encore les observations de Mme Tarnowsky nous sont d'un grand secours.

	Prostituées	Voleuses
A 9 ans.......	1	—
» 10 »	1	—
» 11 »	—	—
» 12 »	4	—
» 13 »	12	—
» 14 »	14	1
» 15 »	33	3
» 16 »	36	19
» 17 »	26	24
» 18 »	12	19
» 19 »	9	34
» 20 »	—	34
» 21 »	2	34

D'où l'on voit que 55 sur 150 prostituées se donnèrent avant 16 ans, 82 avant 15 ans, pendant qu'aucune des paysannes ne céda à l'homme avant 18 ans ; les voleuses, au contraire, se rapprochent en cela de la femme normale.

Parmi 120 femmes assassins italiennes on remarqua la précocité sexuelle dans 5 °/₀ (Salsotto) et dans 10 °/₀ chez 20 empoisonneuses.

Parent-Duchatelet a démontré que sur 3.577 courtisanes officiellement inscrites il y en avait :

2 de 10 ans.
3 » 11 »
3 » 12 »
6 » 13 »
20 » 14 »
51 » 15 »
111 » 16 »

C'est-à-dire pas moins de 5,6 °/₀ au-dessous de 17 ans.

Tammeo remarque (1) que sur 100 femmes légitimes à peine 2,3 °/₀ sont au-dessous de 20 ans ; et pendant que le nombre des prostituées au-dessous de 25 ans atteint 76 °/₀ des inscrites, celui des épouses n'arrive qu'à 10, 9 °/₀.

Fancher rapporte qu'en 8 ans, 2.700 jeunes filles infectées, âgées de 11 à 16 ans, se présentèrent aux hôpitaux de Londres.

De même, les recherches de Martineau (*La prostitution clandestine*) démontrent que les prostituées perdent la virginité surtout dans la première jeunesse. Sur 607 la défloration eut lieu chez 487 entre 5 et 20 ans et seulement chez 120 au-dessus de 20 ans, et notons qu'il étudia les prostituées-nées, en dehors des prostituées occasionnelles.

Théophile Roussel, dans l'*Enquête sur les causes de la prostitution des mineures en France*, trouve que quelquefois des tendances vicieuses naturelles, conduisent à la prostitution,

(1) Tammeo : *La Prostituzione.* — Turin, Roux 1890.

en dehors de toute influence des parents (1), des jeunes filles presque impubères.

Sur 2.582 femmes arrêtées à Paris, pour prostitution clandestine, 1.500 étaient mineures.

Voici deux exemples très concluants qu'il cite : « La fille d'un ingénieur belge, bien élevée et tenue en pension jusqu'à 16 ans, pour se soustraire à la vigilance de sa mère, s'enfuit à Rotterdám et entra aussitôt dans une maison de tolérance. »

« Une autre de 11 ans, fille de riches et honnêtes parents, élevée dans un collège, en sortit à 18 ans et s'éprit d'un jeune homme que ses parents refusèrent d'accepter pour gendre ; elle s'enfuit de la maison paternelle pour vivre avec lui ; abandonnée 10 mois après, elle entra dans une maison de tolérance ; elle se disait contente de pouvoir satisfaire ses goûts et ne s'en serait pas éloignée même si ses parents avaient consenti à la reprendre. »

Cette précocité est encore plus grande en Italie ; d'après les statistiques de Grimaldi et de Gurrieri, elle se rencontre chez quelques-unes au-dessous de 11 ans, même à 8 ou 9 ans, plusieurs fois avant le développement complet du sexe, et même de la menstruation et précisément :

Chez 8, un an avant les menstruations.
» 2, deux ans   »   »
» 1, quatre ans »   »
» 6, en même temps.

Chez les prostituées de De Albertis, la précocité sexuelle apparaît aussi plus grande ; d'après lui, la moyenne de la défloration est à 15 ans ; il en observa une qui fut déflorée à 9 ans par son père, une autre à 10 ans, deux autres à 12, 6 de 13 à 14 ans, 8 de 15 à 16 ans, une seule fut déflorée à 44 ans.

Nous même, nous arrivons au même résultat dans nos recher-

(1) Théophile Roussel : *Enquête sur les orphelinats et autres établissements de charité consacrés à l'enfance.* — Mouillot, imprimeur du Sénat. 1882.

ches. En effet, pendant que chez nos voleuses les premiers rapports eurent lieu pour 29 %, avant 15 ans, chiffre élevé relativement à ce qui a lieu chez les femmes normales, pour 67 % de 16 à 19 ans, pour 2,7 % après 25 ans, chez les prostituées, nous trouvons ces rapports précoces pour 4 % et chez aucune ils ne sont retardés.

La précocité sexuelle, nous pouvons même dire, professionnelle, des prostituées est donc supérieure non seulement comparativement aux femmes normales, mais encore en comparaison des femmes criminelles.

On sait, que la précocité est un caractère atavique des animaux et des sauvages.

3. *Fécondité* — Le contraire se produit, sans doute, pour la fécondité.

Salsotto, parmi environ 150 criminelles, constata 79 0/0 de fécondité. Sur 20 empoisonneuses, 80 0/0 ; sur 130 femmes ayant des enfants, 77 0/0. Nous notons en Italie (mais ici l'influence éthnique peut confondre tout résultat) une moyenne de :

4,5 enfants pour les empoisonneuses.
3,2   »   »   femmes assassins.
2,0   »   »   infanticides.

Ce qui démontre une fécondité supérieure à la moyenne chez les empoisonneuses seulement, et s'accorde avec la précocité sexuelle et avec la cause presque toujours érotique de leur crime.

Chez les prostituées, Andronico a relevé 20 0/0 de fécondité, Riccardi 34 0/0.

Jeannel aurait constaté 21 enfants vivants sur une moyenne de 60 accouchements, chez 100 prostituées, pendant que chez 100 mariées françaises, ont aurait eu 341 accouchements, dont 200 avec enfants vivants.

Gamberini nota 53 naissances seulement chez 2330 prostituées.

Les études de Mme Tarnowsky, qui en cela peuvent être plus sûres, nous donnent 34 0/0 d'accouchements chez les prostituées, pendant que chez les mariées russes du même âge, on aurait 518 0/0 accouchements et chez les voleuses 256 0/0.

Gurrieri parle de 40 0/0 des prostituées ayant des enfants, et de 60 0/0 sans enfants.

Le seul fait remarquable, ici, c'est la diminution de la fécondité des prostituées, qui pourtant ne peut être attribuée à des causes ataviques ou de dégénérescences (sachant au contraire que la fécondité est plus grande chez les animaux inférieurs), mais que l'on doit expliquer par la plus grande fréquence des maladies qui frappent les organes sexuels, et par l'influence et l'action nuisible des remèdes employés pour les combattre, particulièrement les remèdes mercuriels et iodés ; par l'abus des alcools qui favorisent l'avortement, les orgies, les traumatismes et aussi par le coït qui souvent le provoque. D'autre part, la vie agitée et pauvre, ne permet pas l'évolution normale de l'ovule, même fécondé, ni le développement, ni l'éducation de l'enfant qui certes est un obstacle au triste métier.

4. *Vitalité.* — Nous avons vu que la vie moyenne de la femme est supérieure à celle de l'homme, comme est supérieure sa résistance aux malheurs et aux plus grandes douleurs (v. s.). Cette loi semble s'exagérer chez la femme criminelle qui vieillit fréquemment et dont la résistance aux tristesses même les plus prolongées de la prison est vraiment extraordinaire ; il est notoire dans le peuple qu'il y a un plus grand nombre de criminelles vieilles, et dans le langage populaire sorcière est synonyme de vieille ; quelques proverbes y font allusion.

Nous verrons plus loin que s'il y a une petite proportion supérieure de précoces parmi les femmes criminelles comparativement aux hommes criminels (Roncoroni, *Ecole positive*,

II), il y a une proportion bien plus grande de vieilles criminelles. Je pourrais citer quelques détenues des bagnes féminins
qui ont atteint 91 ans, y étant restées durant 29 ans sans graves
préjudices. Quant aux statistiques officielles comparatives,
je peux citer celles des prisons, qui sont moins sujettes à
altération ou erreurs que les judiciaires (1).

Dans le recensement décennal 1870-79, les détenus des
prisons et des bagnes d'Italie qui dépassaient les 60 ans formaient :

		4.3 0/0 des femm.	et 3.2 0/0 des hom.
Ceux de 50 à 60	» 10.8	» 8.1	»
» 40 à 50	» 22.8	» 19.4	»
» 30 à 40	» 32,6	» 33.0	»
» 20 a 30	» 27.6	» 33.2	»
» au-d. de 20	» 2.5	» 2.7	»

Chiffres qui prouvent la plus grande fréquence des condamnations de femmes en âge avancé et leur plus grande résistance aux peines ; d'autant plus que les condamnations à vie
et au-dessus de 10 ans sont bien supérieures chez les hommes ;
en effet les condamnations de la durée de :

	10 à 15	15 à 20	20 et au-dessus	à vie
Étaient : Pour les hommes de	13.5 0/0	14.4 0/0	7.5 0/0	13.20/0
» » » femmes »	9.0 »	8.9 »	2.8 »	10.3 »

Il est impossible de préciser la vie moyenne des prostituées, tant leurs pérégrinations sont difficiles à suivre.

Parent-Duchatelet, qui essaya de la déterminer avec les
moyens que la bureaucratie la plus raffinée put lui fournir, ne
put y arriver ; il put cependant prouver que beaucoup de
prostituées, quand la vieillesse ou les infirmités les obligent à
abandonner le métier, restent dans la société comme ouvrières,
comme femmes ou amies de chiffonniers, de balayeurs, comme
attachées aux maison de tolérances, dans les refuges ou les
dépôts de mendicité, dans les hôpitaux ou les prisons.

(1) *Statistica decennale delle carceri.* — Rome, 1882.

Parmi 1.680 par exemple :

972 prirent un métier (108 patronnes de maisons de tolérance, 17 actrices.)

247 fondèrent des établissements, boutiques, cabinets de lecture ;

461 entrèrent comme domestiques (dans les auberges, hôtels, etc.).

Parmi 3.401 en 10 ans (1817-27), 177 devinrent malades chroniques ; de celles-ci :

70 par infirmités diverses.	15 par cécité.
32 » épilepsie.	10 syphilis.
28 » caducité.	5 surdité.
18 » vieillesse.	

428 moururent, c'est-à-dire 1,2 % par an, pendant que chez les Françaises de 15 à 50 ans, la mortalité fut en 1880-85, de 1 % (1), chiffres qui se correspondent presque complètement et indiquent que la mortalité n'est pas supérieure à la moyenne étant, en outre, donné que le calcul des honnêtes se fit à une époque où la vie moyenne augmenta de 31 à 40 ans et même à 43 ans pour les femmes de Paris (1), et compte tenu également des maladies qui frappent particulièrement les prostituées, comme la phtisie utérine et tubaire, la syphilis, l'alcoolisme ; il est évident que la mortalité devient ici relativement inférieure.

« Beaucoup de médecins, ajoute Parent, prétendent qu'elles meurent phtisiques, syphilitiques, dans la première jeunesse ; mais nombre d'autres affirment qu'elles ont une santé de fer, que le métier ne les fatigue pas et qu'elles résistent à tout ». Que ces derniers aient raison, beaucoup de faits particuliers nous le confirment. Rappelons Marion Delorme qui, dit-on, vécut jusqu'à 135 ans, de 1587 à 1723 ; si bien que lorsque les Parisiens voulaient parler des choses qui résistaient aux injures du temps, ils la citaient avec les tours de Notre-Dame ;

(1) Levasseur : *La Population française*. 1860.

elle enterra quatre maris et conserva au-delà de 80 ans, non seulement la lucidité de l'esprit, mais encore la fraîcheur du corps. A 80 ans, Ninon de Lenclos avait encore les cheveux luisants et noirs, les dents blanches, les yeux étincelants et le sein tendu comme dans sa jeunesse.

Chez les courtisanes grecques beaucoup restèrent célèbres pour leur fraîcheur dans un âge avancé. Plangone, Pinope, Gnaton, Frine, Théane. — Les historiens prétendent que Taïde mourut à 70 ans, sans avoir abandonné la carrière.

Frine, devenue très vieille, n'avait encore rien perdu de ses belles formes, encore fastueusement payée à la veille de sa mort, ce qu'elle appelait spirituellement : « *Vendre chèrement la lie de son vin* ».

Platon aimait Archéanasse déjà fort âgée : « *Archéanasse est à moi, elle qui dans ses rides cache un amour vainqueur* ». Suivant d'autres, l'épigramme où l'on compte ses rides où se nichent une troupe de petits amours, est d'Asclépiade. — La célèbre Lamie, amie de Demétrio Poliorcète, était aussi extrêmement vieille.

La Cloé de Martial avait assez gagné pour pouvoir, devenue vieille, restituer à ses amants l'or qu'ils lui avaient donné dans sa jeunesse; avec cet or, elle épousa sept maris, que tous, elle enterra, élevant à chacun d'eux un tombeau.

En somme, si la statistique se tait (et pour cause elle continuera à se taire sur ce sujet), l'histoire et la chronique peuvent dire que les prostituées qui survivent aux maladies professionnelles ou accidentelles sont plus nombreuses que les femmes honnêtes.

5. *Voix*. — Déjà Parent-Duchatelet avait observé que beaucoup de prostituées de basse catégorie ont une voix mâle comme celle des charretiers, qui leur survient vers 25 ans et après ; il l'attribue aux intempéries de l'air et aux boissons alcooliques ; d'autres ont voulu l'expliquer par l'usage obscène de la bouche et l'abus du vin. C'est possible, mais

l'étude faite par le professeur Masini (v. s.) nous a démontré qu'il s'agit ici d'une influence congénitale ; elles ont la voix mâle parce que leur larynx est mâle.

6. *Écriture.* — L'écriture même était virile chez les quelques prostituées instruites et chez les véritables criminelles-nées, telles que Mᵐᵉ Trossarello, Ninon de Lenclos, Catherine de Médicis.

Mais nos sujets d'étude sont trop peu nombreux pour nous permettre des conclusions certaines.

7. — *Dynamométrie. Force musculaire.* — Rien d'extraordinaire n'a été observé dans la force musculaire. Sur 100 infanticides, qui représentent la moyenne presque normale, on a trouvé au dynamomètre une force de 30 kilos à droite, 30 à gauche. — Sur 20 empoisonneuses, 24 à droite, 26 à gauche. — Sur 130 femmes assassins, 30 à droite 31 à gauche, ce qui indiquerait une notable gaucherie chez les femmes assassins et les empoisonneuses.

En effet, on aurait observé la gaucherie dans 28 0/0 des femmes assassins ; 43 0/0 des empoisonneuses ; 13 0/0 des infanticides. Je l'ai moi-même trouvée dans 11 0/0 des prostituées, pendant qu'on ne trouve que de 9 à 12 0/0 chez les femmes normales honnêtes (v. s.).

Cependant la proportion des prostituées gauchères serait très grande, si l'on s'en rapportait au dynamomètre qui vraiment n'est pas très exact. Gurrieri avait trouvé au dynamomètre 33 0/0 de gauchères ; Riccardi, 10 0/0 et de 3 à 5 0/0 d'ambidextres ; pendant que pour l'habileté manuelle, les gauchères ne surpassent pas 5 0/0 ainsi que les ambidextres.

Mais plus importante est sans doute la singulière agilité et la force prodigieuse de quelques rares, il est vrai, mais extraordinaires criminelles.

Un d'entre nous a raconté l'histoire d'une certaine Perino d'Oneglia qui, pour voler, sautait des arbres sur les toits, pénétrait à l'intérieur des maisons et s'en retournait par la même vole, sans que pendant plusieurs années on ait pu la surprendre.

Nous connaissons une criminelle qui avait été modèle et homicide de son peintre, elle était tatouée, prostituée et épileptique ; quelquefois, quand sa vanité était offensée, elle entrait dans une agitation si violente, que cinq gardes ne pouvaient la maintenir. Elle s'était brodé des épaulettes militaires sur une chemise rouge. « *C'est ma devise*, » disait-elle, « *je suis le chef des voyous* ». Elle était, en effet, le chef d'escouade de la pire canaille de Turin et la terreur de ses compagnes.

De même la célèbre |prostituée et · assassin Bouhors, qui portait des vêtements d'homme et en avait aussi la force, tua plusieurs hommes à coups de marteau.

La célèbre Star, qui commandait une bande d'assassins, vainquit plusieurs fois en un seul jour, vêtue en homme, tous ses concurrents aux luttes olympiques. Il est proverbial, parmi les ménagères, que les servantes les plus agiles et les plus lestes sont aussi les plus voleuses.

Quant aux prostituées, l'agilité de beaucoup d'entre elle est prouvée par la fréquence des danseuses et des funambules parmi elles.

Filénide, la prostituée héroïne de Martial, moitié homme moitié femme, jouait aux boules et jetait en l'air les pesantes masses de plomb que maniaient les athlètes ; elle luttait avec eux et comme eux recevait les coups de fouet.

J'ai connu une fille de joie qui m'avoua, avoir dans sa jeunesse, porté jusqu'à 100 kilos sur l'épaule.

8. — *Réflexes:* — Les réflexes tendineux étudiés par Mme Tarnowsky furent :

		Prostituées	Voleuses	Homicides	Honnêtes
Normaux....	dans	16 0/0	58 0/0	60 0/0	80 0/0
Exagérés....	»	10 »	6 »	4 »	2 »
Affaiblis.....	»	30 »	26 »	26 »	18 »
Abolis.......	»	14 »	12 »	10 »	» »
Anormaux...	»	54 »	46 «	40 »	20 »

Les chiffres de Gurrieri donneraient des résultats encore plus concluants. Il les trouva :

Tardifs............	dans	78 0/0	des prostituées Bolonaises.	
Abolis............	»	16 »	»	»
Exagérés.........	»	7 »	»	»
Normaux.........	»	16 »	»	»
Anormaux........	»	54 »	»	»

Saisotto les trouva :

		Empoisonneuses	Assassins	Infanticides
Tardifs..........	dans	58 0/0	80 0/0	10 0/0
Abolis...........	»	10 »	3,6 »	1,0 »
Exagérés........	»	5 »	10 »	16 »
Normaux........	»	85 »	54 »	73 »
Anormaux.......	»	65 »	46 »	27 »

Quant à nous, nous les avons trouvés chez 100 criminelles : exagérés dans 25 0/0 — tardifs dans 16 0/0 — normaux dans 54 0/0 — absents dans 5 0/0.

Donc, dans les réflexes aussi, la plus grande anomalie se rencontre chez les prostituées, ce qui, spécialement pour le retard et l'abolition, pourrait s'expliquer par l'alcoolisme et la syphilis qui ont tant de tendance à altérer les cordons antérieurs ; toutefois, dans la plupart de ces cas, je n'ai recueilli aucune preuve de processus syphilitique en cours.

Parmi 100 prostituées, nous en avons trouvé 20 avec réflexes exagérés et 21 avec réflexes rares ou manquants. Après les prostituées, les chiffres plus anormaux sont donnés par les empoisonneuses et les femmes assassins, et toujours pour un plus grand retard ; les moins anormaux sont donnés par les infanticides.

Les réflexes pupillaires furent trouvés tardifs dans 10 0/0 des criminelles, dans 16 0/0 des prostituées — normaux dans 78 0/0 de ces dernières.

La rougeur par le nitrite d'amyle manqua dans 90 0/0 des voleuses. Elle était :

		Assassins	Empoisonneuses	Infanticides
Rapide...........	dans	35 0/0	40 0/0	70 0/0
Tardive..........	»	65 »	55 »	30 »
Manquante ou rare	»	81 »	80 »	82 »

Ce qui démontre là aussi l'anomalie fonctionnelle plus grande des meurtrières.

Rougissaient de leur crime, 50 0/0 des femmes assassins, 25 0/0 des femmes empoisonneuses; 45 0/0 des premières restaient absolument muettes, quand on leur parlait du crime commis, tandis qu'elles rougissaient souvent quand on leur parlait de leurs menstrues.

CHAPITRE II

Sensibilité et champ visuel des criminelles et des prostituées

1. *Tact*. — Dans nos premières recherches sur le tact, nous avons trouvé une plus grande obtusité chez les criminelles que chez les femmes honnêtes, en effet :

Criminelles et protituées		Normales
Tact fin.......	1.7 0/0	16 0/0
» obtus.....	46.2 »	25 »
» médiocre.	51.6 »	56 »

Nous différons en cela, un peu de Marro qui, chez 40 criminelles, aurait trouvé une moyenne de 1.96 à D et 1.94 à G. pendant que chez 25 femmes normales, il trouva 1.94 à D, 1.99 à G avec seulement 4 criminelles à tact obtus. Mais comme il le déclare lui-même, ces normales maniaient continuellement de l'acide phénique et étaient paysannes.

Chez 36 voleuses, j'ai trouvé pour le tact à l'index une moyenne de : 3.75 à D. ; 3.73 à G. ; 1.97 à la langue.

Chez 35 infanticides, 3.76 à D. ; 3.46 à G. ; 2.75 à la langue. Moyenne générale des 101 délinquantes :

3.46 à D. ; 3.67 à G. ; 2.06 à la langue.

L'obtusité serait plus grande que chez les criminels qui donnent une moyenne de 2.94 à D. ; 2.89 a G. ; 1.9 à la langue. Salsotto trouva cependant chez 20 empoisonneuses, appartenant certainement aux classes plus élevées, une moyenne assez fine de : 1.9 à D. et à 1.8 à G. ; avec 15 0/0 de gaucherie. Il trouva chez 100 infanticides : 2.0 à D. et 3.0 à

G.; et la gaucherie dans 17 0/0. Chez 130 femmes assassins le 2,2 à D.; 2,2 à G., avec 45 0/0 de gauchères.

Le tact serait donc ici normal chez les empoisonneuses, un peu plus obtus chez les infanticides et les femmes assassins; dans les dernières cependant dominent les gauchères.

Dans les recherches analogues de Mme Tarnowsky (1) parmi 50 honnêtes, 60 voleuses et 50 prostituées russes comparées à 50 paysannes honnêtes, l'obtusité aux bras et aux mains chez les voleuses et les homicides est presque double de celle des femmes honnêtes, moindre cependant à la phalange de l'index, pendant qu'il n'y a aucune différence pour les prostituées; les honnêtes sont des paysannes chez qui le tact est émoussé par le dur labeur.

2. *Prostituées.* — Même résultat dans mes recherches; cependant chez les prostituées la différence du tact à la main est rare et souvent contradictoire; ainsi chez 5 jeunes prostituées, le tact était en moyenne relativement très fin : 1.90 à D.; 1,45 à G.; 1.48 à la langue, pendant qu'il était obtus chez 68 âgées.

3.04 à D.; 3.02 à G.; 2.11 à la langue avec une saillante gaucherie tactile.

De Albertis a trouvé chez 28 prostituées de basse catégorie une sensibilité tactile de 3.6 à droite, 4 à gauche, avec un maximum de 1.0 et un minimum de 1.8

Gurrieri, dans une étude sur 60 prostituées comparées à 50 femmes normales ou presque normales, conclut que l'extrémité du doigt à droite comme à gauche est plus sensible chez les normales; en effet à la distance de 2 à 2.5 mm., 60 0/0 des

(1)	BRAS Superficie interne		MAINS Palme		DOIGTS Phalange interne	
	G.	D.	G.	D.	G.	D.
Homicides..	23	22	14	14	4	4
Voleuses....	16	15	12	12	4	4
Prostituées.	13	12	9	9	3	3
Honnêtes...	14	14	9	9	3	3

(*Archivio di psichiatria e penali*, 1893, XIV, fasc. I. II.

normales perçoivent les deux pointes à droite, 70 % les perçoivent à gauche, pendant que chez les prostituées, elles sont
perçues seulement par 57 % à droite et 64 % à gauche. Les
normales comme les prostituées sont donc plus sensibles à
gauche. A la pointe de la langue les prostituées seraient au
contraire plus sensibles, mais de peu ; en effet, 80 0/0 perçoivent de 0.5 à 1.5 mm, pendant que seulement 78 0/0 des honnêtes perçoivent à cette distance ; cependant 10 0/0 des prostituées perçoivent de 2 à 2.5, et à la même distance 18 0/0 des
honnêtes.

Mais il faut ici considérer trois facteurs importants qui
jusqu'à présent sont restés inobservés : l'influence de l'éducation, de l'âge, et des caractères de dégénérescence ; il en
résulte que chez les très jeunes filles le tact est très fin, même
si elles ont des caractères de dégénérescence (1). En effet,
12 jeunes filles de 6 à 15 ans, donnèrent une moyenne à D.
de 1.56 et à G. de 2.57 ; chez les femmes instruites, l'obtusité
en moyenne est moindre (2) que chez les femmes du peuple
(2,6) ; elle est bien moins fréquente (16 0/0) chez les femmes
honnêtes sans caractère de dégénérescence, elle l'est davantage (28 0/0) chez celles qui ont quelques uns de ces caractères, et très fréquente (75 0/0) chez celles, même honnêtes,
qui ont beaucoup de ces caractères.

Par suite, toute la différence pourrait provenir ici de la
comparaison des criminelles avec les paysannes honnêtes
(comme l'ont fait Marro et Tarnowsky) ou avec des vieilles
ou avec des honnêtes qui avaient de nombreux caractères
de dégénérescence.

En étudiant le tact par rapport au type, nous avons effectivement trouvé chez 56 criminelles :

	T. très fin	T. moyen (1.5 à 2.5)	T. obtus (3 et au-dessus.)
19 à 0 type dans	5 0/0	42 0/0	52 0/0
21 à 1/2 » »	—	61	39
16 à » »	—	50	50

(1) *Tatto, Sensibilita générale e dolorifica, e type dégénérativo in donne
normali, criminali e alienate. Archivio di psichiatria*, 1891.

d'où l'on voit la plus grande obtusité et la plus grande finesse chez celles qui n'ont pas le type, pendant que dans le demi-type, on a le maximum du tact médiocrement fin et le minimum de l'obtus ; dans le type complet ces derniers s'équilibrent.

3. *Sensibilité générale et douloureuse.* — Nous avons étudié avec l'appareil gradué de Dubois-Reymond, la sensibilité générale : nous avons trouvé une moyenne de 58,2 mm., pour les hommes honnêtes, de 59,1 pour les femmes honnêtes, de 57,6 à D.-et 58,6 à G. pour les voleuses ; de 59.0 à D. et 56,5 à G. pour les prostituées ; avec très peu de différence, par conséquent, entre les diverses catégories.

Pour la sensibilité douloureuse, examinée avec mon algomètre, on trouva au contraire, chez les hommes honnêtes une moyenne de 42 mm. ; chez les femmes honnêtes de 45, chez les voleuses de 21,4 à D. et 20.5 à G., chez les prostituées, de 19,0 à D. et 21 à G. soit avec plus d'obtusité et de gaucherie dans ces dernières. Dans 28 0/0 des prostituées nous avons constaté une complète analgésie. Une fille que j'ai trouvée couverte de brûlures aux cuisses m'avoua que, ne pouvant reconnaître la température trop chaude de l'eau avec laquelle elle se lavait, elle avait gagné ces cicatrices ; une autre fille blessée à la main par son amant resta 14 jours sans changer le pansement qu'un visiteur lui avait fait ; les trois doigts tombèrent en gangrène, sans qu'elle en ressentit des douleurs.

Gurrieri a étudié aussi la sensibilité générale et douloureuse dans différentes parties de leurs corps et trouvé qu'à la paume de la main, à la distance de 130 mm. des bobines, 10 0/0 des normales et seulement 7 0/0 des prostituées sentaient le courant ; 16 0/0 des normales et 39 0/0 des prostituées le sentaient à 40 mm. et plus ; les prostituées seraient donc plus sensibles à la paume de la main (fait confirmé

par Mme Tarnowsky). Dans toutes les autres régions on
avait :

	Sensibilité Générale				Sensibilité Douloureuse			
	Fine		Obtuse		Fine		Obtuse	
	norm.	prost.	norm.	prost.	norm.	prost.	norm.	prost.
	0/0	0/0	0/0	0/0	0/0	0/0	0/0	0/0
A la gor^e	82	50	10	9	18	38	8	3
Fr. et m.	4	4	20	49	6	5	20	16
Langue..	14	3	28	55	4	13	—	2
Clitoris..	8	5	24	32	33	5	8	16

De sorte que la femme normale est en général bien plus
sensible que la prostituée qui se distinguerait surtout par
l'obtusité plus grande du clitoris et moindre de la paume de la
main. Cela est naturel, car pendant que la main de l'ouvrière
et plus encore celle de la paysanne, s'émousse par la callo-
sité du travail qui, chez les russes apporte un contingent
énorme d'obtusité (10 mm.), chez les prostituées au contraire,
l'abstention des travaux plus pénibles, l'usage de manœuvres
tout autres que fatigantes la raffine; ce n'est donc pas par
causes centrales, corticales, mais par raison presque professionnelle ; le contraire a lieu pour le clitoris qui, chez les
prostituées, devient obtus par l'abus de l'exercice.

L'insensibilité douloureuse des prostituées qui correspond
à celle des criminelles-nées, est confirmée par la facilité avec
laquelle elles s'exposent, sans se plaindre, aux plus cruelles
blessures pour leurs tribades et pour leurs amants—il y en a
peu qui n'en soient couvertes (sur 392 prostituées de Parent,
90 furent soignées pour blessures), — par l'indifférence avec
laquelle elles supportent de graves lésions syphilitiques, ou
les cautérisations aux organes génitaux externes et les opérations chirurgicales.

Le professeur Tizzoni me racontait, il y a peu de temps,
qu'une prostituée qu'il devait amputer d'une jambe, refusa
de se laisser endormir ; elle lui demanda seulement comme

une grâce d'être placée de manière à pouvoir observer les mouvements opératoires qu'elle suivit pas à pas sans pousser un cri. — Ce sont de vraies filles de marbre.

Suivant l'observation importante de Gurrieri, les prostituées qui ont eu des enfants ont une plus grande sensibilité ; la sensibilité à la douleur, à la langue, donnait 99mm pour celles avec enfants et 76 pour celles sans enfants. au clitoris, 102 pour les premières et 97 pour les secondes ; il en était cependant pas toujours de même aux mamelles, à la langue et à la main.

4. *Sensibilité magnétique.* — Salsotto trouva la sensibilité à l'aimant dans 12 0/0 des femmes assassins (130), dans 6 0 0 des empoisonneuses et 6 0/0 des infanticides.

5. *Goût.* — 50 0/0 des normales étudiées avec notre méthode et 15 0/0 des criminelles ont une sensibilité gustative très fine ; elles perçoivent 1/500.000 de strychnine ; se montrèrent au contraire très obtuses le 10 0/0 des normales, le 20 0/0 des criminelles et 30 0/0 des prostituées (1/100 de strychine). Mme Tarnowsky, avec des méthodes moins précises (o. c.), trouva que 2 0/0 des homicides et des voleuses, 4 0/0 des prostituées, ne distinguaient aucune des solutions, amère, douce et salée, employées pour l'examen du goût ; ce qui ne s'était jamais vérifié chez les normales ; le goût salé était sujet aux plus grandes erreurs.

6. *Odorat.* — L'odorat, mesuré par le professeur Ottolenghi, avec des solutions titrées d'essence d'œillet, apparut plus obtus du triple chez les femmes criminelles (6 0/0) que chez les normales (2 0/0). Chez les prostituées-nées on rencontra 19 0.0 de cécité olfactive. Nous eûmes en moyenne le 5e degré de l'osmomètre, 1/2500 d'essence d'œillet. Suivant Mme Tarnowsky, l'odorat était normal dans 82 0/0 des honnêtes, dans 66 0/0 seulement des prostituées et des homicides et dans 77 0/0 des voleuses ; il était affaibli dans 18 0/0 des honnêtes,

42 0,0 des prostituées et des homicides et dans 20 0/0 des
voleuses ; il manquait dans 10 0/0 des homicides et des prostituées et dans 8 0/0 des voleuses.

7. *Ouïe.* — Suivant Mme Tarnowsky, l'ouïe était normale
dans 1,86 0/0 des honnêtes, 74 0/0 des prostituées, 68 0/0 des
voleuses, 54 0/0 des homicides ; elle était affaiblie dans 14 0/0
des normales, dans 24 0/0 des prostituées, 30 0/0 des voleuses
et 40 0/0 des homicides ; elle manquait dans 2 0/0 des prostituées et des voleuses et dans 6 0/0 des homicides.

8. *Champ visuel.* — Ottolenghi a étudié dans ma clinique le
champ visuel des femmes criminelles typiques, des femmes
criminelles par occasion et des prostituées-nées.

Sur 15 criminelles-nées, 3 seulement présentaient le champ
visuel normal lequel chez 12 était plus ou moins limité et
chez 9 présentait des renfoncements périphériques, formant
cette ligne périphérique plus ou moins brisée, qu'il découvrit
chez la criminelle-née et l'épileptique (Ottolenghi, *Anomalie
del campo, visivo nei psicopatici*, etc. Bocca, 1890).

Je donne pour premier exemple le champ visuel d'une
certaine F. M., de 15 ans, criminelle typique, fille d'un voleur,
qui l'envoyait voler sous prétexte de demander l'aumône ;
elle exerçait si bien son métier, qu'elle trouvait presque toujours le moyen d'emporter quelque chose partout où on l'ac-
cueillait.

Elle a le visage senil, des zygomes et des sinus frontaux
saillants, des yeux petits très mobiles, des rides au front ;
une notable obtusité tactile, 3^mm, une analgésie presque complète, 5^mm de douleur à l'appareil gradué de Dubois-Reymond ;
elle est sujette, de temps en temps, à des accès d'exaltation
presque maniaques, sans doute épileptiques, pendant lesquels
elle ne peut dormir et chante; elle a un verbiage exagéré
et une sensibilité plus fine.

Son champ visuel (méthode Landolt,) (V. pl. X, fig. 1), dans
l'état tranquille, présentait un rétrécissement particulière-

ment à gauche, assymétrie, scotomes périphériques profonds.

Dans l'état d'exaltation, ce champ visuel prenait des proportions très supérieures, ne gagnant cependant rien dans la régularité (Pl. X, fig. 2). Les autres sensibilités varient relativement, car le tact était beaucoup plus délicat : 0,5 à droite, 0,5 à gauche ; la sensibilité douloureuse était notablement augmentée : 30 à droite, 30 à gauche ; l'odorat était exquis, correspondant à la 1re solution de l'osmomètre ; elle manque cependant de goût pour l'amer, ne perçoit pas la strychnine, même à la plus forte solution (1 : 100).

Dans la pl. VIII, nous donnons quelques autres champs visuels importants de criminelles. Le champ visuel n° 3 d'une voleuse, Nov. F., de 40 ans, plusieurs fois récidive, avec type criminel complet, se présente limité avec périphérie irrégulière aux deux yeux, particulièrement à droite. — Le n° 4, d'une autre voleuse récidiviste, de 25 ans, avec peu de caractères typiques, est normale pour l'extension, mais à droite, on voit un scatome périphérique dans le carré inférieur interne. — Le n° 5, d'une escroqueuse, est normal à gauche, un peu limité à droite en bas, — notons que tous les escrocs mâles ont le champ visuel normal. — Très anormal est le champ visuel n° 6, qui est celui d'une criminelle typique de 39 ans, qui, avec l'aide de son amant, tua son mari avec la plus grande préméditation et avec indifférence : le champ visuel est très restreint et irrégulier sur toute la périphérie, spécialement à gauche ; elle avait une névro-rétinite syphilitique.

Un autre cas typique du champ visuel anormal, chez une femme criminelle-née, est celui d'une certaine M. C..., qui à 9 ans, essayait d'empoisonner, et à 12 ans, empoisonnait réellement une de ses compagnes ; à 14 ans, elle se faisait condamner pour corruption de mineures et pour vols. Son champ visuel (n° 1), se présentait régulier, mais limité à gauche, anormal à droite, par scotomes périphériques et périphérie irrégulière. Une certaine B. M..., de 43 ans, criminelle, voleuse et prostituée, présente un champ visuel avec ample scotome dans le carré inférieur interne de l'œil gauche, pendant qu'il est normal à l'œil droit (V. nº 2). Chez 15 criminelles par occasion, le champ visuel était anormal quatre fois seulement ; nous en donnons deux exemples : la Bonino (nº 7,) jeune femme de 16 ans, qui essaya grossièrement d'empoisonner son mari, vieux et brutal, en mettant du sulfate de cuivre dans sa polenta, a un champ visuel régulier ; la Lacombe (nº 8), française qui fut conduite en Italie par un souteneur et fut, avec lui, accusée d'émission de fausse monnaie présentait, un champ visuel d'une grande extension et d'une régularité constante, bien qu'elle fût hystérique.

Sur 11 prostituées, 8 avaient un C. V. très limité avec une ligne périmétrique irrégulière brisée, formant quatre véritables scotomes périphériques.

Typique pour la périphérie irrégulière, est le C. V. d'une certaine For. G., de 28 ans (nº 9) ; elle manque complètement de sens moral, elle est rachitique avec la mâchoire et les sinus frontaux très développés ; sa mère mourut en prison pour avoir prostitué ses filles.

Un autre champ visuel anormal par la périphérie et les scotomes périphériques, est le nº 10 d'une certaine Pec. M., de 13 ans, type de prostituée et voleuse. Ce champ visuel présentait une limitation supérieure, surtout à droite ; périphérie irrégulière à ligne brisée ; deux scotomes périphériques, un vaste, en correspondance avec le secteur inférieur externe de droite, l'autre restreint, en correspondance avec le secteur inférieur externe de gauche. La faculté visuelle était bonne, le tact était au contraire obtus, 3 mm. à droite, 4 à gauche.

Là aussi, par la sensibilité rétinienne, les prostituées-nées se rapprochent du délinquant-né, plus encore que la véritable délinquante. Dans ces observations, on constata que le degré de la sensibilité rétinienne correspondait, tant chez les délinquantes que chez les prostituées, aux conditions des autres sensibilités, la sensibilité douloureuse particulièrement, et plus encore à la présence des caractères de dégénérescence anatomiques.

De trop sommaires observations, Mme Tarnowky conclut que le champ visuel est chez les homicides plus restreint que chez les autres criminelles et plus étendu que chez les femmes normales (1). De Sanctis (2), mesura également (de 30° en 30°) le C. V. de 28 prostituées, non toutes typiques, d'un ambulatoire celtique ; chez 17 il le trouva normal, chez 4 limité concentriquement, chez trois limité assez géométriquement dans plusieurs secteurs, chez 3 autres avec périphérie irrégulière et avec sinuosité très exagérée.

Parisotti examina le C. V. de 10 prostituées et la rencontra 3 fois seulement limité concentriquement (3) et avec scotomes et renfoncements périphériques.

En somme, l'on voit que les altérations, les scotomes et les renfoncements périphériques se trouvent chez les criminelles-nées et plus encore chez les prostituées, cependant avec moins d'intensité et de fréquence que chez le criminel-né.

Le manque de caractères spéciaux, ou pour mieux dire des plus fréquents dans le champ visuel de l'hystérique, tel que l'hémiopie et sa variabilité, même chez celles (n° 8) qui avaient quelques signes d'hystérisme, confirme que les anomalies morales et fonctionnelles des criminelles-nées etc., ne sont pas dues à l'hystérisme, comme on le croyait généralement et comme si souvent on l'admet dans les procès de femmes. Ici l'hystérisme domine moins que dans la moyenne des femmes.

9. *Acuité visuelle.* — Elle ne présente pas une différence notable dans les 30 prostituées et les 20 criminelles-nées qui ont été étudiées en comparaison de 10 femmes normales.

(1) *Archivio di psichiatria*, xiv, fasc. I-II.
(2) *Osservazion perioptometriche nei degenerati*. (*Riv. med.*, 1892),
(3) *Bollettino dell' Accademia Medica di Roma*, 1891.

Les 30 prostituées présentèrent :

Visus moindre que le normal			dans le	20 0/0
» supérieur »	(30/20 à 25/20 Snellen)	»	40	»
» égal au normal		»	40	»

Les 20 criminelles présentèrent :

Visus moindre que le normal			dans le	15 0/0
» supérieur —	30/20 à 25/20 Snellen	»	50	»
» égal au normal		»	35	»

20 0/0 des prostituées et 30 0/0 des criminelles avaient une myopie de 15'' à 20''.

Le sens chromatique fut trouvé normal chez 30 femmes criminelles et chez 50 prostituées. Parmi ces dernières, cependant, 4 avaient le sens chromatique faible.

10. *Résumé.* — Pour conclure, l'obtusité sensorielle (sauf à la main) et les anomalies du champ visuel sont plus fréquentes chez les prostituées que chez les criminelles, mais n'arrivent cependant jamais au degré du criminel-né mâle ; les réflexes, chez les prostituées, sont cependant plus obtus que chez celui-ci, sans doute à cause de l'action directe de la syphilis sur les centres nerveux.

CHAPITRE III

Sensibilité sexuelle (Tribadisme, Psychopathies sexuelles).

1° Excès sexuel. — Comme déjà nous le faisaient prévoir la précocité sexuelle et la précoce défloration (voy. ci-dessus), nous observons chez plusieurs criminelles et prostituées, une sensibilité sexuelle supérieure à celle des femmes normales, bien moindre, cependant, que l'homme ne se l'imagine dans l'effervescence de son excitation génésique.

Me reportant aux études de Riccardi, De Sanctis et Gurrieri, parmi 165 femmes, on n'en trouve que 9 qui auraient donné signe d'une tendance sexuelle exagérée : Je me souviens d'une épileptique, voleuse et prostituée qui tombait en excitation érotique dès qu'elle voyait un homme replier les jambes l'une sur l'autre ; nous avons déjà parlé de deux jeunes filles, étudiées par Magnan qui, dès l'enfance, exerçaient sur leurs propres frères des contacts obscènes ; d'une autre, adonnée à la masturbation, qui entrait en fureur si on l'en empêchait. Tardieu nous cite une jeune fille de quinze ans et demi qui, lorsqu'elle rencontrait des jeunes garçons dans les champs, se dénudait, les plaçait sur son ventre et les contraignait au coït ; en quelque mois, vingt d'entre eux furent corrompus ; elle tenta ainsi un cantonnier et, comme il la refusait, elle se frottait par terre criant : « Oh ! que j'en ai envie ! » (1).

Une petite fille de quatre ans, observée par Esquirol, médi-

(1) *Les Attentats aux mœurs*, 1884, 3ᵉ édition, Paris.

tait d'empoisonner ou de blesser perfidement sa mère, parce
qu'elle l'empêchait d'avoir de précoces rapports avec des
petits garçons.

Krafft-Ebbing nous en cite une qui, dès l'enfance, au désespoir de son hor .ête famille, s'adonnait aux plaisirs sexuels.
« *Quando quidem sola erat cum homine sexus alterius, negligens
utrum infans sit au vir, aut senex, utrum pulcher aut teter,
statim corpus nudavit, et vehementer libidines suas satiari ro-
gavit, vel vim et manus ei inient* ». On chercha à la guérir
par le mariage : elle aimait son mari avec passion, mais elle
ne pouvait s'empêcher de se donner à d'autres, journaliers,
étudiants, etc.: même grand'mère, elle resta Messaline :
« *Puerum quondam duodecim annos natum in cubiculum allec-
tum stuprari voluit* »; son fils de douze ans prit la fuite ; elle
fut sévèrement réprimandée par son frère ; mais cela ne servit
à rien. On l'enferma dans un couvent où elle se montra un
modèle de moralité. Mais de retour dans sa maison, les scandales recommencèrent. Sa famille l'éloigna, lui assurant une
petite pension; pour pouvoir se payer un amant (à 65 ans),
elle travaillait tout le jour ; elle fut enfin enfermée dans un
asile, où, si elle en trouvait l'occasion, elle manifestait ses
impulsions lascives : elle mourut à 73 ans d'une apoplexie cérébrale.

Celles qui, plus justement, manifestent une lascivité plus
grande et plus continuelle, sont à la fois criminelles-nées et
prostituées-nées: et chez elles la luxure bien souvent se mêle à
la férocité. Messaline, Agrippine en sont des exemples historiques.

Cet érotisme qui les différencie des femmes normales, chez
qui il est si faible et si tardif (v. s.), les rapproche aussi,
sous ce point de vue, du mâle dont elles se distinguent seulement par une plus grande et à la fois plus étrange précocité.

La Fraikin s'offrait elle-même aux ouvriers de son mari.
La Bell-Star avait autant d'amants que le Texas comptait
de *desperados* et de bandits.

La Zélie avait montré, dès la première enfance, une très forte inclination pour les plaisirs sexuels.

La Enjalbert s'était livrée à presque tous les bergers de son village. La Dacquignié, bien que mariée et riche, menait une vie de prostituée. La marquise de Brinvilliers avoua s'être masturbée avec son frère, avant l'âge de sept ans ; elle fut violée peu après cet âge; elle commit une infinité d'incestes et d'adultères. Mme Béridot, qui était cependant une femme relativement instruite, prit pour amant un grossier meunier à qui elle écrivait : « Je te dis que je meurs d'envie d'être au lit avec toi, pour avoir le plaisir de t'étreindre à ma fantaisie. »

Mme Rocc..., de la plus haute aristocratie, fruit d'un inceste, incestueuse aussi dès l'enfance, trahissait son illustre mari, même avec un menuisier ; de complicité avec celui-ci, elle l'empoisonna pour être plus libre.

Joly raconte que la veuve Grass, fameuse demi-mondaine et criminelle, qui mettait dans son prie-Dieu, au milieu des livres religieux, des ouvrages obscènes et une quantité de haschisch cantharidé, avait une série d'amants de cœur, à faire frissonner : domestiques, garçons d'écurie, ouvriers aux épaules carrées ; elle composa des vers sur la vertu de ses drogues aphrodisiaques :

Point je ne veux abuser
De ce poison divin ;
Ah ! donnez-moi, docteur,
Sans crainte pour mes jours,
Une nuit de bonheur,
Toute une nuit d'amour.
Cédez à ma prière,
Mon sort est en vos mains ;
D'un amant ordinaire
Faites un héros demain.

La Jumeau payait elle-même les hommes ; interrogée si elle s'était donnée à l'exécuteur du crime, qui était un domestique de la maison, elle répondit : « Cela ce peut, mais je ne m'en souviens pas ».

La Cagnoni était luxurieuse, au point, quand le désir la

prenait, de se donner au premier venu dans son arrière-boutique, au risque d'être surprise ; Constance Thomas, la célèbre avorteuse de Paris, étant encore jeune fille, se livrait à tous sans se faire payer ; la femme Berland couchait avec son fils, presqu'enfant, et avec trois ou quatre amants qu'elle allait chercher dans les rues. P..., homicide, étudiée par l'un de nous, était tellement libidineuse qu'elle avouait s'être donnée aux chiens et s'être même masturbée en s'agitant sur une chaise sous les regards d'un homme. Adeline B... parsemait les lettres à son amant des expressions les plus obscènes, des particularités les plus cyniques, qui prouvent ses exigences insatiables.

Gabrielle Bompart fut chassée de tous les collèges et du couvent à cause de ses discours et des obscénités qu'elle commettait avec ses compagnes. Enfant on l'aurait prise pour une ancienne prostituée ; elle disait à son père : « *Je ne veux pas me marier, parce qu'un homme seul ne me suffit pas.* »

Marie B... eut tant d'amants qu'elle ne pouvait se les rappeler tous, ce qui pour elle était presque un chagrin.

Parmi les voleuses russes, Mme Tarnowsky trouva fréquente la précocité des rapports sexuels.

Du reste, même chez les criminelles-nées, chez qui la sexualité n'a pas une intensité aussi absorbante, elle est plus vive dans l'âge qui précède la puberté que chez les femmes normales : elle va ensuite peu à peu s'atténuant. En effet, presque toutes commencent leur carrière en fuyant avec un amant, et parmi leurs nombreuses fautes, la plus légère, mais celle qui ne manque jamais, est la prostitution. Leur vie sociale s'ouvre par une aurore de sexualité ; elles ont une inclination plus vive vers l'homme et une curiosité plus intense que les autres femmes pour les plaisirs du sexe ; elles se laissent courtiser, s'amourachent, se livrent à la prostitution, fuient ; mais comme cette excitation n'est pas aussi violente que chez les autres criminelles, elles se calment bientôt après les premiers abus ; au lieu d'un amusement, la prostitution devient alors un moyen subsidiaire d'existence qu'elles exploitent sans plaisir.

Jeanne Laurent qui, dans sa première jeunesse, était cependant peu portée vers les plaisirs sexuels, essayait à dix ans de faire (c'était son expression) ce qu'elle avait vu accomplir par son père et sa mère; elle se donna, pour un couteau, à un petit garçon de 12 ans, qui fit des tentatives de coït sur l'ombilic et qu'elle chassa, pour ce motif, en se moquant de son ignorance; peu après, elle essaya de faire pratiquer des rapports devant elle par un frère et une sœur, les aidant de la parole et des mains; à 12 ans, nouvelle preuve : pour un couteau et deux sous de pommes, elle se redonne à un petit garçon qui ne réussit pas davantage ; à 15 ans, elle est conduite par ses compagnes chez un souteneur et déflorée. Maxime du Camp parle d'une autre qui devint une des plus riches demi-mondaines de Paris : à 12 ans, elle fut emprisonnée et déjà trouvée atteinte d'infection vénérienne.

Ainsi s'expliquent la fuite précoce, à 15 ans, de P. M... avec un amant, ses vols commis pour maintenir des amants, bien que, suivant ses déclarations, elle n'éprouvât aucun plaisir dans ces rapports, auxquels elle se livrait pour de l'argent.

R. B... était appelée par ses amants un morceau de glace, et cependant, encore vierge, elle se plaisait à être courtisée : elle était toujours occupée à nouer des intrigues avec des hommes et céda sans grande résistance à un premier amant. Deux petites voleuses de 7 ans, à visage déjà mûr, s'accusaient mutuellement d'avoir attiré un homme : quand on voulut les visiter, une d'elles me dit, avec la tranquillité d'une ancienne prostituée : « *On ne m'a fait la bagatelle qu'à moitié!* »

Quelquefois cet érotisme prend des formes plus platoniques et alterne avec des périodes de répugnance, sans doute parce qu'il a une origine plus directement corticale ; comme chez Mᵐᵉ Lafarge, qui se conserva pure jusqu'au mariage, mais qui, dès l'enfance, se complaisait en intrigues d'amour et en parlait sans cesse ; mariée, elle se refusa pendant plusieurs nuits à son mari, se disant saisie d'horreur de ce qu'il exigeait d'elle et voulut s'enfuir ; elle finit par se donner à lui, quelques jours après, avec une grande effusion de tendresse.

2. *Sexualité moindre*. — Mais chez les prostituées de profession ces cas sont de rares exceptions ; chez elles, la précocité est plus grande que la véritable tendance sexuelle, et cette précocité même est plus dans le vice que dans la passion charnelle. Ainsi, deux filles nous avouèrent qu'elles s'étaient données presque enfants ; l'une par curiosité, et poussée par ses compagnes à les imiter ; l'autre pour avoir de l'argent et s'habiller élégamment ; et, même adultes, elles n'éprouvaient aucun plaisir. — La précocité exagérée, dans les rares cas d'excessif érotisme, apparaît au contraire, bien avant la puberté, ce qui prouve sa nature tout à fait morbide.

Dans les graffites même des prisons (1) et des syphilicômes étudiées par nous, 4 sur 78, il est vrai, indiquaient une lascivité exagérée, tels, par exemple : « *Cher petit oiseau*, ou *Toujours ainsi*, sous la figure d'un membre immense ; ou comme : « *Cher ami, mettez une fois l'oiseau à mon goût, moi je le mettrai au vôtre. Quand je serai libre, venez me trouver je l'aurai toujours chaude et étroite autant qu'il vous plaira, Vive la joie !* » — Mais celles-ci étaient à la fois des prostituées et des criminelles-nées. Dans les graffites des criminelles ordinaires, même quand il existe, l'érotisme est déguisé comme : « *Je baise mon petit frère* » (Guillot), ou se perd dans des déclarations d'amour sentimental.

Les criminelles frappées, je le répète, de cécité et d'absence sexuelle sont très nombreuses ; ce qui s'accorde avec le grand nombre de cécités tactiles et olfactives ; c'est ce qui a déjà pénétré, il nous semble, dans les idées du public qui leur a donné le sobriquet de *filles de marbre ;* même dans les romans, par exemple, dans la *Femme enfant* de Catulle

_____

(1) Lombroso, *Palimpsestes des prisons, 1891. — Archivio de psichiatria XII.*

Mendès, l'on voit une jeune fille se prostituer très jeune et conserver encore, après de nombreuses années d'une vie licencieuse, les habitudes, les pensées et les sens d'un enfant. Cet enfantilisme qui contraste avec les apparences professionnelles et qui quelquefois cependant est en rapport avec le notable retard des menstrues (v. s), cet arrêt du développement, on le rencontre aussi chez les criminels mâles qui deviennent ensuite pédérastes, comme nous l'a révélé Brouardel [1]. Mêmes celles qui se donnent par passion, cèdent moins au plaisir sexuel, qu'au besoin qu'éprouve la femme de se compléter par l'homme ; car chez elle la frigidité est la règle, comme nous l'avons déjà vu (voir II⁰ partie).

3. *Psychopathie sexuelle*. — Les dépravations sont très fréquentes chez les prostituées, mais moins que chez les criminels-mâles. Ainsi chez nos 103 prostituées, le tribadisme est certain chez 5; suivant Parent-Duchâtelet, toutes les vieilles prostituées sont tribades.

Parmi 25 condamnées pour corruption à Turin, 9 avaient entraîné des mineurs à la débauche ; 5 excitèrent et tentèrent d'avoir des rapports avec de petits garçons ; 3 enseignèrent aux enfants des deux sexes à avoir des relations entre eux ; 2 commettaient des actes obscènes en présence des enfants : 3 avaient des rapports à la fois avec le frère et le père (Salsotto, o. c.).

Deux sur 5 prostituées qui déclarèrent n'éprouver aucun plaisir dans l'amour, jouissaient dans le tribadisme.

Beaucoup de prostituées frigides, selon Riccardi, éprouvent du plaisir dans la masturbation du clitoris, qu'elles préfèrent aux rapports naturels, ou plus encore dans le saphisme; elles ne manquent pas non plus chez les criminelles-nées et dans la haute prostitution, ces psychopathiques sexuelles, qui jouissent non seulement en servant de mâle, mais en tor-

(1) Lombroso. *Homme criminel*, 2° éd., Vol. I, 1895. Paris, Alcan.

turant leurs amants : en les battant, en les faisant saigner, en
se les rendant esclaves (masochisme) ou en excitant des enfants à des rapports soit entre eux soit avec elles-mêmes ;
mais pour comprendre combien ces cas sont rares en comparaison de ceux qu'on observe chez les hommes, il suffit
de noter que pour 7.286 hommes accusés d'attentats sur des
enfants, en France, on n'a trouvé que 76 femmes, 1 0/0 (1), et
que parmi les 196 cas de psychopathie sexuelle étudiés dans
le livre de Krafft-Ebbing (2), qui en est le plus classique et
complet répertoire, 22 seulement appartiennent à des femmes, soit 11,2 0/0, qui remplissaient 11 seulement sur
17 catégories, presque toutes d'inversions sexuelles. Voir :

	Hommes	Femmes
Hypérestbésie sexuelle...................	4	5
(a) Meurtre par lascivité	6	—
(b) Violation de cadavres................	1	—
(c) Sadisme	11	2
(d) Masochisme..........................	29	1
(e) Fétichisme...........................	29	—
(f) Inversion sexuelle acquise...........	8	2
(g) Exhibition, viol, etc..................	26	—
Inversions sexuelles congénitales :		
(a) Hermaphrodisme psychique	5	1
(b) Domo-sexualité	19	3
(c) Effémination et masculinisation........	1	2
(d) Androgynie et gyr ndrie.............	4	2
Cas liés à des psychoses :		
(a) Idiots, fous, épileptiques..............	15	—
(b) Folie périodique......................	1	2
(c) Hystérisme...........................	—	1
(d) Paranoïa.............................	1	1

(1) Tardieu : *Attentats aux mœurs*, 18,3.
(2) *Psichopatia sexualis*, 1894, XIII, Auñ. 9.

Cette faible proportion s'explique par la moindre action chez les femmes de l'érotisme et de l'épilepsie, qui est la source première de ces anomalies.

Cela nous est confirmé par l'observation, car en étudiant particulièrement ces cas, on trouve que non seulement ils sont plus rares, mais aussi moins intimes et plus à l'état de velléité, de désir, de tentative, que d'exécution complète et d'action.

Qu'on excepte, par exemple, les quelques cas de ces mauvaises reines qu'enregistre l'histoire, on ne trouve chez les femmes que velléités érotiques, presque jamais suivies d'action. Les sept cas de meurtre inspirés par la luxure, de Krafft-Ebbing, furent tous commis par des hommes.

Sur 11 cas de sadisme chez les mâles, Krafft-Ebbing n'oppose que ceux de 2 femmes.

Une femme névropathique n'acceptait les caresses de son mari que lorsqu'il avait les bras saignants : elle suçait alors ses blessures et entrait en orgasme, si bien que les bras de son mari étaient couverts de cicatrices. — Une autre de 6 ans, dont parle Moll, de famille exempte d'affections nerveuse (elle avait cependant des signes d'hystérie), mariée depuis huit ans, bien que très affectionnée pour son mari, n'éprouvait aucun plaisir dans les rapports légitimes, qui au contraire, lui inspiraient du dégoût ; mais elle se plaisait à mordre son mari jusqu'au sang ; elle aurait préféré l'usage de se mordre à celui de s'accoupler.

Elles ne seraient évidemment pas justiciables du Code pénal, que ne le serait pas cette jeune fille qui aimait à voir venir à elle son amant, chirurgien, le tablier couvert de sang. Mais ce ne sont que des velléités mises en face de la férocité libidineuse de ces mâles, qui, comme Verzeni, ne jouissent qu'en égorgeant et en tuant :

Kleist, dans la *Penthesilea*, montre son Heldia en proie à l'orgasme sexuel, dans l'acte de déchirer Achille et d'exciter sa meute contre lui ; on lui arrache son armure ; elle lui

mord la poitrine et les mains jusqu'à ce que le sang coule
et dit : « *Baisers et morsures sont bien ensemble; qui aime réel-*
lement de cœur peut bien échanger les uns pour les autres. »
Mais Kleist est poète. Il en est de même du masochisme, qui
semblerait cependant si naturel chez la femme, complètement assujettie à l'homme même dans les civilisations relativement avancées ; bien des femmes aiment en effet à se
jeter aux pi   s de leurs amants; chez les Slaves, souvent les
femmes sont malheureuses, quand elles ne sont pas battues.
En Hongrie, à Samogg, une paysanne ne se croit pas aimée,
si elle n'a reçu un premier soufflet comme preuve d'amour.

 « Nous femmes, écrit Schiller, dans *Kabul und Liebe*, nous
ne pouvons choisir qu'entre maîtresse et servante : mais la
volupté de la domination n'est qu'une misérable compensation, si on la compare à la plus grande volupté d'être esclave
de l'homme aimé ». — Je ne trouve cependant, en fait de
vrai masochisme, que ce cas d'une Russe de 35 ans, de
famille très névropathique, frappée déjà plusieurs fois de
paranoïe congénitale, qui, à la suite d'un onanisme excessif,
était tombée dans un état de neurasthénie cérébro-spinale ;
elle n'éprouvait jamais d'inclination pour des personnes de
son sexe; mais elle-même écrit : « A 6 ou 8 ans, je commençais
à être prise du désir d'être fouettée par une femme. Cette idée
ne m'abandonnait jamais. A 10 ans, je perdis cette morbide
inclination et ce fut seulement à 34 ans, lorsque je lus les
Confessions de Rousseau, que je compris ce que signifiait ce
désir. »

 C'est une velléité aussitôt disparue : et elle est seule à s'opposer aux 29 mâles masochistes de Krafft-Ebbing ; on ne peut
cependant dire qu'ici la faiblesse de la femme soit un obstacle à
l'exécution, ni que l'amant en ferait mystère; il s'en vanterait
au contraire, tout en badinant. — Si ces cas sont ignorés, c'est
parce qu'ils ne se rencontrent pas dans le monde. Même les
autres perversions sexuelles sont rares et moins intenses chez
les femmes.

Et jusqu'à présent, un cas unique à ma connaissance, c'est celui que je dois à M. le professeur Bianchi, d'une femme qui exigeait chaque nuit de son mari une salve de pets, et celui recueilli par Moraglia dans mon *Archivio* (XIII, p. 567), d'une femme de dix-huit ans, à la chevelure noire et épaisse, qui, aux rapports sexuels préférait la masturbation sous l'excitation provoquée par l'odeur de l'urine mâle, qui avait sur elle une action dynamogène telle qu'elle l'obligeait à se masturber dans le voisinage des urinoirs, au risque d'être arrêtée comme elle le fut du reste plusieurs fois ; elle renouvelait ce plaisir avec plus d'intensité dans sa chambre en tenant sous son nez un flacon d'urine mâle.

Unique est également le cas que j'ai pu étudier et que j'appelais de nymphomanie paradoxe. R. B., âgée de 31 ans, très petite, avec eurignatisme et bonne capacité cranienne, 1.475 cr., front étroit, bossué, avec pélurie ; dents chevauchées, tact fin, 1,6 mill.. ; sensibilité douloureuse presque normale, 40 $^{m/m}$ de l'appareil gradué de Rhumkorff à la main (homme sain 45), vagin 65 $^{m/m}$, 60 à la langue. Elle a une extraordinaire sensibilité érotique au mamelon droit et au tiers supérieur du fémur, mais elle n'en a aucune au clitoris, au vagin ni aux grandes lèvres qui n'offrent rien de morbide ; même chez ceux-ci le contact avec le doigt provoque la douleur et fait disparaître la volupté excitée par l'attouchement des mamelles ; dans les rapports, elle ne peut jouir que rarement, et dans des positions étranges, ou en imaginant des groupes obscènes, des plaisirs monstrueux, ou quand elle entend l'amant blasphémer indignement ; elle n'a aucun sentiment de pudeur ; peu d'affection pour son mari et ses enfants. — Mais malgré sa complète frigidité, elle pense sans cesse à des groupes obscènes et aux rapports sexuels ; elle a une haine violente contre toute femme qu'elle soupçonne d'en jouir, surtout contre les courtisanes et les nymphomanes, au point de vouloir les tuer.

« Je voudrais, m'écrivait-elle, que des centaines d'hommes

mourussent par amour pour moi, pendant que moi-même je n'ai aucune affection pour eux. Je tuerais surtout avec plaisir une femme que je saurais jouir des voluptés qui me sont refusées. »

Elle est intelligente, elle touche du piano à la perfection, écrit bien, mais avec des caractères masculins ; et prolixes particulièrement pour ce qui concerne son délire ; elle a une extraordinaire habileté pour faire perdre la tête à ses amants ; menace l'un de le remplacer par d'autres ; quand ils sont empressés, elle leur reproche leur trop grande assiduité ; s'ils s'absentent, leur négligence ; les tenant en mains comme des esclaves, elle leur commande, en effet, comme un despote, avec un visage bourru et en est obéie et adorée, bien que très laide, même quand elle leur propose des choses déshonorantes ; elle leur fait dépenser beaucoup d'argent et ne les en remercie jamais. Procédés de grande courtisane. Quant aux causes d'une forme aussi singulière que je ne peux classer que sous le nom nouveau de *nymphomanie-paradoxe*, on ne sait autre chose sinon que sa mère est hystérique avec vertiges, son père sain, son grand-père libidineux, de sorte qu'il se sépara de sa femme qui était honnête, mais ivrogne ; un cousin est libidineux ; dans la famille, ils sont tous anormaux.

Elle n'eut pas d'autre maladie que la fièvre typhoïde, et des vers ; à sept ans, sans que personne le lui enseignât, elle commença à se masturber avec le nœud de sa chemise, jusqu'à deux fois par jour et encore plus à dix ans ; à 11 ans, elle se calma, préoccupée par ses études ; à 12 ans, elle reprit et empira son habitude avec une compagne ; à 13 ans, elle eut les premiers signes de la puberté ; à 14 les menstrues ; à 16 ans, elle eut quelques familiarités avec des hommes, elle abusa de lectures sans doute obscènes. Elle songeait sans cesse à se marier pour satisfaire au plaisir vénérien ; mais mariée à 24 ans, elle n'en éprouva d'abord que douleur ; puis, la douleur disparue, il ne lui resta qu'une parfaite indifférence pratique avec un vif désir théorique.

La forme cérébrale de la maladie est ici évidente, parce qu'on ne découvre aucune altération dans les organes génitaux ; tandis que si la maladie provenait de ceux-ci, on devrait avoir la frigidité complète, l'anaphrodisie et non cette espèce de nymphomanie psychique paradoxale.

Cette origine purement corticale des tendances obscènes fut reconnue il y a déjà longtemps, par Westphal, lorsqu'il trouvait l'inversion sexuelle chez des individus ayant des organes génitaux parfaitement normaux.

Le point de départ cortical est encore merveilleusement expliqué par le fait que les excitations sexuelles sont parfois éveillées par le blasphème et par leur association avec une véritable perversion du sens moral, qui cependant, là aussi, se limite, à l'inverse de ce que l'on voit chez l'homme, à l'état de velléité, de désir (meurtre des plus heureux) et ne passe jamais à l'action.

4. *Tribadisme.* — L'unique anomalie prépondérante est le tribadisme, qui est vraiment très répandue parmi les prostituées.

Parlant de ce vice, Parent-Duchâtelet observe que quelques-uns prétendent que toutes ou presque toutes les prostituées s'y abandonnent ; d'autres disent que leur nombre est très restreint ; suivant lui, cette contradiction provient de leur manque de franchise dans la confession de ce vice ; elles répondent avec vivacité et impatience à qui leur pose la question : « *Je suis prostituée pour hommes et non pour femmes.* » D'autres, que nous avons interrogées, ajoutent : « *Nous le faisons, mais c'est honteux.* » Quelques-unes : « *Le mâle, c'est toujours légal.* »

Moll, après une étude qui semble sûre, conclut qu'à Berlin les tribades s'élèvent à 25 % de toutes les prostituées.

Généralement les prostituées conservent à ce sujet une certaine réserve ; dans leurs rixes elles s'injurient dans les termes les plus grossiers, mais ne touchent pas à ce vice même lorsqu'elles s'en savent affectées.

C'est vers l'âge de 25 à 30 ans que les prostituées s'y abandonnent (suivant Parent-Duchâtelet), après qu'elles ont exercé leur métier pendant huit ou dix ans ; à moins qu'elles n'aient été dans les prisons.

S'il s'en trouve parmi les jeunes et les novices, c'est qu'elles sont victimes de celles qui les ont séduites.

Parent-Duchâtelet note encore justement, comme phénomène très important, la disproportion remarquable d'âge et de beauté entre deux femmes qui s'unissent ainsi ; et ce qui est plus surprenant, c'est qu'une fois l'intimité établie, c'est ordinairement la plus jeune et plus belle qui éprouve pour l'autre l'amour le plus passionné et le plus tenace.

« Je sais par beaucoup d'inspecteurs et quelques gardiens des prisons que les grossesses sont plus fréquentes chez les tribades que chez les prostituées. Cela se comprend et jusqu'à un certain point peut s'expliquer. Les mêmes personnes ont remarqué que dans cette circonstance, la grossesse devient le sujet de plaisanteries et de rixes dans la prison, et qu'il n'y a pas cette pitié, ces égards et ces soins tout particuliers que les détenues ont l'habitude de prodiguer à leurs compagnes qui se trouvent dans cet état. » (Parent-Duchâtelet).

Les mœurs de ces tribades diffèrent, paraît-il, suivant les pays.

Dans les couples tribadiques de Berlin qui vivent en concubinage, une, au moins, écrit Moll (1), est prostituée : les rôles actifs et passifs sont toujours distincts. Le premier, le plus actif, appartient à celle qu'elles appellent le père ou l'oncle, à qui on accorde comme dans les mariages, une grande liberté dans les rapports avec l'homme ; celles-ci sont plus fréquemment prostituées ;

Le rôle passif est représenté par la mère : et malheur à elle si elle trahit.

(1) *Les inversions sexuelles*, Paris 1893.

Il y en a qui deviennent tribades tout d'un coup ; mais elles avouent que, dès l'enfance, elles avaient la passion des jeux masculins, celle de se vêtir en homme, de danser avec des femmes, de fumer des cigares forts, de s'enivrer, de monter à cheval, de se battre ; d'autres commencèrent à fumer à 5 ans, aimaient les occupations masculines et avaient du dégoût pour les travaux à l'aiguille ; elles ne prennent cependant l'air masculin que lorsqu'elles savent n'être pas observées. Elles se reconnaissent, semble-t-il, à certains signes des yeux et de la bouche ; en général, elles ne sympathisent que pour une catégorie donnée, tantôt pour les blondes, tantôt pour les brunes et ne changent jamais.

Les tribades parisiennes (1) préfèrent souvent engager au Mont-de-Piété leurs vêtements ou leurs bijoux plutôt que de se faire des infidélités : vous les reconnaitrez ordinairement à un signe distinctif : elles portent en général des toilettes exactement semblables ; elles ont les mêmes bijoux, et se disent sœurs. Aussi l'expression « petites sœurs », dans les bals, dans les brasseries, sur les boulevards, dans les jardins publics, est-elle devenue synonyme de tribade.

Beaucoup sont fidèles durant des années ; il y en eut qui restèrent fidèles 17 ans ; mais la plupart changent de mois en mois et même de jour en jour.

Les Saphiques.. Mais ici il paraît (2) qu'il faut faire une distinction entre les tribades proprement dites et les saphiques ou lesbiennes (*cunnilinges*). Les tribades ont le plus souvent l'allure, l'aspect et les passions viriles, le goût pour le sport, les cigares, et pour les vêtements masculins. Et, dès la première enfance, elles n'eurent de l'amour que pour la femme : elles ne tombèrent pas dans le vice excitées par les autres, mais elles sont nées vicieuses comme les cri-

---

(1) Martineau, *Sur les déformations vulvaires*, 884. Paris.
(2) Moraglia, *Archivio di Psichiatria et anthrop. criminale*, vol. XVI, v. 1895.

minelles-nées : elles ont toujours une réelle répugnance pour
le mâle, et toutes dédaignent le mariage.

Les saphistes, au contraire, sont entraînées aux amours
lesbiennes, surtout par la difficulté rencontrée dans les
amours avec les hommes ou entraînées par les compagnes
corrompues. Elles n'ont aucun caractère viril; elles n'ont
pas d'aversion pour l'homme avec lequel elles peuvent répéter leur pratique lesbienne sans répugnance.

Les amours des saphistes durent bien moins que celles des
tribades, sauf dans les collèges, et elles provoquent bien
moins de jalousies. Aussi, leurs correspondances épistolaires
sont très rares et jamais sentimentales.

Il n'y a pas ici, comme chez les tribades, une femme qui
s'impose à l'autre, mais deux qui s'accordent pour quelques
temps, prête à s'abandonner sans rancune.

On ne trouve chez elles, paraît-il, qu'une seule anomalie ;
le gland du clitoris en forme de massue et l'hypertrophie du
prepuce en forme de capuchon : ce qui est l'effet de l'exercice et de l'abus ; ce sont donc des vicieuses par occasion.

Antiquité. — Les mêmes mœurs existaient dans l'antiquité.
Les aulétrides des grecques avaient aussi entre elles de fréquentes et intimes liaisons. Dans les *dicterions*, près des
hetaires renfermées, cet amour paradoxe régnait encore
avec une plus grande intensité.

Une courtisane tribade cachait avec soin ce vice qui trouvait plus d'indulgence parmi ses compagnes que chez les
hommes.

La vie entière des tribades était une étude assidue de la
beauté ; à force de contempler leur propre nudité et de la
comparer avec celle de leurs compagnes, elles se créaient
des plaisirs ardents sans le secours de leurs amants qui souvent les laissaient froides et insensibles (Lucien). Les passions qui, de cette manière, s'allumaient entre les aulétrides,
étaient violentes, implacables. Dans les *Dialogues* de Lucien,
la belle Charmide se plaint de ce que son amie Filematium,

vieille et fardée, qu'elle aime depuis sept ans et qu'elle comble de présents l'ait abandonnée pour un homme. Charmide, pour oublier cet amour qui la dévore, essaie de prendre une autre amie ; elle donne cinq drachmes à Trifène pour qu'elle vienne partager son lit, après un festin où elle n'a touché à aucun mets ni vidé une seule coupe ; mais à peine Trifène est-elle couchée à ses côtés qu'elle la repousse et semble éviter le contact de sa nouvelle amie.

Lucien, dans ses *Dialogues des courtisanes*, nous apprend qu'une seule femme pouvait à la fois conduire deux affections hétérogènes et être éperdument éprise d'un homme et d'une femme.

5. *Nature et cause du tribadisme.* — Parent-Duchâtelet, qui n'est pas toujours aussi heureux dans ses explications qu'il est précis et exact dans ses informations, explique le tribadisme par la privation forcée de l'homme et par la demeure en commun dans les prisons et dans les maisons de tolérance ; mais il n'a pas pensé à l'invasion de ce vice dans le grand monde, qui n'a pas de rapport avec les prisons et le régime des maisons de prostitution ; il suffirait, pour le démontrer, de consulter comme le remarque Sighele, le grand nombre de romans qui y font allusion (1). « Il y a à Paris, écrit Léo Taxil, dans la grande société, de véritables assemblées lesbiques, des groupes de femmes habitant les grands quartiers qui en prennent le titre, se volent et s'envient les victimes pathiques qui leur sont fournies par de spéciales entremetteuses. » (*Corruption du siècle*, 1891).

« Elles sont lesbiques, continue Léo Taxil, ces kellerines que

(1) Diderot, *La Religieuse*, roman d'une dévote à l'amour lesbique ; Balzac, *La Fille aux yeux d'or*, amour lesbique ; Théophile Gautier, *Mademoiselle de Maupin* ; Feydau, *La comtesse de Chalis* ; Flaubert, *Salammbô*. Kraft-Ebbing (op. cit., p. 76) ajoute : Belot, *Mademoiselle Giraud, ma femme*. Dans la littérature allemande le même Kraft-Ebbing cite les romans de Wilbrand, *Fridolin's heimliche Ehe* ; d'Emerich Graf Stadion, *Brick and brack, oder Licht in Schatten*, et de Sacher-Masoch, *Venus in Pelz*. Font aussi allusion au tribadisme, Zola dans *Nana* et dans la *Curée*, et très récemment en Italie Butti dans son roman *L'Automa*.

l'on voit dans la même brasserie, habillées des vêtements semblables, que les étudiants appellent les petites sœurs ; ces actrices qui vivent ensemble, ces femmes mariées de 40 ans, dont l'assiduc et jeune amie renonce à tout parti et ne s'éloigne jamais d'elles ». Suivant Léo Taxil, elles sont toujours accompagnées d'un petit chien orné de rubans, etc ; on les reconnaît aussi à leur habitude d'avancer la langue ; j'en distinguai moi-même quelques-unes à la contraction continuelle et convulsive des mains, à l attitude et à l'habillement masculin de l'une d'entre elles (fig. 8).

FIG. 8

Les causes sont ici de différente nature.

(a) La première et la plus importante c'est l'excessive lascivité de quelques-unes, qui cherchent tous les moyens de la satisfaire, même les moins naturels. Ainsi nous voyons C. Thomas se donner aux femmes après avoir usé et abusé des hommes ; et l'on connaît les paroles de Catherine II, devenue tribade elle aussi : « Pourquoi la nature ne nous a-t-elle pas donné un sixième sens ? »

Cela se produit aussi chez les hommes, et Caylus, le prototype des *urninges*, avouait avoir abusé des femmes jusqu'à 33 ans ; et comme les criminelles-nées sont plus lascives, on s'explique bien l'observation de Parent-Duchâtelet, que les tribades les plus perverties et les plus portées à pervertir les autres, avaient toutes séjournées plusieurs années dans les prisons.

(b) La seconde cause est l'influence de la demeure ; un de nous vérifiait qu'en prison, quelques-unes ne pouvant se satisfaire avec l'homme, se jetaient sur les femmes et devenaient un centre de corruption qui, des détenues, s'étendait jusqu'aux religieuses. C'est pour cela que, quoique les prisonnières soient le plus souvent des criminaloïdes peu enclines à l'érotisme, elles deviennent souvent tribadiques sous l'influence des criminelles-nées qui sont très lascives.

Parent-Duchâtelet observe que la prison est la grande école du tribadisme, et que la plus résistante des prisonnières finit toujours par céder au vice si elle y reste 18 ou 20 mois. Oldes remarque que si plusieurs femmes sont réunies dans une prison, leur impudicité érotique, même si elles sont surveillées, s'élève au cube ; lorsqu'elles sont enfermées ensemble, il s'ensuit des scènes qui surpassent toute imagination (Liszt, *Archiv.* 1891).

Elles se rapprochent ainsi des animaux, qui, ne pouvant satisfaire leurs besoins sexuels sur l'autre sexe, l'essaient sur le leur.

Le même fait se vérifie dans les asiles, où l'entrée d'une seule tribade suffit pour infecter tout l'établissement alors que la moindre tendance n'existait pas auparavant (Lombroso, *Le Tribadisme dans les Asiles,* 1888).

(c) La réunion de beaucoup de femmes, particulièrement si parmi elles se rencontrent des prostituées et des lascives, provoque, par ferment imitatif dans la communauté et par la multiplication du vice de chacune, un vice collectif plus énergique. Or, les prostituées vivent souvent nues ou demi-nues, en contact continuel entre elles, couchant parfois deux ou trois dans le même lit. Dans le grand monde cela se reproduit dans les collèges, dans les orgies carnavalesques et aussi dans quelques couvents.

Rappelons les scènes décrites par Juvénal : « Lorsque, invitées à la danse de la flûte, excitées par la musique et les libations, les Ménades dénouent leurs longues tresses, exhalent des soupirs passionnés, alors à quelle ardeur de s'unir entre elles ne sont-elles pas en proie! Quels accents impriment à leurs voix la passion d'amour et la danse frénétique! Rien ne retient plus le torrent divin qu'elles laissent glisser le long de leurs cuisses. Alors Lanselle les provoque et les défie à la lutte de la couronne, prix qu'elle remporte, avec les mouvements plus lascifs, sur les prostituées les plus corrompues : et cependant elle-même doit admirer Médulline et ses gestes lascifs. Les deux grandes dames ont une égale gloire. Rien de simulé dans ces jeux, si bien qu'un fils de Sparte, insensible et glacé dès le berceau, et le vieux Nestor, avec son hernie, n'en pourraient supporter la vue sans en être enflammés ».

De semblables orgies collectives se renouvellent, avec la participation de dames du grand monde, dans certaines maisons de tolérance de Paris (Fiaux, *Les Maisons de tolérance*, 1892); ce qui nous rappelle les orgies pédérastiques en commun des hommes, qui donnèrent lieu aux procès de Padoue, de Pavie, etc. Le plaisir défendu ne semble avoir de jouissance, pour le dégénéré, qu'en se redoublant par la plus bruyante et scandaleuse complicité.

Fiaux (op. cit.) donne d'autres raisons, jusqu'à présent ignorées, de l'influence de la maison de tolérance sur le tribadisme : c'est que les patronnes de ces établissements le favorisent pour avoir une plus grande tranquillité dans la maison,

pour en exclure les souteneurs qui leur portent toujours préjudice, parce que, lui disaient-elles : « Quand nos femmes on'
« un amant, elles sortent les jours de permission et dépensent
« au dehors l'argent gagné ; pendant qu'au contraire les tri-
« bades se renferment dans leur chambre et se paient entre
« elles les gourmandises et les liqueurs qu'on vend dans la
« maison ».

Elles vont parfois les recruter dans les hôpitaux où se
forment les préliminaires de ces unions. Quelquefois les patronnes sont elles-mêmes saphiques ; elles habillent et maintiennent avec des égards particuliers leurs pathiques, ou les
violentent tout à coup au point de les obliger à recourir à la
police (*Id*).

Plus souvent encore, elles entretiennent cet usage infâme
dans un autre triste but : pour en faire des tableaux plastiques, ou des scènes d'orgies, en y ajoutant en plus l'accouplement canin des femmes, spectacles qui leur donnent une
autre source de bénéfices. Enfin, elles le favorisent aussi parce
qu'elles ont quelquefois besoin de fournir, comme nous l'avons
dit, les pathiques féminines du grand monde.

Carlier raconte qu'à Paris il existe quatre ou cinq maisons de
tolérance où accourent des femmes de la haute société et
des demi-mondaines pour se livrer à des orgies collectives ou s'abandonner au saphisme. Il faut remarquer ici
que les prostituées, si faciles au saphisme réciproque, le sont
bien moins envers les visiteuses externes, si elles n'y sont
contraintes par des pactes spéciaux indiqués dans les contrats et payées avec de spéciales rétributions.

Dans les maisons de tolérance, les femmes font, en outre, des
gageures, des concours et des examens sur leurs propres
beautés intimes, lesquels, naturellement, finissent par les exciter au tribadisme. Souvent des jeunes filles qui ne sont pas
saphiques-nées, résistent d'abord et manifestent un certain
dégoût pour ce vice ; mais le plus grand nombre succombent

dans l'ivresse ou s'y habituent peu à peu et deviennent
saphiques d'occasion.

Un rite curieux, selon Fiaux, signalerait même la première
nuit de ces noces étranges. La femme qui séduit sa compagne, le *père*, dirons-nous, acquiert et fait placer au premier dîner commun une bouteille de champagne devant elle
et devant sa compagne ; personne n'ignore ainsi le nouveau
mariage et chacune est tenue de le respecter (Fiaux).

Dans la vie privée, écrit Martineau, les brasseries servent
à la formation de ces ménages; aussi est-il fréquent de voir dans
ces lieux publics deux femmes vivre ensemble. Elles arrivent
à se suffire à peu près avec les pourboires des consomma-
teurs; elles repoussent le plus possible tout rapport sexuel
avec l'homme. Lorsque, forcées par la pénurie, elles *font un
michet (sic)*, c'est en cachette l'une de l'autre.

d) La maturité et la vieillesse en transformant les caractères du sexe, favorisent aussi chez les femmes les inversions
sexuelles.

L'histoire naturelle nous a appris que (voy. Ire Partie)
chez les femelles vieillies des animaux, on remarque aussi
cette tendance aux habitudes sexuelles du mâle. Les tribades, en effet, suivant Parent-Duchâtelet, ont presque toutes
passé l'âge moyen. La princesse R., dont nous reproduirons
une lettre violente d'amour lesbique, devint tribade à 60 ans,
de femme excessivement galante avec les hommes qu'elle
avait été dans sa jeunesse ; ce qui se comprend, car la
vieillesse, en effet, est par elle-même une espèce de dégénérescence. Il est vrai que le saphisme se rencontre chez beaucoup de filles très jeunes, mais seulement lorsqu'elles sont
dans les maisons de tolérance ou dans les collèges; là, elles
sont influencées et même contraintes par des compagnes
et succombent (Zola).

e) Chez les prostituées et aussi chez quelques femmes galantes, s'ajoute l'apathie et le dégoût provoqué par l'abus du
mâle; quand la passion sexuelle est vive, ne pouvant plus

s'assouvir avec le mâle, elle prend une autre direction. On sait que les pêcheurs ne mangent pas de poissons. « Les unes y arrivent, écrit Martineau, par haine du souteneur, qui les martyrise ; par dégoût de cette longue file de mâles qu'elles dûrent satisfaire : elles en sont rassasiées jusqu'au vomissement. » Les désillusions continuelles, même dans les vrais amours qu'elles ont avec leur amant, y contribuent également ; passionnées et inconstantes, elles subissent des preuves toujours nouvelles du mauvais traitement des hommes, elles se donnent alors aux femmes dont elles espèrent plus de fidélité et certainement un traitement plus doux. Ainsi Nana se jette aux femmes par dégoût des hommes et des amours malpropres, et par l'abandon de ses volages amants de cœur.

« *Si je n'aime rien, je ne suis rien* » (Fiaux), disait avec une étonnante vérité une pauvre fille, pour expliquer son amour pour les souteneurs. C'est ce besoin d'amour pour un plus fort, ou seulement, d'un amour qui ne soit pas mercantile, qui amène presque tous les amours pour les Alphonses, même dans ces grandes maisons de prostitution où elles n'ont plus besoin de protection et où ils ne sont pas souteneurs, mais maintenus.

« Une des raisons du saphisme (écrit Sighele, *Coppia Criminale*, p. 533) est, sans aucun doute, la perversion sexuelle des hommes. Les sadistes (et je résume dans cette seule parole toutes les diverses espèces de voluptés contre nature en lesquelles s'est transformé l'amour masculin), exigeant des prostituées des actes répugnants, doivent finir par les lasser et les dégoûter. Ces femmes, qui ne sont presque plus femmes, ne peuvent éprouver que du dégoût pour ces hommes qui ne sont presque plus hommes. De là naît — conséquence logique et naturelle — le saphisme. Pour échapper à une infâmie, les prostituées se jettent dans une autre ».

Cela n'arrive pas qu'aux prostituées :

Irma (1), âgée de 29 ans, qui eut un père alcoolique et qui se suicida, des frères et des sœurs alcooliques ou hystériques, son oncle maternel fou, fut menstruée à 18 ans; atteinte à 14 ans de chlorose et plus tard de grave hystérie, elle eut à 18 ans des rapports sexuels avec un jeune homme dont elle était éprise, et plus tard, elle se masturbait en souvenir de lui. Pour continuer avec lui le roman, elle s'habilla en homme, fut majordome d'une grande maison, et dans cette occasion, rendit sa maîtresse amoureuse d'elle; elle devint ensuite employé de magasin et dût fréquenter, avec ses compagnons, les maisons de tolérance; elle s'en dégoûta et reprit les habits féminins; elle fut emprisonnée pour vol; reconnue hystérique, elle fut recueillie dans un hôpital où elle se prit d'un violent amour pour les infirmières. Les médecins prétendaient que cette tendance était congénitale, mais elle protestait : « Je sens comme la femme; c'est la société de mes collègues mâles qui m'a fait prendre l'homme en dégoût. Et comme je suis de nature passionnée et que j'ai besoin de m'attacher à quelqu'un, peu à peu je me sentis entraînée à me lier avec des femmes et des jeunes filles avec qui je m'entendais davantage ».

Il semble, ici, que sur une cause congénitale latente et faible, se greffait une cause occasionnelle précisément comme dans les délits des criminaloïdes. (Voir *H. Crimin.*, vol. II, 1895. Alcan.)

« Une autre cause du tribadisme — qui se joint et se confond avec la première — est, écrit Sighele, l'absence, dans les maisons de tolérance riches, du souteneur. La prostituée a besoin d'une affection plus durable, moins éphémère que celle que son métier lui procure chaque jour; ne pouvant la trouver chez un homme, elle la cherche chez une de ses compagnes. Leur vie en commun, l'intimité même de leurs obscénités, est la pente par laquelle elles descendent, sans s'en apercevoir, jusqu'à l'amour lesbique.

(1) *Krafft-Ebbing*, op. cit.

« Des lupanars de luxe, le saphisme s'est répandu au dehors, dans des milieux, si non moins dépravés, certainement moins impudemment vulgaires.

« Quelque entretenue en vogue, quelque courtisane du grand monde, a entendu parler de ces turpitudes par ses amies ; après un souper, elle a voulu voir, puis elle a voulu éprouver.

« D'un autre côté, quelques jeunes filles des maisons de tolérance riches, celles qui trouvent facilement un protecteur enthousiaste qui les conduit avec lui, ont communiqué leurs habitudes infâmes aux femmes qu'elles ont connues. Par suite, le tribadisme est devenu une exception très fréquente même parmi les femmes mariées. Léo Taxil dit qu'à Paris le nombre des dames tribades est incalculable ».

Il y a une autre cause du tribadisme dont l'homme est tout à fait coupable.

Martineau a connu des hommes mariés, des hommes vivant en concubinage ou n'ayant qu'une liaison éphémère de quelques heures à peine, qui cherchent à exciter des ardeurs génésiques plus ou moins abolies, en éveillant chez leur femme, de fortes sensations voluptueuses. Pour obtenir ce résultat, ils n'hésitent pas à recourir à des mercenaires. Aussi, les voyez-vous, après un joyeux souper, conduire leur compagne dans les maisons spéciales, pour la soumettre au saphisme et développer ainsi chez elle qui, le plus ordinairement ignorait cet acte, une passion génésique qu'elle sera d'autant plus portée à satisfaire, qu'elle y aura puisé une sensation voluptueuse plus considérable. Mais, à partir de ce moment, la femme recherche avec ardeur le saphisme, ne se livre au coït qu'avec répugnance et vient prendre rang parmi les tribades intermittentes ou de profession.

6. *Dégénérescence.* — L'influence de la dégénérescence tend de plus en plus à rapprocher et à confondre les deux sexes, par une tendance au retour atavique vers la période de l'hermaphrodisme ; et produit chez les criminels mâles

l'infantilité ou la féminilité qui les entraîne à la pédérastie,
et chez les femmes la masculinité. Nous en avons ici une
preuve en ce que cette tendance précède chez beaucoup
d'entre elles la puberté, et, suivant Schüle, se rencontre plus
fréquemment dans la folie morale et dans l'épilepsie, maladies où la dégénérescence et l'atavisme se confondent (1).
L'analogie des deux perversions est, du reste, complète.

« L'urninge mâle aime, déifie l'homme aimé, comme l'homme
normal la femme aimée. Pour lui, il est capable des plus
grands sacrifices, il éprouve les tourments d'un amour malheureux, des infidélités amoureuses, de la jalousie.

« Il cherche à plaire à son amant par les mêmes moyens
que la femme met instinctivement en œuvre pour plaire à
l'homme qu'elle aime : dans l'apparente pudicité, dans le sentiment esthétique, dans l'amour de l'art, jusque dans la marche,
le maintien, les habillements, il ne peut faire moins que
de se rapprocher des usages féminins. Il préfère les occupations de femmes, dans lesquelles il peut même développer une
certaine aptitude. Dans l'art et l'esthétique, son attention
n'est éveillée que par le danseur, l'acteur, l'athlète, la statue
masculine. La vue des beautés féminines lui est indifférente,
sinon déplaisante ; une femme nue lui fait horreur, pendant
que la vue de génitaux, de cuisses masculines, le fait frémir
de volupté.

« Maintenant, chez la femme qui aime la femme, les rapports, *mutatis mutandis*, sont les mêmes : l'urninge féminin
sexuellement se sent comme un homme, elle se plaît à montrer du courage et de l'énergie virile, parce que ces dons
plaisent aux femmes. Elle aime par conséquent à porter les
cheveux et les vêtements suivant l'usage masculin, et son
plus grand bonheur est de se montrer, dans certaines occasions, habillée en homme. Elle aime les jeux, les occupations et les plaisirs masculins, elle se plaît à concevoir des

---

(1) Voir Lombroso, *Homme criminel*, 2ᵉ édit., 1ᵉʳ vol. 1895. Alcan.

idéals de la personnalité féminine ; au cirque et au théâtre, elle ne s'intéresse qu'aux actrices ; de même qu'aux exposi-tions artistiques, seuls les tableaux et les statues de femmes éveillent son sentiment esthétique et sa sensualité. » (1). Et outre le vêtement, elle a souvent la physionomie masculine (voy. fig. 8).

« Les tribades, écrit Taxil, portent les cheveux courts, de 25 à 30 ans, et avec une grande désinvolture des vêtements demi-masculins ; quelques-unes complètent leur figure par une barbe entière. »

On sait que dans la Grèce antique les tribades avaient, aussi, comme aujourd'hui, l'habitude de s'habiller en hommes, de se couper les cheveux, etc. Voyez à ce propos le fameux dialogue de Clotaire et Leena dans les œuvres de Lucien de Samosate.

« Le plus souvent, écrit Martineau (op. c.), les tribades se dé-fendent énergiquement de leur vice. Quelques-unes, au con-traire, aiment à faire connaître leurs habitudes vicieuses par leur langage ou par leurs avances, pour attirer vers elles l'attention des autres tribades; elles font, pour ainsi dire, montre de leur profession, et elles se glorifient de leurs con-quêtes féminines avec lesquelles elles aiment à s'afficher en public.

« Les ménages de femmes se compliquent parfois : l'arrivée d'un homme y apporte un troisième élément, soit que les deux femmes se volent à l'insu de leur amant ou de leur mari, soit que la tribade impose à l'amant ou au mari la présence d'une amie à elle pour laquelle elle conserve une affection passionnée.

« Les tribades intermittentes forment un type à part et bien tranché. Ainsi, dans leurs lettres, vous constatez que le style et l'orthographe dénotent généralement une instruction plus rudimentaire et une plus grande banalité de sentiments, que dans les lettres de tribades à relations suivies. Il est à remar-quer, en effet, que les femmes qui se *mettent en ménage*, c'est-

(1) *Krafft-Ebbing :* op. cit.

à-dire qui observent l'une envers l'autre une certaine fidélité, sont celles qui ont reçu une instruction plus élevée et possèdent une délicatesse de cœur plus grande.

« La tribade intermittente est plus brutale. Chez elle, point de cette sensibilité qui réunit les précédentes et les fait s'aimer passionnément. Un jour d'énervement, elle éprouve le besoin de satisfaire ses appétits sensuels ; alors elle a recours, moyennant finance, aux Lesbiennes modernes qui font métier de la prostitution du saphisme. Elle se rend soit dans les maisons publiques, soit dans les maisons de passe connues pour cet usage, soit dans les boutiques que vous rencontrez depuis quelques années dans les principales rues de Paris, boutiques de parfumeries, ganteries, etc., pour satisfaire son excitation génésique. Elle ne lie aucune relation avec ces femmes saphiques de profession, elle les considère du reste comme ses inférieures, ses salariées en un mot. On peut comparer dans ce cas la tribade intermittente à l'homme. Comme lui, elle recherche les établissements, les maisons où elle est assurée de satisfaire sa passion du saphisme. Comme lui, elle recherche l'incognito ; elle recherche les maisons, les magasins, où elle peut entrer librement, sans éveiller des soupçons ; car, il faut bien le dire, la tribade intermittente est souvent mariée ou vit en concubinage. D'autres fois, il s'agit d'une femme qui ne peut accepter cette vie de ménage entre femmes, et qui, tribade par intermittence, est heureuse de pouvoir satisfaire son caprice lubrique.

« Certaines tribades intermittentes, plus rares, il est vrai, ne cachent nullement leurs habitudes vicieuses. Il est, notamment, une de ces femmes, déjà âgée (cinquante ans au moins), patronne de brasserie, qui ne conservait dans son établissement que celles qui se prêtaient à ses caprices lubriques : Il lui arrivait même d'aller se placer aux premiers rangs dans les cafés concerts, d'où elle jetait publiquement sur la scène des bouquets à l'adresse des *chanteuses* qu'elle convoitait.

« L'enfance elle-même n'est malheureusement pas exempte

de ces dégradantes pratiques. Il existe des petites filles de
dix à quinze ans qui courent les brasseries de femmes sous
prétexte de vendre des fleurs, et qui sont bien connues
pour leurs manœuvres saphiques qu'elles exercent pour un
prix plus ou moins élevé. Ces malheureuses enfants, le plus
souvent jolies, avec leurs yeux cernés, ont une assurance
d'allures précoce, un langage dont les réparties audacieuses,
parfois obscènes, leur donnent un aplomb cynique contras-
tant péniblement avec leur âge, et qui les caractérise. On
voit ces précoces et infortunés agents de la prostitution du
saphisme, circuler le soir très tard, dans les cafés, sur les boulevards, dans les bals publics, en bandes de trois ou quatre,
et offrant de petits bouquets. Elles ont généralement derrière
elles des individus un peu plus âgés qui les surveillent et les
préviennent des approches de la police, tandis qu'elles vont
faire leurs offres de services aux femmes, aussi bien qu'aux
hommes. »

La violence particulière aux impulsifs (v. s.) et le fait que
beaucoup sont à la fois criminelles-nées et épileptiques, aide
(avec les autres faits que nous avons rapportés) à expliquer
l'extraordinaire violence de ces amours qui contrastent
avec la fragilité de leurs liaisons habituelles, moins durables
certainement, parce qu'elles sont moins organiques.

« Ce sont des tragi-comédies, écrit Martineau, dont les
seules amours avec les hommes ne peuvent donner une idée ;
elles s'écrivent, s'épient, s'étudient jusqu'au plissement des
paupières lorsquelles descendent de la chambre du client ; se
boudent, se menacent et se blessent. Une écrit et persuade
une amie de se faire inscrire sur les registres et d'entrer dans
une maison de tolérance pour être réunies ; d'autres se blessent pour se faire soigner dans l'hôpital où se trouve l'amie. »

« Une fois ces liaisons établies, écrit Parent-Duchâtelet,
elles offrent à l'observateur de curieuses particularités.
Elles sont extrêmement jalouses ; ainsi, chez les prostituées, l'abandon de l'amant de leur sexe n'est pas aussi faci-

lement supporté que celui de l'amant mâle ; dans ce dernier cas, elles se consolent vite et trouvent promptement le moyen d'oublier. Mais il en est tout autrement pour l'abandon des tribades. Leur affection tient plutôt de la frénésie que de l'amour ; la jalousie qui les dévore et la crainte d'être supplantées et de perdre l'objet de leur affection font qu'elles ne se quittent jamais, qu'elles se suivent pas à pas, qu'elles sont arrêtées pour les mêmes fautes et qu'elles trouvent le moyen de sortir ensemble de la maison de détention. « (Parent-Duchatelet).

« Lorsqu'elles arrivent dans la prison et lorsque à dessein on les met dans deux dortoirs séparés, des observations sans fin et souvent des cris et des hurlements s'élèvent ; elles mettent en œuvre une série de stratagèmes pour se rejoindre ; elles feignent d'être malades pour être mises à l'infirmerie ; il y en a qui pour cela se font des plaies et des blessures très graves. Quelques-unes plus consommées dans l'art s'appliquent aux parties génitales de petits morceaux de potasse caustique et se procurent ainsi des ulcérations qui simulent les ulcères vénériens.

« Elles ont pour la plupart un talent merveilleux pour simuler la teigne, se piquant, paraît-il, avec une aiguille rougie.

« L'abandon d'une tribade par son amie (continue Parent) devient, dans la prison, une circonstance qui mérite de la part des gardiens une attention particulière ; il faut que celle qui a été abandonnée tire une vengeance bruyante de celle qui l'a laissée ou de celle qui l'a supplantée; de là naissent de véritables duels, dans lesquels elles se battent avec les cruches qui servent pour boire, et quelquefois aussi avec le couteau ; mais l'instrument le plus usité pour cette sorte de défi est le peigne. Il en résulte des blessures quelquefois graves et même mortelles.

« Un autre cas qui réclame une vengeance immédiate est celui où une prostituée en abandonne une autre pour s'attacher à un homme. Malheur à la femme qui s'en rend coupable, car si elle n'est pas la plus forte, elle est sûre d'être battue chaque fois qu'elle rencontrera celle qui se croit en droit de lui reprocher le plus sanglant affront qu'une prostituée puisse recevoir.

« La vengeance d'une tribade abandonnée, dans les circonstances dont nous parlons, offre une particularité remarquable : c'est que dans ce cas, on ne verra jamais les autres prostituées interposer leurs bons offices, ni chercher à séparer les combattantes, ce qu'elles font, au contraire, dans les disputes ordinaires. » (Parent-Duchâtelet).

X., princesse âgée de 50 ans, femme déjà très lascive avec les hommes, avait connu, il y a de nombreuses années, un certain colonel N.. qui, en mourant, lui confia sa fille Charlotte, de 23 ans, déséquilibrée et hystérique, mais douée d'une culture peu commune. En peu de temps, Charlotte devint l'amie intime, la compagne inséparable, l'homme d'affaire, le factotum de la princesse, qui ne pouvait s'en séparer même la nuit et ne lui permettait pas de dormir ailleurs que dans son lit. Et quand la jeune fille essayait de se révolter, quand les deux amies qui, malgré le sexe et la disparité d'âge, vivaient comme deux amants, n'étaient pas d'accord, la princesse la rappelait à l'ordre par le fouet et des soufflets. Du reste, ces petites tentatives de rébellion étaient compensées par un dévouement immense, furieux, servile. Un jour, Charlotte sauva une des filles de la princesse d'un chien enragé qui s'était précipité sur elle, en le saisissant et en le retenant par la gorge. Un autre jour, l'enfant est atteint d'une attaque de diphtérie ; Charlotte, spontanément, suce les mucosités qui la suffoquent et la sauve une seconde fois. La princesse appelait Charlotte du nom infâme de Gabrielle Bompard. G. Bompard dit un jour d'Eyraud : « Je le suivais comme le chien suit son maître : il me faisait horreur, et je ne pouvais me détacher de lui. » Charlotte était pour la princesse ce que Gabrielle était pour Eyraud. Un jour la princesse fit signer à Charlotte un billet dans lequel elle demandait que si on la trouvait morte on n'acousât personne, car elle-même avait volontairement mis fin à ses jours. Charlotte n'ayant pu rentrer en possession de ce billet malgré les vives prières qu'elle avait adressées à la princesse, et craignant que ces menaces fussent sérieuses, écrivait en avril 1891 une lettre au procureur de la République l'avertissant que s'il lui arrivait malheur on ne devait pas ajouter foi à ce billet, mais laisser la justice suivre librement son cours. Quinze jours après, elle devait effectivement être victime d'une tentative d'homicide, exécutée par son mari sur l'ordre de la princesse, pour se venger de son abandon.

La violence ultra-masculine de ces femmes se voit aussi dans leurs lettres.

« La correspondance des tribades, écrit Parent-Duchatelet, indique la plus grande exaltation de l'imagination.

« Ce que j'ai trouvé de plus curieux à ce sujet, ce fut une suite de lettres écrites par la même personne à une autre détenue : la première de ces lettres contenait une déclaration d'amour, mais dans un style voilé et des plus réservé ; la seconde était plus expansive ; la dernière exprimait en termes ardents la plus violente passion (Id.). »

Quant à nous, il nous suffira de transcrire une lettre de la sus-mentionnée princesse X., à son amie C., lettre qui fut produite au procès.

« Je t'écris au lieu de me reposer, ingrate ; ah ! que je t'aimerais si tu pouvais ne voir que moi dans l'horizon de ta vie, toute mienne, exclusivement mienne ; avec Messaline et Nana pour seules amies ! Celà était trop, sans doute ! Et je te garde rancune, voyou, plus pour mes illusions perdues que pour tout le reste. Pourquoi n'as-tu jamais voulu comprendre que j'étais la plus bête des femmes d'esprit et que ma plus grande séduction sans doute — je te confie mon secret — est ma sublime simplicité ! Il est évident que j'ai espéré beaucoup de choses qui souvent doivent t'avoir fait rire. Aucun doute, même que je les ai sincèrement crues et que tu dois en avoir bien ri. Mais, friponne que tu es, je t'aime. Cette parole résume toute ma lettre, toutes mes idées. *Je te tuerai*, sans doute ; *je te martyriserai*, c'est probable ; *je t'éventrerai* sans doute dans un moment de colère. Mais je t'aime, tout est dit.

« MARIE. »

Etrange lettre, où l'on sent vibrer le despotique, le cruel amour de cette femme qui unit dans sa pensée le sang à la lascivité et la menace au cri de la passion (Sighele, o. c.), qui l'entraîne jusqu'à l'homicide, étrange lettre où nous trouvons ces deux noms, *Messaline* et *Nana*, qui — de l'aveu de la princesse — indiquaient les deux pieds. Ce qui confirme l'existence d'une espèce d'argot pour les parties de prédilection en usage chez ces femmes.

On voit là aussi cette manie épistolaire, selon moi, particulière à toutes les criminelles, mais plus spécialement chez les tribades ; j'ai vu dans une prison une demi-mondaine meurtrière qui montrait sa vulve aux gardiens, entrait en rapports saphiques avec des gardiennes et des détenues et éparpillait de cinq à six lettres érotiques par jour, parmi les femmes détenues renfermées en cellule, qu'elle ne pouvait voir qu'à la dérobée à l'heure de la promenade.

Taxil essaie d'expliquer ainsi cette étrange intensité de leurs amours :

«Ordinairement, écrit Taxil, le défaut d'éducation ne permet pas ici les moyens d'approche en usage dans les autres classes; et c'est seulement à force de caresses, de soins, d'attentions, d'amabilités et de belles manières que les anciennes et quelquefois les vieilles séduisent les jeunes et arrivent à les passionner d'une manière extraordinaire. On voit ces vieilles travailler avec ardeur pour augmenter leurs gains et faire des cadeaux à celles qu'elles veulent séduire ; en un mot, elles emploient tout ce que l'art peut inventer pour compenser par des qualités particulières et artificielles ce qui leur manque et ce qui pourrait éloigner d'elles. » — Mais cette explication ne suffit pas pour tous les cas.

CHAPITRE III

Pour comprendre combien est grande dans ces cas l'influence de la virilité, de la transformation du sexe et par conséquent de l'action organique, rappelons-nous qu'ici, de même que dans la pédérastie, les occasions ne sont qu'un prétexte, un moyen de révéler à l'individu même ses propres tendances ou de les faire éclater, alors qu'elles existaient à l'état latent.

Il en est très souvent de même dans nos sujets ; rappelons-nous encore comme exemple, la princesse sus-nommée, qui longtemps avant de devenir tribade maniait les armes, s'habillait et politiquait comme un homme ; et cette Irma, dont nous avons déjà parlé, qui serait devenue *urninge* par cause morale, par dégoût de la mauvaise conduite des hommes, mais qui, elle aussi, longtemps avant de le devenir, avait fait usage de vêtements masculins, avait été même employée comme un homme dans les gardes des douanes et comme majordome, avait provoqué, sans les partager, des passions féminines (Moll).

Du reste, pour démontrer combien la masculinité influe dans ces vices, il suffirait de voir cette photographie d'un des couples que j'ai surpris dans une prison, où la femme habillée en homme avait à la fois le maximum des caractères masculins et des caractères criminels (voy. fig. 8), si bien qu'on avait peine à la croire une femme. Que ces femmes-hommes criminelles soient le centre de cristallisation de ces vices, Parent-Duchatelet, le fait aussi pressentir quand il dit que souvent il existe une disproportion de beauté et d'âge entre ces femmes et que généralement c'est la plus belle et la plus jeune qui témoigne à l'autre la plus grande affection.

Mais nous en avons une meilleure preuve dans les cas suivants où l'on peut retrouver dans l'urninge le caractère masculin, dès la première enfance, précisément comme on a trouvé le caractère féminin dans l'urninge de l'autre sexe.

R..., est une femme de 31 ans (1), artiste, elle a des traits et

(1) *Krafft-Ebbing. o. c.*

une voix d'homme, des cheveux courts, des habits viriles ;
elle a cependant le bassin féminin, un notable développement des mamelles et une absence complète de poils sur
le visage. Dès l'enfance, elle préférait jouer avec des petits
garçons et remplir le rôle de soldat ou de brigand ; elle n'a-
vait, au contraire, aucun goût pour les poupées ni pour les
travaux de femmes.

A l'école, elle s'intéressait surtout aux mathématiques et à
la chimie ; devenue artiste, elle éprouvait de l'intérêt pour la
beauté masculine, mais sans se laisser séduire par elle. Elle
ne pouvait pas souffrir les affectations féminines, pendant
qu'elle préférait tout ce qui était viril : discourir avec des
femmes l'ennuyait ; les conversations sur les toilettes, les
ornements, la galanterie, n'avaient aucun attrait pour elle.
Elle aimait au contraire à embrasser les femmes, à se pro-
mener sous leurs fenêtres et éprouvait les tourments de la
jalousie si elle les voyait avec des hommes. Elle n'éprouve
généralement aucune attraction pour le mâle bien qu'elle
avoue que deux fois dans sa vie les hommes lui ont fait impression et qu'elle se serait mariée s'ils l'avaient recherchée,
parce qu'elle aime la vie de famille et les enfants.

Elle trouve la femme plus belle et plus idéale ; quand elle
a des rêves érotiques, ils ont toujours trait à des femmes.

Son père était névropathique et sa mère folle ; dans sa première jeunesse, elle aima son propre frère et essaya de fuir
avec lui en Amérique. Son frère est aussi de caractère très
étrange.

C..., domestique de 26 ans, fut paranoïque et hystérique
dès l'âge du développement ; elle n'eut jamais d'inclination
pour les personnes de l'autre sexe ; elle ne pouvait comprendre comment ses amies pouvaient s'intéresser à la beauté
masculine et comment une femme pouvait se laisser embrasser par un homme ; elle aimait au contraire les femmes et
avait une amie qu'elle embrassait passionnément et pour
qui elle aurait volontiers sacrifié sa vie.

Dès l'enfance, elle écoutait avec passion la musique militaire ; elle aimait la chasse et la guerre ; au théâtre, elle ne s'intéressait qu'aux rôles féminins ; s'habiller en homme, aurait été pour elle un grand plaisir ; et comme elle avait des idées de persécution, elle aurait voulu pour échapper à ses persécuteurs supposés, s'habiller en homme et en tenir le rôle. En 1884, elle se vêt longtemps d'habits masculins, parfois de l'uniforme de lieutenant ; elle s'enfuit en Suisse sous ce déguisement et trouva du travail comme domestique dans une famille de négociants où elle s'éprit de la « Belle Anna », fille de ses maîtres, qui ne doutant pas de son sexe, s'en éprit à son tour ; C... appelait son amie des noms de « fleur merveilleuse, soleil de mon cœur, tourment de mon âme ».

On découvrit son secret : et elle fut enfermée dans un asile, et lorsqu'une fois Anna alla la trouver, les embrassements, les baisers ne finirent plus. C... est grande, elle est belle et svelte, ses formes sont féminines, mais elle leur donne des attitudes masculines.

Elle tombe facilement durant l'état hypnotique en somnambulisme ; et dans cet état, elle est très susceptible de suggestion.

Un inspecteur des forêts avait donné en mariage sa fille Marie à un soi-disant comte Sandor O., que l'on découvrit bientôt être une femme, la comtesse Charlotte V..., coupable d'escroqueries et de faux, descendant d'une opulente famille Hongroise, riche en excentriques. Une sœur de sa grand'mère et une tante maternelle, hystériques, restèrent au lit de nombreuses années pour maladies imaginaires ; une troisième tante se croyait persécutée par un consul ; une quatrième ne voulut pas, pendant deux ans, qu'on balayât sa chambre et jamais ne se peigna ni ne se lava ; les autres femmes du côté maternel étaient très intelligentes, instruites et aimables. La mère de Charlotte V... était névropathique, elle ne pouvait souffrir le clair de lune. Dans la famille du père, quelques-uns se livraient aux pratiques spirites, d'autres se suicidèrent ; le plus grand nombre est d'une intelligence exceptionnelle ; le père avait une haute position sociale, qu'il dut abandonner à cause de ses excentricités et de sa prodigalité (il dissipa une fortune d'un demi-million). Elle avait, dès l'enfance, mis des habits masculins, par la volonté de son père, qui l'élevait comme un garçon, la laissait monter à cheval, la conduisait à la chasse et lui disait : « *Ces choses conviennent à ton énergie, parce que tu es un homme* ». A 13 ans, elle s'éprit au collège, d'une de ses compagnes. Sortie, elle s'émancipa bientôt, fit de grands voyages avec son père, toujours vêtue en homme ; elle fréquenta les cafés et quelquefois même les maisons de tolérance ; elle était souvent en état d'ivresse, toujours passionnée pour le sport, grande escrimeuse : elle se fit aussi artiste comique, mais ne voulut jamais jouer des rôles féminins ; elle affirme n'avoir jamais eu d'inclination pour les hommes, contre lesquels, au contraire, d'année en année, s'accrut toujours plus son aversion, pendant que sa sympathie pour les femmes alla au contraire en augmentent, bien que ses amours durassent peu : Un seul dura trois ans : éprise d'une femme plus âgée qu'elle de dix ans, elle l'épousa ; elles vécurent en commun, comme mari et femme, pendant trois ans, dans la capitale ; mais un nouvel amour fut cause que Charlotte V... voulut rompre cette liaison : et le curieux est que sa compagne ne voulait pas être abandonnée s'étant habituée à se faire appeler comtesse V... ; et ce ne fut que grâce à de grands sacrifices d'argent qu'elle put recouvrer sa liberté.

Son père étant mort, elle se fit écrivain et collabora à deux journaux en renom de la capitale. En 1881, elle fit connaissance avec la famille de Marie de laquelle elle devint éperdûment amoureuse, bien que la mère et la cousine cherchassent à s'opposer à cet amour.

Ses manuscrits prouvent à quel point arrivait cette passion ; par exemple : « *Mon bien, penses-y bien : je te laisse pour quelque temps ; mais si tu ne m'aime pas je me tue, car j'ai placé toute ma en toi ».*

Elle sut complètement tromper la famille de Marie, qui ne se douta jamais de son sexe. Pour simuler le scrotum, elle mettait dans son pantalon un petit sac de drap ou un gant. Son beau-père lui vit une fois quelque chose de semblable à un membre en érection. Et comme la femme de chambre trouvait dans sa lingerie des traces de sang menstruel, elle disait que c'étaient des hémorrhoïdes. Mais un jour, la famille mise en soupçon, l'épia pendant qu'elle prenait un bain, et découvrit son véritable sexe.

L'aspect de Ch. V... est masculin, et elle exagère avec intention ses apparences viriles. Stature, 1.63 ; bassin peu développé ; tronc masculin ; crâne petit et légèrement oxycéphale (capacité complessive, 1430 ; circonférence, 500 ; courbe transversale, 330 ; courbe longitudinale, 300 ; diamètre autero-post., 170 ; diamètre transversal, 130, de sorte que toutes les mesures sont inférieures presque à la moyenne du crâne féminin). La voix est profonde et âpre. Les génitaux ont complètement le type féminin ; le vagin est étroit et tellement sensible au toucher, qu'on ne peut arriver à l'utérus sans la narcose ; les organes génitaux sont à l'état enfantin, et l'on peut conclure qu'elle n'a jamais eu de rapports avec un mâle.

C. V... a une corpulence délicate, maigre, sauf la poitrine et les cuisses qui sont assez musculeuses ; quand elle a des vêtements féminins sa marche est embarrassée.

Ses mouvements sont forts, gracieux, mais deviennent rigides et déplaisants quand elle veut accentuer le caractère masculin. Elle a le regard intelligent, la physionomie un peu triste ; elle se présente sans timidité, salue avec un énergique mouvement de la main. Les pieds et les mains sont remarquablement petits ; ils semblent être restés à l'état enfantin. Une partie des extrémités est couverte de poils, mais la barbe manque complètement, et n'est pas même rem-

placée par du duvet, bien qu'elle feigne de se raser souvent
Le tronc n'a rien de féminin ; le bassin est si étroit et si peu
proéminent qu'une ligne tirée du creux des aisselles au
genou ne passe pas par le bassin. La bouche est petite ; les
oreilles un peu à anse, le lobule adhérent se perd dans la
peau de la joue : le palais est étroit et élevé. Les glandes
mammaires sont assez développées, mais flasques et sans
sécrétion. Le mont Veneris est couvert de poils épais et bruns.

Elle avoue elle-même n'éprouver aucune inclination pour
l'homme. A un petit frère elle dit : « Comme je t'aimerais si
tu étais une petite fille ! » Elle ne pratique pas l'onanisme
solitaire ni réciproque, et cette seule idée la dégoûte, parce
qu'il ne convient pas à sa dignité d'homme. Son inclination .
pour la femme est extraordinaire et il est probable que lorsqu'elle se trouve près de la femme aimée, une certaine sensation olfactive concourt à l'hypertrophie sexuelle ; elle
choisit en effet de préférence cette partie du canapé sur
laquelle Marie tient sa tête appuyée et en aspire l'odeur des
cheveux avec volupté. L'intelligence et les autres facultés
phsychiques sont normales ; elle n'a pas d'hallucinations ni
d'illusions ; la mémoire est admirable, sans une lacune.
On ne remarque d'anormal quant à l'intelligence, que sa
grande légèreté et son incapacité à administrer ses biens.

Les écrits de C. V..., sont d'une main ferme et assurée,
franchement masculine, remplis de citations de poètes et de
prosateurs classiques, en plusieurs langues. Un visage
agréable et intelligent, une certaine grâce et une finesse de
traits avec un masque de masculinité, la caractérisent. Ses
manières franches, expansives et libres, la font facilement
prendre pour un homme.

Elle ne se laisse jamais séduire par les hommes, mais elle
est complètement heureuse lorsqu'elle est éprise d'une femme;
l'idée même des rapports sexuels avec des hommes la dégoûte,
elle en déclare l'exécution impossible. Peu lui importe que
les femmes soient belles, pourvu qu'elles aient de 25 à

30 ans, elle se sent attirée vers elles comme par un aimant.
Le plaisir sexuel se manifestait non sur son corps, mais sur
celui de la femme en forme de masturbation buccale ; elle se
servait quelquefois d'un bas rempli d'étoupe. Elle avoue ces
choses à regret et avec une certaine honte ; mais dans ses
paroles, dans ses écrits, apparaît un véritable cynisme. Elle
est très religieuse, s'intéresse à tout ce qui est beau et noble ;
elle est sensible aux déclarations d'estime qu'on lui fait.

Ce sont évidemment des cas d'hermaphrodisme physique,
avec les tendances congénitales du mâle, qui forment ce noyau
de groupes tribades ; particulièrement ils se manifestent dans
la prostitution qui, comme l'a remarqué Moll, fournit toujours un des membre à ces couples.

Cependant le fait que l'on ne peut recueillir qu'un très
petit nombre de ces cas, comparativement aux centaines que
l'on en trouve chez les hommes, prouve que de ce côté, aussi,
les tendances érotiques sont moins saillantes ; cela est encore
mieux démontré par le nombre très restreint des autres
psychopathies sexuelles. C'est parce que chez la femme, la
variabilité est beaucoup moindre et moindre aussi la différenciation, et le centre cortical ayant chez elles beaucoup moins
d'influence dans l'érotisme, a moins d'occasions de l'exciter et
par conséquent de se pervertir. Les circonstances favorisent,
au contraire, grâce à la prostitution, bien plus le tribadisme
chez la femme, que la pédérastie chez l'homme ; le plus grand
nombre des tribades sont, en effet, des tribades d'occasion :
et l'occasion surgit ici dans les impulsions violentes et dans
les nombreux caractères virils des criminelles et des prostituées ; ainsi s'explique comment elles peuvent supporter,
malgré la perversion sexuelle apparente ou provoquer les
amours avec les hommes et s'en faire une profession ; ce
qui serait impossible à la vraie tribade-née, qui a horreur
du mâle, comme le pédéraste a horreur de la femme.

CHAPITRE IV

Criminelles-nées

1. — L'analogie entre l'anthropologie et la psychologie de la femme criminelle est complète. Nous savons que tandis que les criminelles ne présentent la plupart que de rares caractères de dégénérescence, ces caractères sont chez quelques-unes dix fois plus graves et plus nombreux que chez le mâle ; même si le plus grand nombre des criminelles n'est entraîné au crime que par suggestion du mâle. On en remarque un petit groupe où la criminalité est plus intense que celle de l'homme : ce sont les criminelles-nées chez qui la perversité semble être en raison inverse de leur nombre.

2. *Multiplicité criminelle*. — Beaucoup de criminelles-nées ne s'adonnent pas à un seul, mais à plusieurs genres de délits ; souvent même à deux espèces qui chez le mâle s'excluent, presque toujours, comme l'empoisonnement et l'assassinat.

La marquise de Brinvilliers fut à la fois parricide par cupidité et par vengeance : adultère, calomniatrice, infanticide, voleuse, incestueuse et incendiaire. Nous trouvons dans la femme Enjalbert, la calomnie, l'adultère, le maquerellage, l'inceste, l'homicide : c'est ainsi que pour entraîner son fils à l'aider dans l'assassinat de son mari, elle lui prostitua sa fille ; Goglet fut prostituée, voleuse, escroc, assassin et incendiaire. F..., était espionne, prostituée, entremetteuse, voleuse, calomniatrice, réceleuse, incestueuse.

Gabrielle Bompard était prostituée, voleuse, escroc,

calomniatrice, assassin ; Trossarello, prostituée, adultère, assassin, avorteuse et voleuse ; R..., était voleuse, recéleuse, prostituée, corruptrice de mineurs, empoisonneuse, assassin et tout cela à 17 ans ; R..., adultère, empoisonneuse, tribade et instigatrice d'assassinats. Nous trouvons dans l'histoire : Agrippine, adultère, incestueuse, instigatrice d'homicides ; Messaline, prostituée, adultère, instigatrice d'assassinats, etc.

3. *Cruauté*. — Une autre terrible supériorité de la criminelle-née sur l'homme criminel est la cruauté raffinée et diabolique, avec laquelle elle accomplit souvent son crime. Tuer l'ennemi ne lui suffit pas, il faut qu'il souffre, il faut qu'elle en savoure bien la mort. Dans la bande dite de la Taille, les femmes étaient plus acharnées que les hommes à tourmenter les prisonniers et particulièrement les prisonnières. La femme Tibuzio, après avoir tué une compagne enceinte, se mit férocement à la mordre, lui arrachant des morceaux de chair qu'elle jetait aux chiens. P..., n'essayait pas dans ses vengeances, de blesser ses amants ; les blessures étaient, suivant elle, trop peu de chose ; elle préférait les aveugler en leur jetant dans les yeux une poudre de verre qu'elle broyait avec ses dents. Certaine D..., qui vitriola son amant, interrogée sur ce qu'elle ne l'avait pas frappé avec un couteau : *Parce que je veux*, répondit-elle, répétant les paroles du tyran romain, *qu'il sente la douleur de la mort*. Sophie Gauthier fit mourir au milieu de lents tourments, sept enfants confiés à ses soins.

L'histoire a enregistré la grande cruauté mêlée à la luxure des femmes auxquelles l'héritage du trône et la faveur de la populace mirent en main le pouvoir. Nous l'avons vu (pag. 27) pour les Romaines, les Grecques, les Russes, depuis Agrippine, Fulvie, Messaline, jusqu'à Elisabeth de Russie, à Théroigne, aux malheureuses cannibales de Paris et de Palerme. De semblables cruautés atteignent enfin l'extrême limite chez ces mères pour qui la plus intense des affections

humaines s'est transformée en haine. Hoegli battait sa fille,
et lui plongeait la tête dans l'eau pour étouffer ses pleurs ;
un jour, d'un coup de pied, elle la fit rouler par les escaliers,
lui produisant une déviation de la colonne vertébrale; un autre jour, elle lui cassa l'épaule d'un coup de pelle ; après l'a-
voir transformée en monstre, elle se moquait d'elle, l'appelant
chameau: durant une maladie de l'enfant, elle la faisait taire
en lui jetant des sceaux d'eau glacée sur la tête ; elle lui couvrait la figure de draps souillés d'excréments et l'obligeait,
quand elle avait sommeil, à compter 2 et 2 font 4, pendant
plusieurs heures.

Webster mit en pièces le corps de son maître et le fit
cuire. Catherine Hajes après avoir tué son mari, entailla
la tête à coups de canif (Griffth. *Nordhon. Rev.* 1855. July).
Rebecca Smith empoisonna huit enfants.

Relesck plongeait également la figure de son fils dans les
excréments et l'obligeait à passer en chemise, sur le balcon,
les rudes nuits d'hiver. Stakelbourg, femme galante, se mit
à persécuter sa fille, lorsqu'à 42 ans elle perdit ses clients
« *Je n'aime pas les petites filles* » disait-elle : elle la sus-
pendait par les aisselles dans le grenier, la frappait sur la
tête avec un carreau, la brûlait avec un fer à repasser quand
elle passait à côté d'elle ; un jour, après l'avoir meurtrie à
coups de pelle, elle lui dit en riant : « *Maintenant tu es une
petite négresse* ».

Rulfi faisait assister à ses repas, sans rien lui donner, sa
fille, afin qu'elle souffrît davantage de la faim ; elle lui donna
un maître d'école pour qu'il la réprimandât et la battit quand
elle ne savait pas sa leçon, ce qui arrivait souvent, étant
donnée la manière dont elle la nourrissait, elle la liait, la
bâillonnait et la faisait piquer avec des épingles par ses
petits frères, pour lui faire souffrir à la fois la douleur et
l'humiliation.

Zwanzig s'était fait un amusement du poison : elle tuait
les femmes uniquement pour attrister leurs maris s'amusait

à voir les contorsions des victimes et la terreur des femmes de chambre accusées injustement : le poison devenait son occupation constante : elle en avait toujours dans la poche : ses yeux brillèrent à l'audience lorsqu'on lui montra sa poudre. Condamnée, elle avoua que sa mort était un bonheur pour les hommes, car il lui aurait été impossible de ne plus empoisonner aucune femme.

En somme, nous pouvons affirmer que si les criminelles-nées sont en moins grand nombre que les criminels-nés, elles sont souvent d'une férocité bien plus grande. — Comment explique-t-on cela ?

Nous avons vu que la femme normale est moins sensible à la douleur que l'homme ; maintenant la compassion procède directement de la sensibilité ; si celle-ci manque, celle-là manque aussi. Nous savons également que la femme a de nombreux traits communs avec l'enfant, que son sens moral est déficient : qu'elle est vindicative, jalouse, portée à exercer des vengeances d'une cruauté raffinée ; mais dans les cas ordinaires ces défauts sont neutralisés par la pitié, la maternité, le peu d'ardeur de ses passions, sa froideur sexuelle, sa faiblesse, et sa moindre intelligence.

Mais si une excitation morbide des centres psychiques vient à éveiller ses mauvaises qualités et à lui faire chercher dans le mal un assouvissement, si la pitié et la maternité lui font défaut, si l'on y ajoute les impulsions dérivants d'un intense érotisme, une force musculaire assez développée et une intelligence supérieure pour concevoir le mal et l'exécuter, il est évident que de la demi-criminaloïde inoffensive qu'est la femme normale surgira une criminelle-née plus terrible que n'importe quel homme criminel.

Quels criminels terribles seraient, en effet, les enfants s'ils avaient de grandes passions, la force et l'intelligence, si de plus leurs tendances au mal étaient exaspérées par une excitation morbide ! Eh bien, les femmes sont de grands enfants ; leurs tendances au mal sont plus nombreuses et plus variées que chez l'homme ; seulement elles restent presque tou-jours latentes ; mais lorsqu'elles sont réveillées et excitées, le résultat en est naturellement bien plus grand.

En outre, la criminelle-née est pour ainsi dire une excep-tion à double titre, comme criminelle et comme femme, car les criminels sont une exception dans la civilisation et les femmes criminelles une exception parmi les criminels mêmes, et parce que la rétrogradation naturelle des femmes est la prostitution et non la criminalité, la femme primitive étant plus une prostituée qu'une criminelle. Elle doit donc, comme double exception, être plus monstrueuse. Nous avons vu, en effet, combien sont nombreuses les causes qui conservent honnête la femme (maternité, pitié, faiblesse, etc.). Si malgré tant d'obstacles une femme commet des crimes, c'est une preuve que sa perversité est énorme puisqu'elle est parvenue à renverser tous les empêchements.

4. *Erotisme et virilité.* — Nous avons vu combien la sexua-lité est exagérée chez les criminelles : cela explique pour-quoi on trouve si souvent la prostitution jointe aux crimes des femmes.

Cet érotisme est ordinairement le centre autour duquel viennent se grouper d'autres caractères. Nous le trouvons, en effet, joint à une grande impulsivité de désirs et d'actions chez P. M., chez Marie Br..., chez Dacquignié, Beridot, Aveline ; joint à des qualités viriles (courage, énergie, etc.), chez Belle-Star, Zélie et Bouhors ; joint à des goûts virils (liqueurs, tabac), chez Marie B..., à une religiosité demi-mystique chez la femme Gras, qui tenait dans son prie-Dieu des livres pieux et des gravures obscènes, des rosaires et des drogues ; lié à une férocité bestiale chez Enjalbert ; joint chez Cagnoni, Stakelbourg, Hœgeli à une incapacité des fonctions maternelles rappelant les femelles des animaux (chats, génisses) qui deviennent méchantes envers leurs petits durant le rut ; or pour ces femmes, toute l'année est temps de rut.

Cet érotisme est surtout en rapport étroit avec une tendance
à la vie aventureuse, dissipatrice et oisive, comme chez Gab.
Bompard, qui disait préférer la galère au travail : comme
chez Fraikin, Dacquignié, M..., Bord... et Star.

Chez Mme Lafarge, nous trouvons une forme plus raffinée :
c'était le goût de la vie élégante dans une grande ville, au
milieu des adorateurs, qui lui suggéra l'idée de fuir la soli-
tude du pays où l'avait conduite son époux, pour retourner à
Paris, riche du patrimoine de celui-ci.

Cet érotisme exagéré, anormal pour la femme ordinaire
devient pour beaucoup le point de départ de leurs vices et de
leurs crimes ; et contribue à en faire des êtres insociables,
ne cherchant qu'à satisfaire leurs violents désirs, comme
ces luxurieux barbares chez qui la civilisation et le besoin
n'ont pas encore discipliné la sexualité.

5. Affections et passions. Maternité. — Un grave stigmate
de dégénérescence est chez beaucoup de criminelles-nées,
l'absence d'amour maternel.

Mme Syons, célèbre voleuse et escroc américaine, fuyant
l'Amérique, bien qu'elle fut très riche, abandonna ses
enfants qui seraient morts de faim sans la charité publique. La femme Bertrand laissa son fils abandonné à lui-
même dès ses premières années, sans penser ni à le nourrir
ni à le vêtir. Enjalbert prostitua sa fille à ses amants, puis
à son propre fils. Fallaix, pour retenir son amant Dubox,
fatigué d'elle, lui prostitua de force sa fille, la lui portant
dans le lit, après avoir lutté cinq jours contre les répu-
gnances de cette dernière ; mais lorsqu'elle vit qu'il la trouvait trop à son goût, elle en devint jalouse et la maltraita
jusqu'à la faire mourir. Boges, dont l'amant avait violé la
fille assistait tranquillement à leurs amours ; de complicité
avec lui, elle obligea la malheureuse, devenue enceinte, à
avorter. La marquise de Brinvilliers essaya d'empoisonner
sa fille, âgée de 16 ans, dont elle était jalouse parce qu'elle

était belle. Gaaikemo empoisonna sa fille pour hériter d'elle de 20.000 francs. F..., espionne, prostituée, voleuse, receleuse, calomniatrice, incestueuse, entremetteuse, obligea sa fille déjà prostituée, à épouser son propre amant, mais avec défense absolue d'avoir entre eux des rapports ; ayant su, ensuite, qu'ils s'étaient donnés l'un à l'autre dans un hôtel, elle les fit arrêter profitant de ses relations avec la police. Trossarello disait aimer ses enfants à peu près autant que les chats.

On en a une autre preuve dans le fait que souvent ces criminelles cherchent un complice dans leurs propres enfants, pendant que quelquefois, comme nous le verrons, ces prostituées rêvent pour leurs filles une vie sans tache. Nous avons déjà parlé d'Enjalbert ; la femme Léger tua, de complicité avec son fils, une voisine, pour la dévaliser ; d'Abessis, tua son mari, aidée de sa fille, et Meille poussa son fils à tuer son père. Preuve évidente que l'enfant est pour ces femmes presque un étranger, puisqu'au lieu de l'aimer et de le protéger, elles en font un instrument de leurs passions, l'exposant aux dangers qu'elles-mêmes n'osent pas affronter.

Un de nous connut dans la prison cellulaire, une certaine Marengo, voleuse, d'aspect crétin, qui, ayant obtenu, par une rare concession, d'allaiter sa fille dans la prison où elle était isolée et sans occupation, la laissait mourir de faim disant, bien qu'elle n'eut rien à faire, qu' « allaiter l'ennuyait », si bien qu'on dût sevrer l'enfant.

On comprend ce manque d'amour maternel, quand on pense à cet ensemble de caractères masculins qui fait d'elles des femmes seulement à moitié, à cette inclination pour la vie dissipée des plaisirs, avec laquelle ne sauraient s'accorder les fonctions toutes de sacrifice de la maternité. Elles sentent peu la maternité, parce que psychologiquement et anthropologiquement elles appartiennent plus au sexe masculin qu'au sexe féminin. Leur sexualité exagérée qui, comme nous l'avons noté, est en antagonisme avec la maternité, suffirait,

en effet, pour les rendre mauvaises mères ; elle les rend
égoïstes, occupe tout leur esprit dans le but de satisfaire les
besoins exigeants et multiples qui s'attachent à la sexualité ;
comment pourraient-elles être capables de cette abnégation, de
cette patience, de cet altruisme qui caractérisent la maternité?
Pendant que chez les femmes normales, comme nous l'avons
vu, la sexualité est subordonnée à la maternité, et qu'une mère
n'hésite pas de se refuser à son amant ou à son mari si son fils
doit en souffrir, chez les criminelles nous trouvons le contraire ; la femme prostitue sa fille pour ne pas perdre son
amant.

Il faut aussi ajouter que l'anomalie organique, la folie morale ou épilépaïde, qui est le propre des criminelles-nées, tend
à transformer, à polariser les sentiments dans le sens opposé
au courant commun ; par conséquent elle éteint, avant tout,
chez la femme, la maternité, comme elle éteint chez la religieuse, la religiosité et la transforme en blasphématrice, etc.,
de même qu'elle entraîne le militaire à l'indiscipline, à l'irré-
vérence, jusqu'au meurtre de son supérieur hiérarchique (Mis-
dea, etc. Dans quelques cas on constate, au contraire, une
maternité para doxe ; c'est quand la maternité et la sexualité
au lieu de se combattre se confondent dans l'inceste et que la
mère devient la maîtresse de son fils et l'adore jusqu'à la
folie, un peu comme fils, mais surtout comme amant. Tel est
le cas de Maensdolter qui devint la maîtresse de son fils
quand il eût seize ans ; lui fit épouser une jeune fille par
intérêt : mais elle ne permit jamais entre les deux époux
d'autres rapports que ceux de frère à sœur : elle ne put
malgré cela résister à la jalousie et finit par tuer sa belle-
fille. Arrêtée avec lui, elle fit des efforts inouïs pour se
charger entièrement du crime et sauver son fils, tant elle
l'aimait. Ce mélange d'amour sexuel et maternel s'explique
par le fait, remarqué par nous, que l'amour maternel lui-
même a une base sexuelle ; la mère, on le sait, éprouve dans
l'allaitement un vrai plaisir sexuel et le baiser de l'amant

dérive directement de l'amour maternel (v.s.) : c'est un résidu de la nourriture maternelle. Si cet élément ordinairement subordonné est peu considérable, il s'exagère chez une femme d'intense érotisme et nous avons alors la maternité de Maensdolter, incestueuse mais doublement passionnée, jusqu'au sacrifice, de tout le dévouement de la mère et de l'amante. Enfin une autre preuve de la bienfaisante influence anticriminelle de la maternité sur la femme, se trouve dans ce fait que pour les criminelles, chez qui elle n'est pas éteinte, elle constitue, au moins pour un certain temps, un puissant antidote moral. Ainsi la femme Thomas, vicieuse dès l'enfance, n'eût que six mois d'honnêteté dans sa vie—ceux que vécut sa fille ; la maternité semblait l'avoir transformée ; sa fille morte, elle retomba dans la fange. Voilà pourquoi, parmi les mobiles qui poussent au crime la criminelle-née, nous ne trouverons jamais la maternité, sentiment trop noble dont sont incapables ces types dégénérés de la femme qui ne trouvent d'assouvissement que dans la folie et le suicide.

6. *Vengeance.* — Le mobile principal du crime de la femme est la vengeance. Cette inclination à la vengeance que nous avons remarquée chez la femme normale atteint ici son extrême limite : les centres psychiques sont tellement surexcités que la moindre stimulation provoque une réaction énormément disproportionnée. Jegado empoisonnait ses maîtres pour un reproche, ses compagnes de service pour une petite offense. Closset essaya d'empoisonner ses maîtres pour une réprimande et poignarda son maître lorsqu'il la renvoya. Roncoux menaça la fermière chez laquelle elle était employée, lui disant qu'elle se repentirait parce qu'elle lui empêcha de prendre quelques cerises dans un panier ; quelques jours après elle incendiait sa ferme. Le même crime, dans des conditions à peu près semblables, fut commis au mois de juin 1890 par une servante de Bakendorf. M..., essaya de tuer une amie coupable de médisance envers

elle. « Je garde la vengeance dans le cœur, disait Mᵐᵉ Trossarello, et je conseille aux amies d'en faire autant ».

Mᵐᵉ Pitcherel se vengea d'un voisin qui refusait son consentement au mariage de son fils, en l'empoisonnant. Condamnée
à mort et invitée à pardonner, à l'exemple de Notre-Seigneur :
« Dieu, répondit-elle, fit ce qui lui plut ; quant à moi, je
ne pardonnerai jamais. »

Mais en général, la vengeance est moins soudaine chez la
criminelle-née que chez l'homme ; elle suit parfois à une distance de jours, de mois, d'années, suivant sa faiblesse, ou la
crainte du châtiment qui y met un frein bien mieux que la
raison.

« Chez elle (écrivait un de nous à propos de Trossarello), la vengeance n'est pas soudaine, ce n'est pas un
mouvement réflexe, comme disent les médecins, qu'on trouve
chez le commun des hommes, c'est une occupation de mois
et d'années, une sorte de volupté qu'elle couve et caresse
dans sa pensée, et qui, même accomplie, la laisse assouvie
mais non satisfaite. »

Mais souvent ses haines et ses vengeances ont une histoire
plus compliquée. Cette susceptibilité personnelle, qui est
commune à l'enfant et à la femme normale, se retrouve exagérée à un degré morbide chez la criminelle. Elle conçoit
des haines mortelles avec une facilité extraordinaire ; la
moindre opposition dans la lutte pour la vie se change en
haine contre quelqu'un et la haine finit souvent en délit ;
une désillusion se transforme en haine contre celui qui en a
été la cause même involontaire, un désir non satisfait en haine
contre qui en a été l'obstacle, même si celui-ci n'a fait qu'exercer un simple droit ; une défaite, en haine pour le vainqueur,
d'autant plus violente que sa défaite est due à son incapacité.
C'est une preuve d'un inférieur développement psychique
qui rappelle cette aveugle réaction à la douleur qui se
déchaîne sur sa cause immédiate, même si elle est un
instrument inerte, et qui caractérise les enfants et, suivant

Romanes et Guyau, les animaux. C'est, sous une forme plus lente, le même fait que, sous forme explosive, nous retrouvons chez l'enfant, quand il se venge à coups de poings sur l'objet contre lequel il a frappé de la tête

Ainsi Mme Morin conçut une haine féroce et tenta de tuer un avocat avec qui elle avait conclu une affaire ; elle avait perdu beaucoup d'argent pendant que l'autre, plus adroit, en avait gagné. Roudest tua sa vieille mère après que, bon gré mal gré, elle s'en était fait donner tout l'avoir ; mais le désir contrarié avait engendré une telle haine qu'elle joua sa tête pour la satisfaire, même sans aucun profit.

Levaillant essaya de tuer sa belle-mère, bien qu'elle n'espérât pas de lui succéder, mais seulement parce qu'elle ne l'aidait pas dans ses besoins. Plancher tua son beau-frère parce qu'il était riche et estimé, alors qu'elle et son mari étaient pauvres.

Ces haines sont naturellement plus violentes quand elles naissent d'une offense jointe à ces sentiments qui chez la femme sont plus intenses et représentent ses plus fortes passions : ainsi lorsque la sexualité s'en mêle, la jalousie et la vengeance sont plus terribles que jamais.

M..., empoisonna une compagne du demi-monde, parce qu'elle était plus belle et obtenait de brillants succès.

De même ces prétendus drames d'amour où l'on voit des femmes vitrioler ou tenter d'assassiner leurs amants infidèles ne sont que des vengeances d'une vanité offensée ou d'un mariage manqué. Ce sont parfois des prostituées ou des demi-mondaines, qui jettent les yeux sur un naïf pour s'en faire épouser et qui essayent ensuite de le tuer, quand leur plan a échoué : telles que cette Arnaud, une entretenue qui, dans ce but avait noué des relations avec un jeune homme de quinze ans (elle en avait plus de trente) et qui le vitriola lorsque sa famille l'eut persuadé de l'abandonner; telles encore cette Dumaire et cette Defrise qui, après de nombreuses années de désordre, entrée comme caissière chez un négociant, le séduisit et lui persuada de divorcer avec sa femme; elle fit elle-même les démarches pour obtenir ce divorce, mais lorsque tout fut terminé et que l'homme se ravisant à temps refusa de l'épouser, elle essaya de le tuer à coups de couteau.

« Leur amour — écrit Guillot n'est le plus souvent que de l'égoïsme à l'état furieux ». (o. c.)

« La vitrioleuse, — écrit Bourget, — est toujours une hypo-crite de comédie, d'une vanité forcenée qui lui fait attacher une importance désordonnée à sa personne; presque toujours une actrice qui n'a pas réussi à se faire applaudir, une insti-tutrice qui n'a pas réussi à se faire imprimer, une demi-mondaine qui n'a pas réussi à se faire épouser. Et l'amant que l'on vitriolise n'est que la revanche de ces existences manquées »(page 316). Encore plus morbide est le cas de ces entretenues qui, sans vouloir se faire épouser, se vengent de l'amant, quand celui-ci les abandonne, après avoir constaté qu'elles manquent à cette fidélité relative à laquelle il a droit, étant donné la pension qu'il paie. Après un abandon pour une cause semblable, Faure fit vitrioler son amant, et Mattheron le tua froidement à coups de revolver. Ici ce n'est pas l'abandon qui les exaspère, mais la perte de l'argent, comme pour le souteneur la perte de la maîtresse, et surtout la rage de s'être laissé prendre en faute, de n'avoir pu trom-per plus longtemps, et l'offense faite à leur amour propre; elles ne pardonnent pas à l'ancien amant de ne s'être pas niaisement laissé duper, comme s'il en avait eu le devoir.

Un cas analogue est celui de cette Prager qui essaya de faire tuer son mari, lorsque celui-ci, lassé de ses adultères répétés, obtint le divorce et lui envoya sommation d'évacuer la maison conjugale; comme si, après avoir plusieurs fois pardonné, le mari l'offensait en se décidant une bonne fois à mettre un terme à cette inutile clémence.

En général, c'est contre l'amant le meilleur et le plus géné-reux que se retournent les colères de ces prostituées, comme si sa bonté, au lieu de leur inspirer le devoir de le mieux traiter, leur donnait au contraire le droit d'exiger toujours davantage, jusqu'à la tolérance, pour chacun de leurs plus vilains caprices. Plus leurs protecteurs sont bons pour elles, plus elles croient pouvoir en abuser, sans qu'ils aient le droit de s'en plaindre. Qui sait par combien d'amants moins délicats et moins circonspects furent abandonnées la Faure et la Mattheron, sans s'en offenser! Ainsi la Toussaint poursuivit de sa haine l'unique amant qui l'eût traitée avec délicatesse, d'Es..., lorsqu'il l'eût abandonnée, après l'avoir surprise avec un ami ; elle essaya de le faire rançonner, l'accusa de vol, et lorsqu'il se maria, elle alla jusqu'à écrire trois fois par jour à sa femme, dans les termes les plus crûs, que son mari revenait la trouver.

En somme, chaque nouvelle délicatesse semble donner à ces femmes le droit à en exiger d'autres, sauf à en concevoir une haine violente au premier refus. Le seul régime qui leur en impose est celui du souteneur, qui les bat et les tyrannise sans pitié. (1). La violence et la brutalité leur inspirent du respect et de la soumission, la bonté, au contraire, les rend capricieuses et exigeantes. L'on voit donc, se répéter ici, mais d'une manière plus exagérée parce qu'il s'agit de dégénérées, cette adoration de la force que nous avons observée chez la femme normale (Voir Ire Partie).

7. *Haine*. — Parfois même, dans certains cas encore plus graves, leurs haines n'ont pas le moindre motif et ne proviennent que d'une méchanceté aveugle et innée. Ainsi beaucoup d'adultères, nombre d'empoisonneuses, accomplissent des crimes d'une étrange inutilité ; impérieuses et violentes, elles réussissent à s'imposer aux faibles maris, qui les laissent faire, crainte de pire ; mais cela ne sert qu'à leur inspirer

_____

(1) Comme les enfants. Si l'on en traite un avec indulgence ou égards particuliers, il n'y aura rien qu'il ne se croie en droit d'exiger, et il considère comme une offense si on ne le contente pas.

contre eux une haine d'autant plus intense que leur docilité
est plus servile. Le mari de Mme Fraikin, déjà vieux, fer-
mait les yeux sur ses débordements, il était gravement malade et n'avait plus que pour quelques mois à vivre ; elle ne
sut cependant pas attendre sa mort et le fit assassiner.

Identique est le cas de la femme Simon. Une certaine Moulin
avait été mariée contre sa volonté, à un homme grossier, mais
très bon, qui se résigna à ses continuels refus et la consi-
déra comme une sœur : bien plus, tolérant patiemment ses
adultères avec l'homme qu'elle aimait avant son mariage, il
alla jusqu'à légitimer le fils qu'elle eut de ce dernier :
malgré tant de bontés, elle le haïssait chaque jour davantage. « *Il doit mourir* », exclamait-elle sans cesse, et elle le
fit tuer en effet.

Le mari d'Enjalbert, pendant vingt ans, ne fit pas un
reproche à sa femme sur ses nombreux adultères ; mais un
jour, comme il s'en était faiblement plaint, elle en conçut une
telle haine qu'elle le tua. En vieillissant Stakembourg se mit
à haïr sa fille lorsque le métier d'entretenue lui devint moins
lucratif ; l'enfant lui servait à exhaler sa colère.

C'est, donc là, la passion du mal pour le mal qui caractérise
les criminelles-nées, les épileptiques et les hystériques ; c'est
une haine d'origine automatique qui n'a pas pour cause externe
une insulte ou une offense, mais qui est provoquée par une
excitation morbide des centres psychiques et qui a besoin de
se répandre en faisant du mal autour de soi. En proie à une
irritation continuelle, ces femmes ont besoin de se soulager
sur quelque victime : et le malheureux avec lequel elles sont
le plus souvent en contact, devient bientôt, pour un rien,
pour le moindre petit défaut, ou la moindre résistance à leur
fantaisie, l'objet de leur haine et la victime de leur méchanceté.

8. *Amour.* — L'amour est plus rarement cause de crimes,
même chez ces femmes à érotisme aussi intense. Leurs amours

sont, comme leurs haines, une forme spéciale du même insatiable égoïsme; aucune abnégation et aucun altruisme ne l'ennoblit.

Le peu de continuité et l'impulsivité de leurs passions amoureuses sont vraiment extraordinaires. Quand elles s'éprennent d'un homme, il faut qu'elles satisfassent aussitôt leur désir, même au prix d'un crime; monoïdéisées et comme hypnotisées par leur passion, elles ne pensent qu'à ce qui peut leur servir à la satisfaire; elles n'en voient même pas les dangers : et par un crime elles se procurent de suite une jouissance qu'avec un peu de patience elles auraient eue sans périls. Il ne manquait à Mlle Arditouze que peu de mois pour atteindre sa majorité et épouser son amant contre le consentement de son père ; elle ne sût cependant pas attendre et le tua. Les lettres à leurs amants de Mme Aveline et de Mme Béridot, trahissent une impatience désespérée.

C'est pour cette même raison que souvent l'intensité de leurs amours dérive des obstacles qu'elles rencontrent ; comme une certaine Buscemi, qui s'éprit d'abord d'un barbier boiteux et bossu, puis d'un escroc déjà marié; elle s'exaltait d'autant plus dans ses amours que ses parents s'y opposaient davantage : sa passion croissait en raison directe de l'opposition qu'elle rencontrait, jusqu'à l'entraîner au délit, pour s'évanouir aussitôt après; donc bien plus qu'un sentiment élevé et généreux, c'était, comme chez les enfants, la réaction violente de l'amour-propre froissé par les obstacles opposés à ses caprices.

Mais alors que le monde dût s'anéantir, pour un seul jour de retard apporté dans l'accomplissement de leurs désirs, le but est à peine atteint que la passion disparaît; l'homme hier adoré devient un être indifférent, et leurs capricieuses amours ont déjà changé d'objectif. Mlle Béridot s'était enfuie avec l'homme qui devint son mari, parce que ses parents s'opposaient au mariage; deux ans après elle le faisait tuer par un nouvel amant. Si ensuite on les arrête et

que l'on procède contre elles, l'idée et la peur d'une condamnation les jette dans un nouvel état de monoïdéisme; leur
unique idée, leur unique désir, qui exclut tout autre sentiment,
même celui de l'amour, est de se sauver ; Queyron, Béridot,
Buscemi, Saraceni, Gabrielle Bompard, cherchèrent à se sauver en jetant à la mer le complice pour lequel elles s'étaient
si aveuglément compromises quelques mois auparavant.
Et comme amour et haine ne sont que deux formes de leur
insatiable égoïsme, l'amour a. une morbide tendance à se
transformer, nous dirons presque à se polariser en haine
violente, à la première infidélité ou offense, ou à la naissance
d'une nouvelle passion. Ainsi Mme Béridot, qui tout d'abord
aimait passionnément son mari le prit en haine lorsqu'elle
s'éprit d'un autre. Une prostituée du nom de Cabit, très amoureuse du souteneur Leroux, auquel elle donnait presque tout
son argent, le tua quand elle en fût abandonnée et qu'elle le
surprit dans les bras de sa nouvelle maîtresse. La comtesse de
Challant faisait successivement tuer ses anciens amants par
ceux qui leur succédaient. Mlle Dumaire tua ce jeune homme
qu'elle avait aimé avec désintéressement et entretenu pendant
ses études, lorsqu'il l'abandonna pour se marier, et elle déclara aux juges qu'elle l'aurait tué une seconde fois, cent
fois, sans hésiter, plutôt que de le voir à une autre.

Mme Weiss, d'abord passionnément éprise de son mari,
resta pour lui renfermée dans sa maison comme dans une prison pendant un an et demi : mais elle l'oublia et essaya de
l'empoisonner dès qu'un autre sut lui inspirer une passion
plus intense. Mme Levaillant, folle de son mari au point de
vouloir l'épouser à tout prix, le prit plus tard en haine et
l'accabla d'insultes et de sarcasmes lorsque, oisif et léger, il
perdit sa position sociale et n'eut plus d'argent pour la faire
briller dans le monde.

C'est l'amour intense et volage des enfants, mais incapable
de sacrifices désintéressés et de noble résignation. De là,
une tyrannie dans leurs amours, qui ne se trouve pas ordinai-

rement dans l'amour de la femme, mais qu'on observe au contraire dans celui de l'homme ; ainsi M¹ˡᵉ Pran... ne voulant pas que son amant fréquentât d'autres femmes, envoya une circulaire aux dames de la ville, les avertissant qu'il était à elle seule : malheur à qui l'inviterait ; souvent, le sachant à dîner dans quelque maison, elle allait lui faire des scènes scandaleuses ; cependant à peu de mois de distance, éprise d'un autre homme, elle lança une seconde circulaire en sens opposé, disant qu'on pouvait faire de lui ce qu'on voudrait, comme s'il eut été un objet ou un animal de sa propriété.

9. *Avidité et avarice*. — Outre la vengeance, l'avidité est encore un mobile du crime féminin, mais peut-être à un moindre degré et certainement dans des formes autres que chez l'homme.

Chez les criminelles dissolues, qui ont besoin de beaucoup d'argent pour se livrer à l'orgie et aux plaisirs, et qui ne veulent pas se le procurer en travaillant, cette avidité prend la même forme que chez le criminel mâle ; c'est un désir d'avoir beaucoup d'argent pour le prodiguer à profusion ; elles tentent par conséquent ou se font les instigatrices de crimes espérant recueillir de grosses sommes ou des objets précieux. Ainsi Gabrielle Bompard poussa Eyraud à assassiner l'huissier, comptant sur un riche butin ; Mᵐᵉ Lavoitte invita son amant à tuer une vieille femme riche, pour la voler ; de même Bouhours, et la marquise de Brinvilliers, Rob ; M... était d'une telle avidité qu'elle se fit prostituée, bien qu'elle n'éprouvât que peu de jouissances dans les rapports sexuels ; puis elle se fit corruptrice de mineures et recéleuse, dépensant dans ses débauches tout l'argent qu'elle gagnait.

Dans l'histoire, nous voyons Messaline désirer avec avidité les richesses des plus illustres citoyens qu'elle faisait condamner pour les dépouiller, et Fulvie, instigatrice de massacres, par vengeance ou par cupidité.

Ce que nous trouvons en effet plus fréquemment dans la criminalité féminine et qu'on observe beaucoup plus rarement dans celle des hommes, c'est le délit par avarice, qu'on ne doit confondre avec l'avidité. Gaaikema, qui était une femme excessivement parcimonieuse, empoisonna sa fille pour en hériter de 22.000 florins. C... fit mourir son fils parce qu'il lui coûtait trop ; une autre, appartenant à la haute société, mais que la prévoyance de ses parents empêcha de trop se compromettre en lui enlevant sa victime, avait commencé à maltraiter son troisième fils, parce que les nouvelles dépenses pesaient trop sur le bilan de la famille. « *De celui-ci*, disait-elle, *il n'y en avait vraiment pas besoin.* »

Ainsi, une forme spéciale du crime par cupidité, dans laquelle, comme le remarquent Corre et Rikère, la femme prédomine, particulièrement dans les campagnes, est l'assassinat des parents, quand, malades ou vieux, ils sont incapables de travailler et sont, par suite, une charge pour le budget domestique. C'est pour cette raison que la femme Lébon fit brûler vifs son mari et sa mère : que la R. V., à Gers, tua son mari, un vieillard inutile, et ce qui est plus caractéristique, le tua de complicité avec sa belle-fille ; de même dans les procès Faure et Chevalier. Cette Russe, dont nous avons reproduit le portrait au n° 9 (l. pl. VI), tua sa bru parce qu'elle était maladive et incapable de travailler.

C'est cette avarice domestique caractéristique qui les pousse au crime en s'exagérant comme s'exagèrent toutes les passions égoïstes chez les femmes ; car, pour elles, une dépense inutile dans la famille a l'importance qu'aurait pour un homme la perte d'une grosse somme d'argent ou le péril d'une faillite commerciale. Ainsi la maison représente le patrimoine et presque le royaume de la femme, au domaine duquel elle attache la même importance que l'homme attache au champ habituel de son activité, le professeur à sa chaire, le député au parlement et le souverain à son empire : c'est pourquoi ce sentiment est l'origine de haines intenses et de crimes odieux.

10. *Vêtement.* — Une autre passion qui pousse souvent la femme au délit est celle des objets de toilette, de parure, etc. On demandait à la femme Dubosc, qui avait aidé à tuer une veuve, pourquoi elle avait pris part à ce crime, elle répondit : « *Pour avoir de beaux chapeaux.* » Marie Br. vola mille francs qu'elle dépensa presque entièrement en objets de toilette. M. et S., accusées de vol dans un magasin, préférèrent garder sur elles les objets volés, pour être bien vêtues, même un seul jour, fournissant ainsi la preuve de leur délit, plutôt que d'être sans doute acquittées faute de preuves. Mme Lafarge vola les diamants de son amie, non pour les vendre, mais pour les posséder, car elle les conserva sans se préoccuper du péril auquel ils l'exposaient.

Mme D..., poignarda le créancier de son mari, lorsqu'il essaya de s'emparer d'un riche collier.

Mme V..., tua son amant parce que durant leur liaison, il avait engagé ses bijoux, et cependant elle-même lui avait donné son consentement ; cela ne suffit pourtant pas pour sauver la victime de sa haine.

Suivant Mme Tarnowsky, beaucoup de voleuses russes volent non par besoin, car elles ont un emploi et gagnent leur vie, mais pour se procurer des objets de luxe, pour être bien vêtues, pour se parer. D'après Rykère et Guillot, le produit des délits que commettent les femmes, auxquelles elles participent ou qu'elles inspirent, se dépense pour la plus grande partie en achats d'objets de toilette.

Nous qui avons vu l'immense (v. s.) importance du vêtement et de la parure dans la psychologie de la femme normale ; nous qui observons le même fait chez les enfants et les sauvages, pour lesquels le vêtement semble avoir été la première propriété, nous comprenons comment tant de délits ont pu

être commis pour cette cause ; une femme vole ou tue pour
se bien vêtir, comme un commerçant commet des tripotages
pour faire face à ses échéances.

11. *Religiosité*. — Chez les femmes criminelles, la religiosité
n'est pas rare. Mme Barency, pendant que son mari tuait un
vieillard, priait Dieu pour que tout allât bien ; certaine G...,
cria, en mettant le feu à la maison de son amant : « *Que Dieu et
la bienheureuse Vierge fassent maintenant le reste.* » La marquise de Brinvilliers était une catholique tellement fervente,
qu'une relation de ses crimes écrite par elle-même pour son
confesseur, fut un des principaux documents de l'accusation
dans son procès. Mme Aveline faisait brûler des cierges à l'é-
glise « pour la réalisation de nos projets » comme elle l'écrivait
à son amant ; dans une lettre elle disait en parlant de son
mari : « Il était malade hier, je pensais que Dieu commençait
son œuvre. » Pompilia Zambeccari avait fait vœu de porter un cierge à la sainte Vierge, si elle réussissait à empoisonner son mari.

Mlle Mercier appartenait à une famille (cinq sœurs et un frère)
qu'unissait un commun délire religieux ; elle-même avait
des visions dans lesquelles Jésus-Christ lui apparaissait,
et de fréquentes hallucinations auditives dans lesquelles elle
communiquait avec Dieu ; mais, chez elle, le délire religieux
était moins intense que chez ses sœurs et son frère.

Lorsque Marie Forlini, qui pour se venger de ses parents,
étrangla et dépeça une petite fille, s'entendit condamner à
mort, elle dit en se retournant vers un de ses avocats : « La
mort n'est rien, il s'agit de sauver l'âme. L'âme sauvée le
reste n'est rien. » V. Br..., avant de tuer son mari, se jeta à
genoux devant la Vierge, la priant de lui donner la force
d'accomplir son crime.

En 1670, les empoisonneuses Parisiennes de haute volée al-
ternaient avec les poudres de succession, les messes diabo-
liques, pour obtenir la mort du mari ou la fidélité de l'amant :

un prêtre lisait la messe sur le ventre d'une prostituée enceinte et en égorgeait le fœtus dont le sang et les cendres servaient à composer les philtres amoureux. La femme Voisin à elle seule tua 250 de ces petites victimes.

Nous avons déjà parlé de la veuve Gras. Mme Trossarello s'était forgé dans son esprit un Dieu, complice de ses crimes, et déclara que la mort de Gariglio (la victime) était écrite dans le ciel, en punition de l'abandon dans lequel il l'avait laissée ; en effet, ajoutait-elle comme preuve, son associé mourut aussi.

12. *Contradictions*. — Cette bonté paradoxale et intermittente qui est en si étrange contraste avec l'habituelle méchanceté des criminelles-nées ne manque pas non plus chez elles. Mme Lafarge était pleine d'attention pour ses domestiques ; on l'appelait, dans le pays, la providence des pauvres; elle visitait et secourait les malades. Jegado se montrait souvent très affectueuse pour ses compagnes de service, qu'elle empoisonnait ensuite pour la moindre offense.

Alessio avait sauvé, par ses soins, son mari d'une dangereuse maladie, et peu de temps après elle le fit tuer. Mme F..., qui assassina son mari, de complicité avec son amant, soignait beaucoup un enfant recueilli à l'hospice.

Mlle Dumaire qui s'était enrichie par la prostitution, était généreuse et entretenait presque tous ses parents très pauvres ; elle avait aidé dans ses études l'amant qu'elle tua quand elle en fut abandonnée. La femme Thomas secourait les pauvres et pleurait souvent au récit de leurs misères ; elle achetait des cadeaux et des vêtements pour les enfants.

P. T..., un des types les plus féroces de criminelles que nous ayons observés, avait très bon cœur pour secourir ses compagnes et aimait passionnément les enfants. Mme Trossarello passait des nuits entières auprès des familles pauvres.

Mais cet altruisme n'est qu'intermittent et transitoire. Elles sont bonnes pour les malheureux, parce qu'ils sont dans une

condition pire que la leur et qu'ils leur font éprouver, par
réflexion, une plus vive jouissance de leur bien-être relatif :
elles haïssent, au contraire, ceux qui sont plus heureux
qu'elles. En outre, dans leurs actions charitables, entre pour
beaucoup le plaisir de sentir à leurs pieds la personne se-
courue ; c'est le goût de la domination sur son propre semblable qui, cette fois, se satisfait par une bonne voie. C'est,
en somme, une forme inférieure de la bonté qui, à l'origine,
n'est pour ainsi dire qu'une espèce d'égoïsme complexe.

Cette bonté intermittente nous explique comment elles sont
si accessibles aux suggestions sentimentales ; elle nous
explique l'attitude qu'eurent devant l'échafaud, de féroces
criminelles, qui parut à de superficiels observateurs, si
résignée et chrétienne, au point de faire croire à une con-
version — comme si la grâce de Dieu les avait touchées et
avait transformé leur méchanceté primitive. La marquise de
Brinvilliers, ainsi que nous l'apprend son confesseur Pirot,
mourut en vraie chrétienne ; elle demanda, par lettre, pardon
à sa famille des douleurs dont elle l'avait accablée ; elle avait
les plus bienveillants égards pour ses gardiens auxquels
elle laissa en souvenir le peu de choses qui lui restaient ; elle
écrivit une lettre à son mari, lui conseillant d'élever ses enfants dans l'honnêteté et dans la crainte de Dieu. La femme
Tiquet écouta dévotement les exhortations de son confesseur,
et lorsqu'elle vit décapiter son complice elle se lamenta sur sa
punition trop sévère pour un crime dont elle était la vraie coupable ; elle embrassa le bourreau pour lui montrer qu'elle
ne le haïssait pas. La femme Jegado, après s'être entretenue
avec le prêtre, déclara qu'elle mourait contente, ne pouvant
être dans de meilleures dispositions pour passer à l'autre vie ;
Mme Guillaume reconnut que son crime méritait la mort.
Mme Balaguer laissa le peu qu'elle possédait à la femme de
son avocat ; elle sût, dans les derniers jours, si bien captiver
la confiance de ses compagnes de prison, qu'elles pleurèrent
toutes quand elle partit pour l'échafaud.

Il n'y a dans toutes ces manifestations, rien de profond; mais tout, néanmoins, n'est pas, ici, comédie ; c'est une suggestion sentimentale, qui leur vient surtout du prêtre, et qu'elles subissent facilement, dans les conditions où elles se trouvent : seules, éloignées des tentations du mal, ne voyant que le prêtre et ne pouvant parler à d'autres personnes, elles subissent fatalement sa suggestion ; pour un moment, les sentiments de bonté dont elles ne sont pas totalement dépourvues reparaissent et, dans l'absence de toute occasion mauvaise, reprennent cette domination sur la conscience que d'habitude ils n'ont pas ; d'autant plus qu'il s'agit, ici, d'une suggestion religieuse à laquelle les femmes sont généralement très accessibles. Que l'on ajoute le besoin instinctif qu'éprouve la femme de s'acquérir une sympathie et une protection, ne fût-elle que morale, besoin qui se fait d'autant plus vivement sentir qu'elles sont délaissées de tous et sur le bord de la tombe ; n'étant visitées que par le prêtre, avec cette facilité féminine à adopter les idées et les sentiments de l'homme qu'elles veulent captiver, elles s'assimilent pour peu de jours les vertus du bon chrétien, même celle du pardon qui leur répugne le plus.

13. *Sentimentalisme.* — Mais ce qui les domine, en l'absence des sentiments vrais et profonds, c'est un sentimentalisme fade et affecté, particulièrement dans leur correspondance.

Mme Aveline écrivait à son amant : « Je suis jalouse de la nature qui a l'air de nous faire enrager, tant elle est belle. Ne trouves-tu pas, mon cher, que ce beau temps est fait pour les amoureux et qu'il parle d'amour ? » et ailleurs : « Que je voudrais être au bout de l'entreprise (la mort du mari), qui nous fera libres et heureux ! il faut que j'y arrive, le paradis est au bout. Au détour du chemin, il y a des roses. »

Trossarello écrivait aussi à son amant des lettres pleines de déclarations sentimentales et théoriques, démenties ensuite par ses trahisons. La soi-disant baronne Gravay de Livernière, une des plus impudentes et habiles escroqueuses, écrivait dans ses mémoires, à propos d'un jeune homme de 18 ans, qu'à 48 ans sonnés elle essayait de séduire pour se faire épouser.

« Ah! l'homme pratique ! il ne m'aime que pour s'assurer la protection de mes amis ! Oh! souvenirs ! En pensant à lui, je me rappelle le galant chevalier qui disait :

> « Pour avoir de noble dame
> Obtenu le doux baiser
> Je vais brûlant d'une flamme
> Que rien ne peut apaiser. »

C'est justement parce qu'elles sont des folles morales et qu'elles manquent de sentiments nobles et profonds, qu'elles les remplacent par de subtiles et captieuses exagérations ; absolument comme le poltron qui, dans ses discours, affiche un courage chimérique et de parade.

14. *Intelligence.* — L'intelligence présente beaucoup de variétés : il y a des criminelles qui sont très intelligentes et d'autres qui, sous ce rapport, n'ont rien de remarquable. On peut cependant dire qu'en général les intelligences plutôt éveillées sont assez nombreuses. Ceci évidemment est en rapport avec la moindre fréquence des crimes impulsifs ; pour tuer dans un mouvement de fureur bestiale, l'intelligence d'une Hottentote suffit : mais pour tramer un empoisonnement il faut une certaine finesse et une certaine habileté ; aussi le crime de la femme est presque toujours prémédité.

Si les criminelles impulsives qui, pour une petite offense, accomplissent aussitôt une vengeance énormément disproportionnée n'ont pas, en effet, une intelligence supérieure à la moyenne, ces féroces criminelles qui commettent des crimes multiples ont au contraire une intelligence remarquable. Ottotenghi trouva chez M... une imagination riche et rapide malgré son peu d'instruction ; de plus (fait important, étant donné le peu de développement des centres graphiques chez la femme, et ce qui en démontre la supériorité sur la moyenne(

elle éprouve parfois un vrai besoin d'écrire, lorsqu'une foule d'idées lui vient ; elle écrit alors comme elle peut ou dicte à ses compagnes ; du reste, le seul fait d'avoir à 17 ans organisé une vaste et habile spéculation sur la prostitution d'autrui et sur la sienne, suffit pour prouver une rare intelligence.

C'est encore une intelligence peu commune que possédaient ces empoisonneuses telles que la marquise de Brinvilliers, Mmes Lafarge et Weis, qui écrivaient très bien ; telle que la femme Jegado, dont un témoin disait qu'elle avait l'air stupide, mais qu'elle possédait une intelligence diabolique. Mme Tiquet avait été pendant plusieurs années une des femmes les plus admirées pour leur esprit dans la haute société.

Les criminelles par cupidité sont également bien douées sous ce rapport. Mlle Mercier, bien qu'affectée du délire religieux qui lui faisait commettre souvent de graves erreurs avait un talent commercial vraiment supérieur ; plusieurs fois elle se refit dans le commerce une fortune considérable, qu'elle perdait et qu'elle reconstituait ensuite de nouveau.

C'était aussi une intelligence supérieure, cette Lyons, grande voleuse de l'ancien et du nouveau monde, qui s'enrichit en Amérique par le vol ; elle vint en Europe faire une grande tournée d'affaires pour le seul amour du métier ; arrêtée à Paris en flagrant délit elle sût obtenir l'intercession des ambassadeurs d'Angleterre et des Etats-Unis et se faire mettre en liberté avec des excuses ; géniale était la prétendue comtesse Sandor, auteur et journaliste, qui, vêtue en homme, sut séduire la fille d'un grand praticien Hongrois et plut tellement à son père qu'elle l'obtint en mariage, qui sut vivre plusieurs mois avec elle, en extorquant de l'argent à son beau-père, si bien que dénoncée et arrêtée, on sut seulement alors que le soi-disant comte était une femme. La Bell-Star, pendant plusieurs années commanda tous les *Outlaws* du Texas, organisant des expéditions de brigandage au préjudice

même du gouvernement des Etats-Unis. La prétendue
Gravay de Livernière, dont on ne sut jamais le vrai nom parmi
les sept ou huit qu'elle se donnait, à 48 ans, sut rendre amoureux d'elle un jeune homme de dix-neuf ans, au point que,
ni un procès suivi d'une condamnation ne purent le détacher
d'elle ; à 49 ans elle simula un accouchement et fut crue pendant longtemps cousine de la reine d'Espagne. La P. W.,
tribade, et sans doute empoisonneuse, dont nous avons parlé,
dirigea des revues et des complots politiques, publia des
romans et des poèmes.

Mme Tarnowsky, elle même, avait déjà observé, à propos
de Théodosie Wol..., célèbre receleuse de St-Pétersbourg, que
pour être à la tête d'une semblable entreprise, il fallait une
grande finesse et une grande promptitude de discernement,
afin de saisir au premier coup d'œil à qui l'on avait à faire, si
c'était un pauvre diable qui venait engager ses dernières
hardes, un voleur ou un espion.

Une nouvelle preuve de la puissance intellectuelle des
criminelles-nées, est dans ce fait que souvent nous trouvons
chez elles des combinaisons de crimes étranges. Nous avions
déjà observé chez Mme O... ces combinaisons de prostitution,
de maquerellage et de recel qui lui procuraient beaucoup
d'argent : on peut en dire autant de Mme Lacassagne qui
tua son fils illégitime avec l'aide d'un complice et persuada
celui-ci de se charger devant la justice complètement du
crime, lui promettant de l'épouser dès qu'il aurait subi sa
peine ; et puis le tua, de complicité avec son frère, lorsqu'il
vint lui demander de tenir sa promesse ; ainsi la veuve Gras,
manquant d'argent pour épouser un ouvrier, fit vitrioler par
celui-ci un riche amant de faible santé, calculant que défi-
guré et repoussé par les autres femmes, il l'épouserait : elle
aurait pensé ensuite à l'achever pour rester veuve et avec
son héritage épouser son amant de cœur.

On comprend d'ailleurs cette supériorité de l'intelligence
chez beaucoup de criminelles-nées qui souvent faibles et sans

moyens physiques pour satisfaire leur propre méchanceté doivent suppléer par la ruse à la faiblesse dans la lutte pour la vie.

15. *Écriture et peinture.* — Ces manifestations manquent presque absolument chez la criminelle-née. Nous n'avons jamais rencontré aucun dessin ou tatouage faisant allusion au crime, pas même ces broderies spéciales qui devraient être la forme graphique particulière aux criminelles. Une seule fois nous avons trouvé quelque chose de ressemblant aux peintures symboliques des criminels (1), dans une photographie de l'amant de Mme Prau... qu'elle marqua en bas de deux croix, d'une tête de mort et d'une date désignant le jour qu'elle avait résolu de le tuer, comme elle le tenta d'ailleurs réellement : elle conservait soigneusement cette photographie dans sa cellule, comme souvenir ou document de son crime.

Elles sont également très sobres dans l'écriture. Nous n'avons connaissance que de trois criminelles auteurs de leurs propres mémoires, Mme Lafarge, X., et Bell-Star, tandis que ce genre de littérature, pour ainsi dire égoïstique, est si fréquent chez les hommes que, même les criminels d'intelligence plus que médiocre, griffonnent souvent leurs souvenirs. Mme Lafarge, X... et Bell-Star, particulièrement cette dernière, étaient certainement douées d'une intelligence supérieure. Les criminelles poètes, comme la maîtresse du brigand Cerrato, qui lui dédiait des vers, sont aussi très rares. Mais le document écrit, sans doute le plus caractéristique qu'une femme ait jamais laissé, est cette confession de ses propres fautes rédigée par la marquise de Brinvilliers, qui fut contre elle, une des preuves les plus graves; on y voit d'abord l'intensité du sentiment religieux qui crée le besoin de donner à la confession la certitude et presque la consistance du papier et de l'écriture,

_____

(1) Voir *H. Criminel*, 2ᵉ édit., vol. 1. Alcan.

la dégageant ainsi des incertitudes de la pensée; puis l'imprévoyance criminelle, l'aberration du sens moral, qui fait que
de petites omissions formelles de devoirs religieux sont placées à côté des crimes les plus monstrueux tels que le parricide et l'inceste ! Nous en donnons ici la reproduction en
laissant en latin les phrases les plus caractéristiques :

« Je m'accuse d'avoir fait mettre le feu.

« J'ai convoité mon frère, en pensant à celui-ci et à celui-
là... (sic).

« Je m'accuse d'avoir pris du poison.

« Je m'accuse d'en avoir donné à une femme pour en faire
prendre à son mari.

« Je m'accuse de n'avoir pas honoré mon père, et de n'a-
voir pas eu envers lui, le respect que je lui devais.

« Je m'accuse d'avoir commis des incestes trois fois par
semaine, au moins trois cents fois, et des masturbations quatre ou cinq cents fois.

« J'ai écrit des lettres amoureuses.

« Je m'accuse pour cela, d'avoir causé un scandale général, même à ma sœur et à une de mes parentes.

« J'étais jeune fille, et il était garçon.

« J'ai pendant quatorze ans, commis des adultères avec un
homme marié.

« Je m'accuse de lui avoir donné beaucoup de mes biens et
d'en avoir été ruinée.

« *Bis peccavi immundum peccatum cum isto.*

« Je m'accuse que, bien que mon père, voyant le scandale, l'ait fait emprisonner, j'ai néanmoins continué à le
voir.

« J'ai eu deux enfants parmi les miens, fruit de cet amour.
Vous verrez à y pourvoir.

« Je m'accuse d'avoir eu des relations avec un cousin
germain, deux cents fois.

« Il était célibataire. J'ai eu de lui un enfant qui est parmi
les miens.

« J'ai eu des relations avec un cousin germain de mon mari, environ trois cents fois.

« Il était marié.

« Je m'accuse qu'un jeune homme *me stupravit à sept ans*.

« Je m'accuse *manu peccavisse cum fratre meo* avant sept ans.

« Je m'accuse *posuisse virgunculam super me* en m'approchant... (*sic*).

« Je m'accuse d'avoir moi-même empoisonné mon père. Un serviteur lui donna du poison. J'étais dévorée de rage que ce dernier fut emprisonné, je convoitais en outre les richesses de mon père.

« J'ai fait empoisonner mes deux frères; un jeune homme fut, pour cela, roué vif.

« J'ai plusieurs fois souhaité la mort de mon père et à de mes frères; trente fois.

« J'ai désiré empoisonner ma sœur, qui disait ma manière de vivre horrible.

« J'ai pris une fois des drogues pour me faire avorter.

« Je m'accuse d'avoir, cinq ou six fois, donné du poison à mon mari. Je m'en repentis, je l'ai fait soigner et il a survécu; il est cependant toujours un peu maladif.

« C'était pour être libre.

« Je m'accuse d'avoir pris du poison et d'en avoir donné à ma fille, parce qu'elle était belle.

« Je me suis confessée et j'ai communié à Pâques, pendant sept ans, sans l'intention de m'amender. J'ai ensuite continué la même vie et les mêmes désordres sans me confesser.

« Je m'accuse d'avoir fait mettre le feu à une chaumière de nos terres pour me venger ».

Mme Weiss écrivit des pages sentimentales sans valeur.

Nous retrouvons en somme, chez la femme criminelle, cette infériorité dans les centres graphiques que nous avons également observée chez la femme normale.

16. *Moyen d'exécution des crimes.* — *Complication*. — Une autre preuve de la fréquente subtilité d'esprit des *criminelles-nées*, est ce caractère d'*entortillement*, que leurs délits présentent si souvent, qui peut provenir de leur faiblesse et parfois même de la suggestion de lectures romanesques, mais qui ne peut exister sans une certaine pénétration de l'esprit. Le moyen employé par ces criminelles pour atteindre un but, même relativement simple, est souvent très compliqué ; il ressemble à un long détour pour rejoindre un point voisin. Nous avons déjà vu le plan compliqué conçu par la veuve Gras, pour être riche et épouser son amant. La princesse X..., pour se débarrasser de l'amant de la femme qui partageait ses saphiques amours, prépara de longue main et avec une série de détours une rencontre entre cette femme, son mari et son amant, comptant sur la jalousie du mari pour favoriser ses désirs : elle s'était fait écrire par elle, une déclaration de suicide qui aurait justifié l'empoisonnement par lequel elle pensait l'achever. Une certaine Mina, qui désirait supplanter une amie dans sa place de femme de chambre, commença par la calomnier près de ses maîtres ; le moyen n'ayant pas réussi, elle calomnia les maîtres près de sa camarade, les accusant d'escroquer le salaire de leurs domestiques ; mais comme ce moyen ne réussissait pas davantage, elle vola la clef de la maison à son amie, profita, un soir, d'un moment où elle était sortie, en laissant la porte ouverte, pour s'introduire furtivement et aller se cacher sous son lit ; elle la blessa pendant son sommeil et s'enfuit en fermant la porte derrière elle ; le jour suivant, elle retourna tranquillement se proposer à la patronne pour remplacer sa camarade blessée, durant sa maladie, et comme la maîtresse hésitait ; elle lui promit, si elle l'acceptait, de lui révéler le nom du meurtrier. Rosa Beut... pour tuer son mari, prépara dans sa chambre, un grand chaudron d'eau bouillante, puis, elle l'éveilla, lui disant qu'on l'appelait de la rue, et,

pendant qu'il se dirigeait encore tout somnolent vers la
fenêtre, elle le poussa dans le chaudron.

Il est évident que pour combiner des plans aussi compliqués,
il faut une vive imagination, qui sache, par l'artifice de
quelques combinaisons, suppléer à l'absence de la force qui
simplifierait l'accomplissement du crime. Cela est tellement
vrai, que les criminelles douées de force virile comme
Mlle Bouhours, qui s'habillait en homme, se plaisait à lutter
avec les hommes et à manier le marteau, comme P..., ne présentent pas d'entortillement dans leurs délits; elles tranchent
la question avec un coup résolu de poignard ou de massue.

Mais à propos de ce penchant, nous avons souvent remarqué un défaut particulier dans les intelligences, même les
plus brillantes, des criminelles. Quelquefois ces combinaisons sont très ingénieuses, mais au fond, elles sont absurdes
et impossibles, parfois même folles. Ainsi, Mme Morin,
pour voler et tuer son ennemi, imagina de l'attirer dans une
maison de campagne hors de Paris, qu'elle avait louée dans
ce but avec l'intention de l'entraîner dans un souterrain et
de le lier à un pieu : cordes, pistolets, carabines, épées, poi-
gnards étaient disposés pour épouvanter le malheureux et
lui faire mieux comprendre un long discours en style
emphatique, qu'aurait lu sa fille pour le contraindre à signer
des billets; deux vauriens, vêtus en fantômes, devaient
s'agiter et hurler, complétant la scène qu'elle avait imaginée
sous la suggestion d'un roman de Mme Radcliffe.

Ainsi, souvent la criminelle-née cherche à se préparer un
alibi préventif, une preuve d'innocence; mais ses combinaisons, bien que parfois très ingénieuses, n'atteignent pas toujours leur but. C'est une prévoyance égarée. Mme Lafarge qui,
durant la maladie de son mari, mettait dans ses boissons de
l'arsenic au lieu de gomme, se montrait toujours avec
ostentation, mangeant de la gomme.

La femme Buisson, en assassinant un vieillard, ayant été
égratignée par la victime, retourna chez elle, pendit son chat

puis alla dire à ses amies, d'un air furieux, que la vilaine bête lui avait sauté à la figure.

Mme Quoyron, après avoir fait tuer à coups de couteau, dans son lit, le mari de son amante, arrangea les couvertures, appela ses amies, et, leur montrant le cadavre, leur dit qu'il devait être mort de vomissements de sang.

17. *Instigation*. — La criminelle-née n'accomplit cependent pas toujours son crime elle-même ; souvent, lorsqu'elle n'est pas douée d'une force musculaire virile, et qu'il ne s'agit pas d'un crime dirigé contre une autre femme, ou d'un crime insidieux, comme l'empoisonnement ou l'incendie, le courage lui manque. Dans les lettres de Mmes Béridot et d'Aveline à leurs amants, se trouvent des récriminations désespérées sur leur propre faiblesse ; P. Lavoitte disait à son complice : « Si j'étais un homme, je la tuerais moi-même, cette riche vieille ». Mais en cela, il n'y a que la peur d'un être faible devant une lutte probable contre un plus fort ; cela n'exclue pas chez ces femmes l'insensibilité morale la plus absolue, qui se révèle particulièrement par l'instigation d'un complice ; car la criminelle-née se reconnaît de suite en ce que, dans le couple criminel, elle joue, comme dirait Sighele, le rôle de l'incube ou de l'excitatrice, et déploie la perversité la plus raffinée.

La femme Fraikin, pour tuer son mari, chercha un sicaire et le trouva en un certain Devilde, qui tenta trois fois de commettre le crime, sans en avoir le courage ; à la troisième, Fraikin, furieuse, lui dit : « Pour laisser échapper une si belle occasion, il faut être bête ! » La quatrième fois elle l'enivra, le conduisit dans la chambre de son mari, se cacha au pied du lit et lui montra un billet de mille francs : elle eut encore assez de sang-froid, au moment décisif, pour recommander à l'assassin de ne pas le saisir par les cheveux parce que son mari portait perruque.

Albert, que sa maîtresse Lavoitte entraîna au meurtre d'une

vieille femme, décrit ainsi les moyens raffinés qu'elle employa pour le persuader : « Elle commença par m'énumérer les richesses de la vieille ; richesses dont elle ne faisait aucun usage. Je résistais, mais le jour suivant, Philomène revint sur ce sujet, me démontrant qu'on tuait aussi à la guerre et que ce n'était pas un crime : pourquoi n'aurions-nous pas tué cette vieille guenille ? Dieu nous pardonnera, disait-elle, parce qu'il voit notre misère ». La femme Simon tenta de tuer son faible mari, en favorisant son inclination à l'ivresse et en l'obligeant, matin et soir, à boire une espèce de drogue qu'elle composait avec de l'eau-de-vie, du genièvre et d'autres liqueurs délétères ; elle proposa ensuite à tous ses amants — et ils étaient innombrables — de le tuer, promettant à l'un d'eux 5 francs (pour un homicide !) et sa main ; jusqu'à ce qu'elle rencontra Guérangal, jeune homme faible et déséquilibré, qu'elle domina au point de l'entraîner à l'assassinat.

18. *Lascivité*. — Ces criminelles, étant généralement sans pudeur et très luxurieuses, la lascivité entre souvent comme moyen dans leurs délits ; soit que pour elles, se donner à un homme soit une chose de peu d'importance, soit qu'étant femmes et femmes lubriques, leur imagination se tourne plutôt pour cette double raison vers la sexualité, il est naturel que dans la préméditation d'un délit, l'idée de se servir de leur propre sexe, pour l'accomplir, se présente à leur esprit avec une double facilité.

Nous avons vu la veuve Gras imaginant de tuer son riche amant, en détruisant par des excès son organisme déjà faible. P..., élevée par un riche philanthrope et mariée par lui à un fourbe encore plus pervers qu'elle, qui l'était déjà beaucoup, combine avec son mari un chantage sexuel contre son bienfaiteur : elle l'invite à venir chez elle, lui dit que puisque l'opinion publique l'accuse d'être sa maîtresse, elle veut l'être effectivement ; elle se déshabille devant lui et cherche à l'exciter par des agaceries lascives ; son mari entre au même

instant, et feignant une grande indignation, ~~veut le contraindre à signer des~~ valeurs pour une somme ~~importante~~.

Souvent même la criminelle qui incite au crime ajoute
comme aiguillon la promesse de son corps ; c'est ce que la
marquise de Brinvilliers fit plusieurs fois ; D..., qui se donnait
à tous, se refusa à un seul de ses adorateurs, le plus faible
et le plus suggestible ; quand elle eut bien excité ses désirs,
elle promit de se donner à lui, après qu'il aurait tué son mari.
La comédie du baiser sert aussi souvent de piège ; Bord... et
Dépise feignirent de vouloir embrasser leur amant et le poi-
gnardèrent.

19. *Obstination dans la négative.* — Un caractère particulier
des criminelles et surtout des criminelles-nées est l'extraordinaire obstination qu'elles mettent à nier leur propre crime,
même devant les preuves les plus lumineuses et les plus élo-
quentes. Pendant que l'homme, lorsqu'il voit ses mensonges
démentis par les faits, abandonne la partie et avoue ; la femme,
au contraire, ne se décourage jamais et nie avec d'autant
plus d'énergie que sa dénégation est plus absurde.

En effet, d'Alessio, Rondert, Jumeau, Saraceni, Buscemi,
Béridot, Péarcey, Daudet, nièrent tout et toujours. Mme Lafarge continua jusqu'à la mort et même au-delà la comédie
de sa propre innocence ; car elle la proclama dans ses
mémoires. La femme Jégado s'entêta à soutenir, contre
toutes les preuves, qu'elle ne savait pas ce que c'était
que l'arsenic, que son tort était d'être trop bonne pour les
autres ; on ne put la faire changer d'avis. Quand elles ne
nient pas entièrement, elles racontent, pour s'excuser, des
histoires invraisemblables et absurdes qu'un enfant lui-même
ne croyait pas, mais sur lesquelles elles insistent avec une
énergie indomptable. Mme Dacquignié prétendit avoir tué son
mari dans une rixe, et elle ne portait sur elle aucune trace
de violence ; elle soutint ne l'avoir frappé que d'un seul
coup, alors que son cadavre portait six blessures. D. adopta le

même système. Mme Lafarge, pour excuser le vol des diamants, inventa un roman des plus compliqués et des plus absurdes. Mme Hœgeli soutint n'avoir donné d'autres corrections à sa fille que celles auxquelles est obligée une mère. La femme Dépise, qui avait blessé son amant dans un guet-à-pens, prétendit qu'il l'avait battue, jetée par terre et fait mordre par son chien. Mme Prager prétendit qu'elle avait fait cacher son frère armé d'un revolver, dans la chambre de son mari, afin de prendre certaines lettres compromettantes pour elle, dans l'affaire de son divorce, sans cependant vouloir admettre qu'elles continssent la preuve de son adultère ; quant au revolver, il ne devait servir qu'à épouvanter son mari. D'autres fois, elles changent totalement deux ou trois fois pendant le procès, leur système de défense ; mais l'idée de la défiance qui doit envahir les juges, relativement à leurs histoires, ne diminue en rien l'ardeur de leurs affirmations ; elles ne semblent même pas y penser. La femme Goglet qui avait incendié la maison, pour y brûler en même temps son vieux mari, affirma que le feu avait été mis par un inconnu sur lequel elle avait tiré sans l'atteindre, puis elle soutint qu'elle n'était pas la vraie Goglet, mais une amie intime à laquelle elle ressemblait beaucoup et qu'elle avait remplacée pour soigner son mari ; et lorsque celui-ci soutint, à l'audience, qu'elle était vraiment sa femme, elle ne craignit pas d'affirmer que le vieillard, à la suite d'une apparition, n'y voyait plus distinctement. Mlle Zerb... accusa successivement Pall..., puis Piccioni, de son crime. « La délinquante, écrit Rykère, est plus sophiste et plus casuiste que l'homme ; elle trouve des prétextes et des excuses qui étonnent par leur bizarrerie et leur étrangeté. » — « Non seulement, écrit le pasteur Arnoux, les jeunes filles coupables se livrent plus entièrement au mal que les jeunes gens, mais elles mentent avec plus de cohérence et d'audace ; elles sont plus audacieuses dans les histoires qu'elles racontent et les surpassent en hypocrisie. » En somme, leurs dénégations et leurs excuses se distinguent par leur absurdité et leur com-

plication, c'est-à-dire par un *retortillement* analogue à celui
que nous avons observé fréquemment dans les délits.

Nous retrouvons ici cette habileté dans le mensonge que
nous avons déjà remarquée chez la femme normale (Irᵉ partie),
mais compliquée d'un défaut intellectuel qui, chez ces criminelles, doit être bien plus grave. Il est évident que si elles
s'obstinent encore à nier devant les preuves les plus élo-
quentes, c'est parce qu'elles sentent très peu la vérité et ne
se représentent pas du tout cet état mental de persuasion
que les preuves accumulées insinuent dans l'esprit des juges.
La logique des faits n'a aucune prise sur leur cerveau ; elles
ne sentent pas l'évidence d'une preuve irréfutable et croient
qu'il en est ainsi chez les autres.

Il en est de même pour ces mensonges compliqués qu'elles
inventent pour s'excuser. Elles n'en sentent pas, comme les
autres, l'absurdité, les sentiments logiques qui devraient leur
faire entrevoir la contradiction, étant très faibles chez elles.
Qu'on ajoute l'auto-suggestion qui, par la longue répétition
de ces mensonges, finit par les convertir, à leurs yeux, en une
demi-vérité, auto-suggestion d'autant plus facile que le souvenir de leurs délits s'atténue chez elles rapidement et, après
peu de temps, se trouve déjà à l'état de souvenir lointain.
L'attention de la criminelle se fixe alors complètement sur
l'histoire qu'elle raconte, oubliant pour ainsi dire la vérité dont
l'image se trouve ainsi atténuée ; elle ne se préoccupe plus
que de son mensonge qui lui coûte peu de fatigue d'esprit
et peut par conséquent durer assez longtemps : elle emploie
son énergie, à l'affirmer continuellement, sans trêve ni faiblesse, réussissant parfois à influencer juges et jurés et à leur
faire accepter pour vraies les fables les plus chimériques.

20. *Révélation du crime.* — Mais par une autre de ces nombreuses contradictions qui surgissent à chaque pas dans cette
étude, nous trouvons chez les criminelles, à côté de cette
obstination à nier, une facilité à révéler spontanément elles-

mêmes leurs propres crimes, lorsqu'elles sont pressées par les demandes du juge.

C'est un curieux phénomène psychologique qui a des causes multiples. C'est parfois le besoin de jaser, cette incapacité de tenir les secrets, ce besoin de les faire connaître à d'autres, qui caractérise la femme. Ainsi Gabrielle Bompard qui, en voyage, avait déjà révélé à Granger beaucoup de choses sur Eyraud, arrivée à Paris où tous les journaux parlaient d'elle et de lui, ne put s'empêcher de lui avouer sa propre identité et celle d'Eyraud. Mlle Faure, qui fit vitrioler son amant, avait si bien pris ses précautions, qu'elle n'aurait pas été découverte, si elle ne s'était confiée à une amie ; il s'agissait d'une vengeance. Il faut donc ajouter, ici, outre le besoin de parler, celui de faire connaître à d'autres la vengeance accomplie, pour en jouir plus vivement. On doit, naturellement, dans tout cela, faire la part de cette légèreté, de cette imprévoyance du criminel, qui parle publiquement de son délit, sans même soupçonner le danger auquel il s'expose en agissant ainsi. (Voir mon *H. Criminel*, vol. I, 2e édit. 1875.)

La confession prend quelquefois une forme un peu diverse. Quand la femme commet un crime, elle éprouve le besoin d'en parler : son secret lui pèse ; mais son imprévoyance n'arrive jamais au point de lui faire révéler le crime avant de l'accomplir. Dans ce cas, le besoin de parler s'exhale d'une manière indirecte : cette femme se montre préoccupée de la santé de l'homme qu'elle empoisonne : elle ira déclarant, très affligée, en apparence, qu'il doit bientôt mourir, même s'il est bien portant ; et lorsqu'il se met au lit, que personne ne soupçonne encore la gravité du mal, elle se montre triste, préoccupée de malheurs imaginaires pour sa victime : autant de moyens à l'aide desquels la criminelle réussit, par des voies détournées, à exhaler son désir de parler du crime qui occupe sa pensée. Mme Lafarge, après avoir envoyé la tourte empoisonnée à son mari, disait partout qu'elle craignait de recevoir une lettre de deuil : elle s'informait du temps pendant lequel les veuves portaient le crêpe dans le pays. M⁽ᵐᵉ⁾ Hager, qui empoisonna la femme de son amant Rogier, dit, quand sa victime gisait sur son lit : « Je vous dis qu'elle ne peut vivre longtemps. Est-il possible qu'un homme aussi jeune puisse rester avec une femme qui le hait? » M⁽ᵐᵉ⁾ Jégado, dès qu'une de ses victimes tombait malade et quand tous croyaient encore à une légère indisposition, disait : « *Elle en mourra, soyez-en certain, on ne guérit pas de ce mal, allez chercher un prêtre,* » etc. Tous ces discours qui ont trait à leur crime, le représentent encore plus vivement à leur imagination et leur font goûter avec plus d'intensité cette volupté qu'elles trouvent dans les méfaits. Voilà pourquoi Jégado parlait toujours de mort, et que « sa conversation, comme dit un témoin, était la conversation des défunts. » L'on comprend que la femme jase plus facilement sur son crime que l'homme, car elle doit suppléer à tous ces moyens qui lui manquent, tels que le dessin et l'écriture, que l'homme met en usage pour en raviver l'image. La femme parle souvent de ses crimes, de même que l'homme les peint, les écrit, ou les grave sur les vases, etc. (1). Une forme curieuse de l'aveu est la confession faite à l'amant. Un des caractères de la criminelle est de confesser son propre crime à son amant, même s'il est honnête, ne soupçonne pas chez elle une délinquante et ne lui demande rien; parfois encore, elle va jusqu'à l'obliger à accepter des preuves écrites de sa faute, qui constituent plus tard une arme terrible contre elle, et l'obligent, quand son amour volage est passé, à un crime nouveau et plus grave pour supprimer le témoin compromettant. M⁽ˡˡᵉ⁾ Virg... confia à son amant Signorino qu'elle avait volé de la rente, et quand elle fut lasse de lui, elle le tua pour se sauvegarder du danger d'une probable dénonciation. M⁽ᵐᵉ⁾ Menghin confia par écrit à son dernier amant d'Ottavi qu'elle avait empoisonné son premier mari, et lorsqu'elle en fut abandonnée, elle poussa le second mari à le tuer pour se débarrasser du dangereux confident.

(1 Voyez : *Homme criminel,* 2ᵉ édit vol. I. Atlas. Pl. xxxiv et xxxv.

Là est une conséquence de cette naturelle tendance à l'expansion qui existe entre amants, et à ce besoin que nous avons déjà analysé et qu'éprouve la femme amoureuse, de prouver à son amant son entier dévouement, en lui donnant plus qu'elle-même et son propre corps, presque sa vie et son propre destin. Plus le gage d'amour est précieux, plus elle est heureuse ; et que pourrait donner de plus précieux une criminelle que la confession et la preuve de son crime ? Elle s'abandonne ainsi pieds et mains liés à la merci de son amant.

Une fois encore, on voit l'imprévoyance habituelle des criminelles ; elles ne pensent pas à la fugacité de leurs amours et croient ce caprice momentané aussi durable qu'il est intense : c'est à la fois l'absence de sens moral qui fait que le délit le plus grave leur paraît une peccadille, une petite erreur ; sans cela, comment une femme criminelle oserait-elle faire à un amant honnête le récit de son propre crime; car, si cet aveu peut momentanément exciter son désir pour cette femme criminelle qui sort de la vulgarité commune, ne doit-il pas, en dernier lieu lui inspirer de l'aversion et de l'horreur pour elle ?

Dans d'autres cas, c'est la jalousie, l'esprit de vengeance motivé par l'abandon de l'amant, qui les pousse à dénoncer spontanément leur complice. « La femme — écrit Joly — qui se sait ou se croit trahie, dénonce impitoyablement ses complices ».

La délation, cependant, n'est pas toujours le fruit de la passion excitée, mais souvent un calcul très adroit, lorsqu'elles voient grandir les dangers qui les menacent pour le crime commis ; elles abandonnent leur complice à la justice, sachant qu'elles s'attireront de l'indulgence, par la dénonciation et grâce à leur sexe, surtout si elles sont jeunes et belles. Qu'on ajoute encore le peu de solidité de leurs amours : celui qui était pour elles un mois avant, un Dieu, pour qui elles se seraient fait tuer, devient tout à coup un être indifférent, parfois même odieux qu'elles abandonnent sans hésitation à la justice.

C'est, suivant Guillot, le danger le plus grave que courent ordinairement les associations de malfaiteurs. On sait que G. Bompard sacrifia sans égards son complice. Bistor fut arrêté, sur la dénonciation de sa complice Perrin, lorsque la justice était sur le point de classer son affaire.

Toutes ces causes font que la dénonciation ou la révélation involontaire est très fréquente chez la criminelle et que, pour cette raison, les criminels intelligents en ont une défiance justifiée. Dans la bande dirigée par Chevalier et Abadie, le règlement disposait que deux femmes seulement pouvaient être admises dans l'association, les maîtresses des chefs; les autres membres ne devaient avoir que des maîtresses d'un jour.

21. *Synthèse.* — Telle est en somme la physionomie morale de la criminelle-née, qui démontre une profonde tendance à se confondre avec le type masculin. Cette atavique diminution des caractères sexuels secondaires, que nous avons notée dans l'anthropologie, nous la retrouvons chez la femme criminelle, qui, par l'érotisme excessif, la faible maternité, le plaisir pour la vie dissipée, l'intelligence, l'audace, la domination sur les êtres faibles et suggestibles, parfois même par la force musculaire, le goût des exercices violents, des vices et même des vêtements virils, reproduit tour à tour l'un ou l'autre des traits masculins. A ces caractères virils s'ajoutent souvent les pires qualités de la psychologie féminine : l'inclination exagérée à la vengeance, l'astuce, la cruauté, la passion pour la parure, le mensonge, formant ainsi fréquemment des types d'une perversité qui semble atteindre l'extrême limite.

Tous ces caractères se retrouvent naturellement en proportions diverses chez chaque individu : il y a par exemple, la criminelle douée de force musculaire virile, mais à qui manque l'intelligence, comme Mlle Bouhours et P...; la criminelle faible qui supplée par l'ingéniosité de ses plans à la force qui lui manque comme M..., Ce n'est que lorsque par une malheureuse combinaison, ces caractères se trouvent tous réunis chez une seule personne, que l'on a le type le plus terrible de la criminalité féminine. Mais ces cas rares sont alors vraiment extraordinaires. Nous en avons un exemple typique dans Mlle Bell-Star, ce chef de brigands qui était, il y a peu d'années encore, la terreur du Texas : elle avait reçu une éducation des plus aptes à développer ses qualités naturelles; fille d'un chef de guerriers du parti Sud dans la guerre de 1861-65, elle passa sa jeunesse au milieu des horreurs de ce légitime brigandage ; à dix ans elle maniait déjà le revolver, la carabine et le *bouré knife*, de manière à enthousiasmer ses féroces compagnons ; forte et audacieuse comme un homme, son plus grand bonheur était de monter les chevaux indomptés des plus solides cavaliers de sa bande : un jour, à Oakland, elle fut deux fois vainqueur aux courses; une fois, vêtue en homme et une autre en femme, au moyen d'un rapide travestissement, sans que personne eût reconnu en elle la même personne : très luxurieuse, elle eut toujours plusieurs amants à la fois ; l'amant officiel devait être le plus intrépide et le plus audacieux de la bande, il était destitué à la première lâcheté ; elle le dominait complètement et se permettait même de nombreuses distractions. Elle avait — écrit de Varigny — autant d'amants que de *desperados* et d'*outlaws* comptaient le Texas, le Kansas, le Nebraska et le Nevada. Très audacieuse, dès 18 ans, elle guida une bande de féroces brigands que, par la supériorité de son intelligence, son courage, et par la gentillesse de ses manières féminines, elle dominait complètement ; avec cette bande, elle accomplit les plus téméraires rapines près des villes les plus peuplées, assaillant les troupes gouvernementales, entrant seule, vêtue en homme — c'était en général son costume — dans les villages, en plein jour, assistant à quelque vol extraordinaire, à main armée, commis dans le voisinage. Une fois, elle alla jusqu'à coucher dans un hôtel, dans la même chambre que le juge de l'endroit, qui ne s'aperçut pas que son compagnon était une femme ; et qui, à table, s'était vanté de la reconnaître et de l'arrêter, si elle lui tombait sous la main : le matin suivant elle monta à cheval, le fit appeler et lui dévoila qui elle était, le traita d'imbécile et, lui cinglant le visage de deux coups de cravache, elle s'enfuit. Elle écrivit ses mémoires ; son plus grand désir était, disait-elle, de mourir chaussée de ses bottes ; elle fut satisfaite ; elle mourut dans un combat contre les soldats du gouvernement, commandant le feu jusqu'au dernier soupir.

Un autre brigand en jupon, très semblable à Bell-Star, fut Zélie. Française de naissance, douée d'une grande intelligence, connaissant parfaitement trois langues, ayant par son esprit un extraordinaire pouvoir de séduction, elle se montra dès l'enfance d'un caractère perfide et très portée aux plaisirs sexuels : entraînée par des aventures romanesques au milieu des brigands de l'Amérique du Nord, elle en devint le chef. Le regard fier et courageux, le revolver au poing, elle affrontait la première tous les dangers et se jetait entre ses compagnons qui en venaient aux mains, les obligeant à mettre bas les armes ; elle franchissait en riant les abîmes des montagnes devant lesquels tremblaient les autres ; son courage ne l'abandonna jamais, ni au milieu des épidémies, ni dans les tremblements de terre, ni dans les batailles. Elle mourût dans un asile de la France avec de très graves symptômes d'hystérisme.

M... R..., décrite par Ottolenghi, voleuse, prostituée, corruptrice de mineures, recéleuse — tout cela à 17 ans déjà — commença à 12 ans par voler son père, pour avoir de l'argent à dépenser avec ses compagnes ; à 15 ans elle s'enfuit avec son amant, qu'elle abandonna aussitôt pour se livrer de propos délibéré à la prostitution, et, pour gagner davantage elle organisa (elle n'avait pas encore 16 ans) une vaste spéculation sur la prostitution, attirant des petites filles de 12 à 13 ans, qu'elle vendait à hauts prix à de riches personnages, ne donnant elle-même aux victimes que quelques sous : non satisfaite encore, elle réussit par un dernier artifice à tirer de l'argent de ses riches clients, en les menaçant de sa vengeance, s'ils ne payaient pas : elle fut ainsi cause de la destitution d'un haut fonctionnaire. Très vindicative, elle commit par vengeance, deux crimes, dans lesquels se révèle l'étrange mélange de ruse et de férocité qui formait son caractère. Une compagne ayant mal parlé d'elle (elle avait à peine 16 ans), elle laissa s'écouler quelque temps, puis par des cajoleries et en la comblant de gentillesses, elle l'entraîna hors de la ville. Lorsqu'elles furent arrivées dans un lieu solitaire au déclin du jour, se rappelant tout à coup l'offense, elle la jeta par terre et la frappa violemment avec une clef et des ciseaux jusqu'à ce qu'elle la vit s'évanouir. Elle s'en retourna ensuite tranquillement en ville. « *Vous auriez pu la tuer* » lui dit-on. «*Que m'importait? répondit-elle. Il n'y avait pas de témoins.*» « *Vous auriez pu en charger quelques voyous.* » « *Les voyous me font peur*, répondit-elle; *puis, par principe, c'est toujours mieux d'agir soi-même.* » « *Avec une clef vous n'auriez jamais pu la tuer* ». Et de répondre : « *En frappant bien aux tempes* (et elle fait signe) *il est très possible de tuer une personne même avec une clef.* » Contre une autre de ses victimes, une jeune fille qu'elle entraîna dans la prostitution et qui obtenait dans le monde galant de brillants succès, elle conçut une haine si intense, qu'un jour l'ayant emmenée dans un café, elle mit furtivement du poison dans sa tasse, la malheureuse mourut quelques jours après.

Il est difficile, comme on voit, de trouver à la disposition d'une avidité aussi effrénée et d'un caractère aussi vindicatif une plus profonde perversité ; nous trouvons, en effet, réunis chez elle les deux pôles opposés de la perversité : les tendances sanguinaires, car elle portait toujours un couteau dans sa poche et en distribuait des coups avec la plus grande facilité ; et la tendance aux délits les plus frauduleux, comme l'empoisonnement, le recel, etc.

Ainsi se confirme la loi que nous avons énoncée plus haut, que les types complets de la criminalité féminine sont bien plus terribles que les types masculins.

CHAPITRE V

Criminelles par occasion.

Si les criminelles-nées nous ont offert les types de la perversité la plus intense et la plus complète, nous trouvons maintenant une autre classe infiniment plus nombreuse de criminelles, dont la perversité et le vice sont très atténués et chez qui les plus belles vertus de la femme, comme la pudeur et la maternité ne font pas défaut. Ce sont les criminelles par occasion qui forment la grande majorité de la criminalité féminine.

I. *Caractères physiques.* — Ce qui les caractérise surtout c'est l'absence de tares dégénératives et physionomiques spéciales : absence qui fut constatée dans le 54 °/₀ du total des criminelles. Même dans la sensibilité, beaucoup n'offrent rien de particulier ; 15 °/₀ ont le goût et 6 °/₀ l'odorat fin, etc.

2. *Caractères moraux.* — Il en est de même des caractères moraux. Ce sont les criminelles par occasion que Guillot nous donne comme le type plus fréquent de la criminelle : « Les femmes coupables, sauf peu d'exceptions dans lesquelles se retrouve l'odieuse compagnie de tous les vices (1), se laissent plus facilement que les hommes toucher par le repentir, elles retournent au bien plus tôt et retombent moins souvent dans la faute. » Et toujours d'après Guillot, une pieuse visiteuse de Saint-Lazare disait des prisonnières : « Quand on a

_____
(1) *Criminelles-nées.*

appris à les connaître, on les aime sans peine ; » preuve que leur méchanceté n'est pas excessive.

« Les inscriptions des prisons masculines, écrit encore Guillot, ne contiennent que violences, impiétés, menaces, obscénités ; celles des prisons de femmes sont au contraire bien plus honnêtes et parlent de repentir ou d'amour. En voici quelques-unes :

« Dans cette cellule où languit mon amour, loin de toi que j'adore, je gémis et je souffre. »

« Jean ne m'aime plus, mais je l'aimerai toujours. »

« Vous qui venez dans cette cellule qui se nomme souricière, si vous n'êtes pas séparés d'une personne aimée, votre souffrance est atténuée. »

« Que veux-tu que mon cœur te dise dans cette obscure cellule, autre que la douleur et les tourments qu'il souffre pour mon amour. »

« Henriette aimait son petit homme autant qu'une femme peut aimer, mais aujourd'hui elle le déteste. »

« Je jure de ne plus recommencer, parce que j'en ai assez des hommes; c'est pour l'amour que je suis ici; j'ai tué mon amant ; méfiez-vous des hommes ; ils sont tous menteurs. »

« La justice des hommes n'est rien ; celle de Dieu est tout. »

« Dieu est si bon qu'il a pitié des malheureux. »

« Sainte Vierge Marie, ma souveraine, je me jette à vos pieds et me mets sous votre protection. »

La pudeur est également vive chez ces criminelles; en France, par exemple, beaucoup sont épouvantées à l'idée qu'en allant à Saint-Lazare, elles se trouveront en contact avec des prostituées.

C'est aux criminelles par occasion, en effet, et non aux luxurieuses et aux débauchées criminelles-nées, que se rapporte certainement l'observation de Macé: « Les femmes sont récalcitrantes; Saint-Lazare les épouvante parce que c'est la honte, l'ignominie, la tache indélébile; elles se voient déjà en contact avec les femmes de mauvaise vie et aucune femme ne consent volontiers à en prendre la route. » Guillot aussi a observé qu'entre prostituées et délinquantes il y a un antagonisme, à Saint Lazare; celles-ci ont une horreur et un mépris pour les femmes vendues que celles-là leur retournent cordialement, se vantant de n'avoir jamais volé. Maintenant, la criminelle-née ne peut avoir du mépris pour la prostituée, tant son impudicité est d'accord avec l'absence de sens moral.

Guillot nous informe encore de la vivacité fréquente du sentiment maternel chez les criminelles, ou plus exactement chez les criminelles par occasion; car les criminelles-nées démontrent, avec une grande abondance de preuves, que chez elles la maternité est abolie.

« A Saint-Lazare — raconte-t-il — les jalousies et les inimitiés dérivant des rivalités maternelles sont fréquentes : toutes veulent que leur enfant soit le plus beau, le plus robuste, le plus admiré et caressé; la naissance d'un enfant est un événement qui met en tumulte toute la prison et l'on a vu des détenues réfractaires aux règlements, qui ne s'y soumettaient même pas à la menace du cachot, devenir dociles comme des agneaux à la menace d'être séparées de leur enfant. »

Non seulement nous trouvons la pudeur et la maternité chez ces criminelles par occasion, mais encore d'autres sentiments délicats qui démontrent leur étroite affinité avec la femme honnête. Telle que par exemple cette espèce d'affection et de confiance excessive qu'elles ont dans l'avocat, particulièrement s'il est jeune et beau, ce qui fut très bien observé par Guillot; l'avocat est une espèce de protecteur, en qui elles ont une confiance un peu chimérique et auquel elles portent une affection et un respect presque filial. On lisait dans une inscription laissée par une détenue sur un mur : « Je suis en prison pour un vol de 2.000 francs, mais ça ne fait rien; j'ai un avocat. » On voit par là ce besoin d'appui et cette

confiance en l'autre sexe, qui caractérise la femme et que la
criminelle-née, moitié mâle et tyranniquement égoïste ne sent
pas, cherchant en tout et en tous, non la protection et la suggestion, mais la satisfaction de ses propres passions. Et si ce
besoin de protection cherche à se satisfaire dans la confiance
en l'avocat, combien plus il le chercherait dans l'amour, qui
chez elles devra être bien plus profond et désintéressé que
chez les criminelles-nées, pour qui il n'est qu'un frémissement
à fleur de peau de l'égoïsme le plus effréné. « Elles savent
très bien — écrit Guillot — distinguer entre la malheureuse
qui fournit des preuves à la justice contre son amant, croyant
le sauver, comme dans le procès Pranzini, ou pour se dis-
culper comme dans le procès Marchandon, ou pour secouer
le joug d'un scélérat, comme dans le procès Prado, et la
femme qui par lâcheté a consenti à participer à une trame
ourdie contre son amant; elles plaignent la première d'avoir
fait par force ce qu'elles-mêmes auraient fait dans un cas semblable, mais l'action de la dernière va contre ces sentiments
de tendresse et de générosité auxquels elles sont encore accessibles.» Ainsi pendant sa détention à Saint-Lazare, Gabrielle
Fenayrou ne put jamais se montrer dans la cour de la prison ;
ses co-détenues l'auraient malmenée.

Les criminelles par occasion sont donc capables de cet
amour idéal, qui caractérise la femme ; pendant que chez les
criminelles-nées nous ne trouvons que lascivité et sensualité.

Ces traits généraux ne peuvent se rapporter qu'aux criminelles par occasion, à des femmes chez qui la déviation du type
normal est bien moindre que celle que nous trouvons chez
les criminelles-nées.

Mais pour saisir plus intimement le caractère de cette criminalité, il faut tracer la psychologie des occasions qui les
entraînent au délit et elles peuvent être nombreuses.

3. *Suggestion*. — Pour beaucoup de criminelles, l'occasion
qui les entraîne involontairement au crime est la suggestion

du mâle, « plus souvent celle de l'amant; parfois du père ou du frère.» Celles-ci — disait une sœur de la prison à l'un de nous, en indiquant les femmes — ne sont pas comme les hommes, elles ne commettent pas des crimes par mauvaises passions, mais pour complaire à leur amant; elles volent et se compromettent quelque fois pour lui, sans même y avoir un intérêt direct. »

Comme l'observe Sighèle (1), les caractères distinctifs de ces crimes d'occasion par suggestion sont la durée du temps qu'il faut pour produire le *succube,* comme il l'appelle ; l'hésitation avant d'exécuter le crime, le remords après l'avoir commis.

Une certaine L..., que son amant voulait obliger à tuer son mari, accepta de lui un flacon d'acide sulfurique, promettant de le lui faire boire ; mais au moment de verser le poison la force lui manqua, elle laissa tomber le verre et avoua tout. Joséphine P..., âgée de 17 ans, orpheline de père, est séduite par un homme beaucoup plus vieux qu'elle, qui l'épouse ; mais le ménage est malheureux et les deux époux se séparent après la naissance d'une fille dont le mari répudie la paternité ; P..., est alors abandonnée à elle-même et réduite à vivre — elle qui était riche — avec une pension de 30 fr. par mois. Sa vie devint alors très irrégulière, si bien qu'elle devient la maîtresse d'un certain Guillet, paysan cupide et féroce, qui la domine et qui, pour avoir l'héritage du mari, lui suggère de devenir sa complice dans son assassinat. — Joséphine cède, mais arrêtée, elle se montre repentie pendant le procès et avoue : « Dieu me pardonnera, dit-elle, parce que j'ai été si malheureuse! J'étais sans ressources, seule, sans pain ; si j'allais demander quelque chose à mes parents, ils me refusaient; c'est alors que cet homme (Guillet) m'a perdue. L'origine de tous mes maux, la cause du crime, c'est lui ».

(1 *Coppia criminale,* 1893 et *Archivio di psich.* XIII et XIV. — Torino.

M. R..., sans graves caractères de dégénérescence, laborieuse, honnête, tenant tête à son père déshonnête qui aurait voulu la violer et à son frère qui l'aurait volontiers poussée à la prostitution pour en vivre, s'éprend d'un mauvais sujet à qui elle se donne et s'enfuit ; réduite en peu de temps à la misère, ne trouvant pas de travail et son amant n'en cherchant pas, il lui propose de l'aider à dévaliser un orfèvre, menaçant de l'abandonner si elle refusait ; après une vaine résistance et après deux jours de privations elle accepte. Mais elle se montre irrésolue et maladroite dans l'exécution du délit et se laisse arrêter sans résistance ; emprisonnée, elle avoue tout et paraît se repentir ; elle a un caractère énergique et une absence presque complète d'amour maternel, car elle est enceinte, et déclare ouvertement qu'elle ne s'occupera pas de son enfant.

Ainsi très souvent les maîtresses et les complices de voleurs sont des suggérées. « C'est pour elles — écrit Guillot — que les hommes commettent la plupart de leurs délits ; mais souvent elles ignorent par quels moyens leurs caprices sont satisfaits ; ou si elles s'en doutent, elles ferment les yeux, n'osant pas résister, ou cèdent aux menaces, ou se laissent entraîner par l'amour. Elles en deviennent de dociles esclaves ».

C'est à cette classe de criminelles par occasion, suggérées, qu'appartiennent en grande partie les avorteuses, tandis que, comme nous l'avons vu, les infanticides se rapprochent du type de la criminelle par passion. Comme l'a très bien observé Sighele, un avortement n'est presque jamais entièrement la pensée et l'œuvre d'une seule femme. Parfois c'est l'amant qui, épouvanté à l'idée du scandale que peuvent susciter la grossesse et l'accouchement, oblige la femme à sacrifier le germe. Ainsi Fouroux obligea sa maîtresse, femme d'un ami, officier de marine en voyage, à se faire avorter, lorsqu'il s'aperçut qu'elle était enceinte. Giorgina Boges, une douce créature, presque dépourvue de personnalité, fut violée par l'amant de sa mère ; devenue enceinte et dominée entière-

ment par lui, elle l'aida à tuer l'enfant : sa puissance
suggestive était si grande sur elle, que, devant les juges,
elle assuma elle-même toute la faute, disculpant sa mère et
son amant. Désirée Ferlin, fille maladive, faible de caractère, très douce, mais sans énergie, subit le viol et l'inceste
de son père ; devenue enceinte, elle aussi, consent à avorter,
ne pouvant résister à la suggestion paternelle ; arrêtée, elle
refuse de parler de son père : contrainte, elle le défend.
Mˡˡᵉ Lemaire, violée également par son père, fût obligée elle
aussi d'avorter deux fois, mais ici, plus qu'une facile suggestion, la terreur avait fait son œuvre ; la fille se révoltait et
haïssait son père, mais elle devait le subir ; homme capable
de tout, il la reléguait dans un isolement absolu, la battait
férocement; et une fois, parce qu'elle avait enfreint sa défense de sortir, il la fit s'agenouiller sur le tranchant d'une
faux, pour lui demander pardon.

Parfois ce n'est pas la puissante suggestion d'un amant despotique, mais plutôt un entraînement qui vient de l'exemple.
La grossesse arrive tout à coup comme une désagréable surprise ; la femme serait très heureuse de faire disparaître
cette condition qui la compromet ; mais elle n'a pas à ce sujet
des idées claires ni de résolution arrêtée. Elle rencontre
une amie qui s'est trouvée dans des conditions identiques et
qui est déjà au courant ; elle lui donne l'adresse d'une
accoucheuse spécialiste en avortements, elle lui représente
la chose comme très simple et très sûre ; personne n'en saura
rien, de même qu'on ne l'a pas su pour elle ; l'autre finit par
se persuader et son vague désir se condense en une ferme
résolution. Voici, par exemple, une lettre qui fût trouvée dans
les papiers d'une de ces accoucheuses, et qui montre bien
cette disposition d'esprit dans laquelle, au milieu de beaucoup
d'incertitudes, l'idée va peu à peu se formant par suggestion :

« Madame,

« Une amie, Mad. X..., me dit que je peux sans crainte

m'adresser à vous et que je peux compter sur votre discrétion.
Je dois vous dire une chose très délicate : c'est assez vous
dire que je suis enceinte et au désespoir. Je suis sûre que
mon amant m'abandonnerait si j'avais un enfant, ce qui me
serait très douloureux. Il ne sait pas que je suis enceinte, et
je ne voudrais pas qu'il le sût. Mon amie m'affirme que vous
pouvez me débarrasser sans danger et sans que personne en
sache rien. Donnez-moi un rendez-vous, et croyez à mon
éternelle reconnaissance ».

Parfois la misère, le nombre déjà grand des enfants fait
accepter de suite un conseil d'avortement, ou en fait naître
l'idée, qui semble naturelle ; pourquoi mettre au monde un
autre malheureux ? Tels sont le raisonnement et le sentiment
de la mère qui aime ses autres enfants, et qui aimerait aussi
celui-là, s'il ne venait accroître la misère déjà profonde de la
famille : raisonnement et sentiment qui ne sont pas du tout une
preuve de perversité, d'autant plus qu'il ne s'agit pas de tuer
un être vivant, mais de faire disparaître quelque chose qui
ne se voit ni ne se touche, qui n'existe pas encore dans l'idée
de la mère. Tel fut le procès, dans lequel Zola fût juré et qu'il
raconta à un rédacteur du *Figaro*. « Une femme qui, de trois
accouchements, avait eu 4 enfants, était assise sur le banc des
accusés ; elle s'était aperçue un jour qu'elle était enceinte de
nouveau. Son mari est portefaix et gagne très peu. Désolée,
elle va trouver une voisine et lui raconte son malheur ; et
tout à coup une idée lui vient — si je savais comment faire
passer ça ! — La voisine ne sait pas le moyen, mais elle
connaît une femme qui le sait ; elles vont la chercher au
lavoir..... Elle plonge une grande aiguille, et l'avortement
est obtenu ; comme elle est pauvre, elle ne demande que quelques sous et l'ouvrière lui donne ce dont elle peut disposer,
4 fr. 50. Et voilà les trois femmes en Cour d'Assises. Auriez-
vous eu le courage de condamner ces trois femmes, qui entre
elles avaient neuf enfants et qui pleuraient ? Moi je n'ai
pas eu ce courage ».

Nous nous trouvons ici en présence d'une création artificielle de personnalités criminelles, obtenue par la suggestion et entièrement analogue à celle, qu'en proportions plus grandes, nous montrent les expériences hypnotiques. Il est certain que, comme dans les expériences hypnotiques, le sujet ne seconde que les suggestions qui sont en harmonie avec son caractère ; de même que chez ces femmes, entraînées au délit par une volonté étrangère, existe une tendance latente au délit ; mais elle n'est pas forte au point de pouvoir se manifester spontanément, comme chez les criminelles-nées. Il s'agit donc de criminelles pour ainsi dire en proportions réduites, qui peuvent tenir plus ou moins du caractère de la criminelle-née ; nous en voyons avec maternité déficiente, de mœurs peu régulières, s'éprenant et se détachant successivement avec facilité, se laissant facilement entraîner au délit ; d'autres, au contraire, se rapprochent davantage de la femme normale et l'entraînement au délit est chez elles plus difficile, le remords plus intense. Il s'agit d'une série de degrés par lesquels on passe de la criminelle-née à la femme honnête, à travers des types plus ou moins complets de criminelles par occasion.

La suggestion émane presque toujours de l'amant, soit que la sexualité et cette confiance de la femme dans l'homme la renforce, soit parce que beaucoup de ces criminelles, comme M. R., sont capables d'affections sinon durables, du moins intenses ; soit enfin parce que se laissant souvent entraîner à des amours irréguliers, elles sont doublement au pouvoir de l'homme, par la naturelle affection et par l'influence qu'il a sur leur destinée.

Quelquefois, plus rarement cependant, la suggestion émane d'autres femmes.

Julie Bila, liée à une femme un peu équivoque, Marie Moyen, par une amitié d'une intensité rare chez les femmes, entièrement dominée par son amie, devint le docile instrument de sa vengeance contre son amant, qui l'avait abandonnée ; Bila partageait toute l'indignation de son amie contre le traitre, qui lui était sans cesse représenté sous les plus sombres couleurs : sa haine devint telle, qu'elle alla, écoutant le conseil de son amie, lui jeter du vitriol au visage. Mais à peine eût-elle accompli le crime, que l'horreur et le repentir de son action prévalurent ; elle se laissa arrêter et avoua en pleurant avoir obéi à une impulsion plus forte que sa volonté ; ce qui était vrai.

Fernande R..., femme allemande des plus perverses, très intelligente, avait organisé à Paris une bande de voleuses domestiques, qu'elle dirigeait avec une main de fer, comme un général dirige une armée. Elle ramassait çà et là, dans Paris, toutes les domestiques qui avaient été chassées pour une première petite faute, par exemple pour un vol de peu d'importance, et ne pouvaient facilement se placer ; elle leur procurait des places, en leur faisant de faux certificats, et les obligeait ensuite à voler ce qu'elles trouvaient de plus précieux dans les maisons, et à le lui porter, pour en faire un partage dans lequel, bien entendu, elle se faisait la part du lion. Aucune n'osait enfreindre ses ordres, ou détourner la plus petite part du vol, pour le soustraire à la division commune.

La femme Rondert, cette féroce criminelle-née qui, comme nous l'avons vu, tua sa mère pour ne l'avoir plus à sa charge, avait une amie qui, peu à peu, dans sa continuelle intimité, se pénétra tellement de sa propre haine contre sa mère, qu'elle en vint à la considérer comme une ennemie personnelle. Elle la battait et l'insultait pour son propre compte ; souvent en la battant, elle lui répétait une phrase habituelle de son amie : « *Il faut que je te nourrisse* », comme si elle avait eu réellement ce devoir. C'est une véritable forme de haine et de crime à deux, analogue à celle que les psychiatres appellent le délire à deux (o. c.).

Ce phénomène n'a pas de parallèle chez la femme normale. Nous avons vu que l'amitié entre femmes n'existe pas ; maintenant l'amitié n'est qu'une espèce de suggestion, comme l'a démontré Sighèle, qui, dans certains cas exagérés, peut aller jusqu'à la complète absorption de la personnalité moindre par plus la forte du couple. Pourquoi donc trouvons-nous cette amitié et cette suggestion dans le monde criminel ? Nous avons expliqué l'absence d'amitié entre femmes par la latente animosité qui existe entre elles ; mais nous devons ajouter une autre raison, sans doute plus importante ; l'amitié n'existe pas sans la suggestion, et la suggestion ne peut agir d'un individu à l'autre, s'il n'y a pas entre eux une diversité psychique assez considérable ; mais les femmes normales sont monotones, elles se ressemblent toutes entre elles ; par suite la suggestion et par conséquent l'amitié et la domination de l'une sur l'autre sont impossibles. Chez les criminelles, au contraire, la dégénérescence produisant une grande variabilité qui parfois arrive à la monstruosité, rend possible cette disproportion entre deux caractères et par suite également possible la suggestion ; la criminelle-née avec sa semi-masculinité et son extrême perversité, peut agir sur la criminaloïde, chez qui les instincts mauvais sont latents, car elle en est pour ainsi dire l'exagération.

4. *Instruction. Déclassées.* — Une occasion de plus en plus fréquente qui entraîne au délit beaucoup de femmes honnêtes, est l'instruction élevée que la société commence à concéder à la femme, mais qu'ensuite, par une bizarre contradiction, elle ne lui permet pas d'utiliser dans les professions et dans les administrations pour gagner sa vie. Beaucoup de femmes assez intelligentes se trouvent ainsi n'être arrivées à rien ; après de longues fatigues et de grandes dépenses, réduites à la misère, ayant la conscience de mériter un meilleur sort, ayant perdu, ou à peu près, l'espérance de trouver une dernière ressource dans le mariage (par l'habituelle répugnance de l'homme vulgaire pour la femme instruite), il ne leur reste que le suicide, le délit ou la prostitution ; les plus pudiques se tuent, les autres volent ou se vendent.

Macé raconte que beaucoup d'institutrices vont finir à Saint-Lazare pour avoir volé des gants, des voilettes, des ombrelles, des mouchoirs, tous objets nécessaires pour se présenter dans les institutions et qu'elles ne peuvent pas toujours se procurer par leur travail ; ce sont donc les exigences du métier qui provoquent l'occasion de la chute. « Le nombre des institutrices, écrit-il, qui n'instruisent pas pr.. manque d'emploi, devient si nombreux, que le brevet élémentaire ou supérieur, au lieu de leur donner du pain, les pousse au suicide, au vol, ou à la prostitution ».

M..., fille d'une femme excentrique, manquant de sens pratique, qui lui donna une instruction très élevée dans certaine parties, mais incomplète, toute littéraire et inapplicable aux besoins de la vie pratique, se trouve à 23 ans orpheline, ruinée par des revers de fortune, avec un frère dissipateur qui ne lui est d'aucun secours. Elle cherche en vain une place dans l'enseignement et finit par obtenir un poste de directrice d'école élémentaire dans un petit pays ; mais, peu après, on sait qu'elle est protestante et sur réclamation unanime de la population, elle est renvoyée ; seule, sans ressources, avec le souvenir de la vie heureuse d'autrefois, elle commence par acheter chez des joailliers qui lui font crédit, grâce aux relations qu'ils avaient eu dans de meilleurs temps avec sa famille, des objets précieux qu'elle revend à moitié prix ou engage ; elle se précipite ainsi dans une série d'escroqueries qui la conduisent en prison, où, la honte et les privations éprouvées, la tuent avant son procès.

5. *Excès de tentation.* — Quelquefois les délits, particulièrement ceux contre la propriété, sont l'effet de tentations très fortes qui prévalent chez des femmes, du reste peu ou pas du tout anormales. Nous avons déjà vu, en parlant du sens moral, que le respect de la propriété n'est pas très vif chez la femme normale ; comme le démontrent également ce fait signalé par Richet, qu'à la Préfecture de Paris, les objets

trouvés sont presque tous déposés par des hommes et très
peu par des femmes, et la confidence d'une dame distinguée,
Mme R..., d'après laquelle les femmes peuvent difficilement
jouer sans tricher. Si donc le sentiment du respect de la
propriété est faible chez la femme, elle cédera d'autant plus
à une forte tentation : et celle qui aura ainsi manqué à un
devoir social, ne croira pas avoir commis plus qu'un
enfantillage, une plaisanterie un peu audacieuse et non
un méfait, sans que pour cela on puisse la considérer
comme gravement dégénérée. « Les femmes écrit justement
Joly, ont le vague sentiment que tout leur est permis dans
leurs rapports avec l'homme, car elles peuvent, en quelque
sorte, tout payer par leur complaisance ».

Le vol dans les magasins, délit devenu si fréquent depuis
l'établissement de ces immenses bazars de la mode, est une
autre forme de délit par occasion spécialement féminin ; l'occasion est provoquée par le nombre infini des objets exposés
sous les yeux des femmes, qui excitent leurs désirs, alors que
leurs ressources ne leur permettent d'en satisfaire qu'un très
petit nombre ; excitation d'autant plus facile que, comme nous
l'avons vu, les objets d'ornement ne sont pas pour les femmes
des objets de luxe, mais des choses nécessaires, puisqu'ils sont
les instruments plus puissants de la séduction sexuelle. C'est
vraiment le grand magasin qui les entraîne au délit, avec ses
tentations centuplées et variées de mille manières ; dans les
petits magasins, où les tentations sont moindres, ces scandales
ne se produisent pas. Un inspecteur des grands magasins français Au Bon Marché, disait à Joly que sur 100 voleuses, 25
sont voleuses de profession, volant indifféremment où elles
peuvent, 25 sont voleuses par besoin, 50 sont voleuses, comme
il dit, par monomanie, c'est-à-dire en enlevant à ce mot son
sens psychiatrique précis ; ces voleuses, souvent dans de
bonnes conditions sociales, à l'abri du besoin, ne savent pas
résister aux séductions de tant de belles choses offertes à leur
cupidité, et chez un certain nombre cela devient de la véri-

table cleptomanie. Macé calcula à 5 par jour les vols dans chacun des 30 principaux magasins de Paris et à 100.000 ceux des départements. Il affirme que parmi les voleuses se rencontre une pauvre sur 100 femmes sinon riches, du moins à l'abri du besoin ; une ouvrière, sur 100 femmes du monde ; justement parce que ces dernières, vivant en contact avec le luxe, s'en sont presque fait un besoin, sentent plus vivement la tentation et y cèdent plus facilement.

Cette forme de vol a été, du reste, très bien décrite par Zola, dans *le Bonheur des dames :* les dames, même celles qui ne peuvent dépenser ou n'ont pas besoin d'acheter, vont également voir les grandes expositions de la saison, de même qu'un ingénieur va voir une exposition de machines, même s'il ne veut pas acheter, par distraction intellectuelle : peu à peu, la fièvre s'empare d'elles, et les unes finissent par faire des acquisitions pour des sommes ruineuses pour leur maigre revenu; d'autres plus prudentes volent adroitement.

Les vols domestiques commis par les servantes, rentrent presque tous dans cette catégorie de délits par occasion. Jetées souvent de la campagne dans les villes, dans des maisons riches ou simplement aisées, mais qui leur semblent toujours celles de millionnaires ; mal rétribuées, ayant l'occasion de manier l'argent des achats quotidiens, ou des objets en argent, etc., elles sentent s'éveiller en elles l'avarice innée chez la femme (v. s.) et quelques fraudes dans leurs comptes ou avec les fournisseurs, ou la disparition de quelqu'objet de service ou d'ornement, leur semblent plutôt un subterfuge qu'un délit devant la loi. « 40 0/0 des voleuses, écrit Mme Tarnowsky, étaient, ou plutôt avaient été domestiques, à différentes époques de leur vie, dans les intervalles de leurs condamnations; 34 0/0 avaient été bonnes à tout faire ou, comme elles préfèrent se nommer, « seule domestique » dans de petits ménages, fonction qu'elles abordent sans le moindre apprentissage préalable, et qui, pour cela même, est très mal rétribuée. Cette énorme prépondérance de femmes de cham-

bre et de domestiques parmi les voleuses, nous confirme qu'il
s'agit de criminelles par occasion.

Etant donnée cette faible répulsion organique, spécialement
pour les délits contre la propriété, le vol devient bientôt une
habitude, pour peu que les occasions tentatrices se répètent :
la criminelle par occasion surpasse en nombre la criminelle
par habitude. C'est le cas des domestiques qui, particulièrement dans les grandes villes, organisent un vol continu au
préjudice de leurs maîtres. Voici comment Balzac décrit cette
plaie, telle qu'elle existait à son époque : « Sauf peu d'exceptions, un cuisinier et une cuisinière sont des voleurs domestiques, des voleurs payés et effrontés. — Où, autrefois, ces
femmes cherchaient quarante sous pour la loterie, elles prennent aujourd'hui cinquante francs pour la caisse d'épargne.
— Entre la table du dîner et le marché, elles ont établi leur
impôt ; la mairie de Paris n'est pas aussi vaillante à faire
valoir ses droits d'entrée que ne le sont ces femmes qui, outre
leur prélèvement de 50 °/₀ sur tous les vivres, exigent de fortes
étrennes des fournisseurs. Même les plus gros négociants
tremblent devant cette nouvelle puissance, et tous, sans exception, cherchent à la captiver sans souffler mot. A qui tente de
les surveiller, les domestiques répondent par des insolences
ou par des blasphèmes, ou par la médisance la plus atroce ;
nous sommes arrivés même au point qu'aujourd'hui les domestiques prennent des informations sur leurs maîtres, comme
ceux-ci en demandaient autrefois sur les domestiques ».

Aujourd'hui le mal, spécialement à Paris, comme nous
l'atteste Mme Grandpré, se serait encore accru ; elle parle même
de femmes de chambre qui, par ces moyens, réussissent à
s'amasser un petit patrimoine et sont l'objet d'une considération spéciale dans les quartiers qu'elles habitent ; pis encore,
elles font école parmi les jeunes femmes de chambre, venues
de la province : telle était cette domestique dont Mme Grandpré
raconta l'histoire, pour l'avoir connue à Saint-Lazare : « Venue
de province à Paris, chercher du travail, pour élever ses

deux petits frères qu'elle aimait, très ignorante, elle trouva
un emploi dans une riche maison, où lui furent confiées les
plus humbles fonctions; elle était mal rétribuée et mal nourrie, et de plus, sous la direction ou pour mieux dire la tyrannie
d'autres gens de service qui, comme toujours, se consolent de
la petitesse du pouvoir en sévissant avec violence sur les plus
faibles. Un soir que, dans sa chambre, elle pleurait des humiliations et de la misère de sa vie, une compagne de service,
plus ancienne et plus rusée, alla la consoler : elle s'insinua
dans ses bonnes grâces, et quand elle lui parla de sa détresse,
celle-ci lui enseigna avec désintéressement une série d'artifices pour augmenter son salaire mensuel; elle accepta, après
quelque hésitation, mais assez facilement, car au fond elle
n'y voyait rien de mal, ce qui finit par la conduire en prison.
« Et cependant, disait-elle, l'autre aussi (l'initiatrice) en fait
autant, et elle n'est pas ici, au contraire ; elle a de l'argent
bien qu'elle soit servante, et dans le quartier elle est respectée
et saluée par tous les négociants ».

Une autre preuve que les voleuses sont presque toutes
criminelles par occasion, mais peu éloignées de la femme
normale, nous la trouvons justement dans cette observation
de Mme Tarnowsky : que les voleuses sont beaucoup plus
laborieuses que les prostituées; on peut les employer dans
différents genres d'occupations; elles sont plus prévoyantes
et se forment un petit pécule pour le jour de leur sortie ; elles
sont aussi plus tenaces et douées de plus d'esprit de suite.
Il manque donc, chez elles, plusieurs des caractères fonda-
mentaux du type criminel.

6. *Abandon et corruption de l'enfance.* — C'est surtout chez
les voleuses que le manque de surveillance des parents, l'a-
bandon des premières années concourent puissamment à
créer d'abord des criminelles par occasion; celles-ci, après
les premières condamnations, par l'impossibilité où elles se
trouvent soit d'apprendre à travailler après la longue habi-

tude de l'oisiveté, soit de trouver du travail après avoir reçu
l'empreinte infamante de la justice, se transforment en criminelles par habitude. Si l'enfant n'a pas les sentiments
moraux relatifs au respect de la propriété, ces sentiments
peuvent se former chez lui par l'exercice et par l'imitation ;
d'autant plus fatal encore sera l'abandon, pour les petites
filles, chez lesquelles ces sentiments se forment toujours
faiblement, même dans la meilleure éducation et dans les
conditions de milieu les mieux favorisées ; que l'on se figure
ensuite ce qu'il en sera, si les conditions sont mauvaises.

Cette influence a été très bien décrite par Mme Tarnowsky,
à propos des voleuses russes, qui sortent en grande partie
de familles du peuple, négligées et dissipatrices :

« La future voleuse — écrit la savante russe — grandit
sans apprendre à travailler, et est livrée dans son désœu-
vrement à toutes les séductions de la rue. Elle a souvent
froid et fai.. ; au logis, pas de feu, pas de pain et souvent
des coups ; elle s'en lasse et finit par se vendre pour une
friandise, ou bien dérobe l'objet qu'elle convoite dans son oisiveté de toutes les heures.

« C'est alors qu'elle vient expier en police correctionnelle
l'inconvénient d'être issue de parents ivrognes, pauvres et
vicieux.

« Après un premier stage en prison, notre jeune voleuse en
sort riche d'expérience acquise auprès de ses compagnes de
détention. Elle se promet de mettre à profit les leçons qu'elle
en a reçues, d'être plus adroite à l'avenir et surtout de ne
plus commettre la maladresse de se laisser prendre.

« A la suite du premier vol commis, toute relation est rom-
pue avec sa famille qui, du reste, ne pourrait lui donner que
misère et mauvais traitements : le délit devient par conséquent une nécessité. »

7. *Coups et injures.* — D'autres délits par occasion, très fréquents chez les femmes, sont les coups et les injures, particu-

lièrement entre compagnes. Par cette antipathie latente entre
femmes, que nous avons analysée dans la psychologie de la
femme normale, ces haines s'engendrent et s'enveniment facilement pour des choses insignifiantes et conduisent, souvent,
aux insolences et aux soufflets. On dirait que le soufflet et
l'injure sont aujourd'hui pour la femme, ce qu'était aux
temps barbares l'homicide pour l'homme, c'est-à-dire le
moyen normal de réaction contre les offenses.

« Pour un peu d'eau répandue sur l'escalier — raconte Macé
— deux voisines se mettent à discuter; une d'elles donne un
soufflet à l'autre; la battue porte plainte, et fait condamner à
une amende son ennemie qui, ne voulant pas payer, est conduite en prison. »

Ces cas se produisent tous les jours entre voisines, entre
petits commerçants qui se font concurrence; entre concierges
et locataires ; entre concierges et femmes de chambre et
entre femmes de chambre ; ils se produisent même chez les
dames de condition sociale élevée; mais souvent celles-ci
emploient des formes d'injures plus raffinées ne conduisant
pas aux poursuites judiciaires.

8. *Mendicité.* — Même la mendicité qui, chez l'homme, est
presque toujours un effet de dégénérescence, une forme congénitale, parce qu'elle est une conséquence du vagabondage
et de l'aversion au travail, peut être parfois chez la femme,
un délit par occasion.

Comme nous l'avons vu, les suicides par misère sont moins
fréquents chez la femme : c'est que lorsqu'elle est réduite à
l'extrémité, elle s'adapte mieux à mendier, soit par sa moindre fierté, soit par son plus vif amour maternel.

Macé raconte qu'une veuve avait deux filles, et que ne pouvant même plus gagner ses 20 sous par jour en faisant des
pantalons, parce qu'une de ses filles était malade et qu'elle
devait la soigner, envoya l'autre mendier : celle-ci fut arrêtée, mais ne révéla le domicile maternel que lorsqu'on lui eut

promis de ne pas la mettre en prison ; le préfet de police alla voir cette mère, la trouva dans une horrible mansarde, ne voulant pas se séparer de sa fille malade, par crainte de la voir mourir à l'hôpital : à la vue de ce spectacle si triste, au lieu de donner cours à la loi, il lui donna 100 francs. Macé raconte également, que souvent, spécialement pour les femmes, la police n'a pas le courage d'appliquer la loi sur la mendicité ; il s'agit donc d'autant plus d'un délit occasionnel et involontaire, que même les agents, qui ne se distinguent pas par la largeur d'esprit dans l'application de la loi, ont l'intuition qu'il serait inhumain de les traiter comme les vagabondes.

9. *Délits locaux caractéristiques.* — Le fait que la plupart des femmes criminelles, le sont par occasion, nous explique une apparente contradiction avec cette monotonie que nous avons notée dans toutes les manifestations physiologiques et psychiques de la femme : c'est que nous trouvons plusieurs délits spéciaux tantôt chez les femmes d'un pays, tantôt chez celles d'un autre. On trouverait ici des variations ethniques plus accentuées dans la criminalité que ne le sont celles trouvées dans les autres champs de la psychologie féminine : mais cela prouve que la vie sociale dans les divers pays offre des occasions diverses aux délits; et par suite, même les délits se différencient.

Avec une occasion spéciale, on rencontre également une classe spéciale de délits et de délinquantes, qui placées dans d'autres conditions d'existence, n'auraient pas enfreint les lois.

Tel est l'infanticide en Suède, où il est très répandu ; mais cela provient de ce fait que, dans ce pays, les femmes sont employées à tirer les traîneaux ; assujetties à un travail pénible, en continuel contact avec des hommes brutaux, dans les voyages hors des villes et hors de la sauvegarde des autorités, elles sont souvent violées et rendues enceintes ; l'infanticide est alors un dernier moyen pour sauver l'honneur perdu accidentellement, pendant le travail, sans qu'elles en soient coupables.

En Russie aussi, spécialement dans les classes sociales les plus élevées, l'infanticide et l'avortement seraient, suivant l'auteur anonyme des *Scandales de Saint-Pétersbourg*, un délit par occasion, très souvent provoqué par la facilité avec laquelle les jeunes filles peuvent être violées, au sein même de leur famille, et par la facilité avec laquelle les femmes sont entraînées à des aventures amoureuses, dans une société qui montre encore un étrange mélange de désordres barbares et de civilisation raffinée.

« Ce sont — écrit l'auteur cité — surtout les femmes des hautes classes qui recourent à ce délit : tantôt ce sont des jeunes filles qui cherchent à sauver ainsi leur honneur ; tantôt ce sont des dames qui, pour une raison ou pour une autre, ne veulent pas devenir mères. Les spécialistes médecins, les accoucheuses, ont une clientèle très nombreuse. » Spécialement pour l'avortement, les occasions sont d'autant plus séduisantes, que les maris et les amants ne sont pas très scrupuleux à cet égard et ne considèrent pas l'avortement comme un délit, ou tout au moins comme un délit grave.

Un autre délit plus fréquent chez les femmes Russes serait, suivant le même auteur, la simulation de l'accouchement et la substitution d'enfant, provenant de ce que des conditions spéciales sociales et législatives rendent, dans beaucoup de classes, le mariage très difficile et très coûteux : par suite, les femmes, même les plus honnêtes, doivent se résoudre à contracter des unions qui le plus souvent n'ont d'autre garantie — faible garantie, hélas ! — que l'intensité de l'amour et la loyauté de l'homme ; c'est le concubinage, en somme. Souvent, après quelques années, l'homme se lasse et cherche à profiter de l'absence de liens légaux, surtout s'il n'y a pas d'enfants : les femmes par conséquent pensent souvent, pour conjurer le danger de l'abandon, à simuler une *grossesse* et un accouchement, afin de raviver l'affection du mari par celle du père. Célèbre fut à Pétersbourg le procès d'une de ces femmes extra-légales d'un banquier riche et très avare, qui, maltraitée par son mari brutal, avait pensé, pour être traitée avec plus d'égards, à lui donner l'illusion de la paternité. Elle simula effectivement si bien la grossesse et l'accouchement, que son mari en fut complètement dupe et lui fit une riche donation. Le succès lui donna presque le remords de sa supercherie, et imprudemment elle révéla tout à son mari, celui-ci, saisi de fureur bestiale, la dénonça et la traîna devant les tribunaux, où... il fut lui-même la véritable victime du ridicule public.

Ainsi le vol dans les grands magasins fut longtemps une spécialité française, du moins tant que les grands magasins de mode furent eux-mêmes une spécialité de cette nation: aujourd'hui encore, ce mal doit être en France plus profond qu'ailleurs, si l'on en juge par le fait que presque tous les récits de délits de ce genre nous viennent des écrivains français ; cela est dû, d'après tous les observateurs, à ce que les grands magasins français sont les plus gigantesques, et ceux où l'exposition des objets est faite avec un goût et une habileté supérieurs, et, par conséquent, plus tentateurs.

Un autre délit par occasion, localement spécifique, est, aux Etats-Unis, l'avortement, où il est tellement répandu, que l'opinion publique ne le considère plus comme un crime. Il suffit de rappeler que les médecins et les accoucheuses spécialistes en avortements font publiquement de la réclame, dans les journaux et sur les murs, pour les établissements destinés à ce genre d'opération : il y a peu de temps, l'un d'entre eux faisait distribuer dans les rues une petite feuille contenant une lettre-réclame adressée aux ladies. Ceci est dû probablement à la place de plus en plus grande que prennent les femmes dans les professions et dans les affaires, par suite du développement naturel de l'économie capitaliste, ce qui rend souvent la maternité une véritable disgrâce, et l'avortement presque une nécessité sociale. L'opinion publique est tellement pénétrée de cette idée, qu'elle ne considère plus cette action comme déshonorante ni criminelle.

10. *Synthèse.* — Les criminelles par occasion, qui forment la majorité des criminelles, peuvent se diviser en deux catégories : la première, représentant la criminelle-née plus atténuée, plus rapprochée de celle-ci que de la femme normale ; la seconde, qui comprend les criminelles se différenciant très peu de la femme normale et qui parfois ne sont autres que des femmes normales placées dans des conditions d'existence telles, qu'elles en ont fait surgir le fond d'immoralité latent chez toutes les femmes. A la première catégorie appartiennent surtout les coupables de crime de sang ; à la seconde, les coupables de délits contre la propriété. Pour ces dernières, les délits n'ont souvent à leurs yeux d'autre importance que celle qu'ont les vols pour les enfants, c'est-à-dire l'importance d'une transgression un peu audacieuse, dont on doit rendre raison et qu'on peut régler avec le propriétaire de l'objet, mais non avec la justice représentant la société ; une espèce d'offense individuelle, et non une d'offense sociale, comme aux périodes primitives de l'évolution humaine et comme encore aujourd'hui chez beaucoup de peuples barbares.

CHAPITRE VI

Criminelles par passion.

Un autre démenti aux traditions vulgaires si nombreuses et si fausses sur la femme, nous est donné par les délits passionnels. Contrairement, en effet, à ce que nous observons chez l'homme, la femme criminelle par passion tend à se rapprocher tantôt de la criminelle-née, tantôt de la criminelle par occasion : la préméditation et la perversité ont une plus grande part dans les délits passionnels de la femme que dans ceux de l'homme.

Nombreux sont, toutefois, les caractères communs aux criminels passionnels des deux sexes.

1. *Age*. — C'est naturellement comme pour les hommes, plutôt dans la jeunesse et en général dans la période de la pleine effervescence sexuelle qu'elles commettent leurs délits : Mme Vinci avait 26 ans, Mme Connemune 18, Provensal 18, Jamais 24, Stakelberg 27, Daru 27, Laurent 22, Hogg 26, Noblin 22 ; jeunes étaient également toutes les criminelles politiques par passion. Vera Sassulich avait 18 ans, Charlotte Corday 26 ans, Renault 20.

Mais déjà, dans les délits passionnels par amour, nous trouvons des cas plus rares mais non exceptionnels, dans lesquels le délit est commis à un âge relativement avancé ; spécialement lorsqu'il s'agit de femmes dont la jeunesse et la sexualité ont eu un cycle plus court. Mlle Lodi, restée honnête jusqu'à l'âge mûr, s'éprit d'un compagnon de service et cédant à ses incitations vola à son maître pour 20.000 francs de titres et les donna à son amant sans en garder un sou. Mlle Dumaire assassina son amant à 30 ans et Mme Perrin essaya de tuer son mari à 40 ans.

2. *Caractères de dégénérescence.* — Ces femmes manquent des caractères de dégénérescence et des anomalies physiono-miques spéciaux au criminel-né (1), sauf un plus grand développement de la mâchoire et un certain nombre de caractères virils ; voyez Mme C...-H..., B... (1), Ch. Corday et R. Perowskoya, Helpmann, Vera Sassulich, Kulischoff (2), toutes d'ailleurs d'une beauté éclatante.

3. *Caractères virils.* — Beaucoup de ces criminelles par passion présentent toutefois dans le caractère moral quelques traits masculins ; tel que le goût pour les armes. Mmes C... H... et Dumaire aimaient à tirer à la cible avec le revolver. Mme Reymond était toujours armée d'un poignard et d'un revolver ; habitude — dit son mari — contractée à Hawai où toutes les femmes en font autant ; on ne comprend pas cepen-dant pourquoi elle conservait encore cette habitude après tant d'années de séjour à Paris.

Mme Souhine fut déclarée par les témoins, de caractère fier, énergique et résolu.

Beaucoup ont des passions politiques, ce qui est rare chez la femme, et deviennent martyres religieuses ou patriotes.

Mme Daru était Corse, Mme Noblin Basque, toutes deux appar-tenaient à des populations semi-primitives, chez qui norma-lement la femme a des caractères virils ; et chez l'une et l'autre, effectivement, le délit même démontre une notable force musculaire. Mme Daru tua son amant à coups de couteau ; Mme Noblin étrangla sa rivale.

(1) Voyez pour ce type, Lombroso : l'*Homme Criminel*, vol. II, pag. 117 à 168.

(2) Voyez Lombroso et Laschi. *Crime politique*, vol. II. pag. 177, etc. planches VI et VII.

Elles ont parfois une grande tendance et presque du plaisir à s'habiller en homme, comme Mme B..., dans les tentatives de vengeance sur la maîtresse de son mari.

Une semblable virilité ne se trouve pas seulement chez les passionnées criminelles, mais parfois aussi chez les femmes honnêtes, comme Mme de Staël, Mme Georges Sand, Mme Carlyle, la plus sainte certainement et la plus angélique des femmes, qui dès l'enfance escaladait murs et barrières et jouait à coups de poings avec ses camarades d'école, en donnant plus souvent qu'elle n'en recevait (1).

4. *Bons sentiments, affections, passions.* — Les bons sentiments prévalent chez les criminelles par passion ; ils sont même plus ardents que chez la femme normale et atteignent parfois un degré extraordinaire d'intensité. Les sentiments de famille qui font défaut chez la criminelle-née, ne manquent jamais chez la criminelle par passion.

Ellero dit de l'incendiaire R. Antonia qu'il n'y eut qu'une voix parmi ceux qui déposèrent à son sujet pour la proclamer une excellente femme, mère très affectueuse, compatissante pour les malheureux, femme chez laquelle, pour ainsi dire, le cœur surpassait l'esprit. Ce fut elle qui plusieurs fois persuada son mari de se rendre garant, en signant des billets, de tous les engagements qui menaçaient de misère la famille de sa sœur.

Mme B..., avait une physionomie virile, mais peu de caractères anormaux ; épouse très affectionnée, mère exemplaire, elle était si honnête que dans le quartier qu'elle habitait on fit, durant sa détention, une souscription plébiscitaire, pour attester de la pureté de ses mœurs.

Mme Megers qui tua son amant infidèle devint ensuite une mère exemplaire.

Ottolenghi trouva chez Mlle B. R. un sens moral très déve-

(1) Lombroso : *Homme de Génie*, 2e édit., 1896. Paris. — Alcan.

loppé et une grande pudeur, comme le démontre son aveu même de la répugnance qu'elle éprouvait pour son mari, plus encore parce qu'il avait été et était encore l'amant de sa mère qu'à cause de sa grossièreté et de sa laideur.

Mme Daru adorait ses enfants et les entretenait par son travail, pendant que son mari dissipait tout en débauches.

Les infanticides, qui appartiennent en majorité à la catégorie des criminelles par passion, sont presque les seules criminelles qui, suivant Cère, mariées dans les colonies, donnèrent de bons résultats en fondant des familles excellentes.

« Il n'est pas rare, écrit Joly, de voir à Saint-Lazare des infanticides de caractère très doux et chez qui tout démontre que l'amour maternel est loin d'être éteint. Il y a peu de temps, une infanticide, gracieuse, qui n'était ni idiote, ni dépravée, faute d'enfant se faisait continuellement des poupées avec de la lingerie et les berçait dans ses bras ». Despine rapporte le cas d'une jeune fille qui, aussitôt après avoir accouché, jeta son enfant dans les cabinets ; on le lui rapporta encore vivant et aussitôt la maternité se réveilla en elle ; elle le prit, le réchauffa, l'allaita, et depuis lors fût la plus affectueuse des mères.

Mme Souhine avait une telle fierté de caractère qu'elle préféra mourir avec ses enfants plutôt que de vivre d'aumônes.

Mme Du Tilly, épouse et mère excellente, n'avait que deux préoccupations : pourvoir à l'avenir de ses enfants, et empêcher que son débauché mari compromît trop la famille par ses désordres.

Même dans l'extrême misère, Mme Jamais se conservait honnête et pure et écrivait à son amant éloigné : « Je me conserve toute pour toi. » Mlle Dumaire qui s'était enrichie par un mariage un peu équivoque, devenue veuve se montra généreuse et aida ses parents.

5. *Mobile du crime passionnel.* — La passion la plus intense chez ces femmes, et qui souvent les entraîne au délit, est

l'amour. Etrangères à cette froideur sexuelle que nous trouvons chez la femme normale, elles aiment avec l'enthousiasme d'Eloïse et éprouvent une véritable volupté à se sacrifier pour l'homme aimé, violant pour lui les préjugés, les mœurs et même les lois sociales.

Mme Vinci sacrifia à son amant ses longs cheveux, son unique beauté.

Mme Jamais envoyait de l'argent et des cadeaux à son amant soldat, bien qu'elle n'eut que son travail pour subvenir à ses besoins ainsi qu'à ceux de ses deux enfants.

Mlle Dumaire aimait avec désintéressement mais ardemment Picard ; elle l'aida dans ses études et en paya les frais ; elle n'exigea jamais qu'il l'épousât et désirait seulement qu'il continuât à vivre avec elle.

Mme Spinetti, mariée à un mauvais sujet, qu'elle essaya vainement de ramener au bien, se résigna, elle qui avait été riche, à être sa servante. Mme Noblin aimait si profondément Souguret que bien qu'elle fût foncièrement honnête, elle ne s'en détacha pas quand elle le sut délinquant ; elle consentit trois fois à avorter, pour lui être agréable, et enfin commit elle-même un délit contraire à sa bonté naturelle.

Une telle intensité dans leurs passions d'amour, nous explique pourquoi toutes ces criminelles tombèrent dans des amours irréguliers au point de vue social, sans que cependant on puisse rien dire contre leur pureté. La virginité, le mariage, sont des institutions sociales appropriées comme tous les usages et toutes les institutions au type moyen, c'est-à-dire, à la froideur sexuelle (v. s.) de la femme normale ; mais ces femmes sont trop passionnées pour ne pas les enfreindre ; — Eloïse refusait d'épouser Abélard par crainte de lui nuire et se déclarait glorieuse d'être sa maîtresse.

Un grand nombre d'infanticides par passion ont pour origine un amour imprudent qui dédaigne le respect des usages sociaux : comme chez cette paysanne dont parle Mme Grandpré, qui s'était éprise éperdûment d'un étranger venu dans son pays pendant la saison des bains.

Sous cet aspect, la criminelle par passion est bien différente de la criminelle-née que, seuls, la luxure, et le goût des plaisirs et de l'oisiveté entraînent à violer les devoirs de la chasteté.

Mais par cette fatale tendance de la femme bonne et passionnée à s'éprendre de l'homme mauvais, elles rencontrent des amants légers, volages ou même pervers qui non seulement les abandonnent après en avoir joui, mais ajoutent encore à la cruauté de la trahison la cruauté plus grande de la dérision et de la calomnie. Par suite, le mobile du délit chez ces criminelles est toujours très grave et n'est presque jamais constitué par la seule douleur de l'abandon. C'est pour Rosalie Leoni, Comicia, Raffo, Harry, Arduino, un amour trahi après un serment et le sacrifice du propre honneur et quelquefois la calomnie comme pour Rosalie Léoni que son amant, après l'avoir rendue mère, accuse de s'être donnée à treize amants. L'amant de Mlle Provençal, après l'avoir abandonnée enceinte, écrit à son père pour l'avertir de l'état dans lequel se trouve sa fille et déclare à celle-ci, dans une lettre, que lorsqu'il va chez une femme c'est pour s'amuser. « *Avec une femme malade*, ajoute-t-il, *on ne s'amuse pas.* »

Mme Vinci, qui avait sacrifié à son amant jusqu'à ses cheveux, se vit tourner en dérision par sa rivale qui profita de la laideur due à son noble sacrifice pour le lui enlever. Mme Jamais fut cyniquement abandonnée et insultée par son amant, lorsque la voyant sans ouvrage, il n'espéra plus pouvoir lui soutirer de l'argent.

Mme Raymond est trahie par son mari et par sa plus intime amie ; elle découvre l'intrigue et pardonne une fois, mais elle apprend que l'intrigue continue ; elle découvre des lettres méprisantes à son égard et elle surprend les coupables presque en flagrant délit. — A peu près analogue est le cas de Mme Guerin.

Mᵐᵉ T., épouse et mère affectionnée, relativement heureuse pendant plusieurs années, se voit tout à coup abandonnée avec ses enfants dans sa maison dévalisée par son mari épris d'une prostituée.

Que l'on ajoute spécialement pour, la femme abandonnée. l'injuste mépris du monde pour ce qu'on appelle sa faute, qui n'est autre qu'un excès d'amour dangereux dans une société dont la grande force est l'égoïsme. La dérision des unes, souvent l'inhumaine sévérité des parents, exaspèrent sa douleur déjà si grande : ainsi, Mᵐᵉ Jamais se vit, à cause de sa faute, repoussée par son père moribond, qui refusa son dernier baiser. Mᵐᵉ Provençal reçut de son frère une lettre qui la déclarait le déshonneur de la famille et désormais une étrangère pour elle. Ce mobile, secondaire pour celles-ci, devient le principal et le plus fort pour le plus grand nombre des infanticides, joint souvent cependant au besoin de se venger du père infidèle sur l'enfant.

« Quand il naquit — avoue à Mᵐᵉ Grandpré, une infanticide — je pensais que toujours il serait un bâtard, qu'il était son fils et serait lâche comme lui ; alors mes doigts se serrèrent autour de son cou ».

Nous en trouvons la preuve dans les statistiques qui constatent que le nombre des infanticides et celui des naissances illégitimes est en rapport inverse et non direct, comme il semblerait plus naturel ; ce qui, en d'autres termes signifie que dans les lieux où les naissances illégitimes, étant plus rares, sont considérées plus sévèrement, l'infanticide est plus fréquent. C'est donc la crainte du déshonneur qui pousse au délit.

Voici, en effet, le rapport entre les accusées d'infanticides dans les campagnes et dans les villes :

		1851-55	1875-80
France.	Campagne	32	35
	Ville..........	21	22

		Campagne	Ville
Italie..	1885	34	17
	1886	40	19
	1887	32	18
	1888	37	20

Différence évidemment due à la plus grande facilité que présente la ville pour cacher la faute.

Ce sont, en somme, des délits passionnels déterminés par l'opinion publique et par ses préjugés ; c'est comme la vengeance des torts faits à lui ou aux siens, que l'homme devait accomplir, aux temps barbares, s'il ne voulait pas être déshonoré.

Quelquefois, enfin, c'est une rébellion contre de mauvais traitements et des humiliations poussées à l'excès, comme B. R., qui essaya d'empoisonner son mari ; sa mère, femme perverse, l'avait mariée à son amant, homme vieux, brutal et dégoutant, à qui elle ne voulut jamais se donner et qui, pour se venger, la battait cruellement tous les soirs, lui faisant endurer la faim et l'obligeant à habiter un taudis ouvert à tous les vents. Mᵐᵉ Spinelli, qui avait fait tant de sacrifices pour son mauvais mari, lui trancha l'artère carotide d'un coup de rasoir, lorsque, enceinte de six mois, il la frappa sur le ventre et lui commanda de voler à son maître des objets précieux.

Mᵐᵉ Cl. H., atrocement calomniée par un certain Morin, qui l'accusait d'avoir eu une jeunesse infâme, essaya de le faire condamner pour diffamation et finit par le tuer dans les locaux de la Cour d'appel, exaspérée de ce que son calomniateur était parvenu à obtenir, par un artifice légal, le renvoi de son procès.

6. *Maternité. Amour de la famille.* — L'offense aux sentiments maternels ou aux sentiments de famille, est plus rarement une cause d'excitation au délit. Mᵐᵉ Du Tilly, mère et épouse affectueuse, se voit abandonnée de son mari pour une modiste et insultée par tous les deux : elle voit la fortune et

l'honneur de sa famille perdus, mais ce qui la tourmente le plus, c'est l'idée qu'étant malade, son mari, après sa mort, épousera sa rivale et que ses enfants devront subir cette femme pour seconde mère. Elle pense alors à la défigurer avec le vitriol pour empêcher le mariage redouté.

Mme T., cribla de coups la maîtresse de son mari, une prostituée, pour laquelle il avait tout vendu, jusqu'aux meubles les plus nécessaires de la maison.

Antonia B., mit le feu à sa maison pour recevoir l'indemnité de la Compagnie d'assurance, quand elle vit sa famille réduite à la misère, par sa générosité.

Mme Daru, très honnête femme, était continuellement battue, ainsi que ses enfants, par son mari ivrogne. Menacée un jour d'un couteau, elle s'enfuit avec eux de la maison ; elle ne rentra que lorsqu'elle le crut endormi et le tua d'un coup de couteau.

Une autre femme, dont M. Macé nous a donné le portrait : intelligente, instruite, très bonne, tombée d'une condition élevée dans la plus noire misère, volait pour continuer à payer l'éducation de son fils. Arrêtée, elle refusa obstinément de dire son nom, pour ne pas déshonorer son enfant. On ne l'aurait pas su, si, à l'audience, un avocat ne l'avait reconnue. Peu de jours après, elle mourut de douleur.

Toutefois, je le répète, cette cause de délit n'est pas aussi fréquente qu'on pourrait le croire, si l'on pense que la maternité est le sentiment le plus intense de la femme (V. s.). Mais la maternité est elle-même — dirions-nous presque — une vaccination morale contre le délit ; car l'idée de pouvoir perdre ou d'être temporairement séparée de ses enfants en se compromettant par un crime, fait taire le ressentiment de la mère pour les offenses, d'autant plus que ce sentiment, lorsqu'il est très développé, entraîne, comme nous l'avons vu, plus vers l'excès de la bonté que vers celui de l'impulsion criminelle ; car c'est bien la maternité qui a adouci la femme sauvage (V. s.). C'est pour cela qu'on voit, dans bien des

cas, ces mères, loin de vouloir venger les torts faits à leurs
fils, les engager au pardon par crainte de les perdre.

La maternité, enfin, lorsqu'elle est contrariée trop vivement, entraîne plutôt à la folie. Nous trouvons, effectivement,
les nombres suivants de gens fous, pour cause de chagrins
domestiques, en :

	Hommes	Femmes
Italie... (1866-77). p. 0,0.	1 60	8.40
Saxe... (1875-78). »	2.64	3.66
Vienne. (1851-59). »	5.24	11.28

La mort des enfants rendit folles, à Turin, trois fois plus de
femmes (12) que d'hommes (4); et le chagrin de stérilité, trois
femmes et aucun homme.

La possibilité des délits passionnels maternels est, en outre,
limitée par un autre fait. La femme considère son enfant
presque comme une partie d'elle-même et ressent personnellement les offenses qui lui sont faites ; elle pourvoit à ses
besoins comme aux siens tant qu'il est petit et incapable de
se suffire ; mais lorsque l'enfant a grandi et qu'il est devenu
apte à une existence indépendante, il se détache d'elle, et la
mère, tout en suivant encore avec amour ses tentatives, ses
actions et ses luttes, ne croit plus devoir intervenir
comme protectrice ou vengeresse. Par suite, un préjudice
causé à son fils, l'attriste profondément, mais ne l'excite
plus comme il l'aurait excitée lorsqu'il était enfant. Nous
voyons se répéter ici ce phénomène que, sous une forme
plus simple, nous trouvons dans le monde animal, celui de
la mère qui abandonne ses petits dès qu'ils sont capables de
marcher ou de voler par eux-mêmes. Mais si le délit passionnel maternel n'est possible que quand les enfants sont petits,
il ne peut être que très rare, par le seul fait que l'enfant
n'ayant pas à lutter pour la vie, ne saurait avoir d'ennemis,
ni être blessé ou persécuté. Le seul cas presque unique où il
puisse se vérifier est celui d'une vengeance ou d'une défense des enfants contre l'abandon ou la brutalité d'un père;

mais il est heureusement assez rare ; car ce ne sont pas aux
devoirs élémentaires de la famille que l'homme civilisé manque le plus souvent.

7. *Vêtements et ornements.*— Un fait curieux qui est connexe
et souvent se confond avec l'amour ou avec les sentiments
de famille et que nous trouvons ici comme cause excitatrice,
c'est cette passion pour le vêtement qui caractérise si particulièrement la criminelle-née. Mme Du Tilly avoua que ce qui
l'avait le plus offensée dans la conduite de son mari, était
de le voir habiller sa maîtresse avec ses propres vêtements.
Mme Reymond avait été exaspérée des fréquents cadeaux de
colliers faits par son mari à sa maîtresse, générosité qui con-
trastait avec son avarice envers elle. Mme T., était allé chez la
prostituée, maîtresse de son mari, très en colère, sans intention déterminée de la battre; mais quand elle la vit recouverte de son propre châle de noce, elle sauta sur elle et la
massacra de coups.

D'autres fois cette excitation est provoquée par d'autres
objets chers ou presque sacrés, grâce aux particulières associations d'idées et de sentiments qu'ils peuvent déterminer.
Ainsi ce qui indigna plus particulièrement Mme Laurent fut
de surprendre son mari et sa femme de chambre en flagrant
délit dans son propre lit nuptial.

8. *Analogie avec les criminels.* — Jusqu'ici, le parallélisme
entre les criminels et les criminelles par passion est presque
parfait; mais d'autres caractères, qui sont cependant essentiels pour constituer ce type, ne se rencontrent que par exception. Ce n'est que chez quelques-unes, en effet, que
l'on voit l'explosion suivre presqu'aussitôt la provocation; comme chez Mme Guérin, qui, apprenant que son
mari est à Versailles avec sa maîtresse, y court et le
frappe à coups de couteau; comme chez Mme Daru, qui,
menacée un soir avec ses enfants plus gravement que d'habitude, par son mari ivre, attend qu'il se soit endormi et lui

plonge un couteau dans le cœur; comme Mme Spinelli, qui
tua son amant dès qu'il lui eut fait une proposition malhon-
nête (V. s.); comme Mme Provensal et Mme Jamais. (V. s.)
Nous ne trouvons que chez quelques-unes, le repentir sin-
cère et profond après le délit; comme chez Mme Noblin,
qui parcourut les rues du village en criant, et, désespérée,
alla se constituer prisonnière elle-même; comme Mme Daru,
qui essaya de se suicider, mais qui, manquant de courage, alla se constituer prisonnière entre les mains des gendarmes; comme Antonia B., qui, après avoir incendié sa
maison pour toucher l'assurance, resta comme paralysée à
l'idée de son crime et n'alla chez l'agent que sur l'incitation
de son père, accepta les sommes qui lui furent proposées et
finit par tout confesser spontanément; comme enfin chez
Mme Du Tilly, qui ne voulait que défigurer sa rivale et qui,
désolée de lui avoir fait perdre un œil, lui paya spontanément une forte indemnité et s'informait continuellement si
elle n'était plus en danger, se réjouissant quand le médecin
lui donnait de bonnes nouvelles. Nous ne trouvons que chez
quelques-unes la spontanéité de l'intention, démontrée par le
fait que l'arme est la première qui leur soit tombée sous la
main; quelquefois même les dents et les ongles, comme
Mmes Guérin et Daru; chez Mme T., qui courut chez la maîtresse de son mari, sans même se munir d'une arme, la blessa
gravement avec les dents et les poings; pour quelques autres
seulement nous la trouvons démontrée par l'irrésolution
dans l'exécution du délit, comme chez Mmes Jamais et Provençal, qui tirèrent de nombreux coups de feu presque sans
viser et atteignirent à peine leur victime.

9. *Différence des criminels.* — Les précédents ne sont pas
toujours sans tache chez toutes. Souvent on trouve dans leur
existence des traits mauvais qui contrastent avec la bonté
constante et exagérée du vrai criminel par passion; comme
chez Mme B..., chez Mmes Dar, Andral, et qui rapprochent

les criminelles par passion, tantôt des criminelles-nées, tantôt des criminelles par occasion.

Souvent, en effet, l'explosion de la passion n'est pas aussi violente que chez les vrais criminels par passion, elle couve des mois et des années, et alterne avec des périodes de tolérance et même parfois d'amitié pour la victime. Souvent aussi, par conséquent, la préméditation est plus longue qu'elle ne l'est ordinairement chez les criminels mâles ; elle est plus froide et plus adroite, et par suite le délit présente une habileté dans l'exécution et aussi ce calme caractéristique qui est psychologiquement impossible dans le pur délit passionnel. Le repentir sincère ne suit pas toujours le délit ; plus souvent, au contraire, nous trouvons le contentement après la vengeance accomplie ; le suicide est aussi plus rare.

Nous voyons l'honnêteté de Mme B... attestée par tous les habitants de son quartier, mère et épouse excellente, apprenant que son mari à une maîtresse, elle cache, une nuit, un bâton sous son jupon, attend son mari et son amante, les menace et les frappe ; le mari abandonne cette maîtresse, et prend pour servante une demi-prostituée dont il fait sa concubine ; mais devant cette dernière, l'attitude de Mme B... est très incertaine, tantôt elle la chasse de la maison après des scènes furieuses, tantôt, au contraire, particulièrement dans les jours de gêne, elle laissait entrer dans la maison des cadeaux et de l'argent, qui évidemment, provenaient d'elle ; mais au milieu de ces colères et de ces réconciliations, fermentait le ressentiment de l'épouse trahie surexcité par la misère que les amours du mari rendaient toujours plus dure ; un jour que celui-ci avait emporté de la maison le dernier sou, apprenant que sa maîtresse est dans une maison voisine de prostitution clandestine, elle s'habille en homme entre dans la maison comme un client, monte dans la chambre avec sa rivale et la blesse. La lenteur de l'explosion, le précédent acquiescement, le genre du délit, tout ici différencie des vrais criminels par passion, cette femme qui cependant était honnête.

Mme Laurent surprend en flagrant délit son mari et sa servante ; elle chasse cette dernière, mais le souvenir de l'affront reçu lui revenant toujours plus cuisant, elle la recherche après six mois et la tue. Aucun criminel par passion n'aurait accompli une vengeance à aussi longue échéance.

L'usage du vitriol, ce moyen insidieux et cruel dont se servit Mme Du Tilly qui cependant était une femme exemplaire, n'entre pas non plus dans le cadre d'un véritable et complet délit passionnel : il y a trop de raffinement et de cruauté dans l'idée de cette vengeance ; il faut trop de sang-froid pour l'accomplir (embuscade pour le lancer) pour que la criminelle soit dans un état grave de trouble moral.

Cette Mme R. B..., qui avait été mariée par sa mère à un de ses amants, vieux et brutal, qui la battait parce qu'elle se refusait à lui, et lui faisait endurer le froid et la faim, lasse de souffrir mêla un jour du sulfate de cuivre à la polenta et en fit manger à son mari ; celui-ci la trouvant acide lui dit de la jeter aux poules, ce qu'elle s'empressa de faire sans hésiter ; mais lorsque, quelques jours après, à la suite d'une dispute, le mari trouvant un morceau de cette polenta fut pris de soupçon à la vue de sa couleur et l'interrogea, elle avoua tout sans hésiter.

Là aussi, le juste ressentiment contre le mari brutal s'exhala dans un délit lent et prémédité comme l'est toujours l'empoisonnement.

Le délit de Mme Reymond démontre également une grande impassibilité et une vraie préméditation.

Il suffit de mentionner le fin stratagème qu'elle employa pour se faire ouvrir lorsqu'elle arriva à la maison où les deux adultères avaient leurs rendez-vous : elle sonna et glissa sous la porte ce billet adressé à son mari : « *Paul, ouvre-moi, Lassimone* (le mari de la maîtresse) *sait tout, il vient : je viens pour t'aider, n'ai pas peur.* »

Mme Brosset s'était séparée de son mari avec qui elle était en désaccord ; mais tourmentée par la jalousie, elle s'arme, va le surprendre chez lui et, le trouvant en compagnie d'une petite bossue, tue celle-ci d'un coup de couteau.

Ainsi chez Mme Daru elle-même, qui cependant est un des types des plus purs entre les criminelles par passion, on peut observer que la colère contre son mari ne l'empêcha pas de calculer par quel moyen elle pourrait le plus sûrement le tuer quand il serait endormi.

De même Mlle Dumaine qui, par de nombreux caractères, doit être classée parmi les criminelles par passion, se rapproche par d'autres, davantage des criminelles-nées. Douée d'une intelligence et d'une prévoyance qui lui avaient permis de s'enrichir par la prostitution, elle était désintéressée au plus haut degré et secourait largement ses parents : éprise de Picard, elle lui fut fidèle, vécut plusieurs années avec lui et en eut une fille : elle l'avait soutenu dans ses études, ne lui demandant même pas qu'il l'épousât, mais seulement qu'il vécut avec elle, et lorsque Picard ayant achevé ses études aux frais de sa maîtresse, projeta de se marier avec une riche héritière, elle le tua. La pureté de la passion qui la poussa, l'indigne conduite de son amant feraient croire à un crime passionnel, si la longue préméditation ne s'y opposait, car longtemps avant le crime elle avait fait dire aux parents de Picard : « S'il faut le tuer, je le tuerai »; l'absence de repentir, puisqu'à l'audience elle déclara que si c'était à recommencer elle le ferait encore, préférant son amant mort plutôt que de le savoir à une autre ; et enfin ce je ne sais quoi de résolu et d'énergique dans le délit et dans la justification, qui contraste avec cette impétuosité orageuse, mais incertaine et mal assurée, de la vraie passion ; ajoutons en outre son ancien métier qui est en désaccord avec l'honnêteté excessive des criminels par passion.

Mlle Dav..., s'était donnée vierge à un sergent qu'elle aimait avec passion et qui lui avait promis le mariage ; elle le vitriola lorsqu'il l'abandonna enceinte ; il ne s'agit donc pas ici d'une prostituée qui invoque l'abandon comme cause d'une vengeance dont le vrai motif est l'égoïsme, mais d'une jeune fille qui avait souffert un grave préjudice et dans le délit de laquelle la passion a une grande part.

Mais ici encore l'on trouve des faits qui sont en contradiction avec le caractère du vrai délit passionnel ; peu d'instants avant de se donner à son amant pour la première fois elle l'avait déjà menacé de le tuer s'il l'abandonnait, démontrant ainsi que le délit avait été théoriquement prémédité avant que se présentât l'occasion provocatrice. Pour accomplir sa vengeance, elle alla en outre le chercher dans un bal interlope accompagnée d'un autre homme, ce qui démontre une certaine légèreté de mœurs : elle le vitriola parce qu'elle voulait, dit-elle, qu'il sentît la douleur de la mort.

Au lieu de se repentir, elle s'informait ensuite avidement auprès des médecins de la prison, si sa victime était morte.

Clotilde Andral, une actrice (qui cependant n'en était pas à sa première aventure galante) devient la maîtresse d'un officier qui la rend mère et l'abandonne dans une grande détresse financière qui rend d'autant plus douloureuse sa position, qu'elle ne peut allaiter son enfant. Exaspérée par sa grande misère, par les souffrances de l'enfant et par le cynisme de son amant qui ne répondait même pas à ses lettres, elle le vitriolise ne l'atteignant que légèrement.

Là aussi les précédents tout autre qu'immaculés de la criminelle, la longue préméditation (trois fois à de longs intervalles, elle alla épier la victime), contrastent avec les caractères du délit passionnel ; mais d'autre part, le motif du crime était grave et n'avait pas son origine dans une passion ignoble.

Il ne s'agit donc pas ici de ces explosions de passion qui aveuglent même l'homme honnête et en font pour un instant un homicide, mais d'une passion plus lente et plus tenace qui fait fermenter les mauvais instincts et donne à la réflexion le temps de calculer et de préparer le délit.

On nous objectera qu'il s'agit de femmes honnêtes : telles sont effectivement ces criminelles qui se différencient peu ou pas du tout des femmes normales. Mais l'apparente contradic-

tion disparaît si l'on pense que la femme normale manque
bien souvent de sens moral (voir 1re partie, ch. VI) et a bien
certaines tendances criminelles telles que la vengeance, la
jalousie, l'envie, la malignité, qui cependant sont ordinairement neutralisées par la moindre sensibilité et par la moindre
intensité des passions. Qu'une femme à peu près normale, soit
l'objet d'une excitabilité légèrement plus intense, cu qu'une
femme même complètement normale soit soumise à de graves
provocations, et ces tendances criminelles, physiologiquement latentes, prendront le dessus.

Mais dans ce cas, la femme ne devient pas criminelle par
l'intensité des passions qui chez elle sont plus froides, mais
parce que la provocation a fait surgir cette criminalité latente
qui fait qu'une femme normale ou presque normale peut
devenir criminelle sans être entièrement une criminelle par
passion. Les passions n'atteignent jamais chez elle une grande
intensité ; mais la passion doit cependant toujours se joindre
au délit, car seule l'offense à ses sentiments les plus chers
peut faire surgir ces tendances criminelles latentes.

En somme, si nous analysons attentivement le caractère de
ces délits, nous voyons le plus souvent la passion aller jusqu'au crime parce qu'elle est renforcée et appuyée par des
tendances innées vers le mal ; il faut donc dans ces délits ôter
à la passion la part qui revient à la méchanceté et cela sans
contradiction avec le fait que ces criminelles sont en général
honnêtes et même très honnêtes.

On peut en dire autant de ces délits dans lesquels la passion,
tout en étant une grave cause excitatrice, serait à elle seule
impuissante à les provoquer sans la suggestion de l'homme.

Mlle Noblin, maîtresse d'un certain Souguret qui, dans
l'expansion de l'amour lui avait confié qu'il avait commis un
délit, en fut abandonnée après plusieurs années de vie commune ; dans la douleur de l'abandon, elle le menaça de tout
révéler, mais celui-ci qui avait également confié le terrible
secret à sa nouvelle maîtresse conçut le dessein de se débar-

rasser de l'une des deux et de se lier à l'autre pour toujours, en la faisant complice de son nouveau délit : ce fut la nouvelle maîtresse qu'il sacrifia. Pendant un mois il incita continuellement au crime la jeune fille, qui raconte ainsi les moyens employés par son amant : « Il m'excita, me torturant des semaines entières, tantôt en allumant ma haine par la narration de l'amour de ma rivale, tantôt me provoquant à la frapper en me reprochant ma lâcheté; j'ai hésité un mois, mais il revenait toujours à la charge, me disant que je ne l'aimais pas puisque je ne voulais pas la tuer. »

Quelque vive que soit la passion, elle ne suffirait donc pas à faire commettre le délit : il faut que la suggestion s'y ajoute et la renforce, ce qui, en d'autres termes, prouve que les tendances au mal sont, chez les femmes, plus latentes, puisqu'une suggestion aussi forte est nécessaire pour les faire surgir ; mais elles sont aussi plus profondes et plus tenaces.

L'homme qui, sous l'empire d'une violente passion, commet un crime, peut aussi avoir une extrême répugnance pour le crime, répugnance un moment surmontée par l'aveuglement de la passion; mais celui qui, même sous l'impulsion de la passion, se résout en dernière analyse, au délit par l'effet d'une suggestion, qui, ayant par conséquent le loisir de réfléchir et de sentir l'horreur de l'action qu'il va commettre, celui-ci, dis-je, doit avoir une moindre répugnance organique pour le méfait.

Donc, même dans ce cas, ce fond de perversité qui est latente chez la femme normale, rend possible cette forme hybride du délit passionnel, dans lequel on peut rencontrer même la complicité.

10. *Délits passionnels égoïstiques.* — Le fait que ce caractère des délits passionnels est bien plus l'effet d'une lente fermentation de la méchanceté latente chez la femme normale, que celui d'une explosion de passion, est encore plus clairement démontré dans ces délits que nous appelons passionnels-égoïstiques. Il s'agit de femmes honnêtes, bonnes, affectueuses,

dont les délits n'ont d'autre raison que l'exaltation du sentiment si égoïstique de la jalousie déterminée par des disgrâces,
des maladies, etc., qui, par suite, peuvent en partie être considérés comme délits passionnels, mais auquel, non seulement
manque tout motif grave, mais aussi toute provocation de la
part de la victime, ce qui est un caractère commun aux délits
des criminels-nés.

Nous en trouvons une preuve dans ce fait récemment arrivé
en Belgique. Un homme aimait et était aimé d'une jeune fille
pauvre, dont la cousine très riche s'était également éprise de
lui : il était honnête au fond, mais faible et épouvanté à
l'idée de devoir lutter pour la vie, il se laissa fiancer à
la cousine riche, abandonnant la pauvre qui l'aimait. Mais
peu de temps avant le mariage, sa fiancée tomba gravement malade : or à la pensée qu'après sa mort sa cousine
hériterait de sa fortune et que son fiancé l'épouserait redoublant ainsi le bonheur de l'amour par celui de la richesse,
la moribonde fut prise d'une telle rage que pour le déshonorer elle avala un diamant enlevé de son anneau et confia
à son frère que son fiancé le lui avait volé, dans un moment
où il était resté seul, dans sa chambre, avec elle ; lorsqu'elle
fut morte, son frère qui considérait cette confidence comme
un délire d'agonisante, regarda néanmoins dans l'écrin des
bijoux, mais, à sa grande surprise, il trouva l'anneau sans
diamant ; le jeune homme fut arrêté et aurait été condamné,
si la rumeur publique ne l'avait heureusement accusé d'a-
voir empoisonné sa fiancée pour faire hériter sa cousine ;
l'autorité ordonna l'autopsie et l'expert trouva le diamant
dans les viscères de la morte.

Mme Derw, épouse heureuse, très affectionnée pour son mari,
irréprochable, fut surprise par la phtisie au milieu de son
bonheur et en quelques mois conduite au bord de la tombe.
Son amour pour son mari se transforma alors en une jalousie
furieuse ; elle lui faisait continuellement jurer qu'après sa
mort aucune autre femme ne serait rien pour lui, jusqu'à ce

qu'un jour, après lui avoir fait de nouveau renouveler son
serment, elle se saisit d'un fusil suspendu au mur et le tua.
Mme Perrin, retenue depuis cinq ans au lit par une maladie incurable, devint d'une extrême jalousie au sujet de
son mari; elle se plaignait sans cesse de sa conduite, des
trahisons qu'il commettait, jusqu'à ce qu'un jour, résolue
d'en finir, elle l'appela près de son lit et le blessa d'un
coup de revolver qu'elle tenait caché sous ses draps; comme
elle le déclara elle-même, elle avait depuis longtemps prémédité son crime.

Dans ces cas aussi, le délit a pour origine une noble passion,
l'amour, et nous nous trouvons en face de femmes honnêtes,
mais le délit est en dernier lieu déterminé par cette méchanceté latente qu'on trouve même chez la femme honnête, par
l'exaltation de cette jalousie qui se sent offensée de la félicité
d'autrui, comme d'un malheur personnel.

La brusque destruction de leur propre bonheur rend ces
femmes méchantes et leur fait désirer qu'aucune autre n'en
puisse jouir, qu'aucune autre femme ne possède l'homme qui
leur est enlevé. Evidemment l'occasion est très grave; car
le malheur qui les frappe est toujours terrible, et chacune
d'elles, dans des conditions normales, aurait été une excellente femme; mais, quoiqu'il en soit, c'est un des délits qui
démontrent le plus clairement l'analogie de la femme avec
l'enfant, car on dirait des délits de grands enfants, comme
avec passion et intelligence plus développées. Il s'agit donc de
délits passionnels qui prennent origine dans un sentiment
entièrement égoïstique, telle que la jalousie, l'envie, et non
dans des sentiments ego-altruistiques, suivant l'expression de
Spencer, comme l'amour, l'honneur, qui sont au contraire le
mobile des délits passionnels des hommes. Ici aussi, il faut
noter avec Marro (1) que la jalousie provoque la folie chez
la femme comparativement à l'homme, dans la proportion de
17 0/00 à 1,5 0/00, ce qui prouve combien cette passion
est chez elle prépondérante.

(1) *La Folie chez les femmes*, 1898.

CHAPITRE VII

Suicides.

1. — Pour compléter l'étude des délits par passion, il faut examiner le suicide; — car, à part le criterium législatif et juridique, les analogies et les affinités entre les délits, et particulièrement entre les délits passionnels et le suicide, sont telles qu'on peut les considérer comme deux branches par tant du même tronc.

La femme paye déjà en général, au suicide, phénomène si analogue, dans ses variations, à la criminalité, une contribution quatre ou cinq fois moindre que l'homme. Nous trouvons en effet un pour centage de suicides en :

Italie......... (1874-1883), hommes, 80,2 ; femmes, 19,8.
Prusse....... (1878-1882),   —   83,3 ;   —   16,7.
Saxe......... (1874-1883),   —   80,7 ;   —   19,3.
Wurtemberg.. (1872-1881),   —   84,6 ;   —   15,4.
France....... (1876-1880),   —   79,0 ;   —   21,0.
Angleterre.... (1873-1882),   —   75,0 ;   —   19,0.
Ecosse....... (1877-1881),   —   70,0 ;   —   30,0.
Irlande. ..... (1874-1883),   —   73,0 ;   —   27,0.
Suisse......... (1876-1883),   —   85,0 ;   —   15,0.
Hollande...... (1880-1882),   —   81,0 ;   —   19,0.
Danemarck.... (1880-1883),   —   78,2 ;   —   21,8.
Connecticut.... (1878-1882),   —   70,0 ;   —   30,0.

En élaguant de ces chiffres ceux qui représentent plus particulièrement les suicides par passion, nous retrouvons donc, ici, la même infériorité que dans les délits passionnels.

(1) Voir mon *Homme Criminel*. II Vol. 1895 Alcan.

2. *Suicides par souffrances physiques*. — L'infériorité dans
les suicides par passion est, pouvons-nous dire, presque déjà
annoncée d'avance par la relative infériorité de ces suicides,
qui expriment la révolte de l'organisme contre la douleur.

Nous trouvons, en effet, que ceux qui se sont donné la
mort pour cause de souffrances physiques, sont dans les
proportions suivantes pour chaque sexe et pour 100 suicides, (Morselli) (s. c.) :

Allemagne ... (1852-1861), hommes, 9,61 ; femmes, 8,08
Prusse....... (1869-1877),   —   6,00 ;.   —   7,00
Saxe .... (1875-1878),   —   4,61 ;   —   6,21
Belgique..... ....   —   1,34;   —   0,84
France....... (1873-1878).   —   14 ,28;   —   13,56
Italie........ (1866-1877),   —   6,70;   —   8,50
Vienne ...... (1851-1859),   —   9,20 ;   —   10,04
  Id.   ...... (1869-1878),   —   7,73;   —   10,37
Paris........ (1851-1859),   —   10,27;   —   11,22
Madrid ...... (1884)   —   31,81;   —   31,25

Nous aurions, par conséquent, une supériorité relative
chez la femme, dans ce genre de suicide, en Prusse, en
Saxe, en Italie, à Vienne et à Paris, et une infériorité en
Allemagne, en Belgique, en France et à Madrid. Cette supériorité est relative, parce que la table ne nous montre que les
proportions centuelles des suicides de chaque sexe ; or, comme la plus grande différence est donnée par les quotités
de Vienne, dans lesquelles les suicides des hommes sont à
ceux des femmes comme 7,73 est à 10,37, c'est-à-dire, comme
1 est à 1,34, et que le nombre des suicides des hommes y est
toujours de 3 à 5 fois supérieur à celui des femmes, on voit
en réalité, qu'en comparant les chiffres des deux sexes, le
nombre des suicides par douleurs physiques est énormément
plus grand chez l'homme.

Voici donc une preuve nouvelle et une conséquence de la
moindre sensibilité de la femme ; elle sent moins la douleur,

y trouve une impulsion plus faible vers le suicide, bien que pour elle, les occasions de douleurs physiques soient plus fréquentes et que la douleur soit indissolublement unie aux fonctions physiologiques de sa vie. Mais comme la sensibilité physique est la base de la sensibilité morale, et que les douleurs physiques pourraient presque être appelées les passions de l'organisme, nous pouvons surprendre ici, dans son germe et dans ses causes, l'infériorité de la femme dans les suicides par passion.

3. *Misère.* — La misère est une moindre cause de suicide pour la femme. En effet, le nombre des suicides par misère est inférieur, relativement à la quotité dans chaque sexe, et cette infériorité est redoublée et triplée si l'on considère que les suicides sont deux ou trois fois moindres chez les femmes. On trouva, en effet, sur 100 suicides d'hommes par misère et sur 100 de femmes, en :

Allemagne ...	(1852-1861), hommes,	37,75 ;	femmes,		18,46
Prusse........	(1869-1877),	—	—	—	—
Saxe.........	(1875-1878),	—	6,64 ;	—	1,52
Belgique......		—	4,65 ;	—	4,02
Italie.........	(1866-1877),	—	7,00 ;	—	4,60
Id.	— (*mauv.affaires*),	12,80 :		—	2,20
Norwège	(1866-70),(*pert. de for.*)	10,30 ;		—	4,50
Vienne.......	(1851-1859),	—	6,64 ;	—	3,10

Ce fait est d'autant plus caractéristique que les probabilités de tomber dans la misère sont à peu près égales pour les deux sexes; car une ruine financière frappe toujours le mari avec la femme, le père avec les filles, etc., etc. — Mais la femme résiste bien mieux à la misère que l'homme, pour beaucoup de raisons : représentant, comme nous l'avons vu, le type moyen de l'espèce, elle s'adapte mieux que l'homme aux conditions les plus diverses de la vie sociale : et puisque, comme l'a observé Max Nordau, les différences entre la duchesse et la blanchisseuse ne sont que superficielles et beau-

coup moins intimes que ne le sont les différences corespon-
dantes de l'autre sexe, il s'en suit que la duchesse peut bien
plus facilement s'adapter aux revers et devenir blanchisseuse. Tous ont pu observer des femmes de haute condition
qui, ruinées, se sont tranquillement résignées aux humbles
fonctions de femmes de chambre, de dames de compagnie,
etc.; mais l'homme déchu des splendeurs d'une haute position, ne se plie pas aussi facilement à l'inexorable volonté du
destin; le plus souvent il s'y brise et se tue.

La femme ayant en outre de moindres besoins et une moindre sensibilité, s'adapte mieux que l'homme, non seulement
aux douleurs morales, mais aussi aux privations physiques
de la misère (insuffisance d'aliments, manque de bien-
être, etc.).

Ajoutons que dans la ruine de la famille, la femme n'a souvent qu'une responsabilité indirecte; et par suite, son remords,
dans ce cas, est bien moindre que celui de l'homme. En outre, la maternité déploie ici son influence bienfaisante, car la
mère devenue pauvre, sent plus que la douleur de la ruine,
le devoir de nourrir ses enfants et de ne pas les abandonner,
pendant que l'homme, dans le paroxysme de sa douleur,
oublie plus souvent ceux qui seront les victimes innocentes
de ses erreurs et de ses fautes.

Enfin la moindre fierté permet aussi à la femme de
recourir, dans l'extrême misère, à la mendicité à laquelle,
parfois, l'homme préfère la mort : et souvent encore, la femme
de sens moral faible, trouve dans la prostitution une dernière
et facile ressource.

Il faut donc, pour que la misère entraine une femme au suicide, une série de circonstances plus nombreuses que pour
l'homme. Quand la pauvreté arrive jusqu'au point d'être une
privation du nécessaire pour vivre, quand aucune voie de
salut n'est plus possible, que l'âge ou la pudeur ferme aussi
la route de la prostitution, cette forme de suicide devient
alors possible. « J'ai essayé de mille manières (écrit une sui-

oidée) de me procurer du travail ; je n'ai trouvé que des cœurs de marbre ou des gens ignobles, dont je n'ai pas voulu écouter les infâmes propositions ».

Une belle jeune fille écrit qu'elle ne possède plus rien, ayant tout engagé, et ajoute : « J'aurais pu avoir un magasin bien fourni ; mais je préfère mourir honnête, que de vivre comme une femme perdue ».

4. *Amour.* — Dans les suicides comme dans les délits, une très forte proportion est donnée par l'amour ; les chiffres relatifs sont tellement supérieurs dans la statistique féminine, que l'on voit la femme égaler et même surpasser l'homme dans les chiffres absolus. Sur la totalité des suicides accomplis par chacun des deux sexes, les suicides par amour représentent en effet en :

	Hommes	Femmes
Allemagne (1852-1862)	2.33 %	8.46 %
Saxe (1875-1878)	1.83 »	5.18 »
Autriche (1869-1878)	5.80 »	17.40 »
Vienne (1851-1859)	6.89 »	14.13 »
Italie (1866-1877)	3.80 »	7.50 »
Belgique	9.53 »	12.08 »

Font cependant exception :

Prusse (1869-1877)	12.50 %	8 %
France (1856-1868)	15.48 »	13.16 »

Ces chiffres font clairement voir que pour la femme passionnée le suicide est le moyen le plus en usage pour échapper aux désillusions de l'amour ; or, par suite de cette loi bien connue d'antagonisme entre le suicide et le délit, cela doit influer sur les proportions des délits passionnels et les diminuer notablement. Cette prépondérance du suicide sur l'homicide par amour est parfaitement d'accord avec les caractères généraux de l'amour féminin, que nous avons observés en étudiant la femme normale (V. 1re partie, ch. V). Nous avons vu, en effet, que l'amour est pour la femme une espèce d'esclavage accepté avec enthousiasme, un sacrifice désintéressé d'elle-même à l'homme aimé ; or, ces caractères qui, chez la femme moyenne, quelques vifs qu'ils soient, laissent toujours aux passions égoïstiques la faculté de pouvoir à l'occasion prévaloir, s'exagèrent chez les femmes passionnées, au point que ce besoin impérieux de sacrifice s'exalte sous les mauvais traitements et les cruautés de l'amant. Il est évident qu'en de semblables cas, la plus violente passion même n'entraînerait jamais au délit. Supposer, en effet, que Mmes Carlyle, Lespinasse, Héloïse, abandonnées ou maltraitées eussent pu tuer leurs amants, est psychologiquement absurde, si par l'effet de ces mauvais traitements leur amour devenait, au contraire, plus intense et leur dévouement plus absolu.

Nous trouvons ainsi beaucoup de ces femmes ignorées, qui, tout en terminant par un suicide les douleurs d'un amour malheureux, expriment encore dans la dernière lettre une pensée d'amour et de sacrifice envers l'homme qui, semble-t-il, ne devrait leur inspirer que des sentiments de vengeance.

Une jeune fille écrit à son amant : « Tu m'as trompée, durant deux ans, tu as juré de m'épouser et maintenant tu m'abandonnes. Je te pardonne, mais je ne peux survivre à la perte de ton amour. » Et une autre, également abandonnée par son amant : « J'ai fait moralement tout ce qui m'était possible pour vivre sans cette affection qui était toute ma vie ; mais cela est au-dessus de mes forces. Certes ma faute est grave, ma mémoire sera maudite même par mon enfant, dont le seul nom fait vibrer toutes les cordes de mon âme ; et néanmoins sans la moitié de moi-même, sans celui que j'ai perdu, la vie m'est insupportable. J'étais décidée à me jeter à ses pieds, mais il m'aurait repoussée ! Qu'il me pardonne mon caractère injuste, mes violences, qu'il ne se souvienne que des heureux moments passés près de moi. » De deux abandonnées, une écrit à une amie : « Assure-le (l'amant) que je fais des vœux pour son bonheur, que je meurs en l'aimant », et une autre : « La mort sous peu nous aura séparés ; j'espère te rendre heureux. » « Qu'ai-je fait, demandait une autre femme trahie, dans la dernière lettre à son amant, pour mériter ta disgrâce ? Sans doute parce que je t'ai aimé plus que la vie, tu m'abandonnes ? » (1).

En somme, l'abandon de l'amant n'excite aucun sentiment de vengeance ; il est considéré, pour ainsi dire, comme une mort, qui est la cause d'une grande douleur, et après laquelle il ne reste à la femme, pour se consoler, que de mourir elle aussi, quand elle ne devient pas folle ; car des calculs de Marro (o. c.) il ressort que :

	Chez les h.	Chez les f.
L'amour non partagé provoque la folie	1.5 .⁰	2.5 o/o
L'amour trahi......................	0.3 »	1.7 »
L'abandon ou la mort du conjoint.....	0.6 »	3.2 »

avec des proportions doubles et même sextuples chez la femme.

Si maintenant, nous rattachons ces considérations aux observations des caractères virils fréquents chez les criminelles par passion, nous aurons sans doute la clé de l'énigme placée devans nous: les criminelles par passion attentent à la vie de leurs amants parce qu'elles les aiment virilement.

Et voilà pourquoi il est si rare de trouver une vraie criminelle par passion d'amour, qui nous donne, je veux dire, complet le cadre de la criminelle passionnée ; car, chez presque toutes, le délit est excité par des sentiments égoïstes, que les désillusions ont fait fermenter. La pure et grande passion, par elle-même, conduit la femme plus au suicide et à la folie qu'au délit ; si elle mène au délit, c'est parce qu'elle a pu faire surgir ce fond latent de méchanceté, ou que la virilité du caractère donnait aux passions véhémentes les moyens du délit que n'aurait jamais accompli une femme entièrement

1) Sighele : *L'évolutzione d'all'omicidio et suicidio nei drammi d'amore.* Arch. de psich.. anno 1891. Brierre de Boismont : *Du suicide,* 1868.

femme. Le véritable délit par passion d'amour est donc, chez la femme — si toutefois on peut l'appeler délit — le suicide ; les autres délits n'en sont, le plus souvent, que des formes hybrides.

Il est, en outre, à remarquer que si les suicides par amour prédominent chez les femmes, le veuvage chez elles est, au contraire, la cause d'un moins grand nombre de suicides ; car, pendant que 50 maris se tuent pour cause d'abandon et 51 après la mort de la femme, 15 femmes seulement se tuent après un abandon et 15 à cause de la mort du mari. Ceci est en partie expliqué par la prépondérance de la maternité sur l'amour, caractéristique chez la femme (V. s.), par le fait déjà indiqué que beaucoup deviennent folles. Le mariage, comme toutes les institutions sociales, convient au type moyen de l'espèce ; la femme qui tranquillement arrive au port du mariage, appartenant presque toujours à la grande phalange des femmes normales, ne sent pas assez vivement l'amour pour se tuer lorsqu'elle devient veuve (V. s.) ; au contraire la femme à passions véhémentes trouve plus souvent dans toutes ces barrières que la société oppose à la satisfaction de l'amour féminin, l'écueil contre lequel l'amour de la vie vient se briser. Il est donc naturel que les femmes passionnées donnent une haute proportion de suicides et de folles dans la première catégorie.

5. *Suicides doubles et multiples.* — Une forme de suicide dans laquelle la femme a presque toujours une part prépondérante est le suicide double : deux amoureux qui ne peuvent s'épouser, goûtent un instant les voluptés de l'amour, payant par un suicide cette fugitive violation des lois sociales qui ne pourra se renouveler. Dans ces cas, c'est presque toujours la femme qui montre la plus grande résolution.

Dans le double suicide Bancal-Trousset, ce fut la femme qui, sous la suggestion de la lecture d'*Indiana*, en eût la première idée. Bancal s'y opposait, mais elle lui disait : « Tu ne m'aimes

pas assez pour faire ce sacrifice ». Bancal finit par céder ;
mais le soir fixé, il hésitait à lui ouvrir les veines du bras,
et de nouveau elle le pressait de se hâter. Quand il lui eût
ouvert les veines, l'homme eût horreur du sang et essaya de
bander la plaie ; mais la jeune fille, obstinée à mourir, exigea
qu'il lui donnât du poison, et comme le poison n'agissait pas,
qu'il la frappât d'un couteau : « *Il faut en finir*, lui-dit-elle, *tue-
moi vite* ».

De même, dans le suicide de Cesira Merz et de Pierre Lev.,
ce fût la jeune fille qui en eût l'idée, et comme, au moment
décisif, le courage semblait manquer à l'amant et qu'il
pleurait : « Enfant, lui dit-elle, le courage te manque, ce sera
moi qui te tuerai, puis je mourrai. Désormais tout est fini, ne
jouons pas la comédie ». Dans le cas cité par Brierre de Boismont, une jeune fille de tempérament calme, ne lisant ni
romans ni comédies, apprenant que les parents de son fiancé
ne consentaient pas au mariage, lui suggère tout à coup le
suicide avec une grande obstination ; elle le persuade avec
les plus affectueuses caresses : « *Je suis décidée à mourir*,
lui dit-elle, *plutôt que de te perdre ; donne-moi, toi aussi, cette
preuve d'amour.* ». Ils allument un vaste brasier et meurent
dans les bras l'un de l'autre.

Berthe Delmas et Emile Gasson s'étaient fiancés sans
se soucier du service militaire : vint le jour du départ et Emile
dut partir, se consolant à l'idée qu'il reverrait sa fiancée aux
fêtes du jour de l'an ; mais une faute de discipline lui fit
enlever la permission désirée : lorsque son amie le sût, elle
engagea ses boucles d'oreilles pour neuf francs et lui écrivit
de venir à tout prix, ne pouvant plus vivre sans le voir ; Gasson déserta, rejoignit Berthe avec qui il passa une semaine
heureuse. Mais les gendarmes pouvaient, d'un moment à
l'autre, venir arrêter le fugitif ; ce fût alors que Berthe eût
l'idée du suicide, elle persuada son amant et fixa le jour
et l'heure, pendant que son compagnon en renvoyait sans
cesse l'exécution ; ce fût elle qui lui dit de faire feu. Ils sur-

vécurent et Gasson dût comparaître en justice ; à l'audience,
on vit le contraste des deux caractères ; lui, timide, irrésolu,
balbutiait ; on comprenait qu'il avait subi la suggestion ; elle,
résolue, ferme, virile, démontrait par son attitude qu'elle avait
tout médité et tout préparé.

R. C., de Turin, son fiancé étant appelé sous les armes, se
voit contrainte, par ses parents, à en épouser un autre
beaucoup plus riche que sympathique. Elle en est désespérée
et lorsque son bien-aimé, retourne, un jour de congé, elle fuit
avec lui à Saint-Bernard; là, après quelques heures de séjour,
ils se lient les pieds et les mains et se jettent dans le lac
glacé ; dans une lettre adressée à ses parents, elle déclarait
qu'elle préférait la mort au choix qui l'obligerait à être
adultère ou infidèle pour toujours à celui qu'elle aimait plus
que sa vie.

Peu d'années se sont encore écoulées depuis que vivaient
dans la riante Ivrea, à côté l'une de l'autre, deux familles
nombreuses et patriarcales. Un jour vint où un jeune homme
de l'une des deux dut s'éloigner pour aller terminer ses études
à Turin ; il pria sa mère de lui préparer, pour le soir, un certain mets, plaisanta galement avec son père, mais on ne le
revit plus de toute la nuit ; dans le même temps, la jeune
fille de la famille voisine, à laquelle il était lié par une ancienne affection, avait demandé à sa mère le même mets ;
s'était habillée, pour la première fois, d'un vêtement qu'elle
avait exprès brodé depuis de longs mois et avait dit à sa
mère : « *Ne te semble-t-il pas que je ressemble à une épouse* » ?
et avait disparue dans la même nuit. Les deux pères, saisis
par le même soupçon, se réunirent dès l'aube et trouvèrent
une lettre de l'étudiant qui avouait préférer la mort à la séparation. Ils coururent au Naviglio, en firent sécher le lit, et
là, au fond, trouvèrent les deux enfants enlacés, le visage
calme et souriant, comme si la mort les eût cueillis dans le
plus doux moment de leur vie. La mère, fouillant la chambre
virginale, trouva un journal dans lequel la jeune fille, depuis

un an, avait déjà délibéré ce funeste projet, et écrivait « *sou-riante* » en pensant à « *ce jour* ».

On comprend facilement la physiologie de cette cause si diffuse de suicide, si l'on se rappelle que l'amour est l'effet d'une espèce d'affinité élective multipliée par celle des organes reproducteurs, rendue encore plus forte par l'habitude, qui fait que les molécules de l'organisme de l'un font pour ainsi dire partie de celui de l'autre et n'en peuvent supporter la séparation.

C'est donc la femme qui, presque toujours, conçoit le suicide, ou montre une plus grande résolution pour l'effectuer. Dans le double suicide Rodolphe F... et Julie B..., ce fut celle-ci qui tira le premier coup de feu et tua son amant. M. Bourget aussi, dans le *Disciple*, nous montre l'homme manquant de courage au moment de l'exécution, pendant que la femme persiste plus énergiquement dans son projet de suicide.

Et cela est naturel : si l'amour est déjà un sentiment si important même pour la femme normale (que l'on se rappelle à ce propos la célèbre phrase de Mme Staël), pour celles qui aiment passionnément, il doit constituer presque toute l'existence. Les priver de l'homme aimé, c'est comme les tuer ; pendant que pour l'homme, même le plus vivement épris, la vie présente trop d'autres attractions et trop d'autres séductions, pour que, privé de la femme aimée, il considère comme terminée sa propre existence. L'exaspération d'un désir non satisfait peut lui faire accepter pour un instant l'idée du suicide ; mais, comme M. Bourget l'a deviné, le désir apaisé, l'amour de la vie et tout ce qui, en dehors de la femme aimée, l'attire, renaît de nouveau. Voilà pourquoi tant d'hommes, comme le Robert Greslon du romancier français, après avoir possédé la femme, hésitent à se donner la mort, pendant que la femme se montre, au contraire, encore plus résolue qu'avant.

Il est d'autant plus naturel que la femme soit plus résolue dans ce cas, qu'elle se hasarde davantage dans cette résolution désespérée de la passion non satisfaite. La vierge qui s'abandonne à l'homme aimé, la femme mariée qui commet son premier adultère, à condition qu'après tout sera fini par un suicide, prennent une résolution d'une importance bien supérieure, au point de vue des conséquences sociales, que leurs amants, elles brûlent leurs vaisseaux ; donc si elles s'y décident, c'est qu'elles sont bien résolues à mourir après ; car, le fait accompli, la conscience de la rupture irréparable avec les parents ou le mari, avec la société, tout doit augmenter la force de leur décision.

Une classe spéciale de suicides féminins multiples sont ces homicides-suicides des mères qui, réduites au désespoir par la misère ou par quelque grande infortune, tuent leurs enfants petits ou infirmes et se tuent ensuite elles-mêmes. Mme Arresteilles adorait son fils, idiot et épileptique, âgé de 29 ans ; craignant qu'après sa mort on ne le traitât pas dans la famille avec les égards dus à son infirmité, elle le tua et se tua ensuite. Mme Berbesson tua également sa fille adorée, devenue folle, et qui devait être enfermée dans un asile, puis se tua elle-même, ne pouvant résister à l'idée d'être séparée d'elle. Mme Monard essaya aussi de se donner la mort avec ses deux enfants, lasse des mauvais traitements que leur infligeait son brutal mari. Mme Souhin, une très honnête ouvrière, qu'une crise industrielle et l'emprisonnement de son mari avaient réduite à la plus dure misère, vendit ses derniers effets, acheta de beaux vêtements pour ses enfants, leur servit un repas relativement somptueux, et, lorsqu'ils se furent endormis, les étrangla et essaya de se tuer.

Ce sont, nous le répétons, de très honnêtes femmes : et bien que leur action puisse être cataloguée, classée, à première vue, parmi les infanticides suivis de suicides, elle n'est en réalité, pour ainsi parler, qu'un complément de leur propre suicide : il s'agit de mères qui veulent mourir, mais ne peuvent abandonner leurs enfants, car ils sont presque une part de leur organisme ; et les laisser leur semblerait ne pas accom-

plir entièrement leur propre suicide : une mère affectionnée
ne croit pas ses peines finies si elle ne sait que celles de ses
enfants ne le sont aussi pour toujours. Cela est confirmé par
le fait que ces infanticides-suicides se produisent presque
toujours lorsque les enfants sont petits ou incapables de se
gouverner eux-mêmes (idiots, etc.). La maternité, en effet, est
une fonction protectrice de la faiblesse ; la mère, comme nous
l'avons dit, regarde sa progéniture comme une part d'elle-
même ; tant qu'elle est faible et inhabile à sa subsistance, elle
pourvoit à son sort par tous les moyens, même par les exagérations pathologiques que nous avons examinées : quand l'enfant est devenu grand, il se détache de la mère, qui continuera à l'aimer dans les espèces supérieures, pendant que
dans les plus basses elle l'abandonne, mais ne se sent
plus unie à lui, nous dirons presque par cette unité vitale qui
fait des deux êtres un même organisme.

Mme Souhin, interrogée sur ce qu'elle avait tué ses enfants
avant d'essayer le suicide, répondit : « *Je voulais partir avec
eux* »

Tout cela est tellement vrai que lorsque l'enfant est encore
trop jeune pour être entièrement indépendant de la mère,
mais est déjà assez adulte pour subir une suggestion, la mère
ne le tue pas, mais lui persuade de partager son suicide.
Comme E... et B... Estelle, examinées par M. Garnier, qui
persuadèrent à leurs fils de mourir avec elles.

Quelquefois cependant ce double suicide maternel n'a
pas pour cause l'amour maternel réduit au désespoir par
l'infortune, mais des sentiments plus égoïstes ; c'est alors
l'équivalent du délit de libéricide, c'est une forme de suicide demi-passionnel et demi-égoïstique.

Mme E..., affligée de nombreux symptômes névropathiques
(céphalalgie obstinée, éblouissements vertigineux, insomnie,
incubes, succubes), et par suite d'un tempérament très enclin
à la mélancolie, issue d'une famille noble et riche, mais
déchue, fut mariée à un homme bon, d'une éducation trop

grossière comparativement à la sienne, et pauvre par surcroît. Elle fut envahie par une sourde irritation contre l'existence à laquelle elle était contrainte, presque sans argent, dans une pauvre chambre qui servait à la fois de chambre à coucher, de salle à manger et de cuisine; elle accusait injustement son mari de la maltraiter, jusqu'à ce que dans un moment d'irritation plus vive, elle résolut de mourir avec son fils qu'elle adorait. Si au lieu d'être une femme bonne au fond, bien que malade, elle eût été perverse et dépourvue de sentiments maternels, elle se serait prévalue de toutes ses douleurs et des privations de son existence pour tourmenter son fils, comme Mme Stakebourg, et peut-être même pour empoisonner son mari; honnête, au contraire, comme elle était, elle conçut l'idée de se donner la mort avec son fils; c'est donc un sentiment égoïstique qui l'entraîna, et non un sentiment égoaltruistique, comme la maternité.

Très rares sont les suicides doubles entre femmes. Nous n'en avons trouvé qu'un et encore incomplet, le cas de Olga Protaffow et de Vera Gerebssow: unies par la plus étroite amitié, elles vivaient dans une extrême misère; lasse de souffrir, Vera fit promettre à son amie de la tuer si dans deux mois la fortune n'avait pas changé à son égard: Olga promit, et, les deux mois écoulés, après beaucoup d'hésitations, elle tint parole. Une telle exception correspond parfaitement la rareté des suicides féminins par amitié, et provient de la même cause: la faiblesse de ces sentiments chez la femme.

Très rares sont également les suicides entre conjoints; rappelons, ici, pour la troisième fois, l'observation que le mariage étant une institution adaptée aux femmes normales qui sont très peu passionnées, ne peuvent fournir une grande quotité de suicides, tandis que les passionnées rencontrent justement dans les usages, les préjugés, les lois du mariage, l'écueil contre lequel elles se brisent.

Nous ne trouvons qu'un seul cas touchant de suicide double entre conjoints, survenu à Bologne: un jeune homme,

M. Par..., fils unique adoré de ses parents, aimé de ses compagnons, doué d'un grand talent, admiré et encouragé par un illustre poète, et qu'attendait dans la littérature un magnifique avenir, ayant déjà donné des preuves admirées de son talent, meurt à 20 ans emporté par une épidémie diphtérique ; ses parents, privés de leur unique et immense affection, s'asphyxient ensemble un mois après. Dans ce cas, l'intense paternité et l'intense maternité créent entre les deux vieillards un nouveau lien, une espèce de nouvel amour scellé sur leur unique enfant, ce qui explique l'étrangeté insolite d'un suicide double entre deux vieillards.

6. *Suicides par folie.* — Le fait même de la très haute proportion des suicides par folie, atteignant et parfois surpassant de 50 % tous les suicides féminins, nous confirme et nous explique la rareté relative du suicide passionnel chez les femmes.

On trouve en effet :

Allemagne...	(1852-1861), hommes,	30,17 ;	femmes,	50,77
Prusse.......	(1869-1877), —	23,50 ;	—	44,00
Saxe........	(1875-1878), —	26,59 ;	—	48,40
Autriche.....	(1869-1878), —	8,20 ;	—	10,80
Belgique................	—	41,22 ;	—	81,94
France......	(1856-1868), —	15,48 ;	—	13,16
Italie........	(1866-1877), —	16,30 ;	—	27,50
Norwège................	—	17,90 ;	—	28,40

Ces différences ne s'expliquent qu'en partie par l'accroissement de quelques causes aiguës de suicides maniaques, plus prépondérantes chez les femmes, comme la pellagre ; ou exclusivement comme les fièvres puerpérales, qui contrebalancent et surpassent la cause alcoolique chez les hommes ; il faut admettre, pour l'expliquer, que quand la passion est violente chez la femme, elle la pousse bien plus à la folie, qu'au délit et au suicide. Ce n'est que lorsque les douleurs prennent l'intensité de l'hallucination ou du délire, lorsque l'anomalie est extrême et a profondément troublé l'esprit de la femme qu'elle se suicide dans les mêmes proportions que l'homme et même davantage. Le phénomène que nous observons ici, relativement au suicide, est analogue à celui que nous avons observé dans la criminalité. Une infinité de variations dans le caractère, depuis la plus légère hyperesthésie et la vivacité de la passion jusqu'aux troubles de la folie, peuvent conduire au suicide : mais la femme, moins sensible et moins variable que l'homme, contribue moins à tous ces suicides par passion qui sont provoqués justement chez l'homme par les multiples variations individuelles, ou par ces anomalies psychiques qui le frappent en si grand nombre. La femme étant moins variable reste plus normale : par conséquent, quand elle est anormale, c'est presque toujours avec les caractères de l'anomalie plus grave, car il s'agit d'une double exception ; c'est pourquoi les suicides par passion sont rares, qui représentent de légères variations du caractère, pendant que sont plus fréquents les suicides par folie, dans lesquels l'anomalie atteint le plus haut degré d'intensité.

On pourrait donc dire, en représentant systématiquement le phénomène, que la femme plus souvent que l'homme se trouve à l'un ou l'autre des deux pôles extrêmes : la parfaite normalité — ou l'extrême anomalie, dans laquelle se confondent le suicide et la folie. Ainsi, nous voyons la femme contribuer pour une très petite part dans la criminalité ; mais ces criminelles d'un nombre restreint sont infiniment pires que les hommes criminels. C'est-à-dire que les deux rôles sont ici la normalité ou l'extrême dégénérescence, et que les nombreuses variations intermédiaires qui devraient les lier manquent tout à fait.

CHAPITRE VIII

Prostituées-nées.

Nous avons déjà vu, en étudiant la sensibilité des prostituées qu'elles présentent, sauf peu d'exceptions, une notable frigidité sexuelle en contraste apparent avec leur grande précocité. Il y a donc ici une double contradiction : d'un côté, une profession éminemment sexuelle est exercée par des femmes chez qui la sexualité est presque abolie ; de l'autre côté, ces femmes s'adonnent au vice avec une précocité extraordinaire, à un âge où, physiologiquement, elles ne sont pas encore aptes aux rapports sexuels.

1. *Folie morale. Sentiments de famille.* — Déjà Mme Tarnowsky avait deviné par intuition qu'un certain nombre de prostituées se rapprochent beaucoup des fous moraux : l'examen attentif de nombreux cas nous montrera que la folie morale est très fréquente chez les prostituées-nées ; bien mieux, qu'elle en détermine le type.

On trouve tout de suite une preuve de ce fait dans l'absence des affections les plus naturelles, telles que les affections de famille, dans la précoce méchanceté, la jalousie, l'esprit de vengeance, qui sont très communes parmi les prostituées.

« Beaucoup de prostituées — écrit Carlier — ignorent ce que sont devenus leurs parents et ne se préoccupent pas d'en avoir des nouvelles. »

« A en interroger beaucoup sur leur famille, — écrit Maxime Du Camp — on se demande si l'on est en présence d'êtres humains.

« — Votre père, vit-il encore ?

« — Mon père ? Je crois que oui, mais je n'en suis pas sûre.

« — Et votre mère ?

« — Ma mère doit être morte, mais je n'en suis pas certaine. »

Une certaine F., étudiée par Laurent, qui cependant appartenait à une famille honnête, se montra, dès l'enfance, menteuse, méchante et intraitable ; ses sœurs n'étaient pour elle que des victimes auxquelles elle extorquait de l'argent. De bonne heure elle s'enfuit de la maison paternelle et tomba dans la plus profonde corruption ; pardonnée et réadmise dans la famille, au lieu d'être reconnaissante, elle devint encore plus perverse et plus cynique, allant jusqu'à se prostituer dans la maison de ses parents.

Une prostituée appartenant à une famille de dégénérés, étudiée par Legrand du Saulle, était si précocement impudique, si perverse et avait une si grande inclination pour les boissons alcooliques, qu'aucune école ne pouvait la garder ; elle détestait tellement sa famille qu'elle se plaisait à mettre des épingles dans la soupe de son frère et refusait de se laisser embrasser par son père, disant que cela la dégoûtait.

Une autre prostituée-née disait, en riant, à Lecour : « J'appartiens à ceux qui me paient ; ma sœur aussi : notre père n'a pu l'empêcher et il en est mort de douleur. »

L'absence absolue de sens moral fut notée par Mme Tarnowsky dans cette classe de prostituées qu'elle appelle « les impudiques », ainsi que chez B. V., chez B. T. par Ottolenghi, et chez R. T., par De Santis, etc.

Dans les impudiques, par exemple, Mme Tarnowsky a remarqué l'absence de tous les sentiments qui se rapportent au respect de la propriété ; sentiments qui ne sont qu'oblitérés chez les femmes normales. « Elles n'ont, écrit-elle, qu'une idée imparfaite de la propriété ; elles s'approprient volontiers tout objet qui excite leur désir, mais ne laissent pas de trouver mauvais lorsqu'une compagne s'avise d'en faire autant à leur égard. »

Mais l'exemple le plus typique de prostituée folle morale, est celui de cette aïeule de la famille, étudiée par Legrain. Très vicieuse dès l'enfance, paresseuse, emportée, cruelle pour ses frères, elle se maria à 20 ans et eut deux enfants (jusqu'alors sa conduite semble avoir été sexuellement correcte); à 23 ans elle commença à négliger sa famille pour aller aux bals, noua des relations avec un jeune homme, vécut 18 mois avec lui et en eut une fille; elle rentra alors sous le toit conjugal, après une réconciliation momentanée qui, cependant, ne l'empêcha pas de devenir la maîtresse d'un marchand de vin dont elle était la servante et avec qui elle s'enivrait. Elle eut ainsi un quatrième enfant, et après le marchand de vin une série nombreuse d'autres amants avec lesquels elle correspondait, se servant de ses enfants comme messagers : comme il lui fallait de l'argent pour ses orgies, elle trompa habilement le bureau de bienfaisance et commit une série d'escroqueries, achetant à crédit des objets pour les engager ou les revendre à vil prix; de plus en plus détachée de sa famille, elle tomba dans la plus profonde débauche, passant les journées à s'enivrer dans les cabarets ou à se disputer avec les ivrognes, en compagnies honteuses, parmi lesquelles se remarque le couple Fenayrou, les célèbres assassins. A 36 ans, elle eut, d'un amant, un sixième enfant, après quoi, elle passa ses nuits plus fréquemment encore hors de la maison, sans même plus se donner la peine de chercher des prétextes auprès de son mari, l'insultant, au contraire, le menaçant lorsqu'il lui faisait des observations et cherchant à lui nuire par tous les moyens, excitant ses enfants contre lui et leur suggérant même de l'accuser d'actes impudiques, jusqu'à ce qu'ayant encore eu deux enfants d'autres amants, elle abandonna la maison conjugale pour se livrer plus entièrement à l'orgie, emmenant avec elle deux petites filles qu'elle conduisait dans les bals et qu'elle laissait, quand elle était ivre, à la merci de ses compagnons de débauche.

Une de ses sœurs qui, à seize ans, était déjà tombée dans la plus abjecte prostitution, montra une très précoce perversité et devint un véritable tourment pour ses compagnes.

Une demi-mondaine de haute volée, parcourant presque tous les pays du monde, contracte, durant ses excursions professionnelles, deux mariages avec deux déclassés, sans doute pour satisfaire un caprice passager ou plutôt pour commettre un délit piquant tel que la bigamie. Un riche personnage s'étant épris d'elle, elle en devient la maîtresse, et reçoit de lui des sommes énormes avec lesquelles elle paie une pension à ses deux maris ; mais un de ceux-ci étant trop exigeant, elle va elle-même dénoncer son propre crime de bigamie pour obtenir l'annulation de son second mariage et se fait arrêter, courant ainsi les risques d'une condamnation, mais comptant sur un acquittement, ce qui eut lieu effectivement. Nous trouvons ici, outre le mauvais penchant, une spéculation raffinée sur l'immoralité.

Mme de Pompadour fut appelée par les De Goncourt, un rare exemple de laideur morale : « cœur sans clémence — écrivent ces auteurs, — sans pardon, sans repentir, inexorable dans sa haine et dans sa vengeance ; sourde aux gémissements de la Bastille, dont elle nomme, elle-même, les gouverneurs... ses caresses et ses amitiés n'étaient que des chatteries ». On sait qu'arrivée à l'âge mûr, elle devint la proxénète du roi, pour ne pas en être abandonnée, lui choisissant et lui procurant des petites filles. Mme de Tournelle, une autre maîtresse de Louis XV, écrivait à un ami, en lui donnant des nouvelles de la cour : « La reine est malade et avant peu sera phthisique ; voilà toutes les bonnes nouvelles que j'ai à vous donner ». Tombée momentanément en défaveur par une intrigue de cour, elle voulait, quand le roi la rappela, que l'on mît à mort tous ceux qui avaient contribué à sa précédente disgrâce.

Nous trouvons une autre preuve de la folie morale de ces

femmes dans l'absence complète du sentiment d'amitié. « Au
fond, — écrit Carlier, — elles se détestent réciproquement. »
Dans toutes celles que nous avons examinées, nous n'en
avons jamais trouvé aucune qui ait conservé, même le plus
faible souvenir d'une seule des nombreuses compagnes
qu'elles avaient eues dans l'exercice de leur profession.
Aussi elles vivent toujours en état de guerre. — « Sous ce
rapport, — écrit Parent, — les prostituées sont plus enfants
que les enfants de 12 ans; elles tiennent beaucoup à ne pas
passer pour lâches et se croiraient déshonorées si elles laissaient passer impunie une injure de la part d'une de leurs
compagnes. »

A l'appui de notre thèse peut encore être cité le fait que,
même d'après les statistiques plus bénignes, on ne trouve
qu'un très petit nombre de prostituées qui furent poussées à
exercer ce métier par de nobles causes. Sur 5.144, Parent
n'en trouva que 89 qui s'étaient adonnées à la prostitution
pour soutenir leurs parents vieux ou infirmes, ou une nombreuse famille; pour les autres, la cause indiquée était la
misère, l'abandon des parents ou des amants. Or il est
certain que parmi le plus grand nombre de celles-ci, la
misère et l'abandon ne sont que les causes occasionnelles,
pendant que la cause première et véritable, se trouve dans
l'absence de pudeur et dans la folie morale, qui d'abord les
pousse au libertinage et les jette enfin dans le lupanar. C'est
surtout des abandonnées dont on peut dire cela; car la
femme passionnée qui, par amour, commet une faute, puis est
lâchement délaissée, ne s'adonne pas à la prostitution, mais
se tue, ou, comme nous l'avons vu, conserve son honnêteté à
force de sacrifices : la misère même ne peut entraîner une
femme au vice, s'il n'existe déjà en elle un sentiment faible de
la pudeur ou un désir immodéré de richesses et de plaisirs :
« On peut affirmer — écrit Faucher — qu'en Angleterre, sur
cent jeunes filles nées honnêtes, quatre-vingt-dix-neuf au
moins, dans la lutte contre le malheur, préféreront mourir

de faim plutôt que vivre de prostitution ». Nous avons nous-mêmes observé le même fait dans les suicides qui ont pour cause la misère. (v. s.)

2. *Maternité*. — Un autre symptôme très grave de folie morale, si important qu'il est nécessaire de le considérer à part, est l'absence des sentiments maternels, qui fait des prostituées-nées les sœurs intellectuelles des criminelles-nées. Nous avons déjà vu comment l'aïeule de la famille étudiée par Legrain, vrai type de prostituée, abandonnait ses enfants pour s'adonner à la débauche et à la prostitution. Parmi les persécutrices et les assassins d'enfants, les prostituées sont en premières ligne : Amélie Porte, par exemple, qui tua son fils et en conserva plusieurs années, enfermée dans un coffre, le squelette dans sa chambre à coucher ; Mme Lacroix et Mlle Larue qui tuèrent leurs enfants, l'une pour ne pas être abandonnée de son amant, l'autre pour ne pas avoir d'embarras dans sa vie galante ; Mme Stackelbourg, Mme Nys, Mme Eschevin, Mme Davoust, persécutrices de leurs enfants, étaient toutes prostituées de rang plus ou moins élevé.

En général, les demi-mondaines sont de très mauvaises mères ; nous en avons observé une qui obligeait sa fille à lui servir de domestique, la faisait coucher sur un banc, en chemise, même dans les nuits les plus froides de l'hiver, l'habillait de haillons, pendant qu'elle-même portait des vêtements qui coûtaient des sommes folles.

« Les sentiments de charité et de famille — écrit Carlier — ne sont le partage que d'un petit nombre de prostituées. Beaucoup n'ont que des tendances perverses, ignorent le sort de leurs parents et ne cherchent pas à le connaître ; peu leur importe qu'ils soient morts ou vivants, elles en parlent dans des termes les plus malséants. Réfractaires à l'amour maternel, elles ne veulent pas d'enfants et mettent en œuvre toutes les pratiques d'avortement, pour éviter cette disgrâce — comme elles l'appellent — souvent même pour éviter les

dangers de l'avortement, elles recourent à des préservatifs
très simples, comme l'éponge ». Suivant le même auteur, les
tribades surtout auraient une insensiblité maternelle absolue
et une véritable terreur de la grossesse.

Quelle preuve plus convaincante du reste, que celle-ci
qu'à peine 34 % des prostituées ont des enfants et qu'elles
cherchent, spécialement celles de haut rang, à se préserver
de la maternité par tous les moyens ? On a beau dire
qu'elles s'en préservent par nécessité de métier, la maternité étant pour elles un gros embarras ; mais pour une femme
qui ressent vivement les sentiments maternels, la maternité est presque un besoin physiologique qu'elle veut satisfaire à tout prix et qui, non satisfait, devient la cause de
malaises physiques et psychiques, comme l'exprime si bien
l'invocation de Rachel (v. s.), Si la demi-mondaine se soucie
tant de sa beauté, au point de lui sacrifier la maternité, c'est
parce que ses sentiments maternels sont très faibles ; en
outre, comme elle abandonne souvent et maltraite les enfants
qu'elle a déjà eus, même si elle est riche ; il est évident qu'il
ne s'agit pas seulement de préserver sa beauté.

Mme Tarnowsky, en parlant de cette classe de prostituées
qu'elle appelle les impudiques, et qui représente mieux que
toutes, le type de notre prostituée folle morale, s'exprime
ainsi : « L'amour maternel fait défaut chez elles presque
toujours. Elles avouent naïvement que les enfants sont une
cause de gêne pour elles, et que « le bon Dieu devrait bien
rappeler à lui ces pauvres petits êtres qui leur sont à charge. »
Quand elles s'aperçoivent d'une grossesse, elles font tout
pour avorter ou pour se débarrasser de leurs enfants après
la naissance. Ainsi, cette Alexandrine A..., décrite par
Mme Tarnowsky, ne savait ce qu'était devenu son fils, et ne
s'en préoccupait pas.

Une autre preuve se trouve dans le fait que quelques prostituées, devenues vieilles, prostituent leurs filles pour de
l'argent et ne croient faire aucun mal ; comme celle dont

parle Lecour, qui, arrêtée en flagrant délit, demanda surprise : « Pourquoi m'arrêtez-vous ? Qu'ai-je fait de mal ? » —
« Pour satisfaire, écrit M. Taxil, les désirs insatiables des
clients et des clientes des lupanars, les mères infâmes, — il y
a des femmes qui en arrivent jusque-là — ont initié leurs filles
aux plus obscènes pratiques du saphisme » : or, ces mères
ne peuvent être, en grande majorité, que des prostituées ou
des demi-mondaines en retraite.

Caractéristique, sous ce point de vue, fut le maintien
d'une des nombreuses maîtresses de Louis XV, qui en ayant
eu un fils, le promenait partout avec elle, pour la seule
vanité de montrer à toute la cour qu'elle avait eu un fils du
souverain. Un jour que l'empressement des courtisans autour
de l'enfant menaçait de lui être fatal, le seul cri qui lui
échappa fut : « Ayez égard au fils du roi ».

On pourrait, il est vrai, opposer contre ces opinions, les
affirmations de cet incomparable peintre des prostituées
Parent-Duchâtelet, qui observa chez elles des sentiments
assez vifs de maternité : « C'est une observation constante
qu'une prostituée enceinte devient aussitôt l'objet de l'empressement de toutes ses compagnes ; cette attention redouble
surtout pendant et après l'accouchement; elles rivalisent à
qui lavera le linge de l'enfant, à qui assistera la mère, à
qui s'empressera de lui donner tout ce dont elle a besoin. Si
elle élève l'enfant, toutes se le disputent au point que la mère
n'en est presque plus maîtresse. »

Carlier, écrit aussi dans le même sens, que la maternité
est en grand honneur parmi les prostituées.

Mais, répétons-le, il est bien différent de caresser pour
quelques heures un enfant d'autrui, ou d'aimer son propre enfant et d'accomplir avec enthousiasme tous les innombrables
sacrifices de la maternité. Même le plus méchant des hommes,
même la femme la plus inhumaine, peuvent un instant cajoler
un enfant dont la grâce et la faiblesse éveillent en eux des
sentiments de sympathie : mais cela est, pour ainsi dire,

réduire la maternité, d'un devoir hautement altruistique à un amusement égoïstique d'un moment : ce n'est ni protéger ni servir l'enfant, mais en jouir pour cet instant où ses grâces et ses espiègleries excitent en nous des sentiments agréables.

Il faut aussi penser que Parent Duchatelet observa une multitude confuse de femmes perdues, chez lesquelles, à côté de la prostituée-née, se trouvait la prostituée d'occasion ; et celle-ci peut devenir mère avec bonheur. Les rares filles de joie, en effet, qui furent et restèrent mères, se distinguaient, comme nous l'avons vu, par une sensibilité tactile et douloureuse plus aiguë ou égale à celle des femmes normales, confirmant indirectement la règle pour les prostituées-nées qui sont si différentes.

3. *Criminalité*. — De même que la folie morale, la criminalité, qui n'est qu'une variation et à la fois une dérivation de la folie morale, se trouve souvent en lice avec la prostitution.

Le délit le plus fréquent est le vol et spécialement la complicité dans le vol. « Il n'y a pas une des infimes maisons de prostitution de Londres, Manchester, Liverpool, Glasgow, écrit Faucher, qui ne soit aussi un repaire de brigands... Les relations des prostituées avec les voleurs sont à Londres un fait général qui a peu d'exceptions. On les voit ensemble par centaines à table dans les restaurants des maisons meublées, ou dans les salles des cabarets. Ces femmes connaissent le secret de toutes leurs entreprises et en partagent quelquefois les risques comme toujours les profits ». Au XIVe siècle, la prostitution était à Paris limitée à deux quartiers, qui devinrent en même temps des quartiers de brigands. Un ordre de police du 20 vendémiaire an XIII (12 octobre 1804) ordonnait une surveillance spéciale sur une classe particulière de prostituées, dites *baccanuleuses*, dont les relations avec les voleurs étaient notoires. Suivant Lacour, les prostituées qui volent la bourse et dévalisent leurs clients ne seraient pas rares ; suivant Carlier, ce délit serait très fréquent, mais seulement dans certaines catégories, chez les prostituées qui logent en

hôtel garni, qui n'ont pas de domicile fixe et fréquentent les
lieux les plus mal famés. D'après Vintras (*On the repressive
measures adopted in Paris, compared with the incontroled prostitution in London and New-York*, page 34, London, 1867), dans
les 57 principales villes de l'Angleterre et du pays de Galles,
sur 91.167 maisons de prostitutions, 3.628 reçoivent les voleurs
et les prostituées ; et dans les comtés sur 13.462 maisons de
tolérance, 6.370 étaient à la fois des refuges de voleurs.

Guerry observe, qu'à Londres, les prostituées donnaient jusqu'à 30 ans un contingent de 88 0/0 de criminelles, et depuis
30 et au-dessus, de 7 0/0. Ainsi souvent le rapport entre le
souteneur et la prostituée devient un rapport de complicité.
« Les *brautigams* (nom allemand du souteneur), écrit O. Z.,
l'auteur des *Bas-fonds de Berlin*, voient un auxiliaire très précieux dans cette femme dévouée à eux corps et âme. C'est elle
qui guette pendant l'exécution du coup, qui recueille les renseignements ; ce qu'elle peut faire sans danger, grâce à son
triste métier ; c'est elle, enfin, qui est chargée de recéler les
objets volés et aussi de cacher dans sa chambre, dans son lit
ou dans son armoire quelque scélérat activement recherché. »
Un autre délit très fréquent chez les prostituées est, suivant Lacour, *le chantage*, qui se remarquerait surtout à l'âge
mûr, et qui, comme l'observe Sighele, est aussi une forme
typique de délit de la prostituée et du souteneur accouplés :
l'une attire le client et l'autre jouant le rôle du mari ou
du frère, les surprend en flagrant délit et force l'homme à
payer une somme s'il ne veut pas de scandale. D'après
ce que raconte Carlier, il fut un temps où à Paris *le chantage*
était devenu la véritable industrie des femmes galantes,
spécialement des plus vieilles ; elles conservaient les lettres
reçues de riches jeunes gens avec qui elles avaient eu des
relations, et quand elles savaient que l'un d'entre eux allait
se marier, elles le menaçaient, aidées de spéculateurs déshon-
nêtes, d'envoyer la correspondance à la fiancée ou à ses parents, s'il ne payait pas une certaine somme. Parfois, un

second *chantage* suivait le premier ; quelques lettres avaient été détournées et devaient être payées encore plus cher.

Un autre délit très commun aux prostituées sont les coups et les blessures, à cause de leur facilité à se laisser entraîner à la colère. « La colère — écrit Parent Duchatelet — est fréquente chez ces femmes, qui déploient, lorsqu'elles sont irritées, une énergie de corps et d'esprit vraiment remarquable ; c'est un flux de paroles qui, par l'originalité des expressions, est d'une éloquence particulière à cette classe et bien diverse de celle des revendeuses et des autres classes du peuple. Elles en viennent souvent aux mains, se battent à sang et se font quelquefois des blessures assez graves. Dans l'espace de 20 ans, à Paris, les médecins de la prison ont vu 12 de ces blessures se terminer par la mort... Ordinairement, dans ces disputes, les armes employées sont les mains et les pieds ; mais parfois aussi quelque instrument tranchant et spécialement le peigne qui retient leur chevelure ».

Une classe spéciale de voleuses étudiée par Mme Tarnowsky est celle qu'elle appelle « les voleuses prostituées » ; nous avons donc ici la parfaite fusion du vol et de la prostitution et le trait d'union entre l'un et l'autre en une variété pathologique bien caractérisée. « Les traits saillants inhérents aux prostituées, écrit Mme Tarnowsky, tout aussi bien que ceux qui distinguent les voleuses, s'effacent pour ainsi dire dans ce qu'ils ont de particulier, par cela même qu'ils se mitigent, se confondent et produisent une espèce à part, une nouvelle variété de la voleuse récidiviste. La voleuse prostituée, par exemple, sera beaucoup plus prévoyante que la prostituée habituelle ; elle ne se laissera pas entraîner aussi facilement que cette dernière par l'incitation du moment ; elle sera plus calculatrice et saura résister à une impulsion instantanée, ce que la prostituée de profession ne fera que bien rarement. Mais en revanche, la voleuse prostituée fera preuve d'une plus grande sécheresse de cœur, d'un plus grand cynisme que la prostituée simple, qui est souvent capable de céder à

un bon mouvement. D'un autre côté, la voleuse prostituée
a moins de goût pour les liqueurs fortes ; elle sait qu'à cause
même de ces deux vices, elle est astreinte à s'observer et à
être prudente, ce qui n'est pas compatible avec l'état d'i-
vresse. »

Dans tous les cas ce sont donc les formes les plus amoin-
dries de la criminalité qui réapparaissent le plus dans la
prostitution.

4. *Alcoolisme*. — La passion de la prostituée pour les liqueurs fortes égale celle des criminels : elle va jusqu'à affaiblir et même à abolir les réflexes tendineux. Sur 9 filles,
Marro observa l'alcoolisme chez 7 ; chez 2, l'habitude de
boire, développée par des parents ivrognes, avait commencé
presque dès le berceau ; une d'elles buvait jusqu'à 7 litres
de liqueur par semaine quand elle était encore impubère.
(Marro, *Caratteri dei Criminali*, page 438.)

Sur 60 filles étudiées par Gurrieri et Fornasari, 11 étaient
alcooliques, 30 fumaient et 12 avaient un père ivrogne.

Des 29 prostituées de Mme Tarnowosky, qu'elle appelle impudiques, 62 0/0 s'adonnaient aux liqueurs fortes, et leurs
parents alcooliques atteignaient 68 0/0. Même parmi ces prostituées qu'elle nomme hystériques, 66 0/0 étaient alcooliques,
si bien qu'on peut croire que les deux facteurs morbides se
confondent.

5. *Cupidité*.—De même que nous voyons se produire, parmi
les prostituées les formes moins graves de la criminalité,
telles que vol, chantage, etc., nous trouvons chez elles une
autre preuve de l'atténuation de la criminalité dans des passions qui n'arrivent presque jamais au délit grâce à la facilité
de les satisfaire que la profession même leur offre sans
recourir à la faute.

Telle est l'insatiable cupidité de la part la plus intelligente
des prostituées-nées.

Sur 600 prostituées emprisonnées, écrit Parent Duchatelet, se trouvent toujours 10 ou 12 usurières de premier ordre et 20 d'ordre inférieur, qui prêtent un franc et se font rembourser un franc et demi en 15 jours, et qui retiennent au pis aller les vêtements de leurs compagnes jusqu'à les laisser nues.

« La prostituée, écrit M. Macé, considère comme monnaie ses clients, et souvent les désigne ainsi : *Voilà mon écu, mon louis* ». Un cas remarquable, étudié par l'un de nous, est celui d'une certaine Perino, voleuse dès l'enfance et qui cessa de l'être dès qu'elle devint prostituée.

La cupidité des hétaïres grecques était proverbiale : « Tu as oublié, écrit tristement le fermier Aniceto à l'avare Febrana, qu'il avait enrichie à ses dépens et qui ne daignait plus même lui faire l'aumône d'un regard, tu as oublié les paniers de figues, le fromage frais, les belles poules que je t'ai envoyés ! Toutes les richesses dont tu jouis, ne les tiens-tu pas de moi ? Il ne me reste que la honte et la misère ». Alciphone nous conserva cette lettre comme document de l'insatiable cupidité des courtisanes, et Athénée cite des vers d'Anaxille qui, dans sa *Néottide* avait fait un horrible portrait des courtisanes de son temps : « Oui, toutes ces hétaïres sont autant de sphinx qui, loin de parler ouvertement, ne s'expriment que par énigmes ; elles vous caressent, vous parlent de leur amour, des plaisirs éprouvés, puis ensuite vous disent : « Mon cher, il me faudrait un pose-pied, un trépied, une table à quatre pieds, une servante à deux pieds. Celui qui comprend cela se sauve comme un Œdipe, en présence de semblables demandes, et s'estime bien heureux d'avoir été sans doute le seul à fuir le naufrage, mais celui qui espère être récompensé par une véritable affection devient la proie du monstre ».

Et ailleurs : « Voilà cette Plangone, vraie chimère qui a détruit les étrangers par le feu et les flammes, à qui néanmoins un seul cavalier ôta la vie, quand il s'en alla emportant avec lui tous les effets de sa maison. Quant à Pinope, n'est-elle pas une seconde hydre ? Elle est vieille, et a

pour voisine Gnatène aux cent têtes. Mais Nannione, en
quoi diffère-t-elle de Scilla aux trois gueules ? Ne cherche-t-
elle pas à surprendre un troisième amant, après en avoir
déjà étranglé deux ? » Petala qui, elle aussi, cherche un marchand de Bethunie, et ne l'a pas encore trouvé, écrit à Sama-
lione, dont l'amour larmoyant et parcimonieux l'importune :
« De l'or, des tuniques, des joyaux, des esclaves, voilà ce
que ma condition et ma profession exigent. Tu pleures ! tu
m'ennuies ; à moi, il faut un amant qui me maintienne
bien. Tu pleures : comme tu es ridicule, par Vénus ! Il m'ido-
lâtre ; il faut que je me donne à lui, me dit-il, sans moi il ne
peut vivre ! Comment ! N'as-tu pas des coupes d'or ? Ne peux-
tu voler l'argent de ton père, les épargnes de ta mère ? »
— Anassile avait donc raison de dire dans une de ses
comédies : « De toutes les bêtes féroces, aucune n'est plus
dangereuse qu'une hétaïre ».

Chacun sait quelles richesses accumulèrent les favorites
des rois de France ; les cadeaux, les pensions, les rentes
qu'elles se faisaient octroyer. Les de Goncourt écrivent de la
marquise de Pompadour : « Au fond de la femme était l'ac-
cumulatrice de possessions et la constructrice de châteaux ;
si bien qu'elle arriva à réaliser une quantité de terres et
d'édifices qu'avant elle aucune amante du roi n'avait osé
rêver. Sa fortune fut calculée à plus de 25 millions de francs,
chiffre énorme, même à présent, et qui l'était d'autant plus
alors que la France était dans de misérables conditions. »

6. *Pudeur.* — Le manque de pudeur est le caractère plus
saillant de ces malheureuses. Plusieurs auteurs et même
Parent Duchatelet, ont voulu le nier ou tout au moins l'atté-
nuer, parce qu'elles recouvrent la face de la Madone lorsqu'elles s'abandonnent à leur client, parce qu'elles ont honte
de se donner devant leurs compagnes ; mais ici on interprète
par pudeur ce qui n'est que superstition, vanité, crainte de
la Madone, simulation. Quand on pense que des mères inci-
tent leurs filles à se livrer à leur propre amant ou se prosti-

tuent devant elles ; que d'autres s'exhibent en spectacles plastiques de saphisme et de bestialité (Parent, op. cil.) ; on comprend combien est simulée cette retenue de se donner devant une compagne.

Un de nous a entendu une prostituée s'étonner et se plaindre de ce qu'on l'avait arrêtée pour outrage à la pudeur, alors qu'elle ne s'était donnée qu'à dix soldats seulement, sur une place publique.

Remarquable est plutôt l'étrange forme de pudeur qu'on observe chez beaucoup de prostituées, celle d'avoir honte de se laisser visiter quand elles ne sont pas propres, particulièrement quand elles ont leurs menstrues ; elles opposent parfois, sous ce rapport, une résistance supérieure à la pudeur de la femme honnête. Pour qui réfléchit que la pudeur dérive de *putere*, ou du dégoût qui provenait des sécrétions vaginales putréfiées et que comme nous l'avons vu (v. s.) le premier salut amoureux, la première forme du baiser fut le flair, que nous voyons chez les animaux quand ils se rencontrent, de sorte que pour beaucoup de sauvages le salut n'est pas : « Comment allez-vous ? » mais : Comment sentez-vous ? » telle doit être, semble-t-il, la vraie forme de la pudeur des prostituées, comme elle dut être à l'origine pour les sauvages : c'est-à-dire la crainte d'inspirer du dégoût à l'homme par ses sécrétions vaginales.

C'est, en somme, une forme de pudeur complètement impudique.

7. *Folie morale et prostitution innée.* — La prostituée-née est donc dépourvue du sentiment de la maternité, sans affection de famille, sans scrupules d'honnêteté dans la satisfaction de ses propres désirs, qui sont grands ou petits, suivant le degré différent d'intelligence individuelle ; elle est parfois criminelle dans les formes moins graves de la criminalité ; elle présente, pour cela, le type complet de la folie morale. Ainsi s'explique l'absence de pudeur qui entre dans le cadre de la folie morale,

et qui en est presque le côté caractéristique de la femme. Comme tout l'effort de l'évolution morale s'est concentré, pour la femme, à créer et à renforcer surtout la pudeur, sa plus grande dégénérescence morale, sa *moral insanity*, doit avoir pour effet la perte de ce sentiment, de même que chez l'homme elle provoque la perte de ces sentiments que la civilisation inculque le plus fortement, tel que le respect de la vie humaine, etc. En effet, la facilité de ces femmes à accepter avec indifférence et parfois avec une préférence marquée une profession qui ne leur attire que le mépris de la société, se relie à l'absence de pudeur et à la folie morale dont elle est presque le couronnement.

Ainsi se résout la contradiction apparente entre la profession de prostituée et la frigidité sexuelle. Des désirs sexuels plus intenses qu'ils ne le sont à l'état normal, ne conduisent pas nécessairement une femme à la prostitution ; une femme de ce tempérament sera très exigeante envers son mari, s'accordera des suppléments en dehors de lui, mais elle ne se prostituera pas. La pudeur pourra donc encore exister, mais elle sera de temps en temps vaincue, par de violentes excitations sexuelles.

Si, au contraire, des femmes deviennent prostituées malgré leur froideur sexuelle, la cause déterminante n'est pas dans la luxure, mais dans la folie morale ; manquant de pudeur, insensibles à l'infamie du vice, attirées par une fascination morbide vers tout ce qui est défendu, elles s'adonnent à ce genre de vie, parce qu'elles y trouvent le meilleur moyen de vivre sans travailler. La froideur sexuelle est même pour elles un avantage, une adaptation darwinienne, car, pour une femme trop facilement excitable, la vie de prostituée serait trop épuisante ; pour elles, au contraire, l'acte génésique étant un acte insignifiant, tant moralement que physiquement. elles l'accomplissent facilement parce qu'il est lucratif. Et le fait même que l'origine de la prostitution se trouve dans la folie morale et non dans la luxure, nous explique aussi sa précocité et nous prouve qu'elle est seulement un aspect de cette précocité générale pour le mal des fous moraux, qui montrent dès l'enfance une tendance morbide à faire tout ce qui est défendu : « De bonne heure, écrit Schüle, ils aiment à faire le mal et à violer toutes les défenses ; et cette tendance ne fait qu'augmenter avec l'accroissement des forces. Le mensonge et la dissimulation sont des besoins inhérents à leur nature, ils y recourent sans cesse, malgré tous les efforts de l'éducation. Les joies et les douleurs de leurs parents ne les touchent pas ou n'éveillent en eux que des sentiments fugitifs ; et si l'on essaie de les corriger par des moyens énergiques, leur obstination ne fait que s'accroître et ils retombent sans trève dans les mêmes fautes. Souvent l'on redoute en eux la précocité des pires tendances, le besoin de voler, la méchanceté et même la cruauté envers leurs compagnons. »

On devait d'autant plus noter cette précocité dans la prostitution, qu'elle est, parmi les tendances au vice, une de celles qui, pour se montrer, ne trouvent pas d'empêchement dans le jeune âge ; pour assassiner ou voler, la perversité dont peut être également capable un enfant, ne suffit pas souvent, il faut aussi la force : mais pour une tentative de coït toute jeune fille perverse, quelque soit son âge, en est capable.

La dernière preuve, enfin, que, dans la prostitution innée, il s'agit d'un égarement bien plus moral que sexuel, se trouve dans le fait que l'on rencontre parfois une précoce prostitution morale accompagnée de la plus scrupuleuse virginité.

Tel est le cas de ces maîtresses des monarques français, qui rêvaient déjà, dès l'enfance, de gouverner le pays du lit du roi : dans les papiers de la marquise de Pompadour on trouva les chiffres d'une pension à M. Lebon pour lui avoir prédit, à 9 ans, qu'elle deviendrait la maîtresse du roi : et Félicité de Nesle, comme le démontrent les de Goncourt, songeait aux moyens de remplacer sa sœur dans la place de maîtresse royale, lorsqu'encore petite fille elle était renfermée au couvent de Port-Royal. C'était donc un vice du sens moral, et non une excessive ardeur sexuelle qui les poussait vers leur triste carrière.

La genèse de la prostitution innée est donc dans la folie morale ; et les autres caractères secondaires de la physionomie morale de la prostituée confirment cette identification de la prostituée-née avec la folie morale.

8. *Bonté intermittente.* — Chez les prostituées comme chez les criminelles, on trouve cette bonté intermittente qui, à certains moments, les fait paraître si éloignées de leur habituel égoïsme.

« Un des caractères spéciaux des prostituées, (écrit Parent Duchatelet), est de se secourir et de se consoler réciproquement dans les malheurs. Si l'une d'elles tombe malade, toutes les autres sont à l'instant désolées ; elles s'empressent de lui procurer tous les secours nécessaires : la conduisent à l'hôpital et ne manquent pas d'aller la visiter régulièrement. »

Lecour raconte avoir souvent vu les compagnes d'une prostituée se cotiser pour payer son voyage et ne pas la laisser retourner dans son pays aux frais de l'administration : éventualité qui leur répugne beaucoup. « Les prostituées, (écrit Carlier), se haïssent entre-elles : mais une maladie grave, une infortune quelconque fait cesser toutes les rivalités. Elles s'assistent alors mutuellement, payent les médecins, se cotisent, se visitent tour à tour, et enfin, font faire à celles qui meurent des sépultures décentes à leurs frais. »

Ce n'est pas seulement envers leurs compagnes qu'elles se montrent animées de bons sentiments, mais aussi envers les étrangers, déployant souvent pour les faibles et les malheureux cette pitié que nous avons trouvée caractéristique de la femme. Tolstoï dit qu'il fut extrêmement surpris, lorsqu'il vit, durant son enquête sur la vie du peuple de Moscou, une prostituée des plus pauvres et des plus infimes, qui, depuis deux jours, négligeait son métier pour soigner le nouveau-né d'une voisine.

« Il m'est arrivé d'observer, (écrit Parent Duchatelet), un grand nombre de prostituées qui donnaient, dans des moments difficiles, un pain par semaine et quelquefois par jour à des vieillards à des infirmes ou à des familles nombreuses de leur voisinage. »

9. *Intelligence*. — L'intelligence présente chez les prostituées les plus extrêmes variations : on va d'un minimum qui touche presque à l'idiotie et à la stupidité, jusqu'à un maximum qui coudoie presque la génialité.

Chez certaines prostituées, l'intelligence est restée enfantine, au point qu'elles paraissent presque imbéciles ; elles ne comprennent rien, restent surprises devant les choses les plus vulgaires, s'épouvantent des demandes les plus ordinaires et ne savent pas répondre. On pourrait classer ce type sous le nom de prostituée-enfant. Voici comment les décrit Maxime Du Camp: « Quelques prostituées de 14 ou 15 ans ne savent littéralement pas parler : non parce qu'elles ne savent pas articuler des sons, mais parce qu'elles n'ont pas à leur disposition le nombre de mots nécessaires pour exprimer une idée. A toutes les questions qu'on leur pose, elles répondent par le geste brusque d'un animal épouvanté : Je ne sais pas... Pour une mouche qui vole, elles éclatent de rire ; d'autres regardent le feu avec des yeux démesurément ouverts, comme si elles n'avaient jamais vu des charbons allumés ».

Dans la famille de dégénérés étudiée par Legrain dont nous avons déjà parlé, la fille avait une intelligence très affaiblie, comme cette F..., dont parle Laurent. Ottolenghi trouva chez B. P. et B. Z., une intelligence également très affaiblie ; B. V. était même entachée de crétinisme.

Ces considérations sont à leur tour démontrées par les statistiques que Parent-Duchatelet publia sur l'instruction des prostituées. Il trouva que sur 4,470 prostituées, nées et élevées à Paris, 2,322 ne surent pas écrire leur nom ;

1,780 l'écrivirent, mais mal ; 110 l'écrivirent bien, et même très bien ; 248 ne fournirent aucun indice. Déjà Parent-Duchatelet trouvait difficile d'admettre qu'un chiffre aussi élevé (plus de 70 °/o) d'illettrées fût dû à la négligence des familles désordonnées, dans lesquelles souvent naissent les prostituées, ou à la misère, l'instruction populaire étant alors à Paris déjà très diffuse et gratuite ; mais l'insuffisance de cette explication nous est encore mieux démontrée par le fait que les prostituées venant de la campagne, où les facilités de s'instruire sont bien moindres, donnent à peu près les mêmes chiffres et non des chiffres supérieurs, comme l'on devrait s'y attendre, si vraiment la cause de cette ignorance était due au facteur social de la difficulté d'acquérir l'instruction. En effet, sur 39 prostituées originaires des deux sous préfectures de la Seine, 25 n'ont pas su écrire leur nom ; 14 ne l'ont écrit que mal ; sur 264 provenant des campagnes, 146 n'ont pas su signer ; 74 ont mal signé ; 44 n'ont fournit aucun indice.

La vérité est que beaucoup de ces femmes sont, dans leur enfance, ineptes à apprendre quoi que ce soit ; inattentives, insubordonnées, incapables de travailler, aucune leçon ne leur profite, aucune école peut les garder longtemps. On voit en cela une nouvelle confirmation de la fréquence de la folie morale parmi les prostituées ; car Schüle observa que beaucoup de fous moraux, mal doués intellectuellement, ne retirent aucun avantage durant la jeunesse, des soins du maître lorsqu'ils sont envoyés à l'école ; ils sont aussi peu capables d'une instruction intellectuelle que d'une éducation morale. F., de Laurent, montrait effectivement une absolue incapacité à l'application mentale, et n'apprit jamais rien dans aucune école ; de même cette X... de la famille étudiée par Legrain. Parent-Duchatelet remarqua, lui aussi, qu'il était impossible à beaucoup de prostituées de suivre un raisonnement un peu compliqué ; après quelques instants, elles y renonçaient, prétextant une fatigue d'esprit. Sur 28 prostituées étudiées par le docteur de Sanctis, l'intelligence fut trouvée chez trois prostituées très affaiblie, presque nulle ; chez 7 affaiblie ; médiocre chez 13 ; 4 étaient, au contraire, assez intelligentes. Il y a donc une énorme prépondérance d'intelligences inférieures à la moyenne. « Presque chez toutes, écrit Fiaux, on observe une enfantilié de l'esprit, une inattention de jeune sauvage, la mobilité et le vide d'un cerveau préhistorique plongé encore dans l'animalité ». Et presque toutes ont au printemps une agitation qui va jusqu'à l'excès maniaque.

Comment du reste, si leur intelligence n'était pas très affaiblie, la plupart des prostituées accepteraient-elles sans réagir ni penser à réagir, le joug et la spoliation continuelle des patronnes des maisons de tolérance? C'est le phénomène qui fut constaté par Picot et Bridel dans leur enquête à Genève sur la prostitution. « La femme qui s'est laissée prendre, est incapable de réagir ; sans relations avec les siens, expatriée, retenue par ses dettes, elle finit par se croire dans une situation presque normale et par acquérir un sentiment de devoir professionnel envers ceux qui l'exploitent, sentiment qui l'empêche de violer les monstrueuses conditions du contrat ». Fiaux nota que beaucoup de prostituées qui, dans un moment de colère, s'étaient soustraites à la tyrannie d'une maison de prostitution, y retournaient spontanément après quelques jours, enrichir avec leur habituelle indifférence leurs exploiteurs.

Mais de même qu'on trouve chez les fous moraux à côté de faibles intelligences, des intelligences brillantes, bien que souvent unilatérales et incomplètes, nous trouvons souvent chez les prostituées une remarquable intelligence bien que spécialisée et avec des lacunes. Andréa, étudiée par Laurent, était très intelligente, elle était allée peu de mois à l'école et semblait l'avoir fréquentée bien plus longtemps ; elle aimait beaucoup à lire et parlait avec esprit, bien que dans un langage un peu vulgaire. Une autre prostituée, dont

parle Parent-Duchatelet, avait imaginé un très ingénieux
moyen d'exercer plus lucrativement et sans danger son
métier; elle avait constitué une association de 40 hommes
mariés, et ne se donnait qu'aux sociétaires; chaque nouveau
membre ne pouvait être admis que sur le consentement des
associés et après une visite médicale; les célibataires et les
veufs n'étaient pas acceptés et les sociétaires devenus veufs
cessaient *ipso facto* de faire partie de cette société coopéra-
tive; de cette manière, sa santé et celle de ses clients était
garantie, et elle gagnait beaucoup sans se fatiguer trop. Un
certain degré d'intelligence était évidemment nécessaire
pour imaginer et accomplir un pareil plan.

Mme Tarnowsky nota chez les prostituées un groupe spécial
(15 % de la totalité) de semi-hystériques possédant une certaine culture, ayant fréquenté l'école, mais l'ayant abandonnée avant d'avoir terminé leurs études : « la plupart ont une
certaine sentimentalité lyrique (ce qu'un de nous observa
chez les voleurs) aiment les fleurs, les oiseaux, la poésie, font
elles-mêmes des vers bons ou mauvais; elles ont le cœur
tendre ou posent comme si elles l'avaient. »

Si nous remontons vers l'aristocratie de la prostitution,
jusqu'à l'hétaïre, nous nous trouvons en face d'intelligences
évidemment supérieures à la moyenne, d'où partit quelquefois
l'incitation au génie, et où l'on vit des femmes nées dans de
très humbles conditions s'élever à de brillantes positions
sociales

Beaucoup des hétaïres grecques furent certainement d'une
intelligence supérieure, comme Aspasie, comme Leone; la
part qu'elles eurent dans l'histoire politique et artistique de
la Grèce le démontre.

Ainsi Targelie de Mileto fut chargée d'une mission délicate
par Xerxès, roi de Perse, qui méditait la conquête de la
Grèce; elle devait lui gagner les principales villes grecques
en inspirant de l'amour aux chefs qui les défendaient. Elle

devint ensuite l'épouse du roi de Thessalie, s'établit à Larisse et s'adonna aux études.

Aspasie, originaire de Milete comme Targelie, après avoir été ditteriade à Mégare, épousa Périclès ; venue à Athènes avec un brillant cortège d'hétaïres jeunes et de libre condition, elle eut pour admirateurs les plus considérables citoyens de la ville. Périclès s'en éprit et entraîna à sa suite non seulement les généraux, les orateurs, les poètes et tous les hommes les plus éminents de la république, mais encore les femmes et les filles de ces citoyens que l'admiration rendait indulgentes pour tout le reste. Elles allaient chez elle pour l'entendre raisonner, écrit Plutarque. Elle seule donnait une direction suprême aux modes, au langage, aux opinions et aux usages.

Nicarete, née de parents honorables fut passionnée pour les problèmes de géométrie, et ne refusa jamais ses faveurs à quiconque lui enseignait quelque chose.

Une secte philosophique, qui avait des hetaïres parmi ses partisans, ne manquait jamais de réussir. Si la mathématicienne Nicarete rendit de nombreux services aux stoïciens, Philène et Leontie ne furent pas moins utiles aux Epicuriens. Philène, disciple et maîtresse d'Epicure, écrivit un traité sur la physique et sur les atomes. On ne peut également élever aucun doute sur la supériorité intellectuelle de la marquise de Pompadour ; ses plans politiques eurent de bien tristes effets pour la France ; ils n'en étaient pas moins pleins d'audace et de nouveauté, comme l'ont signalé les de Goncourt. Elle montra aussi une grande intelligence en tenant tête pendant tant d'années aux intrigues multiples de ses ennemis à la Cour, et déployant un large mécénatisme en faveur des arts et des sciences : avoir été l'amie et la protectrice généreuse des plus belles intelligences de la France dans ce grand moment de rénovation scientifique, est une preuve de sa néophilie, qualité si rare chez les femmes. — Et qui pourrait douter de la supérierté de l'intelligence de ces demi-mondaines, de leur connaissance des hommes, de leur habileté à les manier et à les plier à leurs propres désirs, alors que souvent n'étant pas extraordinairement belles, elles atteignent, dans leur infâme carrière, à de prodigieuses hauteurs?

Dans un autre milieu, les patronnes des maisons de tolérance, toutes ex-prostituées riches qui, en peu d'années, accumulent de 20 à 25.000 francs de rente, nous donnent une preuve de grande prévoyance.

10. *Écrits.* — Les écrits des criminelles, même les graffites, sont très rares; ils sont le plus souvent religieux ou d'amour pur, et tous insignifiants (1).

Plus nombreux et plus spirituels (bien que moins que ceux des hommes) et toujours bien plus cyniques, sont ceux des prostituées-criminelles; un de nous a trouvé, par exemple, dans un syphilicome :

     « Pour moi, je vais dans la cité dolente.

     Pour moi, je vais parmi les gens perdus ».

     « Je veux me faire religieuse de la fortune,

     Je veux prendre la couronne des vierges. »

Je transcris ci-après une poésie humoristique sur l'hôpital des syphilitiques de Turin (*Archivio di psichiatria*, xii), dictée par une très jeune prostituée, laide, presque naïve, qui décrit ainsi le triste hospice :

     La Bogetto (2) est une grande chose,

     C'est une œuvre belle et bonne ;

     Je voudrais faire ici un peu de prose,

     Et je demande la parole.

     Et qui sait?

     Le fondateur de cet hospice

     A peut-être lui-même souffert

     Les mêmes maux que moi.

(1) Lombroso, *Les Palimpsestes des Prisons*, 1894. Lyon.
(2) Sobriquet du syphilicome de Turin.

Quelle curieuse! dites-vous,
Déjà, tu veux trop en savoir.
Et puis, pour ce que j'ai à dire,
Il ne faut pas m'interrompre.

Je veux seulement dire ici
Et expliquer les douleurs
Que j'éprouvai pendant longtemps,
Et de toutes les couleurs.

Voilà pourquoi, cher Bogetto,
Je me montre si curieuse.
Ce n'est d'ailleurs pas un défaut
Que de m'instruire en toutes choses.

Et je sais que tu entends
Toutes sortes de confidences.
Mais quoi!... Je te prie de me rendre
La santé, et que je ne sorte plus ainsi.

Alors, je vais commencer
Par te dire qui je suis et de quel pays.
Or, il y a trois ans que je suis malade
Et je suis Marcelle, la Turinoise.

J'entrai ici en 1889,
J'étais enceinte et empestée.
On m'opéra d'un bubon
Et je sortis encor malade.

Je revins une seconde fois
Avec excroissances et ulcères.
Mais la Pata (1) me mit à la porte
Sans que je fusse encor guérie.

Moi qui suis assez pointilleuse,
Je me plaignis; mais sois tranquille,
Espère, me dit-il, je trouverai quelque chose
Qui te fera guérir, ô Marcelle.

(1) Surnom d'un employé.

Et en effet, ce fut ainsi,
Mon faible cœur ne faiblit pas ;
Mon mal fut guéri,
Sans avoir à souffrir grandes douleurs.

Tu veux savoir ce qu'était la Pata ?
C'était un vieux, vilain, vilain,
Une figure paraissant celle d'un idiot
Et à l'entour toute barbue.

Je commence par te décrire
Toutes ses généralités ;
Je finirai en te faisant connaître
Aussi toutes ses qualités.

Il avait un bandeau
Sur un œil, le droit, je crois ;
Mais la fourberie, qu'il avait
A mon égard, le rendait clairvoyant.

Et que veux-tu ?... moi qui, tranquille,
Ne puis rester une seule minute,
Toujours en haut, jamais à terre,
Il me surprenait ce barbu.

Et où étais-je ? Sur la fenêtre
Qui prenait jour sur un jardin
J'étais là du matin au soir,
Bavardant avec un négrillon.

C'est une Amérique, cet hôpital,
On y trouve à faire l'amour.
Les jeunes gens, du jardin, et nous, de nos salles,
Echangions des lettres d'amour.

Que de fil j'ai usé
Pour correspondre par cette fenêtre !
Que de papier j'ai consommé !
Que de propos j'ai échangés !

Mais voilà ! quelquefois, pendant que j'attendais
Une lettre à remonter,
J'entendais à ma droite : Tu seras à la diète !
Et, de la fenêtre, je descendais vite.

Je n'étais pas au goût de la Pata.
Car je ne suis pas faite pour la tranquillité,
Ne restant jamais à ma place,
Et toujours prête à quelque espièglerie.

Pour dire toute la vérité,
La Pata, d'étrange nom,
Avait une maîtresse de moi connue,
Mais, par prudence, je tais son nom.

Je leur pardonnais et fermais les yeux
Sur son libertinage que maintenant je m'explique
Et si je leur faisais quelques reproches
Ils se défendaient en riant.

Mais bien plus tard, il fut surpris,
Ce vilain libertin ;
Sur une femme il était étendu,
Le cœur tremblant et tout fougueux.

Lui, ne s'attendait à aucun péril,
Il n'avait pas peur de prendre du mal !
Il n'avait qu'un désir,
Sa volonté, c'est-à-dire.

Et comment payait-il la contribuante ?
Avec un franc ou du Marsala.
Mais aussi il arrivait souvent
Qu'il ne lui donnait rien du tout.

Mais hélas ! Un jour tout fut découvert
Et il fut renvoyé de son emploi.
Les femmes parlèrent, et bien qu'il fut expert,
Les dénégations ne servirent à rien.

Et qui le surprit? Ce fut l'infirmière
Qui, tenant ses sandales en mains,
Etait descendue doucement un soir
Dans une chambre du premier étage.

La porte ouverte, elle s'arrêta.
Tout au long étendue sur un sopha,
Elle vit la belle Francesca
Qui s'essuyait le tralala.

Imaginez-vous quelle horreur
Ressentit la pauvre infirmière
Qui se voila la face
Et descendit faire son rapport.

Veux-tu savoir comment l'on est,
Entre les murs du Bogetto?
Dans le cas où quelqu'un te demanderait
De quelle façon on y est traitée.

Or, je vais te dire comment l'on mange :
Trois sortes de pâtes dans la journée,
Qui en veut de plus s'arrange,
Qui les trouve trop douces les fait saler.

Le matin, pain et café,
A midi, soupe à volonté ;
Deux pitances par jour et du vin baptisé,
Mais dont le nom est inconnu.

Si une femme a mal à la bouche
Et qu'au docteur elle aille pleurer,
Alors, il la garde et la met
Au régime du lait et des œufs.

Au Bogetto, c'est beaucoup trop
La compassion qu'on a de nous.
Je dis la vérité et n'exagère pas
Le grand bien qu'on m'y a fait.

La direction n'est pas mauvaise,
Les infirmières sont très gracieuses;
De la patience elles ont beaucoup,
Avec ces femmes capricieuses.

Nous sommes parfaitement guéries
Par les meilleurs professeurs,
Par des docteurs des plus vaillants
Qui sont pour nous pleins d'attentions.

Je veux aussi te faire connaître le portier
Qui est maintenant au Bogetto;
Je ne sais pas ce qu'il fut avant,
Mais un couplet te le dira.

C'est un type de Vénitien
Toujours rouge comme un dindon
Et la chanson qu'on lui a dédiée
Est intitulée : Le sans-v...

Qui sait le pourquoi? Moi, je ne sais;
Et si je savais, je voudrais te le dire;
Quelque chose que je sache,
Je te dirai tout, ó Bogetto.

Mais voilà que je t'ai tout expliqué
En cette prose si mal faite.
Mais pardonne-moi, j'ai peu étudié,
J'ai à peine fait ma troisième classe.

Moi-même, je vois beaucoup d'erreurs
Qui sont en cette poésie,
Mais aie patience, sois sans rancune,
Aie compassion de moi, quoi qu'il en soit.

Allons, Bogetto, je te salue,
Pour moi, je compte ne plus revenir.
Je ferai mon possible pour guérir de tout
Et te remercie de ce que tu as fait pour moi.

J'espère que Dieu cessera un jour
D'abattre sur moi l'infâme baguette
De Vénus, et avec l'aide de Mercure,
Cessera la peste maudite.

Voilà tout, mais écoutez bien ceci :
Qui veut venir au Bogetto,
Qu'il se prépare à soupirer
Et s'avance bien vite.

Car ici les places vides sont rares
Et toujours occupés sont les lits.
Pourvu que vous ne soyez pas méchant,
Ici, vous serez bien, parfaitement bien.

Pitré a publié des couplets vraiment rudimentaires des prostituées, mais, certainement, l'on n'en possède pas de semblables venant des criminelles. Ce qui ferait croire que quelques-unes d'entre elles ont le sentiment esthétique plus développé que la femme criminelle et la femme normale.

11. *Argot*. — Elles ont entre elles un espèce d'argot ; appellent *Machinskoff*, le premier venu ; *Père Douillard* ou *Robinskoff*, le protecteur ; *Beguinskoff*, le caprice d'un moment ; *Bon*, l'agent des mœurs ; *Breme*, le permis de prostitution, les cartes à jouer, être sous la surveillance ; *Panuche*, la femme bourgeoise ; *Pisteur*, l'homme qui suit les femmes dans la rue. Elles appellent *Miché* le client ; *Petites agenouillées*, les petites bouquetières saphiques ; *Civetta*, une laide ; *Rail*, l'inspecteur de P. S. ; *Gardes des morts*, ceux qui dérangent les bordels ; *Gougnottes*, les tribades ; *Pointe de plume*, la masturbation buccale ; *Patte d'araignée*, la digitale ; *Effeuiller la rose*, l'anale ; *Puces travailleuses*, les tribades qui donnent des spectacles saphiques (Taxil, *op. cit.*)

12. *Religiosité*. — Comme les délinquants et la plupart des dégénérés, les prostituées sont très religieuses. Déjà, dans la

Grèce antique, si nous en croyons Jacob, les hétaïres et les prostituées de rang inférieur se distinguaient par une observance exagérée des rites religieux et par un excessif empressement à offrir des présents aux dieux, qui étaient le plus souvent des phallus d'or, d'argent, de nacre ; des joyaux précieux, des miroirs en argent, des ceintures, des peignes, des pincettes à épiler, des épingles et autres menus objets professionnels d'or ou d'argent. Le temple de Vénus à Samos était entretenu à l'aide de l'argent des hétaïres qui suivirent l'armée de Périclès au siège de Samos. De même, selon Strabon, pour le temple de la Vénus Ericine à qui les courtisanes offraient des ceintures, des peignes, des bas, des perruques et autres objets de leur métier, et leurs amants, la lampe, témoin de leurs amours.

Toutes les grandes courtisanes françaises du siècle écoulé, malgré le scepticisme du monde qu'elles fréquentaient, conservaient secrètement, même dans les moments les plus licencieux, comme le notent les de Goncourt, l'usage de certaines pratiques superstitieuses, comme, par exemple, de faire dire tous les samedis une messe à la Sainte Vierge. Laurent raconte avoir connu une vieille courtisane devenue entremetteuse qui priait la Sainte Vierge de rendre généreux ses clients quand elle leur vendait une vierge ou une petite fille ; il cite aussi le cas d'une prostituée andalouse qui décrivant au lit, à un client, les beautés de quelques fonctions religieuses, se montra scandalisée en s'apercevant qu'il était incrédule ; et celui d'une prostituée moscovite, qui, sortant de la maison où elle avait passé la nuit avec un étranger, l'obligea à lever le chapeau devant une image célèbre.

Qui du reste a parcouru les quartiers populaires de Naples aura vu qu'il n'y a pas de lupanar sans image de la Madone éclairée par une petite lumière ; on dit même, que lorsqu'un client entre, on a soin de voiler l'image pour qu'elle ne voit pas.

« Dans le monde, écrit Parent-Duchatelet, les prostituées

n'épargnent pas les plaisanteries sur les choses religieuses, mais quand elles sont seules ou en prison, il en est tout autrement. Si nous les observions lorsqu'elles sont libres et dans les rues, nous verrions qu'elles ne manquent jamais de faire le signe de la croix lorsqu'elles rencontrent un convoi funèbre; qu'elles se disputent les rameaux d'olivier à Pâques. Une d'entre elles tomba soudainement malade dans un lupanar et demanda un prêtre: trois compagnes coururent à l'église; mais le prêtre exigeant qu'elle fût transportée ailleurs, la patronne et ses compagnes s'empressèrent de le faire. Une autre reçut un soir un rendez-vous à l'église, mais elle ne l'accepta pas, alléguant qu'elle était indigne d'entrer dans une église et qu'elle avait juré de ne pas y mettre les pieds tant qu'elle ferait ce métier. Dans les infirmeries des prisons, les prostituées ne refusent jamais les secours religieux à leurs derniers moments; aucune ne trouve cela mauvais et toutes conviennent qu'elles en feront autant dans les mêmes circonstances. Si l'on veut les obliger à aller à l'église, elles s'y refusent ou s'y conduisent mal; mais si les portes de l'église sont ouvertes, si l'on y chante des hymnes et des cantiques dans une langue qu'elles peuvent comprendre, on les voit accourir et se comporter dignement.

« Une prostituée de bas étage, perdit son fils à la suite d'une longue maladie; elle ne cessa durant tout le temps qu'il fut malade de faire des neuvaines à la Sainte Vierge. Durant les processions on en vit se cotiser pour orner les fenêtres, et se prosterner à terre ».

13. *Attachement aux bêtes.* — Un autre trait commun à la prostituée et au fou moral c'est l'amour excessif pour les animaux, qui contraste avec leur peu d'affection pour les êtres humains. Du Camp raconte que l'on permettait jadis aux prostituées d'apporter avec elles à Saint-Lazare leurs animaux domestiques; mais on dut leur enlever cette permission, car la prison devenait une ménagerie. Mme de Pompadour

maintenait elle aussi, racontent les de Goncourt, une véritable ménagerie dans sa maison : chiens, singes, perroquets, oiseaux rares ; elle laissa en mourant, par une disposition testamentaire spéciale, son chien et son perroquet à Buffon, et fit graver en pierre dure et peindre par de célèbres artistes plusieurs de ses chiens. C'est que l'amour pour un animal est un sentiment purement égoïstique, l'animal étant un esclave docile pour lequel il n'est pas nécessaire d'avoir des égards ou de faire des sacrifices, tandis que l'amour pour une créature humaine qui ne soit pas excessivement suggestible, est un sentiment ego-altruistique, qui exige le sacrifice de nombreux désirs égoïstiques à l'intérêt de la personne aimée.

14. *Amour.* — Les prostituées ont pour amants les souteneurs : et rien n'est plus étrange, à première vue, que le rapport d'affection qui lie les femmes perdues à ces êtres presque tous pervertis.

Le souteneur est presque toujours un homme brutal et violent, qui vit aux dépens de sa maitresse et la récompense par des coups ; il a, particulièrement celui des infimes prostituées, des rapports intimes avec les voleurs et le monde des criminels. Peculiet, en 1879, parle des souteneurs dans son encyclopédie ; Restif de la Bretonne en parle également ainsi, dans son *Pornographe*, imprimé en 1760, faisant allusion à un mémoire présenté par eux au siècle précédent, à un lieutenant de police : « Les prostituées, écrit-il, ne peuvent rester sans protecteur, et ordinairement leur choix tombe sur le plus scélérat, celui qui inspire le plus de terreur aux autres, afin d'avoir un soutien envers et contre tous.

« Quand une femme a fait choix de son souteneur, elle ne peut plus s'en défaire ; il faut qu'elle l'entretienne dans l'oisiveté, les orgies, le jeu, les débauches avec d'autres prostituées ; car beaucoup de ces hommes ont l'habitude de tenir plusieurs maitresses à la fois ; et si une prostituée ne peut plus résister à la tyrannie d'un pareil homme, elle doit, pour s'en débarrasser, en trouver un autre plus terrible encore et par suite plus despote et plus tyran.

Lorsque la prostituée doit dans son intérêt contrevenir aux règlements et apparaître sur quelque point de la voie publique qui lui est interdite, etc., le souteneur se met en faction et s'il voit venir quelque inspecteur, il l'avertit et la fait disparaître à l'instant ».

Il en est de même de nos jours. « Le joug, écrit Parent-Duchatelet, que se laissent imposer les prostituées par les hommes auxquels elles s'affectionnent, dégénère souvent de la part de ceux-ci, en une tyrannie, la plus odieuse que l'on puisse imaginer. Non seulement ils se font nourrir et vêtir par les femmes qui les ont pris avec elles, mais encore les surveillent sans relâche, et lorsqu'ils savent qu'elles ont gagné trente ou quarante sous, ils les obligent à aller dans quelque taverne pour les consommer avec eux; si elles s'y refusent, ils les maltraitent ».

« Jamais nègre sous le fouet du commandement, écrit Lecour, jamais forçat sous le garde-chiourme ne fût plus esclave que la prostituée sous le souteneur, dont cependant elle paie la protection ».

Et cependant, une telle tyrannie n'empêche pas chez les femmes perdues la plus intense et presque la plus bestiale affection pour eux.

« J'en ai vu, écrit Parent, venir à l'hôpital avec les yeux hors de la tête, le visage ensanglanté et le corps meurtri de coups par leurs amants ivrognes; mais à peine guéries, elles couraient les rejoindre.

« Une d'elles, voyant son amant trébucher dans un état d'ivresse complète, le suivait de loin pour le surveiller; l'ayant vu tomber dans un fossé, elle courut chercher du secours, l'aida à se relever, puis s'empressa de se cacher pour se soustraire à sa fureur; le lendemain, elle alla le chercher au dépôt, près de la Préfecture, où elle sût qu'il avait été transporté.

« Une autre voulant retenir son amant, qui avec un marteau fracassait les miroirs, les meubles et tout ce qu'elle avait, augmenta tellement sa fureur que, menacée elle-même, elle ne put se soustraire à une mort certaine, qu'en se précipitant par la fenêtre d'un troisième étage : guérie de ses contusions, elle retourna avec le même homme, qui, six mois plus tard, dans un cabaret, la mit dans la nécessité de sauter encore une fois par la fenêtre, chute dans laquelle elle se cassa un bras ; mais malgré cela, elle resta toujours attachée à celui qui lui manifestait son amour d'une manière si singulière.

« C'est surtout par les lettres écrites en prison que l'on peut reconnaître l'exaltation de leur imagination ; rien d'obscène, rien de rebutant ; mais seulement des protestations d'amour et plus souvent des reproches exprimés en termes énergiques, car ces malheureuses sont rarement payées de retour, et si leur détention dure quelque temps, elles arrivent toujours à savoir par les nouvelles venues, qu'elles ont été supplantées par quelque compagne. Elles ont alors parfois encore assez d'amour pour haïr leurs rivales et les battre ».

M. Macé parle d'un souteneur qui, tous les matins, remplissait d'eau un grand bassin, et le soir, constatait par le niveau bas ou élevé de l'eau, si la *marmite* avait bien travaillé, traitant sa maîtresse bien ou mal suivant le cas. Un jour qu'il trouva le bassin presque plein, il maltraita la malheureuse si cruellement, que les voisins le firent arrêter ; il fut condamné à six mois de prison ; mais durant sa détention, sa victime l'assista de son mieux, et la peine finie, elle se remit à vivre avec lui.

Sous ce rapport, les prostituées ne ressemblent point aux criminelles-nées proprement dites qui, comme nous l'avons vu, sont incapables d'affections fortes et durables. Cette différence se rattache à ce besoin de s'appuyer sur l'homme que nous avons noté comme une caractéristique de la femme ; et il est d'autant plus ressenti par les prostituées parce que leur intelligence est si affaiblie et la personnalité si effacée qu'elles sont par suite plus aptes à subir la suggestion du mâle. Les criminelles, au contraire, par l'énergie du caractère, l'intensité des passions égoïstiques et de la perversité, cherchent dans l'amant un esclave plutôt qu'un protecteur. Cela est tellement vrai que les prostituées criminelles, comme Mme Gras, Mme Lavoitte, etc., au lieu de subir la suggestion de l'homme, suggèrent elles-mêmes le délit à leur amant ; et que chez les prostituées non absolument criminelles, celles chez qui la folie morale est plus intense et qui sont plus intelligentes, n'acceptent pas le joug du souteneur, telle que cette aïeule de la famille étudiée par Legrain, ou cette intelligente Jeanne, dont parle Laurent, qui abandonna son amant, pour en chercher d'autres moins despotiques.

Mais la masse des prostituées, étant si pauvre d'intelligence et de personnalité, qu'elle semble descendre au niveau de l'animalité, s'affectionne au souteneur et en subit la tyrannie comme le chien subit celle de son maître et lèche la main qui le frappe. Que l'on ajoute que l'amant l'aide à attirer et à dévaliser les clients, à tromper la police, et la défend des querelleurs et des rivaux ; qu'il est enfin le seul idéal qui, en apparence, lui soit offert, dans une vie aussi dépouillée de toute idéalité. Une d'elles disait : « *Que sommes-nous désormais, si nous n'aimons pas?* » Enfin, la terreur de la vengeance et des mauvais traitements scelle et resserre plus encore le lien.

Une pétition très curieuse sous ce rapport, est celle que les souteneurs envoyèrent en 1830 au Préfet de la Seine pour protester contre le décret qui défendait aux prostituées de se mettre à la fenêtre et de racoler les clients dans les rues. La pétition commençait par le titre, « cinquante mille voleurs de plus », et contenait ces mots : « Un Marlou, un Alphonse est un bel et robuste homme qui sait jouer du

couteau, danser le cancan, qui est aimable avec les prostituées, qui sait les faire respecter, mais aussi les forcer à se
conduire avec décence. Vous voyez que nous sommes moraux et utiles à la société, et vous voulez que nous en
devenions le fléau en restreignant le commerce de nos
femmes? Que devrons-nous faire à présent? L'argent
qu'elles nous donnent pour que nous nous en éloignions,
afin de ne pas leur nuire, Charles le dépense à lire son journal à l'auberge ; Auguste, à jouer ; Alexandre, à danser, et
comment ferait Achille, Alcide, etc., pour vivre dans une
sorte de luxe ? Comment payeraient-ils le tailleur, le cordon-
nier? Ils deviendraient tous voleurs, il y aurait cinquante
mille voleurs de plus. » Confession précieuse, en ce qu'elle
nous montre à quel point est tombé leur sens moral et
comment ils sont l'équivalent des purs criminels. Étant les
amants de cœur des prostituées, ils nous représentent par
ricochet le niveau du sens moral de ces dernières.

15. *Gourmandise, voracité, tendance aux liqueurs.* — Un des
plus grands plaisirs des prostituées est de manger : elles sont
d'une gloutonnerie souvent extraordinaire. « La gloutonnerie
et la voracité des prostituées, écrit Parent, sont extrêmes ; il y
en a qui mangent continuellement et qui consomment ce qui
suffirait à trois ou quatre femmes de leur âge ; elles con-
tractent cette habitude dans la compagnie des mauvais
sujets, dans les gargotes ou les restaurants de luxe, suivant
la classe à laquelle elles appartiennent. »

Si l'on pense à l'intelligence affaiblie de la plupart de ces
femmes et à leur froid érotisme, on comprendra pourquoi dans
la décadence des deux fonctions plus importantes de la vie
(l'intelligence et la reproduction), la seule qui reste et la plus
fondamentale — la nutrition — acquiert une vigueur surprenante, presque comme compensation de la faiblesse des
deux autres. C'est un trait qui rapproche ces femmes des
enfants, chez qui l'intelligence et la sexualité étant encore

embryonnaires, toute l'existence se concentre dans l'estomac, et des idiots, chez qui la faiblesse de l'intelligence est
accompagnée d'une extrême voracité.

Le goût des prostituées pour les liqueurs fortes, peut être
considéré comme général, bien qu'à des degrés différents;
elles l'acquièrent de bonne heure (1), et ce goût finit par
les réduire à un degré d'extrême abrutissement. Elles commencent à boire pour s'étourdir, elles s'y accoutument insen-
siblement et en peu de temps l'habitude devient si forte que
tout espoir d'amendement est perdu.

Suivant Carlier, les trois vices capitaux de la prostituée sont
la gourmandise, l'inclination aux liqueurs fortes et l'habitude
de mentir.

Dans la famille de dégénérés étudiée par Legrain, de
deux prostituées, une (la fille) présentait une tendance précoce pour les boissons alcooliques, elle s'enivrait déjà à 10
ans ; l'autre (la mère) ne vivait que pour boire et manger
consommant en gourmandises et en liqueurs tout l'argent de
sa famille. Cette P... étudiée par Laurent, était aussi très glou-
tonne.

Une patronne de maison de tolérance disait ingénûment
qu'elle aurait gagné trois fois plus si ses pensionnaires
n'avaient pas eu cette étrange voracité.

Mme Tarnowsky a observé aussi que les prostituées boivent
beaucoup ; elle donne pour chacune des 4 classes de prostituées les proportions suivantes d'alcooliques : chez les
obtuses, 64 % ; chez les insouciantes, 78 % ; chez les hystérique, 60 % ; chez les impudiques, 62 %.

Parmi les prostituées observées par Marro, une d'elles qui,
bien élevée, abandonna la famille qui l'avait accueillie affec-
tueusement, pour s'adonner à la mauvaise vie ; montra dès
le berceau une tendance pour le vin que ses parents ivrognes
lui donnèrent en abondance ; une autre adonnée de propos

(1) Précocité.

délibéré à la prostitution, buvait largement dès l'âge de deux ans; une troisième séparée de son mari parcequ'il était en prison, s'adonna à la prostitution, très jeune encore elle buvait 7 litres de liqueurs par semaine ; une dernière disait elle-même que trop boire lui faisait commettre des bêtises.

16. *Jeu.* — La passion pour le jeu, bien que développée chez les prostituées, ne semble pas l'être autant que chez les criminels. Cependant dans les maisons de prostitution elles jouent beaucoup aux cartes. Parent-Duchatelet y remarqua aussi un goût très prononcé pour un jeu innocent; le loto. Il est en outre certain que le jeu de Monte-Carlo est fréquenté par beaucoup de demi-mondaines qui souvent — nous rapporte un témoin oculaire — se distinguent par leur audace et leur obstination.

17. *Vanité.* — La vanité est caractéristique chez ces femmes et se retrouve chez toutes sous des formes diverses, on dirait même qu'elle s'y développe en raison inverse du mérite.

Chez les hétaïres grecques c'était un honneur très ambitionné que quelque poète célèbre intitulât une de ses comédies de leur nom : les poètes comiques étaient pour cela très recherchés et avaient des maîtresses sans les payer aussi cher que les autres simples mortels. « Fais jouer la comédie dans laquelle tu m'as assigné le premier rôle, écrit Glicère à Ménandre qui part pour l'Egypte, pour que si je ne puis t'accompagner en Egypte, tu me fasse connaître à la cour des Ptolémée. » Quand Alexandre détruisit Thèbes, Phrine se souvint qu'elle était née en Béotie, et se déclara prête à la reconstruire à ses frais à la seule condition de faire graver en son honneur cette inscription : « *Thèbes détruite par Alexandre, réédifiée par Phrine.* »

Dans une lettre à Eutidème Taïde se proclame savante comme Aristote. La marquise de Pompadour se croyait supérieure en habileté politique au cardinal de Richelieu, et en science stratégique au marquis de Louvois ; elle avait, comme écri-

vent les de Goncourt, soif d'immortalité : ce fut elle qui chan-
gea la politique traditionnelle de la France basée sur l'antagonisme avec la cour d'Autriche, causant d'immenses ruines,
entraînée, par son ambition et son désir de jouer un rôle dans
l'histoire de la France.

Les prostituées de rang inférieur ont du reste leur orgueil
chimérique; elles ont une très haute vanité de leur propre condition et comme les grandes, méprisent la condition différente
de leurs compagnes. «A Paris, écrit Carlier, les prostituées aux
manières vulgaires et aux habits sordides appellent avec mépris *panaches* celles qui sont bien vêtues ; et celles-ci leur
renvoient l'injure en les traitant de *pierreuses*. Analogue est
la vanité du prix auquel elles se vendent : *Tu es une femme
d'un franc*, est une atroce injure pour une prostituée qui se
vend pour cinq. Chez certaines autres, on remarque aussi
une vanité de grande dame, qui rougirait de faire même le
moindre travail manuel, et pour qui l'oisiveté est le privilège
des êtres supérieurs. » Une jeune fille de 20 ans, fraîche
comme une rose, allait, raconte Ducamp, se faire inscrire sur
le registre des prostituées ; lorsqu'un employé, touché par
sa grâce, lui proposa, pour la sauver, de la mettre en relation
avec une société de bienfaisance qui l'aurait employée : « Etre
servante ? répondit-elle, merci : dans ma famille on ne
mange pas de ce pain ». Et Tolstoï qui proposa à une prostituée de lui trouver une place de cuisinière, en obtint cette
réponse : qu'elle ne savait pas cuisiner. « Elle disait qu'elle
ne savait pas, mais je vis sur sa figure qu'elle ne voulait
pas et qu'elle regardait la profession de cuisinière comme
inférieure. » — Cette vanité est donc pour ainsi dire une
superstructure de la tendance à l'oisiveté.

Quoi qu'il en soit, cette vanité, il faut bien le dire, est certes
moindre que celle du criminel mâle, et n'arrive jamais aux
excès ridicules de celui-ci.

18. *Oisiveté.* — Un des goûts les plus appréciés des pros-

tituées est en général l'oisiveté. Très peu ou pas du tout sensibles à l'ennui, elles passent toute la journée dans leur maison, assises ou étendues sur un lit, sans rien faire et sans se lasser de cette inertie qui serait pour une femme normale plus insupportable que le plus dur travail. L'horreur pour le travail est même une des causes qui les pousse dans la voie de la prostitution, jointe à cet attrait pour les amusements la débauche et l'orgie qu'elles ont de commun avec les délinquants.

« La paresse, écrit Parent-Duchatelet, peut être considérée comme une des causes principales de la prostitution. C'est pour le plaisir de se procurer des amusements sans travailler, que beaucoup de jeunes filles perdent les emplois qu'elles avaient et ne cherchent plus à en trouver d'autres. La paresse des prostituées est devenue pour ainsi dire proverbiale. « On peut dire des prostituées qu'elles passent leur temps dans la douceur du repos et quand elles ne doivent pas se livrer à leur métier, elles s'abandonnent entièrement à l'oisiveté et à la paresse. Celles d'une classe un peu élevée, se lèvent tard, vont au bain, boivent, mangent, dansent ou passent leur temps au lit ou sur un fauteuil, l'été elles vont à la promenade. Les autres restent dans les tavernes ou à la porte de leur maison, boivent, mangent et s'entretiennent avec les mauvais sujets qui les fréquentent. Celles qui sont un peu moins ignorantes, qui savent travailler, s'occupent de broderies, de modes, de fleurs ; quelques-unes s'adonnent à la lecture, mais le nombre de celles-ci est très rare ; d'autres font un peu de musique, mais ces dernières sont encore plus rares ».

« Non moins de 500 fois par an, écrit Ducamp, on entend à la préfecture de Paris le dialogue suivant :
« — Vous ne voulez pas abandonner votre genre de vie ?
« — Non.
« — Voulez-vous retourner chez vous ?
« — Non.

« — Consentez-vous à être inscrite sur les listes des prostituées ?

« — Non, je ne veux rien. »

De la classe des prostituées qu'elle appelle les obtuses,
Mme Tarnowsky écrit :

« L'apathie, la nonchalance, la paresse, le désir d'éviter tout
changement de la position prise par le corps sont caractéristiques chez ces êtres incomplets. Elles ont horreur du travail et du moindre exercice ; ne rien faire, ne pas penser, et
se vautrer dans l'immobilité est l'état normal de cette catégorie de prostituées ; boire, manger et dormir est leur unique
plaisir. » Euphémie B..., disait être très heureuse de la vie
de prostituée, car elle n'était pas obligée de travailler. Presque toutes les prostituées examinées par Mme Tarnowsky
avaient commencé par travailler ; mais elles s'étaient bientôt dégoûtées de leur métier et avaient fini par l'abandonner.
par courir les aventures.

A cette incapacité d'un travail régulier et continuel, nous
trouvons joint chez plusieurs un besoin continuel d'agitation
et d'orgie.

« On dirait, écrit Parent, que ces malheureuses ont un besoin de mouvement qui les empêche de rester tranquilles
et leur rend nécessaire le tapage et le tumulte. Ce fait s'observe dans la prison, à l'hôpital et jusque dans les maisons
où sont admises celles qui renoncent au vice et essaient de
retourner à la vertu ; il est impossible de dire jusqu'où va
leur loquacité. D'autres, au contraire, aiment les plaisirs
bruyants, la foule, le tapage, le mouvement ; recherchent
avidemment les distractions, adorent les spectacles en tous
genres, et saisissent toutes les occasions de se montrer et de
faire parade de leurs charmes. »

Ainsi une des principales manifestations de ce besoin de
s'agiter est la passion pour le bal, lequel, pour presque toutes,
est la première séduction qui les égare sur la voie de l'infamie.

Pour danser, elles s'échappent de la famille, abandonnent

l'atelier ; pour être amenées au bal, elles nouent des relations avec un homme auquel elles finissent par se donner.

Comme le nota Carlier, cette passion est telle que les prostituées qui passent à Paris des lupanars des faubourgs à ceux bien mieux disciplinés du centre, où la vie est plus tranquille, veulent encore aller de temps en temps se retremper dans la vie de barrière, c'est-à-dire danser et manger librement dans les restaurants de second ordre. M. Lecour et Mme Tarnowsky ont noté aussi cette inclination pour le bal qui est une des formes d'exercice physique les plus violentes qui soient concédées à la femme.

Ces alternatives et ces extrêmes de nonchalance et d'agitation, sont caractéristiques de la dégénérescence et rappellent cette oisiveté si chère aux sauvages, qui est entremêlée de ces véritables orgies de mouvement que sont leurs danses.

Chez les demi-mondaines riches surtout, le plaisir de l'orgie se joint souvent à celui du gaspillage. Une d'elles dans les dîners s'amusait à verser les bouteilles de champagne sur la table ou sur les épaules des convives ou à en briser plusieurs à la fois ; une autre allumait ses cigarettes avec des billets de banque , une troisième prenait plaisir à briser les cadeaux coûteux de ses adorateurs, etc. Une autre après avoir abîmé une voiture magnifique et un beau cheval que son amant lui avait donné, riait de tout ce dégât comme d'une entreprise spirituelle et gaie. On peut rapprocher ce penchant du plaisir que trouvent les enfants à briser les objets et qui, en dernière analyse, rentre probablement, lui aussi, dans le nombre des plaisirs de l'énergie aveugle.

19. *Mobilité, légèreté, imprévoyance*. — La mobilité des prostituées est, comme l'oisiveté, proverbiale. Parent-Duchatelet raconte que lorsqu'au commencement du siècle, on voulut discipliner la prostitution, un des principaux obstacles fut la continuelle mutabilité des prostituées, qui dans une semaine passaient de l'état libre à celui de pensionnaire des maisons de tolérance, causant une telle complication dans les

services administratifs, que l'on dut arrêter par une loi qu'aucune ne pourrait quitter un lupanar avant vingt-cinq jours de séjour. De même nous avons déjà remarqué que le gouvernement Athénien avait défendu aux hétaïres de sortir du territoire de l'état sans un permis spécial; on est donc en droit de croire que cette délibération eut pour but de corriger les inconvénients dérivant d'un semblable besoin de changement, d'autant plus grave à ces temps que l'approvisionnement des maisons publiques ne pouvait se faire aussi rapidement que de nos jours. Carlier aussi rapporte que la loi interdisant les contrats entre patronnes et pensionnaires des maisons de tolérance, celles-ci profitent de leur liberté pour s'en aller, de sorte que dans certaines maisons le personnel se renouvelle tous les mois.

« La fille insouciante (Mme Tarnowsky dépeint ainsi ce type spécial de prostituée) est mobile et bavarde à l'excès. Elle se distingue par une mobilité d'humeur surprenante ; elle passe souvent du rire aux pleurs et vice-versa. Ce qui la caractérise surtout, c'est l'impossibilité de mettre de la suite dans ses idées, de persister dans ce qu'elle entreprend. Elle ne peut se fixer sur une idée quelconque. »

« Il est difficile, écrit Parent-Duchatelet, de s'imaginer la légèreté et la mobilité d'esprit des prostituées, on ne peut fixer leur attention, et rien n'est plus difficile que de leur faire suivre un raisonnement, car la plus petite chose les distrait. »

« Ce qui domine, écrit Maxime Ducamp, c'est l'indifférence. Pour une mouche qui vole, elles éclatent de rire ; il y en a qui regardent le feu avec des grands yeux ouverts, comme si elles n'avaient jamais vu des charbons enflammés ». Une prostituée dont il parle ensuite, exprima très bien cette volage indifférence de son esprit pour toute chose, en disant : « *Je suis papillon* ».

Cette légèreté et cette mobilité dépendent certainement de la faiblesse de l'attention, qui étant une des dernières et des

plus laborieuses conquêtes de l'évolution mentale, disparaît
presque toujours dans toutes les dégénérescences. D'un autre
côté, à la légèreté se joint aussi l'imprévoyance proverbiale
des prostituées. On voit chaque jour des demi-mondaines
qui, à l'aide d'un certain esprit et d'un certain degré d'intelligence, sont arrivées à se procurer de grands revenus,
gaspiller des sommes énormes en dépenses folles, sans son-
ger à la fragilité de cette beauté sur laquelle se fonde toute
leur fortune. Ainsi, très rares sont les prostituées, même parmi
les plus habiles et les plus fortunées, qui se soient enrichies.
Cora Pearl, dans les mains de qui passèrent d'immenses pa-
trimoines, des millions, fut réduite, dans l'âge avancé, à
écrire ses mémoires, pour recueillir quelques sous. Il en est
encore pis des prostituées de second rang ou même d'ordre
infime qui, dans le maigre présent ne pensent, ne songent
même pas au sombre avenir qui les attend. A Paris, quelques philanthropes voulurent fonder entre les prostituées
une maison pour la vieillesse, où les sociétaires, en versant
quelques sous par semaine, auraient eu une pension pour
leurs vieux jours et une aide dans les maladies ; mais l'entreprise échoua à cause de l'imprévoyance de celles-ci ; on
ne trouva que peu d'adhérentes et ce petit nombre ne paya
que quelques fois.   •

Qui ne se rappelle, à ce sujet, la Nana, de Zola ? Ainsi ce
caractère a été observé par tous ceux qui ont étudié la prostitution, par Parent-Duchatelet, Carlier, Lecour, etc. « La plupart des prostituées, écrit Carlier, n'ont pas même l'énergie
nécessaire pour penser à l'avenir ». Et Mme Tarnowsky :
« L'avenir n'existe pas pour elles, du moins elles n'y songent
jamais ». Elles y songent si peu, que même les plus heureuses qui trouvent à se bien marier, finissent presque toutes,
comme le nota Carlier, par retourner peu après à leur ancienne vie au bout de laquelle les attendent la misère, l'hôpital ou la prison.

20. *Mensonge.* — Les prostituées, comme les criminelles,

montrent une tendance invincible à mentir, même sans raison. « La dissimulation, le mensonge — écrit Carlier — sont
les défauts caractéristiques du métier. On les trouve si bien
chez toutes, que l'on croirait qu'il s'agit d'une maladie mentale inhérente à la profession. » Le même Carlier raconte l'histoire d'une prostituée, X..., qui s'était fait inscrire sur les
registres sous le nom et avec les papiers de sa cousine ; elle
fut recherchée par ses parents pour lui remettre une part
d'héritage qui lui revenait et l'autorité soupçonnant sa véritable identité, la fit appeler et l'interrogea. Elle nia résolument; on vérifia alors si elle avait un signe physique spécial,
indiqué par ses parents et on le trouva ; mais elle nia quand
même ; on lui promit, si c'était la honte qui la retenait, de
cacher à ses parents sa profession, on n'obtint rien ; on fit
miroiter a ses yeux l'héritage — plutôt important — elle nia
encore ; on lui prouva de cent manières la fausseté de son
nom, on l'envoya à Saint-Lazare, on la menaça de faire venir
un membre de sa famille pour la reconnaître et elle ne s'entêta pas moins dans son mensonge ; à la fin son frère étant
venu la voir, elle lui sauta au cou, avoua avoir menti et ne
sut donner d'autre explication de ses dénégations obstinées
que celle-ci : « *Je ne voulais pas le dire* ».

Le docteur De Sanctis, en examinant 28 prostituées, nota
qu'une singulière analogie entre la prostituée et l'hystérique
épileptique est le *mendacium systématicum*, c'est-à-dire le mensonge devenu habitude de l'esprit et répété sans nécessité.

Mme Tarnowsky, qui a observé la tendance organique au
mensonge, spécialement dans la classe des prostituées désignée par elle « à caractère hystérique, » ne s'exprime pas autrement; elles prennent, suivant l'auteur russe, l'habitude
d'exprimer, presque sans le vouloir, inexactement leur
pensée.

L'habitude de mentir est donc générale chez les prostituées et provient aussi en partie de la fausse position dans
laquelle elles se trouvent et de l'opinion qu'elles savent que

l'on a d'elles. Toutes cherchent en effet à se dérober à quelqu'un ou à quelque chose : ou à l'autorité paternelle, ou aux recherches judiciaires, ou à la police ; elles finissent ainsi par fausser même les choses les plus indifférentes.

21. *Équivalent de la prostitution innée dans les hautes classes sociales.* — Il serait facile de démontrer que la plupart des prostituées sont fournies par les classes pauvres. Il suffit, pour s'en persuader, de jeter un coup d'œil sur le tableau compilé par Parent-Duchatelet sur les causes de la prostitution, tout en tenant compte que le plus souvent elles ne sont qu'apparentes, pendant que la véritable cause se trouve dans la dégénérescence individuelle :

CAUSES DÉTERMINANTES	Nées à Paris	Nées dans les chefs-lieux	Nées dans les sous-préfectures	Nées dans les campagnes	Nées en pays étrangers	Totaux
Excès de misère, pauvreté absolue.	570	405	182	222	62	1441
Perte des parents, expulsion de la maison paternelle, abandon complet	647	201	157	211	39	1255
Pour soutenir des parents vieux et infirmes.	37	—	—	—	—	37
Plus âgée de la famille, sans père ni mère, pour élever les frères, sœurs ou neveux	29	—	—	—	—	29
Femmes veuves ou abandonnées, pour élever une famille nombreuse	23	—	—	—	—	23
Veuves de province pour s'établir à Paris et y trouver des ressources	—	187	29	64	—	280
Conduites à Paris par des militaires, des commis, des étudiants ou autres personnes et abandonnées. . .	—	185	75	97	47	404
Domestiques séduites et renvoyées par leurs maîtres	123	97	29	40	—	289
Simples concubines durant un temps plus ou moins long, ayant perdu leurs amants et ne sachant plus que faire	559	314	180	302	70	1425
TOTAUX.	1988	1389	652	936	218	5183

Il est évident que dans ce tableau les prostituées par misère, les veuves de province venues à Paris pour trouver des ressources, les jeunes filles qui y furent conduites par des militaires, employés, etc., et enfin les domestiques et les ex-concubines ne peuvent appartenir qu'à la population la plus pauvre. Or, tout considéré, elles forment un chiffre de 3.839 sur un total de 5.183.

Les de Goncourt, eux aussi, notèrent que presque toutes les grandes courtisanes du siècle passé sortirent du peuple. Mais sans nier l'influence que la misère et la mauvaise éducation peuvent avoir à déterminer un contingent de prostituées par occasion, ce serait une erreur de croire que ce phénomène qui, dans les classes inférieures, se révèle comme la prostitution innée, n'ait pas, dans les classes élevées, des manifestations diverses dans la forme, mais équivalentes en réalité. La femme qui provenant des classes pauvres finit par devenir pensionnaire du lupanar, dans les hautes classes devient une adultère incorrigible : car ce serait une naïveté de croire que les prostituées se trouvent seulement dans les lupanars.

R., issue de famille noble et riche, mais très dégénérée (la mère était folle, le père excentrique) montra une précoce tendance pour le vice; elle essaya de fuir, à 14 ans, avec un amant; un an après, elle s'échappa réellement de sa maison avec un autre amant qui devint ensuite son mari. Mais bien qu'elle eut gagné son époux en risquant ainsi son honneur, il était loin de représenter pour elle son désir unique, car peu de mois à peine après son mariage, elle prit d'autres amants, les changeant avec une extrême facilité et quelquefois en ayant deux à la fois. Cependant, sa sensibilité sexuelle est très obtuse et ses amants n'arrivent à la faire jouir qu'au prix d'extrêmes fatigues : il semble au contraire, qu'elle éprouve du plaisir à les masturber avec la main ou avec la bouche, car alors — comme elle le dit elle-même — elle sent mieux l'homme ; ce plaisir semble même s'aiguiser quand elle fait cela dans un lieu où elle peut facilement être surprise, dans une loge de théâtre, en voiture, à la promenade, derrière une tenture, dans la maison, pendant quelque réception.

Le sentiment maternel est chez elle très faible et intermittent : un jour elle est pleine de tendresses et d'empressement pour ses enfants, un autre jour, elle commet des actes obscènes sous leurs yeux. Etrangement contradictoire, elle a de sincères expressions de repentir, qui succèdent à de cyniques rechûtes dans le mal, et cela à la distance de quelques heures et même parfois de quelques minutes. Ainsi, un jour qu'elle était au lit, à la suite d'un avortement, un de ses amants étant allé la voir, elle commença par lui avouer que la crise qu'elle avait passée l'avait attendrie et apaisée, qu'elle voulait changer de vie ; en attendant elle cherchait à le masturber ; peu d'instants après un autre amant étant venu, elle masturba aussi celui-là.

Méchante au fond, elle cherchait à exciter ses amants les uns contre les autres quand ils se rencontraient dans sa maison ; grande lectrice de romans, elle prend souvent des poses sentimentales et romantiques qu'elle interrompait par un éclat de cynisme brutal, comme lorsqu'elle coupa court à une scène de rupture avec un de ses amants en lui disant : « *Viens quand tu voudras ; comme tu irais chez une prostituée.* » Impudente et impulsive elle faisait des scènes à ses amants publiquement dans la rue, sans se préoccuper du scandale. Menteuse dans toutes les occasions, sans s'en apercevoir, sans motif, au point de ne savoir conter deux fois la même chose de la même manière, modifiant continuellementt les faits sans aucun intérêt personnel ni direct ni indirect, elle disait elle-même que si son mari l'avait surprise en flagrant délit d'adultère elle aurait nié également, car, ajoutait-elle, ma dénégation aux yeux du monde vaudrait son affirmation.

Me Macé parle d'une dame hystérique, issue d'une famille très honorable, qui mariée à un homme riche et de condition élevée, s'échappait de temps en temps de la maison conjugale et se meublait un petit appartement où elle recevait

les amis de son mari et quelquefois des inconnus : elle ne se
faisait pas payer ; criminelle en même temps que prostituée,
elle volait souvent à son mari, à l'aide d'une fausse clef,
des sommes importantes, pour s'amuser avec ses amants.

Une autre, née dans une famille d'ouvriers, fut épousée
par un homme riche qui la plaça dans un rang social plus
élevé ; mais là haut, dans sa nouvelle et brillante position,
elle semblait avoir la nostalgie de la fange où elle était née :
elle trompait son mari un peu crédule pour pouvoir retourner dans sa ville natale, où, vêtue en servante ou sous quelque vulgaire déguisement, elle fréquentait pendant le car-
naval les bals, courant les aventures comme la dernière
des prostituées. Envahie par un véritable goût du mal, elle
alla jusqu'à se faire photographier en habit de courtisane,
les épaules nues et à faire exposer ces portraits dans les
vitrines des photographes ; insensible aux menaces, aux
prières et aux promesses de la famille de son mari, elle l'obligeait à une continuelle et pénible dissimulation pour que le
moins possible de sa honte fut connue du public ; absolument dépourvue de sentiments maternels, elle consentait à
se donner à un médecin qu'elle connaissait seulement depuis
deux ou trois jours, à condition qu'il la ferait avorter si elle
devenait enceinte. Celle-ci est donc encore un vrai type de
prostituée-née et de folle morale, qui par un hasard extraordinaire n'a pas encore passé au lupanar, mais qui un jour
ou l'autre pourra bien aller frapper à ses portes : mais cela
n'arriverait pas, qu'elle n'en resterait pas moins, comme un
véritable type de la prostituée-née.

Quelle différence pouvons-nous trouver, sauf celle des
formes extérieures, entre la prostituée vieillie qui, se faisant
entremetteuse, vend sa propre fille, et l'adultère de la haute
société, qui, après une série plus ou moins longue d'aventures, marie sa fille à son dernier amant, pour se l'attacher
davantage ? Les de Goncourt ont dépeint un cas et un type
semblables de mère dans le roman *Renée Maupin* ; et le cas

n'est pas aussi rare qu'on pourrait le croire dans les classes riches.

Que l'on se rappelle aussi cette princesse, alliée à une des plus grandes familles françaises et à une illustre famille italienne, dont nous avons tracé le type dans la psychologie de la criminelle-née, qui adultère un grand nombre de fois, s'adonna au plus furieux tribadisme dans l'âge mûr ; puis poussée par sa nouvelle passion, essaya de commettre un délit ; personne ne peut douter que, née d'une obscure famille, elle serait devenue une prostituée criminelle de haute volée, au lieu d'une grande dame dont les impudicités étaient en grande partie facilement cachées.

On ne peut dire autre chose de ces dames de position élevée, qui prennent un riche amant pour qu'il fasse les frais d'un luxe supérieur à leurs ressources financières et dont Bourget décrit un type assez exact dans *Mensonges* ; on doit en dire autant de ces femmes d'employés, que l'on voit souvent consentir à favoriser la carrière de leur mari dans la putride bureaucratie actuelle, en se prostituant à leurs supérieurs, et qui, placées dans d'autres conditions, seraient devenues, sans peine, prostituées ou demi-mondaines suivant le degré de leur intelligence et de leur habileté. Le plus splendide type de ces courtisanes larvées que l'art ait dépeint, est Mᵐᵉ Marneffe de Balzac, « Mᵐᵉ Marneffe, écrit-il, est le type de ces ambitieuses prostituées mariées qui, du premier coup, acceptent la dépravation avec toutes ses conséquences et qui sont décidées à faire fortune en s'amusant, sans grands scrupules sur les moyens. Ces Machiavelli en jupons sont les plus mauvaises et de toutes les espèces mauvaises de Paris, la pire ».

On peut en dire autant de ces grandes dames qui, en France, sous le second empire, gouvernaient la politique à force d'intrigues d'amour, et qui, se donnant à de grands personnages, acquéraient une véritable puissance et disposaient des emplois, des carrières et quelquefois des secrets d'État. Nées dans d'autres conditions sociales, ou douées d'une moindre intelligence, elles auraient mis leur impudicité au service du désir de briller, au lieu de l'employer pour satisfaire des ambitions politiques, et seraient devenues courtisanes ou prostituées de rang inférieur. Avec une moindre intelligence et une moindre fortune, la marquise de Pompadour serait certainement devenue une prostituée vulgaire.

La prostitution innée prend donc des formes extérieures diverses dans les hautes classes sociales ; mais les types que nous retrouvons en haut sont les mêmes que ceux que nous trouvons en bas, dans les plus abjects lupanars.

22. *Prostitution et criminalité.* — Il nous est permis maintenant de résoudre, avec des données certaines, la question tant discutée des rapports entre la prostitution et la criminalité. L'identité psychologique, comme l'identité anatomique entre le criminel et la prostituée-née ne pourrait être plus complète ; tous les deux étant identiques au fou moral sont, par axiome mathématique, égaux entre eux. La même absence de sens moral, la même dureté de cœur chez tous les deux, le même goût précoce du mal, la même indifférence de l'infamie sociale, qui fait supporter à l'un la condition de forçat et à l'autre celle de femme perdue ; la même imprévoyance, mobilité et tendance à l'oisiveté ; le même goût pour les plaisirs faciles, pour l'orgie, pour les liqueurs fortes ; la même ou presque la même vanité. La prostitution n'est donc, en somme, que le côté féminin de la criminalité.

Il est en effet si vrai que prostitution et criminalité sont deux phénomènes analogues ou, pour ainsi dire, parallèles, qu'ils se confondent à leurs extrémités. Que nous voyons se répéter dans la prostitution les formes plus adoucies du délit, comme le vol, le chantage, la blessure. La prostituée est donc psychologiquement une criminelle ; si elle ne commet pas de crimes c'est parce qu'elle en est empêchée par sa faiblesse physique, son peu d'intelligence, la facilité de se procure, tout ce qu'elle désire par le moyen le plus facile, et par conséquent, par la loi du moindre effort préféré, de la prostitution ; elle représente justement pour cela, la forme spéciale à la femme de la criminalité. Les femmes proprement criminelles sont, au contraire, toujours extraordinairement anormales et montrent une perversité plus grande que celle de l'homme ou même des caractères biologiques masculins ; ce sont donc des phénomènes entièrement exceptionnels qui confirment que la véritable criminalité de la femme doit être cherchée dans la prostitution. Ceci nous explique aussi pourquoi prédominent chez elles les formes plus douces du délit : étant identiques aux criminels, elles suivent avec eux la même voie dans les limites de leurs forces ; passé cette limite, leur dégénérescence suit une autre voie et prend la forme spécifique de la prostitution. Nous avons connu une jeune fille, P.... voleuse dès l'enfance, qui cessa de voler, lorsqu'adulte, elle devint prostituée.

Qu'enfin ces femmes ne commettent pas de délits, ou qu'ils soient beaucoup plus rarement préjudiciables à la société ; que même leur forme spéciale de criminalité, la prostitution, soit dans un certain sens socialement utile, comme une soupape d'échappement pour la sexualité masculine et comme préventif de délits, peu importe. De même le criminel, peut se transformer un moment, ou même apparaître sous la forme d'un héros ; il n'en reste pas moins pour cela psychologiquement un criminel, quoique cette fois sa criminalité se soit révélée d'une manière utile.

Mais nous, ici, nous nous plaçons surtout au point de vue de la structure intime de la psychie, identique chez les criminels et chez les prostituées, sauf les différences sexuelles qui sont en parfait accord avec les différences générales de la psychologie masculine et féminine ; nous pouvons donc affirmer que délit et prostitution sont les deux formes chez l'homme et chez la femme de la criminalité, sans nous occuper pour le moment de leur diverse importance sociale. Nous nous en occuperons en traitant des applications pratiques. Alors nous prendrons en considération la différente importance sociale de la criminalité masculine et de la prostitution; car bien qu'au point de vue psychologique elles soient le même phénomène, nous nous garderons bien de proposer, comme force nous est de le faire pour les délinquantes-nées, la répression de la prostitution par la prison et la potence, car elle n'est pas aussi dangereuse que le crime des hommes et peut, malgré tous ces odieux défauts, fonctionner comme un excellent substitutif pénal. Voyez Ferri, *Sociologia criminale*, 3ᵉ édizione, 1893.)

CHAPITRE IX

Prostituées par occasion

Les prostituées ne sont pas toutes affectées de folie morale, et toutes, par conséquent, ne peuvent être considérées comme des prostituées-nées ; beaucoup le sont par occasion.

1. *Caractères physiques.* — Nous avons déjà vu que 63 % environ de prostituées n'ont presque aucun caractère de dégénérescence, que 55 % sont sans précocité ni retard de l'époque menstruelle, le 45 % sont fécondes, 16 % ont réflexes normaux, et 39 % sensibilité douloureuse normale.

2. *Caractères psychologiques.* — Les prostituées par occasion diffèrent aussi bien du type de la femme normale que les criminelles de la même catégorie ; elles se rapprochent plus de la prostituée-née que de la femme normale ; elles n'ont qu'une moindre intensité de vice et des caractères psychologiques anormaux moins saillants, tout en restant, au fond, toujours notablement anormales, tandis que la criminaloïde, spécialement la voleuse, est presque toujours plus rapprochée de la femme normale que de la criminelle-née.

Mme Tarnowsky cite une fille qui devint prostituée parce qu'arrivant dans un pays étranger, elle ne trouva pas à la gare les amis qui devaient l'attendre ; ne sachant où aller, elle fut accostée par une dame âgée, qui semblait prendre part à sa mésaventure et qui l'entraîna dans une maison de tolérance où elle entra d'abord comme servante, mais dont elle devint ensuite pensionnaire. Un an après elle accoucha d'un enfant et le père la racheta et l'envoya à la campagne

gne avec son enfant, lui assurant une pension ; mais peu
après la jeune femme retourna dans son ancienne maison
qu'elle ne quitta que pour faire de courts voyages jusque
chez elle, pour revoir son enfant auquel elle était très attachée.

Telle était aussi cette Euphrasie, décrite par Mme Grandpré qui avait été entraînée très jeune, par son frère à la
corruption ; non seulement elle n'était pas méchante, mais
était capable de sentiments généreux ; elle était bizarre et
capricieuse, tantôt triste jusqu'au désespoir, tantôt gaie jusqu'à la turbulence, et passait d'un état à l'autre avec une
extrême rapidité. Elle était dégoûtée de sa vie honteuse et
pour s'étourdir, s'adonnait à l'orgie. « Je n'étais pas faite,
disait-elle, pour cette vie ; quand j'y pense, un désespoir
atroce m'envahit ; alors je bois, je chante, je fais la noce
pour oublier ; sinon je finirais par me tuer. » Un jour,
elle fit effectivement une tentative de suicide imprévue et
impulsive, comme les hystériques et les épileptiques. Elle
prenait de temps en temps la résolution de changer de vie,
mais inutilement. « Je le voudrais, mais désormais cela m'est
impossible. » Un moment après ces confessions douloureuses,
faites presque en pleurant, Mme Grandpré la voyait courir,
rire, et faire du tapage au milieu de ses compagnes de prison.

Il en est de même d'une courtisane dont Maxime Ducamp
raconta l'histoire, et dont le caractère est un étrange mélange
de vices et de bonnes qualités. Arrêtée pour racolage sur
la voie publique, à 14 ans, elle déclara que sa mère ne la
voulait plus à la maison, qu'on ne lui avait appris aucun
métier, qu'elle n'avait aucune ressource en dehors de la
prostitution. Devenue enceinte, elle eut une fille qu'elle
affectionna, mais qui à la suite de souffrances aiguës,
mourut, une nuit de froid, dans ses bras : son désespoir fut
extrême ; arrêtée, elle écrivit au chef de la sûreté une lettre
émouvante : « Souvenez-vous que ma mère me mit à l'hospice des enfants abandonnés, que ma fille est morte entre mes

bras. Je suis celle qui implore votre pitié ». Elle fut libérée ;
elle trouva un honnête ouvrier qui l'épousa, en considération
de ses bonnes qualités : mais désormais, la vie dans laquelle
de malheureuses circonstances l'avaient entraînée, était devenue pour elle une habitude et peu après elle y retourna.
Arrêtée de nouveau, elle fut réclamée par son mari ; libérée
encore une fois, elle l'égara dans les dédales de la Préfecture de police et s'esquiva. Ainsi, les habitudes vicieuses,
latentes, renforcées par l'exercice, prévalent sur les bons
sentiments existants (par exemple la maternité), qui, dans
d'autres conditions, auraient certainement assuré une vie
honnête.

Une autre, étudiée par Lecour, présentait le même mélange
incohérent de sentiments bons et mauvais : elle avait horreur
de la vie qu'elle menait mais était incapable d'en sortir. Bu-
veuse d'absinthe incorrigible, plusieurs fois arrêtée pour ce
motif, elle écrit un jour à l'inspecteur ces lignes, qui dépei-
gnent bien la résignation du désespoir dans l'impuissance
de s'affranchir d'un genre de vie exécré : « Je souffre tant,
la douleur me rend folle ; soyez indulgent..., je ne pense pas
du tout à attaquer le gouvernement, j'en ai assez de me
détruire moi-même ».

Une des filles recueillies à Saint-Lazare, raconta à
Mme Grandpré, qu'à une certaine époque de sa vie, elle fut
prise d'horreur pour son existence infâme; elle s'enfuit de
Paris et se réfugia en province, faisant deux cents lieues
à pied. Elle avait trouvé du travail dans un hôtel, mais
quelques mois après un voyageur l'ayant reconnue la dénonça à sa patronne ; elle fut chassée et se trouva de nouveau dans la rue ; alors, désespérée de l'inutilité de ses efforts,
elle se rejeta tête en avant dans la mauvaise vie.

Une jeune fille abandonnée par sa mère qui ne voulait
plus la garder — raconte Lecour — souffrant d'une hypertrophie du cœur et dont le métier aurait accéléré la mort,
se présenta un jour à la police, et déclara : « Je suis trop

malade pour travailler, je ne veux ni secours charitables, ni
conseils, ni soins ; je ne demande qu'une chose : l'inscription. » Son orgueilleux refus de secours et de conseils et
sa résolution démontrent ici l'anomalie et la faiblesse de sa
pudeur ; mais, dans ce cas, cependant, la tendance au mal
n'est pas assez forte pour le faire commettre sans nécessité

La catégorie de prostituées qu'on appelle, dans le langage
administratif français, les *filles insoumises*, est en grande
partie composée de prostituées par occasion. On désigne
ainsi les femmes, dont la conduite est irrégulière, mais qui
ne sont pas inscrites sur les registres de la police. « Il y
a — écrit Mme Grandpré — un monde de bien à faire parmi
ces femmes : sur 100, on en pourrait sauver 80, si l'on disposait de ressources suffisantes. Elles sont généralement très
jeunes, pas encore endurcies dans le mal et ont été entraînées à Saint-Lazare par la misère, l'abandon, la vanité,
quelquefois même par une légéreté infantile. Beaucoup
sont réclamées par leurs familles, d'autres se jettent aux
pieds des sœurs et demandent asile dans leurs refuges ;
mais beaucoup malheureusement retournent au mal et finissent prostituées publiques ». En somme, la variété qui, dans
la classification de Mme Tarnowsky, se rapproche le plus du
type d s prostituées occasionnelles, serait celle dite des insouciantes, qui s'élève en Russie à environ le 14 0/0 au moins ;
elles ont un nombre moindre de caractères de dégénérescence
et presqu'aucune hérédité nevropathique, sauf un certain
nombre dont les pères étaient alcooliques ; elles sont bavardes,
impressionnables, n'ont aucune suite dans les idées ; elles
passent pour un rien du rire aux larmes, se contentent de
tout, racontent à quiconque même les faits de leur vie les
plus honteux, mais elles n'ont pas encore achevé leur narration qu'elles ont déjà tout oublié. La gaîté est leur humeur
habituelle : elles se laissent facilement persuader d'entreprendre un travail, mais, à peine commencé, elles l'abandonnent, incapables de persévérer, comme si l'avenir n'existait

pas pour elles, et ne vivant que du moment qui passe. Elles
connaissent elles-mêmes leurs propres défauts, en sont cha-
grinées, les déplorent, mais ne peuvent s'en corriger; incapables comme elles sont de sacrifier le plus petit plaisir du
moment en vue d'un avantage à venir. On trouve en somme
en elles les caractères de la femme unis à ceux de l'enfant et
même exagérés; la légèreté, la mobilité, l'incohérence, l'imprévoyance des prostituées-nées, le même tempérament anormal
et dégénéré, mais réduit à de moindres proportions. La pudeur, même, est chez elles moins forte que chez les femmes
normales, bien qu'elle existe. Ce qui les différencie le plus
des prostituées-nées, c'est l'absence du goût du mal pour le
mal, l'abandon au vice par pur et seul amour du vice : il faut
pour les entraîner une occasion plus ou moins puissante,
suivant la moindre ou la plus forte intensité de leur anomalie. Leur sens moral, sans être absolument intègre, est
bien plus fort que celui des prostituées-nées, car elles ressentent l'horreur de leur vie, bien que leurs efforts pour
s'en délivrer ne soient jamais assez énergiques pour atteindre le but. En somme, sans les occasions malheureuses qui
les ont perdues, elles seraient devenues de ces femmes
légères et frivoles, que le monde appelle têtes de linottes et
que l'on trouve en si grand nombre dans toutes les classes
sociales, particulièrement dans les plus élevées : elles ne
sont pas excessivement perverses, aiment leurs enfants, la
famille, mais se laissent facilement entraîner à une aventure d'adultère; elles se repentent ensuite sincèrement, sans
que cela les empêche absolument de tomber une autre
fois, si la tentation se représente; ce sont enfin des femmes
volages, dont le sens moral et l'intelligence sont affaiblis,
mais qui, cependant, dans la vie sociale, ne sont pas un élément aussi délétère et aussi perverti, que les folles morales,
qui courent de désordre en désordre, pour le seul et mal-
sain plaisir du vice (1).

1 Lombroso et Ferrero : *La Femme délinquante*.

C'est ce que Mme Grandpré pressentait inconsciemment à
propos des filles insoumises, non officielles : « Toutes les
insoumises de Paris ne sont pas à Saint-Lazare, écrit-elle.
Ce sont des insoumises ces adultères qui, sous les apparences d'une vie régulière, portent le déshonneur sous le
toit conjugal ; ces jeunes filles qui trompent la surveillance
de leurs mères; ces femmes élégantes qui vendent d'une manière ou d'une autre leurs sourires ».

3. *Maternité.*—Nous avons déjà remarqué que pendant que
la véritable prostituée-née n'est pas mère psychologiquement
et souvent ne l'est pas même biologiquement, beaucoup de
prostituées aiment tendrement leurs enfants ; ce sont certainement les prostituées par occasion. « La maternité, écrit
Carlier, est très en honneur auprès d'un certain nombre de
prostituées. On voit de véritables explosions de joie au moment où les premiers symptômes viennent les avertir de leur
grossesse, qu'elles n'ont pas cherchée, mais qu'elles acceptent avec enthousiasme : il n'y a pas de précaution qu'elles ne
prennent pour la conduire à bonne fin. On en a vu même
quelques-unes renoncer, dans les derniers mois, à tout acte
de prostitution, se résignant à la plus noire misère. Devenues
mères, elles prodiguent à leurs enfants les plus tendres soins et
évitent, autant qu'elles peuvent, de faire des actes inconve-
nants en leur présence, même quand ils sont encore au berceau. Chose encore plus curieuse, personne ne peut leur ôter
de l'esprit que l'auteur de leur grossesse est le souteneur »
Une prostituée qui s'était trouvée en contact avec cette M. V...,
corruptrice de mineures, que nous avons reconnue comme une
des criminelles les plus perverses, ne voulut jamais lui permettre de fréquenter sa propre fille ; elle pressentait avec
cette pénétration des véritables mères, le péril auquel elle
aurait exposé son innocence. Une autre élevait ses enfants
dans un collège éloigné de la ville, avec les produits de son
métier, et disait qu'elle se tuerait le jour où ils connaîtraient

sa vie. Beaucoup songent, spécialement pour leurs filles, à un avenir honnête.

Aux sentiments maternels s'ajoutent les sentiments de famille. Nous trouvons en effet que quelquefois le métier infâme est pratiqué pour venir en aide à la famille. « Il faut avouer, écrit Carlier, que l'on voit des femmes donner des explications et appuyer la demande d'inscription par des motifs très honorables ; il y en a qui ne semblent se préoccuper que du moyen de faire vivre leurs parents tombés à leur charge par la vieillesse ; d'autres qui, restées veuves sans ressources, sont poussées par la pensée d'élever leurs jeunes enfants. D'autres, sans pousser l'abnégation jusqu'à ce point, viennent en aide à leur famille. D'autres encore, restées orphelines avec des frères et des sœurs en bas âge, consacrent l'argent gagné à les soutenir avec un dévouement vraiment maternel et éprouvent une légitime fierté dans cette fonction de mère, qui les réhabilite à leurs propres yeux ».

Parent-Duchâtelet aussi (vol. I, page 100) parmi 5,183 prostituées en trouva 37 qui s'étaient livrées à la prostitution pour soutenir des parents malades ; 23 pour maintenir une famille nombreuse, 29 pour soutenir des frères, des sœurs ou des neveux ; en tout 1,7 %.

On comprend après cela, pourquoi les prostituées-mères, ainsi que nous l'avons noté plus haut, présentent de moindres anomalies physiques et de sens moral ; elles ne sont pour la plupart que des prostituées par occasion, tandis que la prostituée-née, chez qui les sentiments maternels sont absents, ne devient mère qu'accidentellement et fait le possible, y réussissant presque toujours, pour s'épargner l'ennui d'une grossesse.

4. *Honte, remords.* — Que ces femmes se soient adonnées à la mauvaise vie poussées par des circonstances suffisantes à ébranler une vertu qui n'était du reste pas de bronze,

on le comprend mieux, si on remarque qu'elles ont honte de leur métier et n'ont pas le cynisme et l'effronterie de la prostituée-née. « Si dans l'exercice du métier, écrit Parent, elles font parade de hardiesse et d'impudicité, il y en a beaucoup qui se préoccupent de ne pas paraître ce qu'elles sont ; elles s'habillent décemment et font le possible pour qu'on ne les voit pas aller au dispensaire. En général, elles ne craignent rien tant que de rencontrer ceux qui les connurent honnêtes ; j'en ai vu à l'hôpital quelques-unes devenir malades à l'idée d'une semblable rencontre. Elles ont le sentiment de leur avilissement et en ont une horreur encore plus grande que les personnes honnêtes à leur égard ; elles déplorent leur chûte, prennent la résolution et font même des efforts pour changer de vie ; efforts qui, le plus souvent, sont infructueux ». C'est le remord caractéristique du criminel par occasion, qui sent l'horreur d'une position infamante, pour laquelle il n'est pas entièrement adapté, et qui, par conséquent, est le premier à se mépriser, au lieu de se vanter de son crime, comme le criminel-né. Parent-Duchatelet parle de l'étonnement provoqué parmi beaucoup de prostituées de Saint-Lazare par une nourrice emprisonnée qui, bien qu'étant mère de famille irréprochable, les traitait familièrement. *Comment*, disaient-elles, *cette femme nous parle comme si nous étions des femmes honnêtes !*

Les mêmes observations furent faites par Carlier. « Entre elles, écrit-il, au milieu des souteneurs et dans les maisons de tolérance, elles luttent d'effronterie et de cynisme. Mais beaucoup, dans les circonstances ordinaires de la vie, affectent au contraire une grande timidité. Lorsqu'elles sont à la chasse du client, le soir, dans le voisinage de leur maison, elles se couvrent de brillants habits pour se faire voir et semblent ne pas s'inquiéter de ce qu'on dira d'elles ; mais si le hasard les met en face de personnes qui les connurent honnêtes, elles fuient, la rougeur au front. Quand elles s'approchent de leur maison de tolérance, elles prennent un maintien décent et cachent le mieux qu'elles peuvent leur honteuse position ; elles craignent tellement les marques de mépris dont elles sont l'objet de la part de leurs voisins, que souvent elles changent de domicile pour y échapper ».

A ce remords sourd et impuissant vient se joindre l'abus des liqueurs fortes, du tabac, de la débauche, qui sont des caractères communs à toutes les prostituées, mais qui ont des motifs et des origines différentes selon qu'il s'agit des prostituées-nées et des prostituées occasionnelles. Lecour, Carlier, Parent-Duchatelet, Tolstoï ont observé que beaucoup de prostituées s'adonnent aux alcools pour oublier leur malheur et s'étourdir ; Euphrasie, par exemple, disait à Mme de Grand-pré que si elle n'avait bu et ne se fut livrée à la débauche, les idées tristes et la honte l'auraient poussée au suicide. Chez celles-ci donc, l'orgie et l'ivresse sont des vices acquis comme l'impudicité, pendant que pour la prostituée-née, ce sont de même que l'impudicité, des vices innés et des besoins organiques dont la satisfaction comporte avec elle un plaisir. Souvent même les prostituées par occasion éprouvent du dégoût à boire des liqueurs fortes ; une d'elles, d'un caractère aimable, sans grandes anomalies physiques, sauf la machoire un peu développée, détestait le cognac, mais en buvait comme on boit une médecine, pour s'étourdir.

L'imitation a aussi une grande influence sur l'acquisition rapide du vice.

5. *Pudeur.* — La pudeur, chez ces femmes, n'est jamais complètement éteinte ; elle survit encore dans quelques manifestations intermittentes.

« Beaucoup de prostituées — dit Carlier — veulent être visitées toujours par le même médecin : elles choisissent donc pour se présenter au dispensaire le jour et l'heure où le médecin habituel est de service. Lorsque par hasard il est absent, elles préfèrent retourner une autre fois, tant il leur est pénible de se faire examiner par un autre que celui qui

les connaît déjà. Dans les visites faites la nuit dans les lupanars, par les inspecteurs, la prostituée, qui est seule dans
son lit, ne se préoccupe pas des agents, même si elle est
toute nue : mais, si elle se trouve en compagnie, elle se couvre
avec le drap jusqu'à la figure, comme le pourrait faire la plus
honnête des femmes ». Même Parent-Duchatelet avait noté
chez beaucoup cette préoccupation. Un syphilopathe nous
a confié qu'il avait observé chez beaucoup de malades, un
mouvement instinctif pour se couvrir, lorsqu'il entrait dans
la salle de médication avec ses vêtements ; au contraire, elles
restaient tranquilles quand il entrait comme d'habitude avec
son costume d'hôpital. Comme il s'agit ici d'une affaiblisse-
ment du sentiment de la pudeur acquis par nécessité professionnelle, un reste de pudeur subsiste toujours et surgit sous
des stimulations nouvelles, moins fréquentes, ou plus délicates. Il en est de même chez les modèles, comme celle dont
parle un élève d'Ingres, qui posait nue devant 50 élèves, et
qui s'enfuyait en criant, quand elle s'aperçut qu'un couvreur
la regardait d'une maison voisine à travers la fenêtre.

Les occasions qui peuvent entraîner ces femmes à la prostitution sont diverses : nous examinerons les principales.

6. *Perte de la virginité.* — L'occasion qui entraîne beaucoup
de prostituées de cette catégorie, dans une voie vers laquelle
elles n'étaient pas poussées par des tendances innées, mais qui
ne leur inspirait pas non plus une répugnance extrême, est
une première faute, telle qu'une séduction non suivie de mariage, ou même un premier malheur, comme un viol par
lequel elles perdent leur virginité. Tant qu'elles sont vierges,
leur sens moral est fortifié par la crainte de l'inconnu, la peur
d'une résolution aussi grave pour une femme, que celle de se
donner à un homme pour la première fois : mais dès qu'elles
ont perdu leur trésor le plus précieux de jeunes filles, le pas
le plus difficile est fait. Se sentant incapables de se réhabiliter
de cette première faute par le travail, elles cherchent au con-

traire d'exploiter le mieux qu'elles peuvent leur malheur.
« Une porte, une fois enfoncée, se tient difficilement fermée »,
disait avec une expression caractéristique, à Marro, une
femme violée à 14 ans par son patron et qui ensuite s'é-
tait adonnée à la prostitution.

Ainsi, parmi les prostituées observées par Marro, deux
avaient été violées ; la première par son maître, qui l'ayant
entraînée à la cave, en abusa après lui avoir lié les bras ;
l'autre par un individu auquel elle s'était adressée pour obtenir un emploi. Chez quelques autres le premier pas vers le
mal n'avait pas été aussi accidentel : elles avaient été séduites
ou s'étaient enfuies avec des amants auxquels elles s'étaient
données spontanément; puis en avaient été abandonnées, et
croyant sans doute la première faute plus irréparable qu'elle
ne l'était en réalité, elles s'étaient adonnées à la prostitution.
Une d'elle raconte: « j'étais bien gardée par ma famille, mais
un soir mon fiancé vint me chercher pour me conduire au
théâtre, et m'amena au contraire en tout autre lieu. Les documents pour notre mariage étaient déjà prêts ; mais l'indiscré-
tion d'autres personnes fit tout échouer ». Une autre, adorant
la danse va un soir au bal contre la volonté de sa mère qui,
au retour la gronde durement et la chasse : elle descend les
escaliers, trouve son amant et s'en va avec lui. Une troisième
s'enfuit de la maison de son oncle où elle demeurait, parce
que celui-ci avait déjà essayé d'abuser d'elle ; peu après, se
trouvant seule et abandonnée, elle se donna à un amant
qui ensuite l'abandonna. Neuf autres prostituées examinées
par Marro s'étaient livrées à leurs amants sur leurs promesses non tenues de mariage.

Chez ces femmes, en somme, ce n'est pas l'honnêteté qui
sauvegarde la virginité, mais plutôt la virginité qui sauvegarde l'honnêteté ; elles sont des femmes qui, sans ce malheur ou cette faute, se seraient conservées honnêtes. Très juste
est l'observation de Marro disant à ce propos, que la perte de
la virginité a une immense influence sur l'esprit de la femme

et le révolutionne complètement ; l'enchantement a disparu, ce voile qui cachait le bien et le mal est déchiré et devant la connaissance brutalement acquise, celles dont le sens moral n'est pas très fort et qui se trouvent désormais en guerre avec la société, se décident facilement à jeter par dessus bord les autres préjugés.

7. *Violence, astuce.* — Beaucoup de prostituées par occasion sont malheureusement, et à la honte de notre civilisation, recrutées par la violence, dans un genre de traite plus féroce encore que la traite des nègres. Elles sont enrôlées par quelque habile proxénète, sous prétexte de leur trouver un emploi de femme de chambre ou autre ; transportées dans des pays lointains où elles n'ont ni relations ni appuis, enfermées dans des maisons de tolérance où tous les moyens sont employés pour triompher de leurs résistances : la flatterie, les toilettes, les liqueurs et enfin les menaces. Malheureusement beaucoup n'ont pas l'énergie de cette jeune fille dont M\ue Grandpré a raconté l'histoire, qui se saisit d'un couteau, menaçant de tuer quiconque l'empêcherait de sortir de la maison infâme ; la plupart, violées et dans l'impossibilité de sortir de leur prison, finissent par s'habituer et à persévérer dans la vie de prostituées. Marie L..., jeune fille de 14 ans, employée chez un boulanger, fut attirée dans une maison de tolérance et vendue à son propriétaire par un individu qui lui fit espérer un emploi plus lucratif puis successivement revendue à d'autres maisons infâmes ; sans parents, sans amis, encore très jeune, elle fut, pendant un an et demi, la victime de ses exploiteurs ; enfin, comme elle était à Genève, la chose étant arrivée aux oreilles d'un philanthrope, celui-ci pénétra dans le lupanar, découvrit la jeune fille qui se jeta à ses pieds, le suppliant de la faire sortir de la maison. Ceci est un cas assez heureux, car la jeune fille put encore être sauvée; mais souvent le protecteur attendu n'arrive pas, la répugnance pour la vie déshonnête diminue peu à peu, les liqueurs fortes absorbées

pour s'étourdir affaiblissent les révoltes du sens moral, et la prostituée par occasion devient bientôt une prostituée par habitude.

Mme Tarnowsky parle aussi de quelques femmes qui, violées brutalement, séduites par des promesses, attirées dans des bouges, grisées et violées, sont de véritables prostituées forcées et meurent précocement de douleur : ce qui explique peut-être, jusqu'à un certain point, la forte proportion de mortalité précoce indiquée, suivant Parent-Duchatelet, par quelques médecins.

Un nombre certainement considérable de ces malheureuses doit se trouver dans les maisons de tolérance, car la traite des blanches, comme on l'appelle, est faite dans tous les pays avec une grande ardeur et une grande habileté par des spéculateurs cupides que la loi pénale, faible et lâche, ne sait pas frapper selon son devoir, comme nous l'ont révélé entre autres, et avec de terribles documents, MM. Guyot, Fiaux, et en partie aussi M. Taxil.

8. *Misère. Mauvais exemples.* — Parfois ce sont la misère, le mauvais exemple ou même les mauvais enseignements des parents qui les entraînent au vice. M. Taxil nous a révélé comment, à Paris, des mères infâmes enseignent les plus honteuses turpitudes à leurs filles encore mineures et les envoient ensuite, sous prétexte de vendre des fleurs, à la chasse des clients et même des clientes, car ces malheureuses sont déjà instruites, même des mystères de l'amour saphique. On ne peut trouver une autre origine à l'énorme corruption des classes inférieures de certaines villes, comme à Naples, où l'étranger ne peut descendre dans la rue sans s'entendre offrir par des proxénètes vagabondes, des jeunes filles mineures, des vierges, des femmes mariées, des petits garçons ; comme à Paris, au siècle dernier où, selon les études des De Goncourt, l'aristocratie corrompue et riche avait, avec l'or, infiltré la corruption dans les classes populaires et créé dans beaucoup de familles une véritable éducation des jeunes filles pour la

prostitution. Sighele aussi a analysé (*Coppia criminale, Torino 1892*) l'influence délétère du mauvais exemple de la famille, sur le développement de la prostitution. « Une jeune fille de 14 ans — raconte Mme Grandpré — vouée depuis longtemps à la mauvaise vie, était à Saint-Lazare : d'une belle physionomie, d'un caractère doux, elle avait jusqu'alors misérablement vécu, imitant ses parents qui ne lui avaient donné aucune instruction, ni intellectuelle, ni religieuse, ni morale : si bien que, malgré une intelligence très vive, elle était la personnification de la plus complète ignorance. A Saint-Lazare, entourée par les sœurs, elle apprit à lire et à écrire, montra du repentir, du zèle et de l'amour au travail, un bon caractère et la plus ferme résolution de changer de vie ».

Cette psychologie particulière n'est pas du reste difficile à expliquer.

Quand la pudeur n'est pas très forte, la prostitution est un moyen trop commode de gagner sa vie, pour qu'une femme qui se trouve dans la misère n'y ait pas recours, d'autant plus que la vie et l'éducation précédentes n'ont pas contribué à renforcer et développer ces sentiments de pudeur qui, comme les autres sentiments, sont embryonnaires chez l'enfant. Certes, la femme honnête préfère se tuer, comme l'observa Faucher; mais il est également vrai que la prostituée occasionnelle par misère serait restée honnête, si elle s'était trouvée dans l'aisance, contrairement à la prostituée-née qu'un besoin organique jette dans le désordre. C'est à cette catégorie qu'appartiennent certainement ces prostituées qui, sans avoir le goût des prostituées-nées pour la vie désordonnée et la débauche, sans leur imprévoyance et leur méchanceté innée, s'adonnent à la prostitution, comme elles s'adonneraient à un autre métier, et l'exercent comme une industrie, méthodiquement, tenant parfois même une comptabilité régulière. On voit que chez elles la pudeur est affaiblie, car sans cela la prostitution ne pourrait leur paraître une industrie comme une autre; mais comme cette absence de pudeur

n'est pas accompagnée d'autres signes de folie morale, elle
ne peut pas être considérée comme l'effet d'une dégénérescence innée, mais doit être envisagée comme une acquisition. Ainsi Lacour parle d'une prostituée qui alla demander sa radiation des registres de police et tint ce discours
au commissaire : « Mon mari est ouvrier... Avant notre
mariage, nous nous étions promis de gagner une certaine
somme. D'accord avec lui, je me prostituai, et il travaillait le plus possible. Maintenant que nous sommes mariés,
nous cherchons à nous établir. Il n'y a plus de danger que
je me conduise mal ». Et une autre qui, au contraire, venait
demander l'inscription : « Je fais cela d'accord avec mon
amant; quand nous aurons un peu d'argent, nous nous ma-
rierons. » Telle est également cette catégorie de prostituées, décrite par Carlier, pour qui la prostitution est un
moyen subsidiaire de travail, et du travail le plus obstiné
pour amasser de l'argent. « Les femmes qui recourent —
écrit-il — au travail honnête durant le jour et à la prostitution le soir, pour amasser de l'argent, sont une exception. Leur conduite est exemplaire; elles cachent à tous,
aux voisins, à leurs compagnes de travail, leur situation
de filles en carte ; pour éviter que cette situation soit connue,
elles ne se prostituent jamais dans la maison, et pour ne pas
recevoir la visite compromettante des inspecteurs, elles observent scrupuleusement toutes les prescriptions règlemen-
taires. Le soir, en sortant de l'atelier, elles vont exercer leur
métier dans un autre quartier et retournent à la maison vers
onze heures, comme des ouvrières qui ont veillé ». Il est
évident que l'occasion de la prostitution de ces femmes est la
pauvreté et le manque de moyens pour satisfaire leur intense
avarice ; si elles eussent été millionnaires, elles ne se seraient
pas prostituées, mais seraient devenues de ces riches dames
qui vivent économiquement, pour accroître chaque jour davantage leur patrimoine. C'est à ce type qu'appartiennent
également ces calculatrices, dont parle Lecour, qui, contrai-

rement à l'imprévoyance de la prostituée-née, tiennent exactement compte de tous les produits de leur métier. Une de celles-ci avait un registre ayant pour titre : Compte des hommes par année.

Pour celles-ci, en somme, la prostitution n'est pas tant une tendance morbide vers une condition d'existence contraire aux lois morales de la société, qu'une profession comme une autre, exercée, parce que les autres ne rendent pas assez, où parce qu'elles ne leur sont pas adaptées. Dans des conditions plus favorables d'existence, ces femmes ne seraient pas devenues prostituées, malgré la faiblesse de leur sentiment de pudeur; cependant elles ne sont pas des femmes normales, puisque l'horreur de ce métier n'est pas assez vive pour les empêcher d'y recourir.

9. *Synthèse.* — La prostituée par occasion est donc psychologiquement plus anormale que la criminelle par occasion, et cette différence est expliquée par notre théorie qui, à son tour, par ce fait, reçoit une nouvelle confirmation. Suivant nous, la véritable dégénérescence féminine est la prostitution et non la criminalité : car les criminelles-nées sont des exceptions rares et monstrueuses et les criminaloïdes ne sont souvent que des femmes, chez lesquelles de malheureuses conditions d'existence ont développé ce fond d'immoralité qui existe chez toute femme, même normale. Le vol et la fraude par exemple ne sont pas encore par eux-mêmes des indices d'une grande perversité chez une femme, parce que le respect de la propriété n'est pas un de ses sentiments les plus forts (v. Ire Partie), il n'est pas besoin, par conséquent, pour les enfreindre, d'une grave dégénérescence. Mais la pudeur est au contraire le sentiment féminin le plus intense après celui de la maternité, pour la création et la consolidation duquel travaille toute l'évolution psychologique de la femme avec une extrême énergie depuis tant de siècles; par suite, la femme qui, sans manquer originairement de pudeur, la perd

facilement, doit être plus profondément anormale que celle qui, cédant à de très fortes tentations, ne respecte plus la propriété d'autrui. Ce fait est presque normal; tandis que l'autre est très anormal. Voilà pourquoi la prostituée par occasion présente presque toujours beaucoup de caractères communs, bien que plus atténués, avec la prostituée-née, pendant que la criminaloïde, qui est presque normale, en présente beaucoup moins de communs avec la criminelle-née, qui constitue une double exception et une monstruosité sporadique.

CHAPITRE X

Folles criminelles

1. *Statistique.* —De 1871 à 1886 on eut, en Italie, 1.753 fous criminels et 96 folles criminelles ; le rapport des femmes aux mâles serait donc de 90 °/o, proportion inférieure en fréquence parmi la population criminelle, chez laquelle, de 1870 à 1879, la proportion des femmes criminelles fut à celle des mâles dans le rapport de 7,3 à 100 (1).

On relève, dans l'étude de Sander et Richter, 13,9 °/o de délinquants sur 1486 hommes fous, pendant que sur 1.462 femmes folles il y avait 2, 6 °/o de délinquantes (2).

Dans une récente étude faite avec Busdraghi, un de nous trouva :

Sur 100 incendiaires fous 63 hommes 37 femmes.
» 100 homicides » 75 » 25 »
» 100 voleurs » 62 » 38 »
» 30 auteurs de viol » 30 » 0 » (3).

Il s'agit ici de gens devenus fous hors des prisons. Cette moindre proportion de la folie chez les criminelles est due à la moindre extension de l'alcoolisme qui, comme nous le verrons, donne la plus grande proportion de fous criminels ; à la moindre diffusion de l'épilepsie, et aux formes que cette dernière tend à prendre, de prostitution et de lasciveté, qui, quelque indécente qu'elle soit, est toujours moins criminelle et moins dangereuse.

(1) J. Rossi : *I pazzi criminali in Italia*, 1887.
(2) Dʳ Sander und Richter : *Die Beziehungen Zwischen Geisterstorung werbrechen*, Berlin, 1886.
(3) *L'Homme Criminel*, vol. II.

En effet, 99 sur 1.000 de nos criminelles folles étaient prostituées et 212 étaient domestiques ou sans profession.

Des 24 folles criminelles de Sander, 11 sont voleuses, 6
prostituées, 2 mendiantes, 2 escroqueuses.

Quant aux formes de la folie, on a noté en Italie, dans le
décennal 1870-79 :

Mélancolie et monomanie de persécution 33

Manie.. 22

Imbécilité et crétinisme.............. 10

Monomanie hallucinatoire............ 7

Mégalomanie........................ 2

Suicide.............................. 4

Folie morale........................ 4

Il a donc une fréquence plus grande des formes mélancoliques (monomanie hallucinatoire, mélancolie, suicide)
provoquées par la détention dans les prisons, ou des formes
congénitales (imbécilité et crétinisme), qui devraient exclure
préventivement des prisons ; au contraire, l'épilepsie et la
folie morale, qui se retrouvent si souvent chez les criminels,
sont rares ou manquent tout à fait.

Même chez les femmes honnêtes, la forme mélancolique et
la manie avec fureur sont plus fréquentes, du moins selon
Esquirol ; en Italie pourtant, si les mélancolies des femmes
ont été inférieures à celles des hommes dans le rapport de
1657 à 3414, la manie a été en augmentation dans celui de
1843 à 18.6, spécialement la manie avec fureur.

Si cependant les maladies mentales sont plus rares parmi
les coupables de délits moindres, qui fournissent la grande
majorité des prisonnières, elles atteignent une bien plus
grande proportion parmi les criminelles plus féroces. En effet,
sur 409 criminelles étudiées par Salsotto, dans le bagne de
Turin, on en trouve 53, c'est-à-dire 12,9 % qui si divisaient
ainsi : épileptiques, 11 (2, 6 %) ; hystériques, 19 (4, 9 %) ;
alcooliques, 13 (3, 1 %) ; crétines et idiotes, 10 (2, 5%).

Et pour les divers crimes suivant les délits, on aurait eu

(en ajoutant les comparaisons avec les fous, fournies par Marro) :

26 % chez les femmes assassins (130) — fous criminels de Marro (0 %
25 »   »   »   empoison. 20 —   »   »   »   —
30 »   »   auteurs de bles. 10) —   »   »   »   26 »
20 »   »   vol. de gr. chem. 10) —   »   »   »   23 »
15 »   »   escroqueuses 20) —   »   »   »   23 »
80 »   »   incendiaires (4) —   »   »   »   85 »
16 »   »   auteurs de viol 25) —   »   »   »   33 »
0 »   »   voleuses (90) —   »   »   »   81 »

avec une évidente prépondérance des crimes plus graves : assassinat, empoisonnement, incendie, et un certain parallélisme avec les mâles (1).

Même en Angleterre, à Broadmoor, le plus grand nombre de folles a été fourni par les homicides et les condamnées pour coups et blessures, 103 sur 141 ; puis venaient ensuite les incestueuses, 19 ; les parricides, 61, et les voleuses avec effractions, 3.

Le maximum des cas de folie (voy. *Homme Criminel*, vol. II) est donné chez les folles criminelles par les femmes mariées, tandis que chez les hommes on l'observe parmi les

(1) Quant aux diverses catégories :

Sur 130 femmes assassins :
5 épileptiques.   4 0/0
9 hystériques.   7,2 »
6 alcooliques . . .   5 »
1 somnambule. .   0,9 »
2 crétinisme. . .   1,8 »
2 idiotes. . . .   1,8 »
1 délire religieux.   0,9 »
Sur 100 infanticides :
2 épilepsies . . .   2 »
3 hystérique . . .   3 »
3 idiotes . . . .   3 »
3 alcooliques. . .   3 »
Sur 10 auteurs de bles. :
3 hystériques . . .   30 »

Sur 10 voleuses de grands chemins :
1 épilepsie. . .   10 0/0
1 hystérique . .   10 »
Sur 20 empoisonneuses :
2 hystériques. .   10 »
2 épileptiques   10 »
1 alcoolique . .   5 »
Sur 20 escroqueuses :
2 hystériques . .   10 »
1 épileptique . .   5 »
Sur 4 incendiaires :
3 crétines . . .   80 »
Sur 20 auteurs de viol :
3 alcooliques . .   12 »
1 hystérique. . .   4 »

célibataires ; ce qui confirme les données fournies par les criminels sains de tous les pays.

Le plus grand nombre des entrées de folles criminelles dans les asiles est, en été, de 25 ; viennent ensuite l'hiver, 21 ; le printemps et l'automne, 11-14. On peut déjà déduire de ces données que, chez la femme, la marche de la criminalité par folie suit celle de la criminalité en général. On peut en dire autant des caractères de la folie, qui ne se manifeste chez les criminelles qu'en exagérant les caractères de la criminalité.

2. *Préméditation.* — Effectivement, les cas les plus saillants de folie morale ou de criminalité congénitale présentent, bien que moins évidents que chez les mâles, les caractères essentiels que nous avons trouvés dans l'épilepsie (voy. chap. suiv.) : l'habileté à commettre le délit et à préparer un alibi, la préméditation, la dissimulation, y sont aussi grandes et même plus que chez la criminelle.

L'habileté dont fit preuve Euphraisie Mercier pour conduire à terme une série de faux très compliqués, afin de s'emparer de l'héritage de Mme Ménétrier, pour la tuer et pour en faire disparaître le cadavre fut si grande que, malgré l'intérêt des héritiers et une des meilleures polices d'Europe, on ne parvint à découvrir le crime qu'au bout de deux ans et seulement sur la dénonciation d'un neveu. Cependant, il s'agissait d'une monomane mystique, religieuse, évidemment folle dès la naissance, fille d'un fou religieux qui croyait pouvoir guérir tous les maux et dont les sœurs et les neveux étaient affectés de la même folie, (Ball, *De la Responsabilité partielle*, 1886).

Une riche dame, de 26 ans, sans héritier, atteinte de mélancolie atonite, d'honnête qu'elle était, en vint à voler de la lingerie, aux malades qu'elle soignait comme infirmière, en faisant disparaître les marques ; elle protestait de son repentir et recommençait aussitôt après les soustractions (Savage).

« Il y a, dit Savage, des voleuses pathologiques qui volent

avec conscience de cause, elles éprouvent, spécialement à
l'approche des menstruations, des besoins irrésistibles, comme
de voler, de briser des objets, de plonger la main dans certains liquides; rien ne peut les arrêter, et si elles n'ont pas
d'autre moyen, elles se le procurent par la violence. D'autres
ne peuvent satisfaire leur appétit qu'avec des aliments volés. »
(Voir pour d'autres preuves le vol. II de l'*Homme criminel*.)

Un des caractères particuliers de la folie criminelle, et qui
n'est toutefois qu'une exagération de l'état normal, est la sur-
rexcitation qui se manifeste à l'époque menstruelle, dans les
grossesses et les ménopauses.

« Il y avait, dit Esquirol, une femme qui devenait folle à
l'époque menstruelle et qui guérissait durant la ménopause. »
Algeri nota chez 97 folles sur 151, une plus grande agitation
à l'époque menstruelle. Schroter nota chez 16 sur 26 une telle
irritation à cette époque qu'on les aurait dites sujettes à des
attaques d'épilepsie. » (Icard, pag. 72).

« Plusieurs folles tranquilles, écrit Ball, se sentent reprises
par la rage à l'époque menstruelle et réclament assistance. »

« Une femme, chaque fois qu'elle avait les menstrues, se
sentait attirée dans les grands magasins et volait. A chaque
époque menstruelle, une jeune fille châtrait le premier animal
qui lui tombait sous la main, sans avoir dans les intervalles
aucun délire. » (Icard).

Sur 500 femmes, parvenues à l'époque critique, étudiées par
Tilt, 333 avaient de l'irritabilité morbide, tristesse, etc. Krae-
pelin, découvrit une femme qui, dans la période climatérique,
souffrait d'excitations érotiques, de jalousie et de délires
absurdes de persécution ou de péché.

On peut en dire autant de l'influence de la grossesse. Lebon
parle d'une femme qui, à chaque grossesse, était prise de l'envie de tuer son mari que pourtant elle aimait. Gall en cite une
autre qui, étant enceinte, se sentit poussée à tuer son mari, l'assassina, sala son cadavre et en mangea. Brouardel remarqua
souvent, pendant les grossesses, des impulsions incendiaires

et homicides; il conte aussi qu'une femme enceinte, mère de cinq enfants, envoya du poison à l'un d'eux, qui était au collège, et pendant qu'on était allé chercher le plus petit qui était en nourrice, elle se jeta avec les autres dans un puits. Marro cite la femme d'un riche magistrat qui, étant enceinte, n'avait pu résister à l'envie de s'emparer d'un poulet à la devanture d'un patissier.

« En somme, dans cet état (écrit Icard, op. cit.) la femme est capable de tout. Des mères excellentes peuvent égorger leurs enfants que cependant elles aiment avec passion ; d'autres, d'abord bonnes, peuvent se poser en victimes et inventer les plus infâmes calomnies contre leurs parents; des femmes chastes sont capables de commettre des actes et tenir des discours d'une obscénité dégoûtante ».

« Durant la grossesse (écrit Cabanis, o. c. III, page 344), une espèce d'instinct animal domine la femme et peut l'entraîner à n'importe quels excès : il peut en être de même au retour de la première menstruation et pendant l'allaitement.»

Un autre caractère saillant de la femme aliénée, et par conséquent de la criminelle folle, est l'exagération sexuelle. Pendant que chez les fous le sens génésique est presque toujours calme, je l'ai trouvé toujours excité chez les aliénées. J'ai vu une femme âgée de 80 ans qui se masturbait avec un crucifix de cuivre. Une autre femme âgée se remplissait la vulve de couteaux, de chiffons, de coquilles d'œufs ; une troisième se masturbait au milieu des autres avec des bougies et des œufs. Et pendant que les habitudes tribadiques sont cachées, même par les prostituées, le tribadisme se pratique ouvertement dans les asiles et y est largement diffus (je l'ai trouvé chez 10 sur 200) jusque parmi les impubères; il n'a pas même cette espèce de platonisme et cette jalousie qui l'idéalise en partie chez les prostituées. (*Arch. de psych.* VI, 219).

Marro écrit sur ce sujet (1) : « La plupart des folles à l'époque de la ménopause, présentent des délires à caractère

érotique. Tantôt ce sont des idées d'étranges mariages, de
grossesses ou d'accouchements extraordinaires ; tantôt des
sensations d'actes lascifs. A une, les amants arrivent en
foule et abusent d'elle avec une succession non interrompue ;
une autre, est atteinte du délire de la jalousie ; à une autre,
ce sont des diablotins qui s'attachent à son tablier et lui font
toutes sortes de tours, la piquent, la pincent ; en somme, la
plus grande variété de délires, de sensations hallucinatoires
surgit sur le fond même de la sensualité ».

« Dans la manie (écrit Schule), les femmes s'épanchent en
un continuel bavardage, qui est un mélange de perceptions
vraies et fausses, et spécialement de conceptions fantastiques
passagères, accompagnées de grimaces et de hâbleries érotiques; elles ont une tendance à se dénuder, à prendre des
attitudes cyniques, à se barbouiller avec des aliments, de
l'urine et de la lie. La nymphomanie transforme la jeune
fille la plus timide en une bacchante qui ne peut pas même
être comparée en impudeur à la prostituée. Chaque homme
qu'elle rencontre excite sa convoitise ; elle le provoque par
la coquetterie la plus raffinée, et à la rigueur même avec
violence : elle a souvent une soif ardente, la bouche sèche,
l'haleine fétide, une agitation des flancs comme si elle assistait
au coït et une tendance à mordre ceux qu'elle rencontre, au
point qu'on la dirait hydrophobe, d'autant plus qu'elle a quelquefois horreur des liquides et éprouve une sensation d'étran-
glement. »

Dans un cas, resté unique, (Lombroso, *Amore nei pazzi,
1880*), cet horrible amour apparut chez une femme très honnête, à la suite d'une diphtérie.

Plus fréquente est une forme plus adoucie dans laquelle
on n'observe chez la femme qu'une excessive propreté ou sa-
leté et une tendance à se dénuder ou à déchirer ses vêtements,
à parler même de son propre mariage ou de celui des autres

Marro : La *pazzia nelle donne*. — *Revue de Phrén*. 1891, *page 28*.

(Emminghaus, *Allgemeine Psychopathologie*, 1878). Devant les hommes, la malade a la respiration plus fréquente, le pouls plus rapide, la physionomie plus animée ; d'abord réservée, elle abandonne bientôt toute retenue et ne parle que de lascivités ; elle fuit les femmes et parfois les maltraite quand elle n'est pas prise d'impulsions tribadiques. J'en ai connu une qui se vantait d'avoir eu 44 amants, et, quand elle était devant des étudiants, elle les provoquait impudemment à partager son lit (o. c.). Les femmes aliénées, en général, dans toutes ces aberrations sexuelles, comme dans les tendances érotiques surpassent les hommes de beaucoup, sans doute à cause du plus grand nombre de maladies locales ; après de longues années d'observations, je ne crois pas que Hergt ait exagéré, (All. Zeits. *Psych.* XXVII), en calculant que les deux tiers des folles souffrent d'hypertrophies du col de l'utérus, d'ulcères de l'orifice, d'adhérences utéro-vaginales, d'ovarites, soit suivant Flemming, comme complication du trouble de la circulation abdominale, soit par l'hyperesthésie et l'irritation de la moelle épinière, qui rendent toujours plus vifs les réflexes-utérins et plus faible l'activité psychique, provoquent des convulsions, favorisent les sensations anormales et les transforment en illusions, en hallucinations et en actes obscènes impulsifs, ou en délires.

Un troisième caractère spécial des folles est la plus grande excitation et impulsivité, qui fait que, dans les statistiques itataliennes, la manie avec fureur y est en proportion supérieure à celle des hommes fous, comme 669 à 524.

Krafft-Ebbing a observé que la folie chez les femmes prend généralement plus que chez l'homme un aspect turbulent et indécent.

En somme, nous trouvons chez les aliénées criminelles, comme chez les criminelles communes, mais plus profonde encore chez celles-là, l'inversion des caractères plus spécifiques de la femme tels que : la décence, la docilité et l'apathie sexuelle.

CHAPITRE XI

Dèlinquantes épileptiques et folles morales.

1. *Délinquantes épileptiques*. — Le même rapport entre la folie morale et l'épilepsie que nous avons découvert chez les hommes, nous l'avons retrouvé chez les femmes ; si on excepte que l'épilepsie aussi bien que la folie morale, est extraordinairement plus rare chez celles-ci que chez les prisonniers mâles. On peut en dire autant de l'épilepsie motrice qui, d'après une étude de Marro résulte chez les criminelles inférieures de 1/3 moindre que chez les criminels mâles.

Suivant les calculs de Marro, en six ans et demie, en nota dans la prison de Turin sur 23,333 criminels 0,66 0/0 épileptiques ; sur 3,358 criminelles, 0,22 0/0 ; tandis qu'en prenant la moyenne de la statistique de Morselli et de Sormani, on a dans la population moyenne masculine en Italie 0,25 à 0,27 0/0 au plus d'épileptiques et à 0,27 en France (Charvin).

Mais beaucoup plus rares sont l'épilepsie psychique et la folie épileptique, comme on peut le vérifier en étudiant les statistiques des fous épileptiques des prisons.

D'après les statistiques décennales de Beltrami-Scalia et l'étude de Virgilio Rossi (*I pazzi criminali*, Roma, 1891), sur 349 fous criminels renfermés dans les prisons, de 1880 à 1891, 28 au moins étaient épileptiques et 35 étaient fous moraux ; pendant que sur 36 folles criminelles il n'y avait aucune épileptique et seulement 3 folles morales. De 1866 à 1882, dans les établissements pénitentiaires, sur 877 fous mâles, 9 étaient épileptiques et 49 fous moraux ; sur 20 femmes folles aucune n'était épileptique, une seule était folle morale.

En Allemagne, sur 65 aliénés délinquants, en 1881, 22 étaient épileptiques (33 0/0), sur 24 femmes délinquantes et aliénées, 3 étaient épileptiques (12 0/0).

Ce fait, qui est d'une grande importance pour la criminalité féminine, s'observe, du reste, même hors des prisons, dans les asiles ordinaires. En Italie, en 1878, il existait dans les divers asiles — suivant la statistique — 1658 malades de phrenose épileptique, dont 1041 hommes et 617 femmes (sur 100 hommes, 59,1 femmes); en 1886-88, il y avait 58 femmes épileptiques sur 100 hommes. Cette prépondérance du sexe masculin sur le féminin semble plus saillante dans l'Italie méridionale et centrale que dans l'Italie septentrionale.

	hommes.	femmes.	sur 100 hommes.
Italie septentrionale.	515	351	68,1
Italie centrale.	312	192	61,4
Italie mérid. et insulaire.	214	74	38,0

Les épileptiques mâles formaient le 8,7 0/0 de tous les fous et les épileptiques femmes seulement le 5,8 0/0 des folles.

Sommer a trouvé en Allemagne que, sur 100 épileptiques, 60,7 appartiennent au sexe masculin, 38,3 au féminin. En Serbie, dans l'asile de Belgrade se trouvaient, en 1890, 16 épileptiques hommes et 6 épileptiques femmes.

Dans la New-South-Wales, d'après une statistique fournie par le gouvernement australien, l'épilepsie a été notée, de 1887 à 1891, 111 fois comme cause de folie chez les hommes et 70 fois chez les femmes.

Le plus grand nombre d'épileptiques mâles réfugiés dans les asiles, démontre la prépondérance de l'épilepsie chez le sexe masculin d'autant plus que la durée de la vie des épileptiques mâles est moindre que celle des femmes.

En effet, comme l'écrit Kohler, (*Die Lebensdauer der Epileptiker*, Allg. Zeitsch. f. Psych, 1877) le sexe féminin est le plus exposé à la mort par épilepsie, après 25 ans, tandis que le masculin y est le plus exposé avant cette époque. Toutefois, en France et en Angleterre, la plupart des auteurs affirment que l'épilepsie frappe de préférence le sexe féminin. Gowers croit que la proportion, sur 100 épileptiques, est de 46,6 femmes et de 53,4 hommes. Esquirol croit que les femmes épileptiques surpassent les hommes de plus d'un tiers. Mais ni l'un ni l'autre ne donnent le chiffre précis des entrées dans les asiles, chiffre qui exprime bien mieux que celui des recouvrés, la proportion des épileptiques des deux sexes, et cela à cause de la durée supérieure de la vie chez les femmes.

Cette différence extraordinaire qui n'est pas d'accord avec la différence de l'épilepsie motrice ne peut s'expliquer que parce que, si l'écorce cérébrale de la femme, est aussi irritable dans les centres moteurs que celle de l'homme, elle l'est moins dans les centres psychiques, justement parce que ceux-ci sont moins développés. En effet, Tonnini observe que l'épilepsie provoque chez les femmes plus souvent la démence et l'imbécilité que la folie, et qu'elle produit chez elles de moindres anomalies psychologiques, comme aussi, du reste, de bien moindres anomalies de dégénérescence. La proportion de celles-ci serait de 15 chez les femmes, et de 27 chez les hommes, pendant qu'au contraire les anomalies sont, chez les folles, supérieures à celles des hommes, comme 12 à 8.

Un de nous ayant démontré que la plupart des psychopathies sexuelles, spécialement les plus graves et les plus extraordinaires comme le sadisme, le masochisme, sont des variétés épileptoïdes qui fixent le premier moment de l'excitation sexuelle à l'époque de la puberté et le perpétuent dans la vie de l'individu, leur absence presque complète chez la femme qui, dans la vie de prostitution, y trouverait plus d'occasions, de prétextes et de raisons que l'homme, est une preuve nouvelle que les irritations corticales qui se transforment en épilepsie psychique surviennent chez elle bien plus rarement.

Enfin la prépondérance du sexe masculin sur le féminin, apparaît même dans la folie morale qui a, comme nous l'avons démontré, tant d'affinité avec la criminalité innée et avec l'épilepsie.

Cette grande rareté de folles épileptiques et de folles morales, nous explique en partie celle de la criminalité féminine, et en même temps la plus grande fréquence des criminelles par occasion, chez les femmes; elle nous explique pourquoi, même les criminelles par passion ne commettent presque jamais leur crime dans un accès de fureur qui a toujours quelque chose d'épileptoïde : elle nous explique enfin pourquoi chez les femmes, dans les crimes communs, on trouve si souvent cette exagération de la préméditation, ce retour en soi-même qui est l'antithèse complète du crime commis dans l'explosion soudaine de l'irritation épileptique, et pourquoi elles sont si souvent tardives dans l'exécution des crimes. Ainsi pendant qu'indirectement se confirment les rapports de la criminalité avec l'épilepsie, on trouve dans cette dernière l'explication des différences sexuelles. Cependant, comme nous l'avons vu, les rares fois qu'une femme est criminelle-née, nous avons toujours trouvé, comme chez le criminel-né, le phénomène épileptique. C'est pour cela que dans les crimes graves l'épilepsie apparait plus fréquente.

Sur 405 condamnées du bagne de Turin (qui sont par conséquent les plus grandes criminelles), Salsotto a trouvé l'épilepsie dans 2,6, chiffre 13 fois supérieur à celui de la prison ordinaire. Et pendant que :

20 empoisonneuses ont donné. 10 0/0
10 voleuses de grand chemin . . . . . 10 »
20 escroqueuses . . . . 5 »
130 femmes assassins. . . . . 3.9 »
100 infanticides ont donné au contraire. 2, »
10 meurtrières. . . . . : . . 0, »
25 criminelles contre les mœurs. . . . 0, »
30 voleuses . . . . 0, »

Par conséquent, passant de la criminalité congénitale plus

grave à la criminalité occasionnelle, l'épilepsie diminue et disparaît ; et ici aussi, dans les crimes les plus graves, les formes motrices sont plus rares et à plus grandes distances que chez les hommes ; les formes psychiques, au contraire, prédominent comme dans les cas suivants :

Piatt. T..., 19 ans, modèle et prostituée, expulsée de France où elle avait été condamnée à un an de prison pour homicide par imprudence, récidiviste pour blessures répétées, est conduite pour la 26e fois dans la même année à la prison de T. pour blessures.

Sa stature est de 1m 59, son poids de 54 kilogs. Elle a la mâchoire très développée, bords orbitaires, zygomes et sinus frontaux saillants, nez et oreilles réguliers, cheveux noirs et rares pour cause de teigne ancienne, yeux très gros, très vifs, avec iris châtain obscur, les incisives moyennes énormes avec diastème ; les incisives latérales façonnées comme des canines ; les canines, comme les autres latérales, sont dirigées très en arrière et à l'intérieur.

La circonférence totale de son crâne est de 570 m/m, la capacité probable, 1616 ; céphal, 84.

Au bras droit elle porte, tatoué, avec des ornements, le nom d'un amant italien qu'elle eut à Paris, avec la date du jour de l'abandon. Au bras gauche elle porte des initiales d'autres amants et la devise : j'aime Jean.

L'étude de la sensibilité nous a donné les chiffres suivants : Sensibilité générale au courant faradique : 66 m/m à droite (normale 70), à 55 à gauche ; sensibilité douloureuse : 30 à droite (normale 36), 30 à gauche ; sensibilité tactile : 2 m/m à droite, 2, 5 à gauche, à la langue, 1, 5. La sensibilité météorique est grande, car dans les changements atmosphériques elle est très irritable. La sensibilité magnétique est remarquable : elle sent une forte chaleur quand on lui applique l'aimant sur le front. La sensibilité du goût est affaiblie ; l'olfactive très faible. La sensibilité visuelle est exprimée par le chiffre de 30/20 aux deux yeux ; la sensibilité chromatique est exacte. Quant au sens de l'ouïe, elle entend la montre à 140 cm. à droite et 131 cm. à gauche. Le sens génésique se développa très précocement. Menstruée à 11 ans, elle eut son premier contact sexuel à 15 ans, sa première grossesse à 16, au terme de laquelle elle accoucha d'un fœtus mort; elle eut une seconde grossesse à 17 ans, mais avorta le quatrième mois.

Ses mouvements sont prompts, faciles et très rapides, son agilité musculaire est très grande. Sa force musculaire est exceptionnelle : avec le dynamomètre elle marque 55 à droite, 50 à gauche; elle réussit, bien que liée, à déchirer les sangles de la chemise de force, qu'on dut parfois lui mettre. Sa plus grande force, elle l'exerce avec les dents, elle triture n'importe quoi, bois, verre et le réduit en morceaux. Elle a une voix robuste et harmonieuse, la perception rapide et l'imagination prompte. Elle se souvient d'événements éloignés et ne se souvient pas de faits même très récents.

Elle eut plusieurs amants, qu'elle choisit toujours parmi la pire canaille vers laquelle elle est irrésistiblement attirée; dans l'amour elle est sans frein, sa passion est tout à fait sensuelle et brutale pour n'importe quel mâle. Quand elle a de l'argent elle le dépense pour boire et fumer et en gourmandises. Obstinée au plus haut degré, il n'est pas de caprice qu'elle n'ait et que, même en prison, elle ne veuille satisfaire. Elle est sans limite dans la haine et dans la vengeance dont elle jouit avec une véritable volupté. Trahie par un amant, elle se fit dessiner, en tatouage, son nom sur le bras droit, ainsi que la date du jour de l'abandon, jurant de se venger; un jour, en effet, l'ayant attiré adroitement à un rendez-vous, elle lui cracha dans les yeux une pâte qu'elle tenait dans la bouche, composée de verre finement trituré et de tabac, l'aveuglant complètement. Un autre amant ivre, l'ayant battue, elle le laissa s'endormir; puis mit le feu à la paillasse sur laquelle il était couché.

Récemment, quand elle vint en prison pour la 26e fois de

l'année; criblée de blessures, elle ne voulut pas porter plainte contre l'amant ivre qui l'avait blessée, préférant se venger elle-même et elle ne cacha pas aux juges son intention de le frapper à peine sortie de prison.

Toujours armée d'un couteau, elle s'en sert pour la moindre chose et blesse avec la plus grande facilité et avec indifférence; elle est absolument insensible aux conséquences de ses coups et rappelle avec plaisir le souvenir de l'homme qu'elle tua à Paris. Quand elle veut se venger, souvent au lieu de se servir du couteau, qu'elle trouve insuffisant, elle préfère aveugler.

Elle montre cependant un bon cœur pour secourir ses compagnons et est très passionnée pour les enfants. Elle s'approprie avec la plus grande facilité ce qui lui tombe sous la main, mais n'a pas de véritables dispositions pour le vol. Elle connaît très bien le français et le piémontais, chante avec goût des chansons obscènes. La prison ne lui fait aucun effet; au contraire, elle s'octroie des prérogatives et exige les meilleurs aliments.

Née aux environs de Caserte, elle aurait été volée à l'âge de deux ans, par des saltimbanques, parmi lesquels elle grandit sans savoir qu'elle n'était pas dans sa famille. Ils lui apprirent bientôt à chanter et à danser et elle devait, sous peine d'être battue sans pitié, parcourir la ville pour amasser de l'argent. Elle continua cette vie jusqu'à 14 ans. A cette époque, se trouvant aux environs de Paris, celui qu'elle avait toujours crû son père, s'éprit d'elle ardemment; elle le repoussa et il lui avoua, pour l'obtenir qu'il n'était pas son père. — P., épouvantée, s'enfuit des bras de cet homme, et le soir, prit la route de Paris. Elle vécut quelques jours en chantant des chansonnettes, mais ayant rencontré un jeune homme de Catanzaro qui était modèle, elle s'en éprit et vécut avec lui deux ans; à 16 ans elle devint enceinte et accoucha d'un fœtus mort. Ayant découvert que celui-ci l'avait trahie, étant en état d'ivresse, elle l'abandonna. Dès lors, elle fut toujours armée d'un couteau et souvent elle s'en servait dans les rixes avec ses compagnons d'orgies. Un jour elle tua un peintre qui l'ayant possédée ne voulait pas la payer.

En sortant de prison, elle se mit modèle, mais elle s'abrutit de plus en plus en fréquentant de mauvaises compagnies, et en se prostituant par caprice. Même hors de prison, elle était d'une telle violence qu'elle se fit emprisonner pour blessures au moins douze fois dans une année. Le délégué de la sûreté publique affirme, qu'à la rigueur, on devrait l'arrêter tous les jours. Dans les rixes, elle reste presque toujours maîtresse du champ de bataille; elle est si leste et si hardie que les hommes et les femmes fuient devant elle. En prison elle fait du tapage, crie des journées entières, brise tout ce qui est autour d'elle ; tous les moyens de corrections sont inutiles.

Cette excitation s'éveille pour la plus minime cause ; et on n'arrive à l'apaiser qu'en lui concédant des faveurs. Cette période d'excitation terminée, elle n'a qu'un souvenir confus de ses accès; mais parfois, en lui en parlant on provoque une nouvelle crise. A la distance de deux ou trois mois, elle fut prise de véritables accès épileptiques moteurs, à la grande terreur d'une compagne de cellule à qui, entre parenthèse, elle avait communiqué la syphilis.

Marie Br., 47 ans, a le type mongolique; la capacité cranienne est de 1426, le tact est très obtus, 2, 8 à droite, 2 à gauche (gauchère), elle a une légère obtusité sensorielle et douloureuse. Le champ visuel est entièrement affecté de scotôme périphérique dans le carré supérieur interne. Dès sa jeunesse, elle buvait cinq ou six litres de vin par jour et huit petits verres d'eau-de-vie ; à vingt ans, elle vola mille francs, qu'elle dépensa en objets de parure et en vin ; plus tard, elle blessa un amant qui la trahissait ; elle but pour exciter son courage parce que « qui a plus de fil fait plus de toile ». Même aujourd'hui, elle se vante de l'avoir puni et parle d'en faire autant à ses parents, qui l'ont déshé-

ritée, ou au moins, elle veut couper leurs vignes et ruiner
leurs récoltes.

Elle ne sait pas qu'elle est atteinte d'épilepsie ; cependant
plusieurs fois, à la cuisine, elle se blessa la main avec un couteau sans s'en apercevoir ; elle eut, en outre, des vertiges sans
cause qui la firent tomber par terre ; elle eut enfin ces trois
accès psychiques très nets : Un jour, sur l'ordre de sa maîtresse de porter les vases de nuit au cabinet, elle se dirigea,
avec les vases à la main vers une commode, essayant d'en
ouvrir les tiroirs et se plaignant de ne pouvoir y arriver.
Une autre fois, elle attacha trois chemises propres à a
chaîne de la cheminée de la cuisine, non pour les cacher,
mais ne sachant réellement pas ce qu'elle faisait, et enfin, une
troisième fois, elle prit dans un tiroir, pour allumer le feu, un
billet de 50 francs que sa maîtresse eut le temps de lui arracher de la main. Elle n'a aucun souvenir direct de ses accès,
comme si, en les accomplissant, elle n'en avait pas conscience et les raconte, comme on les lui raconte après, à
elle-même.

Un autre exemple nous est donné par une femme que nous
avions d'abord considérée comme une délinquante par occasion. Elle avait peu de caractères de dégénérescence, arcades
sus-orbitaires saillantes, prépondérance de la moitié inférieure de la face, prognathisme alvéolaire, gaucherie anatomique et fonctionnelle des mains, elle avait pris part avec un
amant à un vol audacieux chez une fripière, arrêtée, (il est
vrai en flagrant délit) elle avoua aussitôt. Elle a une notable capacité cranienne, 1459 ; une belle physionomie, le
tact obtus à gauche, 3 m/m. ; tension douloureuse normale,
de même pour le goût et l'odorat ; légère limitation à gauche
du champ visuel. On remarque chez elle quelque chose
de viril et d'énergique ; elle se querellait avec son frère et
ressentait une vive haine contre l'amant qui avait été cause
de sa peine. Elle était sujette à des accès violents de colère,
une fois sur un léger reproche de la sœur, elle murmura : « Un

jour ou l'autre, je la prends par les cheveux et je la lance par la fenêtre. » Cette femme, qui tient le milieu entre la criminaloïde et les criminelle-née, fut prise une fois seulement d'un véritable accès épileptique moteur, un jour qu'elle eut un grave chagrin : elle avait vu porter des cadeaux à la maîtresse de son frère, qui était aussi en cellule, et non à elle.

2. *Prostituées.* — Quant aux prostituées, d'après les statistiques de Pareut-Duchatelet, on en trouve 0,98 0/0 épileptiques ; chiffre supérieur à celui trouvé par nous chez les criminelles-nées communes ; inférieur à celui des criminelles-nées graves. A Turin, sur 480 prostituées légèrement criminelles, nous en avons trouvé 1,5 0/0.

Mais ces chiffres, en somme, ne correspondent pas à la gravité de la dégénérescence que seule la prostitution représente dans l'anthropologie criminelle, et nous avons vu que parmi les 25 condamnées pour corruption, aucune n'est atteinte d'épilepsie.

Nous n'avons pas même pu trouver, en dehors d'un seul cas dans lequel il y avait aussi de l'hystérisme, un complet équivalent épileptique dans la prostitution.

Ceci est une de ces contradictions que nous avons trouvées si fréquemment dans notre œuvre et qui se résout en grande partie, quand on pense à l'impudicité, à la lasciveté, à la demi-imbécilité qui constituent le caractère spécial de la folie morale féminine (voy. page suivante) comme celui de la prostituée, quand on pense enfin que la prostituée reproduit les conditions ataviques des femmes primitives (voyez première partie).

Etant donné l'œuvre toute passive et rétrograde de la prostituée, on comprend que le retour atavique de la folie morale suffit pour la faire surgir sans que toujours vienne s'y ajouter la complication de l'épilepsie psychique et de l'irritation corticale, qui intervient au contraire dans les grandes perversions sexuelles, pour pousser à de plus graves délits.

3. *Folles morales*. — En 1888, il y avait dans les asiles
italiens 148 fous moraux dont 105 hommes et 43 femmes ; ou,
sur 100 hommes, 40,9 femmes ; en 86-88, il y avait 155 femmes
pour 274 hommes, ou 55,6 pour 100 hommes, et cette prépondérance du sexe masculin est plus forte dans l'Italie méridionale que dans l'Italie septentrionale, tout à fait comme
dans l'épilepsie.

	Homm.	Femm.	Sur 100 homm.
Italie septentrionale.	67	31	56,8
Italie centrale.	11	7	63,6
Italie méridionale et insulaire . .	27	5	18,6

« La folie morale (écrit Schule) se manifeste chez la femme
surtout dans la première période du mariage. Pour éviter la
grossesse, la femme affecte une répugnance ouverte envers
son mari ; si elle a des enfants, elle les traite avec une indifférence non dissimulée. elle les confie d'un cœur léger à la
première nourrice, pour ne pas altérer sa beauté ; si son
mari ne satisfait pas ses nombreux caprices, elle se venge en
maltraitant ses enfants. Une nouvelle grossesse rend la mère
furieuse, contre le mari, qu'elle accable, un sourire forcé sur
les lèvres, des plus graves injures, des plus cyniques expressions. En attendant, c'est toujours elle qui est négligée et
maltraitée par son mari ; et, pour se venger, elle ne craint
pas de le calomnier et de divulguer les secrets du lit nuptial.
La raison est toujours de son côté ; sa dialectique est intaris-
sable pour inventer et pour déguiser toutes.choses. De caractère prodigue, elle s'aide par de petits vols en famille, fait des
acquisitions répétées de vêtements coûteux ; elle a une vive
passion pour les modes étranges, une vanité démesurée et une
grande manie de paraître jeune : si on lui fait des remontran-
ces elle répond par des menaces de suicide, ou abandonne
le toit domestique. A ses enfants, elle ne donne aucune éducation, mais l'exemple funeste de ses goûts extravagants et le
conseil perfide de haïr leur propre père. Chez les types plus
débauchés qui prétendent s'arroger toutes les libertés et qui

souvent menacent de se faire recevoir dans une maison de tolérance, on voit souvent apparaître un délire de jalousie qui les pousse à menacer la vie du mari. Dans les phases de tranquillité, elles se retirent dans un coin, pensives, soupçonneuses et mélancoliques. »

Plus constant est le rapport de la prostitution avec la folie morale commune, c'est-à-dire avec celle des femmes recouvrées dans les asiles. On y observe, il est vrai, la haine excessive, mais surtout l'obscénité et le tribadisme. Ainsi C., observée par Bonvecchiato, avait une analgésie latérale, une capacité cranienne supérieure à la moyenne féminine, 1445, elle était épileptique, haïssait non seulement ceux qui l'offensaient, mais encore ceux qui l'approchaient, même s'ils lui faisaient du bien ; un jour elle pria qu'on lui laissât battre deux chiens, parce qu'elle était irritée de les avoir vu caresser par d'autres.

Cath. étudiée par Salemi-Pace voulut prostituer ses propres filles, non pour le gain, mais seulement pour les forcer à éprouver ce plaisir qu'elles abhorraient. Par un singulier altruisme obscène que nous avons déjà trouvé chez les grandes criminelles, la femme X. citée par Legrand, sous prétexte de préserver son fils de la syphilis et d'autres maux, l'acheminait elle-même peu à peu vers l'amour charnel et l'assujettissait à un progressif rationnement pour qu'il n'en souffrît pas ; elle voulut ensuite avorter pour ne pas perdre sa beauté et ne pas lui déplaire, car dans ce cas elle se serait tuée ; elle n'acceptait pas les reproches : « Je suis pardonnée par Dieu, disait-elle, qui est infaillible. »

Cette même C. observée par Bonvecchiato, était tribade, et pour avoir des complices en tribadisme, elle feignait d'être paralytique et appelait des nymphomanes pour l'assister ; elle imaginait maintes maladies pour ne pas travailler ; elle avait créé une véritable association de calomnie entre les hystériques de sa coterie.

J'en ai connu une d'illustre famille qui versifiait, était même lettrée, et qui tandis qu'elle s'était donnée à tous, depuis les plus hauts dignitaires jusqu'au dernier balayeur, accusait avec une habileté extraordinaire son mari d'être adultère et de vouloir la séquestrer pour être plus libre dans ses amours ; elle en arriva à inquiéter l'autorité. A l'asile elle se vantait de n'avoir jamais passé une journée sans amours, et se moquait des directrices qui n'auraient pas su en faire autant.

Dans l'asile même, elle réussit, bien que vieille, à susciter des intrigues, calomniant et accusant tour à tour ceux qui lui prêtaient la main, comme elle calomnia les médecins, au point qu'ils en eurent de graves désagréments.

La seule perversion qui la désigna comme folle, était de mêler quelquefois ses excréments ou son urine à ses aliments, et cela parfois le jour même où elle avait tracé en vers avec un lyrisme merveilleux, la pureté de l'amour platonique. Une autre, d'une grande intelligence, poète aussi, passait d'un amour à l'autre, exigeant de ses amants une fidélité qu'elle trahissait le jour même, le leur révélant souvent elle-même et les excitant à se venger !

Elle obtenait de chacun, bien que riche, des billets au porteur, qu'elle recouvrait ensuite rigoureusement ; elle cherchait dans les amours le scandale et ne s'abandonnait, par exemple, à l'amant dont elle pouvait disposer dans sa propre chambre, que dans un café ou dans une loge de théâtre.

Une autre personne qui présentait tous les caractères de dégénérescence (sinus et mandibules énormes, tact cependant très fin, 1,1 $^{m/m}$), rachetée par son mari à qui elle avait été vendue par sa mère, elle ne fit cependant, depuis le jour de son mariage, que lui empoisonner la vie. Cette femme prétendait qu'il avait des relations avec sa belle-sœur, avec ses servantes, avec sa mère et l'accusait devant le maire et les médecins. Lorsqu'il voulut la faire opérer pour un polype interne, elle prétendit que c'était dans le but de la faire mourir. Elle restait toute la journée dans une oisiveté complète interrompue seulement par l'abus du vin, par les rapports sexuels, et par le jeu de cartes à l'aide desquelles elle prétendait deviner les intentions de son mari et de ses amants.

Dans les couloirs de l'infirmerie elle se laissait voir presque nue par les infirmiers. Elle racontait, dans un langage cynique, les prétendues obcénités de son mari, et décrivait les particularités les plus intimes de son propre corps. Quelquefois elle touchait et mangeait des ordures, fait que nous avons souvent vu joint aux obscénités; elle se lavait les yeux avec de l'urine. Mais devant les médecins et les juges, elle savait justifier toutes ses étrangetés. Ainsi, à la demande pourquoi elle se lavait les yeux avec de l'urine, elle répondait que c'était un genre de traitement et que chacun est son propre médecin, et ainsi de suite, jusqu'à ce qu'elle réussit à faire un procès à son mari.

CHAPITRE XII

Délinquantes hystériques.

Quoiqu'on la trouve quelquefois chez les hommes, l'hystérie est spécialement la maladie des femmes, à tel point qu'elle a exercé une certaine influence sur leur histoire. (Voir *Append. II*).

Cependant les femmes hystériques ne sont pas nombreuses dans nos prisons. Tandis que dans les asiles le chiffre des hystériques constitue une des plus grandes proportions, c'est elle justement qui différencie le plus la folie masculine de la folie féminine (en Italie, en 1888, on a eu 4 fous pour 788 folles hystériques, c'est-à-dire plus du 1/10e des folles); dans nos statistiques criminelles officielles, au contraire, l'hystérisme n'existe pas; et si avec de plus soigneuses recherches (Salsotto) nous le trouvons chez les plus grandes criminelles, il est cependant très restreint; nous le voyons dans le bagne de Turin atteindre 3,9 0/0 avec un maximum de 10 0/0 chez les empoisonneuses, les hystériques et les voleuses de grands chemins; 7,2 0/0 chez les femmes assassins, avec le minimum de 4 0/0 chez les coupables de viol; 3 0/0 chez les infanticides, les autres chiffres sont incertains. Il est de fait que même dans les prisons je l'ai rarement rencontré, et jamais aussi grave que l'on pourrait le croire tout d'abord; la preuve en est dans la rareté des hémiopies, des dyscromatopsies chez les prisonnières, etc. En général, si l'hystérie parait si étroitement connexe avec le crime, ce n'est que parce qu'elle donne lieu à de bruyants procès qui éveillent l'attention publique et en font exagérer la portée bien au-delà de son importance réelle ; très souvent, au contraire, j'ai pu constater personnellement, que l'hystérisme allégué par les criminelles et par leurs avocats n'était réellement qu'une grossière simulation. Cela est dû, sans doute, à l'influence de la moindre culture et de la moindre activité de nos femmes, qui font que la paralysie générale et l'hystérisme, tant influencés par les abus de la vie, s'y développent aussi moins souvent, même en dehors de la prison. Il est impossible, par exemple, de comparer à ce sujet Turin à Paris ou même à Rome.

1. *Psychologie*. — L'intelligence chez la plupart des hystériques est intacte, sauf leur impuissance à une attention soutenue ; mais le caractère moral est profondément modifié par un égoïsme et une préoccupation de soi-même qui les rend avides de scandale et de rumeur publique ; par une impressionnabilité excessive, qui les rend irritables, fantasques, faciles aux soudaines sympathies et antipathies, déraisonnables, et d'une volonté toujours instable. Elles se plaisent à la médisance ; et si elles n'occupent pas le public d'elles-mêmes avec des procès provoqués sans raison, et par des vengeances scandaleuses, elles se dédommagent pour le moins sur leur famille, en attristant la vie de ceux qui les entourent par de continuelles tracasseries. A un degré plus élevé de perversité, elles vont jusqu'à la dénonciation, aux faux témoignages, mettent en mouvement les avocats et les autorités contre de prétendus coupables. Ces symptômes peuvent se signaler dès l'enfance.

a) Ce qui nous importe le plus, c'est la facilité qu'elles ont à subir la suggestion hypnotique, avec laquelle l'hypnotiseur remplace la volonté du sujet par sa propre volonté ;

pouvant provoquer des mouvements et des contractures d'un côté de la tête, tout à fait différents de ceux du côté opposé ; et faire, en même temps, surgir des idées gaies et tristes par le seul fait de donner au patient une attitude exprimant une idée donnée.

Dans l'hallucination suggestive les organes se modifient comme dans la véritable sensation. Ainsi, en faisant fixer un oiseau imaginaire sur un clocher également imaginaire, la pupille se dilate, et si on affirme à l'hypnotisé qu'il est descendu, sa pupille se resserre. En fixant longuement une couleur verte imaginaire, il perçoit la couleur rouge. On parvient à faire croire aux patients qu'ils ont changé d'état, de sexe, et à leur donner une attitude absolument conforme à ces différents états. On provoque des amnésies complètes et des paralysies temporaires qui s'associent comme les véritables, aux réflexes tendineux exagérés. Et plus encore, on peut faire naître de véritables idées fixes, impulsives, étranges et même criminelles, faire embrasser par exemple un crâne, aller tuer une personne indiquée, même à une époque fixée d'avance et éloignée, et tout cela se fait avec la complète conscience d'obéir à sa propre volonté, quelquefois même en l'expliquant par des raisons plausibles. L'hystérique hypnotisé est, en somme, un automate obéissant à la volonté d'autrui ; durant chacun de ces états, il oublie ce qu'il a fait dans des états précédents, et ne s'en souvient qu'en retombant sous la même suggestion, ce qui est important à savoir ; car en présence de délits et d'imputations dont l'accusé n'a pas conscience parce qu'ils ont été commis sous une influence donnée, il faut pour les éclaircir le remettre sous cette même influence. C'est ainsi qu'un accusé d'outrage à la pudeur qui niait le délit et compromettait encore plus sa situation, fut hypnotisé par Motet, qui se souvint qu'il tombait souvent en somnambulisme, et obtint ainsi devant le tribunal la narration ingénue du fait et l'absolution.

b) Un caractère encore plus saillant des hystériques, est

la mobilité; elles passent avec une incroyable célérité du
rire aux pleurs « comme les enfants (écrit Richet) que l'on
voit rire aux éclats, alors qu'ils ont encore la dernière larme
dans l'œil. »

« Un moment elles sont irascibles (écrit Sydenham) mécon-
tentes de tout; une heure après elles sont gaies; elles persé-
cutent les personnes de leur entourage avec la même ardeur
qu'elles mettaient d'abord à leur manifester de l'affection.

« Leur sensibilité, qui s'exalte pour des choses sans importance, pour un mot, est cuirassée devant les véritables
malheurs : les torts du mari, la mort des enfants, etc.

« Les impulsions ne manquent pas de contrôle intellectuel,
mais elles sont mises en action avec une excessive rapidité.»

« Les impressions morales (écrit Schüle) dominent, les
hystériques, parce qu'elles deviennent organiques ; une idée
détermine une crise convulsive, et souvent on observe chez
elles une confusion soudaine, avec incohérence — qui passe
tout d'un coup, après un long sommeil (ceci est absolument
analogue à l'épilepsie).

« La réflexion est remplacée par le mouvement réflexe ;
d'où leur antipathie pour des choses belles et leur sympathie
soudaine pour les objets les plus dégoûtants. »

« A l'hôpital (écrit Huchard), elles se recherchent entre
elles, (précisément comme les épileptiques, pourrions-nous
dire,) mais elles deviennent aussitôt jalouses, se dénoncent
et complotent l'une contre l'autre; les amitiés meurent
avant d'être nées et se transforment en querelles.

« Exposées à de véritables épidémies d'imitation, elles
organisent des petites rébellions, rient et se plaignent à propos d'un rien. Lorsqu'une d'elles se pare d'une fleur, toutes
l'imitent ; en général, elles aiment toutes les couleurs vives.

« Mobiles en tout, elles se fixent dans une idée à laquelle
elles se sont attachées une première fois, comme par une
espèce de catalepsie Ainsi il y en a qui restent silencieuses
et immobiles durant des mois, parce qu'elles s'imaginent

que la parole ou la marche peut leur être nuisible.

« Dans tout le reste, elles manquent de persévérance. Oisives et paresseuses par nature, si vous leur persuadez de travailler, elles se laissent facilement convaincre ; elles vous exposent de grands projets et travaillent quelques jours activement; mais elles retournent bientôt à l'oisiveté. »

c) Elles ont une écriture spéciale, ou mieux, une tendance particulière à varier leur écriture ; elles écrivent en caractères très grands, puis très fins, suivant l'état psychique dans lequel elles se trouvent (Binet), fait que nous observons chez les épileptiques (v.d.).

d) Elles ont un véritable besoin de mentir. « La sentence de l'Ecriture, *Homines mendaces*, écrit Charcot, semble écrite pour elles ; elles simulent le suicide, les maladies, les lettres anonymes ; elles mentent sans besoin et sans but ; c'est le culte de l'art pour l'art ». — L'on reste étourdi, ajoute Charcot, de la sagacité et de la ténacité qu'elles y mettent, surtout contre le médecin. Par exemple, voyant que l'anurie attire vivement son attention, elles en prolongent les apparences et vous font croire qu'elles ont expulsé l'urine par les oreilles, par les yeux, par le nez et y ajoutent le vomissement des excréments ». Une jeune fille s'accuse d'avoir précipité un homme dans le fleuve ; on est sur le point de rechercher son cadavre et de commencer un procès, lorsque le médecin révèle que c'est une fable inventée..... par hystérisme.

Du reste, dans tous les cas graves, observe Schüle, l'hystérie provoque une perversion morale, que l'on entrevoit en germe dans l'égoïsme excessif — dans le besoin de faire le mal pour le mal.

e) Un autre caractère curieux est la tranquillité qu'elles ont, malgré les apparences graves de leur maladie : l'on voit des paralysées, des aveugles, des estropiées, qui ne s'épouvantent pas, même quand elles ignorent la possibilité de leur guérison.

f) Ajoutons que les vols et les incendies des hystériques prédominent surtout à l'époque menstruelle.

g) Leur caractère le plus saillant est l'érotisme. Il est vrai que quelques auteurs affirment le contraire : souvent (suivant Legrand du Saule) elles se donnent à l'homme, par esprit d'aventure, par besoin d'émotions imprévues, ou par éclairs de passions plus fugitifs que violents : mais quoiqu'il en soit, j'observe qu'ici, encore, l'élément sexuel est latent ; et en outre, si réellement beaucoup sont apathiques quelques-unes sont très excitées. Déjà sur les 83 hystériques de Legrand j'en trouve 12 0/0 qui se prostituent sans nécessité ; 2 commettent des attentats monstrueux contre les bonnes mœurs ; une mère essaie d'obliger sa fille à la masturber. — Et je suis frappé du fait que toute la criminalité de l'hystérique se développe autour des fonctions sexuelles. Parmi 21 calomniatrices, 9 accusaient quelqu'un de viols imaginaires, 4 de violences de leur mari, et entre autres, une, de violences sexuelles contre nature.

La plupart des tribades de Krafft-Ebbing étaient hystériques comme, par exemple, cette X.., de 28 ans, affectée d'irritation spinale et d'une grande faiblesse ; elle avait abusé de la morphine et du chloral ; sa mère et sa sœur étaient névropathiques ; elles souffrit elle-même pendant huit ans d'une paraplégie hystérique, avec délire hallucinatoire et accès de convulsions. A première vue, par son vêtement, et par ses manières, elle produit une impression étrange : elle porte un chapeau masculin, les cheveux coupés courts ; une cravate d'homme ; sa voix est profonde et ses manières viriles. Durant une longue observation, elle ne donne aucun signe d'érotisme ; mais elle n'a aucun goût pour les travaux féminins ; elle n'aime pas la danse qu'elle considère comme un non sens. Avant la manifestation des phénomènes hystériques elle n'avait jamais eu d'inclination pour les personnes de l'autre sexe ; après, elle n'en eut que pour les femmes ; en 1872 elle refusa une proposition de mariage, et ayant rencontré une jeune femme dans un établissement de bain, elle s'en éprit éperdument et lorsque plus tard celle-ci se maria, elle ne put s'en consoler.

Une certaine Laborde, de Bordeaux, narcotise de nuit ses maîtres et oblige leurs enfants à commettre, en présence de de spectateurs dissolus, les obcénités les plus dégoûtantes, et tout cela sans aucun gain. Elle était hystérique.

« Quelques épouses hystériques, écrit Schüle, essayèrent de fuir pendant leur voyage de noces avec un homme rencontré par hasard.

Les dénonciations de viols faites par des mineures, sont presque toutes faites de la même manière et avec des détails érotiques qui répugneraient à des adultes (1). Ne parlons pas ici des succubes, ni des sorcières ni des saintes (*frigidité*).

Devant ces faits, je dirai que les instincts sexuels sont souvent chez les hystériques, tantôt exagérés jusqu'aux hallucinations de coït, tantôt éteints ou transformés (*tribades*), mais surtout paradoxaux, ces femmes éprouvant à la fois la frigidité et la préoccupation des faits sexuels, comme on l'observe également chez les gens en état d'ivresse et chez les vieillards lascifs.

h) J'y ajouterai un caractère nouveau qui fut mis en évidence par notre ami L. Bianchi : celui d'écrire continuellement des lettres anonymes, adressées à autrui, quelquefois à soi-même en se persuadant souvent de leur authenticité, se rendant ainsi victimes de leur propre supercherie, et trompant plus facilement encore les autres.

C'est ainsi que Conte, à l'aide de nombreuses lettres écrites

---

(1) Une jeune fille va chez un médecin et lui dit : « Je suis vierge, prenez-moi » ; elle le provoque et prétend ensuite que le médecin a abusé d'elle. — Une autre, riche, rencontre un ouvrier dans la rue, elle se donne à lui, et retourne chez elle le raconter en riant. — Une autre se promène dans les rues, espérant rencontrer un syphilitique afin de contracter le mal et d'en infecter son mari. — Je ne parle pas d'une autre qui excite par des lettres un écuyer, et à peine en a-t-elle reçu réponse par écrit, qu'elle donne la lettre à son mari, en l'incitant à se battre avec lui.

par lui-même, arriva à faire croire qu'il avait été victime
d'un prélat qui aurait tenté de le tuer ; il parvint ensuite à
tromper son médecin qui l'avait défendu dans le procès et
guéri de ses accès hystériques par l'hypnotisme, et à lui
soustraire une forte somme, en lui faisant croire qu'il était
sur le point de contracter un bon mariage (*V. Archivio di
psichiatria, vol. VII, fasc. 1*). C'est ainsi que nous verrons
presque toutes les calomnies de viols, basées sur des lettres
anonymes ou fausses.

2. *Délire*. — Comme les épileptiques, les hystériques
souffrent très souvent du délire, tantôt mélancolique, tantôt
monomane ; suivant Morel, celui-ci se manifeste d'autant plus
fréquemment que furent moins saillants les phénomènes
morbides spéciaux de la maladie.

Le désordre maniaque est accompagné d'hallucinations et
d'impulsions et d'un besoin continuel d'agitation, de mouvements désordonnés, de l'envie de briser tout ce qui se
rencontre sur le passage de l'halluciné : il apparaît soudainement en pleine santé, dure peu, et disparaît sans laisser
de traces. Par exemple, un d'eux sort à l'improviste de la
fête à laquelle il assiste et se jette dans un fleuve ; un autre
brise toutes les assiettes et verse de l'eau bouillante sur le corp
de son frère pendant qu'il dîne tranquillement, puis abandonne la maison, et fuit dans un bois, où on le trouve occupé
à édifier un autel avec des pierres pour y célébrer un mariage imaginaire. Souvent ces crises sont périodiques : ce
qui est une nouvelle analogie avec l'épilepsie.

3. — Dans les hallucinations prédominent, comme chez les
alcooliques, les visions de souris, de serpents, spécialement
rouges, et comme chez eux, les hallucinations gaies alternent
avec les hallucinations mélancoliques (Morel).

4. *Suicide*. — Le suicide est plus souvent tenté ou simulé
que consommé, presque toujours il est automatique et sans

cause ; contrairement aux autres suicides il est essayé instantanément, toujours avec un grand apparât, et devant un grand public.

Une hystérique, par exemple, prend du laudanum, après avoir avisé la police. Une autre se jette dans le fleuve quand passe une barque.

5. *Fuites*. — Un autre caractère qui rapproche l'hystérique à l'épileptique, sont les voyages étranges, en partie conscients, en partie inconscients. Ainsi Mlle R... s'éloigne de la maison pour trois ou quatre jours, quelquefois se prostitue, d'autres fois elle vagabonde, et rentre sans rien dire ou se vante de son escapade.

6. *Fausses dénonciations*. — Beaucoup d'hystériques font de fausses dénonciations de vol, par exemple, contre des domestiques, pour le seul plaisir de les compromettre et de les faire mettre en prison. Mais la calomnie la plus fréquente est celle d'avoir été victimes de viol.

Sur 83 fausses dénonciations faites par des hystériques, 9 portaient sur des viols.

Nombreuses sont celles qui accusèrent leur père, le préfet, et surtout le prêtre et le médecin d'attentats imaginaires. Le plus souvent, ces accusations sont si étranges qu'elles ne sont pas prises au sérieux; mais très souvent aussi, elles triomphent.

Elles emploient presque toujours les lettres anonymes.

Ainsi une jeune fille de 25 ans, de bonne famille, persécutait un honnête prêtre avec des billets érotiques comme celui-ci : « *Mon adoré, où es-tu ? Où te trouverai-je ? Personne ne nous connaît* » et signait : « *Laure, qui t'embrasse avec des baisers ardents.* » Peu de temps après, elle l'accusa de corruption.

Une autre de 18 ans déclare au procureur du roi qu'elle a été victime de nombreux viols, commis par des prêtres et accuse une cousine d'y avoir prêté la main; elle donne les plus minutieux détails et raconte qu'étant un soir à prier, elle ne s'aperçut pas que les fidèles avaient abandonné l'église. L'abbé se présente à elle et lui propose de passer à la sacristie, puis de le suivre en Espagne ; elle résiste ; le pauvre prêtre pour la décider se frappe deux fois avec un stylet. Elle s'évanouit et en s'éveillant se trouve violée, et voit le prêtre à ses pieds qui lui demande un pardon qui lui est refusé ; là-dessus le prêtre se donne deux nouveaux coups de poignard et la viole de nouveau. Plus tard sa cousine la conduit dans un couvent où les sœurs l'abandonnent toute une nuit à un prêtre. Les accusés comparurent en cour d'assises ; mais l'absurdité de sa dénonciation fut démontrée et elle fut à son tour accusée ; elle persista dans sa calomnie, composa des vers en l'honneur du prêtre, et montra des lettres et des déclarations d'amour qui furent déclarées son œuvre. Un examen médical qui aurait dû précéder toute autre recherche, démontra sa virginité et son hystérisme : le mobile de ces calomnies était la jalousie contre la cousine qu'elle croyait préférée par ce père spirituel (Legrand, o. c.).

Le général D. M. avait une fille de 16 ans du nom de Marie qui, placée à table près du lieutenant P..., prétendit que son voisin lui avait tenu un discours peu correct. Dès lors une pluie de lettres tomba dans la maison : lettres de déclarations d'amour pour la mère, de menaces pour la fille ; enfin par une lettre anonyme avertissait le père qu'on essayait de déshonorer sa fille. Le lieutenant fut chassé de la maison ; le jour suivant la gouvernante trouva la jeune fille étendue à terre, à demi-étranglée avec un mouchoir, en chemise, tachée de sang ; elle raconta que le lieutenant avait essayé de la violer pendant la nuit et l'avait frappée avec un couteau dans les organes sexuels. La famille reçut encore des nouvelles lettres du lieutenant, qui se vantait de son méfait ; on l'arrêta, et malgré la preuve que les lettres anonymes n'étaient pas de lui, et bien qu'elles continuassent à arriver pendant qu'il était en prison, malgré la déclaration des experts qui trouvaient beaucoup de ressemblance avec l'écriture de la jeune fille, qu'un examen médical déclara affectée d'anosmie et d'amblyopie hystérique, le pauvre lieutenant fut condamné à 10 ans de prison par le jury.

Une certaine Elise M..., hystérique, fille naturelle d'un riche alcoolique, violée à 11 ans par son père, fit condamner un ouvrier, très honnête, en l'accusant de viol. Restée sans ressource, elle ravit une petite fille dans une fête publique, attira un ouvrier chez elle, le vola et le renferma dans la maison avec la petite fille (Legrand du Saulle).

Une jeune fille, raconte Legrand du Saulle, hystérique dans la puberté, et à la fois bigote jusqu'à vouloir entrer dans un monastère, devint à 20 ans fantasque, calomniatrice, entre autres, elle dénonçait comme son séducteur, un prêtre, qui ne l'avait jamais vue. Mariée, plus tard, elle s'adonna à la boisson et battit son mari; elle s'enfuit avec un garçon de magasin et fut mise en prison pour tentative d'homicide.

Fameuse est une certaine Glaser pour avoir trompé médecins et juges; passant pour furieuse, muette, hallucinée, calomniatrice, faussaire, voleuse, sans que l'on ait jamais pu savoir jusqu'à quel point elle l'était réellement, et faisant désespérer et se contredire dans ses jugements l'habile Casper.

Marie V..., 23 ans, fut trouvée évanouie et lardée de nombreuses, mais régulières incisions au visage et aux membres, les poings liés, bâillonnée avec un mouchoir et les yeux bandés avec les rubans de son bonnet. Recueillie, elle dénonçait et donnait les signalements très détaillés de quatre jeunes gens qui l'avaient mise dans cet état pour abuser d'elle. L'instruction prouva qu'il s'agissait d'inventions hystériques. (*Annal. d'hyg.*, t. I.)

Une autre alla jusqu'à se brûler la main sur des charbons ardents pour en accuser autrui.

Marie H..., 26 ans, repoussée par son fiancé, Martin, est prise de spasmes et de syncopes dont elle guérit. Un matin, tous les arbres de la vigne d'un magistrat se trouvent coupés : Marie en accusa Martin et son frère qui furent condamnés. Quelques mois après elle montre des blessures et en en accuse un oncle de Martin, qui est condamné à cinq ans de prison ; peu après, nouvelles blessures, nouvelles accusations contre un autre oncle de Martin qui eut contre lui, précisément comme Pallotti, toute la population indignée, qui avait fait son idole de cette prétendue victime des Martin ; ce n'est que quelque temps après, qu'entrée comme servante chez un aubergiste, elle le vola et que l'on soupçonna que toutes ces accusations pouvaient bien être fausses. Plus tard elle épousa un vigneron qui mourut bientôt empoisonné ; elle fit un faux testament qui finalement la fit condamner à la prison perpétuelle. (Legrand du Saulle, *Les hystériques*, 1884).

L'avocat Kosiek raconte qu'une jeune fille de douze ans accusa de rapt un propriétaire de Gratz, à la suite de quoi il resta un an en prison et y serait resté davantage, si la même fille n'avait accusé de vol une servante et si l'on n'eut découvert que l'accusation était calomnieuse et trouvé la montre volée dans la malle de l'accusatrice : la police ayant, en outre, reçu la dénonciation que chaque nuit, par vengeance de cet homme, des pierres étaient lancées contre les fenêtres de la maison habitée par la jeune fille et sa mère, expédia des gardes sur les lieux, qui vers minuit surprirent la jeune fille lançant elle-même les pierres contre les vitres (1).

7. *Vol.* — Un autre délit fréquent est le vol. Sur 83 hystériques accusées, on l'a trouvé dix-sept fois. Nous avons vu que sur 104 accusées de vol dans les magasins de Paris, Legrand du Saulle aurait trouvé 50 hystériques.

Une hystérique dérobait du linge de l'hospice et même de sa propre maison et le cachait avec soin : traduite devant le

(1) *Aus den Papieren eines Vertheidigers*, von Dr. Julius Kosiek. — Gratz 1884.

tribunal, elle essaya de faire croire qu'elle avait trouvé ou reçu en cadeau ce qu'elle avait soustrait.

C. H... va d'un village à l'autre pour surveiller son mari, dont elle est jalouse ; elle ne le trouve pas et il lui vient à l'esprit de voler des poulets dans une maison. Elle en dérobe 24 qu'elle vend à un prix si bas que le marchand même la traite de voleuse ; elle avoue et raconte à tous son délit, tout en mangeant abondamment. Arrêtée, elle menace de se tuer.

Une hystérique de 20 ans, pénétrait dans les magasins à l'aide de fausses clefs, emportant tout ce qu'elle trouvait.

Une autre hystérique prostituée, qui avait passé beaucoup d'années errant d'une ville à l'autre, riche, mais dissipatrice incorrigible, attirait dans ses appartements des hommes à qui elle dérobait de l'argent et des objets de valeur, profitant du moment d'expansion.

Certaine A., fille de parents aliénés, à quinze ans, à l'époque des menstrues, s'imaginait être environnée d'ennemis, elle s'enfuyait dans les champs, volant tout ce qu'elle trouvait et menaçant aussi de mettre tout à feu et d'empoisonner les gens. Après dix à quinz jours, elle redevenait tranquille et déclarait qu'elle avait cédé à une impulsion irrésistible. Durant huit ans, elle sembla guérie, mais après une grossesse, les mêmes symptômes reparurent accompagnés de tendances à la prostitution.

Le vol dans les grands magasins est un crime spécial favorisé certainement par la grande foule et par l'encombrement, mais qui est très fréquent parmi les hystériques.

En somme, les hystériques comme les épileptiques, parcourent toutes les gammes du délit, car sur 83 on en a trouvé :

21 coupables de calomnie.

17 » vol.

16 » suicide.

10 » prostitution, etc.

4 » incendie.

4 » empoisonnement.

8	coupables	d'escroquerie.
3	»	d'homicide.
3	»	d'infanticide.
3	»	calomnie et de faux témoignage.
2	»	rapt d'enfants.
1	»	d'abus de confiance.
1	»	crime contre nature.
1	»	d'exercice illicite de la médecine.
1	»	d'attentat aux bonnes mœurs.

8. *Crimes multiples. Assassinat.* — Les hystériques, dit-on, n'ont que des impulsions légères — des enfantillages sur une grande échelle : — mais ce n'est que la force qui leur manque, du reste, pour commettre des crimes plus grands. — Elles savent d'ailleurs trop souvent surpasser leur sexe, et deviennent alors, plus terribles que les hommes ; car celles qui accumulent tous les crimes, ne sont pas rares. Une d'elles blesse, vole, empoisonne, incendie et fait des faux témoignages. Une autre se prostitue, commet des rapts d'enfants, calomnie, vole.

Une paysanne, certaine N. B..., était sujette à la grande hystérie ; très belle, elle se prostitue à un individu qui la maltraite et l'affame ; elle se met alors d'accord avec un jeune amant, le vole ; et une nuit, seule, armée d'une serpette, elle le mutile pendant son sommeil ; elle raconte ensuite une querelle imaginaire, et se fait acquitter par les juges.

G. Bompard était hystérique : cette Zélie dont nous avons parlé, l'était également (v. s.).

Mais l'exemple classique nous est offert par une certaine Zerb..., voleuse, prostituée, assassin, calomniatrice. Son histoire est la même qui se répète incessamment, chez celles que nous appelons folles morales ou criminelles-nées.

Elle a vingt ans, et est née de parents peu moraux — son père est un ivrogne de très mauvaise réputation, sa sœur est receleuse, sa mère, une pleurnicheuse, est une enfant trouvée. Elle porte l'empreinte de signes héréditalres, tels que cheveux touffus et noirs, yeux noirs, grosses lèvres, zygomes très développés, et microcéphalie frontale (V. fig. 10 de la pl. V.) ou stenecrotaphie.

A l'école elle fait le supplice de ses compagnes : très précoce elle devient prostituée en même temps que femme (entre 14 et 12 ans) : employée dans un magasin, à 14 ans, elle commet des actes obscènes, querelle et tourmente toutes ses compagnes. A peine entre-t-elle en service comme domestique qu'elle accuse d'adultère son maître, et de vols deux de ses compagnes ; elle vole et cache sous son lit des dentelles, à seule fin de calomnier une camarade qui ne lui avait fait aucun mal et qui pour ce motif fut renvoyée ; elle essaie d'empoisonner un autre maître, qui ne lui avait fait que du bien ; elle atteignit ainsi dans le mal le degré plus haut et plus spécial aux hystériques et aux criminelles-nées, celui du mal fait absolument sans but ; par exemple, couper les sonnettes, salir d'excréments les chambres et en accuser sa maîtresse.

Elle se prend d'une grande amitié pour une femme belle et un peu équivoque (L...), mais là encore elle fait preuve du sentiment d'envie qui la ronge ; elle la veut couverte de bijoux pour inspirer du dépit à une troisième, et plus probablement pour lui tendre un piège, et préparer une base à de nouvelles calomnies ; elle s'acharne ensuite à la calomnier avec une haine exagérée et sans cause. Elle se donne à son vieux maître, Coltelli et le vole, si bien qu'il la renvoie, quoiqu'il la craignit ainsi qu'il le déclara à la justice. Mais elle réussit à y retourner une nuit ; par quels moyens, il est facile de le deviner, pour qui connaît les tenaces passions des vieillards. Cette nuit même Coltelli est tué par de nombreux coups à la tête ; et la seule personne qui se trouvait dans la chambre de l'assassiné, c'est elle-même qui à un moment donné, crie au secours et se laisse prendre en chemise, penchée en dehors de la fenêtre comme si elle voulait se précipiter dans la rue, mais emportant dans ses bas le portefeuille de Coltelli. Elle déclare qu'elle a été épouvantée par deux individus, puis par l'assassin qui s'est échappé on ne sait où ; la serrure de la maison prouve, au contraire, par des traces d'effraction interne, que c'est elle-même qui a cherché à fuir et n'a pu y parvenir. Lorsqu'elle voit que ses mensonges sont en contradiction avec les faits, que personne n'a été vu fuyant de la maison, et qu'enfin on trouve le portefeuille de Coltelli dans ses bas et des bijoux dans ses vêtements, elle avoue avoir aidé les assassins, mais prétend n'être que la complice d'un certain sicaire de Pallotti qui l'aurait poussée au crime pour se délivrer d'une dette de 1.800 francs contractée pour acheter des bijoux à sa maîtresse Lodi ; elle précise les faits avec une telle assurance que Lodi et Pallotti sont arrêtés quoiqu'ils soient innocents.

En prison, elle fait preuve d'une singulière dévotion. A peine entrée elle demande à se confesser et dicte des prières en vers à Marie ; mais en même temps elle écrit à Pallotti pour le désigner comme complice, des lettres qui portent l'empreinte d'une véritable conviction.

Devant le juge et à l'audience, elle mentait impudemment se contredisant sans rougir, et à bout d'arguments elle ajoutait : « *Que Pallotti le dise.* » Elle soutint ce mensonge même aux Assises, en face de sa victime.

Mais laissant de côté toutes ces particularités, il est utile de remarquer qu'au fond elle montre une affectation d'épouvante, mais aucune émotion, pas même à quelques heures du crime puisqu'elle se rappelle avoir oublié un anneau dans la chambre de la victime ; ni alors, ni depuis, elle ne se troubla plus que lorsqu'on lui montra le marteau ensanglanté qui lui servit au meurtre.

Je peux me tromper, mais si l'on s'en rapporte à l'histoire de nombreux faits semblables, je soupçonne que le désir de calomnier cette femme (Lodi), qui avait eu pour elle le grand tort d'être belle, d'être aimée et d'avoir eu de l'affection pour élle, entra certainement dans le calcul et dans le but de son crime.

Et à ce propos, je rappelle cette hystérique de Bonvecchiato qui le priait de lui laisser battre son chien et répondait lorsque le médecin lui demandait pourquoi : « *C'est parce que je le vois toujours caressé par les autres.* »

9. *Empoisonnement.* — Les empoisonneuses ne font naturellement pas défaut chez les criminelles hystériques. Marie Jeanneret comptait des parents aliénés, hypocondriaques, suicides ; restée orpheline, sujette à une vie agitée, frappée d'infirmités et se croyant aveugle, elle prend des remèdes, consulte des médecins ; elle arrive ainsi à connaître quelques substances vénéneuses et prend l'envie de les administrer à autrui ; bien qu'elle fut dans l'aisance, elle se fit infirmière ; et un jour qu'elle soignait une dame souffrante elle voulut lui préparer une boisson; mais à peine la malade l'eût-elle absorbée que d'étranges symptômes se manifestèrent ; ses yeux et ses paupières restèrent paralysés, elle éprouvait un grand poids à l'estomac ; Marie lui proposa alors une autre boisson effervescente dont les effets furent un délire qui continua pendant trois jours.

Entrée comme infirmière chez une autre dame, elle lui administra des substances de la même espèce qui provoquèrent le délire et des vomissements ; un jour elle insista près d'elle pour qu'elle mangeât des confitures qu'elle avait préparées. Mais à peine en eut-elle goûté qu'elle eut des vomissements.

Devant les docteurs elle montrait beaucoup d'empressement à accepter les prescriptions et promettait de les suivre ; mais dès qu'ils étaient partis, elle s'exhalait en injures contre eux. Ayant obtenu un emploi dans un pensionnat, elle en devint la directrice ; elle prit soin d'une jeune fille et sous prétexte qu'un voyage rétablirait sa santé, elle l'emmena et lui administra ses remèdes, qui causèrent du délire, des vomissements et enfin la mort; elle commit ainsi de suite neuf empoisonnements. Le plus curieux, c'est qu'avec ses familiers et ses voisins, elle prédisait les symptômes du mal et la mort de ses victimes, fournissant ainsi les preuves plus précises de ses propres méfaits. Arrêtée, elle avoua ses crimes, reconnut avoir administré de l'athropine et de la morphine, ajoutant qu'elle n'avait en d'autre but que celui de faire des expériences médicales et de procurer du soulagement à ses malades.

10. *Saintes et vertueuses.* — D'un autre côté se trouvent parmi les hystériques les saintes extatiques et les jeûneuses, comme Mme Koerl, Louise Lateau.

Je démontre (Appendice II) que les femmes, même parmi les peuplés les plus sauvages, qui pourtant les respectent si peu, furent magiciennes, prophétesses, prêtresses en plus grand nombre que les hommes, grâce à leur plus grande tendance à l'hystérie et à leurs fréquents accès hypnotiques et médiumiques : c'est pour cela que malgré le mépris qu'ils avaient pour elles, les prêtres plus anciens s'habillèrent presque tous en femme pour passer pour femmes. (App. II.)

11. *Analogie de l'hystérisme avec l'épilepsie.* — Chacun aura pu voir par combien d'analogies l'hystérisme se lie à l'épilepsie. Les analogies de l'hystérisme avec les convulsions épileptiques sont si complètes qu'il est impossible de les distinguer autrement que par la rareté de l'urée, par la présence des zônes hystérogènes, particulièrement à l'ovaire dont la pression peut aussi être utile pour faire passer l'accès, par sa plus grande sensibilité aux métaux, à l'hydrothérapie, où par l'absence ou le peu d'élévation thermique, qui pourtant s'y rencontrent quelquefois.

Wottkowski (*Klin, Wochens,* Berlin, 1886) ne rencontra pas, en effet, d'augmentation thermique : suivant Rousseau aussi, elle est faible ; elle oscille entre $1/10^e$ et $1/5^e$ de degré ; elle s'abaisse après l'accès et n'atteint presque jamais

39°. Cependant le même malade peut, suivant lui, présenter des températures diverses après les accès (*Progrès méd.*, 1886, VI).

Si beaucoup des caractères de dégénérescence propres au épileptiques font défaut chez les hystériques, tous les caractères fonctionnels : les latéralités, les obtusités sensorielles, etc., sont chez elles plus saillantes. De même Briquet et Morel ont noté que dans les cas où manquent les formes convulsives ou les autres formes typiques de l'hystérie, on observe plus souvent les accès psychiques ; si le rapport avec les organes sexuels est chez les hystériques plus grand que chez les épileptiques, il ne manque pas chez ces derniers ; et si les guérisons sont plus nombreuses vers l'âge critique, les cas dans lesquels l'hystérisme se manifeste dès la jeunesse paraissent inguérissables, et ceux-ci correspondent même physionomiquement, comme dans tout le reste, aux criminels-nés et aux épileptiques.

Chez tous les deux, les phénomènes ont des intermittences parfois précises qui durent des années, et des formes larvées dans lesquelles l'hystérisme ne se manifeste que par la méchanceté, la tendance à l'oisiveté, à la calomnie, au suicide, par une vanité exagérée, les voyages continuels, par un altruisme excessif, précoce ou anormal, par l'impulsivité, par de brèves absences psychiques ou par des vertiges, (v. s.).

L'analogie se trouve même dans les rares cas d'altruisme exagéré que nous observons chez les délinquants par passion (*Homme criminel* vol. IIe partie II), et également chez quelques épileptiques peu nombreux. Physiologiquement, le rapport avec les épileptiques et les alcooliques est certain.

L'hystérique offre en même temps le parallélisme de l'épileptique avec l'enfant, le délinquant né et le fou moral : par exemple, dans la grande mobilité des symptômes, dans le besoin de se déplacer, de faire le mal pour le mal, dans la tendance au mensonge gratuit et sans but, dans l'irascibilité sans excuse. Je trouve même que les caractères pathologiques plus saillants de l'hystérisme, éclaircissent quelques caractères du délinquant-né, que je n'avais pas suffisamment observés ; celui du mensonge continuel et gratuit, par exemple. Valentin écrit : « Les voleurs mentent gratuitement, dès qu'ils ouvrent la bouche ; ils mentent sans savoir eux-mêmes pourquoi, tant cela est devenu pour eux une seconde nature ; et ils le font inconsciemment, même quand ils n'ont pas l'intention de tromper. » « Les vieux habitués des prison, écrit Delbrück, disent des mensonges, même sans but. » Et Moeli dit : « les criminels disent des mensonges avant et lorsqu'ils sont devenus fous, tant cela est entré dans leur cerveau, de même que l'artiste continue à avoir son ancienne habileté de l'art. » Rappelons ici, en passant, que l'aptitude de l'enfant pour le mensonge est aussi notoire.

La spécialité des lettres se rencontre aussi quelquefois chez les épileptiques ; j'ai vu, par exemple, des fous moraux qui s'adressaient à eux-mêmes des lettres galantes. La variation du caractère hystérique est aussi semblable à l'épileptique — et les épileptiques, tout en se haïssant et en se querellant tendent également à se rapprocher l'un de l'autre ; chez les hystériques comme chez les épileptiques on observe la double personnalité qui engendre même chez quelques hystériques une véritable seconde vie ; et l'on y rencontre souvent aussi cette intermittente ou persistante piété qui fait parfois des uns et des autres de véritables saints (Saint Paul, Sainte Thérèse). (1)

12. Calomnie. — Ce qui cependant distingue les femmes hystériques de toutes les autres, même des épileptiques, c'est l'intensité de leur penchant à la calomnie, et le succès qu'elles y rencontrent. Cela s'explique très bien par la moindre force et la moindre aptitude des femmes, même des femmes

(1) Voyez l'*Homme de Génie*, IV⁰ partie.

de mauvaise vie (chez qui les hystériques sont nombreuses)
à commettre les crimes de violence; ce qui fait que la tendance au mal s'explique et se perfectionne davantage dans
la direction de la calomnie. En second lieu il se fait chez
elles plus aisément que chez les autres, une transformation
de l'idée en action. Comme les hypnotisés les hystériques
affirment les choses les plus fausses avec la même énergie que l'honnête homme affirme le vrai, car même les
femmes normales, aussi bien que les enfants, ont une idée
moins nette du vrai et par suite le renient plus facilement;
sous l'impulsion de l'hystérisme elles sont convaincues de
leur propre mensonge, qui se présente à elles avec une
évidence sans doute égale à la chose vraie: il s'y ajoute
cette espèce d'exaltation que subit le suggéré dans chaque
état hypnotique, qui l'investit de l'idée suggérée avec
une véritable puissance. Enfin, comme l'a remarqué Sehüle,
les réalités et les fictions, les faits vrais et les désirs se confondent et s'imposent fatalement à ces malades, grâce à leur
excessive imagination, comme des réalités; elles mentent
souvent, par suite, de bonne foi ». C'est justement chez les
hystériques qu'on trouve les cas les plus étranges de calomnies, d'escroqueries, de mensonges triomphants, non-seu-
lement au milieu des foules populaires mais même dans les
prétoires de la justice, parce que l'hystérisme aide à mas-
quer le faux, en lui prêtant une énergie aussi grande et
même plus grande que ne le ferait la conscience du vrai.
Quoiqu'il en soit, ce qui nous a frappé en étudiant les principales anomalies psychiques des hystériques, c'est que
précisément, comme les épileptiques, elles n'offrent aucune
différence avec la délinquante-née, si ce n'est que la maladie fournit un virus spécial qui développe leurs plus
perverses facultés, raison pour laquelle, si même elles abon-
daient dans le monde criminel, ce que je ne crois pas,
il ne serait pas prudent de les laisser libres. J'ajoute que
le fait, pourtant malheureusement vrai, de leur grande

suggestibilité ne doit pas plaider en leur faveur, car nous voyons qu'en général, elles la subissent toujours dans le sens du mal, tandis qu'elles seraient peut-être incapables de la subir pour le bien : nous en avons un exemple dans Gabrielle Bompard, lorsqu'elle tomba aux mains de cet homme honnête, qu'elle ne fit que tromper continuellement. Un autre exemple encore plus éloquent me fut offert dans le cas suivant :

Une jeune femme mariée, trafiquant de son corps, vola la bourse d'un client. A peine s'en fut-il aperçu, qu'il retourna sur ses pas, mais la trouva très étonnée et indignée de l'accusation : la police cependant, en faisant des recherches, découvrit la somme presque intacte, cachée dans la cheminée. Arrêtée, l'épouvante et la colère lui causèrent un accès convulsif si violent, que quatre personnes robustes ne pouvaient la tenir qu'avec peine. Un de nous étant survenu, après quelques heures, il réussit à faire disparaître les convulsions par une simple compression des bulbes et l'application d'un petit aimant ; mais alors survint une abondante hémorragie utérine qui, certainement, devait avoir la même cause : la perturbation psychique. Après avoir constaté qu'une entéroclisme tiède avait été inutile, il l'hypnotisa et lui ordonna par suggestion de faire cesser l'hémorragie, ce qui arriva ; mais l'hémorragie et les convulsions reparurent après deux jours ; elles cessèrent immédiatement par la même suggestion hypnotique, si bien que les bonnes sœurs considérèrent le médecin comme un suppôt de Satan. C'était ici le cas d'appliquer la suggestion à la révélation du délit ; le médecin continua donc un certain temps les pratiques hypnotiques et il réussit à faire disparaître par la suggestion un violent mal de tête et une sombre mélancolie ; il obtint, bien que pour peu de temps, la transposition des sens, et lorsqu'il crut pouvoir complètement dominer la malade, il lui ordonna de raconter sincèrement comment elle avait commis le délit : elle se mit aussitôt à débiter les histoires qu'elle avait contées au juge d'instruction, bien entendu sans être crue. Elle dit que son client voulait obtenir les faveurs d'une jeune sœur, et n'ayant pas réussi, avait inventé cette calomnie, que l'argent trouvé ne provenait pas du vol, etc. Ce qui prouve qu'elle se trompait inconsciemment dans cet état, en continuant le mensonge habituel de son état normal, c'est que, le jour suivant, une compagne l'ayant avertie qu'elle avait parlé de son crime et, croyant s'être trahie et avoir dit la vérité, soupçonneuse comme le sont toutes ces femmes, supposant que nous n'opérions pas seulement par curiosité scientifique, mais aussi dans l'intérêt de la justice, elle nous déclara avec ressentiment qu'elle avait inventé toute une série de mensonges, qu'elle n'avait pas été hypnotisée ; elle refusa, en outre, de se laisser hypnotiser de nouveau bien que souffrant de fortes migraines ; ce à quoi il fallut renoncer, pour obéir à la volonté de la malade, mais ayant acquis une preuve certaine de la résistance des hystériques à la suggestion honnête.

Dans ce cas, si la suggestion avait pu vaincre une convulsion et une hémorragie, elle ne parvint pas à arracher un secret auquel la patiente était trop intéressée, ni à changer d'un seul point sa tendance au mensonge, qui par conséquent avait des bases plus organiques que toutes les autres manifestations de l'hystérisme.

13. *Prostituées hystériques*. — Devant cette complète analogie de l'hystérique avec la criminelle-née, sauf la plus grande intensité du mensonge, de la mobilité et de la préoccupation sexuelle, souvent paradoxale, nous voyons aussitôt que l'épilepsie est remplacée par l'hystérisme chez les prostituées qui, par suite, sont plus rarement épileptiques.

Legrand du Saulle a trouvé, en effet, chez les hystériques, le 12 % de prostituées par pur dilettantisme, et Mme Turnowsky a signalé 15 % de prostituées hystériques, y compris celles qui étaient intelligentes et cultivées, quelques-unes éprises de plaisirs bruyants, d'autres cupides et vaniteuses, qui, en toute occasion, s'approprient tout ce qu'elles trouvent; le plus grand nombre ont une précocité de passions sexuelles, au point qu'elles ont eu des amants à huit ans, passant, comme c'est l'habitude des hystériques, de l'amour à la haine la plus profonde. 18 °/₀ d'entre elles eurent de véritables accès hystériques. D'après ces données et sachant que souvent l'hystérisme psychique, de même que l'épilepsie, peut se manifester sans accès convulsifs évidents et qu'il est dans ce cas plus cynique et plus impudique, il est très probable que le nombre des prostituées à base hystérique surpasse de beaucoup ce qu'on en connaît jusqu'à présent.

APPENDICE PREMIER

La Sensibilité chez l'Homme et chez la Femme.

M. Galton a tâché de démontrer, dans une récente publication, que la sensibilité tactile chez la femme, est plus délicate que chez l'homme. Voyons d'abord ses études :

« Les expériences ont été faites avec les pointes d'un compas de Weber. Si une personne a conscience do la duplication des piqûres quand l'intervalle entre les pointes est a et qu'une autre personne ne s'en aperçoive que pour un intervalle b entre les pointes, le rapport $\frac{a}{b}$ peut être pris, en tant qu'il s'agit du mode de sensibilité expérimenté, comme représentant la non-sensibilité relative des deux personnes, et son inverse, le rapport $\frac{b}{a}$ comme représentant leur délicatesse relative de sensibilité.

« Le genre d'expérience adopté a trois avantages spéciaux ; il n'exige aucune minutie dans les mensurations, il peut être pratiqué sans que les sujets aient à se dévêtir, et, d'autre part, ceux-ci ne peuvent voir l'opération. Il consiste, en effet, à appuyer les pointes du compas sur la *nuque* du sujet qui est assis et penche la tête en avant.

« L'intervalle minimum laissant la perception de duplication est en moyenne de 1 à 2 centimètres environ, et ses variations d'une personne à l'autre sont importantes. Il n'est donc pas nécessaire d'apporter une précision extrême dans le relevé des mesures. Les résultats ne sont, d'ailleurs, pas altérés par des différences d'épaisseur d'épiderme, comme cela arriverait si l'on opérait sur l'extrémité du doigt. Enfin, l'attitude du sujet ne lui permet pas de voir l'opérateur, ni de savoir si l'une des pointes seulement est appliquée, quand on lui demande ce qu'il ressent.

« Les observations ont été faites avec un crâniomètre de Flower et poursuivies pendant plusieurs mois, de manière à réunir une quantité suffisante d'expériences pour permettre une discussion utile des résultats. Elles ont porté sur 932 hommes et 377 femmes de tous âges.

« Ces observations ont donné une moyenne de 13,8 millimètres pour les hommes et de 11,8 pour les femmes, comme limite de l'intervalle entre les points au-dessous duquel la sensation de duplication cesse. On a constaté, en outre, que les variations de sensibilité sont beaucoup plus grandes chez les hommes que chez les femmes, mais il est possible que cet écart soit dû au défaut d'attention de certaines femmes pendant les expériences, qui ont pu ne pas donner des indications très exactes sur le moment précis où elles commençaient à percevoir la double sensation.

« L'intervalle le plus fréquent chez les hommes est celui de 15 millimètres, relevé pour 116 sujets (13 p. 100); mais cet intervalle s'étend jusqu'au-delà de 25 millimètres, chiffre qu'il a fallu atteindre ou dépasser pour 29 sujets. On compte, d'ailleurs, 248 sujets (26 p. 100) chez lesquels la sensation double est perçue pour un intervalle des pointes de 10 millimètres et au-dessous, et 126 (13,5 p. 100) chez lesquels ce même intervalle doit atteindre ou dépasser 20 millimètres.

« Chez les femmes, l'intervalle le plus fréquent est celui de 9 millimètres (32 sujets) ; cet intervalle descend à 10 millimètres et au-dessous pour 40 p. 100 des sujets et s'élève à 20 millimètres et au-dessus chez 13,3 p. 100. » (1)

(1) Nature : 1894.

Mais le grand biologiste anglais n'a pas pensé que la nuque n'est pas un endroit d'élection de la sensibilité tactile : et que lorsqu'on mesure une sensibilité ailleurs que dans son centre spécifique, il est très difficile d'obtenir des résultats certains ; que la nuque est d'une grande variabilité d'épaisseur, qu'elle est bien plus épaisse chez les hommes en général (jusqu'à 4 millimètres) et plus encore chez ceux qui travaillent comme ouvriers, portefaix, que chez les femmes (1 ou 2 1/2), et qu'elle manque des corpuscules de Meissner, qui sont liés à la sensibilité tactile ; et il aurait dû distinguer, comme je l'avais fait dans mes études estésiométriques, les femmes très jeunes des femmes âgées.

Toutefois, le grand nombre d'observations et la renommée de l'auteur, trop justement établie, m'ont fait surgir un doute sur l'exactitude de mes conclusions sur la sensibilité de la femme. Il s'y ajoutait, encore, qu'ayant étudié trois jeunes filles et trois femmes Dinkas et les ayant comparées à plusieurs mâles, j'avais trouvé une sensibilité plus délicate chez elles que chez les mâles ; et cela renforçait mes doutes, car les sauvages nous présentent le problème sous sa forme plus simplifiée et plus élémentaire. C'est alors que j'ai prié plusieurs de mes amis d'étudier la question de nouveau à l'aide du plus grand nombre d'observations possibles.

M. Marro, aliéniste distingué, qui, habitant dans sa jeunesse une petite ville de montagne, y avait étudié, il y a beaucoup d'années, le tact de 8 jeunes filles de son pays, a bien voulu réitérer ses observations sur les mêmes sujets devenues adultes et même mères de famille et en comparer les résultats (1).

Jeune âge	Index à droite	1,85	Index à gauche	1,43
Age adulte	»	»	1,70	»	»	1,75

On voit, écrit-il, que la sensibilité tactile à la pointe de

---

(1) Marro. *La Puberté en rapport à l'Anthropologie.* Turin, 1896.

l'index devient plus obtuse, en passant du jeune âge à l'âge mûr, tandis qu'elle devient plus fine sur le dos de la main, sur le front et sur la nuque où il n'y a pas de vraie sensibilité tactile spécifique, ce que confirment les données de Galton, mais plus encore mes conclusions.

Dos de la main : Jeune âge	11,8
» » » Age adulte	6,4
Sur le front : Jeune âge	9,2
» » Age adulte	9,5
Sur la nuque : Jeune âge	12,1
» » Age adulte	10,4

Chez les 8 hommes, le résultat est un peu différent :

		Sensibilité de l'index		Dos des mains	Front	Nuque
		droit	gauche			
Moyenne de 10 ans	1er exam. jeunes	1,72	1,73	12,2	10,7	16,95
	2e — adultes	1,85	1,82	11,44	12,12	15,68

Néanmoins, ces recherches étant faites sur un nombre trop restreint de cas, n'avaient pas une importance décisive ; mais le Dr Marro répéta ces recherches estésiométriques sur 40 jeunes garçons de la *Casa Benefica* et sur 50 jeunes filles de l'*Opéra pia Barolo*.

Chez les garçons, on ne put reconnaître l'existence d'une loi fixe qui indiquât une modification de la sensibilité correspondante à l'apparition de l'activité génésique. Seulement, on pouvait dire qu'à l'époque de la puberté, la sensibilité parait plus développée qu'à la fin de la période impubère. Ainsi, sur 4 pubères de 13 ans, l'estésiomètre donne 1,37 ; sur 8 pubères de 14 ans, 1,28, tandis que sur 13 impubères de 13 ans, on obtient 1-1,50, et sur 14 impubères, 1,91.

Chez les jeunes filles, au contraire, il a noté une augmentation graduelle de l'obtusité de la sensibilité tactile de 11 à 19 ans, voir :

		Main droite.	Main gauche.
Filles.	11 ans	1.36 m/m	1.35 m/m
	12 »	1.10 »	1.32 »
	13 »	1.50 »	1.48 »
	14 »	1.75 »	1.66 »
	15 »	1.74 »	1.60 »
	16 »	1.72 »	1.76 »
	17 »	1.76 »	1.55 »
	18 »	2.30 »	2.17 »
	19 »	2.06 »	2.17 »

Tandis que chez les garçons la sensibilité tactile de 10 à 15 ans va de 1.40 à 1.89, et de 16 à 19 ans va de 1.41 à 1.62.

Ainsi, lorsque le développement est accompli, la sensibilité tactile est plus obtuse chez les jeunes filles que chez les garçons, tandis qu'elle est plus parfaite dans l'âge précédent.

Pour ce qui est de la sensibilité olfactive, Marro observe qu'elle est plus fine chez la femme que chez l'homme et chez la femme pubère plus que chez la femme impubère. Le sens olfactif aurait donc une connexion avec les facultés sexuelles de la femme, se perfectionnant à l'approche de la puberté et conservant, après, son acuité, tandis que les autres formes de sensibilité deviennent plus obtuses. Chez les garçons, on observe tout à fait le contraire. Etudiant, en effet, avec l'olfactomètre de Zwaardemaker les gradations de la sensibilité à l'odeur de la vanille, du musc et du caoutchouc, il a trouvé :

	CAOUTCHOUC		VANILLE		MUSC	
	Hom.	Fem.	Hom.	Fem.	Hom.	Fem.
Au-dessous de 14 ans.	24.96	29.29	14.79	11.31	7.00	4.29
De 14 à 18 ans......	28.22	18.53	13.05	7.70	5.33	6.13
Au-dessus de 18 ans.	19.20	22.44	8.25	13.41	7.30	4.07

Sensibilité générale et dolorifique. — Mais c'est sur la sensibilité dolorifique et générale que la question est plus difficile à résoudre. Jusqu'ici moi-même je ne les avais étudiées qu'au moyen d'une pile de Du Bois-Reymond, dans laquelle le rapprochement de deux bobines donnait en millimètres la plus grande intensité du courant et aussi de la douleur; cette méthode, que j'ai introduite presque en même temps que Leyden dans l'année 1867, a bien l'avantage d'être plus aisée et plus précise que tous les autres moyens pratiqués jusqu'alors, mais elle a beaucoup d'inconvénients, car l'intensité du courant peut varier selon la qualité et la dimension des piles, des bobines, etc.

Dans cette dernière année 1894-95, deux jeunes chefs de ma clinique, MM. Roncoroni et Ottolenghi, ont employé un moyen plus sûr : l'appareil Edelmann et le faradiréomètre Cerruti, modifié par Roncoroni (1), qui mesurent, en multiples fractions de Wolt, l'intensité de la sensibilité.

M. Roncoroni, en employant ce dernier instrument, a trouvé en moyenne, au dos de la main, la sensibilité générale chez les normaux :

Chez les hommes instruits, 3,55 cent. de Wolt

Chez la femme instruite,　　3,96　　　—

avec une petite différence en faveur des femmes ; au contraire, chez les gens du peuple :

3,19 cent. de Wolt pour les hommes.

3.0　　　—　　　pour les femmes.

Pour la sensibilité dolorifique : chez les personnes instruites,

39,0 cent. de Wolt pour les femmes.

46,0　　　—　　　pour les hommes.

Et pour les hommes du peuple :

42,0 cent. de Wolt pour les hommes.

39,6　　　—　　　pour les femmes.

En les étudiant avec la méthode sériale, il trouva :

Sensibilité générale	Hommes.	Femmes.
très fine : de 1,3 à 3	2,12 °/°	2,16 °/°
fine : de 3,1 à 6	10,60 °/°	5,40 °/°
médiocre : de 6,1 à 10	3,18 °/°	3,25 °/°
obtuse : de 10,1 à 20	1, 6 °/°	2,16 °/°

(1) RONCORONI e ALBERTOTTI. — La sensibilità elettrica generale e dolorifica esaminate col faradireometro in pazzi e normali. — (Archivio di Psichiatria 1895, vol. XIV°.)

Sensibilité dolorifique

très fine : de 21 à 25	1, 6 %	1, 8 %
fine : de 26 à 35	3,18 %	1, 8 %
médiocre : de 36 à 50	6,36 %	8,44 %
obtuse : de 51 à 80	6,36 %	2,16 %

avec une plus grande obtusité dans la sensibilité générale et moindre dans la sensibilité dolorifique chez la femme.

Toutefois, il a eu le tort de ne pas distinguer ici les jeunes filles des femmes âgées et d'expérimenter sur un trop petit nombre de sujets : 16 hommes et 12 femmes.

Plus importantes sont les études que me communique le professeur Ottolenghi :

« J'ai examiné, m'écrit-il, la douleur chez 681 femmes et 400 hommes au tiers inférieur de la région métacarpienne, avec le double électrode en appliquant l'appareil Edelmann. J'étudiai, d'abord, la sensibilité générale en augmentant graduellement la force du courant électro-faradique jusqu'à ce qu'on accusât quelque sensation ; j'augmentai ensuite le courant jusqu'à ce qu'elle provoquât de la douleur.

« Je considérais comme *obtuse* la sensibilité dolorifique provoquée par un courant supérieur au 90 Wolt, et *fine* celle excitée par un courant inférieur au 15 Wolt. En comparant ces résultats avec ceux obtenus sur l'homme des mêmes âge et condition, je me suis convaincu qu'une des causes d'erreur des autres observateurs était d'interpréter, comme sensibilité délicate, la réaction apparente ou pour mieux dire l'appréhension de la douleur.

« Bien souvent la femme, lorsque l'excitation électrique provoque une sensation qui n'est pas douloureuse, mais simplement de contact, par peur ou par inconsciente autosuggestion d'avoir à supporter une douleur, retire bien vite la main et accuse une souffrance qu'elle ne ressent pas. Pour peu qu'on ait la pratique de ces impressions, on les devine par l'expression plutôt souriante que douloureuse du visage.

« Tenant compte de ces phénomènes, je me suis convaincu

que ces appréhensions sont plus fréquentes dans ces groupes d'individus chez lesquels il y a plus d'obtusité à la douleur (exception faite pour les paysannes), tandis qu'elles le sont moins parmi ces groupes dans lesquels existe réellement une sensibilité délicate. Dans certains cas, répétant l'observation, les mêmes personnes qui s'étaient montrées exagé rément excitables, se révélaient très peu ou médiocrement sensibles. Je suis donc sûr que l'excitabilité exagérée qui masque l'obtusité sensoriale est une qualité caractéristique de la femme, et on ne peut étudier la sensation de la douleur sans en tenir compte. »

En résumant dans un Tableau ces observations faites sur 681 femmes et réparties selon l'âge : de 9 à 14 ans ; de 14 à 19 ; de 19 à 24, de 24 à 30, de 50 à 80 et selon leur condition sociale, nous trouvons, en les comparant avec celles faites sur les hommes (1) :

	Nombre examinées	Obtusité dolorifique		Excitabilité exagérée		Sensibilité générale (fine)	
		Femmes	Hommes	Femmes		Femmes	Hommes
Jeun. filles aisées, (9 à 14 ans),	111	60.36 °/°	61	27.03 °/°		71.74	27.05
» ouvrièr. »	62	46.77		22.58		14.05	4
Sourd.-muettes, »	16	68.75	68	25.00		33.03	13.06
Demoiselles (14 à 19)	118	45.70	31	18.01		78.08	55.05
Ouvrières, »	59	47.40	44	18.04		22.04	4.16
Sourd.-muettes, »	16	50.00	60	18.75		25.10	20
Demoiselles (19 à 24)	49	18.36	17.9	10.20		75.05	52.67
Ouvrières, »	38	31.57		13.15		55.02	
Paysannes, »	22	57.14		»		18.18	
Dames (24 à 48 ans),	52	24.60	7,5	3.85		65.09	66.04
Ouvrières, »	34	26.47	50	3.23		29.03	5.06
Paysannes, »	16	45.73		»		37.05	
As. de mend. (40 à 50)	15	66.66	65	33.33		»	»
Criminelles, »	12	50.00	85	33.33		»	»
Démentes, »	9	66.66		»		»	»
Ouvrières (50 à 80),	20	30.00		43.00		»	»
Asiles de mendic.,	30	58.33	45	»		3.3	»
Criminelles,	12	66.66		33.33		»	»
Sommes....	681	45.51	52.0	17.32		46.40	19.72

(1) Ottolenghi. *La Sensibilité et l'Age. Archivio di Psichiatria.* Turin, 1894.

L'excitabilité exagérée ne correspond pas à une sensibilité délicate, mais au contraire, elle masque son obtusité aux yeux du vulgaire : pour cela on peut conclure qu'il y a une plus grande fréquence d'obtusité dolorifique chez la femme. La sensibilité dolorifique de celle-ci subit, comme chez l'homme, l'influence de l'âge et des conditions sociales ; très obtuse dans toutes les classes dans le premier âge (de 9 à 14 ans), elle est, toutefois, plus obtuse chez les ouvrières que chez les dames, plus obtuse chez les paysannes que chez les ouvrières, lesquelles présentent aussi une excitabilité supérieure.

La *sensibilité générale*, elle-même, varie chez la femme selon l'âge et selon les conditions sociales, mais d'une manière autre que la sensibilité dolorifique.

En effet, nous trouvâmes chez les dames riches une sensibilité générale aussi délicate dans l'âge mûr que dans la première jeunesse.

Chez les ouvrières, cette sensibilité va augmentant jusqu'à 19, quelquefois jusqu'à 24 ans, et en diminuant après.

Chez les vieilles femmes, cette sensibilité générale est toujours moindre.

Chez les paysannes, cette sensibilité est plus obtuse que chez les ouvrières, et chez les ouvrières plus obtuse que chez les dames.

Chez les dégénérées, la sensibilité est considérablement obtuse.

Conclusions. — On comprend, par toutes ces recherches, combien compliqué et de solution difficile devait être le problème sur la sensibilité de la femme. Le tact est, à ce qu'il paraît, plus fin chez elle que chez l'homme avant l'évolution sexuelle ; mais il devient ensuite moins fin que chez l'homme lorsque l'amour et sa conséquence naturelle, la maternité, sentiments si puissants chez elle, l'envahissent tellement, qu'ils suppriment toute autre influence : c'est pour cela, peut-être, que le sens olfactif qui est aussi lié avec la sexualité se montre plus vif, au contraire, chez la femme adulte.

Pour ce qui est de la sensibilité dolorifique, ici encore chez la femme adulte elle est plus obtuse que chez la jeune fille : et, peut-être, pour la même cause : car sans un certain degré d'obtusité, la femme ne pourrait supporter les douleurs de l'enfantement ; mais dans ce cas une autre source, étudiée avec beaucoup de succès par M. Ottolenghi, fait intervertir tous les rapports : ce sont les explosions, les manifestations apparentes et bruyantes de la douleur qui se confondent dans le monde avec sa véritable intensité et donnent une autre preuve de sa plus grande obtusité et qui sont 11 fois plus fréquentes chez la femme que chez l'homme.

La sensibilité générale, au contraire, est plus fine chez la femme que chez l'homme : plus fine chez les jeunes ouvrières que chez les adultes ; elle est toutefois aussi délicate chez les dames âgées que chez les jeunes dames.

Je ne veux pas finir sans rappeler un mot d'un écrivain de génie qui admet aussi la moindre sensibilité de la femme.

« Plus j'existe, plus j'acquiers la certitude que les hommes nerveux sont autrement délicats, autrement sensitifs, autrement frissonnants au contact des choses et des êtres de qualité inférieure que les femmes qui, au fond, n'ont que la pose de la délicatesse. » *Journal de Goncourt*, (1889.)

Le poète Moore (*Life of Moore*), avait également observé que les ladys pouvaient boire le thé à des degrés de chaleur insupportables aux hommes.

APPENDICE DEUXIÈME

Les vêtements des anciens prêtres et les femmes hypnotiques.

Chez les peuples sauvages comme chez nos peuples antiques, la femme, sauf de rares exceptions que nous explique-
rons, est tenue dans un profond mépris, quelquefois même
prise en horreur. Les preuves en abondent. Parmi les Bar-
cas (1) rare ment l'homme et la femme partagent le même
lit ; car disent-ils, le souffle de la femme affaiblit le mari. —
Dans l'Australie occidentale (Western W.), une femme
menstruée ne peut prendre aucune nourriture ni aucune
boisson, et personne ne touche les mets qu'elle a apprêtés,
sous prétexte qu'ils rendraient les hommes débiles. Chez les
Dayaks de Bornéo (Nord-Ouest), on défend aux jeunes gens
de manger du gibier, qui est la nourriture spéciale des
femmes et des vieillards, parce qu'ils deviendraient timides
comme des cerfs.

Un *Zoulou* nouvellement marié n'ose pas aller au combat ;
car s'il est tué, les hommes prétendent que le sein de sa femme
est impur.

Dans la tribu des *Wiragurés* on défend aux garçons de
jouer avec les filles : et parmi les Smahas ceux qui enfreignent
cette défense sont considérés comme « hermaphrodites ».

Chez les Samoièdes, les Ostiakes et autres populations
mongoliques, les femmes sont regardées comme contaminées et
l'homme évite de toucher les objets qui leur appartiennent ;

(1) S. L. Grawby. — *Sexual Taboo. Relazioni* (Journal *of the Antropo-
logical Institute*. Vol. xxiv, n° 2, novembre 1894 et n° 3 *febbraio 1895*).

elles ont, par suite, des ustensiles particuliers et ne peuvent
s'éloigner du coin de la tente qui leur est assigné. Elles ne se
promènent pas dans la même rue que les hommes et ne peuvent s'approcher du feu, car leur présence contaminerait le
feu lui-même (1). Si un homme doit se servir d'objets appartenant à des femmes, il a soin de les purifier par des fumiga-
tions, de même que la femme doit purifier la tente qu'elle a
enduite de poix, avant que l'homme daigne d'y pénétrer. Dans
les îles du Sud, on défend aux femmes de toucher aux aliments réservés aux hommes, ou de les offrir aux dieux, de
crainte qu'ils en soient contaminés.

Un Australien s'étant aperçu que sa femme s'était couchée
dans son lit, la tua et mourut lui-même de terreur au bout de
quinze jours.

Parmi les Indiens de Costa-Rica, une femme dans sa première grossesse, infecte tout le voisinage ; tous les décès qui
surviennent lui sont attribués et le mari doit payer des dom-
mages. Chez quelques tribus brésiliennes, on croit que la
présence de la femme empêche la fermentation du vin.

A Noukahiva, si une femme touche un objet qui ait été *taboo*
c'est-à-dire sacré par le contact d'un homme, il ne peut plus
être utilisé et la coupable est punie de mort. A Taïti, la femme
doit respecter les lieux fréquentés par les hommes, leurs
armes de pêche et de combat. La tête du mari ou du père est
contaminée par le contact de la femme et aucun objet ayant
été en contact avec ces têtes (*Taboued*) ne peut être touché
par une épouse ou une sœur. Chez les Burmah, on regarde
comme une honte d'avoir une femme logée au-dessus de
sol : pour l'éviter on ne construit des maisons que d'un seul
étage. Chez les Maures, les murs des maisons sont tabu : et
aucun homme ne s'appuierait contre eux, parce que les femmes ont coutume de cacher dans leurs fissures les vêtements

(1) S. L. Grawby. — *Sexual Taboo.* o. c.

qu'elles portent aux époques menstruelles. Chez les Kassas de l'Ouest de l'Afrique, le mari ne peut voir sa femme que de nuit ; elle est renfermée dans la partie interne de la maison pendant que le mari occupe l'autre partie ; il lui est défendu d'en sortir et chaque infraction est punie de trois ans de prison (1). Une femme des Bakaïres à qui l'on demandait son nom répondit . « Je suis une femme ». — Chez les Samoïèdes, les femmes n'ont pas de nom, il en était de même dans l'ancienne Rome. (Id.)

Chez les Indiens, si une image d'un Dieu est touchée par une femme elle perd sa divinité et doit être rejetée. Les *Figiens* excluent les chiens de quelques temples, les femmes de tous. Aux Iles Marquises, on tue les femmes qui entrent dans les temples où l'on accomplit des cérémonies religieuses ; de même pour celles qui touchent de leurs pieds l'ombre des arbres.

L'exclusion des femmes s'étend aussi aux danses, aux fêtes et aux banquets ; souvent il y a des danses d'un seul sexe dans lesquelles l'intervention de l'autre est punie de mort. Cette séparation des deux sexes se retrouve aussi parmi les Groëlandais, jusque dans les cérémonies funèbres.

I

VÊTEMENTS FÉMININS DES PRÊTRES ANCIENS

Le mépris de la femme (quoique aussi peu justifié) étant si profond chez les peuples sauvages, il semble étrange que justement chez ces peuples les prêtres aient adopté les vêtements, les ornements et jusqu'au maintien féminin. Ainsi chez les Teadyakes, quelques prêtres prétendent être femmes, ou plutôt s'habillent et veulent être traités comme elles.

Parmi les Kodgiakes on trouve quelques hommes vêtus

---

(1) S. L. Crawby. — *Sexual Taboo.*

comme des femmes ; ils sont regardés comme magiciens et très respectés.

Les Persans portaient une tiare, munie d'une espèce de masque ou double voile à la partie inférieure de la face, afin que la respiration ne souille pas le vêtement sacré.

On sait également que dans presque tout l'Orient, chez les Frygiens, les Lidiens, les femmes se couvraient le visage avec un voile ; que les Assyriennes portaient la tiare 1) et les Juives une espèce de coiffe à tiare ou mitre ornée d'or massif, recouverte d'un voile ; elles portaient en outre de larges caleçons à double cotte.

Les Frygiens adoraient la déesse Cybèle qui, semble-t-il, correspondait à la terre et dont le symbole était une clef et signifiait que lorsque la terre fructifiait, elle ouvrait la clef de ses propres trésors. Les prêtres se nommaient *Curètes* ou *Curibantes* ou encore *Galli*, du nom du fleuve qui traverse la Frygie. Aux fêtes de Cybèle, ils avaient coutume de porter l'image de la déesse en procession ; au milieu des danses, ils se tailladaient la peau avec des épées dégainées, se flagellaient, se coupaient les organes génitaux et les jetaient, en chantant, dans les lieux sacrés ; ils se revêtaient ensuite de vêtements féminins (2).

D'autres prêtres égyptiens étaient rasés et portaient des colliers de perles ou des anneaux aux pieds comme les femmes.

Suivant Lucien, les prêtres du temps de Méropolis, au nombre de 300 et plus, ainsi que les prêtres syriens et phéniciens étaient vêtus d'habits de différentes couleurs ; ils portaient des tuniques blanches ornées de pourpre retenues par une ceinture tissue de lin ou de soie ; c'étaient des vêtements de femme. Ils portaient un bonnet phrygien, des souliers jaunes et se teignaient le visage et les sourcils.

(1) Bertrand, *Dictionnaire des Religions.*

(2) Bertrand, *Dictionnaire des Religions.*

Chez plusieurs tribus de l'Amérique du Nord, certains hommes s'habillent comme les femmes et sont considérés chez les Illinois et les *Nadovessylis* comme *Nanitus* ou saints. On trouve également cette catégorie d'hommes chez les Américains du nord-ouest ; mais là ils sont en rapport avec le sacerdoce. (Ratzel, *Les Races humaines*, II, 699).

Dans la Virginie, les prêtres sauvages portent une espèce de jupe plissée qu'ils lacent sur l'épaule droite et qui descend jusqu'à mi-cuisse ; ils ont la tête rasée, excepté au sommet où ils laissent une touffe de cheveux, et se peignent le corps de diverses couleurs.

Chez les Patagons, il y a des prêtres-prophètes dans les deux sexes : les hommes doivent porter des vêtements féminins et observer le célibat auquel au contraire les femmes ne sont pas tenues. Leur vocation se manifeste par des convulsions et des paroxysmes épileptiques.

Les chrétiens des premiers siècles ne portaient pas de costumes particuliers. Saint Gérôme (IVe siècle) est le premier des saints Pères qui parle des vêtements spéciaux des ministres de l'autel. Ces vêtements étaient imités des Orientaux.

Les anciens prêtres portaient des tuniques blanches ; dans le mosaïque de Saint-Ambroise on les voit effectivement vêtus de blanc.

Les hauts fonctionnaires portaient et portent encore la tiare, l'étole, le surplis, la chasuble, l'amict, mouchoir blanc avec lequel ils s'enveloppent le cou pour ne point souiller de sueur les vêtements sacrés.

L'aube était une espèce de chemise qui descendait jusqu'aux pieds ; elle était aux premiers siècles également portée hors de l'église par les laïques et finit ensuite par rester le vêtement exclusif des prêtres devant l'autel. Anciennement, ils portaient aussi des morceaux de drap avec des ornements de soie et d'or sur la poitrine, sur les épaules, sur les manches et sur les bords comme les portent encore les femmes. On conserve dans la cathédrale de Viterbe une aube de l'évêque

Firentino et un amict en brocard ayant à son sommet quelques lettres gothiques formées de petites marguerites (1). Ces usages se maintinrent jusqu'en 855.

De nos jours, l'aube des prêtres est ornée de dentelles plus ou moins riches suivant le rang, et de soie comme en portent les femmes.

II

HYSTÉRISME DE LA FEMME

Quelle peut être la cause d'une telle contradiction? Comment la femme honnie, méprisée et ravalée par l'homme barbare jusqu'au-dessous des bêtes, fut-elle en même temps l'objet d'une vénération telle qu'elle servit de modèle aux personnes plus élevées de condition parmi les peuples barbares et anciens, aux prêtres? L'explication en est facile : avant tout, le prêtre conserve toujours l'usage le plus antique : et le vêtement féminin, qui peut se réduire à un grand drap enveloppant le corps est effectivement plus ancien que celui de l'homme qui n'est autre, ainsi que le démontra Haeckel, qu'une réduction du vêtement militaire.

Lorsque le peuple prit les vêtements spéciaux aux guerriers, le prêtre ne l'imita pas, mais adopta ceux de la femme, y compris aussi ses voiles, ses ornements et la coutume de se couper les cheveux et la barbe. Ceci me semble suffisamment expliqué par le fait que la femme étant plus facilement hystérique, avait plus de tendance à devenir hypnotique et par conséquent à donner lieu à ces phénomènes vraiment magiques des prophéties télépathiques auxquels le prêtre, qui aime à monopoliser tout ce qui a trait à ses fonctions, aspirait plus qu'à n'importe quel autre privilège.

---

(1) Moroni, *Dizionario di Erudizione storica ecclesiastica*. Roma IV, 20, 50. Qui voit les coiffes des Piémontaises et des Norvégiennes est convaincu que la tiare et la mitre étaient des ornements féminins.

On sait que la femme est plus facilement hystérique que l'homme, mais peu savent combien plus facilement aussi elle est sujette aux phénomènes hypnotiques. Suivant Pitrès, un tiers des femmes et seulement un cinquième des hommes hystériques sont sujets aux phénomènes hypnotiques. Sur 350 personnes hypnotisées par Bertillon, il y avait 265 femmes, 50 hommes et 45 enfants. — D'une étude faite sur 1700 individus, il résulte que 12 0/0 des femmes et 7 0/0 des hommes ont des hallucinations véridiques.

Suivant Jastrow, 15 0/0 des hommes et 26 0/0 des femmes rêvent souvent, 7 0/0 des hommes et 8,3 0/0 des femmes rêvent toutes les nuits. Aucun doute ne peut donc subsister, les femmes sont bien plus facilement hypnotisables que les hommes. Mais l'ethnologie a révélé que l'hystérisme et l'hypnotisme revêtent chez les peuples sauvages plus facilement la forme de magie, de sorcellerie et de prophétie.

Les Kaffliars, du libre état d'Orange, croient la malédiction d'un homme sans conséquence, tandis qu'ils croient toujours efficace celle d'une femme.

Les femmes, dit le peuple de Pischawar, « sont toutes sorcières », elles peuvent pour diverses raisons, ne pas exercer leur pouvoir quoiqu'il leur soit inhérent. Les femmes sont également considérées toutes comme sorcières dans le Panagur, le Taos, etc. — Dans le Pangiur, si trois ou quatre décès ont successivement lieu, on accuse aussitôt les femmes du village d'être cause de ce malheur et la coupable est découverte par des moyens particuliers.

A la côte des Esclaves, on croit les hystériques possédées par les esprits; elles sont pour cela destinées aux offices religieux: elles dominent complétement leurs maris qui les servent.

Les *Fueguiens* célèbrent une fête en commémoration de la délivrance des hommes du pouvoir des femmes, qui possédaient les secrets de la sorcellerie.

Bodin calcule que la proportion des sorcières par rapport à celle des sorciers est comme 50 à 1.

On sait que l'oracle de Delphes était essentiellement dans les mains de femmes hystériques et convultionnaires, dirigées par des prêtres. La fonction de prophétesse, d'abord confiée à des jeunes filles consacrées à la sœur d'Apollon fut, à la suite d'inconvénients, confiée à des femmes d'âge mûr qu'on nommaient Pythonesses.

La Pythonesse était assise sur le trépied au milieu de l'épaisse fumée d'un feu de plantes odorantes qui brûlait sous elle : elle ne pouvait prophétiser à volonté, mais seulement une ou deux fois par an. Elle devait auparavant se rendre le dieu propice, mais lorsqu'elle ne pouvait y parvenir, elle répondait par des phrases évasives. Lorsque le jour solennel était arrivé, la Pythonesse se préparait par des jeûnes qui duraient trois jours ; elle se baignait ensuite dans la fontaine de Castalie et mâchait des feuilles de laurier. Au jour marqué, Apollon se manifestait en agitant le laurier qui croissait à la porte : la Pythonesse était alors portée sur le trépied sacré. A peine ressentait-elle l'exaltation divine que ses cheveux se hérissaient, ses yeux devenaient hagards, sa bouche écumait et tout son corps était contracté et tremblant ; elle se débattait sous les mains des prêtres et jetait les plantes odorantes en poussant des cris qui remplissaient le temple. Les prêtres recueillaient les paroles qu'elle prononçait au milieu de ses cris et en composaient l'oracle. La Pythonesse tombait ensuite malade durant des mois et souvent elle mourait.

Les Gaulois et les Germains croyaient les femmes plus aptes que les hommes à recevoir l'esprit prophétique.

Chez les Hébreux, les Musulmans, les *Perses*, les Bouddistes, les femmes n'avaient aucune part aux fonctions sacerdotales ; mais les Romaines et les Grecques présidaient à de nombreuses fonctions religieuses et beaucoup leur étaient spécialement attribuées, tels que les oracles dans les sanctuaires (Vestales et Prophétesses).

Il y eut des femmes prophétesses ou sacrées même chez les Hébreux, où la femme était si profondément méprisée.

Marie, par exemple, sœur de Moïse, Déborah, Huldah, et dans le nouveau testament, Anne, Marie, les quatre filles de Philippe l'évangéliste.

Chez les Etrusques, les femmes étaient admises aux fonctions sacerdotales en plus grand nombre que les hommes.

Les femmes, observe justement Bertrand (*Dict. Universel de toutes les religions*), avaient une grande part dans les divinations magiques. En effet, à côté des sorciers étaient les sorcières, près des devins et des prophètes, les Pythonesses et les Sibylles, à côté des Druides étaient les Druidesses. Le dieu *Faune* était le devin des hommes et avait pour correspondant la déesse *Fauna* devineresse des femmes.

Beaucoup de Druidesses avaient un pouvoir magique supérieur à celui des pontifes mâles.

Suivant quelques auteurs, les Druidesses ne pouvaient dévoiler l'avenir qu'à l'homme qui les avait profanées : suivant d'autres, elles devaient observer pendant longtemps le célibat et ne voir leur mari qu'une ou deux fois par an.

Elles divisaient, semble-t-il, les fonctions sacerdotales entre elles et leurs maris, et pendant leur absence, elles pouvaient immoler des victimes à la divinité. Il y avait des sanctuaires où seules les femmes pouvaient prononcer des oracles : tel était par exemple Namnète, dans l'île de la Seine, où étaient les sept vierges terribles ; elles y donnaient des oracles aux marins, guérissaient les maladies incurables et prédisaient l'avenir (1). Quelquefois, elles assistaient aux sacrifices nocturnes, nues et teintes en noir et s'agitaient frénétiquement. Leurs fonctions principales étaient de consulter les astres, de tirer des horoscopes et de prédire l'avenir qu'elles lisaient dans les viscères des victimes et dont la signification variait suivant la manière dont leur sang s'écoulait.

Il y avait des Druidesses de rang inférieur qui donnaient des oracles sur le bord des lacs.

(1) Un fait singulier, c'est que dans l'île de la Seine, l'hystérie fut toujours prédominante même avant Charcot.

Les Germains n'entreprenaient rien avant d'avoir consulté leur Pythonesse qu'ils croyaient inspirée : et si les Druidesses s'y opposaient, ils ne livraient pas non plus de batailles dans de bonnes conditions.

Les Druidesses conservèrent leur influence dans les Gaules sous les empereurs Romains, alors que les Druides avaient déjà disparu : elles survécurent sous le nom de *Fades*, qui est en rapport avec nos Fées.

Elles habitaient au fond des cavernes, dans les puits desséchés, dans les torrents.

Les Fades ou Fées étaient à l'origine une réunion de femmes prophétesses qui succédèrent aux Druidesses. On les croyait immortelles et on leur attribuait un pouvoir surnaturel : elles exerçaient des fonctions sacerdotales spéciales dans les forêts écartées et étaient encore très influentes sous la dynastie française.

Elles conservèrent encore leur influence sous Charles VII et, dans le procès de Jeanne d'Arc, on lui demanda si elle était sorcière, ou *fada*.

III

QUE FIT L'ANCIEN PRÊTRE ?

Que fit l'ancien prêtre, lorsqu'il vit la femme tant méprisée, lui ravir l'attribut le plus essentiel de son ministère ? — Il essaya d'en confisquer à son profit le prestige.

On sait comment le prêtre ancien chercha toujours à monopoliser tous les arts et toutes les notions qui, de près ou de loin, touchaient à ses fonctions. Nous savons qu'effectivement dans les premiers temps de l'humanité, le premier prêtre fût un cuisinier qui donna de la viande cuite et salée aux anthropophages, comme nous atteste *Athénæus Dipnosofista* ; il présida d'abord ces agapes puis les réserva exclusivement pour les sacrifices et passa plus tard à la médecine.

Il y a des prêtres médecins et prophètes en Amérique et en Afrique; on en trouve également chez les anciens catholiques où ils emploient des remèdes qui portent des noms de moines et de saints (1).

Parfois à Taïti et au Brésil, un homme illuminé assume à la fois les fonctions de prêtre et de médecin.

Dans le Guarany, Piayes ou Payes signifie *médecin* et *prêtre*.

Suivant l'Ecclesiaste 38, la vertu des remèdes vient de Dieu et les rois doivent connaître la médecine (Isaïe, 3).

Au moyen-âge, la médecine fut exercée pendant de longues années par les ecclésiastiques et, particulièrement, par les parabotani. Célèbres furent au xᵉ siècle, comme médecins, Constantin de Carthagène, Alphonse Mange, évêque de Manchester, le prêtre Lombard Bruen.

Le conseil de Reims, tenu en 1131, défendit aux moines d'exercer la médecine; mais plus tard, Boniface VIII les y autorisa. (Molani, *Medicarum ecclesiasticum Diarium*, 1505, Lovanium.)

Dans toutes les religions existait la croyance que les maux et les remèdes venaient des dieux et ils en portaient le nom (1).

De la médecine, les prêtres passèrent à l'astrologie chez les Chaldéens et les Assyriens, à la poésie et à l'histoire

---

1. Mitta (Caldeo), correspondait à sage-femme; de même la Lillith des Arabes et Lillit Fenicien. — Une quantité de plantes médicinales prennent le nom de la Sainte Vierge : Herbe de la Vierge, *Rose* de Marie, Marien distel, Marien mantel, Marien munze. — Chez les Grecs, Artimoise correspond à Herbe de Diane; de même la Mandragore en allemand est Abraham Wurtzel, c'est-à-dire, Racine des Abrahams. L'*Atropa Mandragore* se nommait déjà *Circaia* et était attribuée à la magicienne Circé. L'Herpès s'appelle aussi Feu de Saint Antoine. La Chorée est dénommée danse de Saint With ou de Saint Guy. La Métrorrhagie mal de Sainte Marthe. Certains ulcères malins s'appellent Feu sacré. La peste était attribuée à l'effet des flèches d'Apollon. — Le Levitique XIX considère comme une faute d'avoir la Lèpre. *Terafém* était le nom des idoles, d'où est venu *Terapeu* thérapeutique. Anciennement *Spaal* en Gallois, et *Wund* en Allemand signifiait blessure et miracle.

dans la Bible avec David, Salomon et Moïse, à la dictature politique et même à l'agriculture et aux sciences exactes comme au moyen-âge.

La météorologie était leur apanage exclusif et il n'y a pas encore bien des années qu'ils traitaient de sacrilège qui s'en occupait sans être ecclésiastique.

A plus forte raison devaient-ils s'appliquer à monopoliser l'art magique et prophétique si commun chez les femmes ; c'est ce qu'ils firent en enrôlant des femmes à leurs services comme en Grèce pour les Pythonesses ; ils cherchèrent de partager avec elles ce pouvoir, en les affaiblissant ou en les violant comme chez les Druides, ou en ne leur laissant qu'un rôle secondaire comme dans les temples Romains et Etrusques. Quelquefois ils les dominèrent et les vainquirent complètement, comme chez les Fuegiens qui célèbrent encore une fête en l'honneur de la délivrance des hommes de la sorcellerie des femmes.

Mais la suprématie de la femme résistait à tous les efforts parce qu'elle était basée sur ses conditions organiques et sur sa plus grande suggestionabilité hypnotique : nous avons vu que les Gaulois et les Germains croyaient les femmes plus aptes aux prophéties : et malgré les efforts des prêtres rivaux, les Druidesses prédominer complètement dans l'île de la Seine, comme, au fond, elles prédominaient à Delphes, aux côtes des Esclaves et comme elles prédominèrent sous le nom de Fées dans la Gaule du moyen-âge.

Il ne resta plus alors aux prêtres qu'un moyen : celui de prendre l'apparence de femmes et de même que l'habit fait le moine ils se vêtirent d'habits féminins, laissant de côté toute trace du vêtement guerrier qui resta exclusivement aux laïques. Le même fait s'était vérifié en partie dans l'antique Rome. Dans les mystères de la bonne Déesse on ne consacrait que les femmes ; les Vestales en étaient les prêtresses et les hommes étaient exclus.

D'après Juvenal, les hommes, pour imiter leurs mystères

et observer les antiques rites, se vêtaient d'habits féminins ; ils s'ornaient la tête de bandeaux et le cou de colliers.

Dans plusieurs cas, comme chez les Frygiens (coribantes), chez les Patagons et comme chez beaucoup de Peaux-Rouges, ils s'efféminèrent jusqu'à la castration, ajoutant pour compléter la transformation, les bijoux, la tonsure des cheveux et la suppression de la barbe ; on retrouve encore de nos jours ces derniers caractères chez nos prêtres. Ne pouvant vaincre ou supprimer les femmes, ils se déguisèrent en femmes et la victoire leur donna raison : car la suprématie leur resta complète et ils eurent la primauté dans la magie et dans la prophétie.

Si, maintenant, plusieurs prêtres modernes lancent l'anathème contre le spiritisme et l'hypnotisme qu'ils pratiquèrent autrefois sous le nom de prophétie et pour l'exercice desquels ils firent tant de sacrifices, c'est parce que dans les différentes découvertes de ces phénomènes ils n'ont pas encore trouvé le moyen (ce qui leur serait cependant facile) de les monopoliser et de les englober dans leurs fonctions. C'est ainsi qu'ils lancèrent l'anathème contre la météorologie parce qu'elle touchait à des régions où Dieu seul dominait et contre les fondateurs de l'astronomie moderne, tels que Copernic, Galilée ; mais lorsqu'ils virent que leurs décrets n'avaient aucune prise, bien qu'appuyés par la main séculière, ils devinrent eux-mêmes astronomes et météorologistes, jurant qu'ils avaient toujours protégé ces sciences qui, par leur positivisme étaient cependant si éloignées de la théologie que jusqu'alors ils avaient seuls cultivée. C'est ainsi qu'en astronomie on vit exceller le Père Secchi, le Père Denza, les Pères Piazza, Francolt et Drumon, le Père Giovanazzi qui fut le fondateur de non moins de quinze observatoires.

C'est ce qui arrivera avant peu, lorsqu'avec le progrès des phénomènes médianimiques ils parviendront à faire partie d'une religion nouvelle (et le fondement en serait juste) dans laquelle, comme toujours, ils trouveront leur profit.

———————

ERRATA

Page		au lieu de :		lisez :
87	*au lieu de :*	déposent des œufs	*lisez :*	déposent leurs œufs
93	—	altruiste	—	altruistique
99	—	naît mieux	—	n'est autre chose
105	—	cannelée	—	annelée
108	—	jamais ils	—	jamais elles
—	—	limités	—	limitées
109	—	donné	—	donnée
115	—	seulement pour le seul	—	pour le seul
125	—	un aide	—	une aide
—	—	des révoltes et révolutions	—	des révoltes et des révolutions
126	—	force	—	foule
138	—	mensongère	—	menteuse
169	—	*Itudy*	—	*Study*
181	—	Em. Lettré	—	Emile Littré
270	—	Pl. X	—	Pl. IX
272	—	Pl. X — pl. V	—	Pl. IX — pl. IX
319	—	*Nœvus piloris*	—	*Nœvus pilaris*
322	—	des Hottentottes qui constituent un organe nouveau ; cette anomalie.	—	des Hottentottes et de leur coussinet qui constituent un organe nouveau ; la première anomalie.
332	—	sténographie	—	stenocrotaphie
352	—	*letne*	—	*lerne*
352	—	ce sont tatouées	—	se sont tatouées
358	—	par des faros rouges	—	par des fards rouges
360	—	entre 9 et 11 ans	—	entre 9 et 14 ans
365	—	précoces pour 4 %	—	précoces pour 40 %
368	—	n'est pas supérieure	—	n'y est pas supérieure
375	—	minimum de 1.8	—	minimum de 4.8
379	—	il en était	—	il n'en était
385	—	*Excès sexuel*	—	*Excès sexuels*
393	—	moins intimes	—	moins intenses
393	—	que ne le serait pas cette jeune fille	—	que ne le serait cette jeune fille
400	—	prête	—	prêtes
427	—	(Griffth. *Nordhon.* Rev. 1855. July)	—	(Griffith, 1895) rican Reviеu, August
433	—	de la femme qui ne trouvent	—	de la femme et qui ne trouve

TABLE DES MATIÈRES

IIe PARTIE

Criminalité féminine.

III° PARTIE

Anatomie pathologique et anthropométrique de la femme criminelle et de la prostituée.

IVe PARTIE

Biologie et Psychologie des criminelles et des prostituées.

Planches hors texte.

FEMMES DE GÉNIE EUROPÉENNES ET AMÉRICAINES.

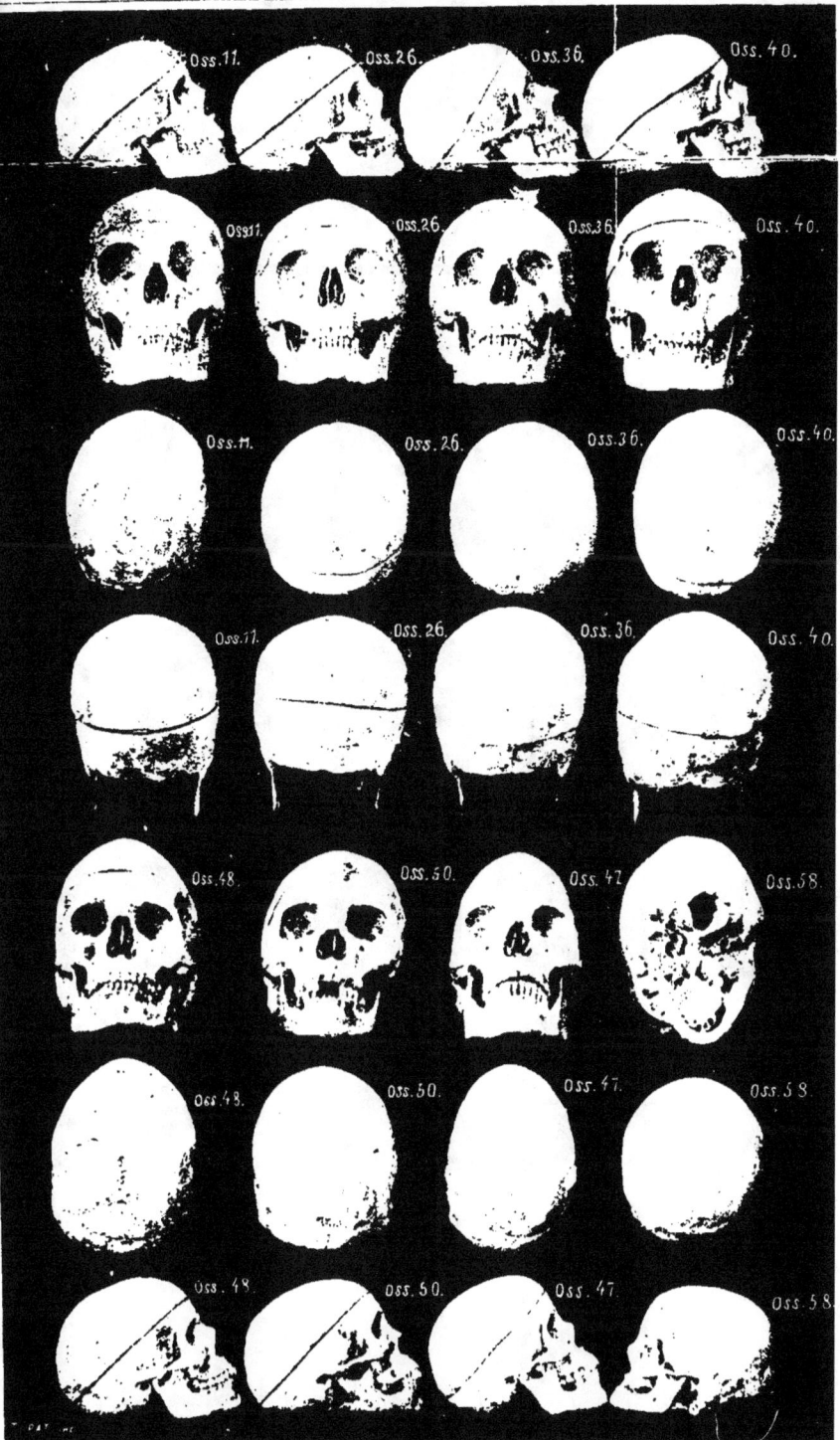

CRÂNES DE CRIMINELLES ITALIENNES (Pag. 251 et 252).

PORTRAITS DE CRIMINELLES RUSSES (Pag. 310, etc. et 320).

PORTRAITS DE PROSTITUÉES RUSSES.

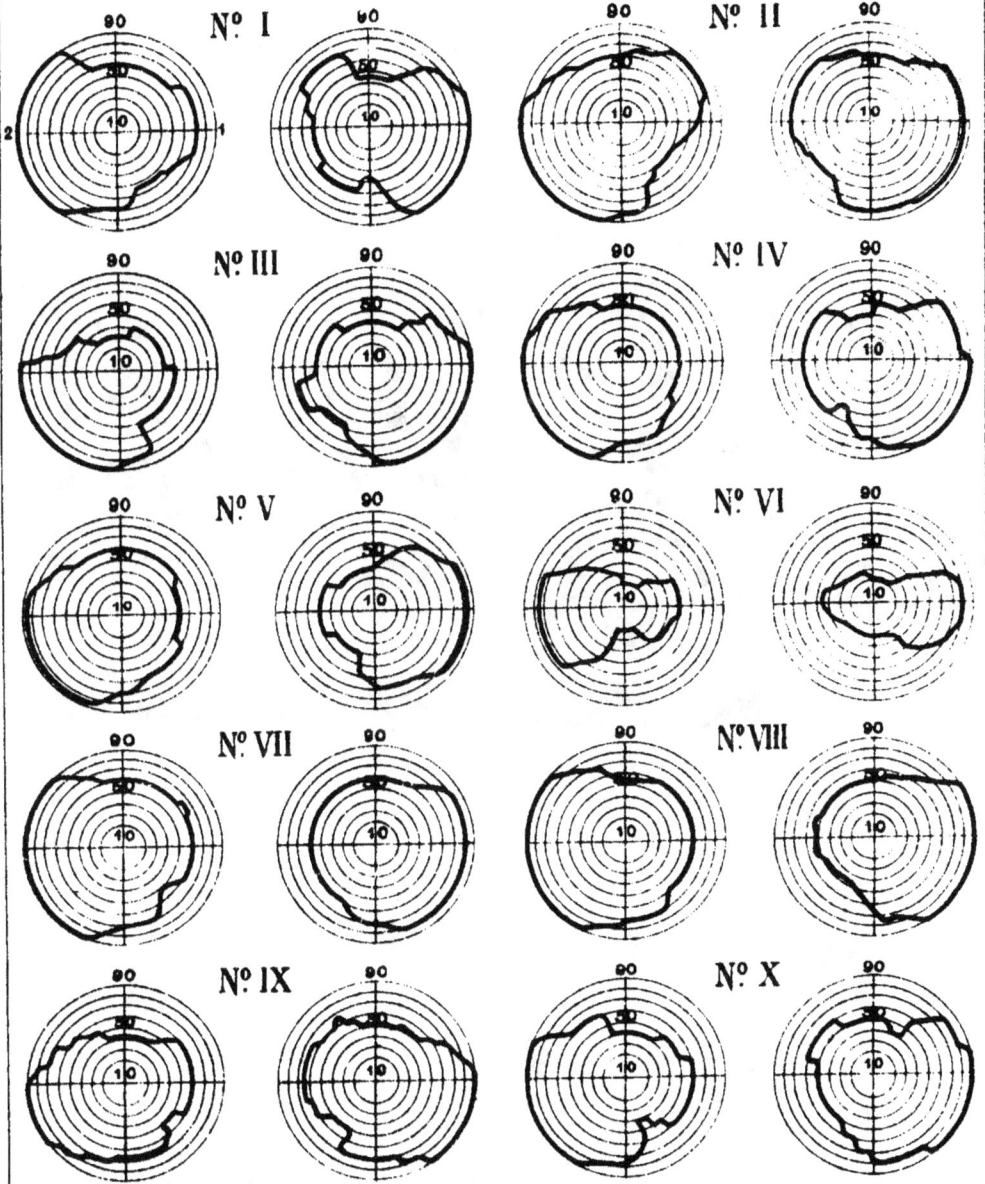

CHAMPS VISUELS DE CRIMINELLES ET PROSTITUÉES.

(Les indications se rapportent aux champs visuels).

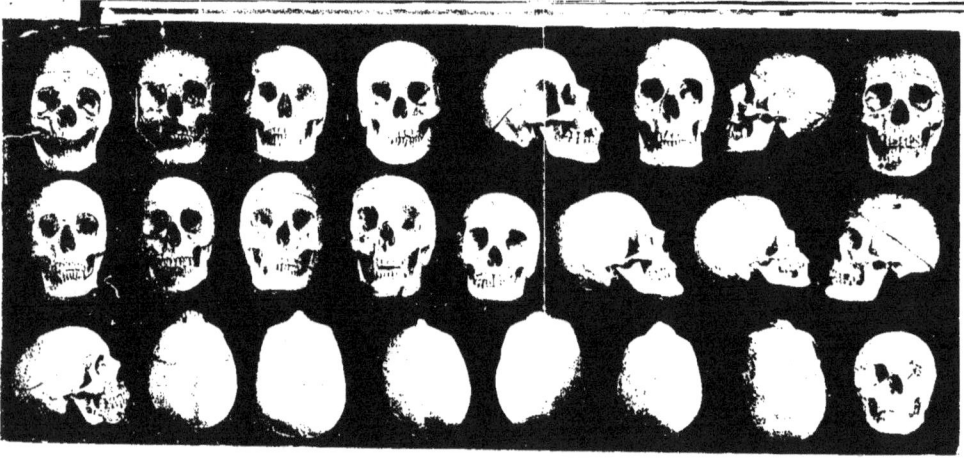

CRÂNES DE PROSTITUÉES ITALIENNES (Pag. 269, 270, 272 et suiv.)

Dans le texte, par erreur typographique, on cite Pl. X, pag. 270 et 272, et Pl. X, pag. 272.

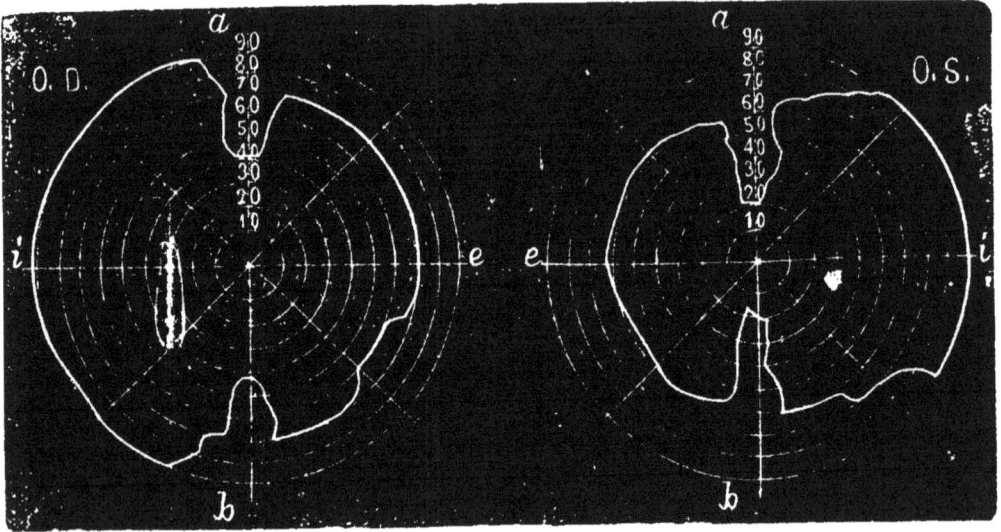

En calme.

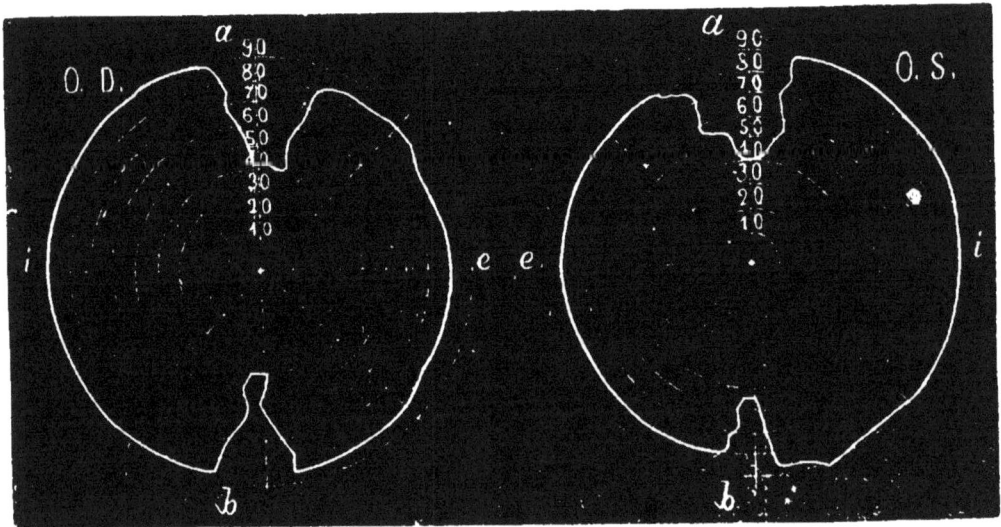

En état d'épilepsie psychique

CHAMP VISUEL DE JEUNE FILLE CRIMINELLE ÉPILEPTIQUE

1. Berland.

2. Thomas.

3. Bompard.

PORTRAITS DE CRIMINELLES FRANÇAISES *(Pag. 333).*

1 Portrait d'une jeune fille prostituée.   2. Portrait d'une jeune fille criminelle.

3 Messaline.

PORTRAITS DE JEUNES FILLES PROSTITUÉES (N. 1)
ET CRIMINELLES (N. 2). — MESSALINE (*Pag. 337*).

TATOUAGES DE PROSTITUÉES (*Fag. 357*).

www.ingramcontent.com/pod-product-compliance
Lightning Source LLC
Chambersburg PA
CBHW071130270326
41929CB00012B/1705